中国广告年鉴

2020

CHINA ADVERTISING YEARBOOK

中 国 广 告 协 会
《现代广告》杂志社 编

新华出版社

图书在版编目（CIP）数据

中国广告年鉴 . 2020 / 中国广告协会，《现代广告》杂志社编 .
—北京 : 新华出版社 , 2021.8
ISBN 978-7-5166-6001-0
Ⅰ . ①中… Ⅱ . ①中… ②现… Ⅲ . ①广告－中国－ 2020 －年鉴
Ⅳ . ① F713.8-54
中国版本图书馆 CIP 数据核字 (2021) 第 164830 号

中国广告年鉴 2020
CHINA ADVERTISING YEARBOOK

编　　者：中国广告协会　《现代广告》杂志社

责任编辑：李　宇　　**封面设计：**经观视觉中心

出版发行：新华出版社
地　　址：北京石景山区京原路 8 号　　**邮　　编：**100040
网　　址：http://www.xinhuapub.com

照　　排：经观视觉中心
印　　刷：艺堂印刷（天津）有限公司

成品尺寸：210mm×285mm
印　　张：31
字　　数：508 千字
版　　次：2021 年 9 月第一版　　**印　　次：**2021 年 9 月第一次印刷

书　　号：ISBN 978-7-5166-6001-0
定　　价：480.00 元

编辑说明

1.《中国广告年鉴》是由中国广告协会主办，各级市场监督管理机关、广告行业组织、广告业界共同参与编写的广告行业大型资料性工具书。《中国广告年鉴》2020 年版收编了 2019 年与中国广告业发展有关的主要文献资料。

2. “大事记”“政策法规”等，以日期为序。

3. 部分“政策法规”和地方政府市场监管执法《通知》只节选与广告监管相关的章节、条款。

4. 本年鉴收集的资料和数据中，没包括我国台湾地区、香港特别行政区和澳门特别行政区。

5. 为便于读者检索，书末附有“广告刊户索引”。

6. 限于编辑水平和所掌握的资料，缺点和错误在所难免，欢迎读者批评指正。

中国广告年鉴 2020
CHINA ADVERTISING YEARBOOK

关瑞鸿　　中国广告协会培训部主任
李　红　　中国广告协会综合部主任
李　淼　　中国广告协会副会长 北京网易传媒有限公司
肖水贤　　中国广告协会副会长 阿里巴巴
肖书霞　　中国广告协会活动会展部主任
吴志强　　中国广告协会副会长 南京乔恩广告传播有限公司
吴晓波　　中国广告协会副会长 广东平成广告有限公司
应曙光　　中国广告协会副会长 上海飞帆广告有限公司
张　丽　　中国广告协会副会长 南京银都奥美广告有限公司
张朝阳　　中国广告协会副会长 搜狐公司
陈　刚　　中国广告协会学术委员会主任 北京大学
陈　岩　　中国广告协会副会长 分众传媒有限公司
陈钿隆　　中国广告协会副会长 广东省广告集团股份有限公司
邵明亮　　中国广告协会副会长 北京太阳圣火国际传媒有限公司
周志强　　中国广告协会副会长 南京永达户外传媒有限公司
郑万生　　中国广告协会副会长 北京通惠恒源文化产业管理有限公司
孟雅娟　　中国广告协会法律咨询部主任
胡　光　　中国广告协会副会长 北京首都机场广告有限公司
袁国华　　中国广告协会副会长 中国国际广告有限公司
徐立军　　中国广告协会副会长 中央广播电视总台
栾　娜　　中国广告协会副会长 深圳市腾讯计算机系统有限公司
姬连强　　中国广告协会副会长 航美传媒集团有限公司
黄　欢　　中国广告协会副会长 中广国际广告创意产业基地发展有限公司
阎广兴　　中国广告协会副会长 北京巴士传媒股份有限公司
梁志祥　　中国广告协会副会长 北京百度网讯科技有限公司
寇　非　　中国广告协会副会长 人民日报传媒广告有限公司
葛景栋　　中国广告协会副会长 北京微梦创科网络技术有限公司
程传岭　　中国广告协会副会长 海尔智家生态平台
税　立　　中国广告协会副会长 中国广告联合有限责任公司

《现代广告》杂志社年鉴编辑部

中国广告年鉴 2020
CHINA ADVERTISING YEARBOOK

专家指导委员会

主　任：

陈　刚　　北京大学新闻与传播学院教授，中国广告协会学术委员会主任

委　员：（按姓氏笔画为序）

王雅娟　　资深数字营销传播专家

田　涛　　中广融信媒介咨询有限公司总裁，中国广告协会广播电视分会副会长

刘双舟　　中央财经大学教授，中国广告协会法律咨询委员会常务副主任

杨同庆　　首都经济贸易大学文化与传播学院教授、中国广告协会学术委员会副主任

杨海军　　上海大学新闻传播学院教授

吴晓波　　广东平成广告有限公司董事长

何海明　　中国传媒大学教授

张　翔　　中国传媒大学教授

陈　岩　　分众传媒首席战略官

陈培爱　　厦门大学新闻传播学院教授

金定海　　上海师范大学人文与传播学院教授

赵　梅　　CTR 媒介智讯 总经理

赵新利　　中国传媒大学教授

胡晓云　　浙江大学教授，中国广告协会学术委员会副主任

星　亮　　暨南大学新闻与传播学院教授，中国广告协会学术委员会常委

段淳林　　华南理工大学新闻与传播学院教授

姜智彬　　上海外国语大学卓越学院教授

姚　曦　　武汉大学新闻与传播学院教授

倪　宁　　中国人民大学新闻学院教授，中国广告协会学术委员会副主任

黄小川　　迪思传媒集团创始人、董事长，华谊嘉信集团董事长

黄升民　　中国传媒大学广告学院教授

黄合水　　厦门大学新闻传播学院教授

中国广告年鉴 2020
CHINA ADVERTISING YEARBOOK
第二十五期
25th Issue

目 录

领导讲话

中国广告业发展综述

中国广告业年度统计与数字

大事记

中国广告四十年纪念大会

广告政策、法规

广告监管

全国各地广告业发展与广告监管情况选登

行业组织

广告标准

中国广告协会“CNAA Ⅰ”“CNAA Ⅱ”“CNAA Ⅲ”证明商标企业

广告专著与学术论文选登

广告教育

中国广告年鉴 2020
CHINA ADVERTISING YEARBOOK

广告经营单位案例及形象展示

Column for Cases and Images of China Advertising Business Operators

A T 灵感 Inspiration O N
空
SPACE
间
无界
融合
愉悦
科技

荣誉证书
HONORARY CREDENTIAL

内蒙古广播电视台：

你单位报送的“爱上内蒙古”全媒体品牌形象宣介，被评为2020年度全区宣传思想文化工作创新奖。

特此表彰，以资鼓励。

中共内蒙古自治区委员会宣传部
二〇二一年一月

内蒙古广播电视台

策划背景

《爱上内蒙古》全媒体品牌形象宣介项目，是内蒙古广播电视台按照自治区党委宣传部部署，围绕讲好内蒙古故事、宣介内蒙古品牌、推广内蒙古形象的目标而策划实施的 2020 年重点创新项目。项目从 2020 年 5 月 8 日开始实施，目前仍在持续推进中。

执行亮点

电视栏目《爱上内蒙古》在内蒙古卫视黄金时段开播的同时，该栏目还在内蒙古广播电视台各频率频道、腾格里客户端、微信公众号，以及新华号、央视频、今日头条、百家号、腾讯视频等移动端进行融媒体传播推广，大屏小屏协同互动，全方位宣传内蒙古的“好地方、好风景、好品质、好人”。

1. 每期节目一个主题品牌，围绕一条主线，选择两个典型人物，采用个性化叙事方式，通过人物与内蒙古品牌之间的故事，表达热爱内蒙古的情感，潜移默化推广内蒙古品牌。

2. 在拍摄方式、结构方式、节目长度等方面，采用了更加适合新媒体传播的方式。节目是 5 分钟的高度浓缩凝练，还制作了 60 秒和 30 秒长度的不同版本在新媒体平台投放。

3.《爱上内蒙古》项目在实施过程中开创了宣传与经营的有机结合，“爱上内蒙古”IP 营销项目同步推进。

营销效果

1. 在抖音平台，“# 爱上内蒙古”标签短视频播放总量目前已达到 1.2 亿，短视频发布总量达到 1614 个，快手“# 爱上内蒙古”标签短视频发布总量也达到 559 个，发布者大部分是普通网友。

2.《爱上内蒙古》的宣传在生产者和消费者之间引起了积极反馈。

3. 内蒙古广播电视台“爱上内蒙古”IP 推广项目 2020 年 11 月荣获第 27 届中国国际广告节广告主奖之“品牌塑造案例奖”。

专业卖场媒体运营商

公司介绍

COMPANY INTRODUCTION

益世传媒科技有限公司是一家专业从事全国商业场景的传媒公司，是在中国零售业深入转型期间创立的。公司总部位于北京经济技术开发区，广告营销中心位于东三环CBD商圈，同时，公司在上海、广州和成都设有独立运营的分公司，业务覆盖全国；益世传媒现已成为卖场媒体标准的制定者和领导者。

作为投放精准、高覆盖率的专业卖场媒体运营商，公司媒体广告已覆盖北京、上海广州、深圳、天津、沈阳、杭州、西安、重庆、成都、青岛、大连、宁波等**300**多个一、二、三、四线城市，覆盖门店超**5000**家，投放平台近**10万**个。是全国专业从事购物中心、大卖场等零售场景的传媒公司。

公司将秉承“创新、高效、务实、共赢”的企业文化，竭诚为广大客户提供服务。

商超卖场灯箱媒体

视觉矩阵、创意无限；强势媒体、持续曝光；客流必经、品牌必达；强烈干预、品效合一；目标人群、有效触达。

全国商超卖场占有率超过 90%，覆盖城镇人口超过 700,000,000

卖场互动智能屏

自主开发的智能交互媒体发布平台，**55英寸4K高清触控屏**，能同时发布动态视频、静态图片等多种形式广告信息，轻松实现信息交互、数据采集、实时在线监播、快速上刊等功能。

城市户外 LED 大屏

城市地标媒体商圈，城市商业区核心位置，**P6全彩LED高清电子屏**，高端商业体与高端品牌林立，高端稀缺户外资源。

VIP投放热线 | 400-818-0139

领导讲话

Speeches by Leaders

在全国市场监管部门广告监管工作会议上的讲话

国家市场监督管理总局副局长　秦宜智
（2019 年 4 月 10 日）

经市场监管总局批准，今天我们在重庆召开全国市场监管部门广告监管工作会议。这次会议，既是工作会，也是现场会，将组织大家实地考察学习重庆国家广告产业园区建设运营的经验；既是监管会，也是发展会，将谋划部署在加强广告市场监管中优化服务，促进广告产业高质量发展。这次会议的主要任务是，深入学习贯彻习近平新时代中国特色社会主义思想和党的十九大精神，按照全国市场监管工作会议的部署，总结 2018 年工作，部署 2019 年任务，统一思想，开拓创新，奋力开创新时代广告工作新局面。

刚才，10 家单位做了大会交流发言。其中，上海、重庆、江苏、福建、河南、海南、云南、陕西 8 家省级市场监管部门代表，从优化广告营商环境、制定完善广告法规章、互联网广告整治、虚假违法广告整治、广告监管执法等不同侧重点介绍了工作经验，人民银行和广电总局 2 家部际联席会议成员单位代表介绍了金融广告、广播电视广告的监管情况。大家讲得都很好。因为时间关系，其他参会单位作书面发言，材料印发与会同志学习参考。“他山之石，可以攻玉。”希望大家相互学习、交流启发、共同提高。

这次会议，我们特别邀请全国整治虚假违法广告部际联席会议成员单位参加，既是向各联席会议成员单位长期以来对广告监管工作的支持表达感谢，也是希望各省级市场监管部门在广告监管工作中注意发挥好联席会议这个机制的作用，畅通信息共享，联合执法办案，加强日常监管，和各家成员单位一起，形成广告监管联合施治、协同共治的局面。

下面，我讲三点意见。

一、锐意进取，攻坚克难，2018 年广告监管工作取得积极成效

2018 年，是全面贯彻党的十九大精神的开局之年，也是深化党和国家机构改革的关键一年。一年来，全国市场监管部门广告条线，坚持以习近平新时代中国特色社会主义思想为指导，认真贯彻落实党中央、国务院和市场监管总局的决策部署，一手抓监管，一手促发展，上下一心、齐心协力，做到了思想不乱、队伍不散、工作不断、干劲不减，各项工作取得新成绩，为经济社会高质量发展作出了新的贡献。

（一）广告导向监管持续强化。全系统认真贯彻落实习近平总书记关于“广告宣传也要讲导向”的重要指示精神，建立完善广告应急处置机制，对涉及导向问题、政治敏锐性或者社会影响大的广告内容实施定向监测，对涉及导向错误的重大虚假违法广告，依法从严从快查处，取得了较好的社会效果。总局指导地方先后依法处置抖音平台侮辱烈士广告案、山东菏泽万达广场利用红领巾发布商业广告案、上海臻海实业有限公司利用色情明星发布商业广告案等一系列带有导向问题的违法广告案件；湖南部署开展户外广告导向内容专项整治行动；新疆持续开展专项检查，先后处置了使用“阿拉利、突厥人”等敏感词语的问题广告；浙江省妥善处置杭州“碱孕宝”性别歧视、温州“租界”菜单、“玺大大”面馆等不良导向广告，取得良好社会效果。2018 年全国未出现系统性广告导向监管风险，广告监管工作的政治敏锐

性进一步提高，广告宣传的正确导向进一步树立，风清气正的广告舆论阵地进一步强化。

（二）广告执法办案不断加强。总局建立完善重点案件协调督办机制，加大统一调度指挥和协调督办力度，先后挂牌督办了“今日头条”“秃大夫生发神药”等广告案件。部署开展互联网广告专项整治，严厉查处社会影响恶劣、公众反映强烈、危害人民群众生命财产安全的虚假违法互联网广告，2018 年全国共查处互联网违法广告案件 2.3 万件，同比增长 55.01%。加大曝光力度，总局共分四批向社会公开曝光典型案件 100 件，有力震慑了虚假违法广告行为。全系统坚持依法行政，保持广告执法高压态势，2018 年全国共查处违法广告案件 4.13 万件，同比增长 27.17%，罚没金额 7.58 亿元，同比增长 22.41%。其中，海南 2018 年立案数是 2017 年的 12 倍，结案数同比增长 917.39%；上海查处案件 5060 件，罚没款总计 1.16 亿元；浙江、河南、福建、安徽等地查办案件数量均有较大提升。这些数据，让人既喜且忧，喜的是说明广告监管执法办案力度加大，成效明显；忧的是说明维护广告市场秩序的任务依然很重，今后需要大家更加努力。

（三）监测监管基础不断夯实。总局顺利完成传统媒体广告监测数据服务招标工作，实现对 1000 余个中央级、省级媒体广告抽查监测。全国互联网广告监测中心实现对 1004 家 PC 端日常抽查监测，探索对 1000 个移动 APP 和 1000 个公众号的抽查监测。全系统认真落实属地监测职责，积极开展广告监测工作，涵盖电视、广播、报纸、互联网、户外广告的广告监测体系不断健全，广告监测监管的科技化、智慧化程度不断提高。江苏将广告监测纳入省政府重点工作，积极构建“三位一体”广告监测体系；北京开发建设了互联网广告监测系统，在互联网广告监测领域实现了新突破；湖北数字化广告监测系统实现全面升级，逐步实现对互联网及户外广告监测；云南设立了广告监测中心，配齐了相关监测人员；河北通过政府购买服务的方式，建立了“智能广告监测云平台”。据统计，2018 年总局抽查监测传统媒体广告涉嫌条次违法率为 0.14%，互联网广告涉嫌条次违法率为 0.58%，监测监管效能进一步提升，作用进一步显现。

（四）广告协同监管不断深化。总局联合中央宣传部、中央网信办、工业和信息化部、公安部等 11 部门召开整治虚假违法广告工作电视电话会议，联合印发《整治虚假违法广告部际联席会议 2018 年工作要点》，对重点案件开展联合部署、联合约谈、联合执法，提高联席会议指挥调度、协调监管能力。总局联合部际联席会议成员单位约谈在境外反动网站上发布广告的中资企业，先后对“世界杯广告”、今日头条“二跳广告”、茅台集团“国酒茅台”等问题广告和百度等互联网公司开展联合约谈和行政指导，取得积极成效。总局会同部际联席会议成员单位对地方互联网广告整治开展联合调研，部门协同监管效果进一步彰显。京津冀举办“广告监管执法协作年会”，提升京津冀地区广告监管执法效能。安徽、广东签订《皖粤两省加强市场监管合作协议》，不断推进跨区域广告违法案件查办协同合作，地区之间协同监管不断加强。

（五）广告审查工作平稳衔接。根据国务院机构改革要求，总局负责指导药品、医疗器械、保健食品、特殊医学用途配方食品（以下简称“三品一械”）广告审查工作。此项职责划转以来，总局及时研究有关工作总体思路，明确工作方向。印发《关于做好药品、医疗器械、保健食品、特殊医学用途配方食品广告审查工作的通知》，对过渡期“三品一械”广告审查工作提出明确要求，确保工作不断档。按照“放管服”改革的总体部署，积极贯彻落实《国务院关于在全国推开“证照分离”改革的通知》《国务院关于加快推进全国一体化在线政务服务平台建设的指导意见》等有关工作要求，及时修改药品、医疗器械广告审查规章的部分条款，进一步优化“三品一械”广告审查服务，着手启动“三品一械”广告审查规章修改起草工作。

（六）指导产业发展取得新进展。广告产业基础不断壮大，2018 年全国实有广告经营单位 137.59 万户，同比增长 22.51%；广告经营额达到 7991.49 亿元，同比增长 15.88%；从业人员 558.23 万人，同比增长 27.4%，为推动我国经济健康平稳发展作出了积极贡献。总局对“发展现代服务业试点重点支持广告业发展”工作进行了全面总结，顺利结束试点工作。修订出台《国家广告产业园区管理办法》，园区建设的系统化、制度化、规范化水平进一步提升。新认定南宁、大连、珠海横琴等 3 个国家广告产业园区，国家广告产业园区总数达到 27 个。开展《广告产业发展“十三五”规划》实施中期评估，积极推动实现规划目标，更好发挥规划引领作用。湖北积极推动减轻广告业市场主体税费负担，暂停征收地方文化事业建设费，有效激发了广告业发展活力。各地举办公益广告论坛、组织公益广告大赛、开展公益广告作品征集，积极促进公益广告发展。陕西组织开展“一县一品”广告助力精准扶贫公益活动，对深度贫困县区特色产业开展集中免费宣传；河北印发广告公益扶贫活动实施方案，制作、发布各类扶贫广告 260 多条，在各级电视台发布扶贫广告约 3261 小时，收到良好效果。

以上成绩的取得，得益于总局党组的高度重视和正确领导，得益于有关部门的大力配合，得益于地方党委政府的关心支持，得益于全系统广大干部职工的共同努力，得益于在座各位同仁的辛劳和智慧，同样也离不开广大人民群众的支持、参与、监督和鼓励。在此，我代表总局党组向大家，并通过大家向广告监管条线广大干部职工表示衷心的感谢！

同志们，回顾 2018 年的工作，我们取得了可喜的成绩。审视当下，工作中仍有不少困难挑战。广告市场秩序与人民群众的感受和期望相比还有差距。虚假违法广告具有反复性和顽固性，同时与假冒伪劣商品或劣质服务密切相关，广告市场秩序是好是坏，群众感受最真实，群众最有发言权。2018 年全国市场监管部门共处理广告投诉 105.73 万件，占投诉总量的 29.6%，同比增长 233.6%，是增长最快的投诉领域之一。经济面临下行压力，指导广告产业发展工作亟须突破。中央经济工作会议指出，要看到经济运行稳中有变、变中有忧，外部环境严峻复杂，经济面临下行压力。广告是社会和经济发展活力的晴雨表，经济下行压力加大，广告投放势必更趋谨慎。在此背景下，地区发展不均衡、发展方式粗放、发展质量不高、创新能力不强、内生动力不足等瓶颈问题，制约着我国广告业发展，亟须破解。广告业统计基础较为薄弱。广告业统计工作是掌握广告产业发展规模现状，把握产业发展趋势，规范广告市场秩序，指导广告产业发展的重要基础和保障。总局在积极推动广告业统计填报工作，地方也在探索开展广告业统计工作的有效途径，个别地区也取得了较好的效果。但各地开展统计工作的方式以及采用的统计口径各不相同，统计工作基础差距较大，行之有效、科学权威的统计体系尚未建立。广告监测机制需要进一步完善。总局层面在监测的时效性、精准性和监测作用发挥、监测结果运用上还有较大的提升空间。地方层面在落实属地监测责任方面还存在不均衡的问题，有的开展得较好，有的开展得较弱，有的甚至没有开展，对监管工作的支撑作用还有待进一步发挥。这些问题，需要引起我们的高度重视，并在工作中采取有针对性的措施予以解决。

二、统一思想，提高认识，深刻把握广告监管工作要求

当前，全国机构改革已顺利落地，打破了原有的“多头管理体制”，打通了生产、流通、消费全过程监管，变“分段监管”为“集中监管”，开启了市场监管工作新篇章，赋予了市场监管工作新任务。新时代、新使命，要求我们必须以更高的站位和视野来审视把握当前和今后一个时期的广告监管工作。

一是要不折不扣贯彻落实党中央国务院关于市场监管工作的指示要求。习近平总书记在中央经济工作会议上强调，要强化竞争政策的基础性地位，创造公平竞争的制度环境，要让老百姓吃得放心、穿得称心、用得舒心。要加强保障和改善民生，下更大力气抓好食品药品安全。李克强总理在视察市场监管总局时强调，没有公正监管就不会有公平竞争，没有公平竞争就不会有市场活力。今年“两会”上，李克强总理再次强调，公平竞争是市场经济的核心，公正监管是公平竞争的保障，用公正监管管出公平、管出效率、管出活力。广告监管是市场监管的重要组成部分，广告市场秩序在很大程度上反映着社会主义大市场的竞争秩序。党中央、国务院对市场监管的高度重视为我们做好广告监管工作提供了强大的精神动力和行动指南。

二是要充分地认识到做好广告监管工作的重要意义。广告业是文化产业和现代服务业的重要组成部分，在服

务生产、引导消费、塑造品牌、推动创新、传播文明、构建和谐等方面发挥着积极作用。广告既有经济属性，也有意识形态属性；广告不仅传播商品和服务信息，也传递思想理念、核心价值，是联系生产和消费的桥梁，承载着人民群众对美好生活的向往。广告监管部门承担着广告市场监管和指导广告业发展的双重职责，一头系着亿万消费者，一头连着亿万市场主体。履行好我们的职责，做好广告监管工作，对于维护社会和谐稳定、推动供给侧结构性改革、促进新旧动能转换、实现我国经济高质量发展具有不可忽视的作用。

三是要正确地认识到机构改革带来的机遇和挑战。机构改革不可避免地带来机构、编制、职能、人员的调整，短期内在工作衔接、模式转化、人员磨合等方面产生一定的影响。但是，机构改革后，稽查执法、信用监管、网络监管、反不正当竞争、质量监督、食品药品安全、知识产权保护等工作都集中在市场监管部门，必将极大地助力我们运用多种手段集中整治广告市场秩序，综合施策推动广告产业实现高质量发展。而且，本次机构改革中，广告监管部门在保留原有职能的基础上，新增加了药品广告、保健食品广告、医疗器械广告、特殊医学用途配方食品广告审查工作，这是党中央、国务院对市场监管部门的信任，也是市场监管总局对广告监管条线的信任。

基于以上认识，全系统要切实增强自豪感、荣誉感、责任感、使命感，深刻学习领会习近平新时代中国特色社会主义思想，特别是关于市场监管的重要论述，认真学习贯彻中央经济工作会议和全国“两会”精神，把党中央、国务院决策部署全面贯彻落实到广告监管各项工作之中，发挥机构改革的整体效应，统一思想，凝聚共识，围绕一个目标，做到两个坚持，聚焦四个重点，勇于担当作为，为实现经济社会持续健康发展作出更大贡献。

围绕一个目标，就是要把营造公平有序、公众满意的广告市场秩序作为工作的出发点和落脚点。公平，主要指对市场主体一视同仁，公平公正监管；有序，主要指各种广告市场行为要合法合规；公众满意，是更高的追求，我们的工作不能仅仅停留在合法合规层面，而是要努力让人民群众从广告中感到精神愉悦、体验美好生活。围绕这个目标，要牢牢把握监管执法这个重心，紧紧抓住执法办案这个关键，在全系统形成敢办案、会办案、善办案、办大案的氛围，聚焦人民群众最关注、反映最强烈的现实问题，公正执法，重拳出击，严厉打击虚假违法广告，捍卫公平竞争广告市场秩序，全力维护消费者合法权益。

做到两个坚持，就是要坚持一手抓监管、一手抓发展，两手抓、两手都要硬，坚决摒弃把广告监管与促进广告业发展对立起来的错误认识，坚决反对单纯强调监管、放弃指导发展的片面做法，正确处理好监管和发展的关系。既要看到监管是为了更好的发展，又要看到发展有助于监管，树立加强监管与促进发展“两手抓”的理念，坚持不懈强化市场监管，为产业发展营造公平竞争市场环境；持之以恒做大做强广告产业，为市场监管提供有力支撑。

聚焦四个重点，就是要认真落实“十三五”市场监管规划，瞄准导向监管、智慧监管、信用监管、协同监管，树立现代广告市场监管理念，创新广告市场监管机制，构建广告市场监管新模式，形成以导向监管为重点、以信用监管为依托、以智慧监管为支撑、以协同监管为抓手的新型广告市场监管体系。其中，导向监管，坚决落实好“广告宣传也要讲导向”的政治责任；智慧监管，积极运用信息化新技术，提升广告监测能力；信用监管，强化对企业的信用约束；协同监管，发挥联席会议各成员单位作用，促进社会共治。

深化市场监管体制改革，加强市场综合监管，需要抓好一些共通性、基础性的工作抓手。比如，一是要健全法律法规，二是要加强信用建设，三是要提升科技水平，四是要加强日常监管。包括广告市场在内的一些市场失序现象，很大程度上都是由于市场主体法律意识淡薄、诚信意识缺失造成的。有些违法企业怕的不是罚点款，而是怕被拉进失信“黑名单”。广告条线要重视用好信用监管这个市场化手段，依托国家企业信用信息公示系统，强化信用激励和约束，倒逼市场主体增强自律意识，依法依规诚信经营。

勇于担当作为，就是要不忘初心、牢记使命，自觉服从、服务于党和国家工作大局，坚决贯彻落实中央决策部署，守土有责、守土负责、守土尽责，坚持在法律授权范围内履行职责，真正做到法无授权不可为，法定职责必须为，“尽职照单免责、失职照单问责”，善于抓住关键、找准痛点，不断提高运用法治思维和法治方式深化改革、推动发展、化解矛盾、维护稳定的能力，以勇于担当的新作为打开工作的新局面。

三、突出重点，真抓实干，扎实做好 2019 年广告监管各项工作

2019 年是新中国成立 70 周年，是决胜全面建成小康社会、实现第一个百年奋斗目标的关键之年。全系统要以习近平新时代中国特色社会主义思想为指导，深入贯彻党的十九大和十九届二中、三中全会精神，全面落实全国市场监管工作会议部署，坚持以人民为中心的发展思想，坚持“广告监管是第一职责、服务发展是第一要务”，突出重点，真抓实干，认真做好 2019 年广告监管各项工作。

（一）公正监管，全力维护广告市场良好秩序

一是要旗帜鲜明讲政治，不断强化广告导向监管。要认真贯彻落实习近平总书记关于“广告宣传也要讲导向”的重要指示精神，牢固树立“四个意识”，坚定“四个自信”，坚决做到“两个维护”，始终坚持正确的政治方向、舆论导向和价值取向，紧紧围绕新中国成立 70 周年、党和国家重点工作、重要会议活动以及群众普遍关心的问题，组织开展广告重点监测、专项监测，及时发现并从重从快查处涉及导向问题、政治敏锐性问题以及妨碍社会公共秩序、违背社会良好风尚、造成恶劣社会影响的违法广告，营造风清气正的广告市场环境。

二是要牢固树立以人民为中心的发展思想，不断加强重点领域监管。针对医疗、药品、保健食品、房地产、金融投资理财等关系人民群众健康安全和财产安全的重点领域，加大案件查处力度，强化对广告监测数据分析研判，加强跨地区违法广告案件的统一调度指挥，挂牌督办重大案件，集中曝光典型违法广告案件。要继续保持高压态势，积极回应群众和社会关切，重拳打击重点领域虚假违法广告，切实履行执法办案职能，严肃查处大要案件，综合运用行政处罚、刑事打击、信用监管、联合惩戒、曝光案件等手段，形成有效震慑，以实际行动践行以人民为中心的发展思想。

三是要坚持问题导向，持续推进互联网广告整治。互联网广告产业规模、互联网广告违法案件数量及罚没款数额，在整体广告工作中占有重要比重，且呈强势上升态势。近期总局印发专门通知，部署各地市场监管部门深入开展互联网广告整治工作。各地要坚持线上线下一个标准、一把尺子、一体监管，以社会影响大、覆盖面广的门户网站、搜索引擎、电子商务平台、移动客户端和新媒体账户等互联网媒介为重点，持续深化互联网广告整治行动，祛除互联网广告“顽疾”。要研究有效措施，加强对互联网用户公众账号、移动 APP 广告等新业态的监测监管。总局将抓紧组织修订《互联网广告管理暂行办法》，压实互联网平台主体责任，进一步加大对违法互联网广告的惩治力度，下大力气净化互联网广告环境。

四是要创新广告监管方式，着力构建广告监管新机制。准确把握市场监管的新思路新要求，主动加强广告监管与其他业务领域的融合，强化重点监管领域、重大执法行动协同配合，发挥综合监管优势。要做好广告领域纳入“双随机、一公开”目录事项的抽查工作，持续加强信用监管，实现广告违法行为行政处罚信息公示率 100%，依法应当公示的信息记于企业名下的归集率 100%。要实施联合惩戒，推动部门间广告监管数据交换，将严重违法失信企业纳入“黑名单”，会同有关部门研究建立广告监管领域联合惩戒和信用监管措施，依法实施信用约束、部门联合惩戒，实现“一处违法、处处受限”。要深化协同监管，完善整治虚假违法广告部际联席会议机制，落实部际联席会议工作要点，针对重大事项及时召开联席会议，开展整治工作情况联合调研。要加强行政指导，综合运用建议、提示、约谈、告诫等手段，对轻微的违法违规行为及时提醒、警告和纠正，“柔性执法”，充分发挥市场主体和行业协会自律作用，引导广告市场主体诚信守法经营，打造充满活力又公平有序的广告市场。

五是要严格落实“四个最严”要求，认真做好“三

品一械”广告审查工作。“三品一械”均是特殊商品，涉及人民群众身体健康和生命安全，党中央、国务院一直高度重视。“三品一械”广告与相关监管工作密切相关，具有较强的社会敏感性，近年来多次引发舆情事件，大家要高度重视，严格按照“四个最严”的标准，做好“三品一械”广告审查工作。要做好顶层设计，加快有关部门规章制定出台。总局将加大对各地审查工作的指导力度，按照不低于 20% 的比例进行抽查。各地要根据自身职责，抓紧完善有关工作制度、工作流程，做好部门间工作衔接，对“三品一械”广告内容严格把关，从严审查。同时，要按照国务院“证照分离”改革工作部署，进一步优化“三品一械”广告审查服务，精简申请材料，压缩办理时限，积极推动“三品一械”广告申请、受理、审查、决定、公开、咨询等环节全流程在线办理。

（二）开拓创新，加快推动我国广告业实现高质量发展

一是要坚持规划引领，抓紧推进产业规划实施。对标对表《广告产业发展“十三五”规划》目标和任务，优化完善工作机制，加强沟通衔接，进一步做好细化完善、衔接落实工作，确保规划任务落实到位。积极推动广告业供给侧结构性改革，增加有效供给和高质量供给，着力为培育创新能力强、具有专业服务能力的大型骨干广告企业营造良好环境。鼓励产业创新，推进产业融合发展，更好发挥广告业创新创业示范基地带动作用。与总局签订省部战略合作协议的 14 个省（区、市）市场监管部门要切实担负起合作协议牵头单位责任，进一步加大工作力度，认真研究合作协议条款，扎实推进合作事项，不断释放改革红利，为广告业发展注入新的活力和动力。加强与有关部门沟通协调，积极推动解决广告领域文化建设事业费有关问题，切实减轻广告行业市场主体税费负担。

二是要激发广告产业园区内生动力，积极推动园区创新发展。在前期工作的基础上，严格落实《国家广告产业园区管理办法》，对已有国家广告产业园区开展抽查考核，及时约谈提醒。加强工作指导，突出地方特色，探索广告产业园区可持续发展的有效路径，努力形成以国家广告产业园区为骨干、区域广告产业园区为补充的广告业集聚发展体系。各地要严格落实总局相关规定，履行好对辖区内国家广告产业园区的指导、监督和规范管理的责任。

三是要积极探索实践，不断推进公益广告发展。认真贯彻实施《公益广告促进和管理暂行办法》，研究制定政策措施，鼓励企业和社会主体提升公益广告思想主题、艺术表现、文化内涵和传播效果，推动我国公益广告健康发展。加强部门联动和深度合作，努力形成媒体、企业、社会团体、大专院校及科研机构等共同发展公益广告的格局，加快建立公益广告可持续发展机制。各地要建立健全公益广告工作机制，推动公益广告与商业广告互相促进、融合，形成多元化良性发展模式，为弘扬社会主义核心价值观发挥更大作用。

（三）强本固基，夯实广告监管工作基础

一是要进一步加强广告监测工作。有效的监测，是有效监管的前提和基础。总局将突出监测重点，提高监测效能，完善监测制度，切实做好对 1000 余家中央、省级传统媒体和 1000 家网站、1000 个移动 APP、1000 个自媒体账号的抽查监测。将进一步压缩抽查监测发现涉嫌违法线索转办时间，互联网广告监测线索实时派发，传统媒体广告抽查监测线索派发时间由 30 天缩减到 15 天。积极探索户外广告抽查监测。加强广告监测数据研判分析工作，加大对地方广告监测工作的指导力度。各地要落实法定责任，压实属地监测、分级监测责任，加强监测经费保障，根据工作需要，设立监测机构或者以政府购买服务方式，健全广告监测网络，统一广告监测标准，提升广告监测效能，积极开展广告监测工作。

二是要抓紧推进广告产业统计工作。总局将加快广告业统计系统硬件招标，修订完善并组织实施《广告业统计报表制度》。各地要充分认识开展广告业统计工作的重要性，按照总局的统一部署，创新方式方法，应对困难挑战，积极借鉴先进地区的经验做法，全面准确、客观真实地摸清底数、明晰情况。加强产业发展分析研判，研究编制广告产业发展指数，为促进广告业高质量发展夯实基础。

三是要积极开展理论研究和培训工作。总局将加快研究进度，对具有普遍性的业务疑难问题出台指导性文件，统一相关执法标准和尺度，破解执法热点难点问题。针对各地机构改革后，许多同志是从其他条线转岗到广告条线，对工作还不够熟悉的实际情况，要充分利用各类培训平台，开展经常性的业务培训，不断提升广告监管干部队伍的工作能力和业务水平。各地要聚焦本地区面临的新情况、新问题、新挑战，积极主动开展干部培训和课题研究工作。注重发挥好研究机构和专业智库的作用，为广告监管和指导产业发展工作提供理论支持和智力支撑。要有计划有步骤地开展宣传工作，广泛宣传全系统严厉打击虚假违法广告、维护良好市场秩序取得的成效，广泛宣传促进产业发展、服务地方经济社会的好经验好做法，动员全社会力量，调动一切积极因素，在全社会营造强大的舆论氛围和良好的工作环境。

同志们，新时代新起点，任务更加艰巨、挑战更加严峻、使命更加光荣，大家要把压力当作动力，把困难当作考验，把挑战当作契机，以良好的精神状态、积极主动的工作态度和抓铁有痕的干劲韧劲，继续奋发有为抓好各项工作，以优异成绩庆祝中华人民共和国成立 70 周年！

在国家广告产业园区创新发展工作座谈会上的讲话

国家市场监督管理总局副局长 秦宜智
（2019年11月28日）

2019年临近岁末年初，我们专门利用一整天时间，邀请各家园区负责人共商共议国家广告产业园区创新发展工作。会议的主要任务是，以习近平新时代中国特色社会主义思想为指导，全面贯彻落实党的十九大和十九届三中、四中全会精神，坚持新发展理念，牢牢把握高质量发展的根本要求，加强国家广告产业园区发展经验交流，深入分析园区发展面临的困难和瓶颈问题，研究探讨激发园区内生动力、促进园区创新可持续发展的有效路径，推动国家广告产业园区高质量发展，在服务和促进地方经济社会发展中发挥更大作用。

广告是市场经济繁荣兴旺的标志，指导和促进广告产业发展是党中央、国务院赋予国家市场监管总局的一项重要职能。总局党组高度重视广告工作，局长、党组书记肖亚庆同志到任后，专题听取广告监管司工作汇报，指出广告既是传统的业态，又是发展中的业态，要求我们立足市场监管总局这一新的平台、新的起点，更加重视广告的社会文化属性和意识形态属性，进一步加强对广告经济属性和业态发展规律的研究与把握，加强对国际广告产业发展前沿趋势的研究与跟踪。去年以来，我先后到昆明、福建、重庆、烟台等国家广告产业园区作了实地调研，昨天又调研了南京国家广告产业园区。总体感到，各家园区立足广告主业、辐射地方经济，在探索和创新中国特色广告产业发展路径和模式方面作出了积极努力，地方党委政府、市场监管部门和园区运营管理机构并肩奋斗，共同为园区发展做了大量工作，成绩是值得充分肯定的。在调研过程中，许多同志表达了进一步推动广告产业园区高质量发展的信心和打算，表达了希望总局能够搭建分享发展经验、探讨发展问题的沟通平台，加强各家园区之间的互学互鉴。今天的会议，就是想回应大家的需求，搭建平台让大家互为师长、充分交流。刚才，20位发言代表分别从市场监管部门、园区运营管理部门等角度，介绍了近年来各自园区发展的经验，分析了目前遇到的困难和挑战，也对下一步工作提出了很好的意见和建议。有道是尺有所短，寸有所长；他山之石，可以攻玉。希望广告监管司认真研究梳理大家的意见和建议，在拟定实施广告业发展规划、政策和广告监管制度措施时充分吸收、积极采纳，也希望各家园区之间取长补短，扬长避短，互相学习切磋，共同提高进步。

下面，结合大家的发言情况，我讲几点意见。

一、建设广告产业园区，是中国特色广告产业发展路径和发展模式的有效探索，有力地促进了我国广告产业集约化、专业化、国际化发展

2011年9月，原工商总局和财政部联合印发《关于开展现代服务业试点支持广告业发展有关问题的通知》，开启了我国广告产业园区建设工作。在此基础上，为进一步扩大试点工作成效，将试点工作引向深入，原工商总局2012年制定并发布《国家广告产业园区认定和管理暂行办法》。八年多来，经过各级党委政府、职能部门、园区运营和管理机构以及园区入驻企业的共同努力，一批广告产业园区建成投入运营、发展蒸蒸日上，成为探索和创新中国特色广告产业发展路径和发展模式的突出

亮点，成为推动我国广告产业高质量发展、积极服务地方经济社会发展的重要平台。

（一）顶层设计不断完善。2011 年《广告产业发展“十二五”规划》首次明确提出“积极稳妥推进广告产业园区建设”，2016 年《广告产业发展“十三五”规划》将广告产业园区建设作为优化广告产业结构的重要举措，提出了“形成以国家广告产业园区为骨干、区域广告产业园区为补充的广告业集聚区框架，辐射和带动广告业集约化发展”的工作目标。中办、国办 2017 年出台的《国家“十三五”时期文化发展改革规划纲要》明确规定，要“加强国家广告产业园区建设”，将国家广告产业园区建设列入重大文化产业工程。各地党委政府、市场监管部门高度重视广告产业园区工作，将园区发展作为支持广告产业发展的重要抓手，为园区发展提供了政策、信息、资金、技术等方方面面的支持，创造了良好环境。截至目前，总局共认定国家广告产业园区 27 个，华北、华南、华东、华中、东北、西北、西南各区域均有分布。此外，根据本地区广告产业发展实际和发展需求，内蒙古、吉林等 12 个省（区、市）市场监管部门认定 49 个省级广告产业园区和若干市级广告产业园区，形成了梯次发展布局。浙江省局抓住建设“文化浙江”和培育万亿级文化产业的政策机遇，指导建设省级广告产业园区 17 个，实现设区市广告产业园区全覆盖。湖南省局充分发挥长沙国家广告产业园区示范引领作用，打造省内“一核三园五基地”广告产业发展格局，集聚效应、辐射效应逐步释放。

（二）园区管理不断规范。去年年初，总结国家广告产业园区发展新的实践，总局修订 2012 年版《国家广告产业园区认定和管理暂行办法》，出台新《国家广告产业园区管理办法》，进一步规范了国家广告产业园区的认定和管理工作，建立健全能进能退的动态管理机制。今年，总局广告监管司进一步加强制度建设，制定了关于国家广告产业园区认定和考核工作的程序规定，以严格的程序规范、严密的制度设计，保障国家广告产业园区管理做到公平、公正、公开。2018 年以来，根据修订后的《国家广告产业园区管理办法》，总局采用随机抽查的方式，组织第三方机构专家，对 8 个园区进行考核评估，将专家在评估过程中发现的问题及时反馈给被考核园区，为园区发展问诊把脉。依照总局的管理办法，各地市场监管部门也积极探索加强本地广告产业园区规范管理。山东省局严把省级广告产业园区认定关，对不符合要求的 3 个省级园区撤销认定，做到了可进可退、优胜劣汰。湖北省局加强对辖区内广告产业园区的指导和规范管理，召开省级广告产业园区汇报座谈会，推动园区间经验做法交流共享。

（三）园区效益逐步显现。近年来，在各有关方面的共同努力下，广告产业园区的经济效益和社会效益逐步释放，不仅有效促进了广告产业集约化、专业化、国际化发展，推动了广告产业的提质增效和转型升级，还为促进消费、拉动就业、支持双创等多方面，作出了巨大贡献。2018 年各国家广告产业园区运营报告显示，北京、中广国际（上海）、南京、常州、长沙、杭州、无锡等 7 个国家广告产业园区当年广告业经营额超过 50 亿元，其中北京、中广国际（上海）、南京、无锡等 4 个超过 100 亿元。各国家广告产业园区积极打造创新创业服务平台，大力推动众创空间建设，部分园区与高校等机构深度合作，培养广告专业人才，以创业带动就业。江苏省局目前共指导建设国家广告产业园区 3 个，省级园区 5 个，市级园区 5 个，2018 年全省各级广告产业园区经营总收入 474 亿元，占全省广告业经营额近 50%，集聚广告及关联企业 3287 家，从业人员 71569 人。昆明国家广告产业园区拓展国际视野，积极探索建设跨境服务贸易企业综合服务国际平台。

（四）发展经验不断积累。近年来，各地市场监管部门指导各级广告产业园区在实践中摸索创新，从运营模式、支持途径、盈利方式、产业发展等多方面都积累了有益经验。总局 2018 年初对广告产业园区试点工作进行总结，经局务会审议，形成《关于开展现代服务业试点支持广告业发展工作总结报告》，对试点工作的主要做法、工作成效和存在问题进行了深入剖析，并提出了下一步工作建议。浙江、江苏等省（区、市）市场监管部门组织专家对辖区内园区开展评估和调研，在掌握第一手资料的基础上“解剖麻雀”、总结经验、剖析问题、研究对策，形成本省广告产业发展报告。烟台国家广告产业园区发挥广告企业在创意设计方面的优势，组建园区内29家企业组成大党建联盟，合作研发党建产品，输出党建服务，走出了一条“党建+园区发展”的特色路径。

在肯定成绩、坚定信心的同时，我们也要充分认识到，现阶段国家广告产业园区发展还存在着许多不足，面临着不少挑战，也遇到了一些影响和制约园区创新可持续发展的瓶颈问题。主要有：一是部分园区过度依靠政策保障和资金支持，收入来源主要靠政府补贴和租金收入，尚未找到多元化的盈利模式，可持续发展能力不足。二是部分园区广告产业发展与本地支柱产业、特色产业结合不够紧密，或者未能充分发挥本地区位优势、彰显文化特色，导致园区之间功能定位雷同，比较优势不明显。三是园区之间的沟通多停留在交流互访的阶段，产业转移对接、产业链上下游项目合作和专业团队智力共享等深层次合作模式较少。有些一园多区的国家广告产业园区也还没有完全实现协同发展、互助互利。四是各园区公共服务平台建设同质化程度较高，广告产业特色和地域重点产业特色不够鲜明。五是基础工作薄弱，普遍存在统计口径前后不一、数据失真的问题，一定程度上影响着科学决策。

二、立足新时代，国家广告产业园区要有新作为、新担当

中国特色社会主义进入了新时代，这是我国发展新的历史方位。我国社会主要矛盾，由人民日益增长的物质文化需要同落后的社会生产之间的矛盾，转化为人民日益增长的美好生活需要和不平衡不充分的发展之间的矛盾。我国经济发展的基本特征，由高速增长阶段转向高质量发展阶段，要使市场在资源配置中起决定性作用、更好发挥政府作用，推进供给侧结构性改革成为当前和今后一个时期经济发展和经济工作的主线。我国国际地位，正处在从大国走向强国的关键时期，不再只是国际秩序的被动接受者，而且是积极的参与者、建设者、引领者。正如习近平总书记强调的，新时代是奋斗者的时代。新时代属于每一个人。立足新时代，置身新时代，我们每一位广告工作者都要响应总书记的号召，以追梦人的情怀，以奋斗者的姿态，认清新时代为广告产业发展带来的机遇与挑战，准确把握广告产业的属性特征、价值担当，进一步做强做优广告产业园区，推动广告产业高质量发展，让广告工作在经济发展、文化繁荣、社会进步中彰显更大作为，发挥更大作用。

一是要把握广告的导向特征，让广告工作在建设具有强大凝聚力和引领力的社会主义意识形态中彰显更大作为、发挥更大作用。新闻舆论工作处在意识形态斗争的最前沿。习近平总书记在党的新闻舆论工作座谈会上，深刻指出，新闻舆论工作各个方面、各个环节都要坚持正确舆论导向；新闻报道要讲导向，广告宣传也要讲导向。总书记对“广告宣传也要讲导向”的鲜明论断，深刻揭示了广告工作的政治属性和意识形态属性，是必须贯穿国家广告产业园区建设发展全过程的“红线”要求，不容许有任何的含糊。近年，在园区发展和广告监管工作中，也出现过一些导向问题，有的是因为政治敏感不够、政治站位不高造成的，有的是疏忽大意、思想懈怠导致的，也有的是一味趋利、把关不严导致的。在广告导向问题上，大家一定要头脑清醒、政治敏感，树牢“四个意识”，坚定“四个自信”，做到“两个维护”，一定要增强法纪观念，掌握广告法律法规的禁止性规定，确保一切广告经营行为不出现导向问题、不触碰法律底线。在守住底线的前提下，大家要提高政治能力，引导园区入驻企业广告经营多做有利于高举旗帜、“两个巩固”（即巩固马克思主义在意识形态领域的指导地位，巩固全党全国人民团结奋斗的共同思想基础）的工作，多做有利于“传播正能量、弘扬主旋律”的工作，多做有利于增强民族凝聚力和向心力、提升中华文化软实力的工作。

二是要把握广告的经济特征，让广告工作在顶住经济下行压力、激发居民消费潜力中彰显更大作为，发挥更大作用。广告不仅是独立的国民经济行业，它还是市场经济的“晴雨表”，畅通经济循环的“润滑剂”，促进经济发展的“助推器”。当前，我国经济运行保持着总体平稳、稳中有进的发展态势，人民生活水平和质量继续提高，但面临的风险和挑战也在明显增多，主要是经济下行压力加大，外需相对收缩，内需动力不足，汽车、手机等消费支撑作用明显弱化，前三季度一些主要经济指标低位放缓。加之外部环境趋紧，保护主义、单

边主义持续蔓延，中美经贸摩擦对经济的影响正在显现，主要国际机构纷纷下调今、明两年世界经济和贸易增长预期。越是经济下行压力增大，我们广告工作者越是要认清肩上的责任。广告一头连接着商品和服务的提供者，一头连接着广大消费者，传递信息、对接需求，对于改善供给结构，激发消费潜力，降低商品库存，畅通经济循环，能够发挥积极的促进作用。广告产业园区是政府“看得见的手”和市场“看不见的手”握手合作的平台。希望大家坚定信心，铆足干劲，进一步提高园区核心竞争力和可持续发展能力，提高公共服务水平，集聚广告主业，培育特色优势企业，努力在经济下行压力中实现广告产业活跃发展，为地方经济发展转方式、调结构增添更大动力，进而带动和促进国民经济其他行业向好发展。

三是要把握广告的文化特征，让广告工作在传播社会主义核心价值观、培育社会文明风尚中彰显更大作为、发挥更大作用。广告创作是一种文化创意行为，广告作品向受众传递生活观念、价值取向、审美情趣等文化信息，承载着人民群众对美好生活的向往。公益广告更是传播社会主义核心价值观、提高公民文明素质和社会文明程度、维护国家和社会公共利益的重要载体。好的广告，能够启迪思想、温润心灵、陶冶人生，甚至能够代表和反映一个时代的风貌，引领和改变一个社会的风气。希望大家牢固树立以人民为中心的发展思想，扎根群众、扎根生活开展广告创作，传承和弘扬中华优秀传统文化，培育和传播社会主义核心价值观，不断为社会、为群众提供高品位、高质量的广告作品。国家广告产业园区的建设发展，要坚持社会效益和经济效益并行，注重引导和规范园区入驻企业在从事广告经营创作时，倡导讲品位讲格调讲责任，抵制低俗庸俗媚俗，客观、真实、艺术地传递商品和服务信息，更好地满足人民群众对美好生活的需求。要积极整合广告设计、制作、发布等专业资源，花更多的精力，做好公益广告工作，让广告工作的社会效益和经济效益同步释放。

四是要把握广告的社会特征，让广告工作在社会稳定、促进就业、改善民生中彰显更大作为、发挥更大作用。就业是民生之本，对于我们这样一个拥有9亿多劳动人口的大国来说，不管经济有多大困难，只要就业这一条稳住，就能够度过任何难关。为了顶住经济下行压力，促进和扩大就业，激发市场活力，在深化“营改增”改革、完善财税政策的基础上，中央实施了更大规模的减税降费。可以说，这是最直接、最有效、最公平的惠企政策，目的也是希望帮助企业增加投资、扩大就业。根据财政部调整部分政府性基金的有关政策，自今年7月1日起，归属中央收入的文化事业建设费，进行减半征收；对归属地方收入的，也在应缴费额50%的幅度内减征。广告产业的核心资产是人，广告创作主要来自人的创意和想象力。互联网经济蓬勃发展，广告新业态、新模式不断涌现，广告产业灵活吸纳就业、带动高层次高水平就业的效应将持续释放。国家广告产业园区的建设发展，要和广告行业高层次高水平人才的培养结合起来，要和高校等机构学生实习见习工作结合起来，发挥政策、信息、资源、技术集聚的优势，打造创新创业的“孵化器”，为大众创业、万众创新注入活力，为促进和扩大就业、保障和改善民生作出贡献。

三、激发内生动力、坚持创新驱动，推动国家广告产业园区健康可持续发展

创新是引领发展的第一动力，创意是广告行业的鲜明特色。当前，推动国家广告产业园区健康可持续发展，关键在于激发内生动力、坚持创新驱动，让广告行业创意创新活力充分迸发。国家广告产业园区建设要全面提升创新能力，提高管理水平和服务能力，实现园区整体发展“提质增效、转型升级”。

（一）努力推动园区管理模式创新。

目前，根据园区运营和管理主体不同，国家广告产业园区主要有三种管理模式，即“政府开发 + 政府运营”“政府开发 + 企业运营”“企业开发 + 企业运营”。每种模式都有其自身的优劣，我们鼓励各地探索，不搞“简单划一”。各家园区要综合分析自身发展水平、发展特点和发展需求，结合当地实际，尊重市场规律，科学选择适合本地特点的管理模式，扬长避短，勇于创新，不断提高运营管理效率，积极探索多元化盈利模式，提升园区科学发展水平。

国家广告产业园区的管理要注重推动多方协同，实

现合力共建。各省（区、市）市场监管部门要切实履行对园区的指导和监督管理职责，及时动态掌握园区发展状况。要积极向地方党委、政府汇报广告产业园区工作，争取地方出台更多支持园区建设和发展的政策措施。要加强与发展改革、财政、税务、文化等职能部门的沟通协调，及时研究解决园区发展中遇到的困难和问题。各家园区运营和管理部门要充分发挥主观能动性，奋发作为，开拓创新，积极探索园区创新可持续发展的有效途径。

市场监管部门对国家广告产业园区的指导和管理要正确处理好政府和市场的关系，用心做好政策指导和优化环境等工作，把市场能做好的交给市场去做，不要过多从微观上干涉园区以及入驻企业的市场行为。要注重发挥国家广告产业园区认定和考核标准的指挥棒作用，通过科学合理的评估指标体系和随机抽查的监管方式，督促引导园区健康可持续发展。要鼓励和引导园区承接政府委托服务，拓宽园区收入来源。要不断提高服务意识，优化服务能力，为园区发展及入驻企业营造良好的营商环境。

（二）努力推动园区服务企业能力创新。

增强园区对入驻企业的黏性和吸引力，提升“国家广告产业园区”含金量，关键在于推动园区服务企业能力的创新。园区要坚持问题导向、需求导向，以满足企业需求、降低交易成本为目标，积极为入驻企业提供人才、租房、税收、融资、信贷、法律、财务、共用技术设备、场所、交流、培训等方面服务，帮助企业提升竞争力，增强抵御风险能力。一是要提高园区公共服务平台的实用性，突出产业特色和地方特色，重在提高服务质量，形成园区核心竞争力，增加对入园企业的吸引力。二是要发挥产业链优势，更多集聚广告产业上下游的发展要素，打造有利于降低企业间交易成本的“园区小循环”。三是要发挥园区平台优势，支持和引导入驻企业差异化定位、抱团发展，扩大企业影响力，提升企业竞争力。

（三）努力推动园区服务区域经济社会发展能力创新。

国家广告产业园区植根于所在省（区、市），园区的价值，不仅在于实现广告产业自身发展，而且还要促进推动广告产业与当地支柱产业、重点产业融合发展。要努力推动园区服务区域经济社会发展能力的创新，发挥辐射和带动作用，服务当地制造业、文化旅游业、特色农业等重点产业发展，服务“一带一路”、区域协调发展、乡村振兴等国家重要战略实施，不断提升园区在区域经济社会发展中的贡献度。

（四）努力推动入园企业技术创新。

科技是第一生产力。技术创新是企业永恒的追求，也应该是园区重要的责任。面对大数据、区块链、人工智能等新技术迅猛发展的新形势，谁率先在科技研究上取得突破，谁率先把新的技术运用于生产经营管理之中，谁就会在竞争中抢得先机，赢得主动。园区要急企业所急，积极为企业引进和培养人才，创造良好环境。要制定激励措施，促使企业在技术创新中奋勇争先。要完善有关政策，推动企业及时采用新技术。

国家广告产业园区发展创新要立足自身实际、突出优势特点。不同园区所在地区情况各异，往往处于不同发展阶段，有着不同的文化底蕴和区位特征，不能完全照搬照抄其他园区的发展经验。要因地制宜，综合考虑园区实力、服务对象特征、区位优势等各种因素，制定具有自身特色的发展战略，打造比较优势，避免同质化、低水平竞争。一园多区的国家广告产业园区，要加强协同发展，实现优势互补，激发“1+1>2”的效应。

广告产业是文化产业和现代服务业的重要组成部分，在社会主义市场经济发展中地位特殊、作用特殊。国家广告产业园区是我国广告产业发展的探索者和引路者，代表着我国广告产业集约化、专业化、国际化发展水平，决定着广告产业服务经济社会发展、服务国家战略实施的力度和成效。让我们以习近平新时代中国特色社会主义思想为指引，全面贯彻落实中央关于广告工作和广告产业发展的决策部署，激发内生动力，坚持创新驱动，齐心协力，团结拼搏，进一步开创国家广告产业园区发展新局面，努力为推动经济高质量发展，实现“两个一百年”奋斗目标，作出新的更大贡献！

中国广告业 40 年回顾与展望
——在中国广告 40 年纪念大会上的主题发言

中国广告协会会长　张国华

（2019 年 1 月 14 日）

尊敬的秦宜智副局长，各位老领导，各位嘉宾，各位朋友：

今天，我们在这里聚会，纪念中国广告业 40 周年，致敬伟大的中国改革开放事业，致敬曾经和正在服务于中国改革开放事业的广告人，相约共同开创新时代广告业发展新局面。这次纪念大会由三个全国性广告行业组织——中国广告协会、中国商务广告协会、中国广告主协会共同主办，各省市区广告协会和企业的代表，香港、澳门特别行政区以及台湾地区的广告界嘉宾出席大会，我们很荣幸邀请到国家主管和相关部门的领导，为广告业发展倾注心血的老领导莅临指导，这是中国广告业进入新时代后一次具有历史意义的空前盛会。在此，请允许我代表主办单位，向光临今天大会，关心和支持广告业发展的各位领导、专家、企业家、广告业的前辈，以及各位广告业同人，表示热烈的欢迎和衷心的感谢！

受主办单位的委托，由我来做今天纪念大会的主题发言。

1978 年 12 月 18 日至 22 日，党的十一届三中全会胜利召开，做出实行改革开放的历史性决策，改革开放是中国人民和中华民族发展史上一次伟大事件，开启了中国社会主义现代化建设的伟大征程。中国广告感知春江水暖，在改革开放中成长壮大，成为中国改革开放事业的参与者、助推者、见证者。

就在十一届三中全会闭幕不久，距今天整整 40 年前的 1979 年 1 月 14 日，上海《文汇报》发表了上海包装广告进出口公司广告科长丁允朋先生写的《为广告正名》一文，针对把广告和“摆噱头”“吹牛皮”“资本主义生意经”联系到一起的现象，提出“有必要当作促进内、外贸易，改善经营管理的一门学问对待”，“应该运用广告给人们以知识和方便，沟通和密切群众与产销部门之间的联系”，发出重新认识广告、发展广告，把广告从极“左”的意识形态中解放出来的呼声，公开为广告正名，成为中国广告业恢复发展的舆论转折点。思想是行动的先导，没有思想解放的号角，就不会有荡气回肠的乐章，我们选择在今天召开纪念大会，意义就在于此。在改革开放的第一缕春风中，广告业迅速春芽破土，节节拔高，蓬勃成长。1982 年，有关部门开展了对广告经营单位第一次全国普查，对推动广告形成行业门类奠定了基础。根据普查结果，到 1982 年底，全国有广告经营单位 1623 家，广告从业人员 1.8 万人，广告经营额 1.5 亿元，中国广告开始形成规模，以新的行业形象，走向经济社会大舞台。

今天，让我们以致敬之情，共同回顾改革开放之初中国广告业具有破土意义和代表性的“第一次”。

1979 年 1 月 4 日《天津日报》发布天津牙膏厂产品广告，这是中国改革开放后第一条报纸广告，也是中国改革开放后第一条商业广告。

1979 年 1 月 28 日，上海电视台播出“参桂补酒”的广告，是改革开放后第一条电视广告。

1979 年 2 月，上海户外路牌广告业务恢复。

1979 年 3 月 15 日，上海人民广播电台播出上海家用化学用品厂“春雷药性发乳”广告，是改革开放后第一条广播广告。

1979 年 3 月 18 日，上海电视台发布雷达表广告，是改革开放后第一条外商广告。

还有第一家专业广告公司的成立，第一个广告行业组织成立，第一个广告学术组织成立，第一个大学广告专业设立，第一家广告专业杂志出版，第一次组团参加国际广告交流活动，第一次承办世界性广告盛会，第一部广告法规的颁布，第一次建立全国统一的广告统计制度，等等，一件件的第一，以及一句句耳熟能详的广告语，一幅幅回味至今的广告画面，刻下了广告业发展的历史足印，打开了一个色彩斑斓的广告世界，广告成为展示改革开放历史和社会发展成就的生动窗口。

“东方风来满眼春”，1992 年初，邓小平视察南方，发表重要的“南方谈话”。同年，党的十四大确定了全面建立社会主义市场经济体制的改革目标，中国改革开放进入新阶段。广告本是市场经济的产物，市场经济目标的确立为广告业发展提供了坚实而丰沃的土壤，广告业迎来大发展时期。1992 年全国广告经营额 67.9 亿元，是上年的 193%，是 1982 年的 45 倍。1993 年全国广告经营额达 134 亿元，是上年的 197%，历史上首次突破百亿元，广告经营单位数量是上年的 190%，广告从业人员数量是上年的 168%，这些统计数据直观反映了这一时期广告业发展的迸发之势。1993 年，原国家工商局和国家计委发布《关于加快广告业发展的规划纲要》，明确了国家支持广告业发展的政策导向，为广告业大发展提供了国家政策支持，给广告人吃了“定心丸”。市场与政策极大激发了广告领域的创业活力，民营广告企业大量涌现，广告创业形成浪潮，“荡起滚滚春潮，扬起浩浩风帆”是这一时期广告业发展的生动写照。一批又一批的人怀着好奇、怀着梦想、怀着热爱投身到广告业，他们为实现广告梦想而拼搏，开创了中国广告业发展的新纪元。

引进外资与技术，在扩大开放中借鉴和提高，是中国广告业快速发展的经验之一。1986 年，世界著名的电通广告和扬罗必凯广告公司进入中国，开中国合资广告公司之先河。在稳步引进外资同时，中国政府积极推动广告业进入国际广告市场，从关贸总协定到世界贸易组织，广告业作为服务贸易的一个领域，是政府间谈判的重要内容。2001 年底，中国加入世界贸易组织（WTO），广告业做出了开放承诺。两年后，2003 年底，中国允许设立外资控股的广告公司，全国广告经营额突破千亿元。2004 年底，全球前 10 名的广告公司已全部在中国设立了合资公司。2005 年底，中国允许设立外资独资公司子公司。“外资广告公司审批”“代理外商来华广告”等有管理烙印的词汇成为历史。广告业对外资全面开放，标志着中国广告业从贸易保护走向充分市场竞争，形成广告业全面开放的大格局。之后，广告业从引进资金、设立外资企业，重点转向引进广告业国际理念、国际信息、国际资源等，众多优质广告企业在市场规则的大浪淘沙中优胜壮大，众多新生的广告企业在市场竞争的大海中学会游泳，经历风雨洗礼，今天，这些企业仍然是中国广告业的骨干力量。

随着我国加快转变经济发展方式和经济结构的战略性调整，从“十二五”开始，广告业抓住国际国内市场的有利环境和科技进步机遇，加强规划引领，实现可持续全面发展。2011 年 3 月，全国人大通过《国家“十二五”规划纲要》，第一次在国家发展纲领性文件中提出“促进广告业健康发展”。11 月，党的十七届六中全会通过《中共中央关于深化文化体制改革推动社会主义文化大发展大繁荣若干重大问题的决定》，明确把广告作为壮大发展的文化产业门类。2012 年国务院发布《服务业“十二五”规划》，进一步提出“大力发展广告业，提高广告业集约化、专业化、国际化发展水平”。广告创意、策划、设计、制作等广告业核心服务列为国家《产业结构调整指导目录》鼓励类，“支持广告业发展，建设广告产业园区”列入国家“现代服务业综合试点”工作，获得中央财政资金支持，广告业发展优质项目得到国家文化产业发展专项资金支持。《广告产业发展“十二五”规划》和《广告产业发展“十三五”规划》相继发布，《中华人民共和国广告法》修订实施。广告业地位显著提升，开始融入国家和区域发展战略，进入了新阶段，迎来了新时代。

回顾 40 年来的发展历程，我们从不同维度盘点中国广告业发展成就：

——产业地位得到确立。确定广告业是现代服务业和文化产业的重要组成部分，并纳入国民经济和社会发展规划体系。国家和地方出台了一系列支持、促进广告业发展的产业政策和措施，广告业对经济、文化的积极作用和社会贡献度越来越得到重视，为广告业未来可持续发展奠定了坚实基础。

——产业规模迅速扩大。1982 年全国广告经营额仅有 1.5 亿元。1993 年突破百亿元，达 134 亿元，2003 年突破千亿，2013 年突破 5000 亿元。截至 2018 年底，全国广告经营额预计超过 7000 亿元没有问题，是 1982 年的 4667 倍，几年以前中国就已成为世界第二大广告国。

——产业结构持续优化。广告市场主体涵盖多种所有制形式，广告业集约化深入推进，广告产业园区建设效应明显，产业区域分布更加适应市场化要求。产业链延伸拓展，产业形态多元，要素齐全。互联网广告呈现规模化、多样化发展，新兴产业要素成为产业发展的重要力量。

——服务能力显著提升。广告业走向专业化、国际化，广告创意、设计、制作水平显著提高，服务领域扩大，服务质量提升。广告新技术、新设备广泛应用，拥有自主知识产权增多，互联网广告助推中小企业开拓市场，活跃经济。广告业自主品牌建设不断增强，一批优质广告主企业和广告企业迈进国际广告市场。

——公益广告广泛开展。公益广告作为宣传国家政策、社会主义核心价值观和创新社会管理的重要形式进入社会生活。公益广告社会参与度不断提高，社会影响更加广泛，公益广告宣传国家和城市形象的作用更加显现。

——行业建设逐步完备。广告行业组织形成体系，行业自律机制逐渐完善，行业组织改革稳步推进。广告教育和职业培训方兴未艾，全国有 400 多所高等院校设立了广告学专业。广告理论创新和成果转化取得丰硕成果。广告业加入国际广告大家庭，国际交往更加频繁，广告业各类国内、国际活动更加活跃。

——行业环境明显改善。广告领域的“放管服”改革不断深化，市场准入行政审批基本取消，广告服务进入政府采购名录。以《广告法》为核心的广告法制体系已经建立，广告监管制度不断完善，公平竞争的广告市场秩序基本已形成，广告规范度不断提升，全社会广告素养逐步提高。

我们为中国广告业取得的骄人成就而骄傲和自豪的同时，也要看到在发展中还存在着差距和不足。广告业规模在国内生产总值中的比重较低，市场主体小、散、弱，产能过剩，结构性矛盾突出。产业形态缺乏标准引领，产业融合度不够，理论研究和成果应用、从业人员的专业服务技能与发展需求还需不断适应。公益广告发展长效机制需要进一步建立完善。行业组织作用需要进一步发挥。广告市场秩序需要进一步规范，广告诚信度需要进一步提升。国家和地方支持政策还没有完全落实到位，广告业发展环境还有待继续改善，等等。我们清醒地认识到，我国已经是广告大国，但还远不是广告强国，广告业创新发展任重道远，切不可有丝毫满足，更不能盲目自大，要扎扎实实做好自己的事情，通过发展解决存在的问题，把广告业做强做大。

广告业经常引用英国作家诺曼·道格拉斯曾说过的一句话，“透过广告，可以看见一个国家的理想”。作家当年讲这句话的语境已经无从查考，但是，它仍然凝练表达了广告与国家、与社会的紧密情怀。回望中国广告四十年，从恢复和起步那一天起，就始终与国家发展休戚与共，始终与改革开放紧密相连。中国广告迈出的每一步，都折射出改革开放的进程；跃上的每一个台阶，都发生在改革开放的重要节点。中国广告融入了改革开放基因，在伟大变革中成长，并且服务了这场伟大变革。

40 年筚路蓝缕，40 年风雨兼程。改革开放成就了中国广告发生的巨大变化和丰硕成果，中国广告从一个侧面充分展现了改革开放的伟大意义。

在 40 年的伟大变革中，广告的功能从单一商业价值到多元的社会价值，是巨大的变迁和价值的升华。“看得着”“听得见”的广告使改革开放的理念深入人心，是对改革开放最大的贡献。广告的作用更加广泛，深刻影响着社会各个层面，于个人，是获取消费信息、增长消费知识、更新消费观念、追求美好生活的重要途径；于企业，是开拓市场、塑造品牌、宣传企业文化、增强自主创新能力的有力工具；于城市，是打造城市文化、宣传城市形象、提升城市竞争力的重要手段；于社会，是弘扬时代主旋律、倡导核心价值观、提升公民道德水平和创新社会管理的重要载体；于国家，是引导消费扩大内需、拉动经济增长、加快转变经济发展方式和提升文化软实力、树立国家形象的积极助推力量。由于广告兼具经济和文化的双重属性，广告业的发展水平已经成为衡量一个国家或地区市场经济发展程度、科技进步水平、综合经济实力和社会文化质量的重要标志。不久前，由全球化与世界城市（GaWC）研究小组编制的全球城市分级排名报告《世界城市名册 2018》发布，该报告被认为是世界城市体系研究领域最为重要和权威的报告之一，报告没有把传统的 GDP、财政收入、人均收入等指标作为衡量城市等级的标准，而是用六大“高级生产者服务业机构”在世界各大城市中的分布作为指标，对世界城市进行排名，主要包括：银行、保险、法律、咨询管理、广告和会计，足见广告业对城市影响力之大，也是广告价值的佐证。

在 40 年的伟大变革中，几代广告人励精图治，春华秋实，携手共铸了中国广告力量，是广告业可持续发展的宝贵精神财富。

——中国广告力量，是服务大局的力量。大局就是方向，中国广告业 40 年，始终贯彻改革开放的主线。实践证明，广告业只有纳入经济社会发展大局，才有价值，才有活力，才有前景。

——中国广告力量，是市场内生的力量。广告是市场经济的产物，市场经济是广告业发展的内生动力。实践证明，广告业只有以市场为导向，正确处理和发挥政府与市场的关系，才能极大解放和发展生产力，调动行业发展积极性，合理配置产业要素，带动行业转型升级，显著提高服务能力。

——中国广告力量，是创新引领的力量。依靠创新开拓，中国广告业走出了具有中国特色的发展道路。实践证明，广告业的理论创新、技术创新、经营方式创新，大大激发了广告创意，给传统的广告信息内容和传播渠道带来变革，使多种专业广告服务得以实现。最为典型的是互联网广告成为广告业价值创新的蓝海，40 年前中国广告业与传统发达广告国家在不同起跑线上出发，而今实现从跟随到看齐到部分引领的飞跃。

——中国广告力量，是健康进步的力量。广告业的健康进步是社会先进生产力和先进文化的组成部分，自我完善是广告业发展不变的主旋律。实践证明，坚持自我完善，培育新生力量，广告业才能保持旺盛的活力。坚持激浊扬清，良币驱逐劣币，广告价值观才能得到社会的普遍认可，广告业才能够的得到社会的支持和尊重。

点点繁星，汇聚银河灿烂，朵朵浪花，追逐大江奔流，中国广告力量源于每一位参与者的劳动和奉献。每一个过去和现在的广告人，每一个毕生坚守的和曾经驻足的广告人，每一个在不同岗位上与广告业“打交道”的政府和社会机构工作者，以时代的勇气、执着、敬业、担当，建设和发展了中国广告力量，培育和支持了中国广告力量，中国广告业将永远铭记，让我们用热烈的掌声向他们表达中国广告业最崇高的礼赞和敬意！

“雄关漫道真如铁，而今迈步从头越”。今天，中国特色社会主义进入新时代，我国社会主要矛盾已经转化为人民日益增长的美好生活需要和不平衡不充分的发展之间的矛盾。从满足人民日益增长的物质文化需要到满足人民日益增长的美好生活需要，从解决落后的社会生产问题到解决发展不平衡不充分问题，深刻反映了国情的变化，为广告业发展提供了更多机遇和更广阔的前景。

进入新时代，广告业正处在一个新的大发展、大分化、大重组、大突破、大创新的阶段，呈现出新的发展趋势。创新对行业的引领作用越来越突出，技术、模式、经营理念的迭代充分展现。互联网广告和传统广告的分化将继续，2018 年，BAT 三家互联网巨头的广告经营额就已经接近全国广告经营额的半壁江山，而报纸杂志停刊的消息不断传来，传统媒体面临转型与整合。新型融媒体继续成长，更加适应经济新常态下的碎片化营销环境。改革市场监管方式，加强事中事后监管，广告会越来越健康，越来越具有正能量。数字广告流量造假欺诈等广告市场新问题将会得到纠正和治理，市场秩序愈加规范。

站在新的历史起点上，中国广告业、中国广告人应该善于把握新趋势，勇于担当新使命，努力实现新作为。

新时代赋予新使命。中国广告业要落实习近平总书记关于“广告也要讲导向”的重要指示，以习近平新时代中国特色社会主义思想为总要求，贯彻“创新、协调、绿色、开放、共享”的发展理念，加强创新驱动和融合发展，努力提高专业化、集约化、国际化发展水平，提高发展质量和效益，增强服务能力，建设广告强国，为服务国家改革开放和经济文化发展做出新贡献。

新使命呼唤新作为。“大道至简，实干为要”，广告业 40 年生动诠释，美好生活是干出来的。发展永不停歇，探索永无止境，中国广告人要继续做改革开放大潮弄潮儿，中国广告业要继续用实践探索发展路径，丰富发展理论，完善发展制度，深化发展文化，以新的作为全面回应新时代，服务新时代，回报新时代。

——坚持广告导向，全面提升广告价值。树立正确的广告导向，是中国特色社会主义广告业的鲜明特点，是广告业必须长期坚持的方向。广告要有温度，要以健康的表现形式表达广告内容，符合社会主义精神文明建设和弘扬中华民族优秀传统文化的要求。建设体现社会主义核心价值观的广告业主流文化，坚决抵制有损国家尊严或者利益，伤害人民感情，违背社会良好风尚的广告。坚持广告活动中的真善美，反对假丑恶及一切庸俗化倾向。

建设中国特色社会主义广告价值理论和广告价值观，是新时代广告业发展的支点。不具备时代价值，就跟不上时代的发展，甚至会被时代所淘汰。广告业的价值是整体的和全方位的，包括经济价值，也包括社会价值。广告业要全面彰显服务经济建设、政治建设、文化建设、社会建设、生态文明建设的重要作用，同时也要发挥行业优势，大力宣传广告业在国民经济和社会发展中的地位和作用，塑造广告业良好的社会形象，形成有利于促进广告业发展的社会氛围。

——优化产业结构，提高服务能力。广告服务能力，是广告业基本价值所在，没有服务能力，广告业就是无源之水，无本之木。要发展适应市场需求的各类广告市场主体，激发广告市场主体活力。努力打造具有国际化服务能力的大型广告企业集团，服务国家自主品牌建设，提高对自主品牌传播的综合服务能力。培育创新能力强、具有专业服务能力的大型骨干广告企业，提高其在广告服务专业领域的竞争力。提升具有细分市场服务能力和服务效率的中小型广告企业专业化水平，促其向专、精、特、新方向发展，满足经济新常态下广告市场的多层次需求。培育具有地方特色的广告创意和设计企业，支持广告工作室等形式的小微广告企业。发挥广告产业园区对广告产业要素的集聚作用，辐射和带动广告业集约化发展。广告业要积极服务国家和区域经济发展，在“一带一路”、京津冀协同发展、长江经济带发展、粤港澳大湾区建设等国家战略建设中有所作为。

——推进行业创新，促进融合发展。创新是广告业发展的不竭动力，是建设广告强国的必由之路。要以“创意、创新、创业”为核心，打造广告业众创、众包、众扶、众筹平台，加快创新成果转化，实现创新成果共享。加快广告业技术创新。鼓励广告企业加强科技研发，促进各种新技术在广告服务领域的应用，推广使用环保型、节能型广告材料，支持绿色发展。加快广告业经营方式创新。支持广告产业与高新技术产业相互渗透，以“互联网＋广告”创新广告媒介形式，形成不同性质和领域间的媒介联动发展。进一步培育广告业创新文化，建设与我国社会主义市场经济文化特征相适应的广告业创新文化理论，总结创新成果，提升创新价值。

融合是新经济发展大势所趋，是广告业发展的良好机遇。广告业要加强广告业内部要素间的融合发展，传统广告媒体与新兴媒体深度融合，建设融合型广告新媒体。支持广告业与互联网产业融合发展，建立新的数字广告生态，以“互联网＋广告”为核心，实现跨媒介、跨平台、跨终端整合服务。落实国家关于推动文化创意产业与相关产业融合发展的战略部署，推动广告业与装备制造业、消费品工业、建筑业、信息业、旅游业、农业和体育产业等重点领域的深度融合，助推产品开发、市场开拓、品牌树立，实现互动互利发展，服务供给侧改革。支持广告业与其他现代服务业、文化产业的融合发展，推进广告业跨行业、跨领域的产业融合，构建新型广告产业生态圈。

——建设广告诚信，推动良性发展。诚信对广告重如生命，诚信经营是广告业的基石，是广告业实现良性和可持续发展的重要条件。虚假广告、广告内容和数据的不真实，不仅损害消费者利益，破坏市场秩序和社会诚信环境，也严重损害广告业自身的形象和利益，伤害广告人的职业荣誉感。全体广告人应该倍加珍惜来之不易的发展成果，自尊自律自强，倡导“诚信广告，从我做起”，“诚信经营，人人有责”，大力推广诚信广告、绿色广告，清除害群之马，绝不能被不诚信的广告、不诚信的经营自毁长城，绝不能让虚假不诚信的广告毒瘤侵蚀广告业的健康肌体。《广告法》是市场主体从事广告活动必须遵守的根本准则，要把遵守《广告法》作为行业底线要求，坚决反对和抵制虚假违法广告，坚决支持监管执法机关惩治虚假违法广告。要采取多种形式，加强《广告法》的宣传与培训，提供行业咨询和建立违法广告提示预警机制，形成知法、懂法、守法的法治氛围。完善行业信用体系，提高广告行业诚信经营单位影响力，共建广告业健康发展环境。广告行业组织要加强行业自律，健全自律规则和职业道德准则，积极推进广告市场自我管理、自我规范、自我净化，为建设“主体自治、行业自律、政府监管、社会监督”的广告市场社会共治格局做出行业应有的贡献。

——营造良好发展环境，减轻广告业负担。实现广告业健康可持续的发展，发展环境至关重要，良好的发展环境是广告业的期盼，也需要广告业和社会各界共同营造。虽然国家支持广告业发展的大政方针已经明确，利好措施不断出台，但是，由于历史原因，在某些方面对广告业的不合理规定至今还没有得到解决，国家对企业减税减赋政策在广告业没有得到很好地体现，国家和地方支持、鼓励广告业发展的政策还没有完全落实，制约广告业发展的一些规定仍然没有取消。比如，向广告业征收文化事业建设费的规定已经持续二十多年，广告业本身就是文化产业，这些年又为国家文化事业发展做出了无私奉献，但是这个规定与当前大力发展现代服务业和文化产业，支持广告业发展的国家政策相背离，与政府为企业大力减税减费的措施不符，与广告业发展的实际严重脱节，已成为广告企业、传统媒体单位、新型互联网媒体发展的沉重负担，应当与时俱进予以取消。政府主管部门、中国广告协会等行业组织、很多广告企业也通过多种渠道积极反映行业诉求，呼吁彻底取消。借此机会，我代表广告界再次呼吁有关部门能够予以关注和关心，使对广告业的这项不合理收费问题尽快获得解决。

——加强行业建设，服务行业改革。广告业是市场化竞争充分的行业，行业建设要反映市场机制对资源配置决定性作用。我们要落实国家关于广告行业标准化的有关规定，推进广告业标准化建设，由行业组织牵头，有关企业和专家参与制定广告业标准，促进广告业质量升级、规范发展。创新广告教育和人才培养模式，建设开放式广告教育和培训平台，加强广告从业人员的职业技能培训，为广告业“大众创业、万众创新”培育人才。建设广告业发展新型智库，为政府制定产业规划和宏观政策提供智力支持，为行业发展提供社会服务，为企业创新提供专业支撑。建设适合广告行业特点的投融资体系和渠道，合理解决广告企业特别是小微广告企业发展资金难的瓶颈问题。建立广告企业无形资产评估体系，为广告创意和广告设计企业提供无形资产评估。积极参与公益广告活动，落实《公益广告促进和管理办法》中广告活动主体对公益广告所承担的责任，将广告活动主体参与公益广告情况，纳入行业自律考评。

行业组织的改革发展，是广告行业建设的重要内容。广告行业组织要按照国家关于行业协会、商会改革的要求加快改革步伐，进一步贴近市场、贴近行业，做行业“娘家人”，协助政府做好行业管理和规范，反映行业诉求，维护行业合法权益，积极整合引导好行业各类活动，更好地服务行业发展。

——提高国际化水平，增强国际地位。成为广告大国得益于开放，建设广告强国更离不开开放，开放是中国广告业面向未来不变的主题。虽然我国广告业规模居于世界第二，但是广告的影响力主要局限在国内，品牌广告和广告企业进入国际市场还不多，与世界第一大贸易出口国和广告大国的地位不匹配，相反，国际品牌的广告大量涌入中国市场，国际大的广告公司全部进入中国，广告服务贸易逆差明显。我们要继续高举开放大旗，坚持“引进来”与“走出去”相结合，提高广告业发展国际化水平，推动广告业成为服务国家开放、树立国家形象的有生力量。要支持更多具有国际视野、国际思维、国际品质和民族特色的国内广告企业走向国际市场，开展对外投资合作，吸引国际广告资源，开展国际化经营，参与国际竞争。两年前，分众传媒在韩国首尔设立了企业，现在已布局多个国家，利用技术和经营管理优势开发和占据了一定的市场份额，是广告业国际化探路者之一。我们要积极参与和深化国际交流合作，加强与国际广告组织、各国各地区广告组织的交流活动，扩大中国广告国际影响力。广告业积极参与“一带一路”建设、制造强国建设等，为更多的“中国制造”“中国创造”“中国品牌”开拓国际市场提供广告服务，用广告树立民族品牌和国家形象，用广告讲好中国故事。

各位广告业同仁，

改革不停顿，开放不止步，“一万年太久，只争朝夕”。今天的相聚是为了明天更好的起步，在未来的发展道路上，一定会有很多艰难险阻，但我们相信，在党的正确领导下，有改革开放的坚强基础和强大动力，有各主管机关、有关部门的大力支持，有全体广告人的不懈奋斗，中国广告业一定会排除万难，建设广告强国的目标一定能够实现！

习近平总书记在庆祝改革开放四十周年大会上发表重要讲话，是党领导全国人民改革开放再出发的宣言和号角，广告业要认真学习和贯彻落实。“行至半山不停步，中流击水再出发”，让我们更加紧密团结在以习近平同志为核心的党中央周围，高举中国特色社会主义伟大旗帜，不忘初心，砥砺前行，团结实干，进一步增强广告业改革开放自信，凝聚广告业改革开放力量，弘扬广告业改革开放文化，共享广告业改革开放成果，共创广告业改革开放新局面，共同谱写广告业改革开放新篇章。

中国广告年鉴 2020

CHINA ADVERTISING YEARBOOK

中国广告业发展综述

Survey of the Development of China Advertising Industry

2019 年中国广告业发展综述

陈刚　董婧

2019 年是中国广告业的大年。自 1979 年广告业恢复发展以后，当代中国广告业走过了四十年的辉煌历程。四十年来，中国广告业在整体市场规模、从业人员数量、媒体形态、服务类型、发展阶段、价值影响等方方面面都发生了由量到质的变化。

2019 年，中美贸易战等全球不稳定因素增加，从国内来看，根据国家统计局发布的数据，2019 年我国国内生产总值 990865 亿元，较 2018 年增长 6.1%，增速略低于 2018 年。这些因素对中国广告业的发展都产生重大影响。但广告业的发展在“新常态”的背景下，整体仍呈现出“平稳上行”的态势，而其中的主要拉动力，来自消费的增长与互联网广告的增长。

在国民经济中，广告业同消费市场具有直接的关联性。根据国家统计局的数据，2019 年，社会消费品零售总额 411649 亿元，比上年名义增长 8.0%（扣除价格因素实际增长 6.0%）；2019 年城镇消费品零售额 351317 亿元，比上年增长 7.9%；乡村消费品零售额 60332 亿元，增长 9.0%。随着中国经济的发展，消费对国民经济的贡献越来越大，占 GDP 的份额超过 40%。实际上，对广告业来说，这是发展的大好时机。广告业的发展折射出消费市场的变化，2019 年，广告业的增长势头总体良好，而且，下沉市场所贡献的增长是主要原因。

根据 CNNIC 发布的第 44 次《中国互联网络发展状况统计报告》，截至 2019 年 6 月，我国网民规模达 8.54 亿，互联网普及率达 61.2%。我国手机网民规模达 8.47 亿，网民使用手机上网的比例高达 99.1%，但是，从增长来看，同 2018 年相比，普及率只提高了 1.6%，移动上网的比例只增长了 0.5%。这意味着中国互联网用户增长接近饱和。这一方面说明，面对互联网用户的数字营销，必须是广告主营销传播的主战场，投入当然不断增加，另一方面，从数字营销传播行业来说，在流量争夺的基础上，必须不断提升技术和服务的优势，通过效果吸引更多广告预算，实现自身的增长。对广告业来说，数字营销带来的变化还在于众多中小企业成为广告主。传统广告时代，这些广告主规模小，预算少，无法利用媒体进行广告营销。而基于互联网平台，这些中小广告主可以量力而行，用不多的广告预算促进自身发展。每个广告主的广告预算不多，但是海量的广告主聚沙成塔，成为广告业的增量。这些广告主，是广告业过去所不包括的部分，而且，经济的波动对头部品牌影响明显，而中小广告主的海量，化解了许多经济下行的冲击，总体广告投放的数量仍然稳健增长。这个部分，是由数字营销技术变化带动的广告业的新的生机。笔者根据现有资料估算，2019 年，仅中国互联网平台的广告类营业额，就应达到 7000 亿人民币左右。

一

纵观 2019 年全年的变化，数字营销传播领域有以下特点：

行业格局快速调整，阵营不断扩大。近年来，数字营销领域一直潜流涌动，2019 年，质变开始发生。笔者将数字营销平台分成以下阵营：（1）领航阵营。阿里继续保持中国第一大广告平台的领军地位，广告类收入超

2000 亿。这一地位短期内是无法撼动的，因为阿里有中国最庞大的用户消费大数据，同时，在技术研发和服务方面实力雄厚。（2）头部阵营是广告类收入超过 500 亿的平台，包括字节跳动、百度、腾讯三家。2019 年，字节跳动广告收入超过 1400 亿，成为中国第二个广告收入过千亿的平台，一举改变头部阵营。依托产品矩阵，下沉战略，头条系成为第三大流量平台，也使得头条系成为中国规模最大的移动互联网公共传播平台，因而具有突出的广告价值；同时，巨量引擎营销平台进一步发力，推动字节跳动开始领军头部阵营。（3）中坚阵营广告类收入百亿左右，包括京东、小米、快手、美团、爱奇艺、360、微博等。2019 年，值得关注的是中间阵营的规模在不断扩大，因资料限制，这一阵营还有一些互联网公司没有列入，但其中京东、快手、美团等 2020 年将会有更大的空间。(4) 基础阵营为广告收入 10 亿以上的平台，比如趣头条、搜狗、唯品会、搜狐等。这一阵营数量最多，但波动性较大。2019 年，一些平台由于各种原因表现不佳，离开这个阵营，但同时，许多新型的平台比如趣头条等不断进入。

技术迭代和优化加速，数字营销平台整合升级。2019 年数字营销的发展，从行业生态来看，依然丰富多元，对于数字营销的理解更加深刻，数字技术的应用更加灵活，从作业流程来看，智能营销闭环已经形成，虽然尚未出现打通式的全智能流程，但每个单元的智能化工具均已出现并应用于市场，数字智能市场调研（PRP）、程序化创意（PCP）、程序化投放（DSP）、数据分析（DMP）等技术更加普及，虽未出现影响产业格局的营销新技术，但技术的迭代和优化在加速。同时，互联网平台也在加速平台内部的数据和资源的整合、打通，为客户提供更加智能的营销工具。例如：字节跳动旗下的巨量引擎在 2019 年进行了持续的升级，在首页、推广管理、数据报表等板块进行重构，智能化程度越来越高；京东在 2019 年 4 月上线京东营销 360，以全新的 4E 营销方法论帮助品牌在“人、货、场”多个维度拓宽营销边界，创造营销价值。

短视频、直播带货备受追捧，数字营销生态更加丰富。随着互联网技术的发展、移动互联网的普及和我国互联网“提速降费”的推广与实施等，从 2018 年起，视频类广告开始大幅增长，尤其是短视频广告呈现出爆发式增长。以抖音和快手为代表的短视频营销成为信息流广告新的增长点。根据艾瑞咨询 2019 年 12 月发布的《中国短视频企业营销策略研究报告》预测，2019 年短视频行业市场规模将达到 1006.5 亿元，2020 年 1 月，抖音母公司字节跳动官宣截至 2020 年 1 月 5 日抖音日活跃用户已突破 4 亿，快手也因在春节期间与春节联欢晚会的携手，在 2020 年 1 月一度冲上短视频 APP 榜首，此外聚集了大量 95 后 Z 时代人群的 bilibili，商业化刚刚起步就成为企业移动营销的热选……据秒针《2019 年度中国互联网广告流量报告》，2019 年移动端视频服务全年贡献近 6 成流量，其中短视频广告流量同比增幅 314.1%。相比信息流图文广告，短视频营销内容更加原生，呈现形式更灵活，移动时代营销传播“一切都是内容”的特点更加突出。2019 年，兼具视频营销和场景营销特质的直播成为广告主电商营销新的主战场，直播使消费者置身于更加真实的场景，并通过主播亲测的方式，提升了对产品的喜爱度和可信度，并最终导流销售。以代表性产品淘宝直播为例，据《2019 淘宝直播生态发展趋势报告》显示从 2018 年起，淘宝直播呈现出极强的爆发性，2018 年直播带货达千亿。另据相关报道显示，2019 年，参与天猫双 11 的商家中，有超过 50% 都通过直播获得了增长，天猫双 11 全天，淘宝直播带来的成交接近 200 亿，超过 10 个直播间引导成交过亿。

需要注意的是，数字营销的竞争日益激烈，竞争的方式和应用的工具越来越丰富。短视频、直播营销虽然增长迅猛，但是，这些形态只是数字营销生态中的一部分。每一种方式和工具都有独到的价值，但是又有自身的不足。对各类新的形态，要高度重视，但要了解其价值和不足，综合运用各种方式和工具，才能取得理想的营销效果。

二

在 2018 年的中国广告发展综述中，笔者曾经谈道：“2018 年，电视、互联网、户外三大广告平台‘三足鼎立’

的局面被打破，形成了‘以互联网为主导，电视与户外为两翼’的新格局。”这个格局，是电视等媒体发展无法改变的背景。

坚持大公共传播平台的价值，融入数字传播，是2019年电视媒体发展的主要策略。在自上而下改革推力的促进下，基本形成了多屏多网多介质的线上线下传播矩阵，传播渠道得到拓展，人群覆盖率显著提升。2019年，传统媒体数字化升级典型代表就是中央人民广播电视总台的数字化升级战略，从发展战略、组织架构、人员结构、节目内容、呈现形式等多方面积极改革，在抖音、快手等开设“主播说联播”、打造“中国诗词大会”等节目IP，2019年上线中国首个国家级5G新媒体平台“央视频”等，媒体的影响力显著回升。

至少在目前来看，电视媒体在品牌打造方面还是具有不可替代的价值。头部品牌虽然加大在互联网营销上的投放，但都非常重视电视广告的价值。而2019年一个很有意思的现象，就是数字营销平台的头部企业和头部电商企业，都纷纷利用各种方式，加大在电视广告、电视营销的投入力度，包括快手、趣头条等新型的平台，密切同中央人民广播电视总台合作，在竞争中努力提升自己的品牌。

但即便如此，传统电视媒体的广告收入仍在断崖式下跌。这是由于互联网已经确立了在营销中的主导地位。而电视媒体在适应数字营销的变化过程中，并没有很好的对策。广告主需要品牌，但更需要精准，需要广告带来销售转化。电视媒体从理念、管理模式，到大数据的积累和技术的研发应用，没有办法适应广告主需求的新变化，并且，电视媒体无法为海量的中下企业提供广告服务；同时，对于营销数据的挖掘分析已越来越多的用于企业的产品创新和生产，互联网平台的庞大消费用户当然是品牌传播的聚焦对象。比如：2019年阿里利用数字技术为企业提供客户资源运营及产品创新能力的价值被广泛接受和认可。很多企业包括跨国公司在内，都已将天猫作为其新品发布的最重要的平台。2019年“双11”，仅在天猫平台就有超过100万款新品收发，新品销售占到双11整体销售的15%左右。这些变化对电视媒体的品牌传播价值带来分流。

户外广告作为出现最早的媒体形态，因其与人们日常生活场景的高度融合，在进入数字时代后受到的冲击与其他传统媒体比较相对较小，且伴随着户外广告数字化、程序化的发展，与互联网技术结合的户外广告价值还在提升。2019年，户外广告的程序化发展是最重要的亮点。阿里在2018年战略入股分众集团，是户外广告数字化转型的一个标志性事件。2019年，分众与百度领投的新潮竞争激烈，京东等平台也积极进入户外广告领域。在这个领域，分众不断探索和转型，对公司进行架构调整，并于2019年底上线基于物联网的云端KUMA新一代智能广告平台，可进行实时动态化库存及订单管理，在线进行广告排播和素材管理，实现智能化广告排片及设备管理。同时，自动远程上刊推送，完成“选点—排期—排播—售卖—素材—排片—上刊”的一站式系统化操作。分众还同步构建了第三方广告实时监测体系和户外电视收视率系统，并通过与阿里的跨屏合作，完善线下媒体营销效果的全程分析。

程序化户外广告，就是户外广告融入数字化，将使户外广告成为数字营销闭环中的重要端口，放大户外广告的价值，从根本上改变户外广告的业态。2019年，是中国户外广告数字化过程的关键一年，虽然取得了突出进展，但任重而道远。

三

2019年，经济下行、中美贸易战等导致广告主信心明显不足，广告主整体营销预算收紧，据CTR央视市场研究2019年9月发布的《2019中国广告市场趋势》表明，增加广告预算的广告主比例，达近十年最低。即便如此，广告主在数字营销上的投入仍呈现上升趋势。除了大的品牌广告主外，伴随着互联网发展成长起来的中小企业也是数字营销广告投放不可忽视的力量。

如果用一句话概括2019年广告主的显著变化，那就是数字服务化转型在加速，表现在广告主对数字营销理解更加深刻，应用更加熟练。

愈发重视品效合一中的“效”。在经济下行的压力下，预算收紧后，广告主更加重视营销投入所带来的实际转化。数字营销最大的特点就是“品效合一”，让广告主更清楚自己的广告费花在哪里，产生了多大的效果，带来了多少转化和回报。2019 年互联网广告收入整体增长，尤其是短视频、直播电商这类效果类的营收涨幅最大，一方面确实是大势所趋，因为在向数字社会转型的过程中，人们的生活已向由数字技术构建的数字生活空间转移，导致广告主预算流向的变化，但更反映出广告主对数字营销“品效合一”中“效”的重视。尤其是在社会经济增长进入新常态之后，广告主预算更加理性化，就更会在意花出的每一分钱所带来的效果转化。

公益内容与品牌传播有机融合。“广告宣传也要讲导向”。广告业是服务人民美好生活需要的一种工具，而广告业的社会责任则通过公益得以更好地体现，在社会技术改变人类社会发展的进程中，整个社会的变化需要我们利用专业的方式，创造更多的公益内容。在过去，公益同商业是分开的，但是在数字时代，一切都是内容，公益和商业的界限变得模糊。通过公益和品牌的结合，可以帮助广告主更好地解决在强调品效合一的数字营销中，更好地为品牌增值的问题，而公益在品牌的支撑下也可以更好地发挥作用，成为具有实效的公益活动。比如：2019 年屡获国内外广告赛事大奖的案例“一个人的球队”，由腾讯公益、中国人体器官捐献中心等共同合作完成。该项目吸引了总共有包括中央电视台、新华社等主流媒体在内的 408 家媒体进行了报道，报道量达 1335 篇。但更加值得关注的是，《一个人的球队》播出之后，一年之内中国人体器官捐献中心已收到 80 万人的器官捐赠志愿登记，这一数字超过他们过往 9 年登记人数的总和。与此同时，参与支持这项公益传播的企业品牌价值也得到提升。

数据成为企业的核心资源。2019 年，“私域流量”是营销传播行业热议的话题之一。一直以来，互联网平台都是大数据的所有方，平台方凭借流量增长汇聚数据，通过平台生态内数据打通准确地分析数据，帮助广告主精准地找到生活者，广告主的营销主要是结合自身需求，依靠对平台数据的分析挖掘，去寻找符合自身需求的生活者大数据，与其沟通，进行转化。近年来，越来越多的广告主企业开始关注，除了如何更好地让这些平台的大数据为我所用之外，如何将这些流量带来的属于自己的生活者大数据进行留存，发挥作用。互联网头部企业也开始借助自己的产品帮助企业导流、沉淀、经营自己的数据。比如腾讯小程序、天猫“旗舰 2.0 升级计划”、快手升级商家号的数据沉淀功能等，对于这些沉淀在企业内部的数据、流量的分析运用，不仅可以帮助企业更清晰地描述消费者画像，也可在与平台数据进行精准匹配后，以更节约的成本找到更多的目标消费者。同时，对私有数据的挖掘，可以让企业更准确地了解自己用户的需求，从而加强新品研发的针对性，减少生产的不确定性。

数字生产方式变革未雨绸缪。5G 的商用，最重要的应用空间是企业级应用。在 5G 的基础上，物联网会加速发展，生产资料、生产产品都会成为物联网的一部分。物联网的大数据会迅速积累，这些大数据与互联网的生活者消费大数据、社交大数据的结合，将会使得企业的生产在大数据的基础上运行，形成数字生产方式。2019 年，是广告主从数字营销走向数字生产的转折之年。一旦企业开始进行数字生产，将会彻底改变现有的数字营销模式和格局，带来整个广告业的重大革命。

四

从整体上看，数字营销的变革，对第三方代理公司的冲击尚在深入。首先，传统的广告企业，积重难返，压力空前，但是由于广告公司的轻资产特色，以及中国市场的多元化，这类广告企业可以依赖数个稳定的客户提供广告服务，在帮助客户利用传统媒体营销的同时，做一些互联网投放以及社会化媒体的服务，所以，生存的能力暂时不会受太大影响。但是，从未来的发展来看，前景充满挑战。

与传统广告公司相比，新兴的数字营销公司还处于上升发展势头。笔者认为，2019 年，数字营销公司发展的突出特点，是整个行业开始结构化。

第一类是综合服务代理公司。这类公司为数不多，但规模较大，具有较强的运营能力。通过高品质的服务吸引广告客户，通过自身的实力以及与互联网平台的良好关系，获得优质资源和优惠价格，提供从策略、创意、内容生产、优化到发布的全链路服务。

第二类是技术优化服务的公司。这类公司为技术驱动性，偏重于大数据深度分析和智能应用，可以针对某一客户、某一行业，提供针对性的服务，提升效果，减低成本。这类公司一般为中等规模的公司。

第三类是创意内容生产服务类的公司。创意内容决定整个行业的品质。由于数字营销需要规模化、个性化、即时性的内容，内容的服务催生了各类提供内容生产服务的公司，包括创意热店、程序化创意、MCN 等。这类公司一般很难规模化，但是由于需求旺盛，数量众多，活跃度很高，波动性也较强。

2019 年，作为国内最大的广告类企业，蓝色光标的变化最为引人注目，该公司 2019 年扭亏为盈，实现营收 280.85 亿，同增 21.56%；归母净利 7.2 亿元，同增 85.12%。分析其变化的主要原因，一个是出海业务规模继续扩大，效益提升，另一个是短视频营销成长迅猛、游戏回暖等因素。2019 年短视频营销的爆发，蓝标成为最大的受益者之一。而这一切的变化，离不开蓝标在数据与营销技术方面的投入和积累，蓝标在线营销平台被认为是同类企业中较为完备和成熟的工具。笔者认为，蓝标代表了数字化综合服务代理公司在新时代的探索。尽管逆全球化暗流涌动，中国广告客户的全球化冲动是不可逆转的。数字时代，全球化必须是基于互联网的全球化，不再是传统媒体时代品牌全球化的套路。在这个方面，蓝标是引领者。作为 Facebook、Google 等全球平台主要代理商，蓝标成为中国企业数字出海的重要服务伙伴，业务也稳健发展；而依托策略、创意、内容生产、优化、发布的技术支持和团队实力，蓝标抓住了短视频爆发、游戏回暖等机会，取得了 2019 年的突出业绩。

但是，无论是传统广告企业，还是数字营销类的广告企业，第三方广告企业的最大挑战在于正在到来的 5G。5G 将加速广告主的数字服务化转型，改变生产方式和经营方式。数字服务化将使得广告主的营销需求发生重大变化，对广告公司的发展一定会产生根本的影响。

五

2019 年是中国广告发展四十年，也是广告活动的大年，广告业内举办了诸多以“四十年”为主题的纪念交流活动，总结过去，展望未来。代表性的活动包括：2019 年 1 月 14 日，在北京国家会议中心举办的“中国广告 40 年纪念大会”，该活动由中国广告协会、中国商务广告协会、广告主协会共同举办，包括国家市场监督管理总局、中宣部等国家机关、广告行业界、学界、行业组织等在内的 450 余人参加了本次大会。2019 年 7 月 11 日，由中国广告协会和北京大学新闻与传播学院联合举办的“中国广告发展四十年学术论坛暨 2019 中国广告学术研讨会”，既汇集了我国广告业发展的各个阶段的代表性人物，也有目前广告产业发展的中坚力量，更不乏致力于推动广告教育和行业发展的后起之秀，包括国际广告协会会长、美国广告学会会长（2016）等海外嘉宾在内共有 200 余人参与。

2019 年，对于中国广告学术发展也是具有历史性意义的一年。2019 年 10 月，在江西南昌举办的第 26 届中国国际广告节上，首次设立并颁发了中国广告长城奖（广告学术类），共有包括《上海广告史》等在内的 9 部学术作品获奖。这是中国广告学术发展史上第一次举办国家级学术奖项评审。40 年来，伴随着广告行业的快速繁荣发展，涌现了很多颇具分量的广告奖项。但一直没有权威机构针对广告学术研究的发展和创新设立专门的奖项。中国广告长城奖（广告学术类）的设立，有利于鼓励学术创新，形成研究标准，必将对中国广告学术发展产生重要影响。

广告学术的全球交流，是 2019 年的亮点。虽然全球化的变化更加复杂，但中国的数字技术、产品、服务和研究等都已成为国际同仁关注的热点。2019 年 7 月 12 日 -16 日，由美国广告学会、中国广告协会、北京大学新闻与传播学院联合主办，巨量引擎独家战略合作的“智慧传播引领数字世界——2019 美国广告学会全球会议”在北京大学成功举办。这是近年来在我国举办的规模最大、层次最高的广告专业国际学术会议。会议期间举办了包括主论坛和平行分论坛在内的20多场分享和研讨，同时组织与会嘉宾到字节跳动、微博、小米等互联网公司进行交流学习。通过本次会议，来自世界各地的广告学者在分享自己的研究观点的同时，对中国智能广告的发展和研究有了更直接和深入的接触，而通过交流，也使中国广告学术界向世界传递了自己的声音。2019年8-9月，在全球广告研究领域的顶级期刊《*Journal of Advertising*》智能营销专刊上，刊发了包括北京大学陈刚教授、上海外国语大学姜智彬教授在内的3篇中国学者的文章，体现出国际学术界对中国智能营销研究前沿价值的关注和认可。

新文科建设的背景下，中国广告教育领域加快转型探索。2019年8月，中国高等教育学会新闻学与传播学专业委员会在兰州大学举办第十八届中国广告教育学术年会暨“新文科与中国广告教育创新发展论坛”，近200位学者参会，产生广泛影响。广告教育的新文科探索，必须与数字技术发展高度结合。自2015年北京大学广告学系率先开启数字营销实战教学后，越来越多的院校开始结合当地资源开展形式多样的实战教学，互联网技术与专业教育的结合更加紧密。在这方面，中国传媒大学广告学院和中国商务广告协会合作，于2019年9月开始数字营销专业方向招生是一个重要标志。同时，通过对教学方式的改造、教学内容的调整、教学资源的整合等多种创新举措，中国传媒大学、暨南大学、深圳大学、广西艺术学院、江西师范大学、湖南工业大学、山西传媒学院、闽江学院等国内多所高校的广告专业入选“国家级一流本科专业建设点”。

2019年，为中国广告四十年的发展画上了句号。这一年是反思和总结的一年。不惑之年，中国广告业对自身发展的规律有了更深刻的认识，更加自信而成熟，开始在全球广告业中发挥举足轻重的作用。在数字技术高速发展的基础上，中国广告业在全球广告数字化转型的过程中，已经处在引领地位。当然，由于各种不确定因素，2019年的中国广告业，承担着许多压力，面临很多挑战，2020年初，新冠疫情的爆发，似乎加剧了整个行业的焦虑。但是，发展的过程始终是砥砺前行，否极之后才有泰来。期待中国广告业在新的历史征程，继续创新发展，不辱使命，为国家和社会发展贡献新的力量。

（陈刚 北京大学新闻与传播学院副院长，教授，北京大学新媒体营销传播研究中心主任，中国广告协会学术委员会主任；董婧 北京大学新媒体营销传播研究中心主任助理，中国广告协会学术委员会委员）

中国广告年鉴 2020

CHINA ADVERTISING YEARBOOK

中国广告业年度统计与数字

Annual Statistics of China Advertising Industry

中国广告业年度统计与数字

2019 年全国广告经营单位基本情况统计表

项目		经营单位（户）	从业人员（人）	广告经营额（万元）	纳税额（万元）
合计		1646733	5968925	86945898.30	7617300.72
其中	国有企业	9053	115446	8380627.43	465503.89
	集体企业	2091	35062	688965.09	76831.22
	私营企业	1193711	3924817	43165604.36	3011107.41
	内资公司（非私营）	131155	778789	11225469.68	1252393.39
	外商投资企业	9958	130493	6447361.40	1660960.00
	个体工商户	258884	777650	2664220.01	120236.62
	事业单位	4181	67213	12690436.16	739080.46
	其他	37700	139455	1683214.17	291187.73
其中	主营广告业务企业	530334	2820918	49356384.67	2759968.48
	兼营广告业务企业	794250	1773293	17907163.44	1327297.31
其中	电视台	3065	53250	13413762.85	458996.82
	广播电台	1124	17472	1288559.27	42006.89
	报社	1608	27266	3741683.19	139988.95
	期刊社	3857	26440	676152.31	53552.31
	网站	105249	405401	15440930.40	1290121.78

资料来源：国家市场监督管理总局，数据不包括港、澳、台地区

2019 年全国广告经营单位从业人员基本情况统计表

项目		小计	管理人员	创意设计人员	业务人员	其他人员
合计		5968925	1408979	1359093	2086271	1114582
其中	国有企业	115446	20546	27022	39911	27967
	集体企业	35062	6467	11269	8798	8528
	私营企业	3924817	925125	930586	1323462	745644
	内资公司（非私营）	778789	176039	179192	309759	113799
	外商投资企业	130493	19958	25614	67115	17806
	个体工商户	777650	217319	154009	268243	138079
	事业单位	67213	13018	10607	26546	17042
	其他	139455	30507	20794	42437	45717
其中	主营广告业务企业	2820918	651285	688889	981964	498780
	兼营广告业务企业	1773293	474280	418266	610692	270055
其中	电视台	53250	10018	14175	16872	12185
	广播电台	17472	3889	2238	8259	3086
	报社	27266	5930	3911	11399	6026
	期刊社	26440	5923	4686	10156	5675
	网站	405401	56934	80592	142420	125455

资料来源：国家市场监督管理总局，数据不包括港、澳、台地区

2019 年全国主要行业广告经营额统计表

项目		广告经营额（万元）				
		小计	按广告业务分			
			设计	制作	代理	发布
合计		86945898.30	11277396.20	11011023.30	16736430.12	47921048.68
其中	国有企业	8380627.43	576846.55	495616.88	1541803.61	5766360.39
	集体企业	688965.09	379829.14	74410.31	41571.95	193153.69
	私营企业	43165604.36	6486537.01	6396383.46	9215317.06	21067366.83
	内资公司（非私营）	11225469.68	1115427.12	1206831.21	1663668.45	7239542.90
	外商投资企业	6447361.40	1000213.78	458055.49	2855580.42	2133511.71
	个体工商户	2664220.01	552907.57	815126.92	402093.23	894092.29
	事业单位	12690436.16	867983.21	1311007.76	588212.89	9923232.30
	其他	1683214.17	297651.82	253591.27	428182.51	703788.57
其中	主营广告业务企业	49356384.67	7242209.07	6858010.92	10894496.42	24361668.26
	兼营广告业务企业	17907163.44	2304211.33	2713435.60	3190211.06	9699305.45
其中	电视台	13413762.85	1237756.09	1154227.83	802882.26	10218896.67
	广播电台	1288559.27	124664.41	122559.26	241594.41	799741.19
	报社	3741683.19	526339.42	233493.90	265639.06	2716210.81
	期刊社	676152.31	99708.15	35274.56	41128.56	500041.04
	网站	15440930.40	1199799.22	1119754.96	2086449.62	11034926.60

项目		广告经营额（万元）			
		按商品和服务类别分			
		食品	其中：保健食品	药品	酒类
合计		9193481.37	2442538.38	2949775.97	2709057.34
其中	国有企业	858510.49	157067.59	351483.60	215014.71
	集体企业	41454.14	8910.23	23707.84	33580.57
	私营企业	3574176.15	1155514.94	1264384.60	1237094.42
	内资公司（非私营）	1391201.63	168093.36	232814.09	172549.54
	外商投资企业	709047.26	64490.49	148392.70	224126.91
	个体工商户	267826.45	67364.14	106423.96	124549.40
	事业单位	2126498.60	744120.22	742491.05	618857.97
	其他	224766.65	76977.41	80078.13	83283.82
其中	主营广告业务企业	5617139.67	1170830.58	1650709.99	1590454.43
	兼营广告业务企业	1869868.77	457780.14	751282.30	297844.43
其中	电视台	2015504.27	558606.57	597833.79	683752.62
	广播电台	98769.83	36770.07	115006.44	48556.41
	报社	232763.78	96868.00	184040.12	105495.81
	期刊社	51630.20	19841.88	63646.54	57031.99
	网站	1300936.40	215463.59	435407.07	238143.34

项目		广告经营额（万元）			
		按商品和服务类别分			
		烟草	化妆品及卫生用品	其中：化妆品	房地产
合计		126498.13	6810361.05	4789478.58	8848932.27
其中	国有企业	8516.69	253515.63	142415.53	712633.48
	集体企业	105.71	421010.81	372044.74	41749.21
	私营企业	105385.14	4028011.04	3002307.39	4722712.23
	内资公司（非私营）	6386.88	396708.12	221679.68	989887.67
	外商投资企业	791.64	832227.75	693286.00	156806.54
	个体工商户	2415.58	107644.35	38493.98	487679.28
	事业单位	2061.68	610560.40	210340.58	1543340.34
	其他	834.81	160682.95	108910.68	194123.52
其中	主营广告业务企业	110726.77	4226639.36	3364917.57	5735784.93
	兼营广告业务企业	7235.56	1753233.31	897023.55	1745349.01
其中	电视台	794.10	1482068.62	929682.72	939204.40
	广播电台	337.50	83530.59	37381.92	146578.53
	报社	980.19	170832.13	110925.77	513072.47
	期刊社	1115.40	55699.25	42996.90	104304.99
	网站	55968.20	1086475.46	712393.81	1200461.09

（续）

项目		广告经营额（万元）			
		按商品和服务类别分			
		家用电器及电子产品	信息传播、软件及信息技术服务	金融保险	服装服饰及珠宝首饰
合计		3774081.83	4923718.82	2498924.90	2413267.25
其中	国有企业	200038.38	366479.65	218889.17	105283.26
	集体企业	8969.49	11384.93	10030.03	12830.99
	私营企业	1922831.70	2304366.74	1167571.07	1339412.82
	内资公司（非私营）	332523.41	789038.67	262419.23	175063.52
	外商投资企业	431333.01	780785.35	185765.66	262976.11
	个体工商户	136519.25	77539.46	63442.41	105678.97
	事业单位	664149.09	491229.71	572693.20	352066.81
	其他	77717.50	102894.31	18114.13	59954.77
其中	主营广告业务企业	2302543.96	2509256.59	1669175.75	1276250.37
	兼营广告业务企业	576230.98	1104861.97	423588.64	601127.67
其中	电视台	659466.13	459704.40	244206.28	403620.65
	广播电台	46967.16	31887.77	73166.45	25241.23
	报社	87725.25	88679.34	130086.60	66667.20
	期刊社	20072.64	19242.87	46340.60	25656.45
	网站	533985.82	1366703.66	548133.52	431209.73

项目		广告经营额（万元）			
		按商品和服务类别分			
		招工招聘及其他劳务	汽车	医疗服务	医疗器械
合计		746037.75	8062591.91	1351529.74	678589.95
其中	国有企业	29701.76	485248.00	47261.81	30248.53
	集体企业	17388.85	8084.21	3941.79	15730.46
	私营企业	471904.64	4499175.68	747825.51	419189.71
	内资公司（非私营）	40669.42	906976.71	179540.43	25256.97
	外商投资企业	10390.56	1095607.27	9783.02	7293.88
	个体工商户	39653.39	115312.56	100238.76	41698.61
	事业单位	129923.50	812694.20	233816.06	115400.78
	其他	6405.63	139493.28	29122.36	23771.01
其中	主营广告业务企业	452359.20	5631419.16	882521.06	411108.71
	兼营广告业务企业	176943.39	1013935.60	275071.20	176958.57
其中	电视台	56547.42	749646.40	128646.83	57356.49
	广播电台	17290.46	117643.10	30126.67	10252.59
	报社	64128.60	241734.31	73076.83	29342.80
	期刊社	8096.32	37212.77	15414.57	12418.41
	网站	150555.69	1098611.48	190959.63	114358.52

项目		广告经营额（万元）			
		按商品和服务类别分			
		农业生产资料	生活美容、休闲服务	旅游	教育
合计		364334.12	1728847.22	2378043.69	962671.29
其中	国有企业	23511.36	163850.81	153514.76	21829.52
	集体企业	10850.44	2400.54	4004.64	2117.86
	私营企业	210291.85	940009.46	1210713.05	519680.97
	内资公司（非私营）	13934.63	223720.25	111965.61	203802.84
	外商投资企业	3560.60	63217.99	393507.00	29813.58
	个体工商户	26998.00	113109.65	66437.72	48005.91
	事业单位	68393.66	174714.67	425270.57	120589.91
	其他	6793.58	47823.85	12630.34	16830.70
其中	主营广告业务企业	172333.27	995060.96	1681580.27	590524.95
	兼营广告业务企业	108005.08	389705.32	278603.91	270225.97
其中	电视台	58430.25	110966.69	334625.47	49438.93
	广播电台	4994.03	29042.15	28302.28	13091.53
	报社	11759.89	55007.58	52413.39	40008.11
	期刊社	4782.15	13759.40	12009.06	6952.61
	网站	75597.48	392496.47	464500.14	176265.35

（续）

项目		广告经营额（万元）			
		按商品和服务类别分			
		出入境中介	批发和零售服务	收藏品	其他
合计		295775.89	2334085.94	274249.35	23521042.52
其中	国有企业	3075.07	94359.75	5853.13	4031807.87
	集体企业	1047.46	6134.81	1388.00	11052.31
	私营企业	195026.52	1286440.20	170327.30	10829073.56
	内资公司（非私营）	26986.47	222201.03	27395.35	4494427.21
	外商投资企业	6374.43	93999.83	3640.13	997920.18
	个体工商户	4917.25	81227.68	4195.04	542706.33
	事业单位	57369.04	418535.09	60176.33	2349603.50
	其他	979.65	131187.55	1274.07	264451.56
其中	主营广告业务企业	177160.77	1291752.90	144105.18	10237776.42
	兼营广告业务企业	98254.62	626773.88	107390.69	5254672.57
其中	电视台	11151.19	215164.08	23372.64	4132261.20
	广播电台	1428.18	72034.50	7613.05	286698.82
	报社	4017.74	96213.85	7072.43	1486564.77
	期刊社	318.14	16491.65	1684.99	102271.31
	网站	127839.29	450240.69	83402.52	4918678.85

资料来源：国家市场监督管理总局，数据不包括港、澳、台地区

2019 年全国各地区广告经营情况统计表

地区	经营单位（户）	从业人员（人）	广告经营额（万元）
北京市	40,174	137,729	25,655,376.29
天津市	44,645	344,929	2,453,225.14
河北省	67,002	220,396	513,416.85
山西省	5,129	10,228	198,969.67
内蒙古	2,770	7,081	29,031.80
辽宁省	18,514	128,954	756,852.23
吉林省	27,468	168,285	561,850.66
黑龙江	13,695	32,709	237,207.91
上海市	431,984	411,827	6,354,791.00
江苏省	120,072	608,413	9,534,506.47
浙江省	77,120	457,991	6,962,271.20
安徽省	24,512	196,774	1,652,790.87
福建省	30,273	125,881	1,430,217.93
江西省	16,493	120,078	875,180.79
山东省	127,341	572,075	5,792,818.59
河南省	9,335	52,098	571,879.81
湖北省	46,237	211,706	2,303,320.30
湖南省	114,431	584,913	3,553,582.09
广东省	107,063	377,434	11,810,748.44
广西	54,073	110,266	210,366.57
海南省	25,644	55,625	279,619.55
重庆市	102,020	702,456	1,288,340.25
四川省	44,493	164,037	2,236,707.97
贵州省	58,685	41,188	565,649.04
云南省	13,241	44,101	780,173.28
西藏	435	1,435	2,000.00
陕西省	3,828	25,504	24,663.00
甘肃省	3,843	13,143	75,782.61
青海省	1,613	4,349	26,372.34
宁夏	1,002	3,334	5,112.80
新疆	13,598	33,986	203,072.85

资料来源：国家市场监督管理总局，数据不包括港、澳、台地区

2019 年全国查处广告违法案件情况统计表

项目		案件总数（件）	其中：按违法性质分			责令公开更正（件）	责令停止发布（件）	停业整顿（户）	吊销证照（户）	罚没金额（万元）	移送司法机关	
			虚假广告	非法经营广告	其他						案件数（人）	人数（人）
合计		37399	20830	1419	15150	1680	15985	21	5	64619.50	17	16
按罚没金额划分	1 万元以下	26713	15329	858	10526	-	-	-	-	-	-	-
	1 万 -5 万元	8410	4349	409	3652	-	-	-	-	-	-	-
	5 万 -10 万元	939	513	37	389	-	-	-	-	-	-	-
	10 万 -50 万元	1179	553	103	523	-	-	-	-	-	-	-
	50 万元以上	158	86	12	60	-	-	-	-	-	-	-
按违法主体划分	广告主	25757	15411	957	9389	1342	11727	21	5	42958.52	13	10
	广告经营者	1837	918	268	651	80	612			4300.03	1	1
	广告发布者	8032	3768	186	4078	161	3240			14393.14	3	5
	其他	1773	733	8	1032	97	406			2967.81		
按违法媒介划分	电视	1322	556	74	692	84	534			3753.83		
	广播	356	67	47	242	9	187			1195.79		
	报纸	1042	63	20	959	13	103			976.46		
	期刊	60	12	2	46	2	6			166.44		
	户外	4072	2276	306	1490	190	1399	15		7850.08	1	
	印刷品	3974	2203	337	1434	146	1794			8682.89	1	1
	网络	20263	12267	505	7491	1046	10037	2	3	29660.98	5	3
	其他	6310	3386	128	2796	190	1925	4	2	12333.03	10	12

资料来源：国家市场监督管理总局，数据不包括港、澳、台地区

2019 年全国广告经营审批情况统计表

项目		单位	期末实有	本期审批
广告经营许可证	合计	件	-	698
	其中：广播电台、电视台、报刊出版单位	件	-	649
外商投资广告企业项目审批	合计	件	-	2
	企业	件	-	2
	分支机构	件	-	
固定形式印刷品广告	广告发布单位	户	397	313
	广告经营额	万元	-	1930.00
户外广告	经营单位户数	户	-	5077
	广告经营额	万元	-	474465.32
	广告数	个	-	29840
烟草广告审批	合计	件	-	
	其中：户外烟草广告	件	-	

资料来源：国家市场监督管理总局，数据不包括港、澳、台地区

1990—2019 年全国广告业基本情况统计表

时间	经营单位（户）	从业人员（人）	广告经营额（万元）	查处案件总数（件）	罚没金额（万元）
1990 年	11123	131970	250173	-	-
1991 年	11769	134506	350893	-	-
1992 年	16652	184279	632216	-	-
1993 年	31744	310638	1264374	-	-
1994 年	43046	410094	2002623	-	-
1995 年	48082	477371	2732690	-	-
1996 年	52871	512087	3666372	-	-
1997 年	57024	545788	4619638	31780	5855
1998 年	61730	578876	5378327	37707	4884
1999 年	64882	587474	6220506	51494	7552
2000 年	70747	641116	7126632	66824	10005
2001 年	78339	709076	7948876	79236	15801
2002 年	89552	756414	9031464	83653	17752
2003 年	101786	871366	10786846	71689	18552
2004 年	113508	913832	12645601	61755	17062
2005 年	125394	940415	14163487	67676	20750
2006 年	143129	1040099	15730018	61867	23157
2007 年	172615	1112528	17409626	56627	27189
2008 年	185765	1266393	18995614	51599	24660
2009 年	204937	1333087	19844758	46903	21009
2010 年	243445	1480525	23405076	46889	24400
2011 年	296507	1673444	31255529	41938	26064
2012 年	377778	2177840	46982719	43912	28121
2013 年	445365	2622053	50197459	44103	32084
2014 年	543690	2717939	56056033	34012	33036
2015 年	672000	3073000	59734000	24252	28675.62
2016 年	875146	3900384	64891296.1	23283	56029.85
2017 年	1123059	4381795	68964051.89	32510	61938.47
2018 年	1375892	5582253	79914851.03	41342	75816.71
2019 年	1646733	5968925	86945898.3	37399	64619.5

资料来源：国家市场监督管理总局，数据不包括港、澳、台地区

中国广告年鉴 2020
CHINA ADVERTISING YEARBOOK

大事记

Chronicle of Events

大事记

一月

1月4日，国家广播电视总局发出关于延边卫视频道、宁夏广播电视台影视频道广告播出严重违规问题的通报。抽查发现，二者大量播出存在严重违法违规问题的广告。为严肃纪律，切实维护广播电视宣传和播出秩序，总局决定：1）责令延边卫视频道、宁夏广播电视台影视频道立即停止违规播放广告行为；2）责成吉林局、宁夏局全面加强对辖区广告播出的监管工作，发现问题及时处理纠正。

1月8日，国家市场监督管理总局日前印发《假冒伪劣重点领域治理工作方案（2019—2021)》。《方案》明确，严厉查处虚假违法广告，强化广告导向监管，加大医疗、药品、食品、保健食品、金融投资等领域广告监管力度。依托整治虚假违法广告部际联席会议强化协同监管，健全部门间监管执法联动机制和信息反馈处理机制。制定出台药品、医疗器械、保健食品、特殊医学用途配方食品广告的审查标准和程序。

1月10日，国家市场监督管理总局发布2018年第四批典型虚假违法广告案件。北京锦福丝羽科贸有限公司、上海百问堂健康咨询有限公司等20家公司因发布虚假违法广告上榜。其中有12个案件违法广告内容与医疗健康相关，有高达6起案件涉及民营医疗机构。

1月14日，由中国广告协会、中国商务广告协会和中国广告主协会共同举办的中国广告40年纪念大会，在北京国家会议中心举办。大会向中国广告四十年改革发展不同时期、不同领域的主要代表人物和代表单位颁发了纪念牌。各相关部门领导、广告业界代表以及各地广告协会代表共450余人参加了本次大会。四十年前，党的十一届三中全会之后，改革开放拉开序幕，中国的广告业紧跟时代步伐，走上恢复发展之路。1979年1月14日，《文汇报》发表了《为广告正名》，成为中国广告恢复发展的重要标志。大会选择在这一天举办具有特殊的纪念意义。

1月17日《啥是佩奇》广告片发布，短片约6分钟，在各大社交平台上引发了病毒式传播，为春节档电影《小猪佩奇过大年》造足了声势。本片在猪年春节这个点，激发出大环境中人们对团圆、家人的共情。不仅让导演张大鹏火了，其魔幻现实主义画面风格、叙事内容以及拍摄手法，都为广告圈提供了一个创造现象级刷屏广告的思路。

1月22日，国家广电总局发布《关于做好2018年度广播电视公益广告扶持项目评审工作和2019年宣传工作的通知》。国家广播电视总局向各省、自治区、直辖市广播电视局、新疆生产建设兵团文化体育新闻出版广电局、中央广播电视总台办公厅、电影频道节目中心、中国教育电视台等发布《关于做好2018年度广播电视公益广告扶持项目评审工作和2019年宣传工作的通知》，要求各级广电行政部门和播出机构认真落实，推动创作生产出更多的优秀作品。

1月28日，《我和我的祖国》公益广告热播。中共中央宣传部、中央电视台在西双版纳、长春、珠海、西安、湖州五地取景拍摄，中共西双版纳州委宣传部协助拍摄的社会主义核心价值观主题公益广告传播篇《我和我的祖国》，从1月28日起在央视各频道播出，西双版纳州及参与拍摄的五座城市也同时播出。

1月31日，中国互联网络信息中心（CNNIC）在京发布第41次《中国互联网络发展状况统计报告》。截至2017年12月，我国网民规模达7.72亿，普及率达到55.8%，超过全球平均水平（51.7%）4.1个百分点，超过亚洲平均水平（46.7%）9.1个百分点。我国网民规模继续保持平稳增长，互联网模式不断创新、线上线下服务融合加速以及公共服务线上化步伐加快，成为网民规模增长推动力。

二月

2月1日，首个扶贫产品公益广告在中央广播电视总台刊播。中央广播电视总台综合频道、经济频道、国际频道、新闻频道以及中国之声、经济之声等12个频率频道，46个广告时段重复播出的四川省首个扶贫产品公益广告《大凉山苦荞茶》，向观众介绍了大凉山苦荞茶的生长环境、产业发展、独特功效等。

2月2日，国家互联网信息办公室公布《微博客信息服务管理规定》（以下简称《规定》），自3月20日起施行。《规定》明确，国家互联网信息办公室负责全国微博客信息服务的监督管理执法工作，地方互联网信息办公室依据职责负责本行政区域内的微博客信息服务的监督管理执法工作。强调微博客服务提供者应当落实信息内容安全管理主体责任，建立健全各项管理制度，具有安全可控的技术保障和防范措施，配备与服务规模相适应的管理人员。提出各级党政机关、企事业单位、人民团体和新闻媒体等组织机构对所开设的前台实名认证账号发布的信息内容及其跟帖评论负有管理责任。微博客服务提供者应当提供管理权限等必要支持。

2月19日，IAA（国际广告协会）全球理事会会议在印度科钦举行。来自美国、英国、意大利、法国、丹麦、罗马尼亚、波兰、匈牙利、澳大利亚、塞尔维亚、加纳、刚果等国家和地区的近40位IAA理事会成员出席。会上宣布中国广告协会会长张国华当选IAA全球副主席，张国华会长表明希望中广协能够与IAA进一步强化合作，共同将全球广告提升至更高水平。

三月

3月5日，第二届上海国际广告节在国家会展中心（上海）洲际酒店开幕。本届广告节以“创意连接世界”为使命，核心版块除了高峰论坛、专业展览和颁奖典礼之外，也将首次开设针对青年群体的新锐营。本届广告节汇集20余家英国创意公司及品牌企业，在英国政府相关部门、英国广告从业者协会以及英国广告协会的带领下来到上海，共同举行中英品牌和创意交流论坛。

3月18日，国家广播电视总局监管发现，一些电视台播出的“椰树牌椰汁”和“力补金秋胶囊”“强身牌四子填精胶囊”等部分版本广告存在导向偏差和违规播出涉性广告等问题，违反了相关条例规定。具体表现为：1）“椰树牌椰汁”部分版本广告，片面追求感官刺激、宣扬低俗内容，易对广大受众尤其是未成年人产生误导；2）“力补金秋胶囊”和“强身牌四子填精胶囊”部分版本广告，存在违规播出提高性功能药品广告的问题。总局决定，自即日起，各级广播电视播出机构立即停止播出相关版本的广告，要求严把导向关，坚决杜绝此类违规问题。

3月27日，市场监管总局印发《关于深入开展互联网广告整治工作的通知》。要求各级市场监管部门认真贯彻落实习近平总书记关于“广告宣传也要讲导向”的重要指示精神，紧盯人民群众反映强烈的互联网虚假违法广告问题，突出重点领域，加大执法力度，压实互联网平台主体责任，着力祛除互联网广告市场“顽疾”。各级市场监管部门应集中力量查处一批情节严重、性质恶劣、社会反响强烈的大案要案，综合运用行政处罚、刑事打击、信用监管、联合惩戒、曝光案件等手段，形成有效震慑。

四月

4月10日至4月11日，全国市场监管部门广告监管工作会议在重庆市召开。会议总结和肯定了2018年广告工作在持续强化导向监管、加强执法办案、夯实监管检测基础、深化协同监管、衔接“三品一械”广告审查工作、指导广告产业发展等方面取得的新进展新成效。2018年，全国共查处广告违法案件4.13万件，同比增长 27%；其中互联网广告违法案件 2.3 万件，同步增长 55%。同时从公正监管，全力维护广告市场良好秩序；开拓创新，加快推动我国广告产业高质量发展；强基固本，夯实广告工作基础三个方面对 2019 年广告工作作出部署。

4 月 11 日至 4 月 13 日，改革开放与广告业恢复 40 年高峰论坛在上海举办。来自媒体界、学术界、广告界、品牌界的近二十位专家学者相继发表精彩演讲，分析市场热点，洞察行业先机，探讨融媒时代广告传播与品牌营销的趋势，回顾品牌成长之路，预测未来行业发展方向，嘉宾们的精彩演讲使广告行业 40 年精彩画卷及未来发展图景清晰铺展开来。

4 月 12 日，国家广电总局向全国各广播电视播出机构、网络视听节目服务机构发出通知，停止播出影视剧项目非法集资类广告。《通知》要求，自即日起，各广播电视播出机构、网络视听节目服务机构立即停止播出以投资影视剧项目名义宣传非法集资活动的广告，并举一反三，全面清查所有在播和拟播广告，凡存在类似问题的，一律停止播出。

4 月 24 日，国家广播电视总局发布了《关于认真做好庆祝新中国成立 70 周年广播电视公益广告创作播出工作的通知》。通知要求，各级各地广电部门要以高度的政治责任感和使命感，充分认识做好庆祝新中国成立 70 周年公益广告创作播出的重要意义，将其纳入宣传工作总体部署，加强组织领导，精心谋划、精心安排、狠抓落实。要在保证数量的同时，把提高质量放在突出位置，集中力量和资源，把握导向，强化创意，落实资金，坚持用心用情用功，精益求精，着力推出一批有思想、有温度、有品质的原创优秀作品。

4 月 28 日，广电总局发布关于印发《广播电视人工智能应用白皮书（2018 版）》的通知。《白皮书》主要介绍了关于人工智能的概述、发展现状、应用关键技术、应用架构、应用场景以及应用典型案例。其中涉及个性化广告投放、智能化广告展示、智能广告内容监管、利用情感交互可视化测评系统评测广告效果等内容。

4 月 29 日，以“超越与共生”为主题的 2019（第十五届）中国广告论坛在济南召开。本届中国广告论坛由中国广告协会主办，是中国广告界级别高、规模大和影响广的大型专业活动。中国广告论坛至今已成功举办十四届，逐步成为引领行业发展的风向标，在广告企业创新发展、战略规划、转型升级等方面发挥了重要的指导作用。此外，本次论坛上发布了《2018 年中国广告市场报告》《中国互联网广告无效流量行业报告》和《广告代言人行业趋势及代言人商业价值评估标准》。这三份行业报告，用客观数据深入挖掘市场现状，为行业的未来发展提供了参考。

4 月 30 日，国家广播电视总局发布《广播电视行业应用大数据技术白皮书（2018）》，旨在加强大数据技术在广播电视行业应用的引导与规范。书中介绍了关于大数据的发展背景、需求分析、关键技术、平台建设、数据安全、典型应用以及相关法规政策与行业标准。其中在应用服务层介绍了利用大数据进行智能化广告营销、精准化广告定投等内容。

五月

5 月 6 日，为进一步加快推进上海市超高清视频产业的发展，在上海市经济和信息化委员会、上海市文化和旅游局的支持和指导下，上海市超高清视频产业联盟当日成立，东方明珠新媒体股份有限公司当选为理事长单位。超高清视频是继视频数字化、高清化之后的新一轮重大技术革新，将带动视频采集、制作、传输、呈现、应用等产业发生深刻变革。2019 年，东方明珠重点推进“智慧广电文娱 +”，将持续提升自身在超高清产业中的核心竞争力和先发优势，进一步推进智慧广电建设。

5 月 9 日，省广集团与博报堂在成都举行战略合作签约仪式。此次省广集团与博报堂再度携手，全面升级战略伙伴关系，标志着双方合作的又一里程碑。博报堂未来将通过战略伙伴关系，进一步加强博报堂与省广集团的资源和业务整合，为日资等更多国际品牌提供更全面的营销解决方案。随着战略合作的升级，省广集团将充分整合并嫁接博报堂全球的资源和业务优势，全面服务中国品牌国际化与国际品牌本土化，创造更大的价值与效益。

5 月 10 日，正值第三个中国品牌日，中国品牌发展国际论坛在上海举行。中国品牌发展国际论坛是经国务院批准，由国家发展和改革委员会联合中共中央宣传部、工业和信息化部、农业农村部、商务部、国家市场监督管理总局、国家知识产权局、上海市人民政府共同主办。近千名海内外嘉宾围绕持续推动“中国制造”向“中国创造”“中国速度”向“中国质量”“中国产品”向“中国品牌”转变的话题展开对话。分论坛“国际首席营销官论坛”由于中国广告主协会承办，紧扣 2019 年中国品牌发展国际论坛“中国品牌 世界共享”的主题，国内外演讲嘉宾以“全球品牌营销主张”为题，分享了各自在品牌建设、营销传播方面的实践和经验。

六月

6 月 12 日，上海市委网信办联合市市场监管局约谈百度上海分公司， 责令其就存在严重网络生态问题的信息流广告立即整改，市场监管部门将对其中严重违法广告依法调查处理。市委网信办和市市场监管局指出百度信息流广告存在的主要问题：1）标题党：使用“房价跌了”等类似新闻的耸人听闻的标题诱导点击；2）低俗色情：使用低俗性感诱惑图片和露骨低俗文字诱导点击广告；3）虚假低价广告：使用明显不合理低价诱惑诱导点击广告。

6 月 25 日，市场监督管理总局发布修订版《中华人民共和国商标法》，这是《商标法》第四次修改。本次修法意在加强知识产权保护，打击恶意注册商标、恶意商标侵权行为。具体表现在：1）第四条第一款新增内容“不以使用为目的的恶意商标注册申请，应当予以驳回”，从源头对恶意注册和囤积商标行为予以制止；2）第六十三条将恶意侵犯商标权的赔偿计算方法由原来的“一倍以上三倍以下”修改为“一倍以上五倍以下”，将法定最高赔偿额由原来的“三百万”提高到“五百万”，进一步提高知识产权侵权的惩罚性赔偿额度，加强商标侵权的惩罚措施，增大违法成本。

七月

7 月 1 日，麦当劳官方微博发布了火箭少女 101 为其代言的一组海报，该团成团不过一周就迎来了首个全团代言。火箭少女 101 是节目《创造 101》最终票选出的女团，由孟美岐等 11 人组成。在她们还未正式出道前，已有不少品牌前来“蹭热度”，其中甚至包括“兰蔻”“BobbiBrown”和“美宝莲”等国际化妆品品牌。

7 月 1 日，国家网信办指导北京市委网信办会同北京市工商局依法联合约谈了抖音、搜狗等五家公司，针对抖音在搜狗搜索引擎投放的广告中出现侮辱英烈内容问题，要求五家公司自约谈之日起启动广告业务专项整改。6 月 6 日，有网友称今日头条旗下抖音平台在搜索引擎广告投放中出现侮辱英烈邱少云的内容，当日下午 14 时今日头条发布致歉声明，表示未认真审核第三方提供的关键词包，发生严重疏漏，推广团队总经理和项目负责人已作停职处理。随后，市委网信办、市工商局启动行政执法程序，对抖音及搜狗的违法违规行为进行立案查处。此次暂停抖音广告业务应该是上述“侮辱英烈”事件的处罚结果。

7 月 11 日，由中国广告协会和北京大学新闻与传播学院联合主办的“中国广告发展四十年学术论坛暨 2019 全国广告学术研讨会”在北京举行。来自国内外知名高校、广告公司、营销机构、媒体平台等领域从事广告教学、广告研究、广告实务等工作的 200 多位专家学者和业界代表济济一堂，总结研究广告业四十年发展成果。在中国广告 40 年的发展历程中，企业的强烈需求对接消费者的蓬勃消费欲望，媒介的技术变革呼应广告公司的转型突破，消费市场代表一切广告的本源和终点。四个角色于相互碰撞中交相配合、环环相扣，共同构成 40 年中国广告发展的长轴画卷。

7 月 16 日，第二届 3·15 消费者权益保护公益广告大赛举行。本次大赛由国家市场监督管理总局主办，由网络交易监督管理司承办，由中国广告协会执行承办。活动目的在于宣传普及《消费者权益保护法》《市场监管投诉举报处理办法》等法律法规，提升消费者知法、懂法、用法能力。

7 月 18 日，分众传媒发布公告，阿里巴巴集团及其关联方将以约 150 亿元人民币战略入股分众。借助阿里巴巴新零售基础设施和大数据分析的能力，双方将共同探索新零售大趋势下数字营销的模式创新，打造新城市生活圈智能媒体网络。目前分众传媒覆盖逾 300 个城市的 2 亿城市中产，中期目标覆盖 500 个城市的 500 万个终端，日覆盖 5 亿城市新中产，触达中国城市绝大部分的主流消费力。

7 月 22 日，广电总局办公厅发布关于广东广播电视台珠江电影频道广告播出严重违规问题的通报。该频道于 5 月 15 日至 6 月 30 日期间，多次播出“认购甘肃文交影视中心《重回地球》电影衍生品”广告，诱导观众认购 1 万元 1 股的所谓“《重回地球》电影衍生品”，属于典型的影视剧项目非法集资广告。总局决定：1）给予该频道停播 30 日的行政处罚，经广东省广播电视局核查验收合格后，方可恢复播出；2）要求各级广播电视播出机构要吸取教训，引以为戒；3）各级广播电视行政部门全面加强对辖区内播出机构的监管工作。

7 月 26 日，中央广播电视总台技术局正式成立。中宣部副部长，中央广播电视总台党组书记、台长慎海雄出席成立大会并讲话。中央广播电视总台党组成员、副台长阎晓明主持会议并宣读总台党组《关于成立中央广播电视总台技术局的决定》。慎海雄强调，总台技术局的成立，对全面整合总台技术力量，强化技术引领，加快融合步伐，推动总台实现高质量发展，具有重要意义。

八月

8 月 8 日，京东集团宣布对新潮传媒进行战略投资，本轮融资近 10 亿元人民币，由京东集团领投。达成深度战略合作之后，京东集团与新潮传媒将借助大数据、AIoT 等技术，细化线下广告投放颗粒度，实现线下广告“人、货、场、时”的精准匹配，以期进一步提升线下广告触达的效果，并不断优化和赋能合作品牌及商家生态。华兴资本担任新潮传媒的独家财务顾问。

8 月 12 日，“白兰杯”2019 全国原创公益广告征集活动启动。本次活动由国家广播电视总局发展研究中心、广东省广播电视局、清远市人民政府联合主办。活动征集的主题有：庆祝新中国成立 70 周年，庆祝建党 98 周年，学习贯彻习近平新时代中国特色社会主义思想与党的十九大精神，中国梦主题宣传，“一带一路”倡议，扶贫攻坚，精准扶贫，弘扬中华民族优秀传统文化等。重点突出，题材丰富，作品类别既有广播、电视，也有平面和网络 H5 作品，包含了公益广告的所有创作形式。

8 月 14 日，爱奇艺对外发布了《互动视频广告白皮书》。规范并提供互动视频广告创作指南，旨在帮助品牌方打造更强沉浸感、参与感的互动视频广告。《白皮书》对互动视频广告的产生背景、概念、创作与投放建议等做了系统阐释，为互动视频广告创作提供指引。

8 月 17 日，以“新文科与中国广告教育创新发展”为主题的 2019 第 18 届中国广告教育学术年会在兰州大学举行。本次年会深入探讨改革开放四十年来中国广告及中国当代广告教育发展变革和走向相关理论话题，推动相关领域的理论创新与研究方法创新。本次大会主论坛分为两部分，分别由厦门大学新闻与传播学院教授陈培爱、中国人民大学教授倪宁主持。主论坛外，设置了广告教育、广告理论、新媒体与未来广告、广告产业、广告教学等五个主题分论坛，共有近 60 位来自广告领域的专家学者进行分享。

8 月 20 日，中国银联投放了《大唐漠北的最后一次转账》广告片。该片以历史事件“安史之乱”作为切入点，讲述唐朝漠北两名士兵历尽千辛万苦将军费成功送达的故事。本片借史抒怀、以史明志，突出了品牌理念：每一分钱都是一份使命，虽远必达，分文不差。更可贵的是，它站在家国情怀的高度，将这种品牌理念与歌颂中国人使命感强的特征相结合，被网友称为“年度最佳广告片”。

8 月 23 日晚间，蓝色光标发布公告，宣布与美国纽交所上市公司 Legacy Acquisition Corp 签订最终协定。拟将蓝色光标集团旗下四家全资控股公司 Vision 7、We Are Social、Fuse Project 和 Metta 的全部股权以及蓝色光标所持有控股公司 Mad house Inc 81.91% 的股权注入 Legacy。交易正式完成后，Legacy 将更名为 Blue Impact 并继续在纽交所交易。通过此次交易，蓝色光标将拥有海外融资平台，将获得更多发展资金和美国投资者的关注，同时将快速提升其在全球营销行业的影响力，为进一步实现全球化发展奠定更加坚实的基础。

8 月 28 日至 29 日，2019 中国户外广告论坛在秦皇岛举办。本届论坛由中国广告协会和秦皇岛市人民政府共同主办，国家市场监督管理总局广告管理司司长刘敏，秦皇岛市人民政府副市长参加论坛。在论坛上，中国广告协会宣传开始制定户外广告标准的研讨，并亮相了线上公开课平台，为各大广告媒体公司、机构的广告行业从业人员提供线上社群答疑、线上培训课程和考试认证等服务。除此之外，在论坛上中国广告协会户外广告分会还公布了2019中国户外广告之最认证，该认证在此前就面向社会公开征集候选人，旨在创新服务方式，展示户外广告风采，提升户外广告价值。

九月

9月3日，2019年国家网络安全宣传周公益广告公开征集活动评选结果发布。本次征集活动历时一个月时间，面向全国征集以“网络安全为人民、网络安全靠人民”为主题的原创设计作品。经过宣传周组委会初审和专家评委会终评后，评出一等奖作品6件；二等奖作品14件；三等奖作品55件。广大网民积极参与宣传周活动。

9月3日，爱奇艺视频平台发布声明，宣布关闭显示前台播放量，正式告别“唯流量时代”。爱奇艺在声明中表示，播放量攀比所引发的负面效应正在日益凸显，不少从业者将播放数据作为目标，甚至滋生出刷量等违法行为，大量优质作品因为缺乏综合客观的评价体系而被埋没。即日起，爱奇艺将关闭全站前台播放量显示，以综合用户讨论度、互动量、多维度播放类指标的内容热度，在各端逐步代替原有播放量显示，为合作伙伴和广大用户提供更好的体验。

9月5日，教育部等八部门联合发布《关于引导规范教育移动互联网应用有序健康发展的意见》，提出要对教育APP实施备案制度，并要求在2019年底完成备案工作。当天，教育部召开新闻发布会，介绍规范教育APP相关情况。《意见》要求，建立教育APP备案制度，按照“国家统一标准，各省份分头实施，企业属地备案”的原则开展。对教育APP审慎监管，聚焦推荐APP不得收取任何费用；治理APP信息泄露、低俗信息问题；教育APP不得变相强迫收集用户信息等三方面问题。随着治理进程的进一步规范，广告在教育APP上的投放势必会得到更加严格的监管。

十月

10月14日，网络扶贫公益广告项目揭榜2019年网络扶贫十大案例。中央网信办信息化发展局指导、中国网络社会组织联合会主办的2019网络扶贫案例征集活动迎来最终发布环节，参加评选的数百单位、企业代表齐聚北京，共同见证这一时刻。其中，中国扶贫基金会、阿里巴巴、字节跳动、京东、唯品会及贵州省网络扶贫公益广告项目等，成功跻身十大案例之列。

10月25日，第26届中国国际广告节——市场监管总局第二届315消费者权益保护公益广告大赛颁奖典礼圆满落幕。2019年中国公益广告黄河奖、315公益奖于江西南昌揭晓。公益广告黄河奖和315公益奖今年共同颁布，旨在强化公益的影响力，为传播社会正能量作出应有的贡献。黄河奖自今年4月征集工作开始，共收到了来自海内外作品5192件，通过终审会评委的评选，共评选出金奖作品7件、银奖作品12件、铜奖作品17件以及优秀奖208件。

10月26日，第26届中国国际广告节在南昌开幕。本届中国国际广告节由中国广告协会、南昌市人民政府共同主办，主题为“英雄城汇八方广告豪杰、红土地展四海创意硕果”，展览面积突破5万平方米，1000多家企业参展，吸引全国各地10万人次观展。本届广告节创新求变，融汇多元，在奖项设置、论坛内容、展览交易等方面注入新元素，更具国际化、专业化、多元化。为中国广告业的发展搭建起与国际接轨融通的平台，展现了中国广告行业多元发展的新风貌，服务中国经济发展的新模式。为期3天的广告节除了常规的活动，还举办了广告圈吐槽会、奇葩说广告节专场、广告主盛典、总裁读书会等多个新增活动。

十一月

11月1日，国家广播电视总局办公厅发布《关于加强“双11”期间网络视听电子商务直播节目和广告节目管理的通知》。《通知》要求在“双11”来临之际，要规范网络视听电子商务直播节目和广告节目秩序，营造良好网络视听环境。具体事项如下：1）坚持正确导向，强化节目管理；2）规范服务内容，维护群众利益；3）加大公益广告播出力度；4）服务国家大局，助力脱贫攻坚；5）加强监督管理，营造良好环境。

11 月 11 日，以“牵手公益 共筑美好家园”为主题的北京国际公益广告大会在国家会议中心开幕。本次大会由国家广播电视总局、北京市人民政府指导，北京市委宣传部、北京广播电视局主办，以唱响中国公益发展最强音符，坚定中国公益前行最好步伐，引领中国公益国际范最潮时尚，弘扬中国公益传承最美精神，描绘中国公益蓝图最靓前景，深入打造首都文化活动的“新名片”、公益广告行业的“新地标”和公益广告传播的“新时尚”。

11 月 12 日，国家市场监管总局发布《保健食品命名指南（2019 年版）》。文件指出，保健食品商标名、通用名不得含有包括明示或者暗示疾病预防、治疗功能的词语，或者庸俗或者带有封建迷信色彩的词语等多种情形。其中通用名不得含有保健功能名称或者明示、暗示保健功能的文字，不得误导、欺骗消费者。

11 月 13 日，京津冀将建设互联网广告监测平台，推进三地广告数据共享，并强化执法协作，开展联合行动，推进监管执法信息共享。《京津冀广告业发展和监管合作协议》旨在提升京津冀地区广告监管执法效能，优化市场环境，促进产业转型升级，推动京津冀广告产业高质量持续健康发展。

11 月 13 日，北京国际公益广告大会系列专项促进交流活动之公益广告制播联盟联合体倡议活动在国家会议中心举行。活动现场，《2013-2017 年广播电视公益广告扶持政策效果评估报告》发布，公益广告制播联盟正式成立。

11 月 28 日，2019 中国广告主大会暨 70 年中国品牌高峰论坛在杭州开幕。本次大会暨高峰论坛，由中国广告主协会主办，中国广告主协会广告反欺诈专业委员会、合规咨询专业委员会，以及浙江华治数聚科技股份有限公司联合承办。大会回顾了新中国成立 70 年来品牌建设的伟大成就，探讨新时代营销传播新路径，展望未来发展前景，把握品牌发展新趋势，倡导广告传播正确导向。大会还发布了《新中国品牌 70 年报告》《2019 年中国广告主蓝皮书》《中国品牌竞争力指数》《新中国品牌 70 典范企业榜单》和《媒体广告行业信用价值榜单》。

11 月 28 日，999 感冒灵在感恩节当天推出广告片《想你的 999 天》。本片根据真实事件改编，讲述师生情、同学情、医患情，以质朴的画面再现生活中人与人相处之间的情感，传递生活中发生着的平凡小温暖。本片向受众传递出“感谢你，关怀我”“感谢你，惦记我”“感谢你，治愈我”三个层面的“感恩”之情，从而展现“念一个人，暖一颗心”的品牌主张。

十二月

12 月 15 日，国家互联网信息办公室发布了《网络信息内容生态治理规定》，自 2020 年 3 月 1 日起施行。《规定》明确，鼓励发布正能量内容、网络平台应健全网络谣言处置制度、严重违规将面临联合惩戒等内容。其中，网络信息内容服务使用者和生产者、平台不得开展网络暴力、人肉搜索、深度伪造、流量造假、操纵账号等违法活动。

12 月 15 日，Viacom 收购中国本土公司流动传媒，Viacom 户外传媒广告（北京）有限公司宣布成立。其中 Viacom（户外）占有 70% 的股份，而流动传媒占 30%。Viacom（户外）是维亚康姆全资拥有的子公司，业务收入约占 Viacom 全球营收的 8%。2019 年收入 19 亿美元，是美国、加拿大和墨西哥户外广告市场的领导者。

12 月 27 日，国家市场监督管理总局发布《药品、医疗器械、保健食品、特殊医学用途配方食品广告审查管理暂行办法》，自 2020 年 3 月 1 日起施行。《办法》提出，药品、医疗器械、保健食品和特殊医学用途配方食品广告应当真实、合法，不得含有虚假或者引人误解的内容。广告主应当对药品、医疗器械、保健食品和特殊医学用途配方食品广告内容的真实性和合法性负责。

（资料收集整理：王昕 中国传媒大学广告学院副院长，首都传媒经济研究基地秘书长；王义攀、宋阳、边墨竹为中国传媒大学广告学院 2019 级、2020 级硕士研究生）

中国广告年鉴 2020

CHINA ADVERTISING YEARBOOK

中国广告四十年纪念大会

Commemorative Conference of 40 Years of Chinese Advertising

中国广告四十年纪念大会

2019 年 1 月 14 日，中国广告四十年纪念大会在北京国家会议中心隆重举办。来自国家市场监督管理总局、相关部委、各地工商和市场监管部门，各地广告公司、传媒企业、广告主及广告教学研究机构，各地广告协会、港澳台广告行业组织 450 余人参会。

大会由中国广告协会、中国商务广告协会、中国广告主协会共同举办。四十年前，党的十一届三中全会之后，改革开放拉开序幕，中国的广告业紧跟时代步伐，走上恢复发展之路。1979 年 1 月 14 日，《文汇报》发表了《为广告正名》，成为中国广告恢复发展的重要标志，纪念大会选择这一天举办具有特殊的纪念意义。

国家市场监督管理总局副局长秦宜智，国家工商行政管理局原党组书记、副局长，中国广告协会原会长杨培青，国家工商行政管理总局原副局长、中国广告协会原会长李东生，全国政协常委、民革中央原副主席、国家工商行政管理总局原副局长刘凡，国家新闻出版广电总局原副局长、全国政协委员、中国音数协理事长孙寿山，中宣部宣教局局长常勃、民政部社会组织管理局副局长廖鸿、国家新闻出版广电总局传媒机构管理司副司长戴振宇出席了本次大会。出席大会的还有国家市场监督管理总局、国家新闻出版广电总局相关部门领导，部分省市市场监督管理部门的有关领导，中华商标协会、中国互联网金融协会、中国互联网发展基金会、国家文化产业创新试验区管委会、北京市人民政府外事办公室等单位的领导。

大会由中国商务广告协会会长李西沙主持。国际广告协会主席 Srinivasan Swamy 先生特地发来祝贺视频，祝贺大会召开并取得成功。

国家市场监督管理总局副局长秦宜智在致辞中说，伴随着改革开放的伟大进程，中国广告业经过四十年的不懈努力，由小到大、逐渐繁荣，进入了全面发展的新时代。四十年来，中国广告业体量迅速增长，地位大幅提升。广告业坚持服务国家战略，带领我国品牌走向世界，积极发挥导向作用，不断提升自身公益价值。广告理论研究成果丰硕，人才储备越来越充足。广告监管体系越来越健全，广告营商环境持续优化。

秦宜智希望大家认真学习贯彻习近平总书记关于广告工作的重要指示精神，踊跃投身广告业发展的火热实践，让创新创业精神在广告行业充分迸发，让文化创意创造在广告行业竞相涌流。市场监管总局将始终坚持以习近平新时代中国特色社会主义思想为指导，牢固树立以人民为中心的发展理念，按照高质量发展的要求，进一步优化广告营商环境，加强广告市场监管，维护广告市场秩序，促进广告产业发展，努力更好地服务和满足人民群众对优质广告的期待，对美好生活的向往。

中国广告协会会长张国华为纪念大会做主题发言：改革开放是中国人民和中华民族发展史上一次伟大事件，开启了中国社会主义现代化建设的伟大征程。中国广告感知春江水暖，在改革开放中成长壮大，成为中国改革开放事业的参与者、助推者、见证者。改革开放成就了中国广告发生的巨大变化和丰硕成果，中国广告从一个侧面充分展现了改革开放的伟大意义。

大会回顾了改革开放以来各个发展时期广告行业的代表性事件和留存于记忆中的广告作品，并向各个时期的代表性人物和代表性单位致敬，颁发纪念牌。

纪念中国广告四十年代表性人物

一、中国广告业恢复发展的先行者（二十世纪八十年代，1979—1988 年）

丁允朋 原上海包装广告进出口公司广告科长兼党支部书记、公司党委委员。1979 年 1 月 14 日发表署名文章《为广告正名》在《文汇报》发表，成为中国恢复商业广告的重要标志。

八木信人 原电通北京事务所负责人。八十年代作为日本电通公司代表在华联系广告事务，为促进中国广告事业发展和中日两国友好做出重要贡献。

邹斯颐（已逝世） 原北京电扬广告有限公司董事长。1986 年 5 月筹建中国的第一家合资广告公司——北京电扬广告有限公司，并担任合营公司首任董事长。

二、推动中国广告快速发展的开拓者（二十世纪九十年代，1989—1998 年）

宋秩铭 奥美大中华区董事长。1991 年世界最大的广告公司之一奥美公司进入中国，宋秩铭长时期担任奥美（中国）广告公司董事长。把国际先进广告创意、制作经验和广告企业管理理念引进中国，对提升中国广告制作、管理水平产生持续影响。

姜弘 原北京市大诚广告有限公司董事长。 1993 年 2 月，创办北京市第一家私营广告代理企业——北京市大诚广告有限公司，并担任董事长，带动了民营广告代理企业成长。

韩子定 1992 年创建广东省白马广告有限公司，创作的太阳神形象篇、健力宝李宁篇等作品，开创了电视广告制作新阶段；开发候车亭媒体并探索形成有效商业模式，促进了户外广告媒体资源开发利用和规模化经营。

高峻 梅高（中国）创意咨询有限公司董事长。创立并领导梅高公司致力以品牌为核心实践整合营销，并积极推动中国本土元素在创意领域的体现；在戛纳广告创意节上首次成功创办“戛纳中国之夜”活动。

谭希松 原中央电视台广告部主任。1994 年 11 月，在她的领导下，中央电视台开始黄金时段广告招标，开创了中国电视广告媒体走向市场化运作的新纪元，发挥了中央媒体对广告业规范发展的引领作用。

三、带动中国广告跨越式发展的奋斗者（跨世纪十年，1999—2008 年）

江南春 分众传媒信息技术股份有限公司董事长。2003 年 5 月，创建分众传媒（Focus Media）开创了中国楼宇电梯广告的媒体模式，目前是中国以广告业务为主的市价最大的上市公司。

莫康孙 原麦肯光明广告公司总经理。首位戛纳广告节中国评委，多次“长城奖”“黄河奖”等重要奖项评委会主席。将广告“饕餮之夜”引入中国，在全国巡讲，诠释戛纳广告节获奖作品，推广全球最新创意理念，对提升中国广告创意水平、创新意识发挥重要作用。

劳双恩 智威汤逊亚太区创意委员会主席。担任“戛纳”“克里奥”“亚太”“长城奖”“黄河奖”等著名广告奖项的评委、主席，领导团队在国际重要专业赛事频频获奖，促进了中国广告走向国际。

四、引领中国广告转型升级的创新者（近十年，2009—2018 年）

曹国伟 新浪网技术（中国）有限公司董事长、微梦创科网络科技（中国）有限公司董事长。在他的领导下，新浪发展成为中国最具代表性的开展互联网广告业务的门户网站。他主导推出的新浪微博风靡全国，在将微博打造成中国有影响的互联网社交媒体广告平台方面发挥了关键作用。

龚宇 北京爱奇艺科技有限公司创始人、CEO。在他的领导下，爱奇艺坚持内容和科技创新双向驱动，不断升级用户娱乐消费体验。基于强大的平台资源，爱奇艺推出了大量具有行业开创性的广告产品，实现营销模型日益升级。

赵文权 蓝色光标传播集团董事长兼首席执行官。在他的带领下，蓝色光标从以公共关系业务为主的公司成功转型为一家数据科技公司，业务涉及营销服务、数字广告以及国际业务，服务内容涵盖营销传播以及基于数据科技的智慧经营。

张丽 南京银都奥美广告公司董事长。在她的领导下，银都奥美成为中外合资广告企业的成功范例，其代理、创意、制作的广告在业内具有相当的知名度，创作的“海澜之家，男人的衣柜”“洋河蓝色经典”系列广告已成为广告营销的经典系列。

五、广告学人（1979—2018 年）

唐忠朴 在中国广告业复苏初期，首开中国大陆广告研究与著述先河，积极倡导和传播现代广告观念，致力于广告学研究，代表作有《实用广告学》（主编）等。

陈培爱 厦门大学新闻传播学院教授、博导。1983年参与创建中国大陆高校首个广告学专业厦门大学广告学专业，时任广告教研室主任，致力于中国特色广告学理论研究，著有《广告原理与方法》《中外广告史》等，是新时期中国广告教育的开拓者与先行者。

丁俊杰 中国传媒大学广告学院院长、国家广告研究院院长，长期从事广告教学、广告理论研究，在品牌运作与发展、中国广告经济地位和社会价值等领域等建树突出，是中国广告学人重要代表。

金定海 上海师范大学人文与传播学院副院长、广告系系主任、教授，研究生导师。在广告教学上注重培养学生创意、创新、创业的能力，坚持“产学研结合”的办学理念，广告教学成效显著，著有《广告创意学》等理论著作。

陈刚 北京大学新闻与传播学院副院长，教授，研究生导师，创建北京大学广告系，注重从创意传播、营销管理的实效上研究广告功能作用，是近年中国研究互联网广告传播和实践的学者，是中国广告学人新锐代表。

六、规范广告市场、指导行业发展的服务者（1979—2018 年）

杨培青 原国家工商局党组书记、副局长，中国广告协会会长。在政府主管部门长期分管广告，并长期担任中国广告协会会长，在广告规范和发展领域工作近 30 年，至今情系广告行业，在广告规范和行业发展领域发挥领导作用，做出重要贡献。

刘保孚 原国家工商局广告司司长，在从事广告监督管理工作期间，在广告法规建设、指导行业发展方面做了大量具体工作。退休后参与筹建中国 4A，并担任终身顾问，在行业内发挥着重要的影响力。

中国广告四十年纪念代表性单位

一、中国广告业恢复发展期（二十世纪八十年代，1979—1988 年）

天津日报社 1979 年 1 月 4 日，《天津日报》在全国率先恢复报纸的商业广告，刊登了天津牙膏厂蓝天牌牙膏的广告，这是中国广告沉寂十几年来的第一条广告。

上海广播电视台 1979 年 1 月 28 日，“参桂养容”酒在上海电视台播出中国电视广告史上首条商业广告。同年上海电视台播出了第一个外商广告——瑞士“雷达”表。 1979 年 3 月 5 日，上海人民广播电台率先在全国恢复广播广告。

贵阳广播电视台 1986 年， 贵州省贵阳电视台播出《请君注意节约用水》的公益广告，这是改革开放后制作的第一条电视公益广告。

广东省广告集团股份有限公司 1979 年 1 月成立，是最早成立本土广告企业之一，后经改制、上市。是历经改革开放 40 年不断与时俱进、开拓创新的本土广告企业典范。

北京大宝化妆品公司 原北京三露厂，是民政部下属的社会福利企业。1985 年开始发布“大宝明天见，大宝啊天天见”系列化妆品广告。虽历经多次产权变化，但“大宝”广告经久不衰，是企业以广告塑造品牌、发展品牌的成功范例。

杭州娃哈哈集团有限公司 公司创建于 1987 年，是最早将广告宣传、品牌建设纳入发展战略考量并持续投入的企业之一，80 年代末推出的一系列广告不断强化品牌认知，使之成为我国最知名的食品饮料品牌之一。

二、中国广告快速发展期（二十世纪九十年代，1989—1998 年）

北京电通广告有限公司 1994 年成立。是较早进行全案整合、提供一站式服务的代理商，在业务创新发展等方面发挥了重要引领作用。

盛世长城国际广告有限公司 成立于 1992 年 8 月，是较早进入中国的国际广告公司之一。营业额连续多年排序领先，在广告创意制作及向数字化营销转型等方面发挥持续行业影响。

北京未来广告有限公司 成立于 1992 年，依托优势媒体资源、以代理业务实现快速增长，经营规模连续多年位居本土广告公司前列，在探索电视等媒体专业经营、多元化发展并向市场化转变等方面发挥重要引导作用。

海尔集团公司 始终把广告宣传作为产品营销、品牌塑造的利器，通过广告宣传将海尔打造成为全球著名品牌。1995 年，海尔集团推出系列动画片《海尔兄弟》。这一尝试使海尔成为品牌 IP 衍生的先驱者。

三、中国广告跨越式发展期（跨世纪十年，1999—2008 年）

北京网易传媒有限公司 网易是中国具有影响的互联网门户网站之一，其“有态度的门户”内容建设理念和提倡“态度营销”的市场理念，使其成为中国有特色的互联网广告服务平台。

北京搜狐互联网信息服务有限公司 搜狐是中国最早的门户网站之一，有过辉煌的历史，北京 2008 年奥运会互联网内容服务赞助商，至今在互联网广告界具有一定的影响力。

百度在线网络技术（北京）有限公司 百度是全球最大中文搜索网站。百度提供的互联网搜索和相关信息广告服务，成为搜索类互联网企业重要商业模式。

广州日报报业集团 广州日报报业集团成立于 1996 年 1 月 15 日，是全国首家报业集团。2007 年之后广告经营额突破 20 亿元，此后连续 15 年位居全国平面媒体首位。1991 年开始举办的“广州日报杯”全国报纸优秀广告奖，为推动中国广告业的发展做出了重要贡献。

蒙牛乳业（集团）股份有限公司 2003 年 10 月，蒙牛以中国首次载人航天飞行圆满成功为事件营销平台，以“举起你的手，为中国航天喝彩”的情感诉求、“健康是强国之路”的品牌主张，赋予品牌的丰富内涵，取得巨大成功。

江苏洋河酒厂股份有限公司 2003 年 8 月推出的高端白酒品牌“洋河蓝色经典”。其系列广告“天之蓝”“海之蓝”“梦之蓝”，有力地提升了洋河品牌形象，十年间营业额从最初 3 亿上升到 300 亿，获得巨大成功。

四、中国广告转型升级发展期（近十年，2009—2018 年）

杭州阿里妈妈网络技术有限公司 是阿里推出的针对全网的广告交易平台。也是目前最大的互联网广告交易平台，2018 年底，广告收入已接近 2000 亿人民币。

深圳市腾讯计算机系统有限公司 是中国领先的互联网企业的领先企业，公司以其产品的多元化优势为广告投放提供了很好的条件，使互联网广告得以快速发展，成为企业新的增长点，2018 年广告收入超千亿。

北京字节跳动科技有限公司 是近几年互联网广告的黑马，他们的算法和精准投放以及“抖音”“西瓜”“火山”等短视频的火爆，使其广告增长迅猛。

北京新意互动数字技术有限公司（CIG） 构建了国内最大汽车数字垂直营销体系。并较早开始探索 AR 与营销结合的方式，成为大数据时代“智慧汽车营销价值伙伴”。

北京秒针信息咨询有限公司 是中国有影响力的第三方大数据营销技术公司，对数字化广告进行评估成为从业者获取有价值数据的重要衡量工具，也是健全、保护规范数字广告行业的一个重要辅助力量。

昌荣传媒股份有限公司 在传统媒体代理服务的基础上积极构建新媒体，形成了以电视媒体、互联网媒体、数字新媒体为框架的新型传播网络。是中国领先的综合广告和媒体服务商。

科大讯飞股份有限公司 在语音合成、语音识别、人脸识别等领域具有国际先进水平，并广泛应用于大数据营销与人工智能营销，是人工智能广告营销发展趋势的代表性企业。

四川郎酒股份有限公司 “青花郎”“红花郎”系列广告，为一度沉寂的老品牌激发出了新的活力，广告的大力传播，使郎酒的市场营销额迅速提升。

碧桂园控股有限公司 规模领先的房地产商，是后来居上的赶超者。一方面得益于其快速发展的理念和机制，另一方面与精心策划的品牌广告和广告大量投放，有着密不可分原因。

广告政策、法规

Advertising Policies and Regulations

2019 年广告政策与法规的完善

刘双舟

2019 年是中华人民共和国成立 70 周年，是全面建成小康社会、实现第一个百年奋斗目标的关键之年。2019 年国务院《政府工作报告》强调要处理好政府与市场的关系，依靠改革开放激发市场主体活力。大力推进改革开放，加快建立统一开放、竞争有序的现代市场体系，放宽市场准入，加强公正监管，打造法治化、国际化、便利化的营商环境，让各类市场主体更加活跃。2019 年，国务院还召开了全国深化“放管服”改革优化营商环境电视电话会议，要求坚定不移推进改革开放，把“放管服”改革、优化营商环境作为促进“六稳”的重要举措，更大激发市场主体活力、增强竞争力、释放国内市场巨大潜力，顶住下行压力，保持经济平稳运行，促进高质量发展。2019 年，党的十九届四中全会对坚持和完善中国特色社会主义制度、推进国家治理体系和治理能力现代化作出具体部署，明确了“时间表”和“路线图”，为新时代继续推进改革开放和社会主义现代化建设指明了方向。

一、相关法律的完善

截止到 2019 年底，全国人民代表大会常务委员会共完成了《行政许可法》《商标法》《建筑法》《反不正当竞争法》《电子签名法》《城乡规划法》《车船税法》《消防法》《监察官法》《法官法》《土地管理法》《城市房地产管理法》《药品管理法》《证券法》和《森林法》等 15 部法律文件的修订，其中《反不正当竞争法》《药品管理法》的内容涉及广告监管。

（一）电子商务法的实施

2019 年对广告业和广告监管影响最大的是 2019 年 1 月 1 日起实施的《电子商务法》。互联网信息具有数量大、变化快、影响范围广等特点，可识别性对于互联网广告监管而言非常重要。《电子商务法》第四十条规定，“电子商务平台经营者应当根据商品或者服务的价格、销量、信用等以多种方式向消费者显示商品或者服务的搜索结果；对于竞价排名的商品或者服务，应当显著标明‘广告’”。第八十一条规定，“电子商务平台经营者违反本法第四十条规定，对竞价排名的商品或者服务未显著标明‘广告’的，依照《中华人民共和国广告法》的规定处罚”。这样的规定有助于执法中互联网广告信息的认定。

电子商务的交易是依托互联网媒介而进行的，电商广告往往是与电子商务交易时空合一的，电子商务的网络空间首先是电子商务的经营场所，其次才是电子商务广告信息发布媒介。这一点在认定电商推销商品或者服务的商业性展示中的广告信息时尤其重要。《电子商务法》第十七条明确规定，“电子商务经营者应当全面、真实、准确、及时地披露商品或者服务信息，保障消费者的知情权和选择权。电子商务经营者不得以虚构交易、编造用户评价等方式进行虚假或者引人误解的商业宣传，欺骗、误导消费者。”以效力更高的法律形式明确了电子商务经营者为了保障消费者的知情权和选择权而“全面、真实、准确、及时地披露”的商品或者服务信息，不视为商业广告对待。这对于统一执法认识具有比较重要的现实意义。

电子商务平台集网络经营、交易撮合、信息发布于一体。电子商务平台上有平台经营者发布的信息，也有平台内经营者发布的信息，还有其他电子商务经营者发布的信息。就互联网广告而言，有电子商务平台经营者自己发布的互联网广告信息，也有平台内经营者和其他电子商务经营者发布的广告信息。如果不加区分，势必增加互联网广告信息认定的难度。《电子商务法》第三十七条规定，“电子商务平台经营者在其平台上开展自营业务的，应当以显著方式区分标记自营业务和平台内经营者开展的业务，不得误导消费者。电子商务平台经营者对其标记为自营的业务依法承担商品销售者或者服务提供者的民事责任”。第八十一条规定，“未以显著方式区分标记自营业务和平台内经营者开展的业务的”“由市场监督管理部门责令限期改正，可以处二万元以上十万元以下的罚款；情节严重的，处十万元以上五十万元以下的罚款”。这一规定的执行，也将有助于广告监管者的辨别互联网广告信息及区分责任主体，降低执法成本。

（二）反不正当竞争法的修改

2019 年 4 月 23 日，第十三届全国人民代表大会常务委员会第十次会议通过对《反不正当竞争法》修改，修改内容主要集中在商业秘密保护方面，适当扩大了商业秘密的保护范围，强化了商业秘密的保护力度。修订后的《反不正当竞争法》中有两个条文内容与广告有关。第八条规定，“经营者不得对其商品的性能、功能、质量、销售状况、用户评价、曾获荣誉等作虚假或者引人误解的商业宣传，欺骗、误导消费者。经营者不得通过组织虚假交易等方式，帮助其他经营者进行虚假或者引人误解的商业宣传”。第二十条规定，“经营者违反本法第八条规定对其商品作虚假或者引人误解的商业宣传，或者通过组织虚假交易等方式帮助其他经营者进行虚假或者引人误解的商业宣传的，由监督检查部门责令停止违法行为，处二十万元以上一百万元以下的罚款；情节严重的，处一百万元以上二百万元以下的罚款，可以吊销营业执照。经营者违反本法第八条规定，属于发布虚假广告的，依照《中华人民共和国广告法》的规定处罚”。与 2017 年版的《反不正当竞争法》相比，两个条文内容没有发生变化。

（三）药品管理法的修订

2019 年 8 月 26 日第十三届全国人民代表大会常务委员会第十二次会议通过了对《药品管理法》的修订。修订后的《药品管理法》中有 3 个条文与广告有关。其中第八十九条规定，“药品广告应当经广告主所在地省、自治区、直辖市人民政府确定的广告审查机关批准；未经批准的，不得发布”。第九十条规定，“药品广告的内容应当真实、合法，以国务院药品监督管理部门核准的药品说明书为准，不得含有虚假的内容。药品广告不得含有表示功效、安全性的断言或者保证；不得利用国家机关、科研单位、学术机构、行业协会或者专家、学者、医师、药师、患者等的名义或者形象作推荐、证明。非药品广告不得有涉及药品的宣传”。第九十一条规定，“药品价格和广告，本法未做规定的，适用《中华人民共和国价格法》《中华人民共和国反垄断法》《中华人民共和国反不正当竞争法》《中华人民共和国广告法》等的规定”。修订后的内容与《广告法》中有关药品广告的内容准则保持一致，但与《广告法》相比，药品广告的审查机关更加明确，即“广告主所在地省、自治区、直辖市人民政府确定的广告审查机关”。

二、相关行政法规的完善

根据《国务院 2019 年立法工作计划》，国务院 2019 年拟制定、修订的行政法规共计 42 件，其中涉及市场监管的有：《优化营商环境条例》《消费者权益保护法实施条例》《个体工商户条例》《食品安全法实施条例》《医疗器械监督管理条例》《化妆品卫生监督条例》。其中，《食品安全法实施条例》于 2019 年 3 月 26 日国务院第 42 次常务会议修订通过，自 2019 年 12 月 1 日起施行；《优化营商环境条例》于 2019 年 10 月 8 日国务院第 66 次常务会议通过，自 2020 年 1 月 1 日起施行。立法计划中的其余行政法规均在制定或修订之中。这两部行政法规与广告监管关系也比较密切。

（一）食品安全法实施条例

《食品安全法实施条例》中与广告有关的内容主要

有第三十四条、第三十七条和第七十三条三个条文。这些规定对广告监管的影响主要体现在两个方面：一是有利于对《广告法》适用范围的理解。在广告执法中，利用会议、讲座、健康咨询等形式进行的现场促销活动是否适用《广告法》一直存在争论。《食品安全法实施条例》第七十三条规定“利用会议、讲座、健康咨询等方式对食品进行虚假宣传的，由县级以上人民政府食品安全监督管理部门责令消除影响，有违法所得的，没收违法所得；情节严重的，依照食品安全法第一百四十条第五款的规定进行处罚”；而《食品安全法》第一百四十条第五款的规定是“对食品做虚假宣传且情节严重的，由省级以上人民政府食品药品监督管理部门决定暂停销售该食品，并向社会公布；仍然销售该食品的，由县级以上人民政府食品药品监督管理部门没收违法所得和违法销售的食品，并处二万元以上五万元以下罚款。”由这些规定可知，利用会议、讲座、健康咨询等形式进行的现场促销活动不适用《广告法》调整。二是《食品安全法实施条例》第三十七条规定，“特殊医学用途配方食品中的特定全营养配方食品广告按照处方药广告管理，其他类别的特殊医学用途配方食品广告按照非处方药广告管理。”这是对《广告法》和《食品安全法》的必要补充和明确。《广告法》没有对“特殊医学用途配方食品”广告进行规定，而《食品安全法》第八十条第二款规定“特殊医学用途配方食品广告适用《中华人民共和国广告法》和其他法律、行政法规关于药品广告管理的规定。”这里仅仅明确“特殊医学用途配方食品广告”视同药品广告进行管理，但是《广告法》中将药品广告分为处方药广告和非处方药广告，对两者的广告内容准则要求是不同的。而《食品安全法》中未区分哪些特殊医学用途配方食品视同处方药广告管理，哪些特殊医学用途配方食品视同为非处方药广告管理。《食品安全法实施条例》则规定得非常明确，即“特定全营养配方食品广告按照处方药广告管理，其他类别的特殊医学用途配方食品广告按照非处方药广告管理”。为特殊医学用途配方食品广告监管提供了明确法律依据。

（二）优化营商环境条例

《优化营商环境条例》于 2020 年 1 月 1 日起实施，该“条例”的具体条文虽然与广告监管没有直接联系，但是该“条例”的精神，尤其是第五章“监管执法”的内容对广告监管工作具有宏观的指导意义。如第五十三条涉及广告监管应遵循的信用监管原则，即“政府及其有关部门应当按照国家关于加快构建以信用为基础的新型监管机制的要求，创新和完善信用监管，强化信用监管的支撑保障，加强信用监管的组织实施，不断提升信用监管效能。”第五十五条涉及广告监管应遵循的审慎监管原则，即“政府及其有关部门应当按照鼓励创新的原则，对新技术、新产业、新业态、新模式等实行包容审慎监管，针对其性质、特点分类制定和实行相应的监管规则和标准，留足发展空间，同时确保质量和安全，不得简单化予以禁止或者不予监管。” 第五十六条涉及广告监管应遵循的智慧监管原则，即“政府及其有关部门应当充分运用互联网、大数据等技术手段，依托国家统一建立的在线监管系统，加强监管信息归集共享和关联整合，推行以远程监管、移动监管、预警防控为特征的非现场监管，提升监管的精准化、智能化水平。” 第五十九条涉及广告监管应遵循的柔性监管原则，即“行政执法中应当推广运用说服教育、劝导示范、行政指导等非强制性手段，依法慎重实施行政强制。采用非强制性手段能够达到行政管理目的的，不得实施行政强制；违法行为情节轻微或者社会危害较小的，可以不实施行政强制；确需实施行政强制的，应当尽可能减少对市场主体正常生产经营活动的影响。”等等。

三、相关规章的完善

根据《国家市场监督管理总局 2019 年立法工作计划》，2019 年市场监管领域的立法工作主要包括：推进《药品注册管理办法》的修订；修订《关于禁止垄断协议行为的规定》《关于禁止滥用市场支配地位行为的规定》《关于制止滥用行政权力排除、限制竞争行为的规定》，积极推进《反垄断法》修订；修订《关于禁止不正当有奖销售行为的若干规定》；推动《明码标价和禁止价格欺诈的规定》《关于禁止市场混淆行为的若干规定》《关于禁止商业贿赂行为的暂行规定》《关于禁止侵犯商业秘密行为的若干规定》的制修订；制定《关于规范商标申请行为的若干规定》《专利代理师资格考试办法》，修订《专利审查指南》《专利代理管理办法》；推进《专利法实施细则》《官方标志备案保护办法》《商标代理监管暂行办法》的制修订；制定《药品网络销售监督管理办法》《药品标准管理办法》《医疗器械唯一标识系统规则》《进口医疗器械代理人监督管理办法》，修订《进口药材管理办法》《药物临床试验质量管理规范》《中药材生产质量管理规范》；推进《药品流通监督管理办法》《药品生产监督管理办法》《药品医疗器械检查办法》《化妆品注册备案管理办法》《化妆品标签管理办法》《化妆品生产监督管理办法》的制修订；修订《网络交易管理办法》《市场监督管理投诉举报处理办法》（网监司起草），制定《药品、医疗器械、保健食品、特殊医学用途配方食品广告审查办法》；推进《医疗广告管理办法》《互联网广告管理暂行办法》的修订。

在国家市场监督管理总局截止到 2019 年底为止出台的 22 个规章中，对广告业发展和广告监管工作都有指导和规范作用，但最直接产生影响的规章主要有 6 个，可以分为两类：一类是专门规范广告监管的规章，主要是《药品、医疗器械、保健食品、特殊医学用途配方食品广告审查管理暂行办法》；另一类是适用于包括广告监管在内的所有市场监管执法工作的规章，包括：《市场监督管理行政处罚程序暂行规定》《市场监督管理行政处罚听证暂行办法》《市场监督管理行政许可程序暂行规定》《市场监督管理投诉举报处理暂行办法》和《市场监督管理执法监督暂行规定》。

在《广告法》修订实施之前，药品、医疗器械、保健食品、特殊医学用途配方食品广告分别由 2007 年 3 月 3 日原国家工商行政管理总局、原国家食品药品监督管理局令第 27 号公布的《药品广告审查发布标准》，2007 年 3 月 13 日原国家食品药品监督管理局、原国家工商行政管理总局令第 27 号发布的《药品广告审查办法》，2009 年 4 月 7 日原卫生部、原国家工商行政管理总局、原国家食品药品监督管理局令第 65 号发布的《医疗器械广告审查办法》，2009 年 4 月 28 日原国家工商行政管理总局、原卫生部、原国家食品药品监督管理局令第 40 号公布的《医疗器械广告审查发布标准》，1996 年 12 月 30 日原国家工商行政管理局令第 72 号公布的《食品广告发布暂行规定》等多个规范性文件分别调整。2015 年《广告法》修订实施后，这些规章都应当进行修订，以便与修订后的《广告法》保持一致。国家市场监督管理总局成立后，及时作出了《关于修改〈药品广告审查办法〉〈医疗器械广告审查办法〉〈计量标准考核办法〉三部规章的决定》，适应机构合并后统一执法的需求，不再单独对这些规章进行修订，而是对内容进行整合和修订后，形成了一个新规章，即《药品、医疗器械、保健食品、特殊医学用途配方食品广告审查管理暂行办法》，实现了这些广告执法依据的统一。

《市场监督管理行政处罚程序暂行规定》《市场监督管理行政处罚听证暂行办法》《市场监督管理行政许可程序暂行规定》《市场监督管理投诉举报处理暂行办法》和《市场监督管理执法监督暂行规定》。在这些规章的制定中，执法依据统一融合的特色体现得更加鲜明。在此之前，多机构分散执法，导致执法依据也存在分散的状态。比如，在《市场监督管理行政处罚程序暂行规定》出台之前，市场监管执法中的行政处罚依据就同时存在着 1996 年 9 月 18 日原国家技术监督局令第 45 号公布的《技术监督行政处罚委托实施办法》、2001 年 4 月 9 日原国家质量技术监督局令第 16 号公布的《质量技术监督罚没物品管理和处置办法》、2007 年 9 月 4 日原国家工商行政管理总局令第 28 号公布的《工商行政管理机关行政处罚程序规定》、2011 年 3 月 2 日原国家质量监督检验检疫总局令第 137 号公布的《质量技术监督行政处罚程序规定》、2011 年 3 月 2 日原国家质量监督检验检疫总局令第 138 号公布的《质量技术监督行政处罚案件审理规定》和 2014 年 4 月 28 日原国家食品药品监督管理总局令第 3 号公布的《食品药品行政处罚程序规定》等多个规章性文件；在《市场监督管理投诉举报处理暂行办法》出台 前，同时存在着 1998 年 3 月 12 日原国家质量技术监督局令第 51 号公布的《产品质量申诉处理办法》、2014 年 2 月 14 日原国家工商行政管理总局令第 62 号公布的《工商行政管理部门处理消费者投诉办法》和 2016 年 1 月 12 日原国家食品药品监督管理总局令第 21 号公布的《食品药品投诉举报管理办法》等多个规章；在《市场监督管理行政处罚听证暂行办法》出台前，也同时存在着 2005 年 12 月 30 日原国家食品药品监督管理局令第 23 号公布的《国家食品药品监督管理局听证规则（试行）》和 2007 年 9 月 4 日原国家工商行政管理总局令第 29 号公布的《工商行政管理机关行政处罚案件听证规则》两个规章性文件；在《市场监督管理执法监督暂行规定》出台之前，存在这 2004 年 1 月 18 日原国家质量监督检验检疫总局令第 59 号公布的《质量监督检验检疫行政执法监督与行政执法过错责任追究办法》和 2015 年 9 月 15 日原国家工商行政管理总局令第 78 号公布的《工商行政管理机关执法监督规定》两个规章。新规章的陆续出台，除了对广告监管执法带来影响外，将会大大促进统场监管领域执法的统一，有利于降低执法成本和提高执法效率。

四、相关的地方立法活动

我国各地经济发展不平衡，广告市场差异较大，除了统一执法外，各地方因地制宜开展的地方性立法，对于促进地方广告市场发展和规范各地广告市场也起着非常积极的作用。

地方立法主要集中在户外广告领域，这主要是因为《广告法》规定“户外广告的管理办法，由地方性法规、地方政府规章规定”。2019 年有不少地方出台了规范户外广告设置的规定，比如《西安市户外广告设置管理条例》《怀化市户外广告和招牌设置管理办法》《泰安市户外广告设施和招牌设置管理条例》《中山市户外广告管理办法》《廊坊市户外广告设置管理办法》《保定市主城区户外广告及招牌管理办法》《济南市户外广告和牌匾标识管理条例》《西安市机动车车身广告设置管理办法》《广州市户外广告和招牌设置规范》《合肥市户外广告和招牌设置管理办法（修改）》《株洲市城市户外广告设置管理办法》等。

2019 年出台和生效实施的与广告相关的地方法规主要有《江苏省广告条例》，有江苏省第十三届人民代表大会常务委员会第七次会议于 2019 年 1 月 9 日通过修订，并于 2019 年 3 月 1 日起施行。该《条例》在总结《广告法》执法实践经验的基础上，结合江苏省广告执法的实际情况，在“绝对化用语”“骚扰电话广告”和“互联网广告”执法方面均体现出了特色和亮点。

（刘双舟　中央财经大学教授、中国广告协会法律咨询委员会常务副主任）

中华人民共和国反不正当竞争法

（1993 年 9 月 2 日第八届全国人民代表大会常务委员会第三次会议通过，2017 年 11 月 4 日第十二届全国人民代表大会常务委员会第三十次会议修订，根据 2019 年 4 月 23 日第十三届全国人民代表大会常务委员会第十次会议《关于修改〈中华人民共和国建筑法〉等八部法律的决定》修正。）

第一章 总则

第一条 为了促进社会主义市场经济健康发展，鼓励和保护公平竞争，制止不正当竞争行为，保护经营者和消费者的合法权益，制定本法。

第二条 经营者在生产经营活动中，应当遵循自愿、平等、公平、诚信的原则，遵守法律和商业道德。

本法所称的不正当竞争行为，是指经营者在生产经营活动中，违反本法规定，扰乱市场竞争秩序，损害其他经营者或者消费者的合法权益的行为。

本法所称的经营者，是指从事商品生产、经营或者提供服务（以下所称商品包括服务）的自然人、法人和非法人组织。

第三条 各级人民政府应当采取措施，制止不正当竞争行为，为公平竞争创造良好的环境和条件。

国务院建立反不正当竞争工作协调机制，研究决定反不正当竞争重大政策，协调处理维护市场竞争秩序的重大问题。

第四条 县级以上人民政府履行工商行政管理职责的部门对不正当竞争行为进行查处；法律、行政法规规定由其他部门查处的，依照其规定。

第五条 国家鼓励、支持和保护一切组织和个人对不正当竞争行为进行社会监督。

国家机关及其工作人员不得支持、包庇不正当竞争行为。

行业组织应当加强行业自律，引导、规范会员依法竞争，维护市场竞争秩序。

第二章 不正当竞争行为

第六条 经营者不得实施下列混淆行为，引人误认为是他人商品或者与他人存在特定联系：

（一）擅自使用与他人有一定影响的商品名称、包装、装潢等相同或者近似的标识；

（二）擅自使用他人有一定影响的企业名称（包括简称、字号等）、社会组织名称（包括简称等）、姓名（包括笔名、艺名、译名等）；

（三）擅自使用他人有一定影响的域名主体部分、网站名称、网页等；

（四）其他足以引人误认为是他人商品或者与他人存在特定联系的混淆行为。

第七条 经营者不得采用财物或者其他手段贿赂下列单位或者个人，以谋取交易机会或者竞争优势：

（一）交易相对方的工作人员；

（二）受交易相对方委托办理相关事务的单位或者个人；

（三）利用职权或者影响力影响交易的单位或者个人。

经营者在交易活动中，可以以明示方式向交易相对方支付折扣，或者向中间人支付佣金。经营者向交易相对方支付折扣、向中间人支付佣金的，应当如实入账。接受折扣、佣金的经营者也应当如实入账。

经营者的工作人员进行贿赂的，应当认定为经营者的行为；但是，经营者有证据证明该工作人员的行为与为经营者谋取交易机会或者竞争优势无关的除外。

第八条　经营者不得对其商品的性能、功能、质量、销售状况、用户评价、曾获荣誉等作虚假或者引人误解的商业宣传，欺骗、误导消费者。

经营者不得通过组织虚假交易等方式，帮助其他经营者进行虚假或者引人误解的商业宣传。

第九条　经营者不得实施下列侵犯商业秘密的行为：

（一）以盗窃、贿赂、欺诈、胁迫、电子侵入或者其他不正当手段获取权利人的商业秘密；

（二）披露、使用或者允许他人使用以前项手段获取的权利人的商业秘密；

（三）违反保密义务或者违反权利人有关保守商业秘密的要求，披露、使用或者允许他人使用其所掌握的商业秘密；

（四）教唆、引诱、帮助他人违反保密义务或者违反权利人有关保守商业秘密的要求，获取、披露、使用或者允许他人使用权利人的商业秘密。

经营者以外的其他自然人、法人和非法人组织实施前款所列违法行为的，视为侵犯商业秘密。

第三人明知或者应知商业秘密权利人的员工、前员工或者其他单位、个人实施本条第一款所列违法行为，仍获取、披露、使用或者允许他人使用该商业秘密的，视为侵犯商业秘密。

本法所称的商业秘密，是指不为公众所知悉、具有商业价值并经权利人采取相应保密措施的技术信息、经营信息等商业信息。

第十条　经营者进行有奖销售不得存在下列情形：

（一）所设奖的种类、兑奖条件、奖金金额或者奖品等有奖销售信息不明确，影响兑奖；

（二）采用谎称有奖或者故意让内定人员中奖的欺骗方式进行有奖销售；

（三）抽奖式的有奖销售，最高奖的金额超过五万元。

第十一条　经营者不得编造、传播虚假信息或者误导性信息，损害竞争对手的商业信誉、商品声誉。

第十二条　经营者利用网络从事生产经营活动，应当遵守本法的各项规定。

经营者不得利用技术手段，通过影响用户选择或者其他方式，实施下列妨碍、破坏其他经营者合法提供的网络产品或者服务正常运行的行为：

（一）未经其他经营者同意，在其合法提供的网络产品或者服务中，插入链接、强制进行目标跳转；

（二）误导、欺骗、强迫用户修改、关闭、卸载其他经营者合法提供的网络产品或者服务；

（三）恶意对其他经营者合法提供的网络产品或者服务实施不兼容；

（四）其他妨碍、破坏其他经营者合法提供的网络产品或者服务正常运行的行为。

第三章　对涉嫌不正当竞争行为的调查

第十三条　监督检查部门调查涉嫌不正当竞争行为，可以采取下列措施：

（一）进入涉嫌不正当竞争行为的经营场所进行检查；

（二）询问被调查的经营者、利害关系人及其他有关单位、个人，要求其说明有关情况或者提供与被调查行为有关的其他资料；

（三）查询、复制与涉嫌不正当竞争行为有关的协议、账簿、单据、文件、记录、业务函电和其他资料；

（四）查封、扣押与涉嫌不正当竞争行为有关的财物；

（五）查询涉嫌不正当竞争行为的经营者的银行账户。

采取前款规定的措施，应当向监督检查部门主要负责人书面报告，并经批准。采取前款第四项、第五项规定的措施，应当向设区的市级以上人民政府监督检查部门主要负责人书面报告，并经批准。

监督检查部门调查涉嫌不正当竞争行为，应当遵守《中华人民共和国行政强制法》和其他有关法律、行政法规的规定，并应当将查处结果及时向社会公开。

第十四条　监督检查部门调查涉嫌不正当竞争行为，被调查的经营者、利害关系人及其他有关单位、个人应当如实提供有关资料或者情况。

第十五条　监督检查部门及其工作人员对调查过程中知悉的商业秘密负有保密义务。

第十六条 对涉嫌不正当竞争行为，任何单位和个人有权向监督检查部门举报，监督检查部门接到举报后应当依法及时处理。

监督检查部门应当向社会公开受理举报的电话、信箱或者电子邮件地址，并为举报人保密。对实名举报并提供相关事实和证据的，监督检查部门应当将处理结果告知举报人。

第四章 法律责任

第十七条 经营者违反本法规定，给他人造成损害的，应当依法承担民事责任。

经营者的合法权益受到不正当竞争行为损害的，可以向人民法院提起诉讼。

因不正当竞争行为受到损害的经营者的赔偿数额，按照其因被侵权所受到的实际损失确定；实际损失难以计算的，按照侵权人因侵权所获得的利益确定。经营者恶意实施侵犯商业秘密行为，情节严重的，可以在按照上述方法确定数额的一倍以上五倍以下确定赔偿数额。赔偿数额还应当包括经营者为制止侵权行为所支付的合理开支。

经营者违反本法第六条、第九条规定，权利人因被侵权所受到的实际损失、侵权人因侵权所获得的利益难以确定的，由人民法院根据侵权行为的情节判决给予权利人五百万元以下的赔偿。

第十八条 经营者违反本法第六条规定实施混淆行为的，由监督检查部门责令停止违法行为，没收违法商品。违法经营额五万元以上的，可以并处违法经营额五倍以下的罚款；没有违法经营额或者违法经营额不足五万元的，可以并处二十五万元以下的罚款。情节严重的，吊销营业执照。

经营者登记的企业名称违反本法第六条规定的，应当及时办理名称变更登记；名称变更前，由原企业登记机关以统一社会信用代码代替其名称。

第十九条 经营者违反本法第七条规定贿赂他人的，由监督检查部门没收违法所得，处十万元以上三百万元以下的罚款。情节严重的，吊销营业执照。

第二十条 经营者违反本法第八条规定对其商品作虚假或者引人误解的商业宣传，或者通过组织虚假交易等方式帮助其他经营者进行虚假或者引人误解的商业宣传的，由监督检查部门责令停止违法行为，处二十万元以上一百万元以下的罚款；情节严重的，处一百万元以上二百万元以下的罚款，可以吊销营业执照。

经营者违反本法第八条规定，属于发布虚假广告的，依照《中华人民共和国广告法》的规定处罚。

第二十一条 经营者以及其他自然人、法人和非法人组织违反本法第九条规定侵犯商业秘密的，由监督检查部门责令停止违法行为，没收违法所得，处十万元以上一百万元以下的罚款；情节严重的，处五十万元以上五百万元以下的罚款。

第二十二条 经营者违反本法第十条规定进行有奖销售的，由监督检查部门责令停止违法行为，处五万元以上五十万元以下的罚款。

第二十三条 经营者违反本法第十一条规定损害竞争对手商业信誉、商品声誉的，由监督检查部门责令停止违法行为、消除影响，处十万元以上五十万元以下的罚款；情节严重的，处五十万元以上三百万元以下的罚款。

第二十四条 经营者违反本法第十二条规定妨碍、破坏其他经营者合法提供的网络产品或者服务正常运行的，由监督检查部门责令停止违法行为，处十万元以上五十万元以下的罚款；情节严重的，处五十万元以上三百万元以下的罚款。

第二十五条 经营者违反本法规定从事不正当竞争，有主动消除或者减轻违法行为危害后果等法定情形的，依法从轻或者减轻行政处罚；违法行为轻微并及时纠正，没有造成危害后果的，不予行政处罚。

第二十六条 经营者违反本法规定从事不正当竞争，受到行政处罚的，由监督检查部门记入信用记录，并依照有关法律、行政法规的规定予以公示。

第二十七条 经营者违反本法规定，应当承担民事责任、行政责任和刑事责任，其财产不足以支付的，优先用于承担民事责任。

第二十八条 妨害监督检查部门依照本法履行职

责，拒绝、阻碍调查的，由监督检查部门责令改正，对个人可以处五千元以下的罚款，对单位可以处五万元以下的罚款，并可以由公安机关依法给予治安管理处罚。

第二十九条　当事人对监督检查部门作出的决定不服的，可以依法申请行政复议或者提起行政诉讼。

第三十条　监督检查部门的工作人员滥用职权、玩忽职守、徇私舞弊或者泄露调查过程中知悉的商业秘密的，依法给予处分。

第三十一条　违反本法规定，构成犯罪的，依法追究刑事责任。

第三十二条　在侵犯商业秘密的民事审判程序中，商业秘密权利人提供初步证据，证明其已经对所主张的商业秘密采取保密措施，且合理表明商业秘密被侵犯，涉嫌侵权人应当证明权利人所主张的商业秘密不属于本法规定的商业秘密。

商业秘密权利人提供初步证据合理表明商业秘密被侵犯，且提供以下证据之一的，涉嫌侵权人应当证明其不存在侵犯商业秘密的行为：

（一）有证据表明涉嫌侵权人有渠道或者机会获取商业秘密，且其使用的信息与该商业秘密实质上相同；

（二）有证据表明商业秘密已经被涉嫌侵权人披露、使用或者有被披露、使用的风险；

（三）有其他证据表明商业秘密被涉嫌侵权人侵犯。

第五章　附则

第三十三条　本法自 2018 年 1 月 1 日起施行。

中华人民共和国药品管理法（节选）

（1984年9月20日第六届全国人民代表大会常务委员会第七次会议通过，2001年2月28日第九届全国人民代表大会常务委员会第二十次会议第一次修订，根据2013年12月28日第十二届全国人民代表大会常务委员会第六次会议《关于修改〈中华人民共和国海洋环境保护法〉等七部法律的决定》第一次修正，根据2015年4月24日第十二届全国人民代表大会常务委员会第十四次会议《关于修改〈中华人民共和国药品管理法〉的决定》第二次修正，2019年8月26日第十三届全国人民代表大会常务委员会第十二次会议第二次修订。）

第一章 总则

第一条 为了加强药品管理，保证药品质量，保障公众用药安全和合法权益，保护和促进公众健康，制定本法。

第二条 在中华人民共和国境内从事药品研制、生产、经营、使用和监督管理活动，适用本法。

本法所称药品，是指用于预防、治疗、诊断人的疾病，有目的地调节人的生理机能并规定有适应症或者功能主治、用法和用量的物质，包括中药、化学药和生物制品等。

第三条 药品管理应当以人民健康为中心，坚持风险管理、全程管控、社会共治的原则，建立科学、严格的监督管理制度，全面提升药品质量，保障药品的安全、有效、可及。

第四条 国家发展现代药和传统药，充分发挥其在预防、医疗和保健中的作用。

国家保护野生药材资源和中药品种，鼓励培育道地中药材。

第五条 国家鼓励研究和创制新药，保护公民、法人和其他组织研究、开发新药的合法权益。

第六条 国家对药品管理实行药品上市许可持有人制度。药品上市许可持有人依法对药品研制、生产、经营、使用全过程中药品的安全性、有效性和质量可控性负责。

第七条 从事药品研制、生产、经营、使用活动，应当遵守法律、法规、规章、标准和规范，保证全过程信息真实、准确、完整和可追溯。

第八条 国务院药品监督管理部门主管全国药品监督管理工作。国务院有关部门在各自职责范围内负责与药品有关的监督管理工作。国务院药品监督管理部门配合国务院有关部门，执行国家药品行业发展规划和产业政策。

省、自治区、直辖市人民政府药品监督管理部门负责本行政区域内的药品监督管理工作。设区的市级、县级人民政府承担药品监督管理职责的部门（以下称药品监督管理部门）负责本行政区域内的药品监督管理工作。县级以上地方人民政府有关部门在各自职责范围内负责与药品有关的监督管理工作。

第九条 县级以上地方人民政府对本行政区域内的药品监督管理工作负责，统一领导、组织、协调本行政区域内的药品监督管理工作以及药品安全突发事件应对工作，建立健全药品监督管理工作机制和信息共享机制。

第十条 县级以上人民政府应当将药品安全工作纳入本级国民经济和社会发展规划，将药品安全工作经费列入本级政府预算，加强药品监督管理能力建设，为药品安全工作提供保障。

第十一条 药品监督管理部门设置或者指定的药品专业技术机构，承担依法实施药品监督管理所需的审评、检验、核查、监测与评价等工作。

第十二条 国家建立健全药品追溯制度。国务院药品监督管理部门应当制定统一的药品追溯标准和规范，推进药品追溯信息互通互享，实现药品可追溯。

国家建立药物警戒制度，对药品不良反应及其他与用药有关的有害反应进行监测、识别、评估和控制。

第十三条　各级人民政府及其有关部门、药品行业协会等应当加强药品安全宣传教育，开展药品安全法律法规等知识的普及工作。

新闻媒体应当开展药品安全法律法规等知识的公益宣传，并对药品违法行为进行舆论监督。有关药品的宣传报道应当全面、科学、客观、公正。

第十四条　药品行业协会应当加强行业自律，建立健全行业规范，推动行业诚信体系建设，引导和督促会员依法开展药品生产经营等活动。

第十五条　县级以上人民政府及其有关部门对在药品研制、生产、经营、使用和监督管理工作中做出突出贡献的单位和个人，按照国家有关规定给予表彰、奖励。

第八章　药品价格和广告

第八十四条　国家完善药品采购管理制度，对药品价格进行监测，开展成本价格调查，加强药品价格监督检查，依法查处价格垄断、哄抬价格等药品价格违法行为，维护药品价格秩序。

第八十五条　依法实行市场调节价的药品，药品上市许可持有人、药品生产企业、药品经营企业和医疗机构应当按照公平、合理和诚实信用、质价相符的原则制定价格，为用药者提供价格合理的药品。

药品上市许可持有人、药品生产企业、药品经营企业和医疗机构应当遵守国务院药品价格主管部门关于药品价格管理的规定，制定和标明药品零售价格，禁止暴利、价格垄断和价格欺诈等行为。

第八十六条　药品上市许可持有人、药品生产企业、药品经营企业和医疗机构应当依法向药品价格主管部门提供其药品的实际购销价格和购销数量等资料。

第八十七条　医疗机构应当向患者提供所用药品的价格清单，按照规定如实公布其常用药品的价格，加强合理用药管理。具体办法由国务院卫生健康主管部门制定。

第八十八条　禁止药品上市许可持有人、药品生产企业、药品经营企业和医疗机构在药品购销中给予、收受回扣或者其他不正当利益。

禁止药品上市许可持有人、药品生产企业、药品经营企业或者代理人以任何名义给予使用其药品的医疗机构的负责人、药品采购人员、医师、药师等有关人员财物或者其他不正当利益。禁止医疗机构的负责人、药品采购人员、医师、药师等有关人员以任何名义收受药品上市许可持有人、药品生产企业、药品经营企业或者代理人给予的财物或者其他不正当利益。

第八十九条　药品广告应当经广告主所在地省、自治区、直辖市人民政府确定的广告审查机关批准；未经批准的，不得发布。

第九十条　药品广告的内容应当真实、合法，以国务院药品监督管理部门核准的药品说明书为准，不得含有虚假的内容。

药品广告不得含有表示功效、安全性的断言或者保证；不得利用国家机关、科研单位、学术机构、行业协会或者专家、学者、医师、药师、患者等的名义或者形象作推荐、证明。

非药品广告不得有涉及药品的宣传。

第九十一条　药品价格和广告，本法未作规定的，适用《中华人民共和国价格法》、《中华人民共和国反垄断法》、《中华人民共和国反不正当竞争法》、《中华人民共和国广告法》等的规定。

第十二章　附则

第一百五十二条　中药材种植、采集和饲养的管理，依照有关法律、法规的规定执行。

第一百五十三条　地区性民间习用药材的管理办法，由国务院药品监督管理部门会同国务院中医药主管部门制定。

第一百五十四条　中国人民解放军和中国人民武装警察部队执行本法的具体办法，由国务院、中央军事委员会依据本法制定。

第一百五十五条　本法自2019年12月1日起施行。

中华人民共和国食品安全法实施条例

（2009 年 7 月 20 日中华人民共和国国务院令第 557 号公布，根据 2016 年 2 月 6 日《国务院关于修改部分行政法规的决定》修订，2019 年 3 月 26 日国务院第 42 次常务会议修订通过）

第一章 总则

第一条 根据《中华人民共和国食品安全法》（以下简称食品安全法），制定本条例。

第二条 食品生产经营者应当依照法律、法规和食品安全标准从事生产经营活动，建立健全食品安全管理制度，采取有效措施预防和控制食品安全风险，保证食品安全。

第三条 国务院食品安全委员会负责分析食品安全形势，研究部署、统筹指导食品安全工作，提出食品安全监督管理的重大政策措施，督促落实食品安全监督管理责任。县级以上地方人民政府食品安全委员会按照本级人民政府规定的职责开展工作。

第四条 县级以上人民政府建立统一权威的食品安全监督管理体制，加强食品安全监督管理能力建设。

县级以上人民政府食品安全监督管理部门和其他有关部门应当依法履行职责，加强协调配合，做好食品安全监督管理工作。

乡镇人民政府和街道办事处应当支持、协助县级人民政府食品安全监督管理部门及其派出机构依法开展食品安全监督管理工作。

第五条 国家将食品安全知识纳入国民素质教育内容，普及食品安全科学常识和法律知识，提高全社会的食品安全意识。

第二章 食品安全风险监测和评估

第六条 县级以上人民政府卫生行政部门会同同级食品安全监督管理等部门建立食品安全风险监测会商机制，汇总、分析风险监测数据，研判食品安全风险，形成食品安全风险监测分析报告，报本级人民政府；县级以上地方人民政府卫生行政部门还应当将食品安全风险监测分析报告同时报上一级人民政府卫生行政部门。食品安全风险监测会商的具体办法由国务院卫生行政部门会同国务院食品安全监督管理等部门制定。

第七条 食品安全风险监测结果表明存在食品安全隐患，食品安全监督管理等部门经进一步调查确认有必要通知相关食品生产经营者的，应当及时通知。

接到通知的食品生产经营者应当立即进行自查，发现食品不符合食品安全标准或者有证据证明可能危害人体健康的，应当依照食品安全法第六十三条的规定停止生产、经营，实施食品召回，并报告相关情况。

第八条 国务院卫生行政、食品安全监督管理等部门发现需要对农药、肥料、兽药、饲料和饲料添加剂等进行安全性评估的，应当向国务院农业行政部门提出安全性评估建议。国务院农业行政部门应当及时组织评估，并向国务院有关部门通报评估结果。

第九条 国务院食品安全监督管理部门和其他有关部门建立食品安全风险信息交流机制，明确食品安全风险信息交流的内容、程序和要求。

第三章 食品安全标准

第十条 国务院卫生行政部门会同国务院食品安全监督管理、农业行政等部门制定食品安全国家标准规划及其年度实施计划。国务院卫生行政部门应当在其网站上公布食品安全国家标准规划及其年度实施计划的草案，公开征求意见。

第十一条　省、自治区、直辖市人民政府卫生行政部门依照食品安全法第二十九条的规定制定食品安全地方标准，应当公开征求意见。省、自治区、直辖市人民政府卫生行政部门应当自食品安全地方标准公布之日起 30 个工作日内，将地方标准报国务院卫生行政部门备案。国务院卫生行政部门发现备案的食品安全地方标准违反法律、法规或者食品安全国家标准的，应当及时予以纠正。

食品安全地方标准依法废止的，省、自治区、直辖市人民政府卫生行政部门应当及时在其网站上公布废止情况。

第十二条　保健食品、特殊医学用途配方食品、婴幼儿配方食品等特殊食品不属于地方特色食品，不得对其制定食品安全地方标准。

第十三条　食品安全标准公布后，食品生产经营者可以在食品安全标准规定的实施日期之前实施并公开提前实施情况。

第十四条　食品生产企业不得制定低于食品安全国家标准或者地方标准要求的企业标准。食品生产企业制定食品安全指标严于食品安全国家标准或者地方标准的企业标准的，应当报省、自治区、直辖市人民政府卫生行政部门备案。

食品生产企业制定企业标准的，应当公开，供公众免费查阅。

第四章　食品生产经营

第十五条　食品生产经营许可的有效期为 5 年。

食品生产经营者的生产经营条件发生变化，不再符合食品生产经营要求的，食品生产经营者应当立即采取整改措施；需要重新办理许可手续的，应当依法办理。

第十六条　国务院卫生行政部门应当及时公布新的食品原料、食品添加剂新品种和食品相关产品新品种目录以及所适用的食品安全国家标准。

对按照传统既是食品又是中药材的物质目录，国务院卫生行政部门会同国务院食品安全监督管理部门应当及时更新。

第十七条　国务院食品安全监督管理部门会同国务院农业行政等有关部门明确食品安全全程追溯基本要求，指导食品生产经营者通过信息化手段建立、完善食品安全追溯体系。

食品安全监督管理等部门应当将婴幼儿配方食品等针对特定人群的食品以及其他食品安全风险较高或者销售量大的食品的追溯体系建设作为监督检查的重点。

第十八条　食品生产经营者应当建立食品安全追溯体系，依照食品安全法的规定如实记录并保存进货查验、出厂检验、食品销售等信息，保证食品可追溯。

第十九条　食品生产经营企业的主要负责人对本企业的食品安全工作全面负责，建立并落实本企业的食品安全责任制，加强供货者管理、进货查验和出厂检验、生产经营过程控制、食品安全自查等工作。食品生产经营企业的食品安全管理人员应当协助企业主要负责人做好食品安全管理工作。

第二十条　食品生产经营企业应当加强对食品安全管理人员的培训和考核。食品安全管理人员应当掌握与其岗位相适应的食品安全法律、法规、标准和专业知识，具备食品安全管理能力。食品安全监督管理部门应当对企业食品安全管理人员进行随机监督抽查考核。考核指南由国务院食品安全监督管理部门制定、公布。

第二十一条　食品、食品添加剂生产经营者委托生产食品、食品添加剂的，应当委托取得食品生产许可、食品添加剂生产许可的生产者生产，并对其生产行为进行监督，对委托生产的食品、食品添加剂的安全负责。受托方应当依照法律、法规、食品安全标准以及合同约定进行生产，对生产行为负责，并接受委托方的监督。

第二十二条　食品生产经营者不得在食品生产、加工场所贮存依照本条例第六十三条规定制定的名录中的物质。

第二十三条　对食品进行辐照加工，应当遵守食品安全国家标准，并按照食品安全国家标准的要求对辐照加工食品进行检验和标注。

第二十四条　贮存、运输对温度、湿度等有特殊要求的食品，应当具备保温、冷藏或者冷冻等设备设施，并保持有效运行。

第二十五条 食品生产经营者委托贮存、运输食品的，应当对受托方的食品安全保障能力进行审核，并监督受托方按照保证食品安全的要求贮存、运输食品。受托方应当保证食品贮存、运输条件符合食品安全的要求，加强食品贮存、运输过程管理。

接受食品生产经营者委托贮存、运输食品的，应当如实记录委托方和收货方的名称、地址、联系方式等内容。记录保存期限不得少于贮存、运输结束后 2 年。

非食品生产经营者从事对温度、湿度等有特殊要求的食品贮存业务的，应当自取得营业执照之日起 30 个工作日内向所在地县级人民政府食品安全监督管理部门备案。

第二十六条 餐饮服务提供者委托餐具饮具集中消毒服务单位提供清洗消毒服务的，应当查验、留存餐具饮具集中消毒服务单位的营业执照复印件和消毒合格证明。保存期限不得少于消毒餐具饮具使用期限到期后 6 个月。

第二十七条 餐具饮具集中消毒服务单位应当建立餐具饮具出厂检验记录制度，如实记录出厂餐具饮具的数量、消毒日期和批号、使用期限、出厂日期以及委托方名称、地址、联系方式等内容。出厂检验记录保存期限不得少于消毒餐具饮具使用期限到期后 6 个月。消毒后的餐具饮具应当在独立包装上标注单位名称、地址、联系方式、消毒日期和批号以及使用期限等内容。

第二十八条 学校、托幼机构、养老机构、建筑工地等集中用餐单位的食堂应当执行原料控制、餐具饮具清洗消毒、食品留样等制度，并依照食品安全法第四十七条的规定定期开展食堂食品安全自查。

承包经营集中用餐单位食堂的，应当依法取得食品经营许可，并对食堂的食品安全负责。集中用餐单位应当督促承包方落实食品安全管理制度，承担管理责任。

第二十九条 食品生产经营者应当对变质、超过保质期或者回收的食品进行显著标示或者单独存放在有明确标志的场所，及时采取无害化处理、销毁等措施并如实记录。

食品安全法所称回收食品，是指已经售出，因违反法律、法规、食品安全标准或者超过保质期等原因，被召回或者退回的食品，不包括依照食品安全法第六十三条第三款的规定可以继续销售的食品。

第三十条 县级以上地方人民政府根据需要建设必要的食品无害化处理和销毁设施。食品生产经营者可以按照规定使用政府建设的设施对食品进行无害化处理或者予以销毁。

第三十一条 食品集中交易市场的开办者、食品展销会的举办者应当在市场开业或者展销会举办前向所在地县级人民政府食品安全监督管理部门报告。

第三十二条 网络食品交易第三方平台提供者应当妥善保存入网食品经营者的登记信息和交易信息。县级以上人民政府食品安全监督管理部门开展食品安全监督检查、食品安全案件调查处理、食品安全事故处置确需了解有关信息的，经其负责人批准，可以要求网络食品交易第三方平台提供者提供，网络食品交易第三方平台提供者应当按照要求提供。县级以上人民政府食品安全监督管理部门及其工作人员对网络食品交易第三方平台提供者提供的信息依法负有保密义务。

第三十三条 生产经营转基因食品应当显著标示，标示办法由国务院食品安全监督管理部门会同国务院农业行政部门制定。

第三十四条 禁止利用包括会议、讲座、健康咨询在内的任何方式对食品进行虚假宣传。食品安全监督管理部门发现虚假宣传行为的，应当依法及时处理。

第三十五条 保健食品生产工艺有原料提取、纯化等前处理工序的，生产企业应当具备相应的原料前处理能力。

第三十六条 特殊医学用途配方食品生产企业应当按照食品安全国家标准规定的检验项目对出厂产品实施逐批检验。

特殊医学用途配方食品中的特定全营养配方食品应当通过医疗机构或者药品零售企业向消费者销售。医疗机构、药品零售企业销售特定全营养配方食品的，不需要取得食品经营许可，但是应当遵守食品安全法和本条例关于食品销售的规定。

第三十七条 特殊医学用途配方食品中的特定全营养配方食品广告按照处方药广告管理，其他类别的特殊医学用途配方食品广告按照非处方药广告管理。

第三十八条 对保健食品之外的其他食品，不得声称具有保健功能。

对添加食品安全国家标准规定的选择性添加物质的婴幼儿配方食品，不得以选择性添加物质命名。

第三十九条　特殊食品的标签、说明书内容应当与注册或者备案的标签、说明书一致。销售特殊食品，应当核对食品标签、说明书内容是否与注册或者备案的标签、说明书一致，不一致的不得销售。省级以上人民政府食品安全监督管理部门应当在其网站上公布注册或者备案的特殊食品的标签、说明书。

特殊食品不得与普通食品或者药品混放销售。

第五章　食品检验

第四十条　对食品进行抽样检验，应当按照食品安全标准、注册或者备案的特殊食品的产品技术要求以及国家有关规定确定的检验项目和检验方法进行。

第四十一条　对可能掺杂掺假的食品，按照现有食品安全标准规定的检验项目和检验方法以及依照食品安全法第一百一十一条和本条例第六十三条规定制定的检验项目和检验方法无法检验的，国务院食品安全监督管理部门可以制定补充检验项目和检验方法，用于对食品的抽样检验、食品安全案件调查处理和食品安全事故处置。

第四十二条　依照食品安全法第八十八条的规定申请复检的，申请人应当向复检机构先行支付复检费用。复检结论表明食品不合格的，复检费用由复检申请人承担；复检结论表明食品合格的，复检费用由实施抽样检验的食品安全监督管理部门承担。

复检机构无正当理由不得拒绝承担复检任务。

第四十三条　任何单位和个人不得发布未依法取得资质认定的食品检验机构出具的食品检验信息，不得利用上述检验信息对食品、食品生产经营者进行等级评定，欺骗、误导消费者。

第六章　食品进出口

第四十四条　进口商进口食品、食品添加剂，应当按照规定向出入境检验检疫机构报检，如实申报产品相关信息，并随附法律、行政法规规定的合格证明材料。

第四十五条　进口食品运达口岸后，应当存放在出入境检验检疫机构指定或者认可的场所；需要移动的，应当按照出入境检验检疫机构的要求采取必要的安全防护措施。大宗散装进口食品应当在卸货口岸进行检验。

第四十六条　国家出入境检验检疫部门根据风险管理需要，可以对部分食品实行指定口岸进口。

第四十七条　国务院卫生行政部门依照食品安全法第九十三条的规定对境外出口商、境外生产企业或者其委托的进口商提交的相关国家（地区）标准或者国际标准进行审查，认为符合食品安全要求的，决定暂予适用并予以公布；暂予适用的标准公布前，不得进口尚无食品安全国家标准的食品。

食品安全国家标准中通用标准已经涵盖的食品不属于食品安全法第九十三条规定的尚无食品安全国家标准的食品。

第四十八条　进口商应当建立境外出口商、境外生产企业审核制度，重点审核境外出口商、境外生产企业制定和执行食品安全风险控制措施的情况以及向我国出口的食品是否符合食品安全法、本条例和其他有关法律、行政法规的规定以及食品安全国家标准的要求。

第四十九条　进口商依照食品安全法第九十四条第三款的规定召回进口食品的，应当将食品召回和处理情况向所在地县级人民政府食品安全监督管理部门和所在地出入境检验检疫机构报告。

第五十条　国家出入境检验检疫部门发现已经注册的境外食品生产企业不再符合注册要求的，应当责令其在规定期限内整改，整改期间暂停进口其生产的食品；经整改仍不符合注册要求的，国家出入境检验检疫部门应当撤销境外食品生产企业注册并公告。

第五十一条　对通过我国良好生产规范、危害分析与关键控制点体系认证的境外生产企业，认证机构应当依法实施跟踪调查。对不再符合认证要求的企业，认证机构应当依法撤销认证并向社会公布。

第五十二条　境外发生的食品安全事件可能对我国境内造成影响，或者在进口食品、食品添加剂、食品相关产品中发现严重食品安全问题的，国家出入境检验检疫部门应当及时进行风险预警，并可以对相关的食品、食品添加剂、食品相关产品采取下列控制措施：

（一）退货或者销毁处理；

（二）有条件地限制进口；

（三）暂停或者禁止进口。

第五十三条　出口食品、食品添加剂的生产企业应当保证其出口食品、食品添加剂符合进口国家（地区）的标准或者合同要求；我国缔结或者参加的国际条约、协定有要求的，还应当符合国际条约、协定的要求。

第七章　食品安全事故处置

第五十四条　食品安全事故按照国家食品安全事故应急预案实行分级管理。县级以上人民政府食品安全监督管理部门会同同级有关部门负责食品安全事故调查处理。

县级以上人民政府应当根据实际情况及时修改、完善食品安全事故应急预案。

第五十五条　县级以上人民政府应当完善食品安全事故应急管理机制，改善应急装备，做好应急物资储备和应急队伍建设，加强应急培训、演练。

第五十六条　发生食品安全事故的单位应当对导致或者可能导致食品安全事故的食品及原料、工具、设备、设施等，立即采取封存等控制措施。

第五十七条　县级以上人民政府食品安全监督管理部门接到食品安全事故报告后，应当立即会同同级卫生行政、农业行政等部门依照食品安全法第一百零五条的规定进行调查处理。食品安全监督管理部门应当对事故单位封存的食品及原料、工具、设备、设施等予以保护，需要封存而事故单位尚未封存的应当直接封存或者责令事故单位立即封存，并通知疾病预防控制机构对与事故有关的因素开展流行病学调查。

疾病预防控制机构应当在调查结束后向同级食品安全监督管理、卫生行政部门同时提交流行病学调查报告。

任何单位和个人不得拒绝、阻挠疾病预防控制机构开展流行病学调查。有关部门应当对疾病预防控制机构开展流行病学调查予以协助。

第五十八条　国务院食品安全监督管理部门会同国务院卫生行政、农业行政等部门定期对全国食品安全事故情况进行分析，完善食品安全监督管理措施，预防和减少事故的发生。

第八章　监督管理

第五十九条　设区的市级以上人民政府食品安全监督管理部门根据监督管理工作需要，可以对由下级人民政府食品安全监督管理部门负责日常监督管理的食品生产经营者实施随机监督检查，也可以组织下级人民政府食品安全监督管理部门对食品生产经营者实施异地监督检查。

设区的市级以上人民政府食品安全监督管理部门认为必要的，可以直接调查处理下级人民政府食品安全监督管理部门管辖的食品安全违法案件，也可以指定其他下级人民政府食品安全监督管理部门调查处理。

第六十条　国家建立食品安全检查员制度，依托现有资源加强职业化检查员队伍建设，强化考核培训，提高检查员专业化水平。

第六十一条　县级以上人民政府食品安全监督管理部门依照食品安全法第一百一十条的规定实施查封、扣押措施，查封、扣押的期限不得超过 30 日；情况复杂的，经实施查封、扣押措施的食品安全监督管理部门负责人批准，可以延长，延长期限不得超过 45 日。

第六十二条　网络食品交易第三方平台多次出现入网食品经营者违法经营或者入网食品经营者的违法经营行为造成严重后果的，县级以上人民政府食品安全监督管理部门可以对网络食品交易第三方平台提供者的法定代表人或者主要负责人进行责任约谈。

第六十三条　国务院食品安全监督管理部门会同国务院卫生行政等部门根据食源性疾病信息、食品安全风险监测信息和监督管理信息等，对发现的添加或者可能添加到食品中的非食品用化学物质和其他可能危害人体健康的物质，制定名录及检测方法并予以公布。

第六十四条　县级以上地方人民政府卫生行政部门应当对餐具饮具集中消毒服务单位进行监督检查，发现不符合法律、法规、国家相关标准以及相关卫生规范等要求的，应当及时调查处理。监督检查的结果应当向社会公布。

第六十五条　国家实行食品安全违法行为举报奖励制度，对查证属实的举报，给予举报人奖励。举报人举报所在企业食品安全重大违法犯罪行为的，应当加大奖励力度。有关部门应当对举报人的信息予以保密，保护举报人的合法权益。食品安全违法行为举报奖励办法由国务院食品安全监督管理部门会同国务院财政等有关部门制定。

食品安全违法行为举报奖励资金纳入各级人民政府预算。

第六十六条　国务院食品安全监督管理部门应当会同国务院有关部门建立守信联合激励和失信联合惩戒机制，结合食品生产经营者信用档案，建立严重违法生产经营者黑名单制度，将食品安全信用状况与准入、融资、信贷、征信等相衔接，及时向社会公布。

第九章　法律责任

第六十七条　有下列情形之一的，属于食品安全法第一百二十三条至第一百二十六条、第一百三十二条以及本条例第七十二条、第七十三条规定的情节严重情形：

（一）违法行为涉及的产品货值金额 2 万元以上或者违法行为持续时间 3 个月以上；

（二）造成食源性疾病并出现死亡病例，或者造成 30 人以上食源性疾病但未出现死亡病例；

（三）故意提供虚假信息或者隐瞒真实情况；

（四）拒绝、逃避监督检查；

（五）因违反食品安全法律、法规受到行政处罚后 1 年内又实施同一性质的食品安全违法行为，或者因违反食品安全法律、法规受到刑事处罚后又实施食品安全违法行为；

（六）其他情节严重的情形。

对情节严重的违法行为处以罚款时，应当依法从重从严。

第六十八条　有下列情形之一的，依照食品安全法第一百二十五条第一款、本条例第七十五条的规定给予处罚：

（一）在食品生产、加工场所贮存依照本条例第六十三条规定制定的名录中的物质；

（二）生产经营的保健食品之外的食品的标签、说明书声称具有保健功能；

（三）以食品安全国家标准规定的选择性添加物质命名婴幼儿配方食品；

（四）生产经营的特殊食品的标签、说明书内容与注册或者备案的标签、说明书不一致。

第六十九条　有下列情形之一的，依照食品安全法第一百二十六条第一款、本条例第七十五条的规定给予处罚：

（一）接受食品生产经营者委托贮存、运输食品，未按照规定记录保存信息；

（二）餐饮服务提供者未查验、留存餐具饮具集中消毒服务单位的营业执照复印件和消毒合格证明；

（三）食品生产经营者未按照规定对变质、超过保质期或者回收的食品进行标示或者存放，或者未及时对上述食品采取无害化处理、销毁等措施并如实记录；

（四）医疗机构和药品零售企业之外的单位或者个人向消费者销售特殊医学用途配方食品中的特定全营养配方食品；

（五）将特殊食品与普通食品或者药品混放销售。

第七十条　除食品安全法第一百二十五条第一款、第一百二十六条规定的情形外，食品生产经营者的生产经营行为不符合食品安全法第三十三条第一款第五项、第七项至第十项的规定，或者不符合有关食品生产经营过程要求的食品安全国家标准的，依照食品安全法第一百二十六条第一款、本条例第七十五条的规定给予处罚。

第七十一条　餐具饮具集中消毒服务单位未按照规定建立并遵守出厂检验记录制度的，由县级以上人民政府卫生行政部门依照食品安全法第一百二十六条第一款、本条例第七十五条的规定给予处罚。

第七十二条　从事对温度、湿度等有特殊要求的食品贮存业务的非食品生产经营者，食品集中交易市场的开办者、食品展销会的举办者，未按照规定备案或者报告的，由县级以上人民政府食品安全监督管理部门责令改正，给予警告；拒不改正的，处 1 万元以上 5 万元以下罚款；情节严重的，责令停产停业，并处 5 万元以上 20 万元以下罚款。

第七十三条　利用会议、讲座、健康咨询等方式对食品进行虚假宣传的，由县级以上人民政府食品安全监督管理部门责令消除影响，有违法所得的，没收违法所得；情节严重的，依照食品安全法第一百四十条第五款的规定进行处罚；属于单位违法的，还应当依照本条例第七十五条的规定对单位的法定代表人、主要负责人、直接负责的主管人员和其他直接责任人员给予处罚。

第七十四条　食品生产经营者生产经营的食品符合食品安全标准但不符合食品所标注的企业标准规定的食品安全指标的，由县级以上人民政府食品安全监督管理部门给予警告，并责令食品经营者停止经营该食品，责令食品生产企业改正；拒不停止经营或者改正的，没收不符合企业标准规定的食品安全指标的食品，货值金额不足 1 万元的，并处 1 万元以上 5 万元以下罚款，货值金额 1 万元以上的，并处货值金额 5 倍以上 10 倍以下罚款。

第七十五条　食品生产经营企业等单位有食品安全法规定的违法情形，除依照食品安全法的规定给予处罚外，有下列情形之一的，对单位的法定代表人、主要负责人、直接负责的主管人员和其他直接责任人员处以其上一年度从本单位取得收入的 1 倍以上 10 倍以下罚款：

（一）故意实施违法行为；

（二）违法行为性质恶劣；

（三）违法行为造成严重后果。

属于食品安全法第一百二十五条第二款规定情形的，不适用前款规定。

第七十六条　食品生产经营者依照食品安全法第六十三条第一款、第二款的规定停止生产、经营，实施食品召回，或者采取其他有效措施减轻或者消除食品安全风险，未造成危害后果的，可以从轻或者减轻处罚。

第七十七条　县级以上地方人民政府食品安全监督管理等部门对有食品安全法第一百二十三条规定的违法情形且情节严重，可能需要行政拘留的，应当及时将案件及有关材料移送同级公安机关。公安机关认为需要补充材料的，食品安全监督管理等部门应当及时提供。公安机关经审查认为不符合行政拘留条件的，应当及时将案件及有关材料退回移送的食品安全监督管理等部门。

第七十八条　公安机关对发现的食品安全违法行为，经审查没有犯罪事实或者立案侦查后认为不需要追究刑事责任，但依法应当予以行政拘留的，应当及时作出行政拘留的处罚决定；不需要予以行政拘留但依法应当追究其他行政责任的，应当及时将案件及有关材料移送同级食品安全监督管理等部门。

第七十九条　复检机构无正当理由拒绝承担复检任务的，由县级以上人民政府食品安全监督管理部门给予警告，无正当理由 1 年内 2 次拒绝承担复检任务的，由国务院有关部门撤销其复检机构资质并向社会公布。

第八十条　发布未依法取得资质认定的食品检验机构出具的食品检验信息，或者利用上述检验信息对食品、食品生产经营者进行等级评定，欺骗、误导消费者的，由县级以上人民政府食品安全监督管理部门责令改正，有违法所得的，没收违法所得，并处 10 万元以上 50 万元以下罚款；拒不改正的，处 50 万元以上 100 万元以下罚款；构成违反治安管理行为的，由公安机关依法给予治安管理处罚。

第八十一条　食品安全监督管理部门依照食品安全法、本条例对违法单位或者个人处以 30 万元以上罚款的，由设区的市级以上人民政府食品安全监督管理部门决定。罚款具体处罚权限由国务院食品安全监督管理部门规定。

第八十二条　阻碍食品安全监督管理等部门工作人员依法执行职务，构成违反治安管理行为的，由公安机关依法给予治安管理处罚。

第八十三条　县级以上人民政府食品安全监督管理等部门发现单位或者个人违反食品安全法第一百二十条第一款规定，编造、散布虚假食品安全信息，涉嫌构成违反治安管理行为的，应当将相关情况通报同级公安机关。

第八十四条　县级以上人民政府食品安全监督管理部门及其工作人员违法向他人提供网络食品交易第三方平台提供者提供的信息的，依照食品安全法第一百四十五条的规定给予处分。

第八十五条　违反本条例规定，构成犯罪的，依法追究刑事责任。

第十章　附则

第八十六条　本条例自 2019 年 12 月 1 日起施行。

优化营商环境条例

（经 2019 年 10 月 8 日国务院第 66 次常务会议通过，自 2020 年 1 月 1 日起施行。）

第一章　总则

第一条　为了持续优化营商环境，不断解放和发展社会生产力，加快建设现代化经济体系，推动高质量发展，制定本条例。

第二条　本条例所称营商环境，是指企业等市场主体在市场经济活动中所涉及的体制机制性因素和条件。

第三条　国家持续深化简政放权、放管结合、优化服务改革，最大限度减少政府对市场资源的直接配置，最大限度减少政府对市场活动的直接干预，加强和规范事中事后监管，着力提升政务服务能力和水平，切实降低制度性交易成本，更大激发市场活力和社会创造力，增强发展动力。

各级人民政府及其部门应当坚持政务公开透明，以公开为常态、不公开为例外，全面推进决策、执行、管理、服务、结果公开。

第四条　优化营商环境应当坚持市场化、法治化、国际化原则，以市场主体需求为导向，以深刻转变政府职能为核心，创新体制机制、强化协同联动、完善法治保障，对标国际先进水平，为各类市场主体投资兴业营造稳定、公平、透明、可预期的良好环境。

第五条　国家加快建立统一开放、竞争有序的现代市场体系，依法促进各类生产要素自由流动，保障各类市场主体公平参与市场竞争。

第六条　国家鼓励、支持、引导非公有制经济发展，激发非公有制经济活力和创造力。

国家进一步扩大对外开放，积极促进外商投资，平等对待内资企业、外商投资企业等各类市场主体。

第七条　各级人民政府应当加强对优化营商环境工作的组织领导，完善优化营商环境的政策措施，建立健全统筹推进、督促落实优化营商环境工作的相关机制，及时协调、解决优化营商环境工作中的重大问题。

县级以上人民政府有关部门应当按照职责分工，做好优化营商环境的相关工作。县级以上地方人民政府根据实际情况，可以明确优化营商环境工作的主管部门。

国家鼓励和支持各地区、各部门结合实际情况，在法治框架内积极探索原创性、差异化的优化营商环境具体措施；对探索中出现失误或者偏差，符合规定条件的，可以予以免责或者减轻责任。

第八条　国家建立和完善以市场主体和社会公众满意度为导向的营商环境评价体系，发挥营商环境评价对优化营商环境的引领和督促作用。

开展营商环境评价，不得影响各地区、各部门正常工作，不得影响市场主体正常生产经营活动或者增加市场主体负担。

任何单位不得利用营商环境评价谋取利益。

第九条　市场主体应当遵守法律法规，恪守社会公德和商业道德，诚实守信、公平竞争，履行安全、质量、劳动者权益保护、消费者权益保护等方面的法定义务，在国际经贸活动中遵循国际通行规则。

第二章　市场主体保护

第十条　国家坚持权利平等、机会平等、规则平等，保障各种所有制经济平等受到法律保护。

第十一条 市场主体依法享有经营自主权。对依法应当由市场主体自主决策的各类事项，任何单位和个人不得干预。

第十二条 国家保障各类市场主体依法平等使用资金、技术、人力资源、土地使用权及其他自然资源等各类生产要素和公共服务资源。

各类市场主体依法平等适用国家支持发展的政策。政府及其有关部门在政府资金安排、土地供应、税费减免、资质许可、标准制定、项目申报、职称评定、人力资源政策等方面，应当依法平等对待各类市场主体，不得制定或者实施歧视性政策措施。

第十三条 招标投标和政府采购应当公开透明、公平公正，依法平等对待各类所有制和不同地区的市场主体，不得以不合理条件或者产品产地来源等进行限制或者排斥。

政府有关部门应当加强招标投标和政府采购监管，依法纠正和查处违法违规行为。

第十四条 国家依法保护市场主体的财产权和其他合法权益，保护企业经营者人身和财产安全。

严禁违反法定权限、条件、程序对市场主体的财产和企业经营者个人财产实施查封、冻结和扣押等行政强制措施；依法确需实施前述行政强制措施的，应当限定在所必需的范围内。

禁止在法律、法规规定之外要求市场主体提供财力、物力或者人力的摊派行为。市场主体有权拒绝任何形式的摊派。

第十五条 国家建立知识产权侵权惩罚性赔偿制度，推动建立知识产权快速协同保护机制，健全知识产权纠纷多元化解决机制和知识产权维权援助机制，加大对知识产权的保护力度。

国家持续深化商标注册、专利申请便利化改革，提高商标注册、专利申请审查效率。

第十六条 国家加大中小投资者权益保护力度，完善中小投资者权益保护机制，保障中小投资者的知情权、参与权，提升中小投资者维护合法权益的便利度。

第十七条 除法律、法规另有规定外，市场主体有权自主决定加入或者退出行业协会商会等社会组织，任何单位和个人不得干预。

除法律、法规另有规定外，任何单位和个人不得强制或者变相强制市场主体参加评比、达标、表彰、培训、考核、考试以及类似活动，不得借前述活动向市场主体收费或者变相收费。

第十八条 国家推动建立全国统一的市场主体维权服务平台，为市场主体提供高效、便捷的维权服务。

第三章 市场环境

第十九条 国家持续深化商事制度改革，统一企业登记业务规范，统一数据标准和平台服务接口，采用统一社会信用代码进行登记管理。

国家推进“证照分离”改革，持续精简涉企经营许可事项，依法采取直接取消审批、审批改为备案、实行告知承诺、优化审批服务等方式，对所有涉企经营许可事项进行分类管理，为企业取得营业执照后开展相关经营活动提供便利。除法律、行政法规规定的特定领域外，涉企经营许可事项不得作为企业登记的前置条件。

政府有关部门应当按照国家有关规定，简化企业从申请设立到具备一般性经营条件所需办理的手续。在国家规定的企业开办时限内，各地区应当确定并公开具体办理时间。

企业申请办理住所等相关变更登记的，有关部门应当依法及时办理，不得限制。除法律、法规、规章另有规定外，企业迁移后其持有的有效许可证件不再重复办理。

第二十条 国家持续放宽市场准入，并实行全国统一的市场准入负面清单制度。市场准入负面清单以外的领域，各类市场主体均可以依法平等进入。

各地区、各部门不得另行制定市场准入性质的负面清单。

第二十一条 政府有关部门应当加大反垄断和反不正当竞争执法力度，有效预防和制止市场经济活动中的垄断行为、不正当竞争行为以及滥用行政权力排除、限制竞争的行为，营造公平竞争的市场环境。

第二十二条　国家建立健全统一开放、竞争有序的人力资源市场体系，打破城乡、地区、行业分割和身份、性别等歧视，促进人力资源有序社会性流动和合理配置。

第二十三条　政府及其有关部门应当完善政策措施、强化创新服务，鼓励和支持市场主体拓展创新空间，持续推进产品、技术、商业模式、管理等创新，充分发挥市场主体在推动科技成果转化中的作用。

第二十四条　政府及其有关部门应当严格落实国家各项减税降费政策，及时研究解决政策落实中的具体问题，确保减税降费政策全面、及时惠及市场主体。

第二十五条　设立政府性基金、涉企行政事业性收费、涉企保证金，应当有法律、行政法规依据或者经国务院批准。对政府性基金、涉企行政事业性收费、涉企保证金以及实行政府定价的经营服务性收费，实行目录清单管理并向社会公开，目录清单之外的前述收费和保证金一律不得执行。推广以金融机构保函替代现金缴纳涉企保证金。

第二十六条　国家鼓励和支持金融机构加大对民营企业、中小企业的支持力度，降低民营企业、中小企业综合融资成本。

金融监督管理部门应当完善对商业银行等金融机构的监管考核和激励机制，鼓励、引导其增加对民营企业、中小企业的信贷投放，并合理增加中长期贷款和信用贷款支持，提高贷款审批效率。

商业银行等金融机构在授信中不得设置不合理条件，不得对民营企业、中小企业设置歧视性要求。商业银行等金融机构应当按照国家有关规定规范收费行为，不得违规向服务对象收取不合理费用。商业银行应当向社会公开开设企业账户的服务标准、资费标准和办理时限。

第二十七条　国家促进多层次资本市场规范健康发展，拓宽市场主体融资渠道，支持符合条件的民营企业、中小企业依法发行股票、债券以及其他融资工具，扩大直接融资规模。

第二十八条　供水、供电、供气、供热等公用企事业单位应当向社会公开服务标准、资费标准等信息，为市场主体提供安全、便捷、稳定和价格合理的服务，不得强迫市场主体接受不合理的服务条件，不得以任何名义收取不合理费用。各地区应当优化报装流程，在国家规定的报装办理时限内确定并公开具体办理时间。

政府有关部门应当加强对公用企事业单位运营的监督管理。

第二十九条　行业协会商会应当依照法律、法规和章程，加强行业自律，及时反映行业诉求，为市场主体提供信息咨询、宣传培训、市场拓展、权益保护、纠纷处理等方面的服务。

国家依法严格规范行业协会商会的收费、评比、认证等行为。

第三十条　国家加强社会信用体系建设，持续推进政务诚信、商务诚信、社会诚信和司法公信建设，提高全社会诚信意识和信用水平，维护信用信息安全，严格保护商业秘密和个人隐私。

第三十一条　地方各级人民政府及其有关部门应当履行向市场主体依法作出的政策承诺以及依法订立的各类合同，不得以行政区划调整、政府换届、机构或者职能调整以及相关责任人更替等为由违约毁约。因国家利益、社会公共利益需要改变政策承诺、合同约定的，应当依照法定权限和程序进行，并依法对市场主体因此受到的损失予以补偿。

第三十二条　国家机关、事业单位不得违约拖欠市场主体的货物、工程、服务等账款，大型企业不得利用优势地位拖欠中小企业账款。

县级以上人民政府及其有关部门应当加大对国家机关、事业单位拖欠市场主体账款的清理力度，并通过加强预算管理、严格责任追究等措施，建立防范和治理国家机关、事业单位拖欠市场主体账款的长效机制。

第三十三条　政府有关部门应当优化市场主体注销办理流程，精简申请材料、压缩办理时间、降低注销成本。对设立后未开展生产经营活动或者无债权债务的市场主体，可以按照简易程序办理注销。对有债权债务的市场主体，在债权债务依法解决后及时办理注销。

县级以上地方人民政府应当根据需要建立企业破产工作协调机制，协调解决企业破产过程中涉及的有关问题。

第四章 政务服务

第三十四条 政府及其有关部门应当进一步增强服务意识，切实转变工作作风，为市场主体提供规范、便利、高效的政务服务。

第三十五条 政府及其有关部门应当推进政务服务标准化，按照减环节、减材料、减时限的要求，编制并向社会公开政务服务事项（包括行政权力事项和公共服务事项，下同）标准化工作流程和办事指南，细化量化政务服务标准，压缩自由裁量权，推进同一事项实行无差别受理、同标准办理。没有法律、法规、规章依据，不得增设政务服务事项的办理条件和环节。

第三十六条 政府及其有关部门办理政务服务事项，应当根据实际情况，推行当场办结、一次办结、限时办结等制度，实现集中办理、就近办理、网上办理、异地可办。需要市场主体补正有关材料、手续的，应当一次性告知需要补正的内容；需要进行现场踏勘、现场核查、技术审查、听证论证的，应当及时安排、限时办结。

法律、法规、规章以及国家有关规定对政务服务事项办理时限有规定的，应当在规定的时限内尽快办结；没有规定的，应当按照合理、高效的原则确定办理时限并按时办结。各地区可以在国家规定的政务服务事项办理时限内进一步压减时间，并应当向社会公开；超过办理时间的，办理单位应当公开说明理由。

地方各级人民政府已设立政务服务大厅的，本行政区域内各类政务服务事项一般应当进驻政务服务大厅统一办理。对政务服务大厅中部门分设的服务窗口，应当创造条件整合为综合窗口，提供一站式服务。

第三十七条 国家加快建设全国一体化在线政务服务平台（以下称一体化在线平台），推动政务服务事项在全国范围内实现“一网通办”。除法律、法规另有规定或者涉及国家秘密等情形外，政务服务事项应当按照国务院确定的步骤，纳入一体化在线平台办理。

国家依托一体化在线平台，推动政务信息系统整合，优化政务流程，促进政务服务跨地区、跨部门、跨层级数据共享和业务协同。政府及其有关部门应当按照国家有关规定，提供数据共享服务，及时将有关政务服务数据上传至一体化在线平台，加强共享数据使用全过程管理，确保共享数据安全。

国家建立电子证照共享服务系统，实现电子证照跨地区、跨部门共享和全国范围内互信互认。各地区、各部门应当加强电子证照的推广应用。

各地区、各部门应当推动政务服务大厅与政务服务平台全面对接融合。市场主体有权自主选择政务服务办理渠道，行政机关不得限定办理渠道。

第三十八条 政府及其有关部门应当通过政府网站、一体化在线平台，集中公布涉及市场主体的法律、法规、规章、行政规范性文件和各类政策措施，并通过多种途径和方式加强宣传解读。

第三十九条 国家严格控制新设行政许可。新设行政许可应当按照行政许可法和国务院的规定严格设定标准，并进行合法性、必要性和合理性审查论证。对通过事中事后监管或者市场机制能够解决以及行政许可法和国务院规定不得设立行政许可的事项，一律不得设立行政许可，严禁以备案、登记、注册、目录、规划、年检、年报、监制、认定、认证、审定以及其他任何形式变相设定或者实施行政许可。

法律、行政法规和国务院决定对相关管理事项已作出规定，但未采取行政许可管理方式的，地方不得就该事项设定行政许可。对相关管理事项尚未制定法律、行政法规的，地方可以依法就该事项设定行政许可。

第四十条 国家实行行政许可清单管理制度，适时调整行政许可清单并向社会公布，清单之外不得违法实施行政许可。

国家大力精简已有行政许可。对已取消的行政许可，行政机关不得继续实施或者变相实施，不得转由行业协会商会或者其他组织实施。

对实行行政许可管理的事项，行政机关应当通过整合实施、下放审批层级等多种方式，优化审批服务，提高审批效率，减轻市场主体负担。符合相关条件和要求的，可以按照有关规定采取告知承诺的方式办理。

第四十一条 县级以上地方人民政府应当深化投资审批制度改革，根据项目性质、投资规模等分类规范投资审批程序，精简审批要件，简化技术审查事项，强化项目决策与用地、规划等建设条件落实的协同，实行与相关审批在线并联办理。

第四十二条　设区的市级以上地方人民政府应当按照国家有关规定，优化工程建设项目（不包括特殊工程和交通、水利、能源等领域的重大工程）审批流程，推行并联审批、多图联审、联合竣工验收等方式，简化审批手续，提高审批效能。

在依法设立的开发区、新区和其他有条件的区域，按照国家有关规定推行区域评估，由设区的市级以上地方人民政府组织对一定区域内压覆重要矿产资源、地质灾害危险性等事项进行统一评估，不再对区域内的市场主体单独提出评估要求。区域评估的费用不得由市场主体承担。

第四十三条　作为办理行政审批条件的中介服务事项（以下称法定行政审批中介服务）应当有法律、法规或者国务院决定依据；没有依据的，不得作为办理行政审批的条件。中介服务机构应当明确办理法定行政审批中介服务的条件、流程、时限、收费标准，并向社会公开。

国家加快推进中介服务机构与行政机关脱钩。行政机关不得为市场主体指定或者变相指定中介服务机构；除法定行政审批中介服务外，不得强制或者变相强制市场主体接受中介服务。行政机关所属事业单位、主管的社会组织及其举办的企业不得开展与本机关所负责行政审批相关的中介服务，法律、行政法规另有规定的除外。

行政机关在行政审批过程中需要委托中介服务机构开展技术性服务的，应当通过竞争性方式选择中介服务机构，并自行承担服务费用，不得转嫁给市场主体承担。

第四十四条　证明事项应当有法律、法规或者国务院决定依据。

设定证明事项，应当坚持确有必要、从严控制的原则。对通过法定证照、法定文书、书面告知承诺、政府部门内部核查和部门间核查、网络核验、合同凭证等能够办理，能够被其他材料涵盖或者替代，以及开具单位无法调查核实的，不得设定证明事项。

政府有关部门应当公布证明事项清单，逐项列明设定依据、索要单位、开具单位、办理指南等。清单之外，政府部门、公用企事业单位和服务机构不得索要证明。各地区、各部门之间应当加强证明的互认共享，避免重复索要证明。

第四十五条　政府及其有关部门应当按照国家促进跨境贸易便利化的有关要求，依法削减进出口环节审批事项，取消不必要的监管要求，优化简化通关流程，提高通关效率，清理规范口岸收费，降低通关成本，推动口岸和国际贸易领域相关业务统一通过国际贸易“单一窗口”办理。

第四十六条　税务机关应当精简办税资料和流程，简并申报缴税次数，公开涉税事项办理时限，压减办税时间，加大推广使用电子发票的力度，逐步实现全程网上办税，持续优化纳税服务。

第四十七条　不动产登记机构应当按照国家有关规定，加强部门协作，实行不动产登记、交易和缴税一窗受理、并行办理，压缩办理时间，降低办理成本。在国家规定的不动产登记时限内，各地区应当确定并公开具体办理时间。

国家推动建立统一的动产和权利担保登记公示系统，逐步实现市场主体在一个平台上办理动产和权利担保登记。纳入统一登记公示系统的动产和权利范围另行规定。

第四十八条　政府及其有关部门应当按照构建亲清新型政商关系的要求，建立畅通有效的政企沟通机制，采取多种方式及时听取市场主体的反映和诉求，了解市场主体生产经营中遇到的困难和问题，并依法帮助其解决。

建立政企沟通机制，应当充分尊重市场主体意愿，增强针对性和有效性，不得干扰市场主体正常生产经营活动，不得增加市场主体负担。

第四十九条　政府及其有关部门应当建立便利、畅通的渠道，受理有关营商环境的投诉和举报。

第五十条　新闻媒体应当及时、准确宣传优化营商环境的措施和成效，为优化营商环境创造良好舆论氛围。

国家鼓励对营商环境进行舆论监督，但禁止捏造虚假信息或者歪曲事实进行不实报道。

第五章　监管执法

第五十一条　政府有关部门应当严格按照法律法规

和职责，落实监管责任，明确监管对象和范围、厘清监管事权，依法对市场主体进行监管，实现监管全覆盖。

第五十二条 国家健全公开透明的监管规则和标准体系。国务院有关部门应当分领域制定全国统一、简明易行的监管规则和标准，并向社会公开。

第五十三条 政府及其有关部门应当按照国家关于加快构建以信用为基础的新型监管机制的要求，创新和完善信用监管，强化信用监管的支撑保障，加强信用监管的组织实施，不断提升信用监管效能。

第五十四条 国家推行“双随机、一公开”监管，除直接涉及公共安全和人民群众生命健康等特殊行业、重点领域外，市场监管领域的行政检查应当通过随机抽取检查对象、随机选派执法检查人员、抽查事项及查处结果及时向社会公开的方式进行。针对同一检查对象的多个检查事项，应当尽可能合并或者纳入跨部门联合抽查范围。

对直接涉及公共安全和人民群众生命健康等特殊行业、重点领域，依法依规实行全覆盖的重点监管，并严格规范重点监管的程序；对通过投诉举报、转办交办、数据监测等发现的问题，应当有针对性地进行检查并依法依规处理。

第五十五条 政府及其有关部门应当按照鼓励创新的原则，对新技术、新产业、新业态、新模式等实行包容审慎监管，针对其性质、特点分类制定和实行相应的监管规则和标准，留足发展空间，同时确保质量和安全，不得简单化予以禁止或者不予监管。

第五十六条 政府及其有关部门应当充分运用互联网、大数据等技术手段，依托国家统一建立的在线监管系统，加强监管信息归集共享和关联整合，推行以远程监管、移动监管、预警防控为特征的非现场监管，提升监管的精准化、智能化水平。

第五十七条 国家建立健全跨部门、跨区域行政执法联动响应和协作机制，实现违法线索互联、监管标准互通、处理结果互认。

国家统筹配置行政执法职能和执法资源，在相关领域推行综合行政执法，整合精简执法队伍，减少执法主体和执法层级，提高基层执法能力。

第五十八条 行政执法机关应当按照国家有关规定，全面落实行政执法公示、行政执法全过程记录和重大行政执法决定法制审核制度，实现行政执法信息及时准确公示、行政执法全过程留痕和可回溯管理、重大行政执法决定法制审核全覆盖。

第五十九条 行政执法中应当推广运用说服教育、劝导示范、行政指导等非强制性手段，依法慎重实施行政强制。采用非强制性手段能够达到行政管理目的的，不得实施行政强制；违法行为情节轻微或者社会危害较小的，可以不实施行政强制；确需实施行政强制的，应当尽可能减少对市场主体正常生产经营活动的影响。

开展清理整顿、专项整治等活动，应当严格依法进行，除涉及人民群众生命安全、发生重特大事故或者举办国家重大活动，并报经有权机关批准外，不得在相关区域采取要求相关行业、领域的市场主体普遍停产、停业的措施。

禁止将罚没收入与行政执法机关利益挂钩。

第六十条 国家健全行政执法自由裁量基准制度，合理确定裁量范围、种类和幅度，规范行政执法自由裁量权的行使。

第六章 法治保障

第六十一条 国家根据优化营商环境需要，依照法定权限和程序及时制定或者修改、废止有关法律、法规、规章、行政规范性文件。

优化营商环境的改革措施涉及调整实施现行法律、行政法规等有关规定的，依照法定程序经有权机关授权后，可以先行先试。

第六十二条 制定与市场主体生产经营活动密切相关的行政法规、规章、行政规范性文件，应当按照国务院的规定，充分听取市场主体、行业协会商会的意见。

除依法需要保密外，制定与市场主体生产经营活动密切相关的行政法规、规章、行政规范性文件，应当通过报纸、网络等向社会公开征求意见，并建立健全意见采纳情况反馈机制。向社会公开征求意见的期限一般不少于 30 日。

第六十三条　制定与市场主体生产经营活动密切相关的行政法规、规章、行政规范性文件，应当按照国务院的规定进行公平竞争审查。

制定涉及市场主体权利义务的行政规范性文件，应当按照国务院的规定进行合法性审核。

市场主体认为地方性法规同行政法规相抵触，或者认为规章同法律、行政法规相抵触的，可以向国务院书面提出审查建议，由有关机关按照规定程序处理。

第六十四条　没有法律、法规或者国务院决定和命令依据的，行政规范性文件不得减损市场主体合法权益或者增加其义务，不得设置市场准入和退出条件，不得干预市场主体正常生产经营活动。

涉及市场主体权利义务的行政规范性文件应当按照法定要求和程序予以公布，未经公布的不得作为行政管理依据。

第六十五条　制定与市场主体生产经营活动密切相关的行政法规、规章、行政规范性文件，应当结合实际，确定是否为市场主体留出必要的适应调整期。

政府及其有关部门应当统筹协调、合理把握规章、行政规范性文件等的出台节奏，全面评估政策效果，避免因政策叠加或者相互不协调对市场主体正常生产经营活动造成不利影响。

第六十六条　国家完善调解、仲裁、行政裁决、行政复议、诉讼等有机衔接、相互协调的多元化纠纷解决机制，为市场主体提供高效、便捷的纠纷解决途径。

第六十七条　国家加强法治宣传教育，落实国家机关普法责任制，提高国家工作人员依法履职能力，引导市场主体合法经营、依法维护自身合法权益，不断增强全社会的法治意识，为营造法治化营商环境提供基础性支撑。

第六十八条　政府及其有关部门应当整合律师、公证、司法鉴定、调解、仲裁等公共法律服务资源，加快推进公共法律服务体系建设，全面提升公共法律服务能力和水平，为优化营商环境提供全方位法律服务。

第六十九条　政府和有关部门及其工作人员有下列情形之一的，依法依规追究责任：

（一）违法干预应当由市场主体自主决策的事项；

（二）制定或者实施政策措施不依法平等对待各类市场主体；

（三）违反法定权限、条件、程序对市场主体的财产和企业经营者个人财产实施查封、冻结和扣押等行政强制措施；

（四）在法律、法规规定之外要求市场主体提供财力、物力或者人力；

（五）没有法律、法规依据，强制或者变相强制市场主体参加评比、达标、表彰、培训、考核、考试以及类似活动，或者借前述活动向市场主体收费或者变相收费；

（六）违法设立或者在目录清单之外执行政府性基金、涉企行政事业性收费、涉企保证金；

（七）不履行向市场主体依法作出的政策承诺以及依法订立的各类合同，或者违约拖欠市场主体的货物、工程、服务等账款；

（八）变相设定或者实施行政许可，继续实施或者变相实施已取消的行政许可，或者转由行业协会商会或者其他组织实施已取消的行政许可；

（九）为市场主体指定或者变相指定中介服务机构，或者违法强制市场主体接受中介服务；

（十）制定与市场主体生产经营活动密切相关的行政法规、规章、行政规范性文件时，不按照规定听取市场主体、行业协会商会的意见；

（十一）其他不履行优化营商环境职责或者损害营商环境的情形。

第七十条　公用企事业单位有下列情形之一的，由有关部门责令改正，依法追究法律责任：

（一）不向社会公开服务标准、资费标准、办理时限等信息；

（二）强迫市场主体接受不合理的服务条件；

（三）向市场主体收取不合理费用。

第七十一条　行业协会商会、中介服务机构有下列情形之一的，由有关部门责令改正，依法追究法律责任：

（一）违法开展收费、评比、认证等行为；

（二）违法干预市场主体加入或者退出行业协会商会等社会组织；

（三）没有法律、法规依据，强制或者变相强制市场主体参加评比、达标、表彰、培训、考核、考试以及类似活动，或者借前述活动向市场主体收费或者变相收费；

（四）不向社会公开办理法定行政审批中介服务的条件、流程、时限、收费标准；

（五）违法强制或者变相强制市场主体接受中介服务。

第七章 附则

第七十二条 本条例自 2020 年 1 月 1 日起施行。

中国广告年鉴 2020
CHINA ADVERTISING YEARBOOK

广告监管

Advertising Supervision

2019年广告市场监管执法工作重点和成效、违法广告查处情况

刘双舟

在总结2018年度工作的基础上，市场监管总局广告监管司明确2019年工作的总体要求是：以习近平新时代中国特色社会主义思想为指导，坚持“广告监管是第一责任、服务发展是第一要务”，强化广告导向监管，保障广告意识形态安全，强化广告监管执法，努力维护广告市场良好秩序，积极推动广告产业实现高质量发展。2019年度在广告监管方面的要求是坚持公正高效，强化广告市场监管。具体工作计划包括：强化广告导向监管、加强传统媒体广告监管、深入推进互联网广告专项整治、提升广告监测效能、创新广告监管方式、做好“三品一械”广告审查指导工作。2019年度在指导广告行业发展方面的要求是落实“放管服”改革要求，推动我国广告业实现高质量发展。具体工作计划包括：突出规划引领、提高统计和分析研判水平、推动产业园区提质增效、促进公益广告发展、加强产业政策研究。

一、广告监管执法主要活动与成效

（一）突出重点领域，继续开展专项整治行动

1.联合整治保健市场乱象“百日行动”。2019年年初，天津“权健事件”爆发后，市场监管总局、工业和信息化部、公安部、民政部、住房城乡建设部、农业农村部、商务部、文化和旅游部、卫生健康委、广电总局、中医药局、药监局、网信办自2019年1月8日起，在全国范围内集中开展了为期100天的联合整治保健市场乱象百日行动。此次专项行动重点围绕与人民群众日常消费密切相关的行业和领域，集中整治社会关注度高、反映强烈的食品（保健食品），宣称具有保健功能的器材、用品、用具，日用消费品，净水器、空气净化器等小家电，玉石器等穿戴用品，声称具有“保健”功效的服务等重点行业及领域中存在的虚假宣传、虚假广告、制售假冒伪劣产品、违规直销和传销，以及以“保健”为名开展的各类违法违规行为，紧盯源头防范、全面排查案件线索，强化执法办案、严厉打击违法犯罪行为，工作取得显著成效，有效遏制“保健”市场乱象，切实保护广大人民群众合法权益。

2.继续深入开展互联网广告整治工作。2019年3月22日，国家市场监督管理总局发布了《关于深入开展互联网广告整治工作的通知》，要求认真贯彻落实习近平总书记关于“广告宣传也要讲导向”的重要指示精神，紧盯人民群众反映强烈的互联网虚假违法广告问题，突出重点领域，加大执法力度，压实互联网平台主体责任，着力祛除互联网广告市场“顽疾”。重点查处的互联网违法广告包括：未经审查发布的医疗、药品、医疗器械、保健食品等广告；含有表示功效、安全性的断言保证，说明治愈率、有效率，利用广告代言人作推荐、证明等违法内容的医疗、药品、医疗器械、保健食品广告；夸大产品功效，宣传具有疾病预防、治疗功能的食品、保健食品广告；对未来效果、收益等相关情况作出保证性承诺，明示或暗示保本、无风险或保收益的金融投资理财、收藏品、招商广告；对升值或投资回报有承诺，或者对房地产项目的交通、商业、文化教育设施作误导宣传的房地产广告；妨碍社会公共秩序、违背社会良好风尚、造成恶劣社会影响的广告；社会公众反映强烈的其他虚假违法互联网广告。通知明确要求：加强互联网广告监

测，主动适应移动客户端、新媒体账户等互联网广告快速发展新的形势需要，创新监测方式，提升互联网广告监测能力，为深入开展互联网广告整治提供有力支撑。强化监测结果运用，加强监测数据分析研判，规范监测线索处置，对总局派发的涉嫌违法线索要及时依法处理，做到件件有落实。加强协同监管，充分发挥整治虚假违法广告联席会议机制作用，加强部门间的信息共享、数据交换和执法联动，开展联合约谈、联合查处、联合惩戒，形成整治合力。根据总局要求，各地市场监管部门突出重点领域，进一步强化了互联网广告监测与监管执法的衔接，从严监测查处涉及导向问题、政治敏感性问题、损害国家利益和违背社会良好风尚的虚假违法互联网广告及危害人民群众人身安全、身体健康、财产权益的食品、保健食品、医疗、药品、医疗器械、金融投资、招商、收藏品等虚假违法互联网广告。在深入开展互联网广告整治工作期间，各级市场监管部门积极探索，及时总结梳理，研究解决执法疑难复杂问题，形成很多好的经验做法和工作制度。

3. 其他专项广告整治活动。除了全国性的互联网广告和保健品广告整治活动外，各地方还因地制宜地开展了户外广告、公益广告、医疗广告、食品广告等专项整治活动，比如吉林市开展了“野广告”专项整治活动，大连市开展了医疗广告专项整治行动等。

（二）优化营商环境，多地出台轻微违法免罚清单

2019 年 10 月 24 日，国务院正式发布了由国家市场监督管理总局负责起草的《优化营商环境条例》，对健全监管规则和标准，推行信用监管、“双随机、一公开”监管、包容审慎监管、“互联网 + 监管”，落实行政执法公示、行政执法全过程记录和重大行政执法决定法制审核制度等作了规定，从制度层面为优化营商环境提供更为有力的保障和支撑。2019 年 12 月 30 日，国家市场监督管理总局发布了《关于贯彻落实 < 优化营商环境条例 > 的意见》，提出了 25 条具体的落实措施。

为贯彻落实上海市委市政府建立包容审慎监管机制的要求，激发市场活力，进一步优化营商环境，促进经济持续健康发展，上海市市场监督管理局、上海市司法局、上海市应急管理局于 2019 年 3 月 13 日联合发布《市场轻微违法违规经营行为免罚清单》，对违法行为轻微，及时纠正，没有造成危害后果的，不予行政处罚。这是全国范围内首份省级跨领域轻微违法行为免罚清单，覆盖 34 项轻微违法违规经营行为。

浙江省首创市场监管领域轻微违法行为告知承诺制。为进一步优化营商环境，提升执法监管效能，为各类市场主体提供更加宽松的制度环境，2019 年 8 月，浙江省市场监管局会同省司法厅联合印发《关于在市场监管领域实施轻微违法行为告知承诺制的意见》。实施轻微违法行为告知承诺制，就是对市场主体首次、轻微且没有造成明显危害后果的违法行为建立容错机制，给予当事人改正的机会。具体是指，市场监管部门在日常监督检查、“双随机”抽查以及通过投诉举报、部门移送、上级交办等掌握案件线索后开展的执法检查过程中，初步认定并告知当事人存在轻微违法行为，经批评教育，当事人自愿签署承诺书承诺及时纠正或在约定时间内纠正，则市场监管部门不再予以查处的一种制度。明确适用告知承诺制事项实行清单化管理，清单包含广告监管、商标监管、证照登记、产品质量监管、计量标准监管、食品安全监管、价格监管等多个领域共计 67 个事项，其中 14 项涉及广告监管。

为贯彻落实国务院办公厅《关于聚焦企业关切进一步推动优化营商环境政策落实的通知》，探索实施包容审慎监管，优化营商环境，激发市场活力，推动全省经济高质量发展，江苏省也发布了《市场监管领域轻微违法行为免予处罚规定》，明确市场监管领域行政执法坚持处罚与教育相结合的原则。对于免予行政处罚的轻微违法行为，应当通过责令改正、批评教育、指导约谈等措施，促进市场主体依法合规开展生产经营活动。《市场监管领域轻微违法行为免予处罚规定》第五条规定，“除《江苏省广告条例》第五十九条规定的情形外，违反《广告法》第十一条第二款，广告引证内容合法有据，但未在广告中表明出处的轻微违法行为，首次被发现，及时纠正，没有造成危害后果的，免予行政处罚。”

（三）开展广告法律培训，提高执法队伍能力

全国各级新的市场监督管理机构组建后，广告执法队伍的人员结构变动较大，迫切需要强化广告法律知识培训，尽快提高执法人员的执法水平。为此，2019 年度，国家市场监督管理总局广告监督司和地方各级市场监管机关主动适应机构改革形势发展需要，切实加强对基层广告监管工作的业务培训与指导。2019 年，总局共组织召开全国市场监管部门广告监管工作会议以及广告监管执法、监测、审查、指导广告业发展等各类业务工作会议 8 次，举办广告监管执法、监测、审查、执法广告业发展系统培训班 4 期。各地组织了各种形式的培训，对于统一广告监管理念、提高执法办案水平，防范导向性监管风险起到了非常积极的作用。

（四）运用先进执法技术，完善广告监测体系

2019 年，针对互联网广告行业的新变化，自媒体领域的互联网广告投放异军突起，全国互联网广告监测中心开始拓展原来针对微信公众号和微博等少数公众号的广告监测范围。互联网广告迅猛发展大潮中，移动互联网广告及自媒体广告正成为广告界的新锐。相比传统互联网广告，移动端广告尤其是视频广告有着更强的针对性、更高的点击率和转化率，成为更多广告主选择的趋势，互联网广告向移动端转移比较明显。而移动互联网广告量大面广、传播迅速、投放精准、千人千面、日新月异，违法广告易发、多发，发现难、监管难，亟须破解难题，提升技术手段，创新监测监管方式。2019 年深圳市市场监管局申请在深圳建设“全国移动端互联网广告监测（深圳）中心”，总局批复同意，由深圳市局建设“全国移动端互联网广告监测（深圳）中心”，发挥技术优势，受总局委托对全国移动端互联网广告开展监测。

二、违法广告查处情况

（一）违法广告案件基本情况

1. 违法广告案件结构分析。2019 年度查处的案件共计 37399 起，从案件性质上，统计数据大致分为虚假广告、非法经营广告和其他三种。其中虚假广告案件 20830 起，违法经营广告案件 1419 起，其他违法广告案件 15150 起，占比分别是 55.7%、3.79% 和 40.51%。具体情况如图 1-1 所示。

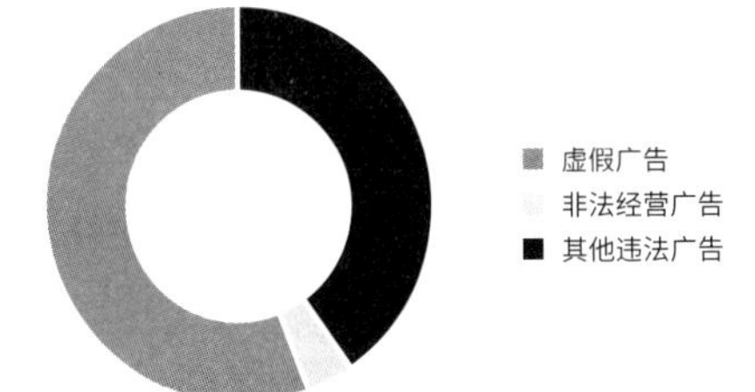

图 1-1 2019 年度违法广告案件结构

注：资料来源于中央财经大学市场监管法律研究中心

2. 案件违法主体结构分析。广告活动的主体主要有广告主、广告经营者、广告发布者和广告代言人，在互联网广告中，互联网信息服务提供者也有可能对违法广告承担法律责任。从案件违法主体角度来看，2019 年度 37399 起案件中，广告主违法的案件有 25757 起，广告经营者违法的案件有 1837 起，广告发布者违法的案件有 8032 起，其他广告活动主体违法的案件有 1773 起。广告主违法案件占比高达 68.87%。具体情况见图 1-2 所示。

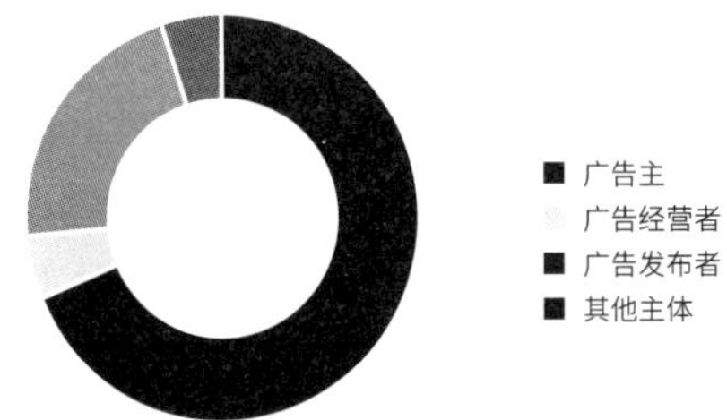

图 1-2 2019 年度违法广告案件结构

注：资料来源于中央财经大学市场监管法律研究中心

3. 违法案件媒介结构分析

2019 年违法案件按照媒介构成，互联网案件 20263 起，占比 54.18%，传统的大众媒介案件共计 10826 起，占比 28.95%，其他媒介案件 6310 起，占比 16.87%。其中，互联网、户外和印刷品是占比较高的三种广告媒介。具体情况见图 1-3 所示。

图 1-3 2019 年度违法广告案件媒介结构

注：资料来源于中央财经大学市场监管法律研究中心

4. 违法案件类别结构分析

从广告案件类别的角度来看，2019 年度违法广告案件量主要集中在食品（含保健食品）、医疗服务、房地产、服装服饰、药品、生活服务（美容美体休闲）、家用电器、医疗器械和教育等领域。其中案件量排名前三位的是食品（含保健食品）占比 11.31%、医疗服务占比 8.98%、房地产占比 5.61%。具体情况见图 1-4 所示。

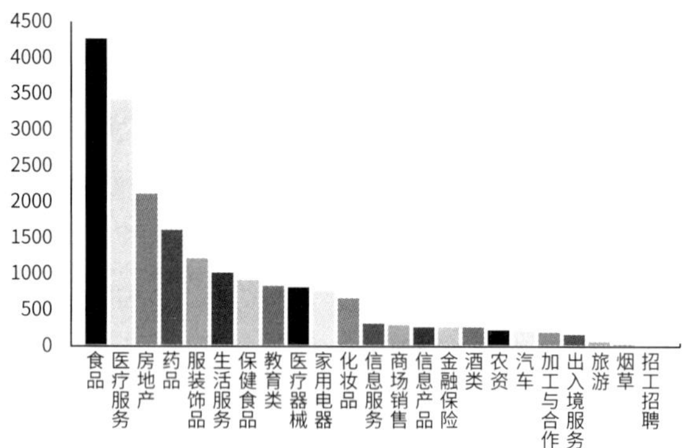

图 1-4 2019 年度违法广告案件类别结构

注：资料来源于中央财经大学市场监管法律研究中心

（二）违法广告案件发展趋势分析

1. 违法广告案件总量下降

2019 年全国市场监管部门共查办违法广告案件 37399 件，比 2018 年度的 40348 件减少了 2949 件，同比下降了 7.3%，这是自 2015 年《广告法》修订实施以来的首次下降。其中虚假广告案件 20830 件，比 2018 年度 22736 件减少了 1906 件，同比下降了 8.38%，也是自 2015 年来的首次下降；非法经营广告案件 1419 件，比 2018 年度的 1712 件减少了 293 件，同比下降了 20.65%，延续了近年来的下降趋势；其他违法广告案件 15150 件，比 2018 年度的 15900 件减少了 750 件，同比下降了 4.72%。具体情况见图 1-5 所示。

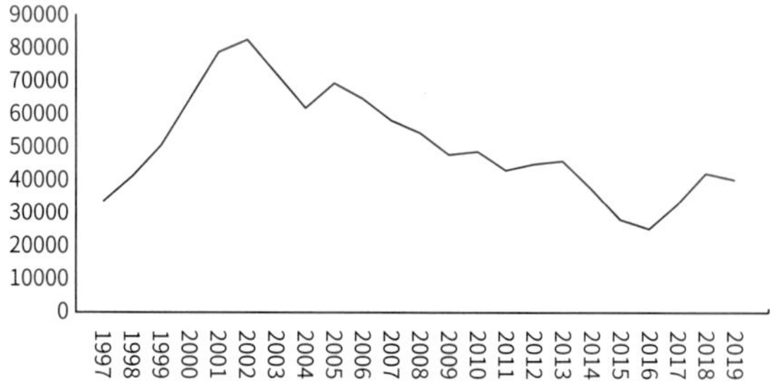

图 1-5 1997-2019 年度查处的违法广告案件量

注：资料来源于中央财经大学市场监管法律研究中心

2. 虚假广告案件量有所下降。2019 年度，虚假广告案件量 20830 件，同比 2018 年度下降了 8.38%。不仅虚假广告案件总量下降，虚假广告案件占年度总案件量的比例也出现了下降，2019 年度虚假广告案件占年度总违法案件量的 55.7%，降低了 0.6 个百分点。2019 年度违法广告案件总量减少了 2949 件，其中虚假广告案件减少了 1906 件，占减少案件量的 64.63%。具体情况见图 1-6 所示。

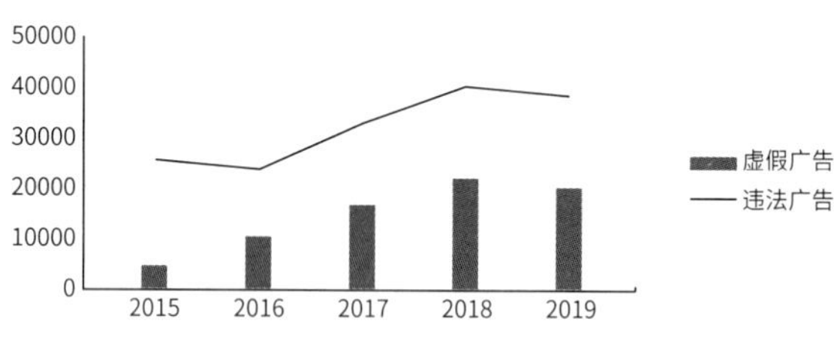

图 1-6 2015-2019 年度查处的虚假广告案件量

注：资料来源于中央财经大学市场监管法律研究中心

3. 非法经营案件量持续走低。在违法广告案件量逐年增加的同时，非法经营类违法广告案件量却一直延续着走低的趋势。2016、2017、2018 和 2019 年分别下降 43.2%、14.7%、3.1% 和 20.65%。具体情况见图 1-7 所示。

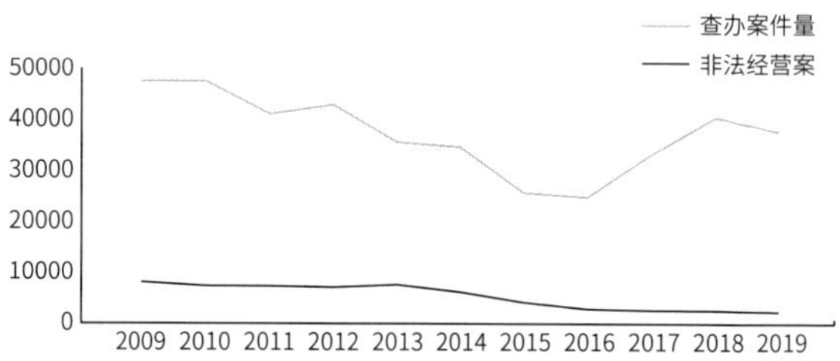

图 1-7 2009-2019 年度查处的非法经营类广告案件量

注：资料来源于中央财经大学市场监管法律研究中心

4. 其他类违法案件量 2019 年来首次出现下降。新《广告法》和《互联网广告管理暂行办法》实施后，查处的违法广告案件量上升，还与虚假广告案件和非法经营案件之外的其他类违法案件数量的增加有关。2016 年、2017 年和 2018 年度其他类案件量持续升高，其中 2018 年案件量为 15900 件，同比增长了 17.64%，占 2018 年

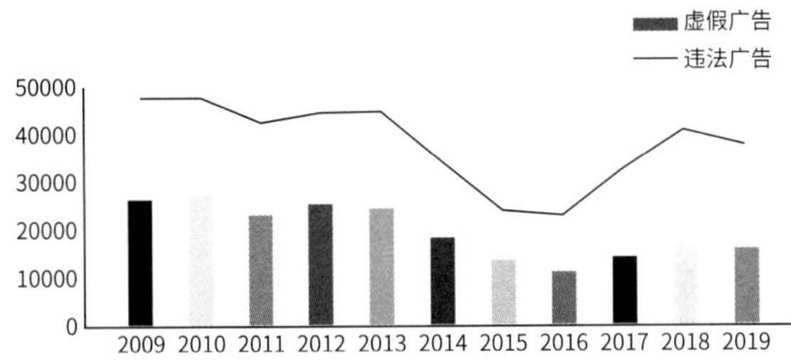

图 1-8 2009-2019 年度查处的其他类广告案件量
注：资料来源于中央财经大学市场监管法律研究中心

案件总量的 39.4%（见图）这与广告业务总量的快速增长有关。但是 2019 年度统计数据显示，全年共查处虚假广告案件和非法经营案件之外的其他类违法案件 15150 件，比 2018 年度的 15900 件减少了 750 件，首次出现下降，同比降幅达 4.72%。具体情况见图 1-8 所示。

（刘双舟　中央财经大学教授、中国广告协会法律咨询委员会常务副主任）

市场监管总局关于深入开展互联网广告整治工作的通知

各省、自治区、直辖市及新疆生产建设兵团市场监管局（厅、委）：

为贯彻落实全国市场监管工作会议部署，保持整治虚假违法互联网广告的高压态势，营造风清气正的互联网广告市场环境，市场监管总局决定继续深入开展互联网广告整治工作。现将有关事项通知如下：

一、整治重点

各级市场监管部门要认真贯彻落实习近平总书记关于“广告宣传也要讲导向”的重要指示精神，紧盯人民群众反映强烈的互联网虚假违法广告问题，突出重点领域，加大执法力度，压实互联网平台主体责任，着力祛除互联网广告市场“顽疾”。

（一）强化广告导向监管。严肃查处涉及导向问题、政治敏感性、低俗庸俗媚俗或者社会影响大的互联网违法广告，早发现、早处置，依法从快从重查处。

（二）聚焦重点媒介、重点广告问题。以社会影响大、覆盖面广的门户网站、搜索引擎、电子商务平台为重点，突出移动客户端和新媒体账户等互联网媒介，针对医疗、药品、保健食品、房地产、金融投资理财等关系人民群众身体健康和财产安全的虚假违法广告，加大案件查处力度，查办一批大案要案。重点查处以下互联网违法广告：

1. 未经审查发布的医疗、药品、医疗器械、保健食品等广告。

2. 含有表示功效、安全性的断言保证，说明治愈率、有效率，利用广告代言人作推荐、证明等违法内容的医疗、药品、医疗器械、保健食品广告。

3. 夸大产品功效，宣传具有疾病预防、治疗功能的食品、保健食品广告。

4. 对未来效果、收益等相关情况作出保证性承诺，明示或暗示保本、无风险或保收益的金融投资理财、收藏品、招商广告。

5. 对升值或投资回报有承诺，或者对房地产项目的交通、商业、文化教育设施作误导宣传的房地产广告。

6. 妨碍社会公共秩序、违背社会良好风尚、造成恶劣社会影响的广告。

7. 社会公众反映强烈的其他虚假违法互联网广告。

二、工作要求

（一）加大广告监管执法力度。各级市场监管部门要集中力量查处一批情节严重、性质恶劣、社会反响强烈的大案要案，综合运用行政处罚、刑事打击、信用监管、联合惩戒、曝光案件等手段，形成有效震慑。

（二）加大重点案件督办力度。对违法情节严重的案件，上级机关要挂牌督办，加强指导、督促和检查，不得以行政约谈代替行政处罚，不得以行政处罚代替刑事处罚。

（三）加强互联网广告监测。要主动适应移动客户端、新媒体账户等互联网广告快速发展新的形势需要，创新监测方式，提升互联网广告监测能力，为深入开展互联网广告整治提供有力支撑。强化监测结果运用，加强监测数据分析研判，规范监测线索处置，对总局派发的涉嫌违法线索要及时依法处理，做到件件有落实。

（四）加强协同监管。充分发挥整治虚假违法广告联席会议机制作用，加强部门间的信息共享、数据交换和执法联动，开展联合约谈、联合查处、联合惩戒，形成整治合力。

总局将加强对重大案件的统一调度指挥，适时开展督导调研，及时通报各地整治工作进展情况。

请各省、自治区、直辖市及新疆生产建设兵团市场监管部门于6月15日前报送2019年上半年互联网广告典型案件和《互联网广告整治工作统计表》（详见附件），并于12月1日前将整治工作总结报总局广告监管司。整治工作中的重大案件和重要情况要及时上报。

市场监管总局

2019年3月22日

附件：

互联网广告整治工作统计表

<table>
<tr><th colspan="2">类别</th><th>数量（件）</th><th>罚没款（万元）</th></tr>
<tr><td colspan="2">查处虚假违法互联网广告案件</td><td></td><td></td></tr>
<tr><td rowspan="10">其中：
按类别划分</td><td>导向问题广告案件</td><td></td><td></td></tr>
<tr><td rowspan="2">食品广告案件
其中：保健食品广告案件</td><td></td><td></td></tr>
<tr><td></td><td></td></tr>
<tr><td>医疗广告案件</td><td></td><td></td></tr>
<tr><td>医疗器械广告案件</td><td></td><td></td></tr>
<tr><td>药品广告案件</td><td></td><td></td></tr>
<tr><td>金融投资理财类广告案件</td><td></td><td></td></tr>
<tr><td>房地产类广告案件</td><td></td><td></td></tr>
<tr><td>其他互联网广告案件</td><td></td><td></td></tr>
<tr><td colspan="2">移送司法机关案件（件）</td><td colspan="2"></td></tr>
<tr><td colspan="2">全国互联网广告监测中心转办线索（条次）</td><td colspan="2"></td></tr>
<tr><td rowspan="3">其中：</td><td>查看转办线索（条次）</td><td colspan="2"></td></tr>
<tr><td>办理转办线索（条次）</td><td colspan="2"></td></tr>
<tr><td>办结转办线索（条次）</td><td colspan="2"></td></tr>
<tr><td colspan="2">自行监测互联网广告（条次）</td><td colspan="2"></td></tr>
<tr><td colspan="2">其中：涉嫌违法案件线索（条次）</td><td colspan="2"></td></tr>
<tr><td colspan="2">开展行政约谈（次）</td><td colspan="2"></td></tr>
<tr><td colspan="2">开展整治工作宣传（次）</td><td colspan="2"></td></tr>
<tr><td colspan="2">曝光互联网广告违法案例（件）</td><td colspan="2"></td></tr>
</table>

备注：本表于6月15日前和12月1日前分别报送。邮箱地址：ggsjd@saic.gov.cn

市场监管总局关于
贯彻落实《优化营商环境条例》的意见

国市监注〔2019〕249 号

各省、自治区、直辖市及新疆生产建设兵团市场监管局（厅、委）、总局各司局：

为深入贯彻习近平新时代中国特色社会主义思想，全面贯彻党的十九大和十九届二中、三中、四中全会精神，加快建立统一开放、竞争有序的现代市场体系，推动高质量发展，落实党中央、国务院关于优化营商环境的决策部署，持续深化“放管服”改革，现就市场监管部门贯彻落实《优化营商环境条例》提出以下意见。

一、深化商事制度改革，营造宽松便捷的市场准入环境

1. 提升企业开办规范化水平。在全国推广企业开办全程网上办，压减企业开办环节，企业开办时间不超过国家规定时限。大力推进统一市场主体登记注册业务规范、数据标准和服务平台接口建设，不断提高企业开办的规范化、制度化、信息化水平，形成办理程序统一、审查规则统一、文书材料统一的市场主体登记注册机制。探索推进商事登记立法，健全完善统一规范便利高效的高质量市场主体登记注册制度。

2. 有序推进“证照分离”改革。在自贸试验区开展“证照分离”改革全覆盖试点，对涉企经营许可事项实行清单管理，并不断滚动优化，推动照后减证和简化审批。对市场监管领域所有涉企经营许可事项实施分类改革，逐项细化出台具体改革举措和事中事后监管措施。评估试点情况，适时在全国推开。对审批改为备案的事项，按照“多证合一”的要求在企业登记注册环节一并办理，由市场监管部门及时将备案信息推送至有关主管部门。

3. 平等对待内外资企业。认真贯彻落实《外商投资法》和《外商投资法实施条例》规定，严格执行准入前国民待遇加负面清单管理制度，便利外商投资企业登记注册，落实外商投资信息报告制度，推动规则、规制、管理、标准等制度型开放。

4. 深化产品准入改革。对于继续实施工业产品生产许可证管理的产品，推动“转、减、放”改革，推进工业产品生产许可证管理产品聚焦到涉及公共安全、经济安全等产品上，推动将审批权限逐步下放到省级市场监管部门。

5. 建立多元化的市场主体退出制度。优化普通注销制度，完善注销“一网”平台功能，加强与相关部门的协同联动。完善简易注销制度，坚持诚信推定和背信严惩，推动简易注销程序制度化、规范化。建立健全市场主体强制退出制度，对因经营异常、违法失信而被吊销营业执照、责令关闭的市场主体，依法实施强制退出。

二、依法平等保护各类市场主体，营造公平有序的市场竞争环境

6. 强化竞争政策基础地位。充分发挥竞争政策在结构性改革中的重要作用，全面实施公平竞争审查制度，加快构建全面覆盖、规则完备、权责明确、运行高效、监督有力的审查制度体系。建立面向各类市场主体的有违公平竞争问题的投诉举报和处理回应机制并及时向社会公布处理情况。

7. 加大反垄断和反不正当竞争执法力度。加强对垄断协议、滥用市场支配地位行为和滥用行政权力排除、

限制竞争行为的调查，加强经营者集中反垄断审查。对社会关注、群众关切的重点领域、重点行业存在的市场混淆、商业贿赂、虚假宣传、商业诋毁、侵犯商业秘密、不正当有奖销售、互联网不正当竞争行为，加大监管执法力度。

8. 严厉打击知识产权侵权假冒行为。组织开展商标、专利、地理标志侵权假冒专项执法，加大对侵权假冒重点区域、重点市场的案件查办和督查督办力度，推动跨区域执法协作。

9. 加强违规涉企收费治理。做好行政机关、事业单位、行业协会、中介机构、商业银行等领域涉企收费抽查工作，进一步推进涉企收费事项公开，强化收费公示及明码标价，会同有关部门加强收费监管立法、第三方评估等长效机制建设。

10. 依法规范公共服务。组织制定供水、供电、供气、供热等公用企事业单位服务质量信息公开规范，指导有关单位向社会公开服务质量信息并作出质量承诺。加快探索服务质量抽查评价制度，完善公共服务质量监测机制，对公用企事业单位服务质量承诺执行情况实施监督。推进质量认证体系建设，按照市场规则开展社会通用的认证活动，推动认证结果广泛采信。

三、完善新型监管机制，提高市场监管效能

11. 健全制度化监管规则。结合监管职能制定全国统一的市场监管规则和标准，明确监管主体、监管对象、监管措施、设定依据、处理方式等内容，提升监管规范化、标准化水平。

12. 完善信用监管机制。制定出台深入推进市场监管部门信用体系建设指导意见，构筑完善信用监管平台。积极推进信用修复机制建设，推动出台企业信用修复等信用标准，有力支撑信用体系建设。

13. 创新监管方式。将“双随机、一公开”监管与企业信用风险分类结果有机结合，科学分配监管资源。完善工作制度和业务流程，实现市场监管领域相关部门“双随机、一公开”监管全覆盖，地方各级人民政府相关部门在市场监管领域联合“双随机、一公开”监管常态化，推动“进一次门、查多项事”，建立监管效果评价机制。推进“智慧市场监管”，利用互联网、大数据提升监管精准化、智能化水平。

14. 加强重点领域监管。加强食品药品监管，对食品药品等涉及人民群众生命健康等特殊重点领域，依法依规实行全覆盖的重点监管。加强质量监管，完善缺陷产品召回制度，加大缺陷信息收集、缺陷调查、行政约谈、召回监督等工作力度。加强特种设备监管，对公众聚集场所、事故多发和问题反映集中的特种设备，实施重点监督检查。

15. 提高综合行政执法水平。深入推进市场监管综合行政执法改革，全面整合市场监管职能，加强执法队伍建设，规范和提高执法办案水平，建立统一、权威、高效的市场监管综合执法体制。统筹区域间执法协作，明确协查组织、方式和时限，推进行政执法和刑事司法有机衔接。完善市场监管领域重大违法行为举报奖励机制，推动社会共治。

四、增强服务意识，提供规范便利高效的政务服务

16. 推进市场监管部门行政许可规范化。建立完善市场监管体系内各项行政许可工作规范化、统一化的管理制度，严格行政许可清单管理。推动市场监管部门行政许可事项“一网办理”，以市场主体电子营业执照为基础，加强市场监管系统各项涉企证照的电子化应用。编制市场监管部门规章、规范性文件等设定的证明事项保留清单，建立健全证明事项清理长效机制。

17. 强化标准引领作用。进一步优化国家标准、行业标准以及地方标准供给结构，不断提升市场标准在微观经济活动中的主体作用。完善企业标准自我声明公开和监督制度，推动企业公开标准实现便利化、信息化。开展一批营商环境标准化试点，推动营商环境相关标准实施应用，为各类市场主体提供公平可及、优质高效的政务服务。

18. 清理、整合、规范现有认证事项。凡建立国家统一认证制度的，不再设立类似的合格评定项目。面向社会的第三方技术评价活动应遵循通用准则和标准，逐步向国家统一的认证制度转变。鼓励检验检测机构、认

证机构为企业提供检验检测认证“一站式”服务。

19. 提升动产抵押登记服务效能。推动建立动产和权利担保统一登记法律体系，在法律规定的范围内探索建立统一的动产和权利担保登记公示系统。依托全国市场监管动产抵押登记业务系统，在线受理动产抵押登记的设立、变更、注销，便捷当事人办理相关业务，提升动产抵押登记公示效果。

20. 加强基础服务。充分发挥计量、标准、认证认可、检验检测等作用，加大对市场主体的技术服务。加快国家产业计量测试中心建设，为市场主体提供更加全面、高效优质的计量测试服务。发挥强制性认证“保安全底线”和自愿性认证“拉质量高线”作用，引导产品、服务提质升级。深化小微企业名录建设与应用，加强对高校毕业生、退役军人、残疾人等创业就业的帮扶指导，服务民营经济健康发展。

五、完善制度体系，强化市场监管法治保障

21. 健全市场监管规划体系和监管机制。健全完善市场监管领域规划体系，编制“十四五”市场监管现代化规划等市场监管领域专项规划，推进市场监管体系和监管能力现代化。推动形成流转顺畅、运行高效、执行有力的运行机制，构建协同高效的市场监管体制机制。

22. 夯实市场监管法治基础。围绕深化“放管服”改革、促进营商环境优化，依照法定权限和程序统筹推进立法项目，及时推动适应实践发展的改革举措上升至立法层面，做好各监管环节和监管领域法律制度的协调衔接。

23. 增强法规政策制定实施的透明度和科学性。制定与市场主体生产经营活动密切相关的规章、行政规范性文件，应当充分听取市场主体、行业协会商会等的意见，建立健全意见采纳情况反馈机制。加强法治宣传教育，为市场主体留出必要的适应调整期，强化政策效果评估。严格把好规范性文件合法性审核关，提高合法性审核工作的效率和质量。

24. 完善纠纷解决机制。完善行政复议工作机制，优化审理程序、证据审查、复议监督机制，严把程序关、法律关、证据关，提高行政复议工作效能，为市场主体提供高效、便捷的纠纷解决途径。

25. 强化执法监督。进一步健全执法监督体制机制，创新监督举措。建立健全行政处罚裁量基准制度，细化、量化行政处罚裁量标准。注重对涉及营商环境的重要制度制定和落实情况开展评议，对行政处罚、行政许可等行政执法案卷开展评查，促进严格公正文明执法。

各级市场监管部门要高度重视《优化营商环境条例》贯彻落实工作，按照职责分工，结合各地实际进一步细化实化政策举措，加强协同配合，形成工作合力，为各类市场主体投资兴业营造稳定、公平、透明、可预期的营商环境。

市场监管总局

2019 年 12 月 30 日

关于印发《市场轻微违法违规经营行为免罚清单》的通知

沪司规〔2019〕1 号

各区司法局、市场监管局、应急局，市场监管局机场分局：

现将《市场轻微违法违规经营行为免罚清单》印发给你们，自 2019 年 3 月 15 日起施行。

特此通知。

市场轻微违法违规经营行为免罚清单

为贯彻落实市委市政府建立包容审慎监管机制的要求，激发市场活力，进一步优化营商环境，促进经济持续健康发展，根据《中华人民共和国行政处罚法》等法律、法规、规章的相关规定，制定本清单。

一、下列轻微违法行为，及时纠正，没有造成危害后果的，不予行政处罚

（一）违反《药品广告审查发布标准》第七条第一款，发布药品广告未标明药品广告批准文号，但已取得批准文号的；

（二）违反《医疗器械广告审查发布标准》第六条第一款，发布医疗器械广告未标明医疗器械广告批准文号，但已取得批准文号的；

（三）违反《农药广告审查发布标准》第十一条，发布农药广告未将广告批准文号列为广告内容同时发布，但已取得批准文号的；

（四）违反《兽药广告审查发布标准》第十条，发布兽药广告未将广告批准文号列为广告内容同时发布，但已取得批准文号的；

（五）违反《中华人民共和国广告法》第九条第（三）项，广告中使用“国家级”“最高级”“最佳”等用语，但广告是在广告主自有经营场所或者互联网自媒体发布，且属于首次被发现的；

（六）违反《中华人民共和国广告法》第十一条第二款，广告引证内容合法有据，但未在广告中表明出处的；

（七）违反《中华人民共和国广告法》第十二条，广告中涉及专利产品或者专利方法，未标明专利号和专利种类，但具备合法有效专利证明的；

（八）违反《中华人民共和国广告法》第十四条，通过大众传播媒介发布的广告未标注“广告”字样，但能使消费者辨明为广告的；

（九）违反《中华人民共和国广告法》第四十六条，发布医疗、药品、医疗器械、农药、兽药、保健食品广告，已过广告审批有效期但逾期未超过三个月，且属于首次被发现的；

（十）违反《上海市消费者权益保护条例》第二十一

条第三款，未设立服务标识，违法行为持续时间未超过一个月，且属于首次被发现的；

（十一）违反《上海市消费者权益保护条例》第二十一条第三款，设立服务标识不够显著的；

（十二）违反《上海市消费者权益保护条例》第二十五条第一款，未按照规定出具购货凭证或者服务单据，且属于首次被发现的；

（十三）违反《上海市商品交易市场管理条例》第二十八条，场内经营者经营涉及人体健康、生命安全的商品以及重要的生产资料商品未建立购销台账或者索取供货方合格证明，违法行为持续时间未超过一个月，且未出现商品质量问题的；

（十四）违反《上海市商品交易市场管理条例》第二十八条，场内经营者经营涉及人体健康、生命安全的商品以及重要的生产资料商品未建立购销台账或者索取供货方合格证明，经营所涉商品货值金额合计未超过一千元，且未出现商品质量问题的；

（十五）违反《无证无照经营查处办法》第二条，经营者未依法取得营业执照从事经营活动，但立案调查前已提交申请营业执照材料并通过审核的；

（十六）违反《中华人民共和国食品安全法》第四十一条，生产的食品相关产品的标识缺少对相关法规及标准的符合性声明，或者声明内容不完整的；

（十七）违反《上海市食品安全条例》第三十一条第一款，食品生产经营者未按规定培训本单位相关从业人员，首次被发现，且未发生食品安全事故的；

（十八）违反《上海市食品安全条例》第三十二条第二款，食品生产经营者未按规定执行食品生产经营场所卫生规范制度，首次被发现，且未发生食品安全事故的；

（十九）违反《上海市食品安全条例》第三十二条第二款，食品生产经营者从业人员未保持着装清洁，首次被发现，且未发生食品安全事故的；

（二十）违反《上海市集体用餐配送监督管理办法》第二十一条，集体用餐单位向无有效餐饮服务许可证、营业执照的生产经营单位订购膳食，首次被发现，且未发生食品安全事故的；

（二十一）违反《中华人民共和国消防法》第十六条第一款第（二）项的下列情形：

1. 火灾自动报警系统探测器损坏或故障，每层不超过 1 个，能当场整改，且不影响系统功能的；

2. 火灾自动报警系统探测器存在非正常屏蔽点位，且不影响系统功能的；

3. 自动喷水灭火系统喷头损坏，每层不超过 1 个，能当场整改，且不影响系统功能的；

4. 防排烟系统常闭式防排烟口故障，不超过 1 处；

5. 应急照明和疏散指示标志故障，不超过 2 处，且不影响系统功能的；

6. 常闭式防火门处于开启状态或者闭门器损坏，不超过 3 处，且不影响系统功能的；

7. 室内消火栓箱内配件缺损，不超过 1 处，能当场整改，且不影响系统功能的；

8. 灭火器材损坏，每层不超过 1 个，且能当场整改的。

（二十二）违反《中华人民共和国消防法》第二十八条，占用、堵塞、封闭疏散通道、安全出口不超过 2 处，且能当场恢复原状的；

（二十三）违反《中华人民共和国消防法》第二十八条，遮挡消火栓不超过 1 处，且能当场恢复原状的；

（二十四）违反《中华人民共和国消防法》第二十八条，临时占用防火间距，且能当场恢复原状的；

（二十五）违反《中华人民共和国消防法》第二十八条，占用、堵塞、封闭消防车通道，能当场恢复原状，且不影响应急状态使用的；

（二十六）违反《中华人民共和国消防法》第二十八条，人员密集场所在门窗上设置影响逃生、灭火救援的栅栏、广告牌，且能当场恢复原状的；

第二十一至第二十五项不予行政处罚的情形，不适用于人员密集场所和生产、储存、经营易燃易爆危险品的场所。

二、符合下列情形的轻微违法行为，不予行政处罚

（二十七）违反《上海市合同格式条款监督条例》第十一条第一款，提供方未将含有格式条款的合同文本报送

备案，责令限期改正后及时改正的；

（二十八）违反《上海市合同格式条款监督条例》第十一条第二款，提供方未将变更后的含有格式条款的合同文本报送备案，责令限期改正后及时改正的；

（二十九）违反《中华人民共和国公司登记管理条例》第二十九条，公司未依法办理住所变更登记，责令限期登记后及时登记的；

（三十）违反《中华人民共和国公司登记管理条例》第三十二条，公司未依法办理经营范围变更登记，责令限期登记后及时登记的；

（三十一）违反《认证机构管理办法》第十六条，认证机构增加、减少、遗漏程序要求，情节轻微且不影响认证结论的客观、真实或者认证有效性，责令限期改正后及时改正的；

（三十二）违反《中华人民共和国计量法》第九条第二款，属于非强制检定范围的计量器具未自行定期检定或者送其他计量检定机构定期检定，经发现后主动送检且检定合格的；

（三十三）违反《上海市单用途预付消费卡管理规定》第十条第二款，经营者未及时、准确、完整地传送商务领域单用途卡发行数量、预收资金以及预收资金余额等信息，责令限期改正后及时改正的；

（三十四）违反《上海市单用途预付消费卡管理规定》第十二条第二款，经营者未在每季度第一个月的 25 日前在协同监管服务平台上准确、完整地填报上一季度商务领域单用途卡预收资金支出情况等信息，责令限期改正后及时改正的。

其他符合《中华人民共和国行政处罚法》等法律、法规、规章规定的不予行政处罚情形的市场轻微违法违规经营行为，不予行政处罚。

对于适用不予行政处罚的市场轻微违法违规经营行为，行政执法部门应当坚持处罚与教育相结合的原则，通过批评教育、指导约谈等措施，促进经营者依法合规开展经营活动。

关于印发《关于在市场监管领域实施轻微违法行为告知承诺制的意见》的通知

国市监注〔2019〕249 号

各市、县（市、区）市场监督管理局、司法局：

为认真贯彻落实国务院关于持续推进“简政放权、放管结合、优化服务”的工作要求，进一步优化营商环境，全力打造营商环境最优省，省市场监督管理局、省司法厅联合制定了《关于在市场监管领域实施轻微违法行为告知承诺制的意见》，现印发给你们，请认真研究学习，并做好宣传和贯彻落实工作。各地在执行过程中如遇有新情况、新问题请及时向省局（厅）反映。

浙江省市场监督管理局 浙江省司法厅

2019 年 8 月 14 日

关于在市场监管领域实施轻微违法行为告知承诺制的意见

为认真贯彻落实国务院关于持续推进“简政放权、放管结合、优化服务”和省委省政府《关于进一步促进民营经济高质量发展的实施意见》的工作要求，进一步优化营商环境，为各类市场主体特别是中小企业、新业态企业提供更加宽松的制度环境，本着包容审慎监管原则，根据《中华人民共和国行政处罚法》的有关规定，结合本省实际，决定在全省市场监管领域实施轻微违法行为告知承诺制。

一、实施告知承诺制的重要意义

在全省市场监管领域实施轻微违法行为告知承诺制是进一步优化营商法治环境，全力打造营商环境最优省、执法监管最有效省的一项具体行动；是回应企业关切、解决基层执法热点难点的切实举措；是创新监管方式，转变执法理念的有益探索；是促进严格规范公正文明执法，避免和减少执法机关与当事人之间矛盾，促进执法环境改善的有效路径。

二、实施告知承诺制的总体要求

（一）坚持依法监管。坚持依法监管，确保执法有据、程序合法，处理结果符合相关法律规定。守好食品、药品、特种设备安全底线，强化重点领域执法监管工作，严厉惩处相关违法行为。

（二）体现过罚相当。对违法行为给予行政处罚必须以事实为依据，综合考虑违法行为的性质、情节以及社会危害程度，做到过罚相当。对未造成明显危害后果的轻微违法行为，原则上批评教育、承诺改正即可，实行首错免罚。

（三）倡导诚实守信。市场主体签署承诺书后不履行承诺，或整改后再犯的，市场监管部门应对其违法行为依法查处，并结合其违法的其他方面依法从重处罚。同时，根据《企业信用信息公示暂行条例》的有关规定将其违法信息通过国家企业信用信息公示系统予以公示。

三、告知承诺制的内涵及适用条件

实施轻微违法行为告知承诺制，就是对市场主体首次、轻微且没有造成明显危害后果的违法行为建立容错机制，给予当事人改正的机会。具体是指，市场监管部门在日常监督检查、“双随机”抽查以及通过投诉举报、部门移送、上级交办等掌握案件线索后开展的执法检查过程中，初步认定并告知当事人存在轻微违法行为，经批评教育，当事人自愿签署承诺书承诺及时纠正或在约定时间内纠正，则市场监管部门不再予以查处的一种制度。

适用告知承诺制应同时具备以下条件：

1. 违法违规行为情节轻微，没有造成明显危害后果或不良社会影响；

2. 具备整改条件；

3. 属于首次违法，且当事人无主观故意；

4. 属于《适用告知承诺制执法监管事项清单》所列情形。

四、规范实施告知承诺制的几点要求

（一）准确把握适用范围。适用告知承诺制事项实行清单化管理，清单将根据法律法规规章的立改废情况及执法实践适时予以调整。原则上，清单中的轻微违法违规行为适用告知承诺制。对属于清单范围中的违法违规行为，经调查后认为不宜采用告知承诺制而应立案查处的，应当不采用告知承诺制，按有关规定依法立案查处。

（二）严格规范适用程序。执法人员发现违法行为线索后，应当按照有关规定开展核查。属于可以适用告知承诺制情形的，由执法人员向当事人指出违法行为、宣传相关法规规章规定，并提出整改要求。当事人对相关情况确认无误后，自愿签署承诺书。

对已经适用告知承诺制，当事人没有在承诺期限内提交整改说明等证明材料的，执法人员应在合理时间内进行核查，视情依法采取必要的监管措施。

（三）强化执法痕迹化管理。实施告知承诺制应严格落实执法全过程记录制度的相关要求，视情况可以采用音像记录方式记录执法全过程。承诺书一式两份，执法人员和当事人各持一份。检查结束后应将相关执法资料整理归档，确保履职尽责有据可查。对于通过实名举报、其他部门移送或上级交办方式获得的案件线索，应将适用告知承诺制的有关情况告知案件线索来源方。

（四）突出普法宣传教育。在实施告知承诺制时，应突出批评教育与普法宣传，指出市场主体违法行为的事实、性质、情节、可能造成的危害后果等，使其知错改错。以增强市场主体自律意识、合法经营意识为重点，耐心细致教育引导经营者依法经营、诚信经营。存在消费投诉的，应当根据《中华人民共和国消费者权益保护法》、国家市场监督管理总局有关处理消费者投诉的办法等依法妥善处理消费者与经营者之间的纠纷。

本意见自 2019 年 9 月 15 日施行。

附件 1

承 诺 书

NO：

市场监督管理局：

你局执法人员　　　　　　　在　　年　　月　　日的监督检查中发现我（单位）存在违法行为，执法人员已向我（单位）进行了相关告知和法制宣传教育，并要求我（单位）予以纠正。我（单位）对以上情况确认无误，并自愿承诺：

□1. 立即予以纠正；

□2. 在　　月　　日前纠正，并将整改情况说明及相关证明材料送达你局。

若我（单位）未履行上述承诺，愿依法承担相应的法律责任。

承诺人签名或盖章：

年　　月　　日

附：1. 营业执照复印件；

2. 当事人身份证复印件。

附件 2：

（说明：仅收录与广告监管直接相关的 1—14 条、18 条、46 条、50 条，其他条款省略。）

序号	违法行为	法律依据
1	发布药品广告未标明药品广告批准文号，但已取得批准文号的	《药品广告审查发布标准》第七条第一款 药品广告中必须标明药品的通用名称、忠告语、药品广告批准文号、药品生产批准文号；以非处方药商品名称为各种活动冠名的，可以只发布药品商品名称。
2	发布医疗器械广告未标明医疗器械广告批准文号，但已取得批准文号的	《医疗器械广告审查发布标准》第六条第一款 医疗器械广告中必须标明经批准的医疗器械名称、医疗器械生产企业名称、医疗器械注册证号、医疗器械广告批准文号。
3	发布农药广告未将广告批准文号列为广告内容同时发布，但已取得批准文号的	《农药广告审查发布标准》第十一条 农药广告的批准文号应当列为广告内容同时发布。
4	发布兽药广告未将广告批准文号列为广告内容同时发布，但已取得批准文号的	《兽药广告审查发布标准》第十条 兽药广告的批准文号应当列为广告内容同时发布。
5	广告用语用字未按规定使用普通话和规范汉字的	《广告语言文字管理暂行规定》第五条第一款 广告用语用字应当使用普通话和规范汉字。 第十五条 违反本规定其他条款的，由广告监督管理机关责令限期改正，逾期未能改正的，对负有责任的广告主、广告经营者、广告发布者处以 1 万元以下罚款。
6	发布房地产预售或者销售广告未载明预售或者销售许可证书号，但已取得预售或者销售许可证书号的	《房地产广告发布规定》第七条　房地产预售、销售广告，必须载明以下事项： （一）开发企业名称； （二）中介服务机构代理销售的，载明该机构名称； （三）预售或者销售许可证书号。 第二十一条　违反本规定发布广告，《广告法》及其他法律法规有规定的，依照有关法律法规规定予以处罚。法律法规没有规定的，对负有责任的广告主、广告经营者、广告发布者，处以违法所得三倍以下但不超过三万元的罚款；没有违法所得的，处以一万元以下的罚款。
7	发布保健食品广告未载明审查批准文号，但已通过审查的	《保健食品广告审查暂行规定》第十条　保健食品广告必须标明保健食品产品名称、保健食品批准文号、保健食品广告批准文号、保健食品标识、保健食品不适宜人群。
8	广告主违法发布广告，属于《广告法》第九条第（三）项、《关于广告监管执法若干问题的指导意见》规定情形的	《中华人民共和国广告法》第九条　广告不得有下列情形：……（三）使用“国家级”“最高级”“最佳”等用语；…… 第五十七条　有下列行为之一的，由市场监督管理部门责令停止发布广告，对广告主处二十万元以上一百万元以下的罚款，情节严重的，并可以吊销营业执照，由广告审查机关撤销广告审查批准文件、一年内不受理其广告审查申请；对广告经营者、广告发布者，由市场监督管理部门没收广告费用，处二十万元以上一百万元以下的罚款，情节严重的，并可以吊销营业执照、吊销广告发布登记证件： （一）发布有本法第九条、第十条规定的禁止情形的广告的； 《关于广告监管执法若干问题的指导意见》（浙工商综〔2018〕10 号）（十）下列情节轻微、及时纠正、没有造成危害后果的违法行为，可根据《行政处罚法》第二十七条第二款规定，不予行政处罚，予以责令改正： 1. 广告主在自有经营场所、自设网站或拥有合法使用权的互联网媒介发布（在第三方平台所提供网络页面发布的须没有平台首页链接，在其他互联网媒介发布的须没有付费搜索链接）违反《广告法》第九条第三项规定情形的广告，符合下列情形之一的： ①违法内容文字不是广告主体内容，字号不突出的。 ②招牌广告发布时间一般不超过 10 日，印刷品广告发布数量一般少于 100 份，互联网广告浏览量一般低于 200 次的。 ③广告发布前后相同时段内商品销售额或服务营业额基本未增加的。
9	广告引证内容合法有据，仅未在广告中标明出处的	《中华人民共和国广告法》第十一条第二款 广告使用数据、统计资料、调查结果、文摘、引用语等引证内容的，应当真实、准确，并表明出处。引证内容有适用范围和有效期限的，应当明确表示。 第五十九条　有下列行为之一的，由市场监督管理部门责令停止发布广告，对广告主处十万元以下的罚款： （一）广告内容违反本法第八条规定的； （二）广告引证内容违反本法第十一条规定的； （三）涉及专利的广告违反本法第十二条规定的； （四）违反本法第十三条规定，广告贬低其他生产经营者的商品或者服务的。

10	广告中涉及专利产品或专利方法未标明专利号和专利种类，但取得合法有效专利证明的	《中华人民共和国广告法》第十二条　广告中涉及专利产品或者专利方法的，应当标明专利号和专利种类。 未取得专利权的，不得在广告中谎称取得专利权。 禁止使用未授予专利权的专利申请和已经终止、撤销、无效的专利作广告。 第五十九条　有下列行为之一的，由市场监督管理部门责令停止发布广告，对广告主处十万元以下的罚款： （一）广告内容违反本法第八条规定的； （二）广告引证内容违反本法第十一条规定的； （三）涉及专利的广告违反本法第十二条规定的； （四）违反本法第十三条规定，广告贬低其他生产经营者的商品或者服务的。
11	通过大众传播媒介发布的广告未标明“广告”字样，但能使消费者辨明其为广告的	《中华人民共和国广告法》第十四条　广告应当具有可识别性，能够使消费者辨明其为广告。 大众传播媒介不得以新闻报道形式变相发布广告。通过大众传播媒介发布的广告应当显著标明“广告”，与其他非广告信息相区别，不得使消费者产生误解。第五十九条第三款 广告违反本法第十四条规定，不具有可识别性的，或者违反本法第十九条规定，变相发布医疗、药品、医疗器械、保健食品广告的，由市场监督管理部门责令改正，对广告发布者处十万元以下的罚款。
12	广告发布登记事项发生变化，广告发布单位未按规定办理变更登记的	《广告发布登记管理规定》第十五条第三款 广告发布登记事项发生变化，广告发布单位未按规定办理变更登记的，由工商行政管理部门责令限期变更；逾期仍未办理变更登记的，处一万元以上三万元以下罚款。
13	广告发布单位不按规定报送《广告业统计报表》的	《广告发布登记管理规定》第十五条第四款 广告发布单位不按规定报送《广告业统计报表》的，由工商行政管理部门予以警告，责令改正；拒不改正的，处一万元以下罚款。
14	经省外广告审查机关批准的广告到本省发布的，发布前未到本省广告审查机关办理备案的	《中华人民共和国药品管理法实施条例》第七十一条　发布药品广告的企业在药品生产企业所在地或者进口药品代理机构所在地以外的省、自治区、直辖市发布药品广告，未按照规定向发布地省、自治区、直辖市人民政府药品监督管理部门备案的，由发布地的药品监督管理部门责令限期改正；逾期不改正的，停止该药品品种在发布地的广告发布活动。 《药品广告审查办法》第十二条在药品生产企业所在地和进口药品代理机构所在地以外的省、自治区、直辖市发布药品广告的（以下简称异地发布药品广告），在发布前应当到发布地药品广告审查机关办理备案。 第二十五条 异地发布药品广告未向发布地药品广告审查机关备案的，发布地药品广告审查机关发现后，应当责令限期办理备案手续，逾期不改正的，停止该药品品种在发布地的广告发布活动。
18	外国企业常驻代表机构违反条例第十四条规定从事业务活动以外活动的	《外国企业常驻代表机构登记管理条例》第十四条　代表机构可以从事与外国企业业务有关的下列活动： （一）与外国企业产品或者服务有关的市场调查、展示、宣传活动； （二）与外国企业产品销售、服务提供、境内采购、境内投资有关的联络活动。 法律、行政法规或者国务院规定代表机构从事前款规定的业务活动须经批准的，应当取得批准。 第三十七条 代表机构违反本条例第十四条规定从事业务活动以外活动的，由登记机关责令限期改正；逾期未改正的，处以 1 万元以上 10 万元以下的罚款；情节严重的，吊销登记证。
46	未按照规定使用认证标志的	《强制性产品认证管理规定》第三十二条　认证委托人应当建立认证标志使用管理制度，对认证标志的使用情况如实记录和存档，按照认证规则规定在产品及其包装、广告、产品介绍等宣传材料中正确使用和标注认证标志。第五十五条 有下列情形之一的，由地方质检两局责令其限期改正，逾期未改正的，处 2 万元以下罚款……（二）违反本规定第三十二条规定，未按照规定使用认证标志的。
50	对经营者首次将“驰名商标”字样用于商品、商品包装或者容器上，或者用于广告宣传、展览以及其他商业活动中	《中华人民共和国商标法》第十四条第五款 生产、经营者不得将“驰名商标”字样用于商品、商品包装或者容器上，或者用于广告宣传、展览以及其他商业活动中。 第五十三条　违反本法第十四条第五款规定的，由地方工商行政管理部门责令改正，处十万元罚款。

全国各地广告业发展与广告监管情况选登

Provincial Advertising Supervision and Developing

北京市

2019 年，北京市广告监管系统认真贯彻落实国家局和市局相关工作部署，针对首都广告市场的新形势和新问题，充分发挥自身职能，努力构建科学有效的监管机制，促进首都广告行业健康发展。

一、2019 年广告监管工作情况

（一）聚焦重点领域，加大执法力度

1. 持续开展互联网广告专项整治工作。2019 年，按照总局关于深入开展互联网广告整治的工作要求，北京市市场监管局印发了《关于转发市场监管总局深入开展互联网广告整治工作文件的通知》，持续开展互联网广告专项整治工作。整治活动中，各级市场监管部门以社会影响大、覆盖面广的门户网站、搜索引擎、电子商务平台、移动客户端和新媒体账户等互联网媒介为重点，集中整治涉及导向问题、社会影响恶劣、公众反映强烈、危害人民群众人身财产安全的虚假违法互联网广告。全市共查处虚假违法互联网广告案件 1431 件，罚没款 3003.4 万元。

各级广告监管部门还积极联合相关部门对重点互联网广告案件开展联动执法，实行联合惩戒。充分发挥联合约谈、行政告诫等方式的积极作用，大力开展普法教育，督促指导互联网平台自觉履行法定义务与责任，切实加强行业自律，建立健全广告承接登记、审核、档案管理制度，履行好广告审查责任，源头预防虚假违法广告的发布，共同维护风清气正的互联网广告市场环境。

2. 开展金融投资理财类广告治理工作。为贯彻落实国务院和市政府关于防范化解金融风险的工作部署，配合金融管理部门的行业管理，全市广告监管系统继续开展金融广告治理，并纳入常态工作。一是继续在全市范围内要求各类媒体停止发布金融投资理财类广告。二是要求属地区局叫停监测发现的 235 条次金融投资理财类广告，对其中涉嫌违法的 15 条次线索依法调查处理。三是与人行营管部、北京市金融监管部、北京银保监局、北京证监局签订《合作备忘录》，进一步强化与金融管理部门间的协调配合。四是向金融管理部门制发《关于通报金融投资理财类广告监测情况的函》7 期，将监测发现的 123 户次广告主信息通报金融管理部门进行甄别处理。

3. 把“扫黑除恶”工作与日常监管工作相结合，推动“扫黑除恶”工作在广告监管领域细化。按照《北京市扫黑除恶专项斗争线索摸排处置暂行办法》要求，广告处结合广告监管工作职能，认真研究明确了广告监管工作中涉及“黑恶”线索的认定标准，在系统范围内做好工作指导，要求区局摸排涉黑涉恶线索信息，对主动发现、有关部门通报和企业反映的涉及“黑恶”的线索，建立完善线索台账，加强与市、区级扫黑办的沟通协调，畅通沟通机制，确保线索流转处理到位。今年以来，我处汇总部分区局遇到的集中举报情况，经研判涉嫌构成“黑恶”线索 1 件，通过协作处向市公安机关通报。

（二）做好国庆保障工作，加强户外广告内容监管

按照国务院新闻办和国家市场监管总局要求，广告处进一步加强广告监督管理，积极部署做好规范清理“国庆 70 周年商业炒作行为”的相关工作，要求各区局结合正在开展的互联网广告专项整治等专项工作，提高政治

站位，积极履职尽责，根据辖区的特点，重点加强对传统媒体、互联网媒介、户外广告媒介、经营场所内、楼宇电梯间等广告发布载体和媒介的监测和监管，重点查处利用党和国家领导人名义发布的商业广告等虚假违法广告问题，从重从速查处一批典型案例，持续推进此项工作的落实。

在进一步强化对电视、报纸、广播、期刊、互联网等媒介广告监测监管的同时，广告处还注重户外广告的监督管理，组织各区局、分局根据《关于加强户外广告监管的工作意见》要求，切实加强户外广告的分级分类监管，及时将户外广告巡查情况录入广告监管系统，通过户外广告采集系统平台，加强与相关广告经营者、发布者的沟通和交流，进一步强化对广告内容的导向性、合法性、规范性的行政指导，努力做到问题早发现、风险能防控。全年，全市广告监管系统共巡查户外广告 3.48 万条次，查处违法户外广告案件 10 件，罚没款 48.91 万元。

（三）强化广告导向管理，严格执法履职

一是查处了桔子水晶酒店微信公众号发布带有侮辱妇女的广告内容等违法广告案件。

二是全面清理、查处“不摇号上京牌”皮卡广告。按照市政府要求，全面清理、查处“不摇号上京牌”等内容皮卡广告。广告处与执法协作处、法制处、稽查总队联合下发《关于对含有“不摇号上京牌”等内容广告和商业宣传加强监管的通知》，统一执法标准和工作重点。同时，组织指导各区局约谈相关媒体单位进一步规范广告行为，全面停止发布与“不摇号上京牌”相关的广告内容。

三是全面清理“国办用茶”内容。按照总局要求，全面清理“国办用茶”内容，我局组织清理了总局通报的工商银行“工行融 e 购”网站、“马可波罗”网站内两个商家发布“国办用茶”内容，对检查发现的转转二手平台 2 个账户相关内容进行了清理，要求百度、搜狗、360、必应四家搜索引擎公司全面清理相关内容，共清理含有“国办用茶”相关关键字的自然搜索结果 267 条。

四是全面清理涉外机构发布不科学公益广告。按照中宣部、总局和市委市政府的要求，全面清理某国外非政府组织发布的含有误导性的公益广告内容。

（四）坚持日常监管和专项整治相结合，健全广告监管长效机制

2019 年，全市广告监管系统依据《广告法》《反不正当竞争法》等法律法规，进一步加大广告执法力度，把与人民群众利益紧密相关的药品、医疗器械、食品（含：保健食品）、房地产、化妆品、医疗服务、金融服务、教育服务、农资等商品和服务类广告作为重点监管内容。全年，全市共查办广告案件 2564 件，罚没款 4926.01 万元。其中医疗广告 130 件，罚没款 337.15 万元；药品广告 9 件，罚没款 17.51 万元；保健食品广告 35 件，罚没款 62.92 万元；医疗器械广告 40 件，罚没款 62.56 万元。

同时，在“不忘初心，牢记使命”主题教育活动中，配合开展了房地产广告专项整治和执法工作，参与了营利性校外培训机构专项整治，加强预付式消费有关广告监测监管工作等。在专项整治工作中，注重标本兼治，充分发挥治理虚假违法广告联席会议作用，加强成员单位的信息共享、案件移转和协同执法，达到了社会共治的效果。

（五）加强行政指导，规范广告发布行为

在严厉查处违法广告的同时，各区局还加强了对媒介单位行政指导的力度，规范广告发布行为。2019 年共进行行政约见 1627 人次，行政告诫 750 件，责令改正 1807 件，叫停违法广告 2973 条次，培训广告审查员 1288 人次。

（资料来源：北京市市场监督管理局广告监督管理处）

天津市

2019 年，深入贯彻落实党的十九大精神和市委十一届五次、六次全会精神，按照国家市场监管总局和市委工作部署，强化导向管理，勇于作为担当，在广告监管执法和指导广告业发展方面，取得了一定成效。

一、加强广告导向监管

认真落实“广告宣传也要讲导向”的要求，从旗帜鲜明讲政治的高度出发，集中治理涉及导向问题、政治敏感性问题、损害国家利益的网络违法广告，以及妨碍社会公共秩序、违背社会良好风尚的网络违法广告。按照市有关部门的部署和要求，组织各区局对全市各大商圈、卖场、旅游景点周边的户外广告进行全面排查，维护了正常的广告市场秩序。

二、深入开展虚假违法广告专项整治工作

（一）部署开展互联网广告专项整治工作

按照国家市场监管总局和市委网信办的有关要求，印发《全市网络违法广告治理专项行动工作方案》，组织各区局开展互联网广告专项整治工作。专项整治期间，共计立案查处网络违法广告案件 235 件，罚没款 447 余万元，其中涉及金融投资、招商、收藏品等广告案件 3 件，房地产广告案件 3 件，医疗广告案件 20 件，医疗器械广告案件 4 件，食品（含保健食品）广告案件 43 件，保健品广告案件 6 件，药品广告案件 6 件，其他类型案件 150 件。

（二）部署开展我市金融广告监管工作

按照市委《2019 年全市市场监管工作要点任务分工》，持续加大金融广告监管力度，积极配合有关部门整顿规范金融秩序，稳步推进互联网金融整治工作，在全市开展金融广告排查整治行动。整治工作期间，共监测检查相关广告 15771 条次，检查媒体、网站、超市、金融网点等重点商户 10605 户次，开展行政指导 273 次，立案查处违法金融广告 4 件，罚款 11.02 万元。

（三）开展保健品市场乱象专项整治工作

按照《开展集中打击清理整顿保健品市场乱象专项整治行动实施方案》以及国家市场监管总局“百日行动”的要求，组织各区局利用广告监测平台、户外巡查，每日搜索等多种方式对电视、印刷品、户外及互联网广告进行全面监测，及时掌握辖区保健品广告发布动态，严厉查处违法保健品广告行为。专项整治期间，全市共出动执法人员 44967 人次，监测保健品广告 23582 条次，违法保健品广告案件立案 125 件，结案 125 件，罚没款 390 万元，拒发涉嫌违法食品保健食品广告 46 条。

（四）部署国庆 70 周年广告专项整治行动

印发《国庆 70 周年广告专项整治行动方案》，部署国庆 70 周年广告专项整治行动。要求各区局切实履行好天津“卫”职责，以传统媒体、主要路段户外广告位、大型门户网站等媒介为重点，集中治理各类虚假违法广告。

（五）开展“第 101 届全国糖酒商品交易会”广告监管工作

按照全委相关工作部署，各相关区局广告条线全力做好“第 101 届全国糖酒商品交易会”广告监管工作，保障糖酒会顺利举行。各相关区局督促广告公司签署规

范经营承诺书，认真开展糖酒会会外展广告检查。糖酒会期间，共出动执法人员 518 人次，检查各类广告 1270 条次，对发现的 9 处广告问题当场责令立即整改。

（六）开展食品安全联合行动广告监管工作

下发《关于进一步加强重点领域广告监管工作的通知》，部署开展整治食品安全问题联合行动广告监管工作。各区局执法人员深入辖区内的商场、超市、药店等一切可能出现违法食品保健品广告的场所进行了拉网式排查，同时，加强对辖区内的电视、网络、报纸等媒体的保健品广告监测。

（七）开展房地产广告法违规问题专项整治工作

下发《关于进一步加强重点领域广告监管工作的通知》，部署对房地产经纪机构、住房租赁企业发布虚假房地产广告的监督管理工作，结合“双随机、一公开”检查工作，通过前期摸排与现场检查相结合的方式对相关房地产经纪机构以及住房租赁企业加强日常监管。

（八）开展医疗美容乱象专项整治广告监管工作

按照市卫生健康委等 9 部门开展严厉打击医疗美容乱象专项整治行动工作的有关要求，全市市场监管系统充分发挥广告监管职能作用，加大监管力度，查处未经卫生健康行政部门审查和未按照《医疗广告审查证明》违法发布医疗美容广告的行为，规范医疗美容广告发布秩序。整治期间，加强对美容机构广告发布情况的日常检查，共检查美容机构 7149 户次，其中，对持有 243 件医疗美容广告许可证明文件的全部医疗美容机构进行全面检查，检查覆盖率 100%。

今年以来，通过全市广告监管条线共同努力，全市传统媒体广告违法率始终控制在总局要求的 1% 以内，共计查处各类违法广告案件 620 件，罚没款 1741.48 万元。

三、积极推进广告业发展各项工作

严格落实《国家广告产业园区管理办法》，加强对滨海广告产业园区的指导，按时报送《天津滨海广告产业园 2018 年度建设和运营报告》，截至目前，天津滨海广告产业园企业总数为 409 户，其中广告产业及直接关联产业企业 294 户，占园区入驻企业的 72.9%。园区吸纳从业人员近 10000 人，园区广告企业营业收入 181 亿元，占高新区广告企业收入 82.3%，占全市广告企业收入 60.7%，形成了良好的广告产业集聚效应、具有很好的发展基础。

圆满完成第三方专家对滨海广告产业园的年度评估工作。按照总局要求，今年 10 月份，总局委托第三方专家组对滨海广告产业园区进行了年度现场评估考核。

按照总局有关通知要求，在组织各区局做好广告业企业数据初步筛选和确认比对工作的基础上，结合机构改革后监管机构的调整，开展广告业统计系统的测试工作，查找问题。此项工作的开展为广告业统计系统的正式运行，加强产业发展分析研判奠定了基础。

（资料来源：天津市市场监督管理委员会广告监督管理处）

安徽省

一、强化监管，维护良好的广告市场秩序

1. 强化媒体广告监测。构建总局、省局、市局分层分级监测、相互支撑配合的广告监测工作机制。一是认真处理总局广告监测平台、全国互联网广告监测中心派发的违法广告线索 5683 条次；二是推进省局广告监测平台建设，完善案件调度、公益广告备案功能；三是引导各地加强辖区媒体广告监测。从省局监测数据看，省、市媒体广告条次违法率全年分别维持在 0.07% 和 0.06% 左右。

2. 加大案件查办力度。一是积极做好违法广告投诉举报受理工作。省局直接受理广告投诉举报 46 件，均依法妥善处置。二是加大案件查办力度。全省共查办违法广告案件 1361 件。三是加大违法广告案件曝光力度。发布了《安徽省 2019 年第一批典型虚假违法广告案例公告》，通过《中国市场监管报》《中国消费者报》曝光典型案件 12 件，有 3 个案件入选总局 2019 年度曝光的典型违法广告案例。

3. 整治重点领域广告。一是强化广告导向监管。围绕新时代意识形态工作，引导媒体单位进一步增强政治意识、法律意识和责任意识，强化广告发布审查责任。大力整治借建国 70 周年发布虚假违法广告进行商业炒作行为，全年未发生一起造成恶劣影响的广告导向案件。二是以专项整治为抓手，重点整治涉及群众身体健康、财产安全的违法广告。有序开展了整治“保健”市场乱象百日行动、大棚房违法广告整治、整治食品安全问题联合行动、儿童青少年近视防控广告治理、规范公务员考试培训等一系列广告整治工作。三是深入推进互联网广告专项整治，整治工作期间，全省查办互联网违法广告案件 510 件，同比增长 20%。

4. 创新监管方式方法。一是强化智慧监管。加强对广告监测、投诉举报、案件查办等数据的统计、分析和运用，制定了《广告监管处防范化解重大风险应急工作方案》《违法广告线索处置规程》，广告抽查监测线索派发时间也由原来的 30 天缩减至 15 天。通过每月广告监测通报、季度调度会等监管手段，坚持问题导向，紧盯目标抓落实，提升了业务指导能力。二是强化协同监管。制定完善《安徽省整治虚假违法广告联席会议 2019 年重点工作和任务分工》，召开联席会议，推进广告联合整治。联合省广播电视局、省地方金融监管局对 10 余家省属媒体开展约谈，形成广告监管合力，取得了一定成效。三是强化信用监管。制定了《广告企业信用分类监管措施清单》，将全省广告企业按照守信、警示、失信、严重失信四种情况进行分类，在包容审慎监管措施、许可和准入便利化（限制）措施、“双随机、一公开”监管措施和专项检查措施方面实施分类激励和约束措施。发挥广协在政府和企业间的桥梁纽带作用，做好广告领域信用监管的政策宣传、业务指导等工作，进一步强化企业信用意识和自律意识，履行广告审查责任，引导广告企业诚实守信、守法经营。

二、创新引领发展，助推广告业优化升级

1. 开展公益广告征集推选活动。联合省委宣传部、省文明办、省教育厅、省广播电视局共同开展了 2019 年安徽省优秀公益广告作品征集推选活动。活动共收到

公益广告作品 2417 件，是近年来我省作品数量最多、水平最高的一次公益广告作品征集活动。本次公益广告征集评选是服务“五大发展”美好安徽的重要举措，充分发挥了优秀公益广告作品在培育和践行社会主义核心价值观方面的教育引导作用。

2. 推进广告产业园区建设，促进产业集聚。一是积极指导合肥、宿州省级广告产业园建设，分管副局长带队到合肥广告创意产业园调研并实地走访园内广告企业。二是继续支持芜湖国家广告产业园规范化建设，截至 12 月底，芜湖国家广告产业园累计入驻企业 331 家，实现产值近 60 亿元，税收 3 亿元，产值、纳税额分别比上年增长近 1 倍。

3. 帮扶广告企业发展。结合“四送一服”活动，将安徽海洋风文化传媒股份公司等具有代表性的广告企业纳入重点联系广告企业名单，及时了解企业发展状况、诉求。积极指导省广协为全省 42 家企业申报广告资质。

（资料来源：安徽省市场监督管理局广告监督管理处）

上海市

2019 年上海市广告监督管理工作以习近平新时代中国特色社会主义思想理论为指导，全面贯彻落实国务院、国家市场监管总局和上海市委、市政府的决策部署，主动适应市场监管体制改革大势，以保障广告“三大安全”为目标，积极履职作为，不断创新发展，扎实推进上海广告市场秩序可控、发展有序。

一、继续深入开展广告业发展指导工作

1. 指导举办第二届上海国际广告节。上海市副市长许昆林、国家市场监管总局广告司司长刘敏、英国驻上海总领事馆总领事吴侨文（John Edwards）出席开幕式并致辞。上海市市场监管局局长陈学军、总工程师周群出席开幕式，并共同启动上海国际广告节。现场参观人次达 20 万，论坛现场听众达 3000 人次，颁奖现场达 400 人，爱奇艺平台直播总浏览量超过 260 万人次。指导筹办 2020 年上海国际广告节。商请协调中共上海市委宣传部同意共同担任 2020 年上海国际广告节的指导单位。

2. 多措并举指导广告业发展。继续指导和支持中广国际广告产业园区创新发展，截至 2019 年 10 月底，园区广告类企业收入超过 92 亿元，税收超过 6 亿元，在全国各园区中名列前茅。促成园区与“上海国际广告节”开展深度合作，组织“新锐挑战营”活动，实现海内外 24 所高校优秀学生与知名广告企业的有效对接。落实国务院会议精神，推动本市按 50% 幅度减征广告业文化事业建设费。

二、着力强化完善广告监管执法工作

3. 加强联席会议制度建设，持续开展重点领域广告整治。以机构改革为契机，重新梳理成员单位和工作职责，牵头制定《上海市整治虚假违法广告联席会议工作规则》及配套工作制度，提高联席会议工作的规范性和有效性。联合市卫生监督所开展医美平台广告治理，商研医美平台医疗信息广告发布标准，组织医美机构及平台培训，开展联合检查；加强金融广告监测监管，牵头制定金融广告管理规范性文件。全年监测金融广告 7.8 万条次，查处金融广告案件 28 件，罚没款 97 万元。

4. 开展互联网广告专项整治成效显著。一是拓展监测领域，聚焦移动互联网广告监管。加强对移动互联网广告的监测和监管，实现对 198 个涉沪 APP 和微信公众号广告的常规化监测。以监测支持监管，先后开展保健品、近视、减肥笔、互联网金融、网贷、进博会、建国 70 周年等多项专题监测。二是及时响应舆情，集中查办互联网广告案件。妥善处置了“浦发银行以英烈名义发布商业广告”“盒马鲜生涉民国不良风尚广告”和“小红书”APP 烟草笔记等重大舆情事件，及时查处了饿了么、喜茶、杜蕾斯在官方微博联合发布的色情广告，查处规范了趣头条、惠头条等聚合类媒体高频率发布的“微信赚钱”“微信减肥”类广告。三是注重综合施策，多措并举保持执法威慑。加强舆论反制和引导，年初发布虚假违法广告公告，曝光 12 件互联网广告典型违法案例。对拼多多、趣头条、百度、小红书、东方头条等互联网广告企业开展行政指导，督促切实履行法定义务。2019 年全市共查处互联网广

告案件 3393 件，罚没款 6924.8 万元，分别占同期广告案件数和罚没款总量的 84.9% 和 76.3%。

5. 全力维护“建国 70 周年”和第二届进博会广告市场秩序。部署开展专题监测和全市场所媒介广告检查，重点查处借国庆 70 周年名义商业炒作、违法使用 70 周年活动标识、涉及导向问题的虚假违法广告；全力保障第二届进口博览会广告市场秩序，对进博会招展单位、布展单位开展培训，提供法律咨询。组织开展展前专项检查和展中巡检，全力保障进博会顺利进行。

6. 协调保障广告审查工作有序衔接。落实机构改革三定方案，以及“双减半”“一网通办”和证照分离改革工作要求，明确“三品一械”广告审查职能归属和业务承担机构；开放受理特医食品广告审查申请，成为全国最早开展特医食品广告审查的地区之一。2019 年实施三品一械广告审查 6527 件，异地药品广告备案 1515 件。

7. 探索包容审慎监管落地《免罚清单》。贯彻落实市委市政府建立包容审慎监管机制的要求，提出九项免罚措施供市司法局、应急管理局制定出台全国首份省级跨领域轻微违法违规行为免罚清单。积极开展基层调研，了解一线执行难题，研究制定执行标准，促使制度尽快落地。广告类案件占免罚案件 90%。

2019 年上海广告执法办案工作总体平稳且成绩显著，全市共查处各类违法广告案件 5871 件，罚没款 9507 万元，居全国领先。在市市场监管局组织开展的首届“十佳案件”评选活动中，浦东、徐汇、静安区局的广告案件获评“十佳案件”。

8. 开展整治保健市场乱象百日行动。根据总局和市局工作部署，广告处聚焦整治重点，加强线上线下一体化监管，整治成效显著。整治期间，市局共监测食品、药品、医疗、医疗器械广告 9 万条次，发现涉嫌违法广告 516 条次，各区局共监测检查各类媒体广告 2.2 万条次，发现涉嫌违法广告 211 条次，开展 275 次行政约谈，责令整改 92 个网络媒介，关闭网络 1 个媒体。各区市场监管局查处食品（含保健食品）广告案件 175 件，罚没款 364 万元。

9. 制定并落实年度“双随机”检查计划。按时制发“广告发布登记”“‘三品一械’广告主发布广告情况”“广告经营者、广告发布者建立、健全广告业务的承接 登记、审核、档案管理制度情况” 的双随机检查任务，共抽查 2991 户广告企业。会同有关业务处室开展相关抽查事项被检查对象的（网络）自媒体设立情况收集和广告内容抽查。

三、务实开展广告管理基础工作

10. 务实开展大调研工作有成绩。结合条线特点，坚持以问题为导向，聚焦广告新媒体、业界新形态，调研企业、事业单位、合伙组织、行业组织、个体户、农民专业合作社、基层执法部门等多类对象。2019 年广告处共采用走访、蹲点、“四不两直”等各类形式实地上门 56 次，召开座谈会 40 次，调研各类主体 274 户，累计为广告业解决工商职能问题 97 个。

11. 坚持务实开展基层业务指导。组织开展全市广告监管专业培训，邀请广告领域法律专家为本市 150 余名监管干部授课，采用现场教学、辩论教学、问答教学等多种形式，取得较好的培训效果。出台《关于房地产广告中“大、洋、怪、重”等不规范地名的指导意见》，开展不规范地名广告清理整治。制发宣传“非转基因”问题、教育培训广告中“以受益者的名义或者形象作推荐证明”的行为认定、移动载体广告管辖确定的业务问答，进一步统一执法口径。指导市广告协会制发广告审查提示 3 则，涵盖民办培训机构、近视矫正、规范地名等广告内容的自律规范。

（资料来源：上海市市场监督管理局广告监督管理处）

江苏省

2019 年，全省市场监督管理部门立足高起点、展现新作为，全力维护广告市场稳定向好秩序，积极推动广告产业高质量发展，共有广告经营主体 120072 户，实现年广告经营额 953 亿元。新认定省级广告产业园 1 个，共有广告产业园区 12 个，其中国家级园区 3 个（南京、无锡 2 个园区年广告经营额超百亿元）、省级园区 5 个、市级园区 4 个，集聚广告及关联企业 3879 家，从业人员 87338 人。全省共立案查处各类广告案件 3773 件，罚没款 7775 万元。省局广告处荣获“江苏省金融生态县创建工作先进单位”称号。

一、强化导向和重点领域广告监管，净化市场环境。

部署对利用庆祝新中国成立 70 周年进行商业炒作，涉及导向、政治敏感性问题的广告监管。对部分商家利用“学习强国”活动进行商业广告宣传开展排查清理。国庆前，部署加强对政治导向广告、房地产广告、电视购物及广播专题类广告等重点领域的广告监管。部署开展涉及公务员考试培训广告的专项监测及清理检查工作。及时妥善处理“CCTV 国家品牌计划”违法广告、“权健”事件等舆情热点。联合省消保委就“骚扰电话”约谈电信、移动、联通三大电信运营商，相关信息被国务院、总局、省政府网站、新华网等众多媒体及微博进行了报道转载和广泛关注。曝光了 38 件典型虚假违法广告案例，8 件入选总局典型案例。

扎实开展涉嫌非法集资广告资讯信息排查清理工作。印发了《非法金融活动广告线索监测排查工作方案》。督促各地城乡农贸市场做好 2019 年防范非法集资宣传月活动。部署开展借贷类广告排查清理，严厉打击利用广告宣传从事“套路贷”等违法犯罪行为，并联合省金融办进行专项检查督查。吸纳省地方金融监管局等 3 个单位加入省整治虚假违法广告联席会议，约谈在宁主流媒体。2019 年全省共查处、清理涉嫌非法集资广告资讯信息 5235 条次，立案查处 18 件，罚没款 71.75 万元。组织开展广告监管网络调查，在徐州召开整治虚假违法广告联席会议暨互联网等新媒体广告监管现场经验交流会，深入推进互联网广告专项整治。全年查办互联网广告案件 2902 件，罚没款 3729 万余元。

二、强基固本，着力提升广告综合监管效能。

启动“传统媒体＋互联网＋户外”三位一体广告监测平台建设。试运行“广告发布信用评价系统”。《江苏省广告条例》修订施行。制定了《江苏省市场监管系统广告监管工作制度》《江苏省市场监管系统广告监测工作制度》和《江苏省整治虚假违法广告联席会议工作制度》。完成广告发布延续登记工作。结合自贸区开展“证照分离”改革全覆盖试点工作，下发了《关于下放广告发布登记权限进一步做好优化审批服务和监督管理工作的通知》，就深化“放管服”改革，加强和完善广告发布活动管理，提出了具体贯彻实施意见。对广告发布单位（企业法人部分）组织开展“双随机”抽查，并归集到信用公示系统，圆满完成任务。

三、围绕中心服务大局，促进行业高质量发展。

精准推进园区建设，完成对国家级、省级广告产业园区的评估工作，形成《江苏省广告产业园发展报告》和《江苏省广告业发展报告》，并在总局召开的国家广告产业园创新发展座谈会上介绍经验。成功举办 2019 第六届“紫金奖 · 公益传播设计大赛”，共收到来自国内 25 个省、自治区、直辖市的 6455 件参赛作品。与省委网信办共同开展以“网络安全”为主题的公益广告作品征集工作。新推出 8 家江苏地区“广告业创新创业示范基地”，累计已达 18 家。对 12 个优质广告项目进行了专项资金扶持。举办全省广告人才培训班，对全省各地近 100 名广告企业家及广告创意人才进行了专题培训。联合省人力资源和社会保障厅、省广告协会共同举办江苏省第二届广告行业设计制作技能大赛。通过采取一系列政策支持和服务举措，有效激发了企业创新动能，促进了产业的健康快速发展。

（资料来源：江苏省市场监督管理局广告监管处）

山东省

2019 年，山东省市场监管局以习近平新时代中国特色社会主义思想为指导，认真贯彻落实市场监管总局和省委省政府决策部署，深入推进广告战略实施，不断强化广告导向监管、智慧监管、协同监管和信用监管，着力规范广告市场秩序，促进全省广告业持续健康发展。截至 2019 年底，全省广告经营单位、从业人员和广告经营额分别达到 13.26 万户、60.1 万人和 582.12 亿元，同比分别增长 19.8%、3.98% 和 4.7%。全省市场监管系统查处虚假违法广告案件 1303 件，同比增长 2.6%，罚没款 2208.59 万元。

一、广告监管工作取得新成效

（一）加强组织领导，进一步增强整治虚假违法广告的责任感、使命感。省局先后印发了《2019 年广告监督管理工作要点》《关于深入开展互联网广告整治工作的通知》《关于印发户外广告专项整治工作方案的通知》《关于开展非法使用或变相使用国家武装部队标识或名义生产销售商品专项执法打假行动的通知》《广告监测数据应用工作规范》等文件，对有关工作进行安排部署。在烟台、威海和济南分别召开全省广告监管、促进广告产业发展和全省广告管理工作会议，传达全国广告监管、广告监测、国家广告产业园创新发展和构建现代化广告监管体系工作会议精神，落实全省市场监管工作部署，交流工作，深入研究具体推进措施，有效提升广告监管效能。

（二）强化导向监管，坚决维护广告宣传正确方向。全面落实习近平总书记“广告宣传也要讲导向”的重要指示精神，将导向监管作为广告监管的重中之重，保障山东广告市场平稳可控。一是加强组织领导，完善广告监管应急处置工作机制，规范应急处置工作流程。二是对涉及导向问题、政治敏感问题广告实施专项监测，组织开展迎国庆广告监管工作，严肃查处借国庆 70 周年商业炒作行为。三是指导有关市局妥善处置“利用小学生‘奖状’发布商业广告”“‘舒克’儿童电动牙刷广告”等导向问题广告案件。四是配合中央军委政法委查处非法使用“武装部队标识”等案件63起，罚没款82.93万元，得到中央军委政法委领导充分肯定。

（三）加强专项整治，保持对虚假违法广告高压态势。根据总局部署，聚焦重点领域、重点地区、重点媒介，深入开展互联网广告整治、户外广告专项整治、保健食品广告整治等；配合开展“大棚房”问题、“医疗乱象”、净化考试环境、非法集资风险专项排查等整治工作。省局曝光典型虚假违法广告案件 20 件。

（四）对标先进，夯实广告监测基础。对标先进省市局，建立互联网广告监测平台，形成覆盖电视、广播、报纸、互联网和户外广告监测体系。对全省 170 家市级以上传统媒体、36272 块户外广告、250 家重点互联网网站进行日常监测。全年监测各类广告 1351.8 万条次，依法处置涉嫌违法广告线索 1.36 万条次。

（五）加强协同监管，形成监管合力。充分发挥联席会议制度优势，打造更加有质量、有张力的广告监管体系。修订《山东省整治虚假违法广告联席会议工作制度》，增加省农业农村厅、省畜牧兽医局为联席会议成员单位，建立会商研究、联合约谈、联合监管、应急处置等协同监管机制。年内组织召开4次联席会议，对问题突出的传统媒体和微信公众号进行5次联合约谈，取得良好效果。

（六）加强信用监管，实现社会共治。一是推进行政处罚信息公示，实现广告违法行为行政处罚信息公示率、归集率“两个100%”。二是依法开展“双随机”抽查监管，制定“2019年抽查计划”和“抽查事项清单”，对广告发布登记、“三品一械”广告审查和广告业务承接管理制度进行抽查检查。三是利用大众传播媒介信用评价系统，指导各市扎实开展媒体广告信用监管。四是畅通投诉举报渠道，鼓励社会监督。

二、指导广告业发展工作取得新进展

（一）不断推进广告战略实施。一是联合山东财经大学开展《广告业发展对全省经济增长的拉动作用》课题研究，通过实地调研、召开座谈会等方式了解全省广告业发展情况，研究广告业发展规律，探索广告业发展新思路、新方法，为制定山东省广告业发展“十四五”规划奠定基础。二是配合做好省级广告业发展专项资金分配、使用和管理工作。2019年扶持潍坊国家广告产业园、郓城省级广告产业园两个公共服务项目，做好2018年扶持项目的绩效验收工作，确保专项资金使用效果。

（二）促进广告产业园区发展。修订《山东省广告产业园区认定管理办法》。指导济南文化广告创意产业园、淄博广告产业园申请认定省级广告产业园。委托第三方对我省国家、省级广告产业园建设运营情况进行评估，形成《2018年度山东省国家、省级广告产业园区考核评估报告》，全省4个国家广告产业园和5个省级广告产业园顺利通过评估。

（三）推动公益广告健康发展。联合省教育厅举办第九届“学院创意杯”、2019年度“泰山杯”广告作品大赛和教育公益广告作品征集活动，共征集作品6090件，评出获奖作品702件，参赛单位和参赛作品数量再创新高。积极参加第八届山东国际文化产业博览交易会，成功举办“山东省优秀广告作品展”，获得组委会优秀组织奖、优秀展示奖。

三、广告管理基础工作不断夯实

（一）强化业务培训。举办全省系统广告产业发展与广告监管培训班，对各市和国家、省级广告产业园所在地市场监管部门分管局长、广告科（处）长、广告监测监管业务骨干进行监管和发展业务培训。对3800名市场监管所工作人员进行广告监管业务培训。对全省主要媒体500多名广告审查员进行广告法律法规培训。

（二）推进广告智慧监管。积极推进广告智慧监管，通过调研，形成《山东省广告智慧监管调研报告》。制定《山东省市场监管系统广告监测数据应用工作规范》，对监测数据审核与上传、监测数据查看与处理、监测数据复核、监测数据使用等作出明确规定。实施广告监管流程再造，制定33项标准化工作流程，形成适应广告智慧监管的体制机制。12月5日，《“智慧”点亮广告监测监管》被《中国市场监管报》采用。

（三）加强广告工作宣传。联合山东广播电视台开展“新时代、新动能、新活力——聚焦山东广告业发展”宣传活动，通过开设专栏、融媒体、网络宣传等多种渠道，展示促进广告业发展成效，已播出专题节目35期，集中宣传广告产业发展成果、广告产业园区建设成效、广告大赛、省文博会广告展，以及广告监管等工作，取得良好效果。

（资料来源：山东省市场监督管理局广告监督管理处）

河南省

2019年，全省广告条线认真贯彻落实总局和省委省政府决策部署，不断强化责任担当，深入推进虚假违法广告整治工作，共立案查处广告案件2772件，立案数比2018年增加1034件，同比增长59.49%，罚没金额4641.35万元。去年总局秦宜智副局长在重庆召开的全国广告监管工作会议上对我们给予了充分肯定。在2019年虚假违法广告综合治理考核中取得了满分的好成绩，位列全国第一。主要做法汇报如下：

一、紧盯舆论导向，做好广告导向监管

全系统深入贯彻落实习近平总书记关于“广告宣传也要讲导向”重要指示精神，建立完善广告应急处置机制，对涉及导向问题、政治敏感性或社会影响大的广告内容实施定向监测，对涉及导向错误的重大虚假违法广告，依法从严从快查处。指导全省认真落实“严禁借国庆70周年商业炒作”重要工作，确保了国庆期间广告市场环境风清气正。配合中央军委保卫局、中部战区保卫局、公安部刑侦局，妥善处理了安阳贾某冒用军队名义销售白酒案，查获预包装“特战梦”“庆功招待”“手榴弹”“中战纪念”等35个品种白酒6266瓶、散白酒24罐，刑拘9人。组织查处了许昌仁德医院发布色情内容广告案，夏邑县鹏远打火机公司、鄢陵县芸乐收有限公司、河南天伦医药公司使用国家领导人形象广告案，博爱县信和电子商务有限公司发布含有“黑势力”内容，违背社会公序良俗广告案等5件案件，罚没金额168万元。全省未出现系统性广告导向监管风险。

二、紧扣重点领域，开展系列专项整治

（一）持续进行互联网广告专项整治。在2018年互联网广告整治的基础上进一步总结提升，印发《关于印发深入开展互联网广告整治工作的实施方案的通知》（豫市监〔2019〕122号），制定考核细则，组织业务培训，委托专业机构，实施定向监测。全省共查处互联网虚假违法广告案件1069件，同比增长76.69%，罚没款1230.681万元，整治取得了很好的效果。

（二）深入开展清查虚假违法“保健”广告专项行动。为贯彻落实市场监管总局等4部门整治食品安全问题联合行动、河南省纪委监委专项整治漠视侵害群众利益问题部门联动整改和中央依法治国办反馈食品监管执法司法存在问题整改工作，下发《关于在全省开展清查虚假违法“保健”广告专项行动的通知》（豫市监明电〔2019〕12号），在全省开展了为期1年的“保健”广告专项整治。通过彻查，曝光了一批违法典型案件，有效遏制了虚假违法“保健”广告发布行为，共立案查处虚假违法食品广告案件310件，罚没金额564.62万元，其中保健食品违法广告案件117件，罚没金额155.08万元。

（三）推进户外广告专项整治。根据违法广告发布趋势，针对广告监管薄弱环节，制定了《全省户外广告专项整治行动实施方案》（豫市监〔2019〕83号），重点整治农村墙体、农资市场、农村集市，以及城乡接合部、乡村超市等场所违法广告。

（四）开展酒类广告整治行动。下发《关于开展整治含有“特供”“专供”国家机关、军队等内容酒类广告专项行动的通知》，重点整治含有“特供”“专供”国家机

关、军队等类似内容的酒类广告，切实维护了国家机关和军队形象。

（五）突出查处大要案件。对总局交办的“天复康火龙通络灸热磁疗贴”等 6 条重点广告案件线索，均立案处理，共立案 12 件，罚没金额 48 万元。全年共查办罚没金额 20 万元以上的案件 45 起。组织郑州市局查处了郑州博雅置业利用互联网发布违法房地产广告案，罚款 80 万元；组织焦作市局查处了博爱县汇满鑫电子公司利用宣传册发布违法广告案，罚款 58 万元；组织鹤壁市局查处了王某利用互联网发布违法食品广告案，罚款 50 万元。

同时，对执法不严、监管不力的单位进行通报。印发了《关于对新蔡县工商局 2018 年广告监管工作不力的通报》，将严格执法的压力传递至各级机关，确保全省上下一盘棋，保持了高压严管态势。

三、抓实广告监测，夯实监管执法基础

2 月 23 日，省局党组召开专题会议，研究部署广告监测监管工作，要求积极运用信息化新技术，不断提升广告监测能力。

（一） 专人接收处理总局监测数据。及时接收处理总局对传统媒体监测数据，第一时间通过微信群向省级媒体通报违法广告情况，并下发停止发布通知书。经审核确属违法的，依法予以查处。根据派发线索共立案查处违法广告 152 件。明确专人查看、处理总局派发的违法互联网广告线索，按照属地管理，层层督办，全程跟踪，两平台查看率均达到 100%，处理率达到 95% 以上。

（二）购买第三方监测服务。省局和中广大数据公司签订合作协议，自 6 月 1 日起，对全省 30 家省级传统媒体和 114 家市级传统媒体进行广告监测，并参考总局监测平台建立了河南省市场监管局广告监测平台，监测数据通过平台派发至媒体所在地市场监管部门。

（三）探索新媒体广告监测。围绕互联网广告监管任务，省局尝试了对互联网金融领域的定向广告监测、互联网广告取证等手段，取得了有益经验。2019 年委托技术实力雄厚的北京字节跳动科技有限公司在河南建立试点，打造新媒体广告监测大数据平台，努力在新媒体广告监测领域中取得突破，进一步实现智慧监管。

（四）指导和加强全省广告监测工作。印发《关于进一步加强广告监测工作的通知》，要求各省辖市和省直管县（市）局广告监测覆盖至所辖县媒体，按时上报监测信息。向各地拨付共计 99.8 万元专项经费，用于各地自行采购户外广告监测服务。目前，各地均按要求开展广告监测，初步形成了全省上下联动，信息共享的现代化广告监测格局。

四、抓好制度建设，强本固基提升监管效能

（一）完善广告监管工作制度。一是完善监测情况月通报制度和案件督办制度。每月定期向各省辖市、省直管县（市）和省属媒体通报广告监测情况，指导督促各级市场监管部门及时调查处理涉嫌违法广告线索，责令相关媒体认真整改，并反馈整改情况。二是健全典型案件公示制度。选择具有代表性的广告案例，定期发布《河南省市场监督管理局关于查处典型违法广告案件的公告》，警示消费者理性消费。三是落实整治虚假违法广告联席会议制度。定期组织召开联席会议，联合制定印发《河南省整治虚假违法广告联席会议 2019 年重点工作及任务分工》。定期向省广播电视局通报省广播电视台广告监测情况，对河南信息广播等问题突出的播出机构进行联合惩戒，做出了暂停广告发布资格的严厉处罚。与人民银行等联席会议成员单位联合调研金融广告市场。对禹州市有线电视网络分公司截播河南广播电视台广告时段信号，覆盖播出仿冒台标违法广告等重点案件开展联合部署、联合约谈、联合执法，部门协同监管效果彰显。

（二）加强行政指导。每月召开不少于一次省级媒体行政约谈告诫会，通报监测情况，听取整改措施，提出工作要求。对发布虚假违法广告问题突出的媒体及时约谈。2019 年省局共召开媒体约谈会 18 次，约谈媒体 70 余人次。

五、加大指导力度，促进广告产业高质量发展

认真落实《河南省广告产业园区认定和管理暂行办法》，推进省级广告产业园区的认定工作，授予新乡获嘉标识产业园省级广告产业园区称号。组织开展河南省 2019 年度广告创意作品征集暨微电影创意人才选拔行动。

（资料来源：河南省市场监督管理局广告监督管理处）

湖南省

2019 年，广告监督管理处认真贯彻落实总局和省局的工作部署，深入落实“放管服”改革要求，坚持一手抓监管，一手抓发展，认真履职，积极作为，全省广告市场秩序进一步优化，广告产业得到进一步发展，各项工作取得新成效。

一、抓导向强监管，有效守住导向底线。

认真贯彻落实习近平总书记关于“广告宣传也要讲导向”的重要指示精神，进一步提高政治站位，增强广告监管的政治敏锐性。紧紧围绕党和国家重点工作、重要会议活动以及群众普遍关心的问题，组织开展重点监测、专项监测。自 5 月以来，按中央国庆办和总局要求，扎实开展“借国庆 70 周年进行商业炒作”专项整治行动。认真履行牵头责任，组织宣传、网信、公安、广电、人民银行等部门共同研究部署整治方案；组织全省市场监管系统对电视、广播、报刊、高速公路、国道、机场、火车汽车站、大型立柱、电子显示屏、主要商业网站等媒介进行重点监测监管，全省系统共出动执法人员 5000 余人次，组织专项检查、督查行动 700 余次，组织约谈 100 余次，整改涉嫌商业炒作问题 10 余起。

二、抓许可强审查，有效实施广告审批。

建立和完善互联网 + 监管、互联网 + 政务服务工作制度，理清行政许可事项清单和广告监管事项实施清单，进一步强化“三品一械”广告审查，完善工作制度、工作流程、系统软件，按照“四个最严”要求，严格把关、从严审查，净化“三品一械”广告市场，坚决堵住虚假违法广告第一道关口，全年共办理“三品一械”广告审查 3400 件，其中药品广告审查 498 件、医疗器械广告审查 401 件、保健食品广告审查 60 件、外省药品广告备案审查 2500 件，经总局抽检审查，我省“三品一械”广告审查全部合格。在严格把关的同时，大力优化服务环境，推进政务服务标准化便利化，精简申请材料，压缩办理时限，降低准入门槛，优化审批程序，推行最多跑一次，建立联系沟通机制，在企业策划宣传、诚信经营、树立品牌等方面提供指导咨询服务，积极推动“三品一械”广告审查申请、受理、决定、公开、咨询等环节全流程在线办理，便民利企，激发市场活力，增强内生动力，释放内需潜力。审查工作全面提质、提速、提效，全年无投诉、无举报、无红黄牌，得到了广大企业和社会各界的充分肯定和高度赞许。同时，加强和改进传统媒体广告发布登记工作，全年办理广播电视、报纸期刊等广告发布单位的广告发布变更登记 61 件。

三、抓重点强办案，有效维护广告市场秩序。

扎实开展对重点类别、重点地区、重点媒体、重点时间节点广告的整治，持续保持打击虚假违法广告的高压态势。一是以整治保健市场广告乱象为重点，于 1-4 月深入开展保健市场乱象“百日”整治行动，全省检查媒体、广告经营主体、大型网络平台企业等重点区域 368 个，开展行政指导、行政约谈 28 次，立案查处违法广告 26 起，保健市场广告发布得到了有效净化。二是以整治互联网广告为重点，4 月 3 日省局印发了《湖南省深入开展互联网广告整治行动实施方案》，在全省范围内部署互联网广告整治行动，以社会影响大、覆盖面广的门户网站、搜索引擎、电子商务平台为重点，突出移动客户端和新媒体账户等互联网媒介，针对医疗、药品、保健食品、房地产、金融投资理财等关系人民群众身体健康和财产安全的虚假违法广告，加大案件查处力度。6 月 5 日，我省成功召开第七次省广告产业发展工作领导小组（省广告发展联席会议）会议，会上，对互联网广告整治又进行了专门部署。三是以整治医疗、铁路、校园广告乱象为重点，从 4 月份起，会同省卫健委等部门开展医疗广告乱象整治行动，会同省交通运输厅开展铁路沿线安全环境整治，会同省教育厅查处校园及周边涉嫌考试作弊器材销售、贩卖所谓考试试题及答案等违法广告。2019 年，全省共监测各类广告 700 万余条次，立案查处虚假违法广告 1239 件，罚款 2267.06 万元，案件数比去年同期增长 18.56%，全年未出现广告导向性监管风险。

四、抓项目强规划，有效推动广告业高质量发展。

一是注重规划引领作用，接续制订推进落实产业规划。完成“十三五”规划评估，推动规划的实施落地，科学调研“十四五”规划。截至 2019 年底，全省共有广告经营主体 11.4 万户，广告从业人员 58.5 万人，广告经营额 355.36 亿元。二是发挥园区聚集带动作用，不断加大园区建设力度。长沙园区持续发力领跑全国，入园企业 651 家，广告产业及关联产业产值 35 亿元。怀化园区成功获评国家园区，入园企业 128 家，广告产业及关联产业产值达 14 亿元，实现税收 3000 万元。岳阳、常德园区迎头赶上争创一流园区，入园企业分别为 88 家、129 家，广告产业及关联产业产值分别为 3.0、5.6 亿元，实现税收分别为 1000、2000 万元。株洲包装广告基地重大研究项目稳步推进，张家界旅游广告基地、益阳农林特旅游广告基地围绕特色深耕细作。三是突出企业市场主体地位，培育湖湘特色优质企业。加强创新驱动和人才培养，全面提升企业竞争力，结合湖南特色，加速培育有潜力的优质企业。推动落实国家减半征收文化事业建设费的优惠政策，省财政厅已发文明确自 7 月 1 日起减半征收文化事业建设费。四是推动公益广告发展，弘扬社会主义核心价值观。大力落实《湖南省公益广告“2017—2020 年”发展规划》和《湖南省公益广告促进和管理暂行办法》，会同有关部门和高校开展公益广告大赛，支持企业、个人参与公益广告赛事，督促主流媒体刊播公益广告。雷锋、韶山公益广告基地围绕红色主题开展系列活动，其中雷锋公益广告基地在全国范围内积极开展公益广告作品征集活动，取得圆满成功，在全国产生加大影响。推动落实国家减半征收文化事业建设费的优惠政策，省财政厅已发文明确自 7 月 1 日起减半征收文化事业建设费。五是加强调查研究。高质量撰写完成省广告业“十三五”发展规划中期评估报告和 2018 年度发展报告，开展全省广告业发展专题调研，着手研究“十四五”发展规划。

（资料来源：湖南省市场监督管理局广告监督管理处）

新疆维吾尔自治区

2019 年，新疆维吾尔自治区广告监管工作坚持以习近平新时代中国特色社会主义思想为指导，深入贯彻落实以习近平同志为核心的党中央治疆方略，围绕自治区党委“1+3+3+ 改革开放”工作部署，聚焦社会稳定和长治久安总目标，不断加大广告执法办案力度，为全区社会经济发展营造良好广告市场环境。

一、强化广告导向监管

为切实加强新中国成立 70 周年广告监管工作，确保自治区广告政治导向安全，维护广告市场秩序稳定可控，及时向各地州（市）传达国家市场监管总局广告司《关于整治借国庆 70 周年商业炒作行为的通知》精神，进行工作安排部署。为强化媒体的主体责任，9 月 12 日，召开广告监管工作集体行政约谈会，约谈区属 20 余家媒体单位负责人，要求各媒体认真贯彻落实习近平总书记关于“广告宣传也要讲导向”的重要指示精神，严格国庆期间广告内容审查，切实将广告播出的安全责任制度落到实处，确保“三不出”，以实际行动迎接新中国成立 70 周年庆典。国庆前夕，及时发现并制止了 2 起借“国庆 70 周年”进行商业炒作的虚假违法广告行为。

为加强广告监管预警，提高广告监管应急处置工作能力，印发了《自治区广告监管应急处置暂行办法》。

二、加大整治虚假违法广告力度

结合“不忘初心 牢记使命”主题教育活动，开展了涉及人民群众生命和财产安全的医疗、药品、保健食品、房地产、金融投资理财等重点领域的虚假违法广告专项整治，加大清查金融投资、保健食品虚假广告案件的查处力度。据统计，2019 年全区共查处虚假违法广告案件 164 件，罚没款 280.44 万元。

年初，开展整顿“保健”市场乱象百日行动等专项行动，对自治区保健品生产企业进行集体行政约谈，解读、宣传了《广告法》；根据自治区金融办提供关于晨报发布的“恒基泰富”“红盛资本”天山农商银行“幸福存”及小分类虚假违法广告线索，先后 3 次约谈晨报负责人，梳理案件线索并移交乌鲁木齐市市场监管局立案查处，对都市晨报和乌鲁木齐晚报涉嫌发布金融风险的两起投资类虚假违法广告行为共处以罚没款 83.19 万元。

9 月，开展保健食品专项整治行动，集中查处整治虚假违法保健食品广告。根据监测中发现的违法广告线索及群众举报线索，及时约谈新疆广播电视台，要求其作出整改并立即停止发布“消肚子贴”“皇室养生苑：皇室膏方”等虚假违法广告，确保全区广告播出情况总体向好，在国家广告抽查监测情况通报中违法率较低。

三、深入推进互联网广告专项整治

按照国家市场监督管理总局统一部署，向各地州市转发《市场监管总局关于深入开展互联网广告整治工作的通知》，开展了全区互联网广告整治行动。据统计：全国互联网广告监测中心转办线索 177 条次，其中伊犁州“有点新闻”APP 发布 135 条次、“聚看点”APP 发布 11 条次，“绿河谷”APP 发布 31 条次，按照属地监管原则，均已转伊犁州办结；区局广告监测中心自行监测互联网广告 17483 条次，其中涉嫌违法案件线索 234

条次，违法率 1.34%。并及时下发预警函并责令其停止刊发或播出；截至 11 月 29 日，全疆共查处虚假违法互联网广告案件 25 件，罚没款 28.01 万元。

作为自治区金融办成立的自治区防范化解金融风险领导小组成员，就整治互联网金融广告提出工作要点，各地州（市）积极配合做好互联网金融风险专项整治工作，加强互联网金融广告监测监管力度，及时处置了塔城地区乌苏和信互联网小额贷款有限公司发布融资广告行为。

四、加强广告综合治理

今年，整治虚假违法广告各成员单位在依法履职的基础上，充分发挥联席会议的作用，加强信息通报和执法联动，切实加大重点领域监管执法力度。2019 年 9 月 1 日至 9 月 26 日共监测 17965 条次广告，其中房地产广告 2055 条次，涉嫌违法广告 1 条次，违法率为 0.05%，对该违法广告立即下发责令改正通知书，责令其停止发布。

根据机构改革情况，修订了《自治区整治虚假违法广告联席会议工作制度》，召开整治虚假违法广告成员单位联席会议，及时部署重点广告监管工作。

经协调，区局广告处负责指导“三品一械”广告审批工作，委托药品监督管理局统一对外办理。

五、严格日常广告监测

依托市场监管总局和自治区广告监测中心，加强对电视、广播、报纸、期刊等公信力强、影响力大的传统媒体广告监测，积极运用提醒、告诫、约谈等执法手段，强化事前预防规范和教育引导，及时转办涉嫌发布虚假违法广告的线索，发现问题及时预警，将虚假违法广告消除在萌芽状态。截至 2019 年 11 月 29 日，共监测电视、广播、报纸、互联网 PC 端、移动端 APP 、微信公众号等 98 家媒体发布广告 1216375 条次，依法认定涉嫌违法广告（以下简称“违法广告”）128 条、累计发布 1097 条次，违法率 0.09%。下发违法广告线索交办函 21 份，责令改正通知书 9 份，预警函 43 份，约谈媒体 16 次。

加强广告监测大数据的分析和运用。统计汇总广告监测情况，按月、季、半年、年等时段向自治区整治虚假违法广告联席会议成员单位及各地州（市）进行监测情况通告，有效地进行了信息互通，促进了广告行业管理作用的发挥。2019 年截至 11 月 29 日，共编制监测通报 10 期月报、3 期季报、1 期半年报。

促进公益广告的发展，报送 1 条公益广告参加市场监管总局“315 消费者权益保护公益广告大赛”，积极支持广播电视、互联网等媒介载体，以“访惠聚”“民族团结一家亲”等内容开展公益广告宣传和展播活动，在传统媒体和互联网新媒体共播放公益广告 30617 条次。

做好广告统计基础性工作。按照广告司安排部署，梳理了 2017 年 11 月 1 日至 2018 年 10 月 31 日广告业新增企业和个体工商户，修改机构名称 192 条、修改机构上级节点 13 条、新增机构 82 条、删除机构 7 条。截至 3 月 24 日，全疆 14 个地州市共筛选、梳理出 2018 年新增广告业统计对象 8718 个。

六、指导广告协会工作

根据自治区《关于开展自治区行业协会商会与行政机关脱钩工作的实施意见》的通知，制定《新疆维吾尔自治区广告协会脱钩方案》，指导广告协会进行脱钩工作。

为强化行业自律，不断提高广告从业人员的职业道德水平和职业素质技能，指导广告协会举办了全疆广告经营单位的广告审查员培训，通过对《广告法》等相关法律法规的学习培训，提高了各广告经营单位、大众传播媒体单位、广告及相关单位对广告审查工作的认识，促进广告审查人员对国家广告管理的政策、法规的充分了解和正确把握。全疆共有 720 人参加广告审查员考试，加强了广告从业人员资格资质管理。

支持举办第六届新疆广告产业博览会，博览会立足新疆“一带一路”核心区建设的区位优势，以广告业“新媒体、新技术、新设备、新功能”为支撑，提升广告创意设计制作能力，推动广告服务产业链的发展。博览会展出面积 12000 平方米，展位 600 余个，共有来自国内外 300 余家企业参展。

（资料来源：新疆维吾尔自治区市场监督管理局广告监督管理处）

中国广告年鉴 2020

CHINA ADVERTISING YEARBOOK

行业组织

Organizations in Advertising Industry

中国广告协会乳粉广告自律规则

第一条 为推动乳粉广告自律，更好地贯彻执行《中华人民共和国广告法》《中华人民共和国食品安全法》等相关法律法规规定，特制定本规则。

第二条 从事乳粉广告活动，应当遵循诚实信用，公平竞争的原则，有利于提升广告活动效果，保障消费者知情权、选择权，推动母乳喂养行动。

第三条 本规则所称乳粉，适用于全脂、脱脂、部分脱脂乳（奶）粉和调制乳（奶）粉。

取得保健食品注册证书或者备案凭证的乳粉及取得特殊医学用途配方食品注册证书的乳粉，其广告按照保健食品或特殊医学用途配方食品广告审查、发布的要求办理。

第四条 乳粉广告应当真实、合法、科学、准确，不应含有虚假或者引人误解的内容，不应欺骗和误导消费者，包括但不限于通过文字、图片、声音、字体、字号、颜色等方式进行虚假陈述、隐瞒实情或者刻意夸大，足以使相关消费者产生误解。

第五条 乳粉广告中关于产品的成分、能量、营养物质含量等表述必须准确，不应明示或者暗示该乳粉可以替代或优于母乳，以及该乳粉的成分接近母乳、母乳化或含有母乳成分。

不应明示或暗示该乳粉有治疗或预防疾病的作用，非保健食品的乳粉不应宣传具有保健功能。

第六条 乳粉广告中不应使用“婴儿”的字样，或出现1周岁以内婴儿的形象、声音等与婴儿有关的特定要素。幼儿乳粉及其他乳粉广告中使用与幼儿有关的特定要素的，应当明显与婴儿相区别，例如展现幼儿独立行走或者其他1周岁以上儿童的状态。

第七条 乳粉广告中，不应利用不满十周岁的未成年人作为广告代言人。广告代言人在乳粉广告中对商品、服务作推荐、证明，应当依据事实，符合相关法律法规规定。

第八条 乳粉广告禁止使用“驰名商标”“中国名牌”等内容，不应利用食品监督管理部门和其他有关部门以及食品检验机构、食品行业协会、消费者组织的名义或者形象作推荐、证明。

第九条 乳粉广告应以宣传乳粉的基本功能（如维持基本饮食与营养）为主，以宣传营养素的功能为辅，广告中涉及营养素功能宣传的，必须具有科学依据，可参考卫生行政主管部门发布的营养素相关信息。

以上对营养素功能的宣称不应作为对乳粉功能的宣称。

第十条 涉及乳粉产品营养素具体功能的，应当具备相应的证明文件留档备查，包括但不限于：

（一）国家认可的专业检测机构出具的含有营养素的检测报告；

（二）国际通用标准，或世界卫生组织等机构的相关文献；

（三）国家食品及相关行政主管部门所颁布的规定、标准等文件；

（四）正式出版的教科书；

（五）食品、医学或营养学等行业或者学术组织所出具的专家鉴定意见、临床研究报告。

第十一条 婴幼儿配方乳粉，应当具有或者提供国家市场监督管理总局签发的配方注册证书。

第十二条 不在大众传播媒介或者公共场所发布声称

全部或者部分替代母乳的婴儿乳制品广告，即：0-12 个月的婴儿配方乳粉不得发布广告，乳粉不得在广告中声称全部或者部分替代母乳。

不应以植入广告的形式对婴儿配方乳粉进行宣传。

不应在产品推介和派发试用品等活动中发布 0-12 个月婴儿配方乳粉的广告。

第十三条 在婴幼儿配方乳粉的包装上，建议加注“提倡母乳喂养”“纯母乳喂养到 6 个月，可持续母乳喂养至 2 周岁”或者与其相似的忠告语。鼓励、提倡促进母乳喂养的公益广告。

第十四条 中国广告协会引导会员依法从事广告活动，推动广告行业诚信建设。对于违反本规则的乳粉广告，可开展调查，劝诫改正，社会公示，向监管部门提出行业组织建议等。

第十五条 本规则由中国广告协会负责解释。

第十六条 本规则自 2019 年 10 月 27 日施行。

中国广告协会 2019 年工作总结

2019 年，中国广告协会在中央和国家机关工委、民政部、国家市场监督管理总局等上级单位的指导下，深入学习贯彻习近平新时代中国特色社会主义思想，积极参加“不忘初心、牢记使命”主题教育，讲政治、讲大局，坚持正确的协会发展方向，围绕“脱钩不脱轨、脱钩不脱管、脱钩不脱为、脱钩不脱位”的原则，践行“服务行业自律、服务行业维权、服务行业发展”，对内坚持改革创新，对外拓展市场资源，贴近行业、服务企业、反映诉求、促进发展，得到了上级单位的充分肯定，获得了广大会员和全行业的充分认可。

一、坚持正确发展方向，党建工作扎实有力

（一）积极参加“不忘初心、牢记使命”主题教育

作为第二批“不忘初心、牢记使命”主题教育单位，中广协党支部按照中央和国家机关行业协会商会“不忘初心、牢记使命”主题教育领导小组的部署和要求，将“学习教育、调查研究、检视问题、整改落实”贯穿始终，制定方案计划，明确任务要求，细化方法措施，精心组织实施，很好地完成了主题教育各项任务，得到中央和国家机关工委巡回指导组的好评。

（二）扎实开展党建工作

中广协党支部结合“不忘初心、牢记使命”主题教育落实“三会一课”等制度，推进“两学一做”学习教育常态化、制度化。2019 年，协会组织召开党员大会 20 次，支部书记带头讲党课、积极参加工委组织的培训学习，切实发挥带头作用。支部按时开展党纪教育和警示教育，在元旦、春节、中秋、国庆等重要节点组织开展学习教育及监督检查，努力营造风清气正的氛围。全年转入党员 4 名，办理 1 名预备党员转正手续，党支部共有 27 名党员，党员队伍不断扩大。

二、切实发挥桥梁纽带作用，为行业维权不遗余力

（一）推动广告业文化事业建设费减半征收

中广协高度重视发挥行业组织桥梁纽带作用，积极向国务院反映行业关于取消向广告业征收 3% 文化事业建设费的诉求，坚持不懈，久久为功。4 月，国务院常务会议决定：从 7 月 1 日起至 2024 年底，对中央所属企事业单位减半征收文化事业建设费，并授权各省（区、市）在 50% 幅度内对地方企事业单位和个人减征此项收费。这是党中央、国务院为企业减负的重大决策，惠及广告业百万市场主体。政策落地后，协会主动与全国各省市政府办、财政、税务、宣传和市场监管等相关部门沟通，呼吁落实好此项政策，为行业发展营造良好环境。

（二）积极参与立法及政策制定

中广协积极参与有关广告活动立法工作，配合市场监管总局《药品、医疗器械、保健食品、特殊医学用途配方食品广告审查办法》《互联网广告管理暂行办法》《禁止滥用市场支配地位行为的规定》《严重违法失信名单管理办法》等重要规章修订工作，全面反映行业诉求。针对中央网信办发布的《数据安全管理办法（征求意见稿）》，协会组织互联网广告会员单位就如何兼顾和平衡个人信息保护与互联网广告业发展进行多次研讨，形成书面意见报送网信办，其中多数意见被采纳。

（三）维护行业合法权益

中广协积极与地方执法机关交流沟通《广告法》执

法问题，既维护法律的严肃性和权威性，又反映企业合理诉求，维护广告企业正当权益。2019 年，协会以多种方式为企业维权，向阿里、宝洁、利洁时、王老吉、玛氏等企业提供了切实有效的帮助和支持。

三、大型活动亮点频出，为行业发展搭建平台

（一）中国广告四十年纪念大会

1 月 14 日，在广告恢复发展四十年之际，中广协联手中国商务广告协会、中国广告主协会共同举办中国广告四十年纪念大会，回顾改革开放以来广告业发展历程并向各个时期的代表人物、代表单位致敬。来自市场监管总局、国家相关部门、各地工商和市场监管部门的领导、各大广告市场主体领军企业的代表及各地广告协会组织、港澳台广告行业组织的代表参加了大会，全行业空前团结，增强了克服困难推动广告业持续健康发展的信心。

（二）第 26 届中国国际广告节

10 月下旬，以“英雄城汇八方广告豪杰，红土地展四海创意成果”为主题的第 26 届中国国际广告节在江西南昌成功举办。在全行业的大力支持和积极参与下，本届广告节顺利举办 4 场颁奖典礼、10 场高峰论坛、2 场热点活动、3 场专业展览展示、5 场媒体推介会等。为创新求变、融汇多元，广告节引进了“吐槽大会”“总裁读书会”等专项活动，引发了业界高度关注。

（三）第十五届中国广告论坛

4 月末，2019（第十五届）中国广告论坛在山东济南成功举办，主题为“超越与共生”。演讲嘉宾和与会代表围绕媒体融合发展、5G 时代数字营销、品牌发展、竞争与社会责任、AI 科技等八类话题，打造了一场探讨行业发展的专业盛宴，引领了行业思想潮流。论坛期间发布了《2018 年中国广告市场报告》《中国互联网广告无效流量行业报告》《广告代言人行业趋势及代言人商业价值评估标准》等行业权威报告。

（四）奖项评选

2019 年，公益广告黄河奖、商业广告长城奖报送数量均超过 5000 件，报送作品传播社会主义核心价值观，体现了国内创意最高水平，整体质量上佳，巩固了黄河奖、长城奖作为全行业最具含金量大奖的地位。学院奖作品参赛总数近 50 万件，在全国 30 多个重点城市进行了百场校园巡讲，覆盖全国约 1300 所高校。为根据时代需求不断推陈出新，广告节设立了“长城奖—学术论文类”，有效地促进了产学研的转化。在与国际接轨方面，长城奖金奖作品可直接入围伦敦国际奖“华文创意”单元同类别决赛。

（五）2019 中国户外广告论坛

以“融合、创新、发展”为主题的中国户外广告论坛于 8 月末在河北秦皇岛召开，各方专家就户外广告市场发展趋势等展开研讨，来自全国各地城市管理、市场监管部门领导、广告协会负责人、专家学者、户外广告经营单位负责人以及媒体记者 700 多人参加本次论坛。

（六）北京国际公益广告大会

11 月，以“牵手公益 共筑美好家园”为主题的北京国际公益广告大会在北京召开，协会作为大会主要支持单位，广泛调动资源，邀请国内外公益广告领域专家学者和权威人士、行业领军人物及广播电视媒体、网络机构、高等院校、公益组织专家参与活动，成功举办了开幕式、主题研讨会、公益广告大师盛宴、公益广告内容创新研讨会、公益广告全媒体创新研讨会、公益广告管理创新研讨会，获得了主办方北京市委宣传部、北京市广电局的高度认可。

（七）第二届 315 消费者权益保护公益广告大赛

第二届 315 消费者权益保护公益广告大赛由国家市场监督管理总局主办、中国广告协会承办，主题为“共治共享 放心消费”，共征集海内外作品 1830 件，评出优秀及以上作品 374 件。该奖项在广告节期间与黄河奖同台举办颁奖晚会，对于提升全社会保护消费者权益意识发挥了积极作用。

四、坚持广告导向，加强行业自律

（一）开展广告合法性咨询服务

为全面加强行业自律，中广协严格依据《广告法》等法律法规为企业提供广告发布前咨询意见，帮助企业筛除涉嫌违法内容、提高广告发布质量。2019 年，协会出具书面咨询意见 2000 余件并免费向会员提供电话咨询服务，打造了全行业最具权威性的咨询服务品牌。

（二）参与修订相关行业规则

中广协与中国发展研究基金会合作，组织业界专家和企业代表深入探讨、修订《乳粉广告自律规则》，让企业自觉自愿地参与行业自律，并为完善规则提出切实可行的建议。经反复研究、充分论证，《乳粉广告自律规则》经中广协六届理事会审议通过，于 2019 年 10 月 27 日起正式施行，对于规范乳粉广告、促进母乳喂养产生了积极作用。

（三）搭建平台组织行业研讨

2019 年，中广协针对互联网广告疑难问题、化妆品广告及医疗器械广告法律合规问题、教育 APP 广告自律、安全套产品及广告管理等热点问题召开研讨会，并在广告节期间举办广告市场社会共治论坛，一方面促进监管部门对企业实际发展状况加深理解，同时提高了业界对广告法律政策的把握和认识。

五、大力推进行业标准建设，提升协会服务能力

（一）推进行业标准建设体系化、平台化、产品化

一是打造标准体系。积极开展互联网广告标准化建设，自主制定了《中国广告协会团体标准管理办法》并通过国家标准委的审核，成为我国广告行业组织首个团标体系；开展国家标准建设工作，修订《互动广告国家标准》，整合行业其他相关组织，使标准工作统一归口；积极制定互联网广告发布者广告审查标准、数字广告数据应用与安全技术规范、户外广告监测标准、OTT 广告标准等。二是形成服务产品。发布自媒体营销价值红黑榜、数字媒体透明度 / 流量质量红黑榜、“阳光代言人”榜单、体育营销效果评估报告、OTT 广告效果评估报告等。建成互联网广告数据服务平台，集合 CMAC 审计工作、数字广告一般无效流量（GIVT）数据服务、数字广告监测与验证 SDK 工具、数字广告 IP 地址库等服务产品，净化数字广告生态环境，服务行业健康发展。三是借力发展。与中国信通院建立战略合作关系，成立“中国互联网广告技术标准实验室”，以 OAID 移动智能设备匿名化标识体系为基础，联合三大运营商研发适用于我国互联网广告全产业链的匿名设备标识体系，从源头上打击数据造假和作弊行为，加强数据安全和个人隐私保护，科学评估互联网广告投放真实性和精准性，营造互联网广告绿色生态环境。

（二）发挥协会证明商标服务行业发展效能

2019 年申请中广协“CNAA Ⅰ”“CNAA Ⅱ”“CNAA Ⅲ”证明商标的企业共 900 余家，较 2018 年申请数量增长约 40%。修订证明商标使用管理相关标准，优化申请系统，严格地方协会初审工作程序，缩短申请时间和评审周期，使证明商标审查工作自 2019 年起每年分两批开展，满足广大企业实际需求。

六、组织行业培训，推进学术研究

（一）做好线下专业培训

全年完成专业培训班 5 期，包括：广告审查法律法规培训班 3 期、广告监管法律法规专题培训班 1 期、品牌传播和营销实务专题培训班 1 期，培训各地企业、媒体及市场监管部门工作人员等 1000 多人次，为提升行业人员素质做出积极贡献。

（二）创新线上培训体系

推出中广协线上公开课，设置法务学院、实战营销学院、新人训练营等三个板块，向行业提供集培训、考核、认证服务为一体的培训服务。该平台全年上线课程 200+ 课时，建立了 15 个学习群，推动广告培训从传统项目向线上项目实现突破。

（三）开展中国新营销人才能力标准体系建设

依托线上公开课，协会联合腾讯、百度等行业头部企业开展中国新营销人才能力标准体系建设，打造人才标准、发布人才标准白皮书，共同探索未来人才发展趋势。

（四）加大广告学术研究力度

为更好地预判行业趋势、引导行业发展，中广协与分众传媒合作，在中国广告论坛上发布了《2018 年中国广告市场报告》。《报告》汇集了来自市场监管总局、国家统计局及 CTR、尼尔森、艾瑞等权威市场研究公司提供的广告行业发展数据，内容结构相对以往更为完善，深获行业认可。成功举办中国广告发展四十年学术论坛暨 2019 全国广告学术研讨会。《中国广告年鉴》项目由《现代广告》杂志社重新启动。

七、提升广告业国际影响力，讲好中国故事

（一）中国广告国际影响力不断提升

2 月，中广协会长张国华当选国际广告协会（IAA）全球副主席，负责 IAA 大中华区发展事务。协会推动 IAA 中国会员与中广协会员的整合发展，调动中国企业参与 IAA 全球活动及其他对外交流活动的积极性。推动 IAA 中国港澳分会成立，增强了港澳台地区 IAA 同行的沟通交流，用广告讲述中国故事、传播中国品牌的平台更加广阔。与 IAA 合作推进首届国际数字广告大会的筹备，计划于 2020 年 3 月底在深圳召开；与英国广告从业者协会（IPA）签署合作备忘录；在戛纳狮子国际创意节期间举办“2019 中国在戛纳”系列活动，为中国品牌、媒体、互联网企业搭建了对接国际的互动平台。

（二）推动国际交流

2019 年，组织业界赴印度参加第 45 届世界广告大会、赴迪拜参加全球户外大会、赴美国进行互联网广告标准交流、赴法国参加第 66 届戛纳狮子国际创意节等 11 批次出国（境）团组任务，进一步加强了中国广告业与国际行业组织及赛事活动方的交流合作。

八、协会组织结构日益优化，行业地位不断巩固

（一）会员持续增长、组织机构优化

2019 年，中广协有效会员增长到 1592 家，新发展会员 380 余家，会员总量同比增长 30%。根据发展需要，设立了中国广告协会公益广告委员会、房地产品牌与文化建设分会、汽车产业分会、品牌分会、影视广告分会、数字光影分会；终止了烟草分会、广告公司分会，合并原广播分会和电视分会成立广播电视分会；自媒体分会更名为社会化营销分会；完成了法律咨询委员会、标识展示分会的换届工作。

（二）大力推进战略合作

2019 年，中广协加大项目开发力度，深耕主业、多元开拓，围绕协会会员服务、行业标准、大型活动、法律咨询、人才培训、国际交流等业务，与众多知名企业开展合作，使战略合作成为协会服务企业发展的重要抓手之一。协会与北京经观文化传媒有限公司合作运营《现代广告》杂志，共同整合资源，实现杂志转型升级。杂志更加注重深度报道，其新媒体影响力大大增强，粉丝量突破 1.2 万。

2019 年，中广协能够取得上述成绩，主要得益于以下四个因素：

一是坚持正确的政治方向。脱钩改革之初，中广协就提出了“脱钩不脱轨、脱钩不脱管、脱钩不脱为、脱钩不脱位”的发展原则，其中“脱钩不脱轨”是协会发展的先决条件，就是要坚持党的领导，坚持正确政治方向，走中国特色社会主义道路。2019 年，协会深入学习贯彻习近平新时代中国特色社会主义思想和党的十九大、十九届二中、三中、四中全会精神，结合“不忘初心、牢记使命”主题教育进一步全面加强协会党建工作，协会全体党员、群众的思想觉悟普遍提高，初心和使命更加坚定。尤为重要的，开展主题教育促使协会全体同志在全面建成小康社会、实现中华民族伟大复兴中国梦的大局中找准了中广协的位置、明确了中广协的发展方向，协会全体同志充满信心，义无反顾地投入到服务行业自律、服务行业维权、服务行业发展的事业中去。

二是坚持解放思想、转变思路。一年来，中广协深入贯彻“企业化管理、市场化运作”的思路，把自己定位为广大市场主体的服务员，贴近行业、贴近市场，了解市场规律和行业需求，在市场经济条件下发挥行业组织应有的作用。以举办大型活动为例，2019 年，协会转变身份，作为乙方参与北京国际公益广告大会公开招标项目并成功中标，借助协会资源优势为大会赋能，受到主办方的肯定，在行业内和全社会产生了积极影响。这说明，协会的专业能力得到了市场的认可。实践证明，强化市场思维和经营意识，树立价值导向、提升服务意识，向管理要效率、向市场要效益，是协会实现可持续发展的必由之路。

三是大刀阔斧地进行制度改革。脱钩以来，中广协进行了一系列制度改革，在人事管理、薪酬绩效、运行机制等各方面进行大胆创新。人事制度改革完成后，全员卧倒重来，形成了一种能上能下、能进能出的用人机制。薪酬绩效改革运行一年来，激励机制被完全激活，能干活、多做事的同志多得，不干活、不做事的同志少

得甚至不得，进一步激发了组织活力、挖掘了个人潜能、增强了竞争意识。目前，中广协全体同志精神面貌焕然一新，人人有事做、人人满负荷，大家士气高涨，拼搏进取的劲头更强了。同时，协会内部推行扁平化管理，疏通渠道、打通全局，进一步提高了办事效率、转变了工作作风。

四是以问题为导向充分发挥行业协会的桥梁纽带作用。2019 年，中广协深入了解行业发展痛点、难点，为行业发声、为行业维权，给艰难过冬的广告业带来了温暖和希望。在协会坚持不懈的持续跟进下，减半征收广告业文化事业建设费的政策终于落地，党中央、国务院为企业减负的阳光照耀到广大广告企业身上。针对中央网信办《数据安全管理办法（征求意见稿）》，协会从职能定位出发，组织会员单位进行多次研讨，充分比较分析了国内外相关法律和政策规定，形成代表行业呼声的书面意见报送网信办，反映的问题和提出的建议得到政府有关部门的理解认同，也增进了政府部门对互联网广告产业实际情况的了解。协会以问题为导向发挥职能作用，一方面维护了产业规范有序发展的大局，另一方面保护了互联网广告企业的权益，在行业自律与行业发展中找到了很好的平衡点。

在取得成绩的同时，中广协全体同志清醒地认识到，协会发展的道路上依然充满挑战。我们尽管取得了一些成绩，但也存在着明显的不足。面对整体经济形势和激烈的竞争环境，我们必须保持昂扬斗志，在新的一年里继续奋力拼搏、不断超越。一是要进一步解放思想，将“企业化管理、市场化运作”的思路贯彻始终，增强服务能力，开拓服务领域，创新服务措施，打造协会 IP，实现协会品牌化、服务产品化；二是要进一步贴近市场、了解行业，转变行政化观念和官僚主义、形式主义作风，深入调查研究，以问题为导向，为行业发展提供真正有价值的服务；三是要进一步提升协会每一个同志的政治素养、业务素质和综合服务能力，加强学习、加强锻炼，杜绝本领恐慌，紧跟行业发展趋势，做一个合格的新时代广告人。

2019 年全国各地广告协会工作总结选登

北京广告协会

2019 年，北京广告协会在北京市市场监督管理局的正确领导下，深入学习并贯彻习近平新时代中国特色社会主义思想，增强“四个意识”，坚定“四个自信”，坚持用新理念规划协会工作，开拓新思路解决问题，创新机制推动行业发展，履行广告协会“提供服务、反映诉求、制定规范、强化自律”职能，充分发挥广告协会的桥梁和纽带作用，以增强协会服务能力和行业影响力，提高行业自律水平，促进行业健康发展为工作重点，实现了年初预定工作目标，取得了一定成绩，得到了广大会员和行业的肯定和认可。

一、切实抓自律，促进行业健康发展

一是定期免费举办北京市广告法律法规培训班。协会通过定期举办的法律法规培训班，大力宣传贯彻《广告法》及其相关法律法规，不断强化广告行业自律机制，做好广告导向工作。截止到 11 月，举办了 5 期免费培训班，来自央媒、市媒、广告经营单位及广告主等相关广告部门共计 2000 余人次参加了集中培训。显著提高了广告审查人员对国家广告法律、法规、政策的把控能力和业务水平，强化广告发布审查把关意识，预防和最大限度地减少违法广告发布。

二是为会员单位提供免费广告法律法规信息咨询。贯彻执行会员违法广告预警机制，积极开展广告发布前的咨询工作。通过电话、微信、邮件等方式答疑解惑。及时为会员和行业提供优质的法律法规咨询服务，督促企业自觉规范行为，提高广告发布质量，至 11 月初，已免费咨询答疑 20000 余条 / 次。

三是积极开展行业诚信自律活动。协会 8 月份开始发起万家广告企业承诺遵守行业诚信自律公约签名活动，督促会员单位认真履行北京地区广告行业自律公约，做好行业导向工作，净化广告环境，促进行业健康发展。

四是协会积极联系市有关部门，为协会会员企业争取到广告行业诚信企业创建活动，这是一项公益性的活动，协会不收任何费用。诚信创建的主办单位：北京市经济和信息化委员会、首都精神文明建设委员会、北京市市场监督管理局、北京市民政局。今年是广告行业诚信创建的第一年，有 50 余家单位参加了网上申报，说明单位对自身企业的诚信建设越来越重视。

二、为会员搭建平台，组织会员单位进行业务交流研讨。

2019 年 2 月，协会联合中国互联网金融协会、中国支付清算协会，举办互联网金融广告座谈会。专题研讨互联网金融广告问题及互联网金融广告风控策略。行业专家、学者及会员单位代表 60 余人参与了交流研讨。对当前互联网金融广告的自律规范提出政策性建议。

三、加强自身建设，完善服务措施，创新融合发展

一是积极完善并履行会员服务措施，开展新会员吸纳工作。认真履行协会年初制定的会员服务内容，至 11 月初，顺利完成年初制定的各项工作计划，反馈良好，得到了会员、行业和社会的认可，协会会员新增加 236 家。

二是加强信息化建设，开发线上服务功能。通过搭建和升级协会官网、微信及会员服务系统，实现了会员入会申请及查询、活动报名等的线上办理，增强了会员服务便捷性、时效性。

四、举办品牌活动，搭建行业交流发展平台

一是2019年8月22—23日成功举办了2019科睿国际创新节（第四届），2019创新节主题是“睿耀时代创新·探索智慧世界”，主要内容有：开幕式、国际创新峰会、“科睿奖”颁奖典礼、新技术新产品发布会等。科睿创新节的各项活动是聚焦对文化创意产业的高科技企业的科技创新、品牌创新、服务创新、文化创新、商业创新、行销创新，力推新产品、新技术、新模式、新营销，促进创新成果转换，深度挖掘中国创新力量，激发企业创新创造活力，助力战略性新兴产业培育孵化和产业联盟。两天科睿创新节现场参会嘉宾达到1300余人，都是行业内的专业人士，中央广播电视总台、阿里巴巴、分众、微博、奥美、可口可乐、时尚东方、科大讯飞、汉能集团近500家中外企业参会、知名企业高层均参加了论坛分享。本届创新节得到了北京市市场监督管理局的大力支持，局领导出席了开幕式活动并致辞，广告处领导参加了大会；同时，上海、广东、香港、澳门等广告行业协会领导到北京参会支持。视觉中国、Vphoto、搜悦等直播平台全程直播，当天访问量175万次！今年，无论从参会代表层次、还是从论坛内容和组织上都是越办越好，在业界也有了较高影响力。科睿奖从六大创新方面征集案例共征集2000余件，入围作品400余件，无论是从报送作品数量、还是作品质量上都有很大程度提高，科睿奖品牌在业界已形成一定的权威性。下一步，协会要在奖项的含金量上下功夫，争取获奖企业能得到政府的支持及能享受一些扶持、优惠政策。

二是积极筹备并成功举办12月20—22日在北京国家广告产业园区举办的第十一届北京国际广告创意节暨京津冀广告节，本届广告节的主题：万物互联智慧传播。主要内容有：开幕式；论坛；优秀广告作品展览；颁奖典礼等。从6月初至10月中旬期间，协会在全国范围征集优秀广告作品（包括港澳台地区）共计5000余件。10月底进行线上初评，11月初邀请全国20余位专家团队现场集中评审。最终评出入围获奖作品807件，其中金奖16件，银奖52件，铜奖146件。

由于场地受限，本届论坛规模为500人，参加作品展人数1000余人，作品展规模2000余平方米，展出国内外优秀作品2000余副。协会还需努力，力争早日成功打造北京本土的上档次的，具有国际影响力的广告创意节。

五、组织行业交流、加强区域合作

一是2019年继续保持了与天津市广协、河北省广协的紧密合作，同时增进了与香港、澳门、上海、广东、山东、湖南、湖北、黑龙江、山西、内蒙古等省、自治区、直辖市兄弟协会的进一步沟通、交流，不断学习借鉴其好的方法和经验。

二是组织会员代表参加了第十五届中国广告论坛和第26届中国国际广告节、北京国际公益广告大会、应澳门广告商会邀请协会派代表到澳门参加澳门国际广告节等活动。

11月11—13日在国家会议中心召开的北京国际公益广告大会，应中广协张国华会长、王英偶秘书长邀请，帮助北京国际公益广告大会组织参会人员，三天共组织450余人参会，会员单位积极响应，参与公益活动。

三是与中国广告协会共同开展CNAA证明商标认定申报和评审工作。2019年，第一批广告证明商标申报企业32家，其中10家企业通过一级广告证明商标认证，第二批申报企业22家，15家企业通过初审。

河北省广告协会

自河北省广告协会第五届会员代表大会以来，在广告监管部门的正确领导下，在中广协和省民政厅的指导下，在各市工商局、广告协会及各会员单位大力支持下，秉承协会宗旨，紧紧围绕省委、省政府的中心工作，积极进取、勇于创新、充分发挥职能作用，积极为会员单位提供服务、反映诉求，行使协会规范行为、监督协调

职能，较好地完成了各项工作。

一、紧紧围绕协会宗旨，扎实开展工作

一是扎实做好公益广告宣传工作，积极动员会员单位响应、创作了一大批旨在弘扬河北精神、创建文明城市、制作精美、创意新颖、积极向上的公益广告。特别是以河北广播电视台、河北春秋文化传播有限公司、河北众美传媒股份有限公司和沧州市狮城霓虹广告有限公司为代表的广告经营单位，创作发布的以“文明城市创建、绿色环保低碳”等主题的公益广告，得到社会各界的广泛好评，为美化城市，建设文明河北做出了积极贡献。二是搭建合作交流平台，努力提高服务水平。在信息时代，拥有信息就把握了发展的主动权。为进一步提高协会的知名度和影响力，省广协于 2015 年开始筹建河北广告网，2016 年初正式上线运行。网站集前沿广告资讯、优秀广告作品展示、企业风采、协会动态、会员服务等内容为一体，会员单位通过网站可以了解国内外前沿广告资讯，学习优秀的广告创意和先进的广告制作技术，对于整合我省广告资源，促进广告行业的交流与合作，提高我省广告行业竞争力和影响力具有重要意义。同时，进一步完善协会组织机构。2015 年起陆续设立了河北省广告协会户外广告分会、平面媒体分会、新媒体分会。专业分会的设立，对于进一步健全协会组织机构，提升协会服务水平，实现行业资源整合，提高我省广告企业的竞争能力，具有积极的推动作用。三是开展河北省广告行业调研并提出政策建议。2016 年 3 月，原省工商局、省广告协会共同委托河北师范大学就《河北省广告行业调研及政策建议研究》项目进行调研，项目历时三个月，最终形成了四万字的研究报告，充分反映我省广告行业现状，找准制约我省广告业发展的因素，科学借鉴发达省市的成功经验，为推动我省广告业发展奠定了坚实的基础。得到了省政府和广告监管部门领导的表扬。

二、积极参加中国广告协会各项活动

一是积极配合中广协项目调研。2019 年 4 月 3 日，中国广告协会派员来我省就“新营销人胜任力模型”进行调研，召开专题座谈会，省市场监管局副巡视员樊远红、广告处处长胡树明、省广告协会常务副会长兼秘书长刘烨，以及来自我省知名广告企业负责人、知名院校代表参加座谈，就“广告新营销”项目设立的背景和目的，以及具体实施方式进行介绍，并分别从协会、广告公司、科研院校的角度提出了对“广告新营销”项目的意见建议。樊远红同志做了重要讲话并提出贯彻落实要求。指出“广告新营销”项目的设立适应了当前广告市场发展的特点和趋势，项目的开展势在必行，需要河北、北京乃至全国广告人共同的努力，我们将全力支持中国广告协会的工作，为促进广告业发展贡献自己的一份力量。二是积极组织会员单位参加中广协举办的广告节和广告论坛。五年来，先后组织参加了广告企业商标使用管理培训班、上海国际广告节、第 22—25 届中国国际广告节等大型活动。我省共上报参赛广告作品 480 件，有 68 件作品获奖。通过参加奖项评比、媒体展会、设备展会、商务交流、高峰论坛等活动，既了解最前沿的广告专业技术和行业动态，又增加了协会的号召力和凝聚力。三是组织会员单位考察学习。分别到上海市广告协会、江苏省广告协会、福建省广告协会、南京市广告协会进行考察，学习他们的办会新理念，办会新经验，及开展协会活动、服务会员方面的先进经验，缩短我们与先进协会的差距，提升协会的能力和水平。

三、积极组织会员单位开展学习交流和培训活动

组织省内广告协会、广告企业互相走访活动，2019 年 3 月 12 日，省广告协会组织召开服务企业座谈会。省市场监管局副巡视员樊远红、广告处处长胡树明、省广告协会秘书长刘烨，以及石家庄、张家口、邢台三地知名企业代表等人参加了座谈，同时对河北春秋文化传播有限公司、河北盘古网络技术有限公司等企业进行了参观考察。就如何宣传冬奥会，弘扬河北品牌，省内品牌走向世界，让世界感知河北等话题进行了充分的交流和沟通，还就传统媒体和新媒体如何有机结合，实现融合发展和支持县域经济发展提出了很好的意见和建议。

山西省广告协会

2019 年，山西省广告协会以习近平新时代中国特色社会主义思想为指导，以十九大精神为统领，在省局党组的正确领导下，在中广协业务的指导下，围绕协会职能，扎实有效开展协会工作，较好地完成了各项任务，取得了很好的成绩。全年工作总结如下：

一、深入企业、调研帮扶

继续开展对大同市、朔州市及太原市部分广告企业调研，深化与企业交流、帮扶。一是尽可能地为行业发展提供多层次、全方位的服务，以真诚的服务促进行业转型升级、创新发展。二是积极走访企业，加强与会员企业之间的沟通与交流，其中走访大同市 13 家广告企业、朔州市 6 家、太原市 6 家，努力为帮扶企业解决实际难题。三是在调研中坚持以行业需求为导向，紧追行业热点和市场需求，了解掌握全省广告业发展现状，找准问题、解决问题、谋划做好今后工作。四是进一步调动和激发市场信心、带动市场活力、鼓励市场创新、完善市场规范，促进山西资源型经济转型发展，为领导决策提供更加准确可靠依据。

二、参与活动、共推发展

上半年，围绕抓党建工作，开展文明创建、目标工作任务分解实施，成立了文明创建小组和目标任务完成计划，创建工作逐步完成、扎实推进。一是完成了各级文明创建的检查考核和验收工作。二是结合全年目标工作任务，逐步完成了上半年制定的工作目标任务。三是注重对行业内广告企业先进典型的引导和培养。重点考察培养各市副会长单位，吸收优秀广告企业加入会员，推荐综合优秀的广告企业进入常务理事单位。同时，在深入调研的基础上，选拔推荐我省两家优秀广告企业（山西领先广告公司、太原华妙广告公司）为国家“媒体类一级企业资质认定”对象。四是协会全年分期分批组织会员单位走出去，学习借鉴兄弟省市在文明创建、广告创新和科学发展等方面的新思想、新理念、新做法。参加了中广协在山东济南市召开的全国广告协会工作会议和 2019（第十五届）中国广告论坛、在北京市举办的中国广告四十年优秀广告活动纪念、在重庆市举办的广告审查法律法规培训、在深圳市举办的提升能力素质培训等活动。五是开展对全省广告企业进行广告调研活动，指导企业做大做强进言献策。六是积极协助山西英皓广告公司在近期举办大同市第三届“大美大同旅游推广活动暨 2019 中国首届全息 3D 投影广告大赛”，此项活动在省内外影响很大。

三、召开年会、开创局面

6 月 19 日上午，协会组织召开了 2019 年全省广告协会工作会议，总结了 2018 年工作，安排布置了 2019 年任务，明确了新年度工作标准和要求，非常圆满地完成了协会年度工作会议，在局领导、协会会长、秘书长的带领下，协会工作全面开展。

四、强化队伍、全面发展

下半年，进一步贯彻落实十九大精神，依照《中华人民共和国广告法》《互联网广告管理暂行办法》《中华人民共和国标准化法》、国务院印发的《深化标准化工作改革方案》和国家工商总局印发的《广告产业发展“十三五”规划》及相关法律法规、规章的规定，按照中国广告协会第六届六次会员代表大会精神和年度工作安排，依据《山西省广告协会章程》规定的职能任务、业务范围、行业自律规范等规定，提升服务水平，创新自律机制，倾听行业诉求，强化队伍建设。

一是进一步加强政治理论修养和业务学习，提升全体党员综合能力，继续创建文明和谐单位，完成年度目标任务。

二是结合协会章程、职能任务、业务范围，全力做好2019年行业活动，在18位副会长单位、11个地市中举办行业影响力大的广告论坛、广告培训、广告赛事、广告节等活动。

三是深入调研行业发展问题，积极反映行业诉求，调解行业内、外部纠纷，完善行业自律规则，营造良好的广告市场发展环境。

四是树立行业品牌，提高竞争实力。通过开展一级（二级、三级）广告企业证明商标使用管理、企业品牌价值评价等工作，建立会员企业竞争力评价体系，全方位多途径宣传推广会员企业品牌，加快品牌化、专业化、集约化、国际化发展步伐。组织并做好中国一、二、三级广告企业申报。

五是进一步促进公益广告发展。树立正确广告活动导向，公益广告影响继续扩大，体现社会主义核心价值观的广告业主流文化全面建立，广告业社会形象得到改善，服务经济建设、政治建设、文化建设、社会建设、生态文明建设的作用进一步彰显。

六是组织会员单位学习宣传贯彻新《广告法》《互联网广告管理暂行办法》和《公益广告促进和管理暂行办法》等相关法律法规。

七是以直接关系人民群众健康安全的食品、药品、医疗等广告为重点，继续配合广告处开展虚假违法广告专项整治行动。

八是搭建发展平台，推动提质增效。通过参加中广协举办的今年第26届中国国际广告节、大学生广告艺术节、中国广告论坛等大型赛事、会展、论坛活动，推广先进的广告企业加强广告科技研发和技术创新。充分利用中国广告长城奖、黄河奖等广告业专业奖项的平台促进我省广告创意、设计、制作、发布水平不断提高。

九是积极推进文化事业税的落实活动，让广告企业切实感受到政府优惠政策的惠民之心。

十是成立山西省广告协会专家评审委员会，成立山西省广告协会互联网+新媒体平台（网站、微信公众号、微博、今日头条、抖音等）。

内蒙古自治区广告产业协会

2019年，内蒙古自治区广告产业协会在自治区工商局和自治区民政厅的正确领导下，圆满完成协会各项工作。

内蒙古自治区广告产业协会现有会员单位120余家，会长单位为内蒙古锐意广告有限公司，秘书长单位为内蒙古伙伴传媒有限责任公司，协会现有工作人员4人，内设财务部、会员部等部门，上级主管单位内蒙古市场监督管理局。

2019年，内蒙古广协充分发挥政府和会员单位的桥梁和纽带作用，积极与工商管理部门和一些相关职能部门进行联系沟通，加强行业与政府之间的沟通，在行业领域获得更多的话语权，为会员单位服务。在某会员单位被评为内蒙古自治区中小企业服务平台后，协会大力支持，协助推荐、邀请专家学者开展培训等服务，努力为会员单位提供更好的服务。

认真组织广大会员学习十九大精神，提高领导素质、增强协会凝聚力，推动协会和会员企业创新健康发展。

进一步增强服务意识、积极为会员办实事、搭好桥、办好事。加强会员之间的交流、合作、参观、考察，举办展览等会议。组织广大会员参加2019（第十五届）中国广告论坛，组织会员参加2019年10月25日至29日在南昌国际会议中心举办的第26届中国国际广告节、广告论坛和业内座谈会及各类培训。使广大会员借助各类平台学习领会国内外先进的创意，设计经验，更新技术设备，介入新兴媒体，提高了广告行业的科技含量，使全区广告业的经营水平、服务能力得到长足的发展。

进一步加强岗位培训工作。组织广大会员参加由中广协组织的2019全国广告审查法律法规培训班，2019全国广告审查法律法规培训班。2019年12月，组织新《广告法》及其他相关法律的宣传和学习，不断提高广告主、广告经营者和广告发布者学法用法的自觉性，提高行业自律性。

做好行业交流与合作，加强盟市间广告传媒体企业的联系、互动和交流，组织各种类型的参观考察和交流活动，摸清、摸透行业信息，尤其是区内行业的交流。通过协会牵头，强强联手、资源互补、以强带弱，形成“互利互惠，互帮互助”的共识，把协会的发展和自身企业紧密地联系一起，充分体现协会“一切为会员”和会员“我为协会做什么”的服务宗旨，达到群策群力、共同发展的目的。

加大广协网站和微信公众号的建设工作，通过网站和微信公众号，进一步加强对会员单位的服务功能。

积极开展中广协 CNAAI、CNAAII、CNAAIII 证明商标的推荐、评审工作，并开展内广协全区一、二、三级优秀广告企业的评选认证。

辽宁省广告协会

2019 年，我们共同迎来了中华人民共和国成立 70 周年的伟大时刻。70 年风雨兼程，励精图治，中国发生翻天覆地的变化。借着新时代发展的大好机遇，辽宁省广告协会发扬“逢山开路、遇水架桥”的精神，不断探索前行，闯出新路，完成一次具有纪念意义的历史开局。

一年中，在中国广告协会、辽宁省市场监督管理局、辽宁省民政厅等上级单位的正确指导下，省广协认真履行《辽宁省广告协会章程》赋予的职能和义务，积极发挥桥梁纽带作用，引领全省广告企业相互交流，和谐共促，把协会工作推向一个新的发展阶段。

一、树立正确导向，推举素质过硬的带头人

自成立以来，省广协一直倡导和弘扬社会主义核心价值观，坚持正确的政治舆论导向，矢志坚守广告媒体阵地，并以此为基准推举协会带头人。2019 年，辽宁省广告协会（以下简称“协会”）顺利举办“第五届会员大会暨 2019 辽宁省第二届广告行业年会”，一致选举刘策女士继续担任协会会长一职，营造出平稳有序的内部环境。

二、扎实协会根基，打造合作共赢平台

协会目前基本情况：

拥有会员 159 家，沈阳北传影视传播有限公司为会长单位，沈阳北方联创传媒有限公司为秘书长单位。内设秘书处、财务部，成立法律咨询委员会与专家咨询委员会，协会现在脱钩运营，具有工作人员 6 人，截至目前，协会积极发展会员，充分发挥平台优势，让会员单位体会到合作共赢。

三、加强内外联动，融入社会力量协助发展

为保障协会工作良性开展，省广协组织会员单位与社会力量内外联动，特邀省内相关行业几十位专家学者，组成了专家咨询委员会和法律专家委员会，为会员单位提供专业化的咨询服务。

四、有序开展多项活动，增进会员企业相互交流

（一）2019 年 5 月，由中国广告协会指导，由辽宁省广告协会主办、省内各市协会承办的“2019 辽宁品牌节暨品牌故事大赛系列活动”启动仪式在沈阳举行，活动以“两大重点”和系列主题组成，通过上述活动的举办，为企业在品牌创建、品牌文化建设和品牌走出辽宁等过程中的创新实践和成果提供交流展示的平台，提升了辽宁省品牌能级与核心竞争力。

（二）在中共沈阳市委宣传部邀请下，协会为“庆祝共和国成立 70 周年”特别策划了“我爱你，中国！”户外媒体全城快闪活动，共有 31 家户外广告公司，458 块户外大屏和各类广告牌，6705 块楼宇电视，以及 5600 辆出租车一起播放了统一画面。充分发挥广告行业

的宣传优势，为祖国生日奉上最珍贵的礼物。

五、深化行业服务，整合多方资源扩大力量

一花独放不是春，百花齐放春满园。省广协努力发挥平台优势，整合多方资源为会员单位提供更有价值的服务，增强协会力量，扩大社会影响力。

（一）协会积极带领会员及行内企业组成代表团参加第 26 届国际广告节，企业家邮轮峰会等活动，及时掌握广告行业的新动态，新形式，为会员公司提供资源共享与国际化交流平台。

（二）支持全省会员单位及民营企业发展壮大，会长及秘书长等为会员活动站台并提供发展方向，创造一个全行业发展广告经济的氛围，助力省内广告产业创新升级，融合发展。

（三）与沈阳工学院及其他高校实行校企合作，为企业和学院搭建平台，积极开发校企合作新模式，为企业提供优秀的人力资源，推动广告业健康有序发展。

六、积极反映诉求，维护行业权益

（一）在协会的努力下，省政府提前落实了减免文化事业建设费减半的政策，协会充分发挥了桥梁纽带作用，使全省广告企业提前享受到了新项福利政策。

（二）维护广告业合法权益，针对不科学的处罚与有关部门沟通协调，维护企业的合法权益，例如，代表户外广告公司向有关部门拆牌行动提出合法维权行动，齐心协力想办法，维护企业的合法权益。

（三）规范行业行为，协调同行利益关系，协会特邀省内相关行业几十位专家学者，组成了专家咨询委员会和法律专家委员会，为业界和会员单位提供多种专业化的咨询服务。

（四）积极带领会员参与省广告行业座谈会，充分发挥行业自律，服务会员的优势，把广告业的政策宣传到位，贯彻到底，得到了政府领导的充分肯定和高度评价。

七、举办学术研究活动，重视互补共赢

（一）开展了多种形式的计划性行业培训，例如，邀请上海及其他专业团队，为企业分享新型营销模式，并协助亚洲户外举办户外广告创新发展座谈会，引领行业在正确方向指引下健康发展。

（二）联手沈阳市新的社会阶层人士联谊会，辽宁省商业模式研究会等其他组织，走进可口可乐公司交流座谈，了解深厚文化内涵和印刻之路的百年传奇，充分整合资源，交流经验，为友好合作打下基础，为全体会员提供良好的学习交流平台。

八、服务社会公益，回馈社会

2019 年 6 月，协会汽车文化分会向辽宁省广大车友组织发起了“筑梦未来，公益在前行”公益活动，向辽阳县吉洞乡兴隆小学的贫困学生捐赠了体育用品、生活用品、学习用品等。支持教育事业，为社会进步添砖加瓦。

吉林省广告协会

2019 年，吉林省广告协会在吉林省市场监督管理厅和中国广告协会的指导、支持下，始终坚持以习近平新时代中国特色社会主义思想为指导，坚持以会员为中心的服务思想，坚持引导企业创新发展的服务宗旨，秉持“整合资源，精准服务，融合共识，聚力发展”的理念，践行服务行业发展的重要使命，带领全省广告人锐意进取、砥砺前行，为推动吉林省广告事业发展和经济、社会、文化建设贡献了智慧与力量。

一．加强会员服务，提高服务能力

（一）扩大会员覆盖面

2019 年通过坚持对会员企业走访，挖掘行业新的优秀企业，开展精准服务，举办行业活动，提升服务能力，不断增强会员黏性，吸纳新会员加入，截至 2019 年末协

会会员单位 126 家。

（二）推进证明商标使用管理工作

根据中广协对证明商标使用管理工作的相关要求，为提升广告企业的品牌价值，保证广告企业的服务质量，保护广告企业的合法权益，促进行业健康发展，吉林省广告协会高度重视此项工作，始终坚持引导和培育广告企业积极申报。2019 年 6 月成功申请中国广告协会证明商标使用管理工作培训班在我省延吉市召开，为省内广告企业就近学习交流提供便利。目前全省共有一级广告企业资质 10 家，二级广告企业资质 7 家，不断取得此项工作新突破。

（三）积极反映行业诉求

在中广协呼吁取消 3% 文化事业建设费取得可喜成果的基础上，我协会早发声早沟通，积极与省财政厅和税务局协调，推进参照中央标准实施“对归属地方收入的文化事业建设费，按照缴纳义务应缴费额的 50% 减征。”促成了吉林省成为全国第一个贯彻落实该政策的省份，于 5 月 27 日出台《关于转发〈财政部关于调整部分政府性基金有关政策的通知〉的通知》（吉财税〔2019〕413 号）文件，让企业最大限度地用好、用足这一政策，带动企业快速发展。

（四）做好培训指导工作

为进一步落实“广告宣传也要讲导向”的指示精神，围绕行业监管重点，着力做好广告审查培训工作。2019 年 8 月 5 日至 6 日，成功举办了 2019 年吉林省广告审查员培训班，培训邀请了行业主管部门省市场监督管理厅广告监管处相关负责人及广告监测中心相关老师，就新《广告法》等进行了深入解读和案例分析。大大提升了各媒体单位、广告经营主题单位的广告审查能力，加强了行业自律，推动全省行业健康可持续发展。

（五）深入了解企业诉求

为发挥好政府和企业之间的桥梁纽带作用，积极主动了解广告企业所需所盼，企业经营管理和发展模式面临的新形态新变化，协会主动进行走访调研。全年先后走访了吉林日报社、吉林省中麒影视制作有限公司、吉林省悦然科技有限公司、吉林省珑玛科技有限公司、吉林省新舟智能科技有限公司、吉林省正进供求世界广告集团有限公司、北京首都机场广告有限公司吉林分公司等，通过深入了解企业，有针对性地为企业提出发展的新思路和新方法。

二、专注学术研究，提升行业地位

（一）行业科技立项成功

吉林省广告协会携手吉林大学申报 2020 年度吉林省科技发展计划项目成功立项。我们以《吉林省科技创新驱动文化创意产业对策研究》为题，立足于本省广告等创意产业服务地方经济社会发展做以战略性研究，对我省广告行业学术成长和行业创新发展具有深远意义，这同时也说明在创新驱动战略的引导下，广告产业在社会经济文化领域中获得了越来越重要的行业地位。

（二）推进“十四五”产业规划编制工作

为贯彻落实《吉林省人民政府办公厅关于印发吉林省“十四五”规划编制工作方案的通知》的文件精神，根据国家市场监督管理总局和省市场监督管理厅对广告产业发展“十四五”规划工作的部署，协会按计划、有步骤地助力开展吉林省广告产业发展“十四五”规划编制工作。做好此项工作，将有效引领全省广告行业发展，助推产业融合创新，进一步推动经济社会各领域各行业的发展进程。

三、整合行业资源，促进融合发展

（一）提供精准服务

2019 年以来，协会在整合资源、精准对接、促进行业融合发展方面有了一定的工作成效。例如，协调支持延吉市北方广告与北京首都机场广告有限公司吉林分公司的合作；为小白人智能科技有限公司、长衡文化传播有限公司等会员单位提供精准服务，组织行业专家为企业“问诊把脉”，提供新的发展思路和理念。

（二）与其他商会、协会互促互通

我们与省人力资源服务行业协会、省社会信用体系建设促进会、省公信力建设促进会和省工商联光机电行业商会等多家商会、协会进行对接，实现了几家商会、协会资源共享和优势互补，为更好地发挥协会的服务职能、融合发展开辟了新路径。

（三）广泛开展交流活动

一是组织会员单位广告企业参加中国国际广告节、中国户外广告论坛、上海国际广告节等行业知名活动，促进拓宽、发展视野，提升专业知识，整合有效资源，推动了我省与外省市以及国际的交流协作；二是加强与省人力资源服务行业协会、省社会信用体系建设促进会、省公信力建设促进会、省工商联光机电行业商会等商协会开展交流，就如何对接广告人才交流平台、为广告主提供优质服务以及共建信用评价体系建设、公信力建设等实现资源互联互通、协调合作，促进行业融合发展。

四、大力发展公益广告事业

协会与省委宣传部、省市场监督管理厅省、教育厅、省广播电视局等部门联合举办了吉林省公益广告大赛系列活动。活动期间，一是打造了吉林省首列“公益广告号”地铁专列，分为大赛主题车厢和公益广告作品车厢，呈现了公益广告大赛“让公益点亮吉林”的主题号召；二是搭建“六个一”公益广告宣传矩阵，通过传播公益理念进行广泛的社会动员，开展践行社会主义核心价值观极具社会效应的活动；三是举办“新时代新作为新篇章”公益广告大赛奖项发布仪式，本次大赛共收到来自全国21个省市的3686件作品，奖项发布仪式上对平面、广播、影视、微电影四类作品的金银铜奖及突出贡献单位、优秀组织进行颁奖，同时启动第五届吉林省公益广告大赛，面向全国征稿。大赛系列活动凸显了创意给予公益的力量，目前已成为吉林省具有一定影响力的广告行业品牌活动。

五、强化自身建设固本强基

一是发展会员巩固协会组织基础，通过坚持对会员企业走访、调研，开展行之有效的服务活动，不断增加会员黏度，扩大协会的行业认可度；二是加强队伍建设，明确岗位职责，针对协会各岗位存在的问题，结合工作实际，完善并明确了岗位工作职责，对员工提出规范化、制度化的工作要求，从而加强服务会员的能力水平；三是做好财务管理，严格按照《民间非营利组织会计制度》具体要求，在日常工作中做到收入合法，支出合理，顺利通过了登记管理机关和相关部门的审计、年检。

以责为重，以行业发展为己任。省广告协会站在新的发展起点上正迎来新的挑战，开启新的征程。我们将继续围绕行业需求，加强互联互通，做好资源整合、品牌提升等工作，将协会工作推向新的台阶，全面提高行业发展水平，助力吉林品牌走入发展快速道。

黑龙江省广告协会

2019年，黑龙江省广告协会在中国广告协会、黑龙江省市场监督管理部门的指导下，积极贯彻落实《广告产业发展“十二五”“十三五”规划》，践行党的十九大关于“坚定文化自信，推动社会主义文化繁荣兴盛”的重要指示，指导广告经营单位建立、健全广告管理的有关制度，树立良好的服务意识和信誉。在各理事成员、广大会员的共同努力下，省广协积极参与广告交流，大力举办广告活动、赛事，实施校企对接工程，加强理论学术研究，促进公益广告发展，以繁荣龙江品牌为己任，尽心竭力，不辱使命，为推动龙江文化、经济发展做出了巨大贡献。

一、积极服务会员，创造价值空间

为了能够更好地服务会员单位，省广协紧密围绕“提供服务、规范行为、创造价值”的基本职能开展业务工作，以学术理论为支撑，以实践经验为依托，以协会资源为桥梁，全力解决会员单位在发展、传播上的难题，深入剖析行业现状，解读国家政策，助力会员企业快速发展。

加强会员单位与其他广告及相关行业组织交流与合

作，帮助会员单位开拓市场。定期举办以“黑土地品牌”为主题的交流会、研讨会、推介会等活动，为会员单位对接服务客户，推荐导入优秀商业合作项目，牵线搭桥会员单位之间互惠共赢的资源、产品、服务及人才合作。借力媒体优势，在协会平台为会员单位发声宣传。带动会员单位积极参与重要广告活动，进一步塑造会员单位在地区，乃至全省、全国的影响力和知名度，提升企业市场竞争力。

二、引领广告潮流，引导品牌建设

品牌崛起的时代已经到来，全国经济迅速转型升级，消费者对于品牌认知不断提升，中国制造正从质量时代向品牌时代加速迈进。东北地区作为中国经济转型的重点地区，在国家繁荣、民族复兴的伟大浪潮中，在中国特色社会主义新时代蓬勃向上之时，要想实现经济崛起，就必须坚定“走出去”方针，打造“黑土地名片”，助力“黑土地品牌”，全力发挥黑土地品牌在全世界经济发展中的影响力。

2019 年 5 月 19 日，“崛起黑土地 创领新商机”——第三届东北三省四市品牌广告高峰论坛隆重举办。上海嘉定工业区、创意产业基地大力赞助，哈尔滨分众更是慷慨解囊，全力支持论坛成功举办。众多专家、学者、各大院校领导和东北三省四市市场监督管理局领导，广告协会领导以及多家大型企业创始人，广告公司、传媒公司、媒体单位精英近 400 人莅临论坛，探索广告行业发展趋势，分享品牌发展成功经验，全力推动黑龙江省企业品牌走出去。

三、开展广告赛事，提升社会影响力

为践行文明礼仪，弘扬时代新风。繁荣广告文化，提升创意水准。2019 年黑龙江省广告协会先后承办、举办了“壮丽 70 年·奋斗新时代”全省优秀公益广告作品评选展示活动，以及“黑龙江省优秀广告作品（商业）评选展示”活动。公益广告评选活动共收到省内外作品 3146 件，报送作品之多，质量之高创历年之最。秉承“广泛征集，严格筛选”的原则，经过 17 位专家公开公正公平的评审，共评选出金银铜及优秀奖作品 115 件。倡导了文明乡风、良好家风、纯朴民风，展示了诚信、和谐、绿色、美丽、幸福的文明龙江。商业评选活动共征集 500 余件作品，由省广协学术委员会组织多位评审委员认真评定，评出金奖 5 个、银奖 11 个、铜奖 15 个、优秀奖 16 个。活动的举办促进了黑龙江省广告行业健康、科学、有序的发展，进一步发挥广告协会在广告产业向专业化、规模化发展进程中的积极作用，加强了广告行业的交流。

四、规范广告业发展，深入校企合作

为推动黑龙江省广告业与时俱进发展，加强广告业实践与学术交流，2019 年 7 月 5 日，“黑龙江省资质广告企业”与“广告人才教育培训团队”授牌仪式在哈尔滨国家广告产业园隆重举行。按照《黑龙江广告企业资质认定标准》评定出省级综合类、媒体类一、二级资质广告企业。向分众传媒、海润传播、咏大传播等 16 家一级资质广告企业授牌；为千寻广告、汇众展览展示、吾尚智鼎 3 家二级资质广告企业授牌。全力支持、推动校企合作、高校创新及高校毕业生自主创业活动的开展，向东北林大文法学院、黑龙江大学艺术学院、黑龙江大学新闻传播学院、哈师大传媒学院等 9 所院校授予《黑龙江省广告人才教育培训教学团队》。

五、参加广告活动，增强国际交流

打造“大国品牌”是新时代下的发展之道，而创意则是品牌创新传播的不竭动力。为了加强与国际的接轨，用国际化思维、国际化视野、国际化品质传播龙江品牌，省广协牢牢把握每一次交流、提升的契机，加强国际对话，引入先进智慧。

2019 年 2 月 19 日，由中国广告协会、中国中车南京浦镇车辆有限公司和中企万博企业发展有限公司联合主办的“祝福中国，祝福世界——第 44 届世界广告大会中国品牌之夜”活动，在印度科钦举行。中国广告协会会长张国华，黑龙江省广告协会会长潘洋以及来自中国 40 多家知名品牌和广告机构代表、国际广告界大咖并一同出席了第 44 届世界广告大会，一万四千多人汇聚科钦，张国华当选 IAA 国际广协全球副主席。共同分享国际广告传播经验，助力中国品牌成长。

英雄城汇八方广告豪杰，红土地展四海创意硕果。10月25—28日，中国广告界“级别高、规模大、影响广”的大型盛会，第26届中国国际广告节在江西南昌隆重举办。黑龙江省广告协会组织参会团三十余人，奔赴南昌，见证盛会。省市局领导也亲临广告节，一同见证广告节盛况。为黑龙江省广告业的发展搭建起与国际接轨融通的平台，传播中国广告行业多元发展的新风貌，服务中国经济发展的新模式。

六、积极建设协会，扩大协会规模

积极执行中广协下达的各项工作任务，配合中广协完成各项行业活动，更好的搭建起各行业、企业及政府之间的广告文化交流桥梁，共同为中国广告新时代的繁荣发展贡献更多力量。

做好会员发展工作，建立科学系统的会费收取管理机制。吸收、发展更多优秀的广告文化传媒企业、各大媒体、广告主、院校等会员企业，并延伸至黑龙江省其他地市。

上海市广告协会

2019年，上海市广告协会（以下简称协会）在上海市市场监督管理局的指导下，在理事会的决策和领导下，紧密围绕“提供服务、反映诉求、规范行为”的基本职能，积极落实改革部署、主动适应行业变化、创新行业服务举措，实现了年初的预定目标，得到了上级单位、广告会员和相关行业的认可。

一、协会基本情况

本协会会员数量320家，会长单位17家。协会工作人员共10人，含会长、秘书长及其他工作人员。

二、举办活动、行业交流情况

1. 3月5日至8日，以“创意连接世界”为主题的“上海国际广告节”在国家会展中心（上海）举办。2019年“上海国际广告节”延续高峰论坛、专业展览和颁奖典礼三大版块设计。在为期四天的广告节中，展览现场参观达到20万人次，论坛现场听众达到3000人次，颁奖现场达到400人，爱奇艺平台直播，总浏览量超过260万人次。2019年上海国际广告节是扩大开放，搭建广告行业国际大平台的新举措。

2. 4月11日至4月13日，由中国第一本广告专业杂志《中国广告》发起，中国广告协会指导，上海市广告协会联合主办，中国广告博物馆、复旦大学媒介管理研究所提供学术支持的大型行业盛会——《改革开放与广告业恢复40年高峰论坛暨2019第十八届中国广告与品牌大会》在上海举行。以“想象营销”为主题，探索中国广告行业新的发展趋向，五十多名行业一线大咖相继创意发声。中国广告与品牌大会为中国广告业发展标下刻度，成为年度广告行业风向标。

3. 5月31日，第18届上海国际大学生广告节在上海大学拉开帷幕。经过六个月赛程，12月6日，第18届上海国际大学生广告节总决赛暨闭幕式颁奖盛典在上海大学隆重举行。这届大广节由共青团上海市委员会、上海市教育委员会、上海市市场监督管理局指导，上海大学、上海市广告协会主办，上海剧星传媒股份有限公司承办。大广节以“年少有为”为主题，号召敢想敢做的青年学子在大广节赛场上展现风采，共收到10620件作品，参赛院校共计445所，有1272位指导老师参与，大赛表彰作品1553件，较比上届作品数量同比增长47.5%。

4. 开展公益创作年展，展现上海公益精神。由上海市市场监督管理局作为指导单位，上海市广告协会、上海申通德高地铁广告有限公司和上海设计之都活动周组委会联合主办的2019上海设计之都——申通德高公益创作年展，活动的主题为“融时代新公益”，共收到56317件公益广告作品，作品遍及4个直辖市，20个省，

2 个自治区。从所有投稿作品中评选出了 23 个金银铜奖以及 3 个特别奖。

5. 为了使广告从业人员提升专业素养，及时掌握行业动态，协会今年全新开设“广告人创意课堂”。

6. 协会支持的 2019 第九届梅花网传播业高峰论坛于 2019 年 11 月 20 日在上海龙之梦大酒店举行。第七届梅花创新奖共征集到 1003 件作品，经过百人专家评审，共选出 159 件获奖作品。

三、创新发展情况

1. 拓展服务对象。今年上半年协会拜访广告单位 50 多家，了解广告行业发展情况和企业遭遇的瓶颈问题，挖掘企业亮点，帮助企业做好宣传和资源共享工作。同时，协会积极关注中小型的独立创意广告公司、创意工作室，年内重点发展了一批“小而美 ”，但特色鲜明兼具创造力的公司。

2. 服务上海发展“夜经济”规划，加强分支机构建设。成立《上海市广告协会霓虹灯专业委员会》促进行业企业开发节电环保高智能新品种，拓宽霓虹灯更新换代，开发新一代智能节电环保霓虹灯制作技术并应用推广，弘扬、传承、光大霓虹灯文化氛围，使上海的夜景更绚丽更迷人。成立《上海市广告协会市容招牌专业委员会》加快建立制定店招店牌本市行业标准，包括产品标准、服务标准及企业资质标准。

四、行业自律、行业维权情况

1. 鼓励企业申报政府专项资金。协会连续四年召开上海市文化创意产业发展财政扶持资金申报工作辅导会议，邀请专家对文件进行解读。协会会员中已有数十家企业申报成功。

2. 继续为取消文化事业建设费发声。协会近年来在“建议取消对广告行业继续征收文化事业建设费”的工作上坚持不懈，牵头呼吁取消文化事业建设费。

3. 认真听取户外广告意见，积极反映企业诉求。上海市广告协会市容招牌专委会就市容局发布的《上海市户外招牌设置管理办法（草案）》征求意见稿，提出 22 条修改建议，并表示愿意积极参与并配合市容局制订相关标准。

4. 行业培训、行业自律情况。

1）继续举办广告审查员培训班，加强广告法律法规培训服务。本年度协会开展广告审查员培训三期，单期平均人数为 150 人。

2）继续开展广告发布前的法律咨询服务，上半年出具广告发布前法律咨询意见书近四百份，提供广告发布前、广告发布后法律咨询千余次。协会充分利用自律机制的优势，作为执法部门查处虚假违法广告的有效补充，通过咨询、预警、劝诫、点评等多种手段净化广告市场，提升行业组织的公信力和社会美誉度。

3）完善广告发布法律法规网上咨询平台 -“广协库”2.0 版本。上半年“广协库”平台已经启动上线，由上海、广东、北京、福建、吉林、江苏、河北广告协会共同组建了咨询服务团队，进行广告发布事前预警和咨询。目前，广协库分为三大功能板块：广告行业相关的法律法规查询服务、AI 智能检测系统和专家线上审核平台。

五、学术研究情况

2019 年，协会和上海大学共同组建《上海广告研究院》，配合国家政策开展广告理论研究、品牌规划、监督管理、人才培养及产业政策和发展趋势研究。

六、其他工作

1. 为弘扬先进，推动上海广告业更好更快地发展，根据协会年度工作安排，对 2019 年度为广告行业的发展作出突出贡献的单位、个人、活动进行表彰。2019 年度共表彰杰出贡献企业 10 家；杰出贡献个人 10 位。表彰作出贡献企业 100 家；作出贡献个人 100 位；优秀活动 33 项。

2. 积极整合协会官网、微信公众号等媒介渠道，搭建会员单位品牌、文化、活动宣传展示平台。2019 年共发《上海广告通讯》12 期；《户外广告》（电子版）12 期；发布网络信息及微信公众号信息为 200 余条，为广告企业发展和规范提供了帮助。

3. “不忘初心、牢记使命”，推动落实党建工作

2019 年协会党支部在上级党委领导下，组织全体党员参加“不忘初心、牢记使命”主题教育，按照主题教

育要求，党支部组织全体党员学习党章、党规；学习习近平新时代中国特色社会主义思想；组织大家参观学习共产党“二大”会址和“四大”纪念馆，在全年工作中每位党员都起到了模范带头作用。

江苏省广告协会

2019年，在江苏省民政厅、省市场监督管理局和中国广告协会的指导下，在各市协会和全体常务理事单位的共同努力下，省广协按照“公益性、互助性、服务性”的工作方针，围绕“提供服务、反映诉求、制定标准、自律规范”的基本职能，积极强化行业组织建设，发挥行业组织引领作用，根据会员单位和业内市场主体的实际需求，扎实开展工作，圆满完成了七届二次常务理事会以来的各项工作目标，取得了显著成绩。

一、围绕行业从业人员职业能力建设开展系列活动

1. 2019年9月，省广协会同省人力资源和社会保障厅、省市场监督管理局举办的第二届江苏省广告行业设计制作技能大赛（省一类赛），其中金奖获得者被省人社厅授予“江苏省技术能手”称号，具有获得副高技术职称的机会，促进了行业从业人员技能提升。

2018、2019连续两年的广告行业设计制作技能大赛，采用了弘扬大运河文化作为创作主题，产生了一大批弘扬大运河精神、宣传江苏大运河文化品牌形象的优秀公益公告作品，得到有关党政部门的高度认可。

2. 开展第25届优秀广告作品大赛，提升了我省品牌广告创意水平和广告业竞争力，推动了全省广告经营单位、从业人员整体素质和专业水平。该项评比活动自3月份启动以来，经过前期的动员部署、宣传发动和作品征集，得到全省各市广告企业、高校师生的积极参与，创作了一批创意新颖、制作精良、信息传达准确的优秀作品。

3. 开展第五届江苏省广告行业品牌服务效能赛。大赛以“彰显行业功能，弘扬行业精神，激励行业先进，亮化行业品牌”为宗旨，以广告业服务品牌建设的实际效果为考量指标，省广协连续五年组织开展了以品牌设计、品牌传播、品牌策划为主要内容，参赛单位从广告设计单位、相关院校逐步拓展到综合广告公司和各大主流媒体。

4. 开展广告审查员法律法规培训活动，提升我省广告从业人员的法律意识和专业水准。

5. 成功举办系列比赛及培训活动。先后协办2019年紫金文创大赛、2019年全省网络安全公益广告征集大赛；选送优秀作品参加中广协开展的“黄河奖”“长城奖”等奖项；组织开展中国·4A金印奖巡讲活动，开展新时代转型升级高峰论坛以及等活动，在业界都有用良好的口碑和反响。

二、发挥桥梁纽带作用维护广告经营单位合法权益

1. 当好联结政府和企业的纽带和桥梁，维护经营者合法权益，促进高速公路广告设施长效治理。

省广协深入调研了2011年以来我省高速公路广告牌历次整治情况，深刻剖析了许多地方发生政企矛盾的成因，基于当时了解到的初步情况，充分听取广告业主的合理诉求，主动向省“五项行动”工作领导小组办公室致函，并两次由协会会长带队，登门协调，向省交通干线沿线环境综合整治五项行动工作领导小组提出了促进高速公路广告牌设置长治久安的建议，后又当面向省政府领导汇报相关情况，请求政府出面协调，引起有关部门高度重视。省“五项整治办”最终向各地下达指导意见，对我会函中所作的分析和对策建议全部予以采纳，为高速公路牌广告整治的长效治理发挥了实实在在的作用。

2. 积极争取减半征收3%文化事业费政策在全国率

先推进。为切实落实国务院“对中央所属企事业单位减半征收文化事业建设费，并授权各省（区、市）在 50% 幅度内对地方企事业单位和个人减征此项收费”的决定，省广协利用多种场合、多种渠道向有关部门反映，下发了《关于开展对文化事业建设费征收情况调查的通知》，贺寿天会长带队登门拜访了省财政厅、省税务局等部门，呈送中广协《关于落实国务院决定减征广告业文化事业建设费有关建议的函》，结合江苏实际提出落实减半征收工作的具体建议。

在省财政厅、省委宣传部、省市场监督管理局、省税务局共同努力下，省税务局及时做好调整税务申报系统，确保了从 2019 年 7 月 1 日起对全省广告业文化事业建设费进行减半收缴。

三、组织开展多种类型行业活动高质量服务行业发展

1. 举办首届中国南京广告产业博览会。2019 年 3 月 30 日，由江苏省广告协会、南京市广告协会、南京亚东展览服务有限公司联合主办的 2019 中国（南京）广告产业博览会在南京国际博览中心顺利举行。此次博览会秉承“创新、协调、绿色、开放和共享”的发展理念，全面展示从广告制作到广告发布端全产业链的新技术、新材料，为广告产业最新技术最新材料最新设备提供了推广展示和交易的平台。促进了人工智能、虚拟现实、全息投影灯数字、网络技术在广告服务领域的广泛应用，引导和带动了广告产业绿色发展，为江苏省经济发展做出了贡献。

2. 开展国家改革开放四十年行业表彰活动。为讲好江苏广告行业恢复发展四十年来的精彩故事，激励全省广告行业市场主体和从业人员在新的发展阶段开拓创新，砥砺前行，为建设“强富美高”新江苏作出新贡献，省广协开展了改革开放四十年江苏广告突出贡献单位和个人评比表彰活动，促进全省广告业的发展。

3. 组织会议、论坛等行业交流活动。2019 年，省广协先后组织开展新时代广告业转型升级高峰论坛、七届一次会长办公会、七届二次理事会、幸福联盟座谈会；参与和支持镇江举办的“江苏数字游戏艺术职业教育集团成立大会”、苏州举办的“苏州市广告协会第九次会员大会”、平望举办的运河文旅活动暨第二届中国（平望）运河青年文创挑战赛启动仪式、常熟举办的“常熟市广告协会 2019 年度工作会议”等活动，充分体现了行业协会服务行业发展的理念；省广协组织了我省部分企业参展 2019 上海国际广告节、广州国际品牌节、澳门国际广告节等系列活动，提升了江苏广告业的形象和竞争力。同时，按照中广协的要求，积极动员、组织参加 2019 年中国户外广告论坛、第 26 届中国国际广告节等活动，凭借出色的组织协调能力，省广协喜获第 26 届中国国际广告节“最佳组织奖”殊荣，这不仅是对省广协的认可，也是对全省广协、各会员单位团结合作、支持省协会工作的充分肯定。

4. 开展 2019 年度全省先进广告协会和全省广告协会先进工作者评比表彰活动。近年来，我省各地广告协会（商会）在深化行业服务、促进行业发展、加强行业自律、推进效能建设、服务地方经济发展中做出了积极贡献，涌现出了一批先进广告协会和广告协会先进工作者。为了表彰先进、树立典型、鼓舞斗志、推动工作，省广协开展了 2019 年度江苏省先进广告协会和广告协会先进工作者评选表彰活动，目前活动评比正在进行中，评选结果出来后将第一时间在协会宣传平台上公示。

四、发挥行业组织引领作用努力提升广告业发展水平

1. 开展全省广告产业园建设调研分析，编写国家及江苏省广告产业发展“十四五”规划。2019 年，应省市场监督管理局委托，省广协组织业内专家学者开展了全省广告产业园建设调研分析，完成了《江苏省广告产业园区发展报告》和《江苏省广告产业发展报告》，对我省广告产业园区和广告产业的科学发展、优化发展提供了对策建议。省市场监督管理局在此基础上形成的相关工作经验两次在全国性会议上介绍，获得好评。

2020 年省广告协会会长应国家市监总局广告司和江苏省市场监督管理局邀请，作为专家组织团队参与国家广告产业“十四五”规划和江苏省广告产业“十四五”规划的撰写。

2. 积极贯彻落实《江苏省广告条例》。新《江苏省广告条例》于 2019 年 3 月 1 日正式施行，在《条例》修订过程中，省广协多次向省市场监督管理局和省人大主办机构反映情况和意见，使之有利于协会作用的有效发挥和全省广告业的健康发展。新施行的《条例》第一章第六条指出：广告行业组织依照法律、法规和章程的规定，制定行业规范，加强行业自律，促进行业诚信建设，维护行业和会员的合法权益，推动广告业发展。《条例》既明确规定各级政府及有关部门在制定涉及广告产业的政策措施和编制户外广告改造规划时，应当征求广告行业组织、广告从业人员和社会公众的意见，又为广告行业组织在《条例》总则中设立了专门条款，保障了全省广告行业组织在推动广告业发展中的合法权益和主体地位。《江苏省广告条例》的修订和确立，为江苏省广告协会和市、县（区）级广告协会的建设与发展提供了法律保障，在江苏广告行业组织和广告业发展史上具有里程碑意义。

3. 配合业务指导部门努力营造良好市场环境。为了认真贯彻国家市场监督管理总局关于“强化市场监管维护国庆期间市场秩序”电视电话会议和江苏省市场监督管理局《关于做好 2019 年中秋、国庆期间有关工作的通知》精神，省市场监督管理局与省广告协会于去年 9 月份联合下发了《关于加强国庆期间广告监管工作的通知》，通知要求各地广告协会要认真履行职责，加强行业自律，引领会员、广告企业和媒体依法从事广告活动，引导广告发布单位开展“庆祝新中国成立 70 周年”和公益广告宣传活动，营造良好的节日氛围。

4. 扎实开展 2019 年度证明商标认定申报和评审工作。2019 年，全省获得中国广告证明商标一级 9 家、二级 34 家、三级 10 家，企业获评数量在全国位列前茅。

5. 开展广告发布诚信单位评选活动，推进行业诚信体系建设。由省广告协会组织的 2019 年江苏省广告行业广告发布诚信单位评选活动已圆满结束，全省共 95 家单位获评 2019 年度江苏省广告行业广告发布诚信单位。

五、完善协会组织架构服务行业能力展现新水平

为适应协会脱钩转型的需要，省广协在组织架构及运作机制上，实现从传统组织形式向新型组织形式的转变。目前已经形成“驻会干部是骨干、聘用人员是日常工作力量”的运行机制，同时按照章程的相关要求，团结、吸收各个层次具有代表性的广告及关联企业纳入协会组织体系，充实协会组织架构，恰如其分地发挥协会行业组织的作用。

为适应协会发展的需要，提高工作效率，协会建立了理事会制度和会长办公会制度，健全了协会工作人员职责和财务管理等工作制度，提高了服务能力。目前，协会所形成的组织架构及运行模式正良好运行。

安徽省广告协会

时光荏苒，光阴似箭，2019 年在省市场监督管理局的指导下，在广大会员们的共同努力下，安徽省广告协会做了很多工作。现将 2019 年主要工作总结如下：

一 . 协会自身建设

（一）不断完善了各种规章制度

我们一向认为，协会的生命在活动，协会的力量在制度。进入 2019 年来，协会坚持以习近平新时代中国特色社会主义思想为指导，狠抓协会的各项规章制度建设。首先是对协会原有的管理规则制度进行修订和完善。在此基础上，制定出了《省广协秘书处工作人员行为守则》《省广协考勤管理办法》《省广协工作人员岗位职责》等规章，基本保证了各类工作有章可循、有据可依、有序开展。

（二）有效加强了队伍建设

为了加强协会的领导力和专业化，协会聘任了合肥工业大学原广告系主任何玉杰教授为副秘书长，并新增 3

名专职工作人员。目前协会秘书处共有 5 人驻会工作。协会按照岗位职责进行分工，做到工作人员知岗尽责，任务明确，既能各司其职，又能相互合作，各项工作有条不紊。

（三）加强了信息化建设

今年 5 月以来，我们分别建立了安徽省协会官方门户网站、微信公众号和微信群，及时发布有关重要的新闻和通告，进行了公益广告和商业广告大赛获奖名单的公示，方便广大会员和参赛者及时查看信息。

（四）积极发展了新会员

2019 年 5 月份以后，我们对全省原有会员单位开展重新摸排、登记工作，并大力吸收新会员。几个月来，共吸纳了 12 家新会员，特别是以互联网传播为基础的企业，这不仅壮大了会员队伍，也为协会输入了新鲜的血液。

（五）召开了常态化工作会议

2019 年以来，我们共召开了 4 次会长办公会，3 次全省会长（秘书长）会议，1 次全省六届六次理事大会，会议严格按照节俭为原则，例如会长办公会 3 次在会长（副会长）单位组织召开，会议组织严密，时效性强，效果明显。

（六）成立了省广协学术委员会

为适应开展广告理论研究、促进产学研发展、加强行业引导力的需要。今年 4 月 12 日，在协会的积极组织、指导下，成立了安徽省广告协会学术委员会。来自全省 120 名委员参加了大会，会议选举了产生了第一届领导班子。

二、组织开展各类活动

（一）强化行业自律，促进广告行业健康发展

1. 深入推进诚信体系建设，开展全省诚信单位评审。根据协会工作要求，经企业自查申报，市广告协会严格筛选，各市广告监管部门认真审查，省广告协会评审委员会评审，保证了申报工作顺利进行。

2. 为促进广告审查员对广告管理政策、法规的充分了解和正确把握，提高广告审查员的业务素质和能力水平，11 月和 12 月分别在阜阳市和皖南地区举办 2019 广告审查法律法规培训班，其中在阜阳市的培训考试人数 79 人，通过人数 79 名（80 分通过），通过率为 100%。

3. 为贯彻落实中广协 2019 年度广告资质使用管理工作，深化各市广告协会和各广告企业对广告管理的理解与认识，提高广告企业专业服务质量和品牌竞争力，省广协于 8 月 9 日在合肥市召开 2019 安徽省广告证明商标使用管理培训班。共有 70 家企业参加培训。本年度全省共计有 44 家企业申报广告资质。

4. 省广协加入上海市广协创办的“广协库”咨询平台（违法广告预防系统）。目前有上海、北京、江苏、广东、福建、河北、吉林等 8 家广告协会加入，省广协委派专业老师加入广协库。

（二）开展全省优秀公益广告和商业广告大赛

2019 年安徽省优秀公益广告作品征集推选活，由省市场监管局、省委宣传部、省文明办、省教育厅、省广播电视局联合主办，安徽省广协协会承办，自 2019 年 5 月启动以来，大赛共收到全国各地投稿作品 2417 件。还有来自浙江、吉林、江苏、广东等参赛者作品。这是近年来参评作品数量最多、水平最高的一次作品征集推选活动，不仅对我省公益广告创作水平的一次盛大检阅，也是对我省公益广告发展的有力鞭策。

由安徽省市场监督管理局指导，安徽省广告协会主办，古井贡酒·年份原浆赞助的“安徽省第 25 届优秀广告作品大赛”在 6 月开展，社会反响热烈。大赛共收到来自各地广告作品有效投稿 779 件，最终评出平面类一等奖 3 名、二等奖 2 名、三等奖 4 名，优秀奖 22 名；广播类一等奖空缺、二等奖 1 名、三等奖 3 名，优秀奖 4 名；影视类一等奖 1 名、二等奖 1 名、三等奖 3 名，优秀奖 21 名。

在 2019 年中国广告协会“黄河奖”“长城奖”和“315 公益广告大赛”的评选中，我省获得金奖 1 个；银奖 3 个；铜奖 1 个；优秀奖 32 个。其中科大讯飞选送的作品《讯飞 AI 营销云助力耐克马拉松飞跑征程》荣获 AI 营销类金奖，《讯飞 AI 营销云携手唯品会 10 秒语速大 PK》获移动交互类 - 应用程序类铜奖，安徽金运来文化传媒有限公司的作品《脉动〈吐槽咸鱼 SHOW〉创新营销案》荣获 AI 营销类银奖，安徽省维纳斯广告有限公司的作品《美标卫浴 - 增压淋浴花洒篇》荣获平面类银奖。另外 315 公益广告得大赛中，安徽省市场监管局选送《12315，您身边的“掌”护卫》荣获 A 影视类银奖。

三、积极参加中广协活动

积极组织人员参加中广协举办和行业活动，包括：2019 年年初在北京国家会议中心隆重举办中国广告四十年纪念大会、4 月份在山东济南举办的 2019（第十五届）中国广告论坛、6 月份在吉林省延吉市举办的 2019 中国广告协会证明商标使用管理培训班、8 月份的 2019(秦皇岛) 中国户外广告论坛，以及 10 月在南昌举办的中国国际广告节等。其中，在本届国际广告节上，省广协报送参加“黄河奖”和“长城奖”的作品达 100 件，组团参会人员 280 人，参展面积达 110 平，这是省广协近年来组织的规模最大，人数最多，范围最广的广告节活动。

四、积极开展“走出去，请进来”工作

1. 积极参加的 2019 上海国际广告节的各项活动。包括 2019 年上海国际广告节总结会议、第三届上海国际广告节第一次筹委会、上海国际广告节启动发布会仪式等。

2. 积极组织会员单位参加 2019 中国（南京）广告产业博览会、2019 中国（铜陵）融媒体广告创新峰会等活动。

3. 与安徽大学新闻与传播学院合作，举办全省公益广告培训会议，邀请了专家现场授课，来自全省各市广告协会、省直属会员、学委会成员单位近 200 人参加了培训。

4. 赴上海市广告协会、南京市广告协会和江苏省广告协会进行考察和学习，加入建设上海市广协创办的“广协库”咨询平台（违法广告预防系统）。

5. 在合肥举办了 2019 年度中广协Ⅰ、Ⅱ、Ⅲ级广告企业资质申请工作培训班，各地市广告协会和会员单位代表等近 70 人参加培训。

福建省广告协会

2019 年，福建省广告协会以“变革、创新、发展”为主线，以“搭建大平台，解决大问题，促进大发展，建成大家庭”为目标，抓住“服务与需求”两大要点，通过创造性地开展工作，自主创新能力和为会员服务本领有了进一步提高，较好地完成了年初制定各项工作任务，取得了一定成绩。

一、加强服务工作，提高服务质量

（一）指导工作

1. 在宏观指导方面。我会把指导行业发展作为协会重要任务，要求业界“更新观念，转型升级，整合资源，创新发展”，“破解三大矛盾，发挥三大优势，打好两张牌，走好一条路”，对推动行业发展起到了引领作用。

2. 在政策指导方面。我会重视惠企政策的落位工作，积极采集和梳理有关涉及广告方面的法律法规，向会员单位转发广告相关政策 189 件、信息 656 条，举办了多期政策座谈会。

3. 在工作指导方面。我会先后多次应邀出席了全省多地广告界举办的各项活动，并以走访座谈，现场办公，接待来访等形式，30 多次深入各地调研考察，为 300 多家企业进行了工作指导，解决了业界大量的难点和热点问题。

（二）搭建平台

一年来，我会在整合力量，扩大平台工作中，收获满满。比如，做好承办由省经信委、省教育厅、省人社厅、省商务厅、省科技厅、省总工会、共青团福建省委举办的海峡服务创新大赛工作；支持龙岩市文旅局举办的旅游产品大赛；协调南平市政府对接中国国际教育电视台项目；等等。

特别在引导广告企业对接省食品工业协会、省标识标牌协会、省小商品协会、省装修装饰行业协会、省酒店行业协会、省婚庆行业协会、省旅游协会等 60 多家商协会项目，结下了累累硕果。

（三）项目带动

1. 把减征 50% 广告业文化建设费作为项目抓手，多次与省财政厅和省税务局主要领导协调，促成了 6 月 14 日我省减征文件出台。

2. 为了解决业界购房难问题，与福州东湖数字小镇和福州天福集团协调，促成了 30 多位业界购置了优惠住房。

3. 与福州天福集团和香港中诺集团达成意向，分别在连江官坞海景、长乐空港湾开发项目中，建设广告人接待服务中心、广告人休闲基地项目平台。

4. 支持我会扶贫单位建阳区漳墩镇的“小白茶”获得了省级“非遗”项目，并为之商标注册，为了巩固扶贫成果，为扶贫攻坚再助力，我会进一步从广告宣传、扩大营销等方面给予支持，同时，积极做好闽清县东桥镇扶贫对接工作。

5. 在 2019(秦皇岛) 中国户外广告论坛会议期间，对接了“社区电影”“出租车 LED”等广告新技术、新产品项目在我省落地，促进了福州天福集团与秦皇岛市文旅集团项目对接工作。

6. 为我省两家企业对接互联网大数据项目和商标注册工作，与商标局和北京市广告协会以及有关部门领导进行协调，取得了突破性进展。

7. 参加了由中国广告协会指导、云南广告协会主办以“共享、互联、创新”为主题的 2019 年西部广告联盟第三次年会。会议期间，与西部云南省以及北京、湖南、海南等协会领导进行了工作交流，与西部部分广告企业进行了互动。就明年东盟广告合作事宜与广西广告协会进行深度沟通。

（四）提升活力

1. 成立天福书画院，开展形式多样的活动。

2. 开展福建省第 22 届优秀广告作品评选活动，共征集广告作品 927 件。

3. 认真做好广告企业资质等级认定评审工作，全年共收到全省 89 家申报企业，认定出福建省一级广告企业 16 家、二级广告企业 11 家、三级广告企业 11 家，年检广告企业 17 家; 2 家企业被中国广告协会授予 CNAAI（一级广告企业）证明商标。

4. 组织会员单位参加由福建省工信厅、省人社厅、省教育厅、省商务厅、省科技厅、省总工会、共青团福建省委等七部门举办的“福建省 2020 届 IT 行业毕业生专场招聘会”，为充实我省广告队伍人才提供了机遇。

5. 协会公众号在宣传政策法规、推动协会工作、展示会员风采、整合各项资源等方面提供了快速信息通道，收到了良好效果。出版了四期《福建广告通讯》，并加强了福建省广告协会会员微信群管理。

二、加强交流工作，拓宽交流渠道

（一）国际交流

1. 接待了福建菲律宾归侨联合会洪文比会长一行，就福建投资菲律宾广告项目进行了对接，并接受对方邀请，拟于 2020 年组织福建广告代表团前往菲律宾就项目落位进行访问。

2. 5 月 26 日与柬埔寨福建总商会就组织福建广告企业前往柬埔寨置业投资问题达成意向。

3. 先后接待了澳大利亚福建总商会、美国福建总商会和戛纳电影节组委员以及越南、加拿大等国家和地区宾客。

（二）国内交流

1. 3 月 24 日至 26 日，中国广告协会张国华会长和国家市场监管总局广告司领导来我会指导工作并考察了我会会员企业。张会长一行听取了我会工作汇报，对我会工作给予了充分肯定。

2. 6 月 17 日至 18 日，接待了湖南省广告协会、南京市广告协会、江西省广告协会、广西广告协会来福建交流考察。

3. 出席了中国广告协会在山东济南召开的全国广告工作会议、在山东诸城举办的“中国户外广告论坛”、广东省广告协会主办的“2019 广州国际品牌节”、在香港举办的“闽港广告论坛”等行业活动。

4. 参加了 2019 中国广告协会在吉林延边举办的证明商标使用管理工作培训班；

5. 我省 200 多广告人参加了在南昌举办的第 26 届中国国际广告节，我协会被中国广告协会授予第 26 届中国国际广告节优秀组织单位。广告节期间，应邀参加由广西广告协会召开的实施“中国—东盟品牌与广告展览交易会筹备会方案”会议，同时，还分别与 20 几个省、市、地区广告协会同仁进行工作交流。

三、加强队伍建设，促进良性发展

（一）会员团队

一年来，我会在加强会员队伍建设上取得了新成果。一是做好会员队伍的清理整顿工作。二是做好会员发展工作，一年共发展会员单位 70 多家。今年以来，我会对厦门区域发展会员实行“开放式”做法，效果良好。三是全省大部分市级广告协会经过换届和班子调整之后，协会工作有了新拓展、新起色、新业绩、新气象。2019 年，有 8 家市级协会荣获全省先进广告协会称号，10 名秘书处工作人员获得先进工作者称号。

（二）骨干团队

经过市场的摔打，业界的适应能力，变革能力和应对能力更加强大。一大批新锐企业脱颖而出，在不确定条件下积极寻求企业的确定性，市场对话能力和市场竞争能力有了很大提高，并获得了市场地位。他们思路清、门路广、套路多，成了我省广告业中最具活力和最具实力的优秀团队。

（三）顾问团队

一年来，我会积极发挥顾问团队作用，确保许多工作快速落位。比如，在协调减征广告业 50% 文化建设费；“福建广告传媒大厦”产权变更；推动新农村建设项目；永安市竹天下项目评估；会员单位入驻长乐东湖数字产业园等问题上，都得到顺利解决。

四、加强基础建设，保障健康发展

（一）党务建设

成立了“中共福建省广告协会支部委员会”，拥有党员 12 名。支部以“不忘初心、牢记宗旨、做时代先锋”为指针，在打基础、建团队、立规矩、抓教育等活动方面，迈开了新步伐，取得了新成效。一年来，我们开展了许多富有成效的活动。与福州软件园企业党委和省连锁经营协会党支部形成党务工作共建单位；“七一”党日活动，与省连锁经营协会党支部联合召开了座谈会；组织党员前往长乐区南阳福州市爱国主义教育基地、省国防教育基地及省党史研究教育基地、省委旧址红色景区参观学习，接受党史教育和爱国主义教育；参加省民政厅社会组织综合党委支部书记培训班、“党建大讲堂”学习；参加省社会组织综合党委第一联盟支部工作汇报交流座谈会和脱贫攻坚座谈会，积极参与“党建引领、社村共建”工作。

（二）造血功能

一年来，我们充分发挥我会思路清、点子多、联系广的优势，在提高协会造血功能上采取了新动作。增设了“福建省广告协会天福书画院”分支机构；挖掘广告主会员资源，为会员服务，扩大协会供血渠道；实施项目带动，加强与政府、社会、企业项目合作，扩宽协会造血平台。

（三）办公条件

加快“福建广告传媒大厦”企业入驻工作，目前，入住率已达 80% 左右。大厦大厅和一楼装修工作已经启动。

江西省广告协会

2019 年，江西省广告协会在中国广告协会、江西省市场监督管理局的指导下，认真学习贯彻党的十九届四中全会和习近平视察江西重要讲话精神，紧紧围绕省委省政府的决策部署，继续坚持“指导、协调、服务”的基本职能，组织全体会员积极参加中广协举办的各项活动，引领全省广告企业健康发展，为推动江西省广告业做大做强取得了明显成效。

一、组织会员积极参加中国广告协会举办的重大活动

1．4 月份，组织了江西华赣文化旅游传媒集团有限公司、江西天义广告艺术有限公司等 37 家省内广告企业

和协会会员单位参加了中广协在山东济南举办的以“超越与共生”为主题的第十五届中国广告论坛，共同探讨广告行业如何抓住新时代机遇实现跨越式发展，如何利用各种积极元素逐步融合共生。

2. 10 月份，以“英雄城汇八方广告豪杰，红土地展四海创意硕果”为主题的第 26 届中国国际广告节在南昌成功举办。省广告协会积极主动配合中广协在积极报送作品、组织办好江西特色展厅、接待安排省市广协交流、举办腾讯招募会、动员本省会员代表参会等做了大量扎实有效的工作，得到了中广协的充分肯定和全国各地参会代表的高度评价，先后收到了中广协和湖北省等广协寄来的感谢信。会上，江西华赣文化旅游传媒集团有限公司、江西新格广告发展有限公司、江西有喜广告创意有限公司等 12 幅作品分别获得第 26 届中国国际广告节“长城奖”的优秀奖和第二届 3、15 消费者保护公益大赛的优秀奖。全省广告行业和协会会员等共有 480 余人参加了会议，被中广协授予“最佳组织单位”奖。

二、组织开展了广告证明商标申报工作

一是成立了评审机构。根据中广协的要求并经中广协批准同意，成立了江西省广告协会证明商标评审委员会，制定了《评审工作方案》，对评审的程序和质量严格把关，确保证明商标使用管理工作的科学性、严肃性、公正性和权威性，保证了这项工作规范有序进行。

二是组织参加中广协举办的专业培训。6 月份，省广告协会秘书处组织了江西报业传媒地铁文化广告有限公司、南昌市坤翔文化创意计有限公司等 12 家单位参加了中国广告协会在吉林延吉举办的为期2天的业务培训，为做好全省证明商标申报工作培训了骨干，打下了良好的基础。

三是认真做好证明商标授牌和申报服务工作。在今年的第十五届中国广告论坛和第26届中国国际广告节上，江西华赣文化旅游传媒集团有限公司、南昌铁路文化广告传媒有限公司等 16 家单位被中广协分别授予一、二、三级广告企业。截至 2019 年 10 月底，我省又有 22 家企业申报广告证明商标，已初审符合条件全部上报中广协。

三、积极为会员办实事、服好务

一是认真做好国务院决定减征广告业文化建设费的政策落地落实工作。2019 年 4 月 3 日，李克强总理主持召开国务院常务会议，决定自 2019 年 7 月 1 日起，至 2024 年底，对中央所属企事业单位减半征收文化事业建设费，并授权各省（区、市）在 50% 幅度内对地方企事业单位和个人减征此项收费。在中广协和省市场监督管理局的高度重视和关心下，省广告协会一方面主动与省财政厅联系，反映国务院关于减征广告业文化建设费的政策，传递周边省市执行进展情况和我省广告行业的呼声，省财政厅、省委宣传部联合于6月13日就向省税务局、各市县（区）财政局、党委宣传部、赣江新区财政金融局下发了《关于减征文化事业建设费有关事项的通知》（赣财非税【2019】7 号），排在全国贯彻执行下文进度的省份前 6 名。另一方面及时传达宣传国务院、中广协和省财政厅、省委宣传部下发的文件，要求全省广告行业主动与当地财政、税务等部门对接，确保企业享受到降费减负的政策落地落实。据统计，文化事业建设费按照原来应缴费额的 50% 减征后，给全省的广告企业每年减少了 1.3 个多亿的税费。

二是举办业务培训，提升会员队伍素质，助推企业发展。6 月份，省广协在南昌举办了有 160 余人参加的以“链接 · 赋能 · 融合”为主题的江西广告产业发展资源融合论坛。论坛会上举办《广告法》专题讲座，省广告协会会长刘欣在致辞中，对全省广告业提出“要守法经营，健康发展；要合作经营，共谋发展；要承担社会责任，促进企业发展”的三点要求。

三是深入市、县广协和会员单位调研走访。2019 年，协会秘书处先后深入到赣州、吉安、萍乡、新余、万年、余干等市县 20 余个会员单位走访调研，与会员面对面的交流和征求意见，为加强协会建设，提升秘书处服务能力等起到了积极作用。

四、加强协会自身建设，壮大会员队伍

1. 1 月份召开了年会，总结部署工作。2019 年元

月 18 日，召开了省广告协会四届二次会员代表大会，总结 2018 年的工作并对 2019 年的工作作出部署。会上对改革开放 40 年来艰苦创业、勇于创新、做出突出贡献的 40 个优秀广告企业和 40 名优秀广告人物颁奖，通报表彰了 12 个市县先进广告协会及全省广告协会年先进工作者。

2. 召开了 2 次副会长会议，对重大事项集体研究讨论决策，确保协会各项工作规范有序、正常运转。8 月份，在江西广播电视台召开了副会长会议，讨论通过了《关于在全省开展首届“赣鄱奖”广告创意大赛活动工作方案》和增补副会长人选以及调整个别会费标准等重大事项。12 月份，在南昌轨道交通资产经营有限公司召开副会长会议，审议确定 2019 年度省广协广告行业先进单位、先进个人表彰名单，研究增补副会长人选，通报了全省开展“赣鄱奖”广告创意大赛评选活动情况，研究讨论了召开 2019 年年会和工作总结以及 2020 年的工作计划。

3. 开展“双先”表彰和“赣鄱奖”广告创意大赛活动，调动和激发全体会员奋发向上、创新创业的积极性。2019 年对全省 45 家广告行业“先进单位”和 32 名先进工作者在年会上进行通报表彰。2019 年 8 月 20 日至 11 月 20 日，开展首届“赣鄱奖”广告创意作品大赛活动，得到了全省广告企业和社会各界广告人士的高度关注和积极参与，共收到 1035 件参赛作品，其中 118 件作品入围，29 件作品荣获一、二、三等奖。南昌市广告协会、抚州市广告协会、九江市广告商会获得优秀组织奖。

4. 做好会员的发展工作。一年来发展新会员 32 家，目前协会共有 178 家会员，比去年增加了 21%.

五、扎实做好协会党建工作

2019 年积极开展党日活动、党员学习教育活动，认真学习贯彻党的十九届四中全会精神，明确学习宣传贯彻《决定》是当前和今后一个时期首要的政治任务。按照上级党组织的要求，注重在民营广告企业的优秀企业家负责人中做好培养发展党员工作。

一年来，协会党支部带领全体会员和全省广告业，认真贯彻落实习近平总书记在全国新闻舆论工作座谈会上提出的“广告宣传也要讲导向”的重要指示，牢牢把握广告从业人员的正确方向。坚决杜绝虚假违法广告，坚决不做不发不文明、不健康的广告。截至 2019 年 12 月 31 日，省广告协会没有接到群众反映会员有制作虚假违法行为的问题。

在引领企业经营发展的同时，积极组织会员参加和支持地方公益慈善活动，全省有 130 余名会员积极自愿参加了由中华社会救助基金会、腾讯公益、南昌市崛美公益发展中心共同组织发起的“名著小书包”公益项目慈善捐赠活动，共捐款 60 余万元，充分体现了广告行业从业人员的博爱精神。

山东省广告协会

2019 年山东省广告协会认真落实十九届四中全会《决定》精神，加强党的建设，转变观念，转变职能，服务政府、行业、企业、社会。在山东省市场监督管理局及各市市场监督管理局的关心指导下，在各会员单位的大力支持下，我们积极践行社会主义核心价值观，认真履行“提供服务、反映诉求、规范行为、促进发展”的职能，优化服务理念，开拓服务渠道，为加快山东文化强省建设做出了积极贡献，全年各项工作任务圆满完成，拓宽多种服务渠道，取得实效。

一、创新服务、健康发展

2019 年 4 月 28 日，2019 年 6 月 28 日，在济南召开了山东省广告协会五届六次理事会及 2019 年第五届二次会员代表大会，参会人员近 100 人，王会长向各位报告 2018 年工作情况，通报 2019 年的工作思路，强调把服务放在第一位，努力做好“四个服务”，即为政府、行业、企业、社会服务。

二、提升素质抓培训，提高服务能力，坚守社会责任。

2019 年 3 月 13 日、4 月 15 日、5 月 31 日，为学习习近平新时代中国特色社会主义思想和党的十九大精神，研究探讨广告监管的热点、难点问题，加强行业自律，省广告协会协助山东省市场监督管理局，在济南、烟台举办三期广告审查员培训班，专家解读有关广告法律法规、分享广告审查经验，讲解典型违法广告案例，解答疑难问题。培训参加总人数 500 多人，经考试合格颁发《广告审查员培训合格证书》，受到领导及会员的称赞。

三、组织资质评审，助力品牌发展。

1. 增强服务意识，扎实开展 2019 年度证明商标使用管理申报工作。按照 2019 年度《中国广告协会“CNAA Ⅰ”“CNAA Ⅱ”“CNAA Ⅲ”证明商标使用管理规则》等规定要求，进一步调整、规范证明商标使用管理工作，量化证明商标评审标准，及时动员全省市协会，部署申报工作，积极做好网上材料审查、初审和汇总申报工作，逐步提高证明商标使用管理工作的科学化、专业化水平。

(1) 2019 年 7 月 5 日在济南举办 2019 中广协一级、二级、三级广告企业资质申请工作培训班，邀请国家市场监管总局及中广协相关负责人就商标使用管理、申报流程给予专业解答，参加人数达 170 人，受到参会者的好评。

(2) 2019 年全省参加中广协资质评审企业两批共 50 家。截至 11 月，山东省有效期内的中国广告业资质企业共 76 家，其中一级广告资质企业 19 家，二级广告资质企业 53 家，三级广告资质企业 4 家，19 年第一批新增 15 家资质企业，广告资质企业总量同比去年增长一倍，有效提高了广告企业服务质量和品牌竞争力。

2. 做好 2018 年度获得资质的 38 家企业牌匾发放工作。

四、探讨交流 共商发展

1. 2019 年（第十五届）中国广告论坛于 2019 年 4 月 28—29 日在济南山东大厦举办，省广告协会作为本次论坛的承办单位之一积极组织动员各市协会参会。本次广告发展论坛规格高、形式新，内容丰富，机会难得，各会员参与学习热情高，参加人数近百人，是提升广告产业发展的一次盛会。

2. 2019 年（第十五届）中国广告论坛（山东省广协答谢会），邀请中广协领导、省市场监督管理局领导及来自各省广告协会会长、秘书长、山东省各市市场监督管理局参会领导出席答谢会，一起探讨交流，共商发展。

3. 2019.10 月 25—28 日第 26 届中国国际广告节在南昌举办，省广协积极组织市行业协会，为企业抓住机遇、创新发展，提供更多学习和交流机会。第 26 届中国国际广告节，我省选送近 1034 件作品参赛，山东省广告协会连续 16 年获中国国际广告节最佳组织奖，是中国国际广告节唯一连年获最佳组织奖的协会，受到中国广告协会领导好评和肯定。

五、 推崇精品 激励人才

1. 2019 年 8 月 26 日，在山东大学艺术学院举行 2019 年度“泰山杯”、第九届“学院创意杯”广告作品大赛暨教育公益广告作品大赛征集评选工作，大赛共征集省内外 70 余所艺术类院校和 100 多家企业、单位的各类广告作品 6090 件，共评出获奖作品 702 件，其中“学院创意杯” 金奖作品 29 件，银奖作品 55 件，铜奖作品 83 件，优秀奖作品 261 件，合计 428 件；“泰山杯”金奖作品 21 件，银奖作品 51 件，铜奖作品 57 件，优秀奖作品 145 件，合计 274 件，参赛作品数量与去年持平。作品融山东特色、时代特征、艺术内涵于一体，集思想性、艺术性、观赏性有机融合，作品创意水平显著提高。

2. 2019 年 10 月 23 日，由省市场监督管理局、省教育厅主办，山东大学、山东教育电视台、山东省广告协会承办的山东省 2019 年度“泰山杯”、第九届“学院创意杯”暨教育公益广告作品大赛颁奖典礼在山东教育电视台隆重举行，主办、协办单位领导、部分市市场监管局、高等院校、广告协会、广告媒体、广告企业的领导以及广告主和获奖代表等近三百人出席本次活动，共享广告盛宴。

3. 创意赋能时代 广告助力品牌——山东优秀广告作品展亮相第八届文博会

2019 年 9 月 19 日，在山东国际会展中心举办第八届山东国际文化产业博览交易会，本届山东文博会以“壮丽七十年 盛世文博汇”为主题。由山东省市场监督管理局主办，山东省广告协会承办的山东优秀广告作品展，布展面积共计 195 平方米，分为平面展区和影视展区，共展出的优秀广告作品为 360 份，其中包括：山东省 2019 年度“泰山杯”、第九届“学院创意杯”广告作品大赛、国内外优秀作品三大展区，具有较强的思想性、先进性、艺术性和创造性，代表我省当前广告设计创作发展的水平。

六、专业特色 品牌联盟 创新引领

2018 年 12 月山东省广告协会下发《关于组建山东省广告协会分会和专业委员会的通知》，得到了各市协会及业内专家的积极响应，目前成立了影视制作专业委员会、平面设计专家委员会，将在广告业界和相关领域给予会员专业的指导和更好的服务。

1. 2019 年 3 月 23 日，山东省广告协会“2019 影视制作创新论坛”暨影视专业委员会成立仪式在省广协 8 楼会议室成功举办。专委会汇集了影视行业专家智库资源，致力打造高端影视战略联盟，构筑影视创新创业生态圈，助力山东影视产业在全国突出重围。专委会的成立，也将带动影视行业从业者的交流沟通、资源共享，促进山东文化产业大发展、大繁荣。本次论坛特别邀请影视圈资深专家为大家分享专业知识和经验，嘉宾围绕各自的影视制作创新实践发表了精彩的分享演讲。

2. 2019 年 6 月 28 日，山东省广告协会平面专业委员会成立仪式在济南泉盈大酒店三楼泰山厅成功举行，山东工艺美术学院党委副书记平面专业委员会苗登宇主任，揭牌并致辞，从行业高度阐述了成立专委会的战略意义，致力打造高端平面创意设计战略联盟，提升山东创意水平，推动经济文化强省建设。

七、拓宽服务渠道，建立山东省广告发展公共服务平台

在做好网站及公众号日常维护的基础上，协会积极拓展互联网发展新渠道，探索服务会员的新方法。在经过多轮探讨和调研后，建立了全国首家山东省广告发展公共服务平台——山东省线上广告文创产业园并上线试运行。目前线上基本功能已实现，省广协与各市广告协会的沟通联系更加紧密，服务效率和数字化水平得到进一步提高。

湖北省广告协会

2019 年是湖北省广告协会脱钩之后正式市场化运作的开局之年，协会在湖北省市场监管局的支持和指导下以全新的面貌与姿态重新审视了自身的定位，传承了老一辈广协人的优良传统，坚持“创新、协调、绿色、开放、共享”的发展理念，为广大会员谋出路，为广告行业谋发展。作为湖北省广告界的行业组织，2019 年省广协秉承“服务立会、协作强会、科技创会、文化兴会、规范建会”的办会理念，认真贯彻湖北省广告产业发展“十三五”规划，团结经营广告会员单位，以行业服务、行业自律、行业协调、行业代表为己任，主要开展了以下几方面的工作：

一、完善协会自身建设，做好行业服务本职

（一）2019 年湖北省广告协会继续建立健全协会内部日常管理制度与协会管理机制，定期召开相关工作会议，进一步促进协会正规化发展；加强协会队伍建设，大力挖掘充满激情、热爱协会工作、乐于奉献的人员到协会专职工作，并对协会专职人员进行各项培训；（二）通过省广协官网、公众号等形式对行业内的重要信息、政策、大事进行宣传，提升协会影响力；（三）建立了副会长单位轮值制度，增强会员之间的联系与交流；（四）湖北省作为全国教育重镇，高校众多，为了提高广告理

论与学术研究水平，推广学术理论成果，融会贯通，推动湖北省广告事业的健康发展。2019 年 3 月，湖北省广告协会学术专业委员会成立。（五）为了更好地探讨协会在新时期后阶段的工作方向及工作内容，一年来，省广协共召开了两次会长办公会加强了会员单位之间的沟通联络，也促进了广协工作的有序开展。

二、创新会员管理服务体系，增强行业凝聚力

自湖北省广告协会官网、公众号上线以来，省广协一直通过积极维护更新行业内的各类权威信息来服务广大会员，2019 年省广协建立了信息化会员管理系统，打造在线入会、在线缴费、在线查询功能平台，提高会员管理效率、服务效率；同时还建立了会员信息展示平台与反馈群，给予会员单位充分展示企业风采的空间，促进沟通交流，及时了解行业需求，增强会员凝聚力。

三、定期组织交流活动，了解行业前沿理念

为了及时掌握广告行业的新业态新形势，2019 年湖北省广告协会组织了各会员单位参加全球范围内的重要广告节、赛事及培训活动，鼓励会员单位走出去交流学习。

（一）打造多维培训体系，树立行业标兵。

2019 年 7 月，省广协在全省范围内组织了一次广告创意与证明商标培训班，为今后更好地培养和储备广告专业人才，助力我省广告行业持续、健康发展，推动我省经济和社会文明建设作出了应有的贡献。

（二）组织搭建交流学习平台。

2019 年 10 月，湖北省代表团 400 余人报名赴南昌参加了 26 届中国国际广告节。在本届国际广告节上，湖北省共有来自 12 个单位的 15 项作品获奖。同时，湖北省广告协会与江西省广告协会进行了交流座谈。

（三）搭建政府机关与广告行业的联络沟通平台。

积极参与承办湖北省市场监督管理局举办的楚天杯“讲文明树新风”公益广告大赛活动。向省内外广告行业从业人员征集优秀作品，收集到省内外广告作品 1800 多件。此次活动激发了广告从业人员的创作热情，发掘了不少的优秀人才，并在行业内倡导正确的政治导向、健康的行为导向、高尚的艺术导向和博大的文化导向，为共同营造和谐诚信的行业从业及经营环境起到积极正面的作用，在行业内反响很大。

四、圆满完成 2019 年证明商标申报工作

2019 年，湖北省广告协会重视证明商标申报工作，秉承上对中广协，下对申报企业负责的态度，一直强调要严格按照中广协发布的使用证明商标的各项指标来审核申报企业提交的材料。对于填写不规范的，要细致、耐心指导申报企业修改、完善资料；对于资料上传不全的企业，予以说明，并纳入关注，后期重点指导、培训；对于完全不符合申报要求的企业，坚决不予通过初审。最终在中广协的大力支持下，圆满完成了 2019 年证明商标一级、二级、三级的初审工作。

2019 年我省广告企业申报“中国广告企业证明商标”积极踊跃，并取得骄人业绩。全省申报一级共 5 家企业，4 家企业已获准通过使用；二级申报共 22 家企业，有 12 家已经获准通过使用；三级申报共 5 家企业，4 家企业获准通过。

湖南省广告协会

2019 年，在中国广告协会、省市场监督管理局、省社会组织管理局的正确指导下，在各会员单位团结协作下，省广告协会第六届理事会脱钩换届三年来，积极履行“提供服务、反映诉求、规范行为、促进发展”职能，科学规划，稳步推进，致力于协会的重新搭建及资源整合工作，寻求协会及行业更快更好的发展。经过三年多的努力，全省广告产业得到进一步发展，各项工作取得新的成效。

一、举办行业盛会，塑造“广告湘军”品牌

为进一步促进行业发展，加强行业交流，激励行业前行，打造千亿广告产业，塑造“广告湘军”品牌，在省局的指导下，协会连续两年成功举办“广告湘军总评榜颁奖盛典”。广告湘军总评榜已成为我省广告行业影响最大、参与人数最多、涵盖面最广、媒体关注度最高的行业盛会。活动成功举办凝聚了各主管单位、广告经营单位对省广告协会的指导和关怀。

二、进行多方对接，充分发挥平台功能

省广协作为行业组织，对外与各政府相关部门、各地区组织保持良好往来，信息互通有无。对内与各会员单位保持密切联系，考察调研会员单位的运营情况，充分了解企业所需、排企业所难。同时，引导成员单位与其他行业或单位的项目对接，多元化发展，促进湖南广告产业不断向前。进一步加强了与兄弟省市广告协会的联络，强化了省市广告行业协作交流，推动省市项目合作。

三、发挥职能优势，促进行业发展

协会以当好政府联系广告经营者的桥梁和纽带为己任，努力做好服务广告战略与品牌发展的推手与助手，全心全意当好广告湘军的志愿者和勤务员，重点扶持指导一批基础较好的广告创意、广告策划、广告设计、广告制作企业，推动广告业与相关产业融合发展。

支持引导鼓励广告湘军积极参加中国长城奖、公益广告黄河奖、中国元素奖、艾菲奖等各项大赛，湖南广播电视台、长沙鱼跃沟通、湖南金钟传媒等单位都有诸多作品获奖。2018 年、2019 年中国公益广告黄河奖，我省获奖作品数量连续两年占全国获奖作品数量的四分之一。

为进一步满足用人单位对人才的需求，推动行业和企业的发展，搭建供需对接、发展共赢的就业服务平台，湖南省广告协会联合长沙天心文化（广告）产业园于今年 3 月份在创谷举办了首场广告湘军人才专场招聘会。

同时组织了湖南大学、湖南师范大学、湘潭大学、湖南工业大学、湖南理工学院、湖南工艺美术职业学院以及新景想传媒、乐购传媒、伟达标识、天闻地铁、亚文传媒、竞网、北纬三十文旅、湘江致远数十家单位负责人召开校企合作洽谈会。就创新创业基地、共建实训实习基地建设，技术研发合作、人才培养、高端人才互动等问题开展了深入探讨。

四、搭建政府对话平台推动权益保护

向广告业征收 3% 的文化事业建设费已持续了 20 多年，业界不断提出取消该项收费的要求。中国广告协会、湖南省广告协会利用多种场合、多种渠道向有关部门反映，给省里各有关单位呈送了《关于落实国务院决定减征广告业文化事业建设费有关建议的函》，向有关部门提出减半的建议，确保从 2019 年 7 月 1 日起对全省广告业文化事业建设费进行减半收缴。

随着城市化进程不断加快，户外广告也得到了飞速发展。在行业快速发展的过程中，也出现了诸多不尽人意的地方。为此，我省各地方政府自 2009 年起，便开启了大规模的户外广告整治。多年来，各市州政府连续的整治行动，我省户外广告行业一直连续处于“高压”状态。为保障我省户外广告行业健康发展，协会特向省政府、长沙市委市政府致函，请求规范户外广告发展，编制户外广告的设置规划和相关技术标准，明确广告位产权所属单位，规范审批流程，逐步将户外广告设置归入科学化、法制化、规范化的轨道，为户外广告经营者和管理者提供清晰透明的行业依据，获得了省政府的高度重视，省领导还做了批示。

为准确把握新时代互联网广告面临的新挑战新机遇，进一步汇集各方智慧，明晰我省互联网广告产业发展思路、方向和推进措施，规范互联网广告行为。今年 7 月，由省市场监督管理局、省广告协会联合主办的湖南省互联网广告行业发展与监管调研会在长沙创谷广告产业园举行。来自新湖南、红网、腾讯、百度、网易、今日头条、一点资讯相关负责人或代表参加。

今年是新中国成立 70 周年，也是湖南省广告协会成立 35 周年。1984 年 7 月 14 日，省人民政府批示由省工商局和省经委联合组建省广告协会，随后在长沙召开了湖南省广告协会第一届会员代表大会，原省工商局局长

端木长河当选首任会长，湖南省广告协会宣告正式成立，至今已走过 35 年的风雨征程。

不忘初心，方得始终。2019 年 9 月 7 日，在省市场监督管理局的指导下，中共湖南省广告协会支部委员会举办的“庆华诞、忆先辈、固初心”主题党日活动在田汉文化园隆重举行，来自行业主管部门领导、相关院校、各市州广告协会负责人、省直各会员单位负责人和党员代表等近百人参加了庆祝活动。

2019 年 10 月 25 日 -28 日，由省市场监督管理局和省广告协会组团参加在南昌举办的第 26 届中国国际广告节，湖南团共计 800 多人参会，是全国参会人数最多的省份。

广东省广告协会

2019 年，广东省广告协会作为全省广告业的服务平台和协调机构，深入贯彻习近平新时代中国特色社会主义思想和党的十九大精神，以之作为武装头脑、指导实践、推动工作的纲领指引，立足于国家和广东省广告产业战略发展规划，发挥桥梁纽带作用，当好政府部门的参谋和助手，急行业之所急，想行业之所想，开展了大量细致扎实的资源整合与会员服务工作，推动行业持续健康发展，深化全省广告协会高效运作、协同发展的互动交流机制，以探索具有广东特色的广告产业发展之路为目标，深度挖掘行业各项潜力，助力会员企业探寻发展新路径，持续引领广东广告业行稳致远。

一、建立政府与行业和企业间的沟通渠道，切实践行行业协会的职责使命和价值所在，传递政策导向，反映行业诉求，推动行业进步

省广告协会是行业和企业与政府沟通的重要渠道，协会积极支持和组织企业参与政府的相关活动，为企业穿针引线，寻找政府购买社会服务商机。通过主办或联合举办一系列具有较大影响力和传播力的交流活动、专业赛事和论坛会议，组织开展广东省广告企业资质申报、广告行业企业信用评级等重要抓手，树立协会的专业性和权威性，提高协会的话语权和社会影响力。为行业发声，出具专业意见，协调政府对广告业政策的制定，以行业号召力促使政府对广告业发展的重视，得到省市场监督管理局、省新闻出版广电局、省文化和旅游厅、省农业农村厅、省社会组织管理局等政府部门的支持和好评。

二、加强各方协作，促行业品牌建设

与广州市广告行业协会再度携手，联合省广集团、广州国家广告产业（媒体港）园区、广州交易会等知名专业机构，成功主办 2019 广州国际品牌节。来自全国行业组织、知名品牌企业、大型互联网平台、权威媒体机构及专家学者近 2000 人参与本届品牌节的各类论坛、峰会，在全国引起强烈反响。“广州国际品牌节”集中展示中国品牌发展成果，推动中国品牌国际化进程，凸显中国广告营销行业的前沿力量，已成为省广告协会对外交流的一张闪亮名片。

协会还联合举办、协办了“尚天河”冬季沙龙、2019IEBE（广州） 互联网新商业展暨国际电子商务博览会、2019 阿里文娱智能营销平台广告行业主题沙龙、中国品牌日知识大会暨第二届中国品牌智能管理论坛、汕头品牌·公益广告高峰论坛、2019 中国好声音全国海选广东赛区总决赛、“2019 年度广播电视公益广告精品征评”创意指导会、2019 中国市场营销国际学术年会暨中国创造论坛、2019 尚天河夏季文化沙龙、中国高等教育学会广告教育专业委员会 2019 年学术年会暨第十届中国广告教育论坛、2019 年智慧传播与计算广告发展论坛等主题各异、精彩纷呈的行业交流活动。集结各方力量，发挥平台优势，整合资源共享，

促进行业发展，获得会员单位和行业企业的普遍好评与认可。

三、加强行业信用管理，充实企业信用资产，为企业提供信用增值服务

省广告协会着眼行业发展全局，制定行业标准，规范行业行为，加强行业自律，制定了《广东省广告行业企业信用标准》，帮助企业加强信用管理和信用资产增值。联合省信用协会、大数据机构开发建设“广东省广告行业企业信用评价服务平台”。系统通过大数据对企业信用状况和等级进行画像并自动生成“红名单”和“黑名单”，企业信用情况一目了然，方便企业对自身信用状况进行管理，对有利害关系企业的信用等级情况进行查询，减少企业信用损失和规避信用法律风险。

四、发掘和嫁接各大高校广告教育资源，增强华南地区广告的辐射力和影响力，为行业企业引进优秀人才和优质创意拓展渠道

利用行业协会的资源平台优势，联合暨南大学、华南理工大学、广东轻工学院等十余所知名院校，成立“广东省广告教育联盟”“粤港澳数字创意职业教育产教联盟”，搭建高校广告教育合作平台，推动全省各高校更好地实现教育资源共享，促进行业产学研深度融合。举办“广东第十二届大学生广告节暨岭南青年创意周”和在校学生创意设计大赛等活动，为行业培养储备优秀人才，为学生就业和企业引进人才牵线搭桥，实现行业持续繁荣发展。

由协会编撰的《2018-2025 年广东广告产业发展预测与广告人才培养需求报告》，利用政府、企业及市场调研等多层级数据，从产业人才现状出发，结合在数字化时代产、学、研、营、服、销等多领域需求，探讨专业教学与企业需求的融合，企业项目与教学内容相结合的行业人才高等教育模式，拟整合产品设计、广告设计等专业，为品牌化设计服务链培养创新型设计人才，助力广东制造向广东创造升级。

五、会同香港广告业联会和澳门广告商会，联合发起筹建“粤港澳大湾区品牌联盟”

粤港澳大湾区品牌联盟既是对国家战略的有力践行，也是粤港澳三地协会履行行业责任，推动中国品牌发展的生动写照。2019 年省广告协会与香港和澳门广告同仁密切交流，广泛合作，积极支持和参与香港“紫荆国际奖”赛事和“澳门国际广告节”，共同促进粤港澳广告业繁荣发展。

六、建立全省各级广告协会联动机制，激发全省行业协会活力

全力支持各地市广告协会的工作，积极参与各地市协会组织的各项活动和赛事，进一步密切省协会与各地市广协之间的互利合作关系。省市协会间的交流互动更加频繁友好，“全省一盘棋”的广告业联动机制基本形成。

省广告协会始终团结并支持全省各地市广告协会共同发展。秉承“价值共创、价值共享”原则，明确发展目标，深挖业界需求，搭建共赢机制，对接各方资源，为政府、为行业、为会员、为兄弟协会创造有价值的服务。

组织评选 2017、2018 年度广东省优秀广告协会、全省广告协会优秀秘书长和优秀工作者，为获奖单位、个人颁授荣誉证书和牌匾。

七、联合国内经济重点省份、直辖市的管理部门和广告协会，合作开发“广告发布法律风险智能评估系统（广协库）”，防范广告发布的违规风险，促进广告行业的诚信建设

该系统是基于大数据和人工智能对广告内容进行审核、咨询的服务平台，能最大限度降低广告主、广告经营者、广告代理商在发布广告时产生的法律风险和避免被处罚风险。从而实现广告发布事前预防、事中预控、事后监管，从广告创作的源头、发布前期对广告作品进行快速的风控预防，帮助企业降低和规避广告发布法律风险。

广西壮族自治区广告协会

2019 年，广西壮族自治区广告协会在自治区市场监督管理局的关心和指导下，在广西广播电视台领导的支持下，深入学习贯彻党的十九大精神，坚持“脱钩不脱轨、脱钩不脱管、脱钩不脱为、脱钩不脱位”的发展原则，发挥广告行业组织的自律优势，增强服务能力，积极承担新时代行业组织的社会责任，带领各会员单位一起努力向合作共赢的方向迈进，集体对外发声，助力广告行业健康持续发展。

一、 积极学习，完善建制

面对改革发展的新形势，协会在现有的机制下，不断根据市场变化和会员需求，积极推进协会内部建设。

（一）2019 年 4 月 30 日，根据协会工作的需求召开了广西广告协会常务理事会 2019 年第一次会议，会议决议广西美丽天下广告有限责任公司总经理黄锐担任协会秘书长，广西日报传媒集团广告有限公司、广西锐力鑫达传媒有限公司为协会新增常务理事单位，提议广西新广播传媒有限公司总经理黄一雪为协会代理会长。

（二）2019 年 7 月 18 日，协会组织召开了 “合作开拓 共商共赢”广西广播电视台广告业务邀请交流会，来自 18 家广告协会会员单位针对广西广告市场中户外广告板块的乱象问题提出政策疑问以及整治的意见，并与自治区住建厅、自治区市场监管局、南宁市市政和园林管理局等政府部门进行了沟通。9 月至 11 月间，协会秘书长召集广西综路传媒集团、南宁华策广告策划有限公司、广西南宁快乐广告有限公司、贵港联播传媒公司、广西锐力鑫达传媒有限公司、广西顶源传媒有限责任公司召开了 4 次关于成立广西广告协会户外广告管理办公室的筹备会议，制定了成立机制和管理办法。

二、积极开发构建协会共赢平台

2019 年，协会积极发挥桥梁和纽带作用，一方面热心听取各会员单位的意见和诉求，另一方面与相关业务主管部门沟通，开阔了协会办会的发展思路。

（一）5 月 10 日，受香港广告业联会邀请，代理会长黄一雪一行参加国庆杯广告行业 - 国际紫荆奖项说明会。

（二）7 月 18 日，由广西广播电视台广告经营中心联合广西广告协会主办的“合作开拓 共商共赢”广西广播电视台广告业务邀请交流会在广西广播电视台召开，此次会议共有 18 家会员单位积极参与，交流会上针对广告市场乱象的治理以及公共项目的合作都提出了很有实操性的建议，加深了会员间的业务联系，当天还根据中国广告协会的要求，承办并组织会员企业参加腾讯区域品牌广告代理商招募会。

（三）9 月 2 日，代理会长黄一雪一行拜访重庆市广告协会，共同商讨两协会联合开展的扶贫活动：党旗领航 幸福社区—扶贫产品进社区重庆站工作。

（四）9 月 5 — 6 日，为进一步促进行业相关人员正确把握国家相关法律法规、政策动态，提高基层工作人员的业务素质和能力水平，协会组织会员参加了中国广告协会在乌鲁木齐市举办“2019 全国市场监管法律法规培训班”。

（五）10 月 26 — 28 日，组织会员参加中国广告协会在江西省南昌市举办的第 26 届中国国际广告节，并在会议期间组织 18 个省广告协会召开了中国 -- 东盟品牌与广告展览交易会筹备会，会议提议获得了到会协会的一致认可和支持，同时与各协会商议会议议程和主题，并确立联合西部广告联盟共同筹备中国—东盟品牌与广告展览交易会筹备会。

经过一年的努力，协会通过组织会员企业走出去参会，拜访交流的形式，增进了会员企业与同行业的联系和合作，增强了协会的号召力和凝聚力，提高了协会的知名度和社会影响力，今后，希望协会以“广汇同心，聚力共赢”为核心，落地项目，夯实合作，建立全媒体合作平台，打造广西企业品牌，促进中国和东盟广告企业间的交流与合作，打通投融资和股权合作平台，打造更强大的广西广告企业。

海南省广告协会

根据国务院行业协会必须与政府行政机关脱钩的要求，海南省广告协会于 2015 年完成行政脱钩工作。脱钩之后，协会积极探索新模式，主动适应新环境，在中国广告协会和省市场监督管理局的指导和全体会员单位的共同努力下，各项工作得以顺利开展。协会内设一个秘书处、一个政研咨询组和户外、媒体、策划创意、户外执行、新媒体、广告光电制作等六个专业委员会以及琼海、儋州分会、网红分会。目前省广协理事以上会员单位一百余家。

2018 年 6 月协会完成新一届换届改选，省广协在省市场监督管理局的业务指导下，协会会长李春亮带领协会新一届班子齐心协力，想会员所想、急会员所急，紧紧围绕“提供服务、反映诉求、规范行为”的协会主要职能做了大量工作，现总结如下：

一、召开省广协五届二次理事会暨会员大会

2019 年 1 月 16 日省广协组织召开五届二次理事会暨会员大会，会上宣布成立了省广协证明商标评审委员会、广告发布内审专家组，并对新组建的政研咨询组、户外专业委员会、媒体专业委员会、广告执行专业委员会、策划创意专业委员会授牌，同时为各专业委员会主席颁发了聘书。

二、省广协成为了省工商联团体会员单位

省广协 6 月 28 日参加了省工商联团体会员入会仪式，成了省工商联团体会员单位。加入省工商联后省广协不仅多了一条向政府相关部门反映广告行业及会员企业诉求的渠道，而且可以及时了解政府相关政策，参加省工商联组织的各类活动及培训等，助力提升广协发展。

三、继续坚持不懈向政府相关部门反映会员企业诉求，维护广告企业利益

以协会名义向海南省市场监督管理、省交通运输厅、海南省工商联以及海口市市政管理局等单位报送了《关于全省户外广告企业生存危机的情况报告》《关于用政府规划指导 + 市场化运营的方式打造城市景观亮化工程的建议》《关于科学整治高速户外广告，支持行业健康发展的紧急报告》《关于妥善处置楼宇 LED 显示屏的紧急报告》《关于尽快解决拆除广告设施赔偿问题的函》等等，及时反映行业协会的建议以及会员企业的诉求和呼声。

四、组织开展相关活动，促进会员企业之间的沟通交流

1. 举办了以“广告企业项目与资质申报实务”为主题的公益沙龙活动。省广协政研咨询组秘书长朱志围绕申报项目与资质的意义、专项资金概览及申报路径等内容进行了主讲。

2. 举办了以“新时代的海南创业之路”为主题的公益沙龙活动。省广协常务副会长、天道创服集团董事长陈善铭围绕海南自由贸易试验区、中国特色自由贸易港建设中的广告企业的机遇及挑战等内容进行了主讲。

3. 为帮助会员企业实现转型升级，抱团发展，协会与海南天九共享控股集团、中国商业联合会以及其他 4 家商协会共同合作举办了“中国独角兽商机共享大会”。

4. 举办了首届广告主茶话会。与妈宝荟、东湖整形、“柚子夫妇”、雅新园艺等广告客户一起探讨广告合作事宜。

5. 协会与沃德百业联盟、平安 银行、中视影城、碧桂园、中国黄金、珠宝、快马优品、有赞等企业联合举办了首届商家联盟落地执行大会。为商家提供宣传、流量、

销售业绩、方案设计、落地执行等一系列解决方案。同时协会还与壹玖海南运营中心，贵州商会、黑龙江商会、酒店餐饮协会、诚信企业协会等十几家商协会共同协办了海南首届“免费模式资源对接峰会”；联合数据谷、创蜜圈举办了“如何带好高效团队”创始人共创会。

6. 协会组织会员企业分别参加了省委组织部、省工商联合召开的千人才人大会；组织会员单位参加了由国务院新闻办公室指导，中国外文局主办、中国互联网新闻中心承办的 2019“讲好中国故事”创意传播大赛海南站启动仪式暨中国网海南自贸区平台上线发布会等。

在开展以上活动的同时，协会还积极参加了中广协举办的 2019（第十五届）中国广告论坛和第 25 届中国国际广告节以及各地广告协会举办的相关活动。同时还参加了省民政厅、工商联举办的相关培训活动等。

7. 为了进一步了解会员企业情况，分别走访了洪昇光电、海口日报、中信投、灵狮广告、天道创服集团、海口广播电视台、印象广告等会员企业，征询会员企业对协会工作的建议及意见。通过走访增进了了解，加强了沟通与交流，促进了合作共赢。

重庆市广告协会

在学习党的十九大四中全会、中央经济工作会议精神的热潮中，在上级党委和业务主管部门的指导和支持下，重庆市广告协会走过了 2019 年。这一年我们干得很振奋！很有收获！

重庆市广告协会经重庆市社会组织评审委员会评审，评定为 4A 级社会组织；重庆市广告协会党支部被市委组织部评定为重庆市非公经济组织和社会组织党建工作优秀案例；有 68 家会员单位被评为诚信广告企业。行业协会直属会员单位达到了 350 多家，全行业会员单位达到了 1100 家。主流媒体部分广告企业的产值预计实现 80 个亿。全行业预计实现产值近 130 个亿。

2019 年 10 月 22 日，重庆市市场监督管理局副局长李林来协会指导工作，他说了“三个没想到”：没想到发展速度这么快！没想到每年干了这么多的事！没想到管理这么规范！

一、协会的基础工作

2019 年，协会基础工作有了明显的提升，主要体现在五个方面。

(一)行业协会的工作指导思想越来越明确

2016 年协会换届以来，伴随着新时代的步伐，协会办会的指导思想也有一个逐步提升的过程。

1. 2016 年，完成了协会的换届，健全了协会日常工作秘书处，成立了协会党支部。

2. 通过 2017 年，结合新时代的到来，开始补充完善协会的基础工作。

3. 进入 2018 年，开始系统地推进“提供服务、反映诉求、制定规范、强化自律”工作。把社会主义核心价值观培植，诚信企业的培植作为日常工作的重要内容。

4. 2019 年，协会办会的指导思想更加清晰，即：在上级党委和行业主管部门的指导支持下，牢牢把握行业发展的政治导向，依据广告法五项基本职能，“制定行业规范，加强行业自律，促进行业发展，引导会员依法从事广告活动，推动广告行业诚信建设”。全面履行协会服务行业、服务会员、服务政府、服务社会的各项工作。

(二)行业协会的基础工作越来越有序

依照协会章程，日常工作开始进入常态化时期。

1. 严格遵循协会章程的工作制度，每半年一次常务理事会、每年度一次理事大会，报告工作、通报年度大事、安排次年工作，使理事们了解协会工作的基本情况。

2. 坚持每季度一次支部学习活动，推动“四进”工作：政治纪律进头脑、组织意图进决策、党建工作进业务、诚信守法进行业，认真抓好行业政治导向工作。

3. 坚持日常会议议事制度，确保各项工作有计划推进。我们坚持了每周一次的工作例会，坚持了三重一大议事制度，坚持了每季度一次的副会长工作会议，使协会各项工作安排有记录、决策有依据、工作有秩序。

（三）行业协会的自律工作越来越规范

1. 2019 年，在上级党委和主管部门的指导下，结合党建工作，补充完善了《重庆市广告协会章程》《重庆市广告行业行规行约汇编》，修订了广告行业资质等级、诚信广告企业标准。树立行业先进、标杆的工作逐步走向正常化。

2. 坚持一年一度的诚信广告企业评定工作，坚持评定工作一票否决制度（一处违法、处处受限），坚持初评结果报主管部门审查备案制度，坚持诚信评定在公众媒体公告的基本原则。2018 年评定表彰了 60 家重庆市广告诚信企业。从行业影响力上，有力地推动了行业自律、规范发展，追求行业进步蔚然成风。

3. 国家级一级广告企业越来越多，影响力日益增大。2019 年，重庆狼卜品牌营销策划有限公司，经协会推荐，被中广协评定位国家一级广告企业。目前国家级一级广告企业有：重庆唐码传媒有限公司、重庆芒果广告传媒有限公司、重庆目标广告有限公司、重庆笨鸟标牌有限公司、重庆高速文化传媒股份有限公司、重庆市加米广告有限公司、重庆狼卜品牌营销策划股份有限公司。

协会中广协会员单位已有 25 家。品牌、品质、荣誉影响着整个行业不断迈上新台阶。

4. 诚信经营已成为广大会员单位的自觉行为。

2019 上半年的常务理事会上，与会的常务理事单位在会场公开签订了诚信承诺书。现场气氛热烈，庄重，表达了重庆广告人诚信经营的良好态势。

（四）协会的工作凝聚力越来越强

经过近几年的努力，由协会主办和协办的，目前已经形成常态化的大型学习活动就有十次。一月份由协会主办的理事大会暨新年团拜会；二月份的会员项目推介活动；三月份的中国西部国际广告节活动；四月份的中国广告论坛活动；五月份的公益、扶贫活动（近几年以扶贫为主线）；七月份的爱党主题教育活动；八月份的中国户外广告论坛活动；九月份的中国国际广告节活动；十月份的红色主题教育活动；十一月份的会员走访活动。通过这些活动，协会把大家组织起来了，把思想统一起来了，把行业自律规范起来了，促进了会员单位素质提升、实力提升、品牌提升。

（五）行业协会信息交流平台影响力越来越大

1. 协会网站、公众号、微信群，给行业交流，会员交流提供了活跃的舞台。2019 年 11 月底统计，我们协会网站的浏览数已经达到了 256456 人次。

2. 协会建立了日常工作接待制度，热心解答会员单位的咨询和求助，2019 年 11 月末统计，全年接待会员单位 85 个，到协会访问人次达到 230 多人次。

二、服务行业、服务会员

（一）服务广告行业的发展

牢记使命，服务广告行业的发展，这是行业组织的责任和担当。

1. 坚持不懈地推进广告行业的降费工作。

该项费（文化事业建设费）起源于 1996 年，至今 23 年时间，从 2017 年起，中广协和各地广协共同努力做减费争取工作。2019 年 4 月 14 日，在纪念中国广告 40 周年大会上，张国华会长再次呼吁减费，重庆协会为此召开了多次研讨会、记者专题会、主管部门专题汇报会，肖金生会长多次前往税务局专题汇报，功夫不负有心人！ 2019 年 7 月 1 日起，终于实现了此项费用的降费目标。

2. 主办中国西部国际广告节，用心打造行业品牌。

2019 年，主办了第十八届中国西部国际广告节。与往年比较有三个突出的亮点：一是主管部门领导亲自登台致辞（李林副局长、祖峰副局长）；二是高峰论坛云集广告行业大咖，田涛、薛振添、杨同庆现场演讲；三是广告节期间共收获了 2000 多个订单，合同金额达 7.5 个亿。2019 年 10 月，李林副局长来协会指导工作时，专门强调：要认真研究西部地区广告行业的这个盛会，要把西部国际广告节的举办与国家“一带一路”思路结合起来，打造出一个代表西部广告发展的品牌节。李副局长期望：2020 年的广告节，要从打造品牌的角度，努力把重庆的各类品牌、主流媒体、文旅产品引入展会。

3. 发挥行业纽带作用，服务于政府采购。

2019 年我们开始推进了为政府服务的工作。充分发挥行业组织桥梁纽带作用，把行业的基本情况汇集整理，服务于政府部门的需求。

一是给重庆市城市管理局提供《重庆市户外广告市场发展报告》，此报告分别以季度报告、年度报告的形式，向城市管理局报送，为系统掌握户外广告各类数据打下了基础。经过 3 个多月的准备工作，目前基本模板已经完成，计划 2020 年度 2 月提交 2019 年度报告。

二是为市场监督管理局提供《互联网广告监测》《户外广告监测》两项服务。

4. 完成了第一次行业数据统计工作。

按规模排序，对 100 家广告企业进行了抽样数据调查统计，对企业营业额、用工、人员构成，税收情况进行了统计，并分别进行了归类，大致为四个序列：一是主流媒体；二是产业园；三是 5000 万以上企业；四是 5000 万以下企业。这些基础工作的开展，为行业数据收集、行业服务工作、行业发展分析，行业发展方向，有着极大的意义。同时，还建立了西部地区行业数据、北、上、广、行业数据以及重庆周边地区（湖北、武汉、成都、西安）的数据，把这些数据输送给政府主管部门，将为政府部门指导行业的工作发挥重大作用。

5. 建立重庆市广告行业专家库，搭建行业评价平台。

2019 年 1 月 25 日，习近平总书记就全媒体时代和媒体融合发展，提出了“四全媒体”的观念。即“全程媒体、全息媒体、全员媒体、全效媒体”。为了更好地开展广告行业的市场消费研究、综合媒体研究、创意策划研究、经营产业研究，加强行业理论和实践，并服务于行业评价、评估活动需求，在行业主管部门的指导支持下，协会成立了《重庆市广告行业专家委员会》。组成的人员有主管部门的工作人员；有主流媒体的资深领导；有丰富实践经验的广告经营人；有协会的副会长；有高等院校的专家；有协会的专职工作人员等组成。2019 年间，我们已经先后组织专家组成员为高速传媒公司媒体设置、重庆市招投标评估、重庆城市管理局户外广告专题会等，提供了 20 人次的专家咨询、评估、评标活动。

（二）服务会员单位的经营进步

服务广大会员单位，是行业协会的职责和初心。对行业会员单位的承诺：就是服务服务再服务！搭建好行业的服务平台，做好全方位的服务工作，是我们的使命。2019 年搭建了以下服务平台，开展了多种形式的服务工作。

1. 搭建经营交流服务平台，让会员单位互动起来。

（1）2019 年 2 月，在重庆市场监督管理局、重庆城市管理局的指导下，与两江产业园共同举办了《合作共享、互利共赢业务推介交流会》。15 家企业在会上做了合作互利的信息交流，信息中，含火车北站独家媒体资源、腾讯、抖音、今日头条、知乎资源系统、AI 智能互联网精准投放资源、新型广告材料技术等项目。

（2）2019 年 8 月，推介了重庆唐码、重庆加米、东方初晓公司，参加了中国秦皇岛户外广告论坛。在国家级的广告互动舞台上，讲重庆户外广告的故事。本届中国户外论坛：还进行了中国户外媒体认证，三家会员单位获得殊荣：重庆唐码传媒有限公司获《拥有著作权最多》的荣誉；重庆加米广告有限公司获《最大的城市弧形三面翻广告牌》荣誉；重庆东方初晓传媒有限公司获《亚洲面积最大 LED 广告显示屏》荣誉。

2. 搭建经营沟通服务平台，服务会员经营。

协会是联系政府部门的纽带，也是行业合理诉求转达的桥梁，我们努力帮助会员实现和主管部门的正常沟通，助推会员单位依法合理地开展经营活动。如，重庆世联广告承接了《重庆银行》的门楣改造，涉及重庆近 40 个网点，改造方案的科学性、合法性、合理性成了他们的难题，协会主动与主管部门联系汇报，求得广告设置部门的指导和帮助，在主管部门的指导下，世联广告顺利完成了《重庆银行》的门楣改造。

3. 搭建经营帮扶服务平台，拉动微小企业发展。

2019 年，开始在会员单位中推进抱团取暖的工作，绝大多数副会长单位都踊跃支持，主动申请参与以大带小的帮扶结对子活动，指导帮助、拉动小公司共同发展。2019 年签协议的对子单位：唐码传媒——卓彩广告；狼卜传媒——高亮广告；加米广告——海邻广告；格局广告——奔鸟广告，四个对子在 2019 年都有收获。协会通过搭建平台，让会员集合在一起，对于行业的进步发展具有极大意义。

4. 搭建法律咨询服务平台，服务会员疑难。

协会建立了法律咨询平台，努力为会员的诉求服务。2019 年我们接到的服务诉求 80 多件，其中反映经营中有不当竞争行为的，协会立即与会员之间沟通协调，达成一致的意见；有反映违法设立广告牌的，协会立即向主管部门汇报反映；也有提出诉求，需要协会出面协调的，协会立即发函与相关单位协调。

5. 搭建跨区经营服务平台，支持行业会员单位跨区经营、学习交流。

2019 年，运用协会在全国建立的工作交流平台、中西部地区广告协会联盟平台，热情地为广大会员开展服务。如，协助重庆龙在广告公司计划与上海相关广告公司合作开展经营活动；帮助落实渝北广告协会组织会员去贵州学习等等。事情虽小，但仍然给我们启发。跨区服务，是我们下一步为会员单位服务的又一个工作重点。

随着协会工作平台的增大，协会的工作协调力度也在增大，对行业学习交流、互动起到了积极的作用，按照中广协张国华会长的话讲：“如今的西部地区，广告行业已经热闹起来，重庆广告协会也活跃了起来”。

6. 搭建经营学习服务平台，提升会员单位综合素质。

采用多种方式，运用组织学习的平台，为广大会员提升素质服务。2019 年 4 月，与中国广告协会联合组办了全国法律培训班，全国各省市 500 多名代表（含重庆 100 多名）参加了培训学习；与狼卜传媒广告公司共同举办了三期品牌大讲堂；组织会员单位参加了中广协组办的第十五届中国广告论坛学习。

（三）服务于社会公益事业

热心为社会公益事业服务，是社会主义核心价值观的基本要求，也是广告人主动承担社会责任的具体体现。2019 年，协会带领广大会员单位积极开展了多种形式的公益活动。

1. 为提升城市美誉度开展垃圾分类创意设计活动，重庆国博广告公司主动承担了“垃圾分类”创意设计工作，重庆天地广告主动承担主城区主要干线公交站台的公益宣传工作。公益活动得到了重庆市城市管理局的认可、点赞。

2. 与工商大学、重庆大学、四川美院、川外美术、重庆师范、第二师范六所高校合作建立了大学生实习基地，为学校免费提供现场授课，组织第一批学生的毕业实习，为培育未来的广告人才努力奉献。

3. 积极参与社会公益扶贫工作。2019 年，随着脱贫奔小康任务的临近，协会按照上级党委和主管部门的要求，积极主动参与了两项扶贫事业。一是随上级党委赴万州区龙驹镇梧桐村，开展公益扶贫活动，有 10 个会员单位参与了活动；二是组织 20 家骨干企业参与丰都县三建乡夜里坪村扶贫工作，初步估计三年内实现营销额 2 个亿。

4. 积极参与建国 70 周年宣传公益活动，组织会员单位，连续 15 天进行歌颂祖国的相关宣传。

（四）服务会员单位的政治素质提升

把握好政治方向，是协会所有工作的重中之重。

今年的工作中，我们把不断提高企业领导素质，摆在了日常工作非常重要的位置。并通过多种形式的活动，培养、提升骨干企业领导的基本政治素质。

1. 坚持与广告企业主要领导对话制度，会长坚持每季度与副会长单位领导对话，沟通思想，统一认识，明确方向；秘书处坚持与新入会的总经理沟通对话，结合行业自律、行业规范、行业要求、行业服务，进行认真坦诚的交流。

2. 坚持主题教育活动，培养爱党爱国情怀。会长亲自演讲《不忘初心、牢记使命》主题党课；协会党支部组织大家参观老一辈革命家故地，学习无产阶级革命家的远大理想、奋斗精神；在主管部门领导的指导、支持和亲自参与下，主办了《我爱我的祖国》主题音乐会。

中国广告协会会长张国华来重庆时，对重庆的广告人有过这么一段评价：“你们在新时代，用新思想、新创意、新媒介书写着新时代西部重庆广告人的故事，你们是有理想情怀的一群广告人！”

四川省广告协会

2019 年是四川省广告协会脱钩之后正式市场化运作的开局之年，也是全省广告行业协会聚力向新、谋划发展的关键一年，协会在四川省市场监管局、四川省民政厅的关心、支持和指导下，在全体会员企业的共同努力下，紧紧围绕“反映行业诉求、规范行业行为、促进行业发展”的办会宗旨，不断加强协会建设，提升协会服务能力，在促进全省广告产业发展中作出了新的成绩。一年来，主要做了以下工作：

一、提升服务能力，充分发挥协会的桥梁纽带作用

（一）举办形式多样的活动，增进会员间的交流合作。为了促进会员企业之间的互动了解，达到整合资源、携手共进的目的，协会举办主题研讨会、座谈会等，针对广告行业热点及企业发展痛点进行研讨和分析；举行会长会议、理事会议和全省广告协会工作研讨交流会，汇聚行业内各领域有影响力的企业代表一起探索发展思路，畅通沟通渠道共谋发展；举办多种类型广告创意沙龙、企业高管俱乐部等活动，促进会员单位交流，推动圈层联动。遂宁市广告协会举办“问瓷遂宁”传承本土传统文化交流会、会员职工大型趣味运动会和组团参加省市级大型运动会等活动。广元市广告协会举办《女儿节伴手礼》《广元历史文化》等主题广告沙龙，提升会员的设计能力和创意水平，开展《民营经济大讲堂——亏钱盈利思维》公益讲座，给大家讲授新型营销模式。泸州市传媒商会组织会员开展“忆初心、再出发、重走长征路”大型红色之旅主题活动，围绕党建凝聚人心，展现当代传媒人新思想、新风尚。

（二）加强考察交流，搭建良好的商务合作平台。协会组织会员企业参加了 2019 中国国际广告节、中国广告论坛、上海国际广告节、广州国际品牌节和西部广告战略联盟年会等行业盛会，赴广东、深圳、上海等广告协会进行实地考察和交流，学习和借鉴发达地区协会的运营模式，促进跨省协会和会员企业之间的友好合作。协会与重庆、贵州、云南等西部 5 省 3 市广协组成西部广告战略联盟，切实有效地为西部广告企业搭建交流与合作的平台。协会与四川省电子商务协会、四川省文化品牌发展促进会、成都非遗博览园等多家行业协会、园区建立友好合作关系，通过活动的合作，为会员单位搭建良好的商务合作平台。

（三）减轻企业负担，营造良好的发展环境。2019 年 4 月的国务院常务会议决定，自 2019 年 7 月 1 日起至 2024 年底，对中央所属企业事业单位减半征收文化事业建设费，并授权各省（区、市）在 50% 幅度内对地方企事业单位和个人减征此项收费。为了将此项政策的减免幅度用足用好，协会积极组织调查全省文化事业建设费的征收情况，对有关规定做深入了解，并多次与省市监局、省财政厅相关部门沟通交流，发起呼吁和建议，在推动政策落实中积极发挥行业组织的作用。在省市场监管局的支持和指导下，在全省广告行业协会的呼吁下，于 2019 年 6 月底省财政厅正式下发了关于文化建设事业费减半的通知。这次文化事业费的减半征收，对促进全省广告业的良性发展具有重大的意义。

（四）维护企业权益，为行业发展创造有利环境。四川省各地广告行业协会根据会员的诉求和申请，在调查核实有关情况的基础上，针对企业在现实中合法权益受到的侵害情况，协助向有关部门反映诉求和解决纠纷。广元市广告协会收集整理会员单位的欠款情况，汇总政府部门和国企欠款情况并上报市工商联，由市工商联报市财政局向欠款单位督促落实；对于一般企业的拖欠问题，协会以律师函的形式统一发出，并在行业内通报，因其不诚信导致的名誉损失由拖欠者自行承担责任，以上措施都有积极回应，有多笔款项已收回，受到广大会

员和社会各界的一致好评。达州市广告协会多次到市政府、市城管部门就达州南高速路口部分户外大型广告牌问题做专题汇报，以书面文件形式提出了“不搞一刀切撤出”的建议，引起了相关职能部门的高度重视，暂时保留了该路段部分单立柱户外广告牌，为部分会员企业挽回了一定的经济损失。

二、创新服务手段，努力构建广告行业发展新格局

（一）集中力量，打造品牌，广泛推动平台的对外交流合作。3 月 15—19 日，在省市场监管局的指导下，协会与封面新闻在成都联合举办“2019 首届中国西部丝路国际广告周”，活动涵盖了大型论坛、大型展会和广告大赛三个环节。在为期 5 天的活动中，省内外同行业协会、广大媒体、广告主、广告商和高校共聚一堂，聚焦行业热点问题、把脉西部广告发展走向，推动了全省广告产业进一步繁荣发展。本次活动在线直播全网观看量达到 24 万人，广告展吸引了上千家参展商和 3 万采购商，1.6 万人次积极参与丝路广告大赛，收到作品共 2200 余件。广告周为中国西部广告业界搭建了高效交流的有益平台。

（二）省市联动，合作共赢，形成全省广协融合发展的组织战略。协会把省市联动放在战略发展的高度，以“价值共创、利益共享”为合作基础，建立全省广告协会的合作体系架构。一方面，四川省广告协会利用覆盖的资源平台更广阔等优势，联手各市级广告协会开展大型赛事、论坛、培训和项目引介，通过统一的产品和服务，为省市联动找到一个合力方向，促成更大规模的商业合作。另一方面，通过各地广协与市场的紧密联系，了解各区域发展中遇到的矛盾和问题，为省会组织决策和探索产品提出更合理、更务实的意见建议。通过以上多种举措，理顺了省市两级广协的合作关系与组织架构，避免资源内耗，促进聚力共赢。

（三）树立典型，鼓励先进，提升全省广告企业的影响力和竞争力。10 月开展了“2019 年四川省优秀广告企业 / 个人的评选活动”。对提高全省广告行业从业人员素质、培育一批有自主品牌和竞争力强的广告企业起到了积极的促进作用。

（四）开展帮扶助学公益行动，树立协会的公益形象。“小绿萝公益计划”于 6 月正式启动，第一期活动与甘孜州行政审批局联合组成公益小组，走进色达县大则乡中心小学开展帮扶助学活动，此次公益活动共募捐物资价值 20 余万元。

三、加强行业自律，积极促进行业可持续健康发展

（一）开展广告法律法规培训，积极发挥广告的导向作用。协会今年举办了两期全省广告审查法律法规培训班，来自各地市场监管部门、广协、各广告经营单位及广告相关行业从业者近 750 人参加了培训。

（二）开展企业资质认定，推进广告行业的标准化建设。为提升全省广告企业的服务质量和市场竞争力，协会于 7 月启动全省广告企业资质认定工作。经过前期组织、会员单位申报和各市州广协初审，最后经四川省广告资质认定评审委员会复核，共评选出四川省一级广告企业 16 家、省二级广告企业 16 家和省三级广告企业 9 家。通过本次认定工作建立和完善四川省广告行业标准化建设体系，对广告企业进行科学真实的评价，为推动全省广告企业向专业化、规模化发展起到了积极的作用。

（三）开展行业调研与分析，推动城市建设良性健康发展。10 月，协会邀请专家和会员企业代表参加成都市城管委召开的规范城市户外广告设施管理工作试点座谈会，对规范城市户外广告设施工作进行科学论证，帮助和推动成都户外广告形成科学、精细化的管理模式。同时，协会组建城市户外广告发展专家智库，建立和成都城管委的长效合作机制，对成都户外广告资源进行科学系统的管理和行业引导，形成政府、行业组织和企业的管理合力，共同规范广告市场秩序。省广协与成都市工商局签订《成都互联网广告发展环境及策略课题调研》报告，为政府制定行业发展规划提供数据及策略。绵阳市广告商标传媒行业协会与政府相关部门建立联系人制度，参与公共广告资源的十三五规划，充分发挥协会在市政公共资源建设中的话语权。

四、强化规范管理，扎实推进和完善协会制度建设

（一）加强自身建设，协会管理能力进一步提高。按照省民政厅《关于全省性行业协会商会脱钩办理公告》要求，补充完善相关手续，对《四川省广告协会章程》进行修改，完成了 2019 年度财务审计工作及相关社保、税务等工作。

（二）加强团结协作，服务会员工作有了新突破。2019 年，省广协秘书处组织各类会议、考察、论坛等活动总计 67 次，走访会员 185 家，通过会员介绍、上门走访等形式发展新会员 115 家，在日常工作中，撰写及打印文稿资料 10 余万字，保障协会各项会议活动的顺利开展。寄发会刊、文件、简报等 112 余份（件）；协会简报共出版 5 期。为了让会员以及社会各界及时了解行业及协会最新动态，协会微信公众号全年累计发送图文信息 159 条，公众号推文全年阅读量超过 36 万，有效提高了全省广告行业协会的影响力。

贵州省广告协会

2019 年，贵州省广告协会紧紧围绕年初确定的各项工作目标，抢抓机遇，开拓创新，各项工作均取得了积极成效。

一、新旧交替，开启了新的发展篇章

2019 年 3 月 28 日，贵州省广告协会迎来了第六届会员大会暨协会成立三十周年庆，同时也是五年一次换届的重要时刻。协会历经三十年的探索，一届又一届广告人辛苦奋斗，努力拼搏，在开拓与创新中不断壮大，获得了诸多辉煌的业绩。正是每一位前行者、探索者的无私奉献，呕心沥血，才换来的厚积薄发。本次大会经投票表决，贵州天马传媒有限公司总经理吴健当选为贵州省广告协会第六届理事会会长，晏茂愚当选为秘书长，杨志嘉、张笛、穆凌为副秘书长。换届为协会注入了新的生机和活力，新一届领导班子以高度的责任心和不断开拓的进取精神，与各会员和广告界同仁凝心聚力，共克时艰，深化改革，开启了新时代贵州广告行业的新篇章。

二、严于律己，促进了行业健康发展

每年举办一次广告审查法律法规培训班是协会的主要工作，对协助政府部门开展广告专项整治工作及减少违法广告的出现具有重要意义。6 月 26—28 日，由贵州省广告协会举办的 2019 贵州省广告审查法律法规培训班在贵阳市绍兴大酒店成功举行。培训班旨在加强广告审查员的法律法规意识，增强其行业能力，促进其行业自律，切实承担其应有的责任。同时，落实协会责任，从严广告行业标准，提高自身引领力，发挥好把方向、管大局和保落实的作用，切实落实“两个维护”“四个自信”“四个意识”。此次活动的开展培养和增强了全省广告单位法治思维，增强了行业能力，促进了行业自律，规范了广告传媒发展环境，让各广告单位能自觉履行社会义务，维护广告经营单位的社会公信力，主动带领各市、州广告协会发挥作用。

三 . 协调各方，充分发挥了桥梁和纽带作用

在企业与政府之间架起沟通的桥梁，向企业传达政府旨意，向政府反映企业诉求，是协会的重要职能。在履行这一职能的过程中，协会把握了三个重点：一是全面掌握会员企业的动态，建立信息库，对企业的困难和诉求进行梳理、筛选和评估，及时向政府主管部门反映，克服下情上达中的信息零散、片面、失真和梗阻等现象。二是及时反馈国家有关法律法规和政策措施的落实情况和践行效应，为法律法规和政策措施的效应评估和修正完善提供第一手资料。三是高度重视与政府主管部门的协调，为广告企业的发展创造宽松的环境。对企业行为要以促发展为前提，坚持重规范。对行政执法部门的诉求则应通过合法途径反映，为促进公正执法和依法行政，提高政府的公信力作出应有的贡献。

2019 年 4 月 8 日贵州省市场监督管理局广告处领导莅临贵州省广告协会召开工作座谈会。会议通报三月份广告监测情况，表示坚守广告导向宣传问题，宁严不松。

2019 年 9 月 11 日贵州省市场监督管理局广告处、贵州省广告协会联合召开广告导向专题工作会。龙明光副处长在会上强调，2019 年是新中国成立 70 周年、澳门回归 20 周年等重要节点，国庆来临之际，正值敏感时期，各家广告公司、广告单位应尤其注意广告导向，确保在重要节日时不要出现问题并结合典型的实际案例进行说明。

2019 年 11 月 8 日贵州省广告协会参加全省市场监督广告会议。高广明处长在会议上提出，广告监管工作要紧紧围绕正确的广告导向，宣传主流思想，进一步规范广告市场行为，要落实好广告监测工作。并表示要重视省广告协会及各市、州广告协会工作，时刻关注广告业的发展，充分发挥广协的平台作用，与广协联动开展工作; 进一步加强与其他相关部门的沟通衔接，明确责任，把各项任务落到实处，确保广告宣传正确导向。

2019 年 11 月 20 日贵州省交通运输厅、贵州省广告协会联合召开高速广告专题会议。会议就协会《关于请求协调新时代“多彩贵州·最美高速”创建联席工作办公室解惑并纠正不当行为的诉求》致函提出的问题，贵州省高速公路管理局副局长刘勇，路政管理科副科长李亮、政策法规科李志伟、创建办公室主任严天华先后向与会人员耐心作了解答。

四、创新发展，积极组织了会员单位参加各项活动

协会一方面注重拓宽会员单位行业发展思路，坚持“走出去”，另一方面注重提高广告企业创新能力和综合能力。

（一）积极组织广告企业参加各种大型活动，并以此为契机让会员单位了解、学习各地广告企业经营模式，结合自身实际情况取其精华。

1. 协会同参与单位在山东济南召开的 2019（第十五届）中国广告论坛中与各地广告主交流中国广告业的发展，学习和落实了第十五届广告论坛的广告业发展理念。

2. 参加江西省南昌市举办的第 26 届中国国际广告节，与广告人探讨结合新形势下的科技创新，观察和解析中国广告行业的变革与融合，围绕新环境下的业界发展格局、未来广告趋势等进行交流。

3. 在大理举行的中国西部广告协会战略联盟第三次年会。围绕“共享 互联 创新”的主题，共商中国西部广告业融合、联动发展相关事宜。

（二）举办省内广告作品评比活动，并鼓励会员单位积极参加中国广告行业的作品征集活动。

1. 贵州省第 26 届优秀广告作品评选的举办，充分调动了省内各级高校优秀广告人才和作品的创作积极性，为广告行业人才储备奠定了基础。

2. 积极组织各广告企业注册参与“黄河奖”“长城奖”“315 公益广告”作品征集活动，会员单位多项优秀作品获得了黄河奖、长城奖的各级奖项，充分体现出我省广告行业水平的提升，进一步激发了广告业界相关行业人员的创新能力和热情。

（三）召开 2019 年 CNAA 证明商标使用资格评审会。会议由省广协副会长、秘书长等组成的资质评审委员会对 2019 年全省共 11 家申报二、三级 CNAA 证明商标使用资格企业报送的材料进行严谨、认真的初审。证明商标使用管理工作的开展提升了广告企业的品牌价值和专业服务质量，维护了其合法权益，对促进广告行业规范发展发挥了积极作用。

五、追根溯源，完成了《中国广告四十年》编撰工作

为全面反映贵州省广告行业四十年的发展轨迹，激励、指导广告企业回溯历史、展望未来，协会决定组织编撰《贵州广告四十年》，为贵州省广告行业的发展兴旺历程做好资料收集和材料印证。协会于 2016 年年末下发了“关于编撰《贵州广告四十年》的通知”，经过两年之久的准备工作，在多方的努力下，《贵州广告四十年》现已编撰成册。书中撰写了贵州广告 40 年的历史，整理了 40 年来贵州广告业界和学界的“大事件”，以历史经验和成就来指导贵州省广告企业展望未来。《贵州广告四十年》既是贵州广告业发展印记，也是对贵州广告文化最好的传承。

云南省广告协会

2019 年，云南省广告协会在国家市场监管总局、云南省市场监督管理局、中国广告协会等上级单位指导下，积极开展工作并取得一定成绩，发挥了行业协会协助政府进行行业管理的作用，努力为会员单位服务，进一步密切会员之间的联系。

一、协会基本情况

云南省广告协会成立于 1987 年 9 月，现有会员单位 141 家，个人会员 6 人。现任会长为吕承鸿同志，会长单位为云南成名广告文化产业园经营开发有限公司。负责人总数 26 人，驻会人数 2 人，负责协会日常运作，其余人员均为无偿兼职为协会服务。

二、举办活动、行业交流情况

1. 2019 年期间，持续对协会承办的云南公益广告大赛获奖作品进行展示。云南公益广告大赛由中共云南省委宣传部、云南省文明办、云南省市场监督管理局、云南省住房和城乡建设厅、云南省广播电视局联合主办，云南成名广告文化产业园经营开发有限公司、北京知萌咨询有限公司、云南省广告协会承办。大赛以“遵德守礼，弘扬新风”为主题，共征集参赛作品 2090 组、3335 件。

2. 2019 年 1 月 14 日，中国广告 40 年纪念大会在北京国家会议中心隆重举办，协会秘书长肖明超前往参会。

3. 2019 年 3 月 20 日，应香港贸发局邀请，云南省广告协会会长吕承鸿、专家委员会常务副主任金星、专家委员会委员高阳携协会企业代表赴香港会议展览中心参加第二届 MARKETING PULSE 亚洲品牌及营销论坛活动。

4. 2019 年 7 月 29 日至 8 月 1 日，应亚太广告周组委会邀请，云南省广告协会专家委员会常务副主任金星教授与专家委员会委员高阳博士赴澳大利亚悉尼出席了第四届亚太广告周(Advertising Week APAC)系列活动。

5. 2019 年 9 月 11 日，第 26 届中国国际广告节长城奖、黄河奖终审会、市场监管总局第二届 315 消费者权益保护公益广告大赛终审会在昆明国家广告产业园圆满落幕。本届长城奖、黄河奖终审会由中国广告协会主办，云南省广告协会、昆明国家广告产业园承办；市场监管总局第二届 315 消费者权益保护公益广告大赛终审会由国家市场监督管理局主办，网络交易监督管理司承办，中国广告协会执行承办，云南省广告协会、昆明国家广告产业园协办。本届长城奖、黄河奖及 315 公益广告大赛评审会依旧延续了大规模、强阵容、高水平的评审规格，评审现场云集了全国高校学术专家、广告行业大师、企业品牌代表、互联网行业先锋等业界大咖，全体评委带着全国广告界重托，肩负评选中国广告业大奖的责任，齐聚春城，对终审作品进行等级奖评审。

6. 赴南昌参加第 26 届中国国际广告节。

7. 2019 年 11 月 15—16 日，中国西部广告协会战略联盟第三次年会在大理举行。本次会议由中国广告协会指导，中国西部广告协会战略联盟、云南省广告协会、昆明国家广告产业园主办，云南成名广告文化产业园经营开发有限公司承办，四川省广告协会、重庆市广告协会、贵州省广告协会、陕西省广告协会、广西广告协会、成都市广告协会、大理市广告协会（筹备组）协办，大会围绕“共享 互联 创新”的主题，共商中国西部广告业融合、联动发展相关事宜。

三、创新发展情况

2019 年 8 月 8 日，协会组织举办了创意云南 2019 文化产业博览会“创意云南 2019 文博会网红直播营销大赛”。大赛邀请了具有直播权限的主播来参赛，直播的主要产品是云南特色文创产品及具备市场化、年轻化的云南农特产品，举办此次网红直播营销大赛的目的：

一是用网红粉丝经济，新电商渠道为云南文创产品的数字营销探索新路径、构建新渠道，深入挖掘云南绿色食品和文创产品的品牌价值，传扬云南文化产品的丰富成果；二是发现网红直播人才，做好直播人才的培育和储备，为云南直播电商发展做好人才聚集；三是引导商家企业，应用并掌握直播新电商的技巧方法，让直播为企业发展赋能。

四、行业自律、行业维权情况

1. 2019 年 5 月 17 日，协会组织的“助推中小，共赢未来”五华区中小企业专题培训——《质量、环境、职业健康安全管理体系转换升级及推动体系有效实施》培训活动成功举办。培训详细讲解了质量、环境和职业健康安全管理体系的本质，以及与公司日常管理的关系，如何有效建立和实施管理体系，如何实施内审和管理评审等内容。

2. 2019 年 9 月 27 日下午，协会组织的五华区中小企业沙龙培训活动成功举办。活动邀请专家紧紧围绕昆明成为自贸区后企业将面临的危机与商机、管理心理学在企业管理中的运用、社保新政下企业将面临的税收风险与解决措施这三个话题进行了深度剖析和讲解。

五、行业培训、学术研究情况

2013 年，云南省人民政府发布了《关于加快广告业发展的意见》（以下简称“意见”）。为进一步落实省政府《意见》，推动和加快我省广告业在“十四五”期间再上新台阶，2019 年 11 月 8 日，云南省市场监督管理局广告处召开云南省“十四五”广告业发展规划编制工作座谈会。协会积极参与，会长吕承鸿，云南省广告协会专家委员会常务副主任、云南民族大学文学与传媒学院新闻传播系主任金星教授，云南省广告协会专家委员会委员、云南财经大学高阳博士，云南省广告协会专家委员会委员、云南民族大学文学与传媒学院广告学教研室主任王艳博士，云南民族大学文学与传媒学院许丽华副教授、云南民族大学文学与传媒学院广播电视教研室主任谭锐博士等专家学者，以及云南民族大学文传学院新闻与传播专业研究生参加并发表建议。

六、其他工作

2019 年协会组织拍摄了《行走云南，我为滇狂》大型外宣纪录片。纪录片源于 2014 年第十二届中国大学生广告艺术节学院奖“创意云南”金奖文案——“行走云南，我为滇狂”的文案概念，该片以云南八个自治州和八个地级市为切入口，将历史精神与现实风貌相结合，体现云南繁荣、发展民族文化、构筑各民族共有精神家园的新格局，铸造云南经济文化发展象征的新名片，震撼观众的内心，展现这片彩云之南的新面貌。纪录片是云南“十三五”规划总体发展战略的一个文化转型承载点，是全方位推介云南的新尝试，是扩大对外开放、推进对外经济文化交流与合作的有力支撑。这是一次规模空前的展示，更是云南省在建设富裕文明和谐新社会的过程中，对自身全新形象的一次生动阐释。

陕西省广告协会

2019 年，陕西省广告协会认真贯彻党的十九大、十九届四中全会精神，落实省市场监督管理局工作部署，围绕“服务行业自律、服务行业维权、服务行业发展”理念开展工作，发挥广告行业组织的桥梁纽带作用，增强服务意识，提高服务能力，创新服务措施，促进广告业持续健康发展。

一、协会基本情况

陕西省广告协会成立于 1985 年，是陕西省市场监督管理局直属事业单位，是经陕西省民政厅登记注册的非营利性社团组织。协会会员由具备一定资质条件的广告主、广告经营者、广告发布者、与广告业有关的企事业单位、社团法人等自愿组成，共有会员单位 276 家，其中副会长单位35家、常务理事单位28家、理事单位50家、普通会员单位150家、团体会员单位13家。协会秘书处现有工作人员6人，综合办公室、会员部、知识产权部、自律维权工作办公室、党建工作办公室等5个部门，协会设有广告标识设备专业委员会、电视（视频）专业委员会、新媒体广告专业委员会、法律咨询委员会等4个分支机构。

二、举办活动、行业交流情况

一是积极参加全国性活动，省广协获组织奖。组织会员单位参加2019年1月北京“中国广告业40周年纪念大会”、3月“广州国际品牌节”、4月重庆“全国广告法律法规培训班”和山东济南2019（第十五届）中国广告论坛及全国广协工作会议、9月新疆“全国广告监管人员法律法规培训班”、10月江西南昌第26届中国国际广告节、11月云南西部广告协会战略联盟会等全国性活动，加深交流，分享智慧，共谋远虑，互促发展。组织会员单位积极参与“长城奖”“黄河奖”作品征集及中国一、二、三级广告企业证明商标申报等国家级评比活动，提升企业服务能力和竞争力。今年我省报送的参赛作品中有3件分别荣获“2019中国广告长城奖”银奖、铜奖和优秀奖，11件荣获“2019中国公益广告黄河奖”优秀奖，获奖作品数量较往年有大幅增加。同时经中国广告协会审核，陕西西咸广告传媒有限责任公司、榆林市普达广告装饰有限责任公司获“中国二级广告企业”认定。省广协荣获“第26届中国国际广告节组织奖”。

二是召开全省广协工作会议，凝聚共识定方向。3月，陕西省广告协会在西安举行年度工作会议，各市广告协会负责人、大型广告公司负责人，大学生公益广告创意设计大赛主办单位 - 陕西省市场监管局、中共陕西省委教育工委、中共陕西省委文明办、共青团陕西省委代表和各高校师生共246人参加会议。会议对协会上一年的工作情况进行了全面回顾并对2019年重点工作进行了安排部署。会上表彰了陕西省广告行业改革开放40年来的榜样企业、2018年陕西省脱贫攻坚战中做出特殊贡献的15家广告企业、2018年陕西省大学生公益广告创意设计大赛优秀指导老师、获奖院校及2019陕西省广告业的魅力女性。

三是举办春、秋丝绸之路广告产业博览会，打造行业展会品牌。由陕西省市场监督管理局指导，陕西省广告协会主办，三力会展公司承办的丝绸之路广告产业博览会2019年共举办春季展和秋季展两场，共展出面积共50000平方米，参观人数40000余人，现场交易额突破亿元，意向成交额达到8亿元。春秋两季博览会的成功举办有力地加强了行业的交流与合作，为打造西北乃至丝路沿线地区广告产业专业一站式采购贸易平台、陕西广告资源输出平台，整合行业资源起到良好的助力。

四是举办陕西省大学生公益广告创意设计大赛，培育大学生社会主义核心价值观。2019年省广协举办“2019年陕西省大学生公益广告创意设计大赛”，大赛由陕西省市场监督管理局牵头，联合省教育工委、省文明办、共青团省委面向全省普通高校举办。今年大赛的影响力和关注度持续上升，共有34所院校报送参赛作品1602件，评选出平面类、视频类、广播类、动画类、策划类等五类作品的一二三等奖及优秀作品奖。今年参赛作品在题材、表现手法、观察视角等方面越来越多样化，创作水平与创作质量也有了大幅度提高。大赛已然成为培养大学生实践创新能力和培育大学生社会主义核心价值观、传播正能量的重要阵地。

五是评选广告行业魅力女性，弘扬新时代、新女性、新价值。广告行业有这样一批默默贡献巾帼智慧和力量的女性从业者，她们积极投身广告事业，在广告业发展中做出了显著成绩，在2019年国际妇女节来临之际，为深入贯彻落实党的十九大会议精神，大力弘扬新时代、新女性、新价值，省广协评选出18名坚持正确舆论导向，以弘扬中华文化为己任，工作业绩出色的行业女性工作者为魅力女性，予以表彰。

三、创新发展情况

一是开展广告服务类证明商标使用申报，增强广告企业专业服务质量和品牌竞争力。为促进广告企业专业化、品牌化发展，通过制定专业服务标准树立优质广告企业品牌，陕西省广告协会向国家市场监管总局商标局申请了“SNAAA（B、C）”证明商标，并于2018年12月正式获得核准注册。“SNAAA（B、C）”分别表明“陕西一（二、三）级广告企业”，是对广告企业专业服务能力和特定品质的证明，体现了广告企业服务精专、管理规范、诚信自律和肩负社会责任的优秀品质。2019年3月省广协在会员单位中开展了“陕西一（二、三）级广告企业”证明商标的使用申请工作，11月召开首次评审会，共36家广告企业获得了“陕西一（二、三）级”证明商标的使用许可，获得使用权的企业必将成为促进我省文化产业发展的龙头企业和推动广告业健康发展的主力军，我省广告品牌战略从此步入新篇章。

二是号召会员单位积极参与广告助力扶贫活动，发挥广告正能量。2018年，在省局广告处的领导下，协会组织陕西日报等15家会员单位参加了我局倡导的一县一品精准扶贫公益活动，为陕南11个深度贫困县的11个产业品牌免费设计策划宣传，贡献广告费约2000余万元。2019年，省广协根据省局安排，继续号召广告企业利用自身资源优势，积极参与广告助力扶贫活动，广大会员单位积极投身于脱贫攻坚行动中，无私奉献自己的智慧和力量，发挥广告正能量作用，用实际行动贯彻落实党中央精准扶贫战略部署。

三是实行会员服务专员制，全面开展行业调研。自4月起，省广协认真贯彻“服务会员、服务行业、服务社会”工作思路，对会员单位分组分片进行上门走访，协会的全体工作人员都把自己作为协会整体形象的一个窗口，做到热心服务，真诚相助，对广告企业在经营中遇到的问题，找症结想办法，通过多种途径来解决，受到会员单位的肯定与认可，提升了协会在业界的影响力。2019年协会新增会员单位43家。

四是充分发挥省广协“一网、一刊、两微、多群”信息交流平台优势，传递行业资讯。2019年协会更加重视协会官网和微信公众号的有效管理，完善协会与会员单位的互动渠道。以“协会网站”“协会微信公众号”“会员之家”“广告审查交流群”“公益创意群”“广告人黄页期刊”等媒介搭建信息交流平台，为广告从业人员传递政务信息、行业动态，基本实现行业动态早知道，广告资源互联互通，得到行业的广泛响应与称赞。

四、行业自律、行业维权情况

省广协积极反映行业诉求，为广告行业的发展争取最大权益。2019年4月，国务院决定降低政府性收费和经营服务性收费，财政部下发46号文件明确了对广告业收取的文化事业费在应缴费额50%的幅度内减征。协会起草《关于尽快落实国务院减征广告业文化事业建设费》建议函，及时向有关部门反映情况、报告工作，争取理解和重视，努力为广告业的快速发展争取宽松、有利的政策环境，促使我省减征广告业文化事业建设费的文件迅速落地实施。

五、行业培训情况

2019年省广协为会员单位免费授课两次，共培训436人次。7月与陕西省中小企业协会联合主办“阿米巴企业经营管理”培训班，参加培训共328人，助力更多企业突破发展瓶颈。11月举办全省广告审查法律法规培训，邀请广告监管部门专家剖析违法广告案例，现场答疑解惑，参训广告审查业务骨干共108人。

六、协会自身建设情况

一是积极开展党建活动，充分发挥党支部政治核心作用。协会党支部，坚持以十九大精神和习近平新时代中国特色社会主义思想为指导，深入开展了“不忘初心，牢记使命”主题教育活动，深入开展了学习贯彻党的十九届四中全会精神，在全体党员中开展了“学习强国”日常教育学习；从“支部班子、党员队伍、工作机制、工作业绩、群众反映”五个方面积极开展“对标定位、晋级争星”活动；制定党员党风廉政建设目标责任，签订《党风廉政目标责任书》；树牢四个意识，坚决做到两个维护，积极落实从严管党治党要求，开展了“形式主义、官僚主义”整改工作，杜绝四风；开展了“王莉华案”以案促改专题教育，组织召开了支部组织生活会，认真开展了组织生活，起到了良好的改进效果。

二是适应行业发展需求，明确协会发展目标。通过近几年的探索，省广协发展目标确定为，建设政府信任、社会认可、会员满意、富有活力，具有持续发展能力和社会影响力的行业组织，努力在促进全省广告业科学发展、推进广告业做大做强、提高广告企业核心竞争力等方面发挥作用。协会着力打造的如“丝绸之路广告产业博览会”“大学生公益广告创意设计大赛”“陕西一二三级广告企业证明商标使用申报”等活动在业界反响强烈，优势企业的引领作用得到彰显，企业品牌竞争力和影响力得以有效提升。

三是强化协会自身建设，带好队伍。协会把讲政治、爱学习、勇创新、敢担当作为协会工作总要求，使大家都能树立崇高的政治觉悟，爱岗敬业，献计献策，使协会成为团结向上的集体，同心协力把协会打造成广告人之家。

深圳市广告协会

2019 年注定是不平凡的年份。深圳市广告协会始终坚持党的路线、方针和政策，忠诚党的事业，坚决拥护以习近平同志为核心的党中央领导，以党的十九大精神为指引，以“创建一流的地区广告行业协会”为工作目标，持续加强政治立场的正确性和纯洁性，持续加强支部政治建设、组织建设、思想建设、服务能力建设等，团结一致，攻坚克难，充分发挥党的领导在社会组织的凝聚力和“指南针”作用，不断激发社会组织和企业活力增强会员单位的发展后劲。

一、打好了公益广告宣传这一仗

深广协认真组织和动员骨干会员企业克服春节休假、异地办公、交通不便、人手不够等困难，全面发布公益广告。

骨干会员单位大量无偿发布刊播公益广告。据不完全统计，截至 2019 年底，协会骨干会员单位共计刊播公益广告刊例价上亿元，广告画面超过 5000 多幅。

协会党支部书记和普通党员战斗在一线。协会党支部始终坚持战斗在一线。协会普通党员主动自愿到社区一线、广告一线等进行公益广告活动 。协会秘书处积极拓展骨干会员开展协会党建工作。先后拜访了腾讯社交广告、今日头条、百度、VIVO 等品牌大企业，也拜访了兔展、广告牛、深圳热播网络、联众互动、深圳潮生活、来赏、江聚贤广告策划、十金时代、亿科数字等新媒体小企业。年度内协会党支部发展入党积极分子 3 名，预备党员转正 1 名。

二、围绕企业业务痛点开展精准服务

近年来，传统广告企业成为“重灾区”。户外广告受影响严重，几年来约 20 多家民营户外广告退出江湖。户外广告连年滑坡。传统广告如报纸、广电等同样面临很大冲击。在这种情况下，协会围绕疫情下的企业痛点，开展有针对性的服务。一是积极为会员鼓与呼，呼吁有关方减免电费、房租、场租、文化事业建设费、会费等。二是通过走访、电话访谈，积极为企业出谋划策，开具证明。三是成功组织了一场广告企业、银行、中小担保之间的融资协调沟通会，邀请华夏银行、深圳市中小担保集团等，送政策上门，与 11 家有融资需求的会员企业，进行面对面的交流，解答融资疑难问题。

三、广泛开展活动，不断强化协会的平台服务作用

协会围绕我市龙头广告企业的发展需要和业务拓展诉求，构建交流平台，广泛开展活动，提升服务档次和质量。主要包括：组团参加 2019 中国广告节、中国广告论坛等；积极参与支持设计之都公益广告大赛、改革开放 40 周年、首届深圳广告界短视频技能大赛等活动；积极配合申报“世界数字广告大会”项目在深圳申报落地。

四、积极应对各类挑战再振协会雄风

深广协一直以传统广告媒体、代理公司等为主体会员。今后，深广协将继续在党支部的有力领导下，全面地加强协会的组织建设、制度建设、机制创新等，重整团队，综合施策，再现市广协的雄风。

大连市广告协会

2019年，大连市广告协会在大连市市场监督管理局、中国广告协会的管理指导下，发挥行业桥梁、纽带、平台、自律作用，积极开展广告服务工作，构建广告文化产业健康发展的生态。截止到2019年底，全市广告经营单位和从业人员分别为5万户和16万人，产业规模在持续增长，成为拉动我市经济的重要产业。

一、2019年开展的主要工作

1. 2019中国品牌日—大连品牌发展论坛

为了迎接第三个“中国品牌日”的到来，由大连市质量管理协会、大连市广告协会、大连新闻传媒集团《大连财经观察》联合主办的“2019中国品牌日 - 大连品牌发展论坛”于2019年5月9日在大连举行。

2. 中国广告协会会长张国华亲临大连广告协会调研

2019年7月1日，中国广告协会会长张国华在参加2019夏季达沃斯之际，亲临大连广告协会调研。与广告协会领导共同交流探讨大连广告未来的发展蓝图，并提供了建设性的指导意见。

3. 大连市市场监督局管理局召开户外广告发布单位工作会议

为加强公益广告发布工作，落实广告监管责任，促进我市广告业持续健康发展，2019年9月10日，大连市市场监督管理局组织召开了我市户外广告发布单位工作会议。市文明办、市广告协会、部分区市场监督管理局负责人、户外广告公司主要负责人参会。会上市文明办介绍了我市创建文明城市工作、公益广告宣传现状及前期检查情况。市广告协会号召各广告公司履行义务，积极做好公益广告刊播工作。市市场监督管理局就严格审查户外广告发布内容等提出了具体工作要求。特别对加强公益广告发布备案，保证公益广告发布数量和质量等相关事项进行了强调。会议同时部署了医疗、食品、药品等重点领域广告专项整治工作。

4. 国家《广告产业发展“十四五”规划》编制前期调研工作在大连棒棰岛举行。2019年10月11日，国家市场监督总局的调研组专家一行六人与大连市市场监督局，大连市广告协会相关领导及大连广告行业企业家代表们在棒棰岛举行广告产业发展“十四五”调研会。

5. 为扎实开展“不忘初心、牢记使命”主题教育，推进市场监管治理体系和治理能力现代化，进一步加强社会监督，2019年10月14日，大连市市场监督管理局召开首届特邀监督员（顾问）会议。会议由局党组书记、局长曲寿巍主持，局领导班子全体成员、驻局纪检监察组领导及包括“两代表、一委员”及社会各界人士在内的40名特邀监督员（顾问）参加会议。大连市广告协会会长王国军作为大连市特邀监督员（顾问）参加了本次会议。

6. 2019年10月26日，第26届中国国际广告节在江西南昌开幕。大连市广协组织广告代表团参加。

7. 2019年11月7日大连市2020—2021公益广告发展规划（草案）征求意见座谈会在大连国家广告园区同泰新媒体产业园举行。

8. 2019年11月19日，在市工信局组织召开《大连市加快消费品工业高质量发展实施意见》研讨会上，大连市告协会代表参会发言，提出广告经营单位要在政府主管部门市工商局的指导下，充分利用好国家和市政府各种优惠政策，促进行业发展。

二、创新发展

积极为全市广告产业中小企业发展开拓出新的路径。2019年大连市 广协打造一个全新的互联网广告文创产业公共服务平台，为全市近万多家广告企业提供创意设计、创业创新、培训实践、广告发布、人力资源等全方位的服务，很好地实现了线上线下高效、有机结合。

三、行业自律和培训

大连市广告协会在做好会员单位服务的同时，依托平台优势先后成立了“学术委员会”“户外广告委员会”“平面媒体委员会”“广告创意委员会”“电视媒体委员会”“报纸媒体委员会” “品牌建设与传播推广委员会”六个专业委员会。不定期的举办专业沙龙、论坛活动，增强协会与企业专业人士之间的交流互动。 与此同时协会还不定期举办广告审查员培训、市内广告企业的企业资质评价体系培训、短视频、直播电商等新媒体运营法律实务培训等，提升广告人的业务技能，更好的规范广告宣传市场。

宁波市广告协会

2019 年，宁波市广告协会在宁波市市场监督管理局和宁波市民政局的大力支持指导下，紧紧围绕我市广告发展中心工作，立足“抱团协作、规范自律、提供服务、反映诉求”等基本职能，紧密团结广大会员单位，协作进取，抱团共勉，取得了较好的工作成效。

一、抓自身建设，促行业协会凝聚力

一是不断完善自身建设。根据《宁波市社会组织清理整顿和规范管理工作领导小组办公室关于开展第三批全市性行业协会商会与行政机关脱钩工作的通知》（甬社管办〔2018〕1 号）精神，2018 年 10 月 23 日宁波市广告协会与宁波市市场监督管理局脱钩并办理了变更注册登记（登记证号：浙甬社证字第 010024 号），并根据脱钩工作具体要求，陆续完成人、财、物等清理完善。截至 2019 年底，宁波市广告协会共有会员企业 122 个，理事单位 72 个（其中副会长单位 5 个，常务理事单位 52 个）。

二是进一步完善协会内部管理制度。根据实际工作需要，重新制定或修改了一系列内部管理制度，如协会章程、会员管理制度、财务管理制度等，这些规章制度涵盖内部管理的各个方面，形成了比较完整的内部管理工作规范，使协会的各项工作都有章可循，有规可依，切实增强了协会自身的吸引力和凝聚力。

三是进一步完善内外部信息交流机制。一方面加强与当地政府部门和市场监管部门等的联系和沟通，及时了解掌握政府、行业主管部门及其他相关部门的工作重点，引导会员企业正确把握发展方向，及时合理有效利用政策优势促进企业和行业的发展提升。另一方面，加强国际国内广告行业各种资讯和协会内部会员企业各种诉求的收集，并适时整理定期传递给当地政府、业务主管部门及其他相关部门，让他们及时了解广告行业的重大活动、改革创新、问题困难、企盼需求等，使行业协会真正成了政府与企业沟通交流共商共策共赢的桥梁。

二、抓自律自强，促行业健康发展

一是持续认真组织学习《广告法》等相关法律法规，教育引导会员企业从学法到懂法再到守法，讲清讲明讲透其法定义务与责任，要求时刻以法律为准绳开展自查自纠自律，严格遵循法律法规开展广告经营活动，诚实守信、公平竞争，对广告的真实性、合法性负责，严格履行广告主体责任。

二是加强广告法律法规实务培训，充分了解广告法律法规各项条款的更新变动及实际性应用，及时传递给会员企业知晓。密切联系市场监管部门，有针对地邀请监管人员进行授课，通过身边典型案例的讲解分析，让会员单位更直观更深层次了解法律，并自觉守住底线。同时，相关典型案例和讲解分析会及时编制成文字信息资料传送到每个会员单位，起到警示的作用。

三是积极配合广告监管工作，有针对性地开展各种行业自查工作，如与市场监管部门密切联系，时刻关注各种广告专项整治活动，并以专项活动为契机，及时引导企业自查自纠，尽量减少会员企业因无知无意而造成的违法行为。

三、抓组织引导，促行业软实力提升

一是积极组织会员企业参加各种国家级、省级广告设计制作比赛，比如国家级公益广告黄河奖比赛、省级金桂杯广告创意大赛、放心消费在浙江公益广告设计大赛等，以比赛促广告创意创作，进而敦促会员企业重人才、强设计，不断提升企业综合实力。2019 年度浙江省金桂杯广告创意大赛共获得银奖 4 个，铜奖 8 个，优秀奖 40 余个。

二是积极宣传开展广告企业资质认定工作。宣传引导宁波市内登记注册，具有企业法人资格，从事设计、制作、代理、发布国内外各类广告业务的广告协会会员企业申报广告企业资质等级，不断提升企业自身实力和对外竞争力。

三是鼓励创新发展，引导企业以技术为支撑勇拓省外及国际市场。如宁波远见传媒股份有限公司陆续斥巨资创新开发出租车顶屏媒体项目，该项目以巡游出租车为载体，依靠后台数据云计算、4G 物联远程控制、分区域分时段播放等技术，实现出租车显示屏广告发布数字化。该项目获得 2019 长城“凤凰奖”全国 LED 场景价值大赏、“最佳车载移动媒体互动实效奖”和“优秀奖”。目前宁波已投放 3000 多块，国内一些大城市均有合作意向，市场前景看好。

四是针对我市广告企业零小散的特点，特别注重加强会员单位间协作发展的沟通引导和牵线搭桥，鼓励促进会员单位发挥各自优势，抱团提升竞争实力。侧重鼓励会员企业间的优势互补、上下产业链连接以及跨界跨行业的创新性合作，走出了广告企业携手发展的新路子。如玖策公关、川合设计在策划和设计领域深入合作，共同完成了宁波文博会、文化广场心跳计划、来福士儿童节等项目；空脑智造、思悦文化共同设计的具有独立版权的 IP 形象冰吉力、盒子猫、怪诞世界等广受国内外客商青睐。

四、抓活动开展，促行业公信力

一是广泛动员广告经营单位利用自身户外媒介资源，经常性无偿刊播各种公益广告，为社会主义精神文明建设作出了一定贡献。特别是在宁波市争创全国文明城市、食品安全城市活动过程中，发挥了积极的作用，受到市文明办的高度肯定。

二是积极组织开展对我市广告业的各项调研活动，比如委托浙江大学宁波理工学院开展宁波市广告业调研，对宁波广告业的情况进行了一次大梳理，进一步摸清底数、掌握现状、明确了发展困难、瓶颈和阻力之所在，也进一步分析明确了发展潜力和优势，为下一步政策的出台和广告业再发展再提升奠定了理论基础。

三是积极鼓励并协助开展“对话广告人”活动。该活动以“大广告”“大传播”“大营销”“大创意”为立场，充分借助高校广告专业师资和学生的优势以及宁波国家广告产业园区内广告企业资源和市场的优势，引入国内知名学者和广告企业参与，助推产学研深度融合，进一步为宁波广告企业培育储备人才，开拓创新发展夯实基础、积蓄力量。第一季活动已于 2019 年 11 月成功举办，后续活动将不定期持续开展。

四是积极组织会员企业参加国际国内广告交流活动，共组织 30 余家会员迁移参加了南昌中国国际广告节活动，让会员企业在国际国内的广告盛会上，开阔视野、学习先进的理念、扩大与国内一流企业的交流与合作，为宁波企业走向全国、走向世界积聚能量。

厦门市广告协会

2019 年，厦门市广告协会在党中央和厦门市委、市政府的指导下，在市委文明办、市台办、规划局、市场监督管理局和市执法局的共同关心下，深入贯彻落实党的十九大精神，遵守宪法和国家的法律、法规政策，积聚文化自信的万抔累土，秉持着习近平新时代中国特色社会主义思想，围绕“讴歌新时代、传扬新思想、颂扬新成就、展现新面貌、激发新动力、建设新福建”的理念，不忘初心，砥砺前行，加强行业管理和精神文明建设，着力稳增长、调结构、强动力、惠民生、防风险、努力奋斗，开拓创新，为我市经济发展和社会进步作出了贡献，协会秘书处顺利完成了既定的工作计划，实现了本年度预定的工作目标，得到了上级单位、广大会员和业界同人的肯定与认可。

一、基本概况

厦门市广告协会成立于 1983 年，是全国最早成立的广告协会之一，是由厦门市广告经营单位、广告主、广告发布者、广告参与者、广告调查机构、广告教研机构、广告类专业院校、广告设备器材供应机构及其他社会团体自愿组成的具有法人资格的地方性、行业性、非营利性的社会组织，也是经厦门市民政局发核准登记的全市广告行业的法人社会团体。曾荣获“4A 级社会组织”“全国先进广告协会”“中国广告协会常务理事单位”“第 27 届中国国际广告节最佳组织单位”等荣誉称号及资质。目前厦门市广协会员单位共有 148 家、副会长单位 18 家、理事单位 35 家、会员单位 97 家，近几年协会规模稳步扩张，不断有新兴行业加入。

我会按照章程按时召开工作例会，保障协会机制良性运转。2019 年召开了厦门市广告协会第八届理事会第四次会员大会、第八届第二次常务理事会暨会长扩大会、第八届理事会第五次会员大会等例会会议，向各会员单位认真做好工作报告，分析当今广告行业面临形势，探索发展思路，倾听会员诉求，排忧解难，剖析客观问题所在，加大对新入会员单位的关怀与帮助。

二、脱钩后的不断完善

根据市工商局相关脱钩文件，厦门市广告协会脱钩后，市广协坚持：一、脱钩不脱轨，充分发挥协会的优势，广泛宣传社会主义核心价值观；二、脱钩不脱管，加强对接组织关系，加强业务学习及管理；三、脱钩不脱为，有作为才会有凝聚力；四、脱钩不脱位，发挥作用帮助会员单位解决困难，搭好政府与企业间的桥梁。在市工商局领导的关心与帮助下，自我调节、自我适应、自我运营，积极将脱钩带来的难点、疑点逐步解决，顺利完成协会各项工作，正面迎接脱钩带来的挑战和机遇。经过脱钩后两年的磨炼与成长，厦门市广告协会已焕然一新，用更高的水平服务市广告行业，积极倾听行业诉求，维护行业的合法权益，搭建交流平台，促进融合发展，成为广告企业联系政府的桥梁纽带。自换届以来，为了贯彻市委市政府对外立面提升改造的指示精神，我会积极配合，在众多户外广告公司失去收入、员工面临下岗、企业发展困难的情况下，做了大量的解释和安抚工作，积极协调相关部门，收集整理户外广告设置导则、技术规程、拍卖办法等法规的修改意见，形成书面文件，呈报给市政府、市规划、市执法局等职能部门，为脱钩后的户外广告发展指明了方向，推动我市户外广告行业的健康发展。

三、举办赛事，加强两岸交流

第二届海峡两岸公益广告大赛，由厦门市文明办主办、厦门市广告协会承办，聘请厦门大学陈培爱教授为评委会主任，各高校专家学者为评委进行公正、公开、公平的评审。此次大赛历时十个月，共征集平面类作品 1800 多件，影视类作品 365 件，涌现出一批创意独特，主题新颖，富有时代感和中华民族特色的优秀作品，分别决出平面类作品金奖 1 件、银奖 2 件、铜奖 3 件和优秀奖 20 件；影视类作品金奖 1 件、银奖 2 件、铜奖 3 件和优秀奖 20 件。为促进祖国统一，两岸学者友好交流，互相学习提供优质平台。

四、中国国际广告节将长期落户厦门

2017 年 8 月和厦门广电严云峰、蔡建东拜访中广协，已递交方案，并提出申请举办 2018 年第 25 届中国国际广告节。

2018 年 11 月份在国际会展中心举办首届海峡两岸广告发展论坛，此次多达 500 人参会。中国广告协会发布者委员会秘书长田涛进行主题演讲；旺旺中时文化传媒总经理林淑黛、中国广告长城奖评委主席刘凯杰进行深入讨论；台湾政治大学赖建都深度解析、厦门大学陈培爱教授就广告创意，品牌发展进行精彩的演讲。中广协张国华会长对厦门广告创意业予以充分肯定，并提出广告节长期落户厦门的想法。

2019 年 4 月份在山东济南中国广告年会上，就厦门举办中国国际广告节的优势和长期落户的可行性，进行了深入交流。

五、成功举办厦广协系列品牌活动

1. 2019 年，是新中国成立 70 周年，全国媒体践行奋斗使命，记录着城市的理想与变迁，记录着与城市同成长的房地产企业，记录着奋斗过的房地产从业者。厦门市广告协会作为主办方，与众多广告会员单位在服务品牌创建的过程中，共同见证一个个地产品牌企业和品牌产品的诞生与崛起，亦曾经携手为营销创意碰撞互动，在风雨中一起奋进，在服务中一起成长，于此初心，我们策划了首届地产品牌白鹭奖，聘请权威专家、学者组成评审团，由福建区域评选，并为获奖单位、个人以及项目颁发荣誉证书、奖杯，受到了行业内的广泛好评。

2. 8 月 16—19 日，厦门市广告协会林坤乐会长率秘书处拜访了台湾广告同业公会、铭传大学、旺旺中时文化媒体集团、迪球品牌管理公司、刊棒文化股份有限公司，就海峡两岸的公益广告文化创意、品牌管理进行沟通和交流，同时也加深了两岸同行情谊。

3. 2019 年 10 月 26 日，第 26 届中国国际广告节在江西省南昌市绿地国际博览中心盛大开幕，厦门市人民政府韩景义副市长出席了会议，交接第 27 届中国国际广告节举办旗帜并长期落户厦门，这是继金鸡百花奖后又一大国际文化盛世落户厦门，为厦门文化产业增添浓厚的一笔。厦门市广告协会林坤乐会长也带领协会精英，厦门大学新闻传播学院陈素白副院长和她的博士生们来到现场共同见证行业盛事，很好地展示了厦门广告人的专业素养和精神风貌。

4. 继续举办海峡两岸广告创意发展论坛，从文化创意、品牌发展、文旅建设推动两岸的交流和学习。

5. 举办品牌创意馆以及公益广告一条街，用好的品牌创意推动招商引资。

六、认真评审企业资质，加强组织行业培训

1. 发布行业等级认证条件，收集需要评选等级资质企业的资料，聘请业内专家组成评审团，对每一家申请等级资质的企业，进行严格审查。

2. 全年完成广告审查员法律法规培训班（一期）。聘请厦门大学陈培爱教授为主讲讲师，厦门市工商局科员为讲师，市广协法律顾问为讲师，为学员开课传授相关法律知识。并在课后进行试卷考核，成绩优异者，我会将颁发广告审查员资格证书。

七、行业风范

在 2019 年里，厦门市广告协会本着自强为本的理念，妥善处理脱钩后的重重苦难，评资质，共培训，不断加强自身建设。不忘初心，砥砺前行，在赛事举办与中国国际广告节落户等事项上做了很多踏实，有效的工作。携手共进，积极参与行业盛会，加强与各界的交流和学习，收获了众多的管理与健康发展的经验。2020 年，协会将在以习近平同志为核心的党中央的领导下，继续深入贯彻“创新，协调，绿色，开放，共享”的发展理念，不断适应、把握经济发展新常态，推动广告业界供给侧结构性改革，以创新引领发展，实现可持续发展，为中国经济健康发展和中华民族伟大复兴作出属于厦门广告人的一份贡献。

中国广告年鉴 2020

CHINA ADVERTISING YEARBOOK

广告标准

Advertising Standards

数字媒体价值评估标准 T / CAAAD 001 --2019

中国广告协会 发布

1 范围

本标准针对互动广告规定了数字媒体价值评估指标项及其计算要求。本标准适用于各类通过 HTTP 协议访问互联网的电子设备上的互动广告投放获得商业价值的数字媒体；适用于任何计划、投放、执行、监测和评估互动广告价值的公司及个人。

2 规范性引用文件

下列文件对于本文件的应用是必不可少的。凡是注日期的引用文件，仅注日期的版本适用于本文件。 凡是不注日期的引用文件，其最新版本（包括所有的修改单）适用于本文件。

GB/T 34090.1—2017 互动广告第 1 部分 : 术语和概述;

GB/T 34090.2—2017 互动广告第 2 部分 : 投放验证要求;

GB/T 34090.3—2017 互动广告第 3 部分 : 效果测量要求。

3 术语和定义

GB/T 34090.1—2017 中界定的术语和定义适用于本文件。

4 缩略语

5 媒体价值评估要求

评估数字媒体价值，需选择多个评估维度、媒体规模、媒体经营合规性、媒体广告信用、媒体品牌声誉。进行数字媒体价值评估与测量的单位及机构须保证身份独立，与任何数字媒体之间无直接股权投 融资关系，所使用评估数据须公正、客观，所有评估过程和结果须经由第三方审计公司审计通过。

6 媒体规模评估要求

数字媒体承担着公开而广泛地向公众传递信息的作用，其有效触达到公众的规模是衡量其价值的重要维度，包括：媒体覆盖用户数、媒体日活用户数、媒体用户单日单机使用次数和媒体用户单日单机有效使用时长。 数字媒体规模评估数据的测量，须经由权威第三方机构进行。该类机构须承担着中国互联网和移动 互联网的基础设施建设和运维职能，确保数据采集过程不依赖媒体的配合。

媒体覆盖用户数测量要求

媒体覆盖用户数表征该媒体理论上能够触达的消费者规模，APP 端媒体该指标对应于该 APP 总安装 设备数，Web 端媒体该指标对应于该媒体域名月访问独立 IP 数，数字电视媒体该指标对应于数字电视月均开机设备数。

媒体日活用户数测量要求

媒体日活用户数表征该媒体活跃消费者规模，活跃用户是该媒体最可能被触达的人群。APP 端媒体 该指标对应于该 APP 日活跃设备数，Web 端媒体该指标对应于该媒体域名日均访问独立 IP 数，数字电视媒体该指标对应于数字电视日均开机设备数。

用户单日单机使用次数测量要求

用户单日单机使用次数表征该媒体被消费者使用的频率，越频繁使用的媒体，在其投放的广告被消 费者见到的概率越高。APP 端媒体该指标对应于该 APP 日均独立设备的打开次数，Web 端媒体该指标对应 于该媒体域名日均独立 IP 的打开次数，数字电视媒体该指标对应于数字电视日均独立设备的开机次数。

用户单日单机有效使用时长测量要求

用户单日单机有效时长，以分钟为单位，表征该媒体占据消费者每日时间份额的能力，有效使用时 间越长的媒体，广告曝光的机会越多。有效使用时长可通过 APP 与网络之间的交互流量持续时长进行测 量。APP 端媒体该指标对应于该 APP 日均独立设备的使用时长，Web 端媒体该指标对应于该媒体域名日均 独立 IP 的打开次数，数字电视媒体该指标对应于数字电视日均独立设备的开机次数。

7 媒体经营合规性评估要求

稳定经营的媒体，具有较高的安全边际，不会因媒体自身经营原因，为广告主带来不可预知的损失，媒体经营合规性评估维度包括：媒体身份背景、媒体运营年份、媒体违法违规次数和媒体内容审核流程 合规性与审核效果。

媒体身份背景测量要求

采用工商登记信息，对媒体的实际控制单位或机构进行评估归类，根据媒体性质可归为：中央媒体、国资控股媒体、国资参股媒体、民营上市媒体、民营非上市媒体等。

媒体运营年份测量要求

该媒体上线运营起始日至评估日的总时间，按自然年度计算。

违法违规事件次数测量要求

违法违规事件含内容违法违规，以及广告违法违规。内容相关事件以国家相关部委（包括但不限于：工业与信息化部、网信办、广电出版总局、新闻出版总署、文化旅游部、公安部等部委）公告通报的媒 体违法违规事件为准；广告相关事件以市场监督管理总局和公安部通报的违法违规事件为准。

内容审核流程合规性与审核效果测量要求

内容审核流程合规性由媒体自行上报自身内容审核流程，并通过媒体价值评估机构审计，审计该流 程是否符合中国广告协会标准；

内容审核效果通过评估该媒体违法违规事件数量变化趋势来测量，数量逐年不变或减少，则审核有 效果，否则视为无效果。

8 媒体广告信用评估要求

媒体的广告业务经营诚信是广告主非常关注的方面，媒体对广告委托方的责任履行程度会决定广 告主的投放意愿。对于数字媒体的广告投放，参照《互动广告》国家标准，可实现投放过程监测。而数 字媒体对于符合《互动广告》国家标准的监测服务的支持程度，以及监测和效果测量结果可作为其广告 信用评估的维度，具体包括：媒体透明度、异常流量比例、广告可见性。 媒体广告信用评估的测量，应经由媒体行业的监管和“自律”协会或组织进行，该协会或组织须有 能力和资格对所有数字媒体广告的投放进行审计。

媒体透明度测量要求

媒体透明度表征该媒体对广告投放数据的开放程度和第三方监测的配合程度，包括

（1）开放监测：是否开放第三方监测

（2）监测机制：是否支持 C2S 监测机制

（3）参数传输：是否支持《互动广告》国家标准的参数传输

（4）SDK 监测：是否支持符合《互动广告》国家标准的 SDK 监测

（5）开放验证：是否开放可见性与无效流量验证

（6）SDK 验证：是否支持符合《互动广告》国家标准的 SDK 验证

（7）环境开放：是否支持回传上下文和剧目信息

（8）第三方审计机制：是否支持独立第三方审计机构专项审计

异常流量比例测量要求

根据该媒体的第三方监测数据报告，测量监测到的异常流量占全部流量的比例。

广告可见性测量要求

根据该媒体的第三方监测数据报告，测量监测到的

可见曝光量占全部曝光量占比。

9 媒体品牌声誉评估要求

媒体自身的品牌声誉会影响消费者对媒体所发布的广告信任程度，消费者倾向于更信任声誉好的 媒体所发布的广告内容。 评估方式由专业市场调研机构采用受众研究方式进行。

测量步骤

测量步骤如下：

（1）设计指标：挑选关键品牌声誉指标，设计恰当的问卷。

（2）问卷采集：可通过 online panel 或短信随机发送调研问卷进行调研。

样本量要求

最小样本量：每个媒体的受众人群需要满足最小样本量为 100。

评估维度

品牌声誉指标应根据评估的目的和重点，有的放矢地进行选择和设定。常用的品牌声誉指标包括品 牌认知、品牌熟悉、品牌喜爱、品牌信任、品牌拥护

广告代言人商业价值评估标准 T / CAAAD 002 --2019

中国广告协会 发布

1 范围

本标准规定了广告主在挑选代言人时需要考虑到的相关因素，包括代言人商业价值指数、代言效果指数，以及代言人的风险指数。

2 术语和定义

下列术语和定义适用于本文件。

2.1 广告代言人

依据《中华人民共和国广告法》，广告代言人是指广告主以外的，在广告中以自己的名义或者形象 对商品、服务做推荐、证明的自然人、法人或者其他组织。本标准仅适用于广告代言人中的自然人实体。

2.2 商业价值指数

是指用来评估代言人商业价值中热度、口碑、作品、代言的重要指标说明。不同职业代言人的具体 指数范围存在差异，指数越高表示代言人的相应维度商业价值越高。

2.3 无效社交声量的甄别与去除

为更公允地对各代言候选人的商业价值进行评价与比较，需要在统计其社交媒体热度、作品热度时， 对无效社交声量进行甄别和去除。无效社交声量的判定可以从以下两个方面来进行：

2.3.1 异常账号识别

指在社交媒体平台上，为伪造、夸大账号影响力或营销效果而注册及活跃的、不体现真实个体 / 机 构观点及行为的虚假粉丝账号。有以下行为特征的账号可视为虚假粉丝、无效粉丝 / 账号：

a) 存在明显异常的高速、连续或重复浏览和互动（转赞评）行为的账号

b) 存在每日发帖量和互动数量异常的账号（需要基于经验或算法确定阈值）

c) 存在粉丝数与关注数比例异常的账号（需要基于经验或算法确定阈值）

d) 与大量异常账号互粉的账号（需要基于经验或算法确定阈值）

e) 发帖时间与注册时间或上次活跃时间存在异常时间间隔的账号（如：注册完后马上大量发帖， 需要基于经验或算法确定阈值）

2.3.2 无效互动识别

指在社交媒体平台上为了伪造、夸大账号影响力或营销效果而产生的虚假互动行为，包括转发、评论、点赞等。无效互动中包括由异常账号产生的互动行为，也包含由真实粉丝产生的异常、无意义互动 行为。有以下行为特征的账号可视为无效互动：

a) 异常账号产生的互动行为

b) 异常的高频 / 重复 / 无意义的互动行为

c) 以金钱补偿为动机的操纵的互动行为

3 广告代言人商业价值评估指标

代言候选人商业价值是对其个人影响力及社会形象的综合评定，越高的商业价值说明候选人的潜 在影响力更大、受众范围更广、可以为品牌带来更多正面的形象提升或者已获得了更多广告主的青睐。 一个代言人商业价值的评估主要包括热度指数、口碑指数、作品指数、代言指数四个维度，评估的周期 建议以月度、年度为标准来进行。

3.1 热度指数

热度指数反应的是在周期内，代言候选人在网络、媒体、搜索引擎等平台上的整体热议程度，反映了其自身的流量潜力与营销话题性是否足够优秀。热度指数通过各大主流媒体及门户网站相关报道 量、社交平台的讨论量、主流搜索引擎的搜索指数、代言人受众的数量及其人口学统计数据构成。

3.2 口碑指数

通过全网对代言人的整体口碑评价，包括其专业技能、言行、外形（相貌、衣着等）、性格、公益形象等多方面，评估代言人的口碑。

3.3 作品指数

根据代言人职业，分别从其作品的市场表现（影视剧收视率数据 / 电影票房数据 / 综艺节目的视频网 站播放量等）、专业奖项的获得情况，以及在可预见未来周期内将要面世的影视综作品等多个维度来综合评估其专业能力。

3.4 代言指数

根据代言人既往代言史，从代言的品类、地区、品牌等级、代言周期内的品牌广告投放花费及广告露出时长、效果评估等角度评估代言人的代言能力。形象匹配指数，主要需要从品牌的核心定位、品牌调性和品牌形象气质三个方面考虑。品牌选择代言人，除了看代言人的商业价值等情况外，最重要的是需要找到与品牌自身形象气质相符的代言人，需要运用网络大数据方法对代言人与品牌定位进行关联度评价和代言人以往代言的产品与品牌调性的相似度进行衡量。

3.5 商业价值指数

综合代言候选人周期内的热度指数、口碑指数、作品指数以及代言指数，得到代言候选人的商业价值指数。

3.6 形象（品牌形象与代言人形象）匹配指数

根据代言人与品牌的形象匹配度来衡量，匹配度越高即说明代言候选人与品牌的形象气质更加贴合，即从形象上更加适合做该品牌的代言人。

4 代言效果监测指标

转化价值指数：转化价值指数代表的是代言及其营销投放的实际转化效果，包含市场收益转化指数及品牌收益转化指数两个二级指标。

4.1 市场收益转化

市场收益转化指数：用于评估用户扫描二维码或者短链接后，跳转落地页后的具体转化效果。销售效果评估标准的细分指标包括但不限于用户购买数量等。 市场收益转化的评估需具体落地页承接，常见的落地页形式包括 H5 独立活动页面、官网内容页、电商店铺页面、APP 下载页及 APP 内容页、其他转化场景类。其他转化场景类包括媒体页、私域转化场景（譬 如微博私信）、咨询图文结尾转化等。其中，媒体页搜集数据指标相对较少，私域转化场景（不包括短 链接）、咨询图文结尾转化等形式缺少相关的数据搜集方式，故本标准并不涉及其他转化场景，仅对通 用场景进行考虑。

4.1.1 品牌认知度

用于衡量代言前后消费者对于品牌印象的提升情况。

4.1.2 品牌喜好度

用于考虑代言前后消费者对于品牌情感方面的提升情况。

4.1.3 品牌预购度

用于评估代言前后对消费者购买意愿的驱动情况。

4.1.4 品牌推荐度

用于量化代言前后消费者实际想要分享的意愿提升情况。

4.2 品牌收益转化

品牌转化指数：品牌转化指数主要用于评估代言前后，品牌形象在消费者心中的提升情况。 本指标计算结果是通过调研最终完成确定，该指数通过第三方有效、专业的科研问卷及科学测量得 出，从“品牌认知度、品牌喜爱度、品牌预购度以及品牌推荐度”四个维度进行考究，从而帮助确定代言前后，品牌对受众实际产生的影响力和价值。具体执行方法为：将调研受众（样本）分成两组，一组为控制组，一组为曝光组。其中曝光组曝光代言人广告之下，而控制组未被代言人广告曝光。根据曝光组与控制组对事先设置好问题的回答情况，计算得出品牌认知、品牌喜好等指标的提升率。

4.2.1 品牌认知度

用于衡量代言前后消费者对于品牌印象的提升情况。

4.2.2 品牌喜好度

用于考虑代言前后消费者对于品牌情感方面的提升情况。

4.2.3 品牌预购度

用于评估代言前后对消费者购买意愿的驱动情况。

4.2.4 品牌推荐度

用于量化代言前后消费者实际想要分享的意愿提升情况。

5 代言人风险评估指标

5.1 道德风险

通过统计代言人与性骚扰、不雅照、学历造假等对代言人形象有重大打击的相关事件全网报道量，评估代言人的道德风险。

5.2 合作风险

通过统计代言人与抢戏、耍大牌、反目、粉丝骂战等损毁业内人缘的相关事件全网报道量，评估代言人的合作风险。

5.3 法律风险

通过统计代言人与涉及黄赌毒、肇事逃逸、偷税漏税等有立案风险的相关事件全网报道量，评估代言人的法律风险。

5.4 政治风险

通过统计代言人与不利于和谐统一的言论 / 行为、与社会主义主旋律相悖的相关事件全网报道量，评估代言人的政治风险。

5.5 风险数据统计

5.5.1 风险数据统计

各项风险数据由全网公开途径收集及统计，以报道源为基础各风险维度独立统计条数。

5.5.2 风险数据统计周期

建议与代言商业价值使用相同统计周期，但历史风险应当可以追溯。

5.5.3 风险数据公示

为直观展现代言人的风险情况，风险数据则由第三方平台负责统计并提供查询。

体育营销价值评估标准 T / CAAAD 003 --2019

中国广告协会 发布

1 范围

本标准规定了线上线下媒体或者广告代理商对其营销价值的衡量指标及报告要求。

2 规范性引用文件

下列文件对于本文件的应用是必不可少的。凡是注日期的引用文件，仅注日期的版本适用于本文件。凡是不注日期的引用文件，其最新版本（包括所有的修改单）适用于本文件。

GB/T 34090.1—2017 互动广告第 1 部分 : 术语概述。

3 术语和定义

下列术语和定义适用于本文件。

3.1 Mean.x

某指标 x 的平均值。

3.2 NO.x

某对象 x 的数量。

3.3 Base.x

指参考数据库中的指标 x。

3.4 TOP.x

指某指标在参考数据库中的正向排名。

3.5 Year

某赛事持续运营年限。

3.6 TN(total number)

某赛事从设立初到评价当年的总举办次数。

3.7 Cycle

一轮完整赛事从开始到结束持续的时长，只按照整月计算 (即开始月份与结束月份中间的间隔月数，零散天数不予计算)。

3.8 Price.n

指定赛事 1 年周期内全媒体交易价格总和，全媒体指包含电视、网络等所有赛事可以传播并涉及收费的信息渠道。n 指计算第 n 年的价格 , n=(0,+ ∞)。

3.9 AR(award rank)

荣誉奖励名次得分，指运动员 / 队伍 / 俱乐部通过比赛获得奖牌 / 奖杯所代表的名次。第一名 / 金牌 / 冠军、第二名 / 银牌 / 亚军、第三名 / 铜牌 / 季军，荣誉称号（如最佳射手、最佳球员、最佳中锋）在本次 评选标准中等同于第一名 / 金牌 / 冠军。

AR 得分标准

第一名 / 金牌 / 冠军 1	1
第二名 / 银牌 / 亚军 0.6	0.6
第三名 / 铜牌 / 季军 0.3	0.3
荣誉称号 1	1

3.10 AL(award level)

荣誉奖励水平得分，指该运动员 / 队伍 / 俱乐部获奖 / 奖励相关的赛事级别，因考核内容相同，AL=N1.2/10。

3.11 LM（league match）

指联赛体育范畴，需要多人组成队伍完成比赛，主要参与各种联赛类的比赛，整个联赛赛事最少需 要 6 支队伍进行竞争。比赛周期长、固定时间内能够获得的奖杯 / 奖牌 / 荣誉称号数量少。联赛体系主要 运动类型包括: 足球、篮球、排球、冰球等。

3.12 SM（single match）

指单赛体育范畴，运动员参赛行为不受队伍规模制约，多数情况下可以自己一个人完成。比赛周期短、固定时间内能够固定时间内能够获得的奖杯 / 奖牌 / 荣誉称号数量多。单赛体系主要运动类型包 括：网球、乒乓、高尔夫、羽毛球、田径、游泳、跳水等。

3.13 Knower

使用调研数据时，表示知晓某赛事 / 运动员 / 俱乐部的被访者人群。

3.14 Tota l

使用调研数据时，总体被访问者人群。

3.15 DOP(degree of preference)

使用调研数据时，被访者对指定赛事 / 运动员 / 俱乐部的知晓度打分。分值范围是 1-10。

3.16 PE(positive evaluation)

正向评价得分，由调研数据计算。所有认知的被访者（Knower）。分别从时尚的、有趣的、成功的、可靠的、有影响力的、有颜值的、有亲和力的、专业实力强的、正能量的、热门的，十个指标对评价对象进行 10 分制打分。所有分数评价分数加和。

3.17 NE(negation evaluation)

负向评价得分，调研数据计算。所有认知被访者（Knower）分别从不够时尚、无聊的、失败者、颜 值不够、影响力小、不成功、傲娇的、专业实力弱、冷门的、不可靠 / 没安全感，十个指标对评价对象 进行 10 分制打分。所有评价分数加和。

3.18 NV(Network volume)

网络讨论声量，指定运动员 / 俱乐部在所有被考察运动员 / 俱乐部在网络平台（如百度、搜狗、网易、新浪等搜索和新闻平台）的搜索量（Search）和提及（Mention）量。NV=Search+Mention

3.19 M.XX（Mention.XX）

在 XX 社交 / 新闻媒体平台，被评价对象所有相关话题提及总量。例如：微博平台为 M.WB，微信平台 为 M.WX，QQ 平台为 M.QQ。

3.20 R.XX（Reprin.XX）

在 XX 社交 / 新闻媒体平台，被评价对象所有相关话题的转载总量。

3.21 C.XX（Comment.XX）

在 XX 社交 / 新闻媒体平台，被评价对象所有相关话题的评论总量。

3.22 T.XX（thumbs-up.XX）

在 XX 社交 / 新闻媒体平台，被评价对象所有相关话题的点赞总量。

3.23 A.XX（Actirity.XX）

=XX 社交媒体平台上的账号活跃度，被评价对象在 XX 社交平台官方账号的日平均更新动态数量。

3.24 Fan.XX

= 在 XX 社交媒体平台，被评价对象官方账号的粉丝数量。

4 一级指标 - 赛事本身价值

本指标主要考量指定赛事本身情况，从背景渊源、规模级别、影响范围等维度综合评估赛事自身影 响力水平。具体分别从赛事历史时长、赛事级别覆盖、赛事举办频率、赛事单次周期、赛事交易价格五个二级指标进行衡量。“赛事本身价值”指标中所有细分指标得分范围为 [0,10]

4.1 二级指标 - 赛事历史时长

根据指标 Year 得分，时间越久得分越高。 赛事历史时长 =Year/10（注 : 当 Year>100 时，赛事历史时长 =10

4.2 二级指标 - 赛事级别覆盖

指有资格参本赛事的队伍所覆盖的地域范围。赛事级别覆盖对应得分标准：

赛事级别 N1.2 对应得分

赛事级别	N1.2 对应得分
世界级	10
多洲际级	8
洲际级	6
多国家级	5
国家级	3
省级（或与省相似行政单位的区域）	2
市级（或与市相似行政单位的区域）	1

4.3 二级指标 - 赛事举办频率

本制度规定参考周期为 12 个月。根据指标 TN 和 Year 得分。 赛事举办频率 =TN/Year*10 （注：当 TN/ Year >1 时，赛事举办频率 =10)

4.4 二级指标 - 赛事单次周期

本制度规定参考周期为 12 个月。根据指标 Cycle 计算得分。 赛事单次周期 =Cycle/12*10（注：当 Cycle >12 时，赛事单次周期 =10)

4.5 二级指标 - 赛事交易价格

本指标考核周期为 5 年。 Price.n(n=1,2,3,4,5)=（101—“+TOP.<Price.n>”）/10 赛事交易价格 = Price1*0.3+ Price2*0.25+ Price3*0.2+ Price4*0.15+ Price5*0.1

5 一级指标 - 运动员 / 队伍本身指标

本指标主要考量指定运动员 / 参赛队伍 / 俱乐部情况。从个人 / 队伍成就、公众形象、社会声量等维 度综合评估个人/队伍自身影响力水平。具体分别从荣誉水平、知名程度、喜好程度、公众形象、网络讨论、社交媒体六个二级指标衡量。

5.1 二级指标 - 荣誉水平

指定运动员 / 队伍 / 俱乐部在最近的固定时间内通过比赛获得的各种荣誉奖励的综合情况。本衡量指标考核周期为最近 36 个月内。

通过两个细分指标衡量：AR(award rank) 和 AL(award level)。

目前国际上不同运动类型的参赛频率和奖励数量设置分布差异较大，因此本指标评有两种针对制度：联赛体系 (LM)、单赛体系 (SM)。荣誉水平 (LM)=LM1+LM2+LM3+……+LMn

（注：n 为该运动员 / 队伍 / 俱乐部最近 36 个月内获得的荣誉奖励数量，LM1+LM2+LM3+……+LMn >10 时荣誉水平 (LM)=10) LMn=0.1*AR*AL n=(0,+ ∞） 荣誉水平 (SM)= SM1+SM2+SM3+……+SMn（注：n 为该运动员 / 队伍 / 俱乐部最近 36 个月内获得的荣誉奖励数量，SM1+SM2+SM3+……+SMn >10 时荣誉水平 (SM)=10) SMn=0.025*AR*AL n=(0,+ ∞)

5.2 二级指标 - 社会知名度

目前社会对指定运动员 / 队伍 / 俱乐部的认知 / 认知程度。

社会知名度 =（NO.Knower/NO.Total）*10

5.3 二级指标 - 社会喜好度

目前社会对指定运动员 / 队伍 / 俱乐部的喜好程度。本指标得分根据 DOP 水平计算。

社会喜好度 =Mean(DOP)

5.4 二级指标 - 公众形象

指定运动员 / 队伍 / 俱乐部在社会大众心目中综合形象评价。

公众形象 =(PE-NE)/10（注：当 PE<NE 时，公众形象 =0)

5.5 二级指标 - 综合网络声量

综合网络声量 =(NV-Mean<Base.NV>)/ Mean<Base.NV>*10

注：NV< Mean(Base.NV) 时，综合网络声量 =0。当综合网络声量大于 10 时，按 10 计算。

5.6 二级指标 - 社交 / 新闻媒体平台表现

本指标从社交媒体平台（XX）的相关话题提及量、相关话题反馈（转载、评论、点赞）、账号粉丝量、 账号活跃度来反映社交媒体表现。本指标同时也可以包括新闻媒体平台相关报道的提及量、点击 / 阅读、反馈（转载、评论、点赞）量。

5.6.1 话题提及量指标

话题提及量指标 =(M.XX-Mean<Base(M.XX)>)/ Mean<Base(M.XX)>*10

5.6.2 话题转载量指标

话题转载量指标 =(R.XX-Mean<Base(R.XX)>)/ Mean<Base(R.XX)>*10

5.6.3 话题评论量指标

话题评论量指标 =(C.XX-Mean<Base(C.XX)>)/ Mean<Base(C.XX)>*10

5.6.4 话题点赞量指标

话题点赞量指标 =(T.XX-Mean<Base(T.XX)>)/ Mean<Base(T.XX)>*10

5.6.5 账号粉丝数量指标

账号粉丝数量指标 =(Fan.XX-Mean<Base(Fan.XX)>)/ Mean<Base(Fan.XX)>*10

5.6.6 账号活跃度指标

账号活跃度指标 =(A.XX-Mean<Base(A.XX)>)/ Mean<Base(A.XX)>*10

6 媒体价值衡量

6.1 媒体价值构成

体育赛事营销价值主要由以下三部分构成：

a) 赛场内权益营销价值：赛场的广告权益曝光，对于现场观众所产生的营销价值；

b) 观赛媒体平台营销价值：赛场的广告权益与线上广告权益，对线上观赛用户所产生的营销价值；

c) 新闻社交平台营销价值：新闻社交平台与赛事及品牌相关的曝光，对于新闻 / 社交用户所产生的营销价值。

6.2 媒体价值评估体系

从可操作性与适用性角度出发，该评估体系应针对赛场内权益营销价值、观赛媒体平台营销价值以及新闻社交平台营销价值分别进行评估，同时应该针对赛事用户分组进行调研，观察品牌认知 / 美誉度的变化情况，以作为价值评估的补充和佐证。

总价值 = 赛场内权益营销价值 + 观赛媒体平台营销价值 + 新闻社交平台营销价值

其中，赛场内权益营销价值 =F（现场观看人数、比赛总时长、人均观看时长、千人费率、权益位置、 权益面积、权益形式）。

计算逻辑：赛场内权益营销价值 = 千人费率 * 比赛观众

/1000 * $\sum_{k=1}^{n} Tk$(k 品牌累计展示时间) * QIk(k 品牌标准曝光系数)

其中：Tk 为 k 品牌在该场比赛累计全部展示时间。

QIk 为 k 品牌在该场比赛标准曝光折算系数，其影响因素由权益位置、权益面积、权益形式三个因素构成。

观赛媒体平台营销价值 =F（直播观看人数、点播观看人数、比赛总时长、人均观看时长、cpm 价格、 广告权益展示时间、点击、转化）

计算逻辑：观赛媒体平台营销价值 = 每秒千人费率 *（直播观看人数 + 点播观看人数）

/1000 * $\sum_{k=1}^{n} Tk$(k 品牌累计展示时间)*QIk(k 品牌标准曝光系数)

其中：每秒千人费率由该场同量级比赛过往一个赛季在播放平台的 cpm 平均价格。

Tk 为 k 品牌在该场比赛累计全部展示时间。

QIk 为 k 品牌在该场比赛标准曝光折算系数，其影响因素由权益图表大小、位置、持续时间、出现次数、展示形式这五个因素构成。新闻社交平台营销价值 =F（传播平台 / 媒体、阅读 / 浏览数、转发数、赞美数、评论数、评论情绪指数）

计算逻辑：新闻社交平台营销价值 = 新闻社交媒体千人费率 * $\sum_{\substack{0\le i\le m\\0<j<n}} R(i,j)$($Ri,j$ 为 i 品牌在 j 平台有效触达的人群数量)/1000

其中：新闻社交媒体千人费率由社交平台单用户价值加权而来；平台包含微博、微信、新闻资讯客户端、网络媒体等。有效触达指浏览、转发、评论、点赞行为。

7 受众价值衡量

7.1 活动总体认知度

某一活动总体时间内，推广营销活动触达后，对受众认知度的改变值。反应的是活动是否触达及触达主要媒介。

调研方法：问卷调研法

7.2 搜索指数

赛事 / 活动期间，品牌 / 产品、赛事分别及共同提及量的改变值。反应的是赛事 / 活动对于搜索关注的影响效果。

搜索指数 =(Mean.Search-Mean<Base.search>)/ Mean<Base.search>*100%

注：搜索数据 = 赛前 / 活动前三天搜索数据 + 赛中 / 活动中搜索数据 + 赛后 / 活动后五天搜索数据

7.3 社交媒体活跃度（声望指数）

受众在赛事 / 活动期间，主动在社交媒体发生的交互行为。主动交互行为媒体数据采集核心为：社交媒体平台表现。反应的是广告活动对于受众在社交媒体中相关官方信息、名人信息等的相关影响效果。

声望指数 =(Mean.Mention-Mean<Base.mention>)/Mean<Base.mention>*100%

注：Mention= 赛前 / 活动前三天 <M.XX+R.XX+C.XX+T.XX+Fan.XX+A.XX>+ 赛中 / 活动中 <M.XX+R.XX+C.XX+T.XX+Fan.XX+A.XX >+ 赛后 / 活动后五天 < M.XX+R.XX+C.XX+T.XX+Fan.XX+A.XX >

7.4 活动总体评价

在活动同等可见情况下，对受众认知、情感、行为的影响力高低的平均值。

a) 活动喜好度：受众对于活动的喜爱程度进行评分

b) 活动赛事匹配度：受众认为品牌 / 产品与赛事、队伍、运动员的匹配度进行评分

c) 活动参与度：受众对活动喜爱参与的程度进行评分，视具体活动类型而定评分

d) 活动宣传 / 推介的意愿：受众对于参与活动后愿意推介或宣传的程度进行评分

e) 品牌好感度：受众通过活动的参与，对品牌的好感程度进行评分

f) 品牌购买意愿：受众通过活动的参与，对购买行为产生的意愿程度进行评

调研方法：问卷调研法

7.5 受众匹配度

符合预期受众指标的人数占活动总触达人数比重，反应的是活动影响的受众与目标受众的匹配程度。

a) 年龄：根据品牌 / 产品的定位，定义预期受众年龄段

b) 学历：根据品牌 / 产品的定位，定义预期学历水平

c) 收入水平：根据品牌 / 产品的定位，定义预期收入水平

d) 职业类型：根据品牌 / 产品的定位，定义预期职业类型标签

e) 其他兴趣爱好：根据品牌 / 产品的定位，定义预期其他兴趣爱好标签

f) 家庭阶段：根据品牌 / 产品的定位，定义预期家庭属性标签

g) 孩子情况：根据品牌 / 产品的定位，定义预期孩子情况标签

h) 固定资产 - 房产：根据品牌 / 产品的定位，定义固定资产 - 房产类标签

i) 固定资产 - 车辆：根据品牌 / 产品的定位，定义固定资产 - 车辆类标签

自媒体营销价值评估标准 T / CAAAD 004 --2019

中国广告协会 发布

1 范围

本标注规定了自媒体营销价值标准的基本原则、评价要素、评价指标。

2 术语和定义

下列术语和定义适用于本文件。

2.1 自媒体

是指私人化、平民化、普泛化、自主化的传播者，以现代化、电子化的手段，向不特定的大多数或者特定的单个人传递规范性及非规范性信息的新媒体的总称。

2.2 自媒体平台

提供自媒体内容传播及相关服务的平台运营者。

2.3 自媒体内容

自媒体账号在社交媒体平台上发布的内容，内容形式包括但不限于: 微博、图文、视频、直播、笔 记、问答、博客、播客等。

2.4 自媒体营销

基于自媒体内容本身及自媒体平台的营销形式的总和。

2.5 自媒体营销指数

是指用来评估某一自媒体账号营销价值的重要指标说明。

2.6 自媒体无效粉丝

指在自媒体平台上，为伪造、夸大账号影响力或营销效果而注册及活跃的、不体现真实个体 / 机构 观点及行为的虚假关注者和订阅者。

2.7 自媒体无效曝光

指在自媒体平台上，为了伪造、夸大账号影响力或者营销效果而产生的对自媒体内容的阅读或浏览行为。

2.8 自媒体无效互动

指在社交媒体平台上为了伪造、夸大账号影响力或营销效果而产生的虚假互动行为，包括转发、评论、点赞等。

2.9 自媒体营销价值评估周期

对自媒体的营销价值进行效果评估时，评估数据采集的时间范围。针对不同自媒体平台和内容类型， 可以使用不同的评估周期标准。如微博、微信图文、短视频等建议评估周期为 7 天，长视频、问答类内容建议评估周期为 30 天。

3 基本原则

3.1 全面性

自媒体营销价值标准应包括能反应自媒体营销价值的关键信息。

3.2 系统性

自媒体营销价值指标各要素应相互之间既独立，又不重复，构成一个完整的体系，以准确反映从事 营销活动自媒体的内容价值、传播价值、营销转化效果及风险性的综合评价指标。

3.3 可操作性

自媒体营销价值指标应具有实用性，相关信息要素可采集、可量化、便于操作。

4 评估要素

4.1 内容价值

反映自媒体的内容的创作能力、创新性的现实状况。

4.2 传播价值

评估自媒体内容通过账号发布及社交分享所产生的传播效果。

4.3 营销转化效果

衡量自媒体内容的实际营销效果，考虑因素包括品牌形象及落地转化两方面。

4.4 风险性评估

记录自媒体在运营时产生的风险事件及其出现频次。

5 评价指标体系

<table>
<tr><th colspan="4">自媒体营销标准评价指标体系</th></tr>
<tr><th></th><th>一级指标</th><th>二级指标</th><th>三级指标</th></tr>
<tr><td rowspan="4">内容价值评估</td><td rowspan="4">内容价值指数</td><td rowspan="2">内容创作指数</td><td>发布指数</td></tr>
<tr><td>持续指数</td></tr>
<tr><td>内容原创指数</td><td>原创指数</td></tr>
<tr><td>内容创作系数</td><td>创作系数</td></tr>
<tr><td rowspan="8">传播价值评估</td><td rowspan="8">传播价值指数</td><td rowspan="2">曝光指数</td><td>有效曝光量</td></tr>
<tr><td>传播层级</td></tr>
<tr><td rowspan="3">受众指数</td><td>有效粉丝量</td></tr>
<tr><td>互动参与率</td></tr>
<tr><td>目标受众比例</td></tr>
<tr><td rowspan="3">互动指数</td><td>有效互动量</td></tr>
<tr><td>互动质量度</td></tr>
<tr><td>互动情感正面占比</td></tr>
<tr><td rowspan="8">传播价值评估</td><td rowspan="4">传播价值指数</td><td colspan="2">品牌认知度</td></tr>
<tr><td colspan="2">品牌喜好度</td></tr>
<tr><td colspan="2">品牌预购度</td></tr>
<tr><td colspan="2">品牌推荐度</td></tr>
<tr><td rowspan="4">传播价值指数</td><td>用户引流指数</td><td>有效访客量</td></tr>
<tr><td>用户质量指数</td><td>关键行为数</td></tr>
<tr><td>用户匹配指数</td><td>用户匹配度</td></tr>
<tr><td>用户成本指数</td><td>关键行为成本</td></tr>
<tr><td rowspan="4">风险性评估</td><td>内容风险指数</td><td colspan="2">自媒体各平台账号下发布内容中出现风险内容的文章 / 视频数量。</td></tr>
<tr><td>法律风险指数</td><td colspan="2">以自媒体法人或形象主体为对象的法院起诉记录数 + 行政执法机关判罚记录数。</td></tr>
<tr><td>商业风险指数</td><td colspan="2">1. 自媒体法人 / 主体 / 业务方向变更情况；
2. 自媒体在各平台上被投诉的记录数；
3. 自媒体在各平台上虚假互动数据占比。</td></tr>
<tr><td>道德风险指数</td><td colspan="2">1. 自媒体在各平台上被受众投诉的数量；
2. 自媒体在各平台上互动的负面评价数量及占比。</td></tr>
</table>

5.1 自媒体内容价值的评估（自媒体平台可控的）

自媒体账号的内容价值指数是综合反映自媒体内容价值水平和创作能力的综合指标，基于对其单位监测周期内的历史作品的发布数量、持续比例、原创数量，并结合其所属的内容行业类型进行综合测算。

5.1.1 内容创作指数

由发布指数和持续力指数构成。

a) 发布指数：指该账号在评估周期内的内容发布总量，与所有账号在评估周期内的内容发布数量 的平均值进行的比值。具体评估周期见术语和定义 2.9；

b) 持续指数：指该账号持续产出内容的能力，在评估周期内发布日的数量与未发布日的数量的比值。具体评估周期见术语和定义 2.9。

5.1.2 原创指数

指该账号原创内容的能力，即原创占比，即其在评估周期内发布的原创内容数量与评估周期内发布 的内容总量的比值。具体评估周期见术语和定义 2.9。

5.1.3 内容创作系数

指根据该账号的内容属性, 包含但不限于原创文字、编辑文字、原创图片、编辑图片、原创视频、 编辑视频的创作难度系数。

5.2 自媒体传播价值评估

自媒体传播价值指数用于评估自媒体账号在发布内容后，经由直接发布和社交分享所引发的受众 触达及互动效应，综合考虑曝光、受众、互动三个层面的量化与质化因素。

传播价值指数基于自媒体账号在评估当日之前 30 天发布所有内容产生的曝光、阅读、互动等相关数 据综合平均计算得出。

5.2.1 曝光指数

评估自媒体内容发布后产生的传播效果。

a) 有效曝光量：自媒体内容曝光量中，由有效账号浏览或阅读所产生的曝光数量；

b) 传播层级：在自媒体内容传播过程中经历的转发层级数量。传播层级越多，表明该内容引发了 更多社交分享，传播效果也更好。

5.2.2 受众指数

评估自媒体内容触达的受众数量和质量。

a) 有效粉丝量：自媒体账号的粉丝中非异常账号的数量；

b) 互动参与率：对自媒体内容产生互动行为的用户人数在自媒体粉丝中的占比；

c) 目标受众比例：自媒体营销内容有效触达的受众人群中，符合广告主目标受众特征，包括基础特征如年龄、性别和地域分布以及其他态度与行为特征的受众所占比例。该指标适用于自媒体营销内容的传播效果评估。

5.2.3 互动指数

由互动量、有效互动量、互动质量度和互动情感正面占比构成。

a) 互动量：自媒体在内容发布后，引发的用户互动行为的次数。根据不同的运营平台特点，互动行为包括评论、点赞、转发、感谢、收藏、弹幕、打赏等；

b) 有效互动量：自媒体内容产生的互动行为中，非虚假互动的数量；

c) 互动质量度：自媒体内容产生的互动行为中，非无效互动的占比。按不同类型的互动行为，可细化为评论质量度、转发质量度、点赞质量度等；

d) 互动情感正面占比：评论转发内容中，用户持正面情感态度内容数量占比。评估互动内容的情感类型时，主要考虑文本内容中所包含的情绪词类型和数量。在实践操作中，通常采用自然语言处理与人工判别结合的方法。

5.3 营销转化效果评估

作为广告主考量自身营销效果的参考。

转化价值指数：转化价值指数代表的是自媒体实际转化效果，包含品牌转化指数及销售转化指数两个二级指标。

5.3.1 品牌转化指数

品牌转化指数主要用于评估用户接触 KOL 广告后，品牌形象在消费者心中的提升情况，由调研数据计算得出。

a) 品牌认知度：用于衡量自媒体广告投放后，消费者对于品牌印象的提升情况；

b) 品牌喜好度：用于考虑自媒体广告投放后，消费者对于品牌情感方面的提升情况；

c) 品牌预购度：用于评估自媒体广告投放后，对消费者购买意愿的驱动情况；

d) 品牌推荐度：用于量化自媒体广告投放后，消费者实际想要分享的意愿提升情况。

5.3.2 销售转化指数

用于评估用户扫描二维码或者短链接后，跳转落地页后的具体转化效果。销售效果评估标准的细分指标包括但不限于用户购买数量等。

a) 用户引流指数：衡量某个自媒体活动实际引流落地页用户数量；

b) 用户质量指数: 考虑自媒体活动引流用户真实价值;

c) 用户匹配指数：自媒体用户属性（转化用户）与品牌用户属性契合度；

d) 用户成本指数：评估活动引流用户背后的成本。

5.4 风险性评估

提供给广告主相关的信息，供广告主参考。

5.4.1 风险主体

风险数据评估主体包括但不限于：自媒体法人主体、自媒体账号主体、自媒体内容主体。

5.4.2 风险类型

5.4.2.1 内容风险

主要包括以下几类风险内容：

a) 涉及政治的敏感信息，包括但不限于：

1) 反对宪法确定的基本原则的；

2) 危害国家统一、主权和领土完整的；

3) 泄露国家秘密、危害国家安全或者损害国家荣誉和利益的；

4) 煽动民族仇恨、民族歧视，破坏民族团结，或者侵害民族风俗、习惯的；

5) 宣扬邪教、迷信的；

6) 扰乱社会秩序，破坏社会稳定的；

7) 有关未成年人违法犯罪和渲染暴力、色情、赌博、恐怖活动的；

8) 侮辱或者诽谤他人，侵害公民个人隐私等他人合法权益的；

9) 危害社会公德，损害民族优秀文化传统的；

10) 煽动非法集会、结社、游行、示威、聚众扰乱社会秩序的;

11) 以非法民间组织名义活动的;

12) 含有法律、行政法规禁止的其他内容的。

b) 淫秽、色情、低俗信息，包括但不限于:

1) 标题、封面或文中带有性暗示、性挑逗、露骨描述等语言或隐晦地表现性行为;

2) 人体性器官暴露、或隐晦表现性行为、令人产生性联想、具有挑逗性或者侮辱性内容;

3) 截取影视剧中情色片段，街头、宾馆厮打小三扒衣服等不雅视频;

4) 推介淫秽色情网站，传播色情、低俗，有伤社会风化的内容。

c) 惊悚内容包括但不限于

1) 标题或文中内容故弄玄虚、装神弄鬼、耸人听闻，违背科学常理;

2) 文章或视频内含有容易引发用户不适的画面：如鲜血四溅、内脏特写 、虐待动物、手段残忍的拍摄画面、宰杀视频、直观展现解剖、手术等特写、残肢特写、蛇、虫、鼠、蚁成群扎堆出现的密恐、呕吐物拍摄、肉食动物吞咬、皮肤疾病特写等。

5.4.2.2 法律风险

评估自媒体法人 / 个体的在司法层面的不良记录，如来自法院的起诉记录、工商执法机关的判罚记录等。

5.4.2.3 商业风险

自媒体法人 / 主体 / 业务方向的重大变更历史。

自媒体在各内容平台上被广告主 / 合作方投诉的记录数、审核被拒记录数。

自媒体各内容平台上虚假互动数据占比。

5.4.2.4 道德风险

自媒体在各平台上被受众投诉的比例。

自媒体内容在各平台上收到的负面评价绝对数量及占比。

5.4.3 风险统计

由内容风险统计、法律风险统计、商业风险统计和道德风险统计构成。

5.4.3.1 内容风险统计

统计周期：参考传播指数部分各自媒体内容类型的对应统计周期。

统计对象：周期内已发布的所有内容。

统计指标：出现风险内容关键词的文章 / 视频的绝对数量。

5.4.3.2 法律风险统计

统计周期：自媒体主体成立以来至今。

统计指标：起诉记录、判罚记录的绝对数量。

5.4.3.3 商业风险统计

统计周期：自媒体主体成立以来至今。

统计指标：法人 / 主体 / 业务重大变更次数、来自广告主 / 合作方的投诉记录数、平台审核被拒记录数。

5.4.3.4 道德风险统计

统计周期：参考传播指数部分各自媒体内容类型的对应统计周期。

统计指标：来自受众的投诉比例、负面评价的绝对数量及占比。

5.4.4 风险公示

为直观展现自媒体的风险情况，涉及内容（内容风险、道德风险的投诉比例）的风险数据由各平台定期公示;其余风险数据则由第三方平台统计并提供查询。

中国广告协会
“CNAA Ⅰ”
“CNAA Ⅱ”
“CNAA Ⅲ”
证明商标企业

China Advertising Association CNAA Ⅰ,
CNAA Ⅱ, CNAA Ⅲ Certified Enterprises

2019 年获得中国广告协会 “CNAA Ⅰ”“CNAA Ⅱ”“CNAA Ⅲ” 证明商标企业名录

中国广告协会“CNAA Ⅰ”证明商标企业

一、综合服务类

哈尔滨海润国际文化传播股份有限公司
河北春秋文化传播有限公司
广东省广告集团股份有限公司
北京舜风国际广告有限公司
上海美术设计有限公司
厦门媒管家文化科技有限公司
浙江思珀整合传播有限公司
盛世长城国际广告有限公司
鼎翰文化股份有限公司
铂扬广告有限公司
麦肯·光明广告有限公司
河北众美传媒股份有限公司
山东超越文化传播有限公司
上海唐神广告传播有限公司
北京电通广告有限公司
山东省国际广告有限公司
上海广告有限公司
广东广旭整合营销传播有限公司
浙江美洋广告有限公司
北京国际广告传媒集团有限公司
重庆狼卜品牌营销策划股份有限公司
浙江省通信产业服务有限公司
华扬联众数字技术股份有限公司

二、媒体服务类

华铁传媒集团有限公司
重庆芒果广告传媒有限公司
十堰恒瑞传媒有限公司
迪岸双赢集团有限公司
河南地平线传媒股份有限公司
武汉新宇文化传媒有限公司
上海雅仕维广告有限公司
上海公共交通广告有限公司
安徽省博达传媒有限公司
合肥公交集团广告公司
安徽高速传媒有限公司
河南大河全媒体广告集团有限公司
成都大禹伟业广告有限公司
苏州工业园区苏城广告有限公司
安徽省清泉广告有限责任公司
西藏华君广告有限公司
镇江文化广电产业集团有限公司
山东智慧广告传媒有限公司
北京中外名人文化科技有限公司
四川分时广告传媒有限公司
宁夏动感飞扬文化传媒集团有限公司
山东中通文化传媒有限公司
山东通广传媒股份有限公司
济南广播电视传媒有限公司
宜昌三峡日报传媒集团有限责任公司

浙江银马广告有限公司
江西华赣文化旅游传媒集团有限公司
湖南天闻地铁传媒有限公司
中视电传传媒股份有限公司
深圳市宏禧聚信广告有限公司
重庆市加米广告有限公司
贵州高速广告有限公司
重庆高速文化传媒股份有限公司
广东昌辉传媒投资有限公司
江苏恒诺文化传媒有限公司
江苏新铁广告传媒有限公司
兆讯新媒体科技有限公司
江苏银苹果文化实业有限公司
苏州市安泰交通安全设施工程有限公司
德高广告（北京）有限公司
宁波红五星传媒股份有限公司
深圳市华语传媒股份有限公司
北京地下铁道通成广告有限公司
广西综路传媒集团有限公司
苏州美丽华传媒文化有限公司
江苏金海洋互动城市文化发展股份有限公司
厦门市天艺传媒股份有限公司
广东高速传媒有限公司
河南艳阳天传媒广告有限公司
江西注意力传媒有限公司
南昌铁路文化广告传媒有限公司
江西国维实业有限公司
安徽金运来文化传媒有限公司
南京地铁德高广告有限公司
江苏畅行线文化传媒有限公司
江苏灵创广告策划有限公司
天津晓耀广告传播股份有限公司
吉林省正进供求世界广告集团有限公司
北京佳禾广告传媒股份有限公司
中铁世纪传媒广告有限公司
辐轮世纪广告传媒（北京）有限公司
北京世纪润华广告有限公司
云南空港雅仕维信息传媒有限公司

三、设计制作类

中山日先联亚展示用品有限公司
上海先恩标识工程有限公司
武汉高斯美创新产业有限公司
万国广告标识（苏州）有限公司
重庆笨鸟标牌有限公司
泉州安邦展示用品工贸有限公司
深圳市博思堂文化传媒股份有限公司
湖南奥林美索文化产业有限公司
吉林省中麒影视制作有限公司
沧州市狮城霓虹广告股份有限公司
内蒙古正艺达品牌策略有限公司
武汉诚客科技有限公司
广东电声市场营销股份有限公司
安徽骏飞标识设计制作有限公司
广州市澳飞扬标识有限公司
湖南金会通标识文化有限公司
浙江国瑞网科文化传播有限公司
武汉牌洲湾广告科技有限公司
湖南伟达文化传播有限公司
苏州工业园区创艺广告装饰有限公司
苏州相旺建设工程有限公司
宜昌市龙马广告文化传播有限责任公司
宜昌市超人广告有限责任公司
南京永成广告传媒有限责任公司
中国国际广告有限公司
温州东方灯箱标识有限公司
宁波坤晨广告有限公司
江苏百成数码影业有限公司
苏州华夏设计营造有限公司
南京鑫彩峰广告有限公司
山东城市印象广告传媒有限公司
长春盛世金桥广告有限公司
浙江一百广告传媒股份有限公司
潍坊颐和广告有限公司

广东圣火传媒科技股份有限公司
浙江义乌中国小商品城广告有限责任公司
南京国广联传媒股份有限公司
厦门东帝士广告股份有限公司
江苏金鼎文化传播有限公司
吉林省国迅广告有限公司
湖州市中杰创意产业发展股份有限公司
山东阳光盛世文化传播有限公司
珠海华发文化传播有限公司
郑州铁利达广告有限公司
南通中一广告有限公司
河北宏图广告有限公司
河北汇景广告传媒股份有限公司

四、数字营销类

北京国双科技有限公司
利欧集团数字科技有限公司
新好耶数字技术（上海）有限公司
南京首屏科技集团有限公司
北京维卓网络科技有限公司
北京美通互动广告传媒股份有限公司
无锡艾德无线广告有限公司

中国广告协会“CNAA Ⅱ”证明商标企业

一、综合服务类

吉林省水墨金池文化传媒有限公司
宁波市奉化方圆广告装饰有限公司
上海宏拓广告传媒有限公司
上海众邦文化传媒有限公司
安徽省天之润装饰工程有限公司
合肥赛天使广告有限责任公司
连云港瑞和广告有限公司
山东东方天健数字传媒有限公司
长城广联（北京）国际广告有限公司
江西鑫点信息科技有限公司
泰安中坚广告有限公司
苏州国际博览中心管理有限公司
湖北乘风建设发展有限责任公司
临沂龙脉广告有限公司
山东凯拓广告传媒有限公司
青岛架桥广告装潢有限公司
枣庄市正和企业营销策划有限公司
青岛双龙广告有限责任公司
安顺薇蓝图广告有限公司
泰安市泰山天地广告有限公司
德州铁艺广告装饰有限公司
泰安闪亮登场展览服务有限公司
兰州海润广告有限公司
河南广新广告有限公司
贵州省毕节市闻达报业有限责任公司
新疆金山峰广告装饰工程有限公司
陕西西咸广告传媒有限责任公司
清远尚美创意策划传播有限公司
长兴领秀广告有限公司
无锡蓝天文化传媒有限公司
山东弘阳集团有限公司
枣庄尚播文化传媒有限公司
淄博皓宇广告有限公司
山东美图文化传媒有限公司
宿州市中广文化传媒有限公司
甘肃方正标牌广告有限公司
马鞍山市创艺印刷有限公司
潍坊润德广告有限公司
湖北大汉文化产业投资有限公司

山东新视野信息科技有限公司
山东美尔广告传媒有限公司
山东政和商务有限公司
莱芜世纪阳光广告装饰有限公司
河南北之海信息科技有限公司
湖北华夏盛世广告传媒股份有限公司
江苏奥星广告传媒有限公司
新疆卓越广告有限公司
新疆美网文化传媒有限公司
安徽脉博文化产业发展有限公司
灵璧县艺光广告传媒有限公司
安陆市兴利达广告有限公司
苏州工业园区瑞安多媒体信息服务有限公司
芜湖东新广告传媒有限公司
芜湖中艺广告装饰有限公司
宿州市环宇广告有限公司
安徽光华广告装饰有限公司
江西天义广告艺术有限公司
江西省新亚数码喷绘广告有限公司
安徽省高路广告传媒有限公司
甘肃省博科臻文化传播有限责任公司
湖北枫源传媒有限公司
湖北金鸿广告股份有限公司
鄂州市长城文化传播有限公司
潜江市星诗源广告有限责任
孝感市金美广告有限责任公司
安徽火炎焱文化传媒有限公司
湖北烽火台传媒股份有限公司
江西三原色标识制作有限公司
兰州欧斯朗广告有限公司
鄂州市朝阳广告装饰有限责任公司
连云港廊桥文化传媒有限公司
霍山县凹凸广告传媒有限公司
安庆市时尚装饰广告有限公司
安徽省森宇广告装饰有限公司
淮南市中天文化传播有限公司
湖州市政兴龙广告有限公司
甘肃枫华文化投资发展有限公司
黑龙江省咏大文化传播有限责任公司
安徽华浩广告有限公司
河南新东方文化发展有限公司
诸暨市宏远广告有限公司
黑龙江省孜闻传视企业形象设计推广有限公司
浙江泓天凯广告传媒有限公司
长兴海燕广告有限公司
浙江海涛文化传媒有限公司
广东英信文化传播有限公司
诸暨画龙广告装饰有限公司
杭州美茵广告有限公司
浙江鑫启瑞广告传媒有限公司
郑州新纪元广告有限公司
湖州红图文化传播有限公司
浙江佰世龙腾广告装饰有限公司
镇江市和信商务策划有限责任公司
石家庄广思达文化传媒有限公司
湖州泰仑广告装潢工程有限公司
江苏大丰港文化传媒有限公司
台州市金石广告装饰有限公司
常州橙果广告有限公司
湖州鸿志文化传媒有限公司
河北领帝文化传播股份有限公司
石家庄市星河广告有限公司
南京杰克森文化传播有限公司
石家庄盛世恒易广告有限公司
石家庄市天长文化传媒有限公司
湖南立即沟通传媒与技术有限公司
山东泰山品牌文化传播有限公司
湖北孝城控股集团安信文化传媒有限公司
浙江贝特文化传播有限公司
长兴天工装饰广告有限公司
吉林省航美文化传媒有限公司
泸州动力传媒有限公司
成都时代尚锦广告有限公司
潍坊润德广告有限公司

潍坊仁泽文化传媒有限公司
济南之式传媒广告有限公司
山东弘阳集团有限公司
上海南华苑文化交流有限公司
临朐兴隆广告有限公司
台州市金石广告装饰有限公司
湖州统艺广告装璜有限公司
芜湖聚优汇文化传媒有限公司
壹山藏传媒有限公司
青岛高新文化传播有限公司
南京博明广告传播有限公司
珠海公交文化传媒有限公司
江西七彩文化传媒有限公司
绍兴市上虞创想传媒环艺有限公司
诸暨市辉煌文化传播有限公司
上海恒能泰企业管理有限公司
黑龙江神笔画业广告有限公司

二、媒体服务类

广州市美尚广告有限公司
珠海市北合广告传媒有限公司
北京宾臣国际广告有限公司
六安市大黑广告有限责任公司
六安市聚点广告传媒有限公司
上海正协广告有限公司
南京新与力文化传播有限公司
贵州高速传媒有限公司
山东东泽广告有限公司
天津市深远广告传播有限公司
贵阳创天公交车体网络联合广告有限公司
河南红旗飘飘文化传播股份有限公司
榆林市普达广告装饰有限责任公司
山东新波浪动漫科技有限公司
山西骏驰众和文化传媒有限公司
新乡市华盛银河公交广告有限公司
临沂市百辰广告有限公司
甘肃友邦广告文化传播有限公司
湖北远望视界广告有限公司
寿光龙翔文化传媒有限公司
新疆民航广告有限责任公司
山东航空新之航传媒有限公司
安徽扬明广告有限公司
吴江市宏伟广告有限公司
兰州华强传媒广告有限公司
新疆珍宝公交广告有限公司
湖南尚鼎国际传媒有限公司
武汉四海一家传媒股份有限公司
马鞍山新华广告有限公司
兰州广合广告传媒有限公司
武汉通恒天下巴士广告有限公司
淮北市中大传媒有限公司
北京华世文化传媒湖北有限公司
淮安市长江广告有限公司
江西天时文化传媒有限公司
连云港凤凰传媒广告有限公司
乐清市新艺文化传播有限公司
安徽意蕊文化传媒有限公司
兰州伙伴广告传媒有限公司
襄阳上善营销策划传媒有限公司
宿州海蓝传媒有限责任公司
安徽广和文化传媒有限公司
深圳航空文化传媒有限公司
南京名铁广告传媒有限公司
浙江六客堂文化发展有限公司
深圳市中信通广告有限公司
江苏有线邦联新媒体科技有限公司
江苏三喜传媒有限公司
浙江尊荣千想传媒股份有限公司
江阴市联合广告传媒有限公司
临海市巾子山广告有限公司
温州交运集团城东公交有限公司
南京求索广告展示有限公司
浙江风行互联文化发展有限公司
山西宏英广告有限公司

四川太阳文化有限责任公司
济南市莱芜世纪阳光广告装饰有限公司
山东鲁政传媒有限公司
昆山中天广告传媒有限公司
武汉通恒天下巴士广告有限公司
江苏有线邦联新媒体科技有限公司
绍兴市上虞区交通广告有限公司

三、设计制作类

甘肃万美实业集团有限公司
上海辰源企业形象设计有限公司
山东日先企业营销策划有限公司
苏州东坡文化传播有限公司
浙江老莲广告有限公司
苏州东润常隆设计营造工程有限公司
苏州新浪广告传媒有限责任公司
烟台通益广告有限公司
江西志诚太和文化发展有限公司
黔南州支点文化传媒有限责任公司
安徽省天宇广告有限公司
内蒙古蒙星字业标识制作有限公司
苏州圣比城市智能科技有限公司
连云港市方普数字印务有限公司
贵州省凯里市公共交通总公司
湖北快捷广告传媒股份有限公司
新疆天广广告公司
贵州星维广告传媒有限公司
汉川市联合广告有限公司
湖北天狼星广告传媒有限公司
乌鲁木齐市浩昊文化传媒有限公司
合肥精杰广告有限公司
临沂市大海广告有限公司
山东世纪采尚广告信息有限公司
盐城大丰名流广告传媒有限公司
山东辰美文化传媒有限公司
合肥原野标识工程有限公司
苏州华思特装饰工程有限公司
六安市金点广告装饰有限责任公司
崇仁县大建广告传媒有限公司
武汉玄艺广告传播有限公司
芜湖智合联行文化传媒有限公司
安徽新电文化传媒有限公司
芜湖市行云流水文化传媒有限公司
安徽引航人广告标识有限公司
云梦县格林广告有限公司
湖南可为文化传播有限公司
万年县新起点广告传媒有限公司
江苏神猫文化传播有限公司
安徽未来标识设计制作工程有限公司
浙江威克特广告有限公司
安徽东宜广告有限公司
淮南市国安标牌制作有限公司
武汉玺轩广告有限公司
江西瑞豪广告装饰有限公司
苏州市一鼎广告装饰有限公司
杭州罗维标识系统工程有限公司
长兴新天地数码喷画有限公司
苏州九思堂文化传媒有限公司
盐城市大丰区盛天广告传媒有限公司
苏州市鼎盛广告有限公司
湖州智业文化传媒有限公司
浙江万佳文化科技有限公司
湖州吴兴新华艺广告有限公司
丽水市大家广告装饰有限公司
广东巨人匠广告有限公司
巨野县京轩宣传广告有限公司
江西三原色标识制作有限公司
江西省金骏传媒有限公司
昆山市金海圣广告传媒有限公司
武汉越志广告有限公司
湖州星皓文化传媒发展有限公司
南通厚道广告传媒有限公司
青岛蓝立方标识系统有限公司
清远市力量广告有限公司

安徽汉轩信息科技有限公司
安徽引航人广告标识有限公司
浙江灵动广告有限公司
浙江金胜文化发展有限公司

中国广告协会“CNAA Ⅲ”证明商标企业

一、综合服务类

丽江日报传媒有限责任公司
马鞍山市正大广告有限公司
青州兆庆传媒工程有限公司
黔东南州鸿森广告策划有限公司
黔西南州卓飞广告有限公司
江苏三艾国际旅游文化发展股份有限公司
抚州市千里马广告装饰有限公司
青岛高新文化传播有限公司
青岛海纳源广告传媒有限公司
新疆窗景文化有限公司
杭州大可环境艺术有限公司
宁波市奉化区华东广告装潢设计有限公司
金华联众企业全案策划有限公司
无锡当纳利文化传媒有限公司
金华市非凡文化传播有限公司
丹阳日报社广告公司
江山灵诺广告有限公司
江苏三艾国际旅游文化发展股份有限公司
神曲营销（珠海）有限公司
江山灵诺广告有限公司

二、媒体服务类

北京大龙得天力广告传媒有限公司
六安市彩臣广告装饰工程有限公司
黔西南州分众广告传播有限公司
清远市青华广告有限公司
连云港骏通广告有限公司
六安市东信文化传媒有限公司
兰州宣天下文化传媒有限公司
滁州东方传媒有限公司
安徽红苹果广告传媒有限公司
合肥库升品牌传播有限公司
汉川市超越文化传播有限公司
芜湖创新广告装饰有限公司
常熟市节庆创意文化传媒有限公司
丽水市南明文化传媒有限公司
河北华奥文化传媒有限公司
汉川市超越文化传播有限公司

三、设计制作类

抚州市明瑞广告策划有限公司
苏州昶升明旸文化传播有限公司
和县火凤凰广告有限公司
马鞍山皖江传媒广告有限公司
鄂州现代广告有限公司
苏州睿途广告传媒有限公司
贵州新黔彩广告有限公司
黔东南州风讯传媒广告有限责任公司
鄂州市海顺广告有限责任公司
新疆三原色文化产业发展有限公司
新疆星火文化传播有限公司
河南万众文化传播有限公司
武汉和盛轩文化传播有限公司
鄂州市建皓广告有限公司
宜春公交广告有限公司
鄂州市骏达广告装饰有限公司
湖北鑫马广告传媒有限公司

湖州宇峰广告策划有限公司
龙泉市兄弟广告装饰工程有限公司
湖州巨业广告装潢有限公司
绍兴上虞易天广告有限公司
台州红蓝广告有限公司
湖州天马创意传播有限公司
长兴速腾广告有限公司
湖州金乐广告装饰有限公司
东阳市力的广告有限公司
潍坊爱华广告有限公司
湖州视新传媒广告有限公司
浙江众美广告有限公司
泰州市世纪畅想文化传播有限公司
绍兴聚慧堂广告策划有限公司
六安龙行天下广告装饰有限公司

四、数字营销类

北京联合时空信息技术有限公司

中国广告年鉴2020

CHINA ADVERTISING YEARBOOK

广告专著与学术论文选登

Selected Advertising Monographs &Academic Papers

简论公众对中国广告产业发展的影响
——从发展广告学的角度

沈清[1]

| 摘　　要 | 公众成为广告产业发展的核心要素，是由社会发展与产业发展共同决定的，在其中，公众的外生性影响和内生性影响共同发挥重要作用，外生性影响是指公众不介入广告产业服务生产流程所产生的影响；内生性影响是指公众介入广告产业服务生产流程所产生的影响。两者关系表现为在外生性影响短暂主导产业发展后，迅速进入到外生性影响与内生性影响同时发挥作用的综合性发展阶段，并最终将进入以内生性影响为主，以外生性影响为辅的发展阶段。

| 关 键 词 | 公众；广告产业；外生性影响；内生性影响

发展广告学提出，制度、市场、资本和公众这四个要素是影响广告产业发展的核心要素，本文基于发展广告学的分析框架，以公众为出发点，主要研究两个问题，即为什么公众成为中国广告产业发展的主导性力量，以及其影响如何体现。

第一部分 一般意义上的公众及其作用

公众概念源于西方，在不同时期其内涵差别较大。在奴隶制时期“公众”指国家事务的决策者和执行者，到了封建时期，哈贝马斯将公众称之为“代表型公众”。随着时代发展和权利的分离，资产阶级产生，独立的公共领域出现了。为保护其私有财产安全，资产阶级发起了针对政治权利的斗争。在资产阶级最终获得国家统治权力后，由于其内部分化，公众成了数量众多的一般资产阶级的统称。因而，西方资本主义时期的公众经历了由资产阶级组成，到由资产阶级精英阶层领导，再到与资产阶级精英阶层分离的过程。笔者认为，公众的形成需具备四个基本条件，即私有财产、受教育权利、政治斗争通道和信息传播通道，这四个条件有一定的顺序性，却不具备一种必然性的关联。当这四个条件都具备时，公众就能发挥其作用，起作用表现为对于不利于自身利益事物的批判与反抗，即约束性作用；对于有利于自身利益事物的追求，即逐利性作用。

士大夫阶级在中国历史上起到了与西方公众类似的作用。士大夫阶级经历了与皇帝共有、共治、共管国家的过程，身份虽由主人逐渐下降为皇帝的“师”“友”，直至沦落为“臣”“奴”，但由于其长期垄断文化教育权和政治决策管理权，所以并没有影响其对皇权的约束以及对自身利益的追逐，因而，中国士大夫阶级与西方公众的形成过程有着本质的不同，士大夫阶级始终享有政治决策管理权，其利益与皇帝具有同一性。中国共产党带领中国实现了解放，特别是自改革开放开始，中国特色社会主义引导中国迎来了快速发展，不仅使中国更加富强，也使得群众积累了财产。这种财产受到宪法层

[1] 中广传媒集团有限公司

面的保护，同时受到宪法保护的还有受教育权利和政治参与通道，使得中国公众的形成过程相对快速和平稳。伴随着数字信息传播技术的发展，群众获得了新的信息传播通道，构成公众所需要的四个条件就全部具备了。在财产私有和受教育权利普遍化的基础上，公众通过以互联网为代表的数字信息传播技术，越来越充分地行使自己的权力，参与到政治决策和社会治理之中，对于违反群众利益的事情予以约束，即约束性作用；对于有利于群众利益的事情予以推动，即逐利性作用。中国公众以一种不同于西方的发展过程，在中国社会中出现了。这种约束性作用和逐利性作用，是通过三种权力得到实现的，即公众的经济权力、政治参与权力和信息传播权力，这三种权力又是基于构成公众的四个条件的综合发展。

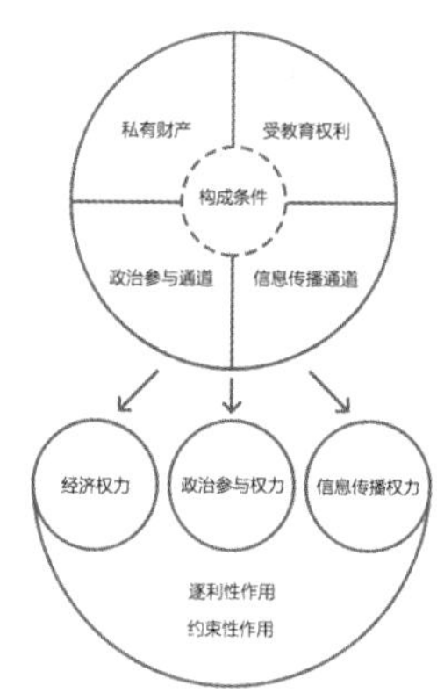

图 1 中国公众构成条件、作用及权力类型关系

第二部分 公众主导广告产业发展的内部产业逻辑分析

社会层面公众的出现为其在广告产业中发挥作用提供了可能，这种可能又因为广告产业自身发展逻辑的需要而成为现实。这与资本在当前广告产业中的主导地位息息相关。资本在产业发展到一定阶段时能够起到帮助产业整合和实现规模化生产的作用，并实现其自身的增值。广告产业由广告主、广告公司和广告媒体这三个主体共同构成，作为工业社会专业化分工下出现的营销服务产业，也符合这一发展规律，笔者将先从资本的增值方式入手，再具体到广告产业。

资本增值方式包括利润分红和股权交易。利润分红的基础是消费者对企业产品或服务的购买，企业通过消费者的购买行为获得利润，因而企业本身须具有“自生能力[1]”，不断地优化其产品和服务。此时，公众以消费者身份通过货币选票，决定着企业生存和资本增值，所表现出的作用主要是直接即时约束性作用和间接性即时约束性作用。直接即时性作用是公众通过其经济权力和信息传播权力而体现的，直接作用于企业；间接即时性作用是公众通过政治参与权力而体现的，所限制的行为在微观层面对公众影响有限，但在宏观层面影响公众集体利益，因而由代表公众利益的国家作用于企业，表现出间接性和即时性。

股权交易方式中资本增值的基础取决于潜在股东对企业未来的价值预期。这种预期以经济维度为主，也包括文化、健康等维度。在非公开股权市场上，经济维度的评判标准是现有盈利模式的可持续性和新盈利模式的可盈利性，前者取决于企业实际营收和可持续性，企业可以通过优化产品和服务来实现，但更常见是资本要求企业短期内将收入快速提升，使潜在股东对企业的判断更为乐观，已达成股权卖出的目的，此时公众身份是消费者，只要产品和服务符合实际需要，公众的利益不受损害；后者主要取决于潜在股东对行业前景和公司能力的判断，公众并不起直接作用，但作为信息传播者的公众可以通过公众舆论间接影响潜在股东，表现出间接约束性作用，以及一种由政治参与权力和信息传播权力所体现出的滞后约束性作用，主要是推动法律法规的完善，对资本的限制能力有限。在公开股权交易市场上，现有资本在经济维度上与在非公开市场上相同，即需要通过企业可持续性吸引潜在股东，通过股权买卖实现增值。与非公开市场不同，公众在其中有三重身份，第一重身份是消费者，第二重身份是潜在股东，第三重身份是信息传播者。此时公众内部分裂成了作为股东的公众和作为信息传播者 / 消费者的公众，公众的信息传播权力一方面可保护其经济权力，一方面也可“损害”其经济权力，造成这种矛盾的本质是公众的另一大特性——逐利性。因而，在此种增值方式下，公众所起的作用一方面依然是即时约束性作用，另一方面是滞后约束性作用和逐利性作用。

广告产业发展到一定阶段需要借助资本实现进一步发展。广告公司的服务对象是广告媒体和广告主，其价值是协助广告主与消费者建立联系并完成销售，其资本运作与公众没有直接关系。传统媒体一方面承担着意识形态引导和舆论方向把控的任务，另一方面需要通过市场获取收入，随着社会发展，媒体行业也出现了新的变化，不少媒体组建股份制企业，在公开交易市场进行股权交易，资本在其中所应该起的作用慢慢显现。而广告主本身来自各行各业，不存在特殊性。因此，笔者认为不应将广告产业视为一个特殊产业，广告产业发展到一定的阶段必然会出现产业整合和优化升级的要求，而资本满足了广告产业该阶段发展的需要，所以广告产业进入了资本性要素主导的阶段。而资本最终增值来源是公众，所以公众在资本性要素主导下的产业中变得越来越重要有其必然性，这是由广告产业发展的内部发展逻辑决定的。

第三部分 广告产业中公众外生性影响分析

广告产业的内部发展逻辑使得公众在广告产业中越来越重要，对广告产业发挥着外生性影响。公众的外生性影响是指在不介入服务生产流程的前提下对广告产业发展所产生的影响。

一般而言，公众与资本的关系表现为约束性作用和逐利性作用两个方面。约束性作用又可以细分为通过经济权力和信息传播权力所变现出的直接即时约束性作用，通过政治参与权力经由国家所表现出的间接即时约束性作用，以及通过政治参与权力和信息传播权力所表现出的滞后约束性作用。逐利性作用主要是通过信息传播权力和经济权力在公开的股权交易市场上表现出来，公众此时作为个体股东的利益诉求与资本的利益诉求相一致，笔者将这种逐利性作用称为个人资本逐利性作用。图 2 描绘了公众与资本的约束性关系和逐利性关系的基本结构，其中实线箭头代表约束性作用的关系走向，虚

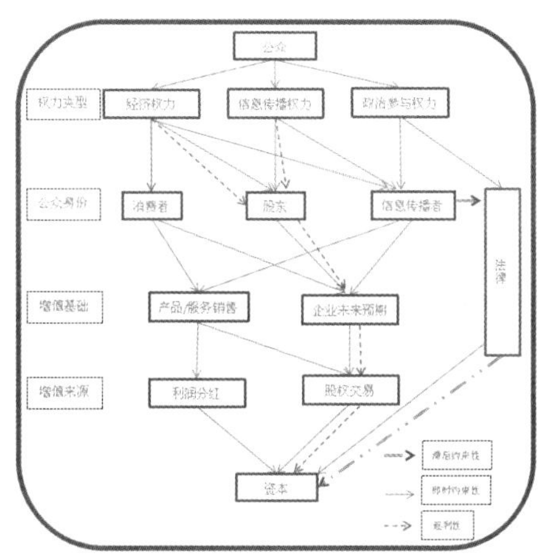

图 2 资本与公众关系分析

表 1 资本与公众关系分析

资本目的	资本增值			
增值来源	利润分红		股权交易	
实现渠道	股权购买		股权购买	
实现场所	非公开市场	公开市场	非公开市场	公开市场
增值基础	产品 / 服务销售		企业未来价值预期	
影响因素	产品 / 服务的质量		经济方面：现有模式的可持续性 新模式的可盈利性 其他方面：心理因素、健康因素、环保因素、区域因素、文化因素等等	
公众身份	消费者		消费者 信息传播者	消费者 信息传播者 股东
影响方式	产品 / 服务的购买		产品 / 服务的购买 公共舆论	产品 / 服务的购买 公共舆论 股权交易
是否影响企业专业性	不影响企业专业性发展		不一定影响，股权卖出后与原资本无关。	
是否需要企业具有实际价值	需要		不一定需要，股权卖出后与原资本无关。	
是否要求企业长期存续	要求		不一定要求，股权卖出后与原资本无关。	
可能引起的问题	企业不能提供合适的产品 / 服务，面临被淘汰 垄断。		1. 现有模式短期内极致发展，可能会出现产品 / 服务质量下降； 2. 新模式开发时可能会带来环境、资源等问题； 3. 进行舆情监控，避免不利信息传播，误导公众舆论。	1. 现有模式短期内极致发展，可能会出现产品 / 服务质量下降； 2. 新模式开发时可能会带来环境、资源等问题； 3. 进行舆情监控，避免不利信息传播，误导公众舆论； 4. 包装企业财务数据，误导潜在股东。
公众的作用	直接即时约束性作用； 间接即时约束性作用。		即时约束性作用； 滞后约束性作用。	即时约束性作用； 滞后约束性作用； 个人资本逐利性作用。

线箭头代表逐利性作用的关系走向，虚线框内是对每层关系的简要说明，法律作为独立的影响因素，放在了整个图的最右侧。表 1 是基于图 2 对公众与资本关系更详细的说明。

笔者认为，因为当前的广告产业发展是以资本性要素为核心的，所以公众对广告产业的作用也表现在以上这些方面，包括即时约束性、滞后约束性和个人资本逐利性，即时约束性又可细分为直接即使约束性和间接即使约束性。即时约束性作用和滞后约束性作用都是由服务结果导出的，对服务生产流程并没有介入，体现的是公众对广告产业的外生性影响。个人资本逐利性虽然使得公众成了企业的股东之一，但由于所占股份极少，对企业企业经营和生产流程仅有一种滞后的知情权而无参与权，因此，笔者将公众的个人资本逐利性作用视为公众外部性影响的表现之一。以上这些作用是中国社会中公众外生性影响在广告产业中的延伸和具体应用。

第四部分 公众主导广告产业发展的外部社会条件分析

广告产业“一个突出特征是高度的依附性[2]”，因此，对广告产业的研究就必须结合对社会整体发展的研究，而社会发展受到多个因素影响，所以，笔者将把重点放在研究数字信息传播技术如何改变人们认知世界、组织世界和参与世界的思想与方式，在此笔者借鉴了新增长理论的思路，即将技术发展视为影响社会和产业发展的内生性要素，技术变革引导了社会和产业的变革与发展。

这种变革的产生，要归功于以信息论为代表的新思想使人们意识到，从信息的角度能够更清晰地发现和解释世界，使人们对信息在人类活动中的核心位置有了更加明确、统一的认识。此外，香农等人还赋予了信息可测量性和实体性。通过设定信息的计量单位，信息可被测量，带来了信息与物质载体分离，信息本身作为一种实体而存在了。信息实体化的结果是使得信息本身具备了交易价值，但信息实体化没有解决兼容问题，广播信息无法直接应用在电视上，这影响了信息的传输速度和可用范围。光纤网络起到了关键作用，传统信息传播技术不仅是单行线，而且是单车道，而数字信息传播技术可以使信息传输双向并发，小胡同变成了长安街。同时，信息的数字化使得信息可用性增加，信息数字化大大缩短、甚至去掉了信息转录时间，加快了信息周转率，使信息变得更有效率，并使得同样的信息占用的空间更少。信息可用性的提升、信息传输速度和效率的提升，配以计算机存储和运算能力的提升，这三者的共同作用首先是改变了信息收集和分析方式，然后改变了信息使用方式和信息生产方式，创造了新的信息传播环境。

在信息收集和分析方面，经过数字化处理的信息，使原本不同源、不同介质的信息以一种前所未有的方式被收集起来，近乎全量的信息也使以抽样为基础的统计分析方法日趋衰落。由于信息收集和分析的优化和范围扩大，改变了组织现有的运营模式，并创造了新的运营领域和运营方式。公众也受此影响和改变，公众是信息提供者，现在也变成了信息使用者。数字化的信息、双向并行的传播网络加上全量数据，使公众更方便了解自己和社会，这不仅使专家的权威性受到质疑，而且使传统媒体作为主要甚至唯一信息供给者的地位受到毁灭性打击。这进而改变了信息生产方式，首先是信息源，之前公众仅仅是被动的信息采集源，而现在公众不但能够提供更为全面准确的信息，同时基于自身和他人的信息，公众又不断产生新信息，表现出了其生产性的一面，这改变了传统的信息传受关系，加强了公众的信息传播权力和政治参与权力；其次，因为各种新使用方式的出现，产生了之前不曾有过的信息，一类是基于新的信息活动所产生的信息，另外一类是基于信息的信息。

当然，不应将信息收集和分析、信息使用和信息生产这三个方面的改变视为一种单向循环体系，三者是处在一种动态的、互相影响的状态下的。新信息收集和分析方式，使得信息统计更为全面精确，也使之前无法统计或者被忽视的信息得以统计，这使信息有了更多的被使用方式—既体现在传统信息使用方式的优化和完善，也体现在新使用方式的产生。这些使用方式上的变化，带来了更多信息，这一方面对信息收集和分析提出了新要求，同时也改变了信息生产方式。这种新信息生产方式不仅改变了传统信息传受关系，释放了公众的信息生产能力，同时使关于信息的信息变得越来越多，也越来越重要，进而要求更优化的信息收集和分析方式，并丰富和创造了更多信息使用类型。这个动态的循环体系构成了一个全新的信息传播环境，这一切又是建立在信息可用性、信息传播速度，以及信息使用效率的提升的基础上的。

公众在新信息传播环境中承担着三种角色。首先，是信息的提供者，其重要性表现在公众行为是推动信息传播循环的起点和动力，所以，公众的信息提供者身份可视为其经济权力的延伸，公众所提供的信息就是一种新货币。第二个角色是信息使用者，这种使用是以符合公众自身利益的方式进行的，是一种对自身利益诉求的实现，包括物质层面和精神层面，这种诉求一直都有，只是之前的技术无法满足，而在新信息传播环境下，公众作为信息使用者的主动性被解放了出来。第三个角色是信息生产者，公众作为信息使用者本身就产生了新信息，这可视为是一种伴随性的信息生产，也就是关于信息的信息，公众作为信息生产者更主要的表现方式，是成为信息传播过程中的一个节点，而不再是大众传播时代的信息终点，这种节点作用既加强了公众的信息传播权力，也促进了公众的政治参与权力。公众通过掌握的信息传播权力，在现有信息传播体系外组建了新的信息传播活动，满足自身利益。同样，不应将公众的这三种角色割裂开来，数字信息传播技术越发达，这三种角色就越紧密，甚至合而为一，成为新信息传播环境的核心。

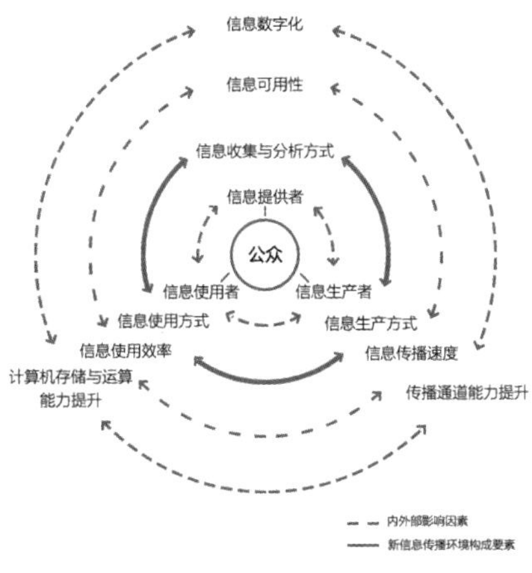

图 3 新信息传播环境示意图

图 3 对这种关系结构进行的简单展示，实线是新信息传播环境的构成要素，虚线是作用于新信息传播环境的内外部因素，这些因素互相之间处于一种双向、动态的状态中，公众处于核心位置。

第五部分 广告产业中公众内生性影响分析

新信息传播环境影响了整个社会的发展进程和方向，广告产业不同主体角色和定位也随之改变。由于信息传播速度的加快，逐步消除了因信息不对称而带来的信息供需间的不匹配，公众需求能够更为直接的表达，使公众对服务生产的要求越来越高，带来了公众对服务生产流程的介入，与之前仅靠对最终产品的反馈来实现需求表达完全不同，从而形成了公众对广告产业的内生性影响。公众的内生性影响是指通过对服务生产流程的介入来实现对广告产业发展的影响。

5.1 广告主的变化——服务代工与品牌重塑

数字信息传播技术给广告主带来了前所未有的机会，但也带来了更多限制和要求。虽然广告主可以更直接了解公众对产品或服务（实际上产品只是服务的一种表现形式）的意见，并进行改进以获取更忠实的公众，但工业社会规模化生产和销售的模式有其好处，就是可以通过限定消费者的选择范围来控制成本。现在，公众不仅提供了对选择范围内服务的意见，还提供了选择范围以外的新需求，这些需求是即时、快速、主动和无规律的，这就要求广告主必须对信息进行实时监控，改变了工业时代由广告主主导的生产模式，生产主导权由供给侧转移到了需求侧，公众表现出了一种新的作用，即生产性作用。广告主必须应对这种改变，因为这对公众有利，这些公众手里除了掌握着经济权力，还掌握着信息传播权力和政治参与权力，而后两项权力给广告主设置了更为严格的限制。首先表现在对原有服务更苛刻的要求，任何在大众传播时代容易被忽视或掩盖的缺陷，在新信息传播环境下都会被发现、放大和关注，传统的风险控制模式越来越难以奏效；其次，影响企业发展的不再仅仅是其服务的直接消费者，随着公众权力的加强，广告主必须更谨慎的对待和处理公众不同的利益诉求，这就要求广告主的主动参与，并以 7*24 的工作频率对信息进行实时监测。

公众的生产性作用与公众的逐利性作用有关，公众参与是为了获得更好的服务，满足自身逐利性需求，而不是为使广告主获得更多收益。这不是简单的因果互换，而是新信息传播环境下权力的转移。在这个过程中，公众的反馈信息指导了广告主现有服务的生产和优化，这是生产性作用的一个表现方面。生产性作用的另一个表现方面是公众提出了新的个性化服务需求，将公众的消费选择限定在一定范围内，既可方便广告主组织生产和提高利润，也是工业社会中公众需求无法有效表达的客观限制。但现在，对服务范围的限定会导致公告需求无法满足，进而导致公众流失，广告主因而需要根据公众需求组织新的生产方式和流程，在这整个过程中，公众提供的需求信息处于核心位置。这种新的生产方式带来现有模式和行为方式的变化，按需按次的个性化定制服务将是未来主要生产模式。新信息传播环境所带来的生产成本降低使得个性化定制服务第一次实现了对大规模公众的覆盖，这种由需求方发起的生产方式会将广告主变成公众需求的代工厂。生产性的第三个表现方面是在品牌方面。公众需求不仅体现在实用性上，更是一种身份认同的需求，这种身份认同通过品牌予以体现，这也许会造成品牌形象窄化，但却可以为广告主培养更加忠实的使用者。这一点至关重要，忠诚的公众更难以离开广告主，因为服务提供商的更换将不再是简单的经济权衡，而是一种涉及时间成本和情感成本的体验切割。忠诚的公众还是品牌的传播者，不仅能使广告主省下大笔的营销费用，也降低了获客成本。因此，广告主必须将品牌的所有权也转移到公众手中，由公众按照自身的需要去对品牌进行生产性的重塑。

在未来的广告产业中，公众是服务生产的发起方和品牌的重塑者，广告主是公众需求的代工厂和品牌维护者。因为公众与己相关性、议题广泛性、临时性、即时性和非理性的行为特点，使得广告主面临着前所未有的巨大挑战，需要在不断地完善自身的同时，与公众保持实时沟通。公众的内生性影响对广告主而言是全面的，同时，这种内生性影响因为对服务生产流程的介入，还表现出了一种新的约束性作用类型，即前置约束性作用，由于公众对服务生产流程的主导，使得有可能对公众构成不利影响的因素在生产过程中就被剔除了。由于前置约束性作用的存在，偏向于根据服务结果而开展约束作用的即时约束性作用与滞后约束性作用将会越来越少，公众的内生性影响与外生性影响相比将变得越来越重要。

5.2 广告公司的变化——创意驱动

传统的广告信息传播活动由广告主发起并提供预算，广告公司负责执行，广告媒体进行广告信息传递。在整个广告活动过程中，信息生产主要由广告公司控制，信息使用也由广告公司制定并具体执行，广告公司还进行信息收集和分析，可以说，虽然广告主提供了资金，广告媒体提供了传播触角，但是处于广告信息传播活动核心的是广告公司。

在新信息传播环境中，广告公司的这种核心地位消失了。这首先来自信息收集和分析能力的被替代，数字信息传播技术使信息以一种前所未有的方式被收集起来，广告主掌握自身的全量数据，竞争对手和整个行业的数据可由线上的信息平台和线下的金融机构提供，广告主自身就可以完成信息收集与分析，广告公司之前那种利用信息不对称而运营的模式失效了。在信息使用方面，基于互联网的信息传播活动可以通过程序化的方式自动匹配，并提供因人而异的信息内容，其核心是算力和程序而不再是经验，同时，随着大众媒体数字化进程的推进和传输通道双向改造与升级，由计算机主导的媒介计划制定和执行将成为广告信息传播活动的主要模式。在信息生产方面，广告公司的冲击来自两个方面，首先是来自被解放了信息生产能力的公众，在大众传播时代，广告公司的信息生产主要依靠专业化创意生产人员，但新信息传播环境下信奉的是“高手在民间”，公众的创意想法可以瞬间传遍每个角落，同时他们很多时候的创作是出于兴趣而不是金钱，这给了广告公司很大压力，也是公众内生性影响的一种表现。其次来自运算能力越来越强大的计算机，通过数据、算力和程序，计算机可以生产更具针对性的广告信息。虽然笔者并不认为在信息生产环节计算机会完全取代人类，这主要是由于创意不可运算和不可重复的特性，但创意人员依然需要借助计算机的帮助并了解技术，因为新技术本身就构成了创意的一部分。总之，广告公司在信息生产环节还尚有生存空间，但再也不能独揽广告信息的生产了。除了创意生产，广告公司一定时期内还有充当“策展人”和“税务员”的作用。“策展人”作用是指根据不同广告主的需要搭建临时创意团队，广告公司作为广告主与自由创意人员之间的担保人，降低双方的沟通成本。“税务员”作用是指代替创意人员缴纳相应税费，但广告公司的这两个作用，是基于广告公司还能够开展创意业务这一基础上的，脱离了这个基础，广告公司也就没有了存在的意义了。

5.3 广告媒体的改变——衰落和被替代

广告媒体在新信息传播环境下面临的竞争最为惨烈。竞争来源于三个方面，首先来自海量的信息生产者，其次来自广告主，最后来自以互联网企业为代表的信息平台。

广告媒体是大众传播时代信息控制的最主要代表，这种控制源于信息收集和生产的高成本，以及单向线性的信息传输网络。新信息传播环境下，这种控制变得越来越困难。在信息收集和生产方面，家用计算机，甚至手机都具备了信息收集、分析、编辑、生产和传播的能力，这大大降低了信息收集和生产的门槛。伴随权威性下降的同时，公众的信息生产欲望得到了释放，涌现出了海量的自媒体，通过满足公众娱乐性、陪伴性、求知性等不同维度需求，从广告媒体手中分流了公众和广告主的预算。同时，公众还掌握了这一更为直接、快速、有效的自身多样性诉求传播通道，而这之前是以广告媒体为中介的。广告主对广告信息传播活动更深入的参与进一步降低了广告媒介的中介作用，由于广告预算的有限性，广告主更多的自主性参与意味着广告媒体的份额变少了，广告媒体面临的问题不仅是越来越多的竞争者来争夺盘子里的蛋糕，而且蛋糕还变小了，因此广告媒体内部的二级分化越来越明显，少数处于领先地位的广告媒体尚能维持正常经营，而绝大多数广告媒体经历着入不敷出的悲惨状态。

更大的竞争来自信息平台。基于数字信息传播技术发展而起的信息平台，并不需要脱胎换骨的变革以适应新信息传播环境，这节省了大量的时间、金钱和人力，这些资源被重点投入到了计算机存储和运算能力的提升上，信息使用效率的提升又不断地优化着信息收集和分析能力，使得信息平台能为公众提供更好的信息服务。由于信息平台占据了公众更多的时间，留给广告媒体的时间就越来越少，这一趋势几乎是不可逆的，因为公众的逐利性本质使得他们只会选择最能满足其利益的服务。因而，传统广告媒体的中介作用进一步降低，传统广告媒体不再是公众获取信息的必要一环，其作用和功能逐渐地被信息平台所替代，而后者将取代广告媒体的位置，成为广告产业中的新主体。

5.4 信息平台的崛起与融合

公众需要面对信息爆炸的问题，格雷克给出了两个解决方案，“要么是过滤，要么是搜索[3]”。信息过滤的工作在大众传播时代是由广告媒体来提供，现在这项服务由信息平台来提供。搜索与过滤不同在于，过滤是定向的信息服务，搜索是不定向的信息服务。这些服务只有在新信息传播环境下能够实现，因为公众无规律可循的即时性信息服务需求需要信息使用效率、信息传输速度和信息可用性的高度统一。从信息使用者的角度来说，信息服务很方便，但信息平台的这些信息从哪儿来呢？这一方面源于将人类已产出的所有信息数字化，另一方面源于作为信息生产者的公众自己。公众自己提出信息需求，再自己去回应这种需求，信息平台在其中充当着需求匹配和审核工作。信息平台的这种审核工作是一种新的信息服务，即信息管理，这种管理分为两个层面，一个是信息平台对已有全量信息的管理，仅仅对信息进行储存而不使用是一种资源浪费，只有当信息能够被有效运算和分析时，全量信息才变得有意义，才能更准确地识别公众需求并进行匹配，提高信息服务的质量，所以信息平台的信息管理就是对已获得信息的循环分析和循环使用；另外一个层面是信息平台帮助公众进行个人信息管理，由于信息泛滥，公众需要一种信息管理的服务提高生活效率和质量，很大程度上信息平台自身的信息管理工作与向公众提供的信息管理服务之间是重合的，因为很多信息管理服务要求信息平台对信息进行实时运算和分析，再将信息实时的反馈给公众，这些实时的信息服务都需要信息平台对已存储信息的实时运算、分析和反馈，所以信息管理即是信息平台自身运营的一部分，也是信息平台能提供的一种信息服务。信息平台还提供信息聚合服务，这同样是源于信息泛滥、公众时间的有限性和需求的多样性，三者的结合要求信息平台将信息聚合，满足公众“一站式服务”的需求。信息平台通过信息聚合，可以将公众信息获取需求与后续行为直接连接起来，比如天猫，通过将公众的需求信息与广告主的供给信息进行聚合和匹配，促成服务销售与购买。信息平台聚合的信息越多，公众“一站式服务”需求就越能得到满足，越来越多的广告主就不得不与信息平台合作，这使得信息平台取代了广告媒体，成了公众与广告主之间的新中介，帮助双方建立联系，匹配需求，与广告媒体相比，这种服务更为准确、实时，效果也更为直接，所以信息平台对广告媒体的替代是新信息传播环境下的必然结果。

信息平台的聚合边界竖立在不同信息平台之间，这阻碍了信息流动，因此不同信息平台间也需要不断聚合，这是信息可用性的要求，更是公众逐利性的要求。此时，资本又开始发挥作用，首先是同类信息平台之间聚合，在每个类型的信息需求中都产生了占有绝对市场份额的信息平台；接下来是跨类型的信息平台聚合，这些巨型信息平台能够满足公众各个方面的需求，使得公众“一站式服务”需求成为现实。巨型信息平台间的竞争，一方面能够更好满足公众需求，另一方面加强了公众的权力。在经济权力方面，公众每一次需求的提出都对信息平台形成了一种经济压力，逼迫着信息平台持续优化其服务能力，以提供满足公众需求的信息服务。巨型信息平台间的竞争还加强了公众的信息传播权力，公众的服务体验可以更快、更广的传播，这种基于公众实际服务体验的评价体系使公众能更好地对信息平台进行约束。从资本逐利性、信息可用性和公众逐利性的角度来看，由巨型信息平台最终聚合成唯一一个超级信息平台是不令人吃惊的一种可能，只是到时公众利益是否能够受到保障是一个值得思考的问题。

总之，新信息传播环境下，信息平台为了满足公众“一站式服务”的需求，提供了信息过滤、搜索、管理和聚合四种功能，使广告媒体的作用被完全替代。公众的信息需求是信息平台发展的根本动力，公众不仅介入了信息平台的服务生产流程，同时也是信息生产者、使用者和提供者，所以公众内生性影响对信息平台发展的作用更为突出。同时，在公众信息需求的要求下，信息平台间不断聚合，形成了由几个巨型信息平台向公众提供全方位信息服务的局面，这不仅加强了公众的权力，也加强了公众的外生性影响，但总体而言，公众内生性影响对信息平台发展起到的作用更为直接。

第六部分 广告产业中公众外生性影响与内生性影响的关系

不应将公众对广告产业的外生性影响与内生性影响视为彼此独立的影响因素，外生性影响与内生性影响在广告产业未来发展中是共同存在、同时发挥作用的，而这又是基于信息平台对广告产业不同主体功能的融合和公众逐利性。

广告信息要想取得最好效果，就要求广告主、广告公司和广告媒体之间的融合。这种融合还处于孕育期，现阶段主要是三者功能上的重合，这种重合主要以信息平台为主，例如今日头条，其本身是信息平台，也在其他广告媒体上投放广告，同时还为在其平台上投放广告的广告主提供服务。这种跨界重合提升了信息可用性，不仅在打破广告产业内部不同主体之间的围墙，也在打破传统意义上广告产业的围墙。对公众来说，信息可用性提升表现在能更有效地使用信息，节省时间，公众可以将这些时间另作他用，这有利于公众自身的利益；对信息平台来说，信息可用性提升提高了效率，一方面使其可以帮助广告主更好的对接公众，另一方面信息平台清楚公众需求，能更有效地维持用户规模，发展新用户。因此，将广告产业不同主体的功能融合能大幅提升信息的使用效率。同时，由于公众的“一站式服务”需求，以及越来越多的广告主通过信息平台与公众沟通，信息平台既掌握了公众需求，也掌握了广告主的反馈与销售信息，使信息平台有能力替代广告主来给公众提供服务。这种替代已经开始，并会持续、加速的扩大与加深，逐渐涵盖物质消费和精神消费的各个方面，最终形成对广告主的全面替代。另一种替代方式是由信息平台提供公众需求，广告主结合需求调整生产流程，改善服务或者提供新服务。这种方式一方面可加快公众需求的实现速度，降低信息平台自身运营成本；另一方面，不少广告主的品牌经过公众重塑，公众对其有利益相关性，新建品牌不见能更好地满足公众需求。简而言之，信息平台掌握公众需求，具备满足用户需求的可能性，这种可能性使其可以介入原本由广告主负责的服务生产流程并形成对服务生产的主导性，最终替代广告主。

这导致两个后果，首先是广告主形成了对信息平台的依附性，这种依附性并不是指广告主单纯的沦落为代工厂，而是指广告主与公众的沟通越来越受到信息平台的管理和控制，这种控制能力直接影响着广告主的日常经营行为，而公众"一站式服务"需求又要求广告主不得不继续与信息平台进行合作，所以广告主在广告产业中的地位在慢慢地降低，而广告公司的可替代性就更为明显了。其次是公众也越来越依赖信息平台提供的各种服务，使得信息平台之间出现了"强者愈强"的趋势，伴随着信息平台对广告产业其他主体功能的替代和融合，信息平台直接介入了公众生活的所有方面，为公众提供所有的服务，满足公众所有的需求，因而，由公众"一站式服务"需求所引发的信息平台对广告产业其他主体功能的融合，使得广告主和广告公司都对信息平台产生了强烈的依赖性，信息平台成了广告产业的核心。

虽然信息平台的信息来自公众，但是当其掌握了信息主导权，可决定公众对信息的使用范围以及是否需要公众同意，这形成了与公众作为信息生产者、提供者和使用者身份的竞争，使公众内生性影响能力受到抵制。此外，当信息平台实现信息垄断时，资本利益最大化就有了实现的充分条件，资本逐利性与公众逐利性也相互矛盾。公众可以通过经济权力、政治参与权力和信息传播权力等外生性影响来约束资本行为，但由于信息平台对信息的垄断，公众信息传播权力的作用大大降低，进而影响公众政治参与权力和经济权力的使用，公众面对的不再说信息平台间的竞争，而是作为资本增值手段的信息平台集合体，所以公众不能再从信息平台间的竞争中"渔翁得利"，特别是如果最终聚合为一个单一的超级信息平台时，公众与其的关系就可能反转，公众对信息平台的依赖性反过来会伤害公众自身利益，限制公众影响力的发挥。信息平台给公众带来的更大危害在于它可能直接威胁到公众的生存基础。作为公众利益保卫者的国家有通过使用暴力来保护公众的义务，战争是其终极形式，由于信息在战争中的重要性，当信息平台实现了信息垄断，其就掌握了战争中的核心资源，能够动摇公众生存基础的稳定，这值得警醒。

这个问题有两种解决办法，第一种是阻止信息平台间的聚合，比如减少公众对单一信息平台的使用，加剧竞争；或者通过公众政治参与权力和信息传播权力，立法限制信息平台的聚合，但由于对单一信息平台的使用能够最大程度地满足公众需求，这种垄断是由公众需求推动的，在一段时间内有利于公众自身利益，这就使得阻止融合反而会导致公众利益受损和经济效率降低，所以公众的逐利性阻碍了这种方式的可行性。第二种方法是通过结合公众经济权力、政治参与权力和信息传播权力，由国家出面介入。这有两种方式，第一种是要求信息平台开放后台信息权限，将所有信息同步到国家指定的存储空间，将国家变成超级信息平台，由于国家是公众的代表，国家所有就是公众所有，通过税收维持运转，这种方式的问题是会导致国家与企业直接竞争，打击企业经营意愿，进而减少创新，影响社会可持续发展和经济效率，从长远来看不符合公众利益。第二种方式是以公众资本的方式介入到信息平台中，这种公众资本与公众个人资本不同，是一种保护公众集体逐利性的表现，这种集体逐利性超越了个体逐利性，更能体现公众群体性的特征，个人资本逐利性由于对信息平台介入能力有限，更多地表现为外生性影响，而集体资本逐利性由于所占股权较大，对信息平台经营具有更强话语权，属于内生性影响。这种方式不会影响信息平台发展，因为公众利益与信息平台利益具有一致性，信息平台的发展会增加公众资本的收益，所以无论信息平台间如何聚合，都不会与公众利益产生矛盾，反而会存进公众需求的更好满足，同时，这种方式也解决了因信息垄断对公众的不利影响，将公众的约束性前置，公众内生性影响在此表现为集体资本逐利性作用和前置约束性作用。因此，笔者认为公众所有制的信息平台是解决私有化信息平台对公众不利影响的最佳方式。

第七部分 结论

本文主要研究公众对中国广告产业发展的影响。公众的出现是中国社会发展与产业发展的统一要求和必然结果，中国社会中公众的发展为广告产业中公众的发展提供了可能，而产业内部发展需要使得这种可能成为现实。公众对广告产业的影响包括外生性影响和内生性影响两个方面，外生性影响是指公众不介入广告产业服务生产流程所产生的影响；内生性影响是指公众介入广告产业服务生产流程所产生的影响。

公众外生性影响是中国社会中公众作用和权力的延伸。公众在中国社会中所起的作用包括约束性作用和逐利性作用，这两个作用是通过公众的三个权力来实现的，这三个权力是：经济权力、政治参与权力和信息传播权力，而这三个权力是建立在公众四个构成条件之上的。公众外生性影响在广告产业中的具体作用，包括直接即时约束性作用、间接即时约束性作用、滞后约束性作用和个人资本逐利性作用。公众外生性影响发挥作用是资本在广告产业发展到一定阶段后介入的必然结果，这是由于资本增值获取过程与公众利益直接相关导致的。

公众的内生性影响的具体作用包括前置约束性作用、生产性作用和集体资本逐利性作用。公众的内生性影响是因为新信息传播环境下信息成为推动产业发展的关键，使公众对广告产业服务生产流程的介入成了现实，公众“一站式服务”需求使广告产业最终形成由信息平台主导，广告主和广告公司辅助的格局，广告主和广告公司对信息平台有极强的依附性，同时有随时被信息平台替代的风险。信息平台通过不断聚合而形成的信息垄断地位产生了影响公众自身利益的潜在风险，因此需要公众以集体资本的形式将私有化的信息平台转变为公众所有制的信息平台，这既符合公众逐利性的要求，也能使公众对信息平台的约束性最大化。

公众的作用具有多层次性，公众的身份具有多重性，这是由于公众多元性利益诉求导致的。广告产业中公众外生性影响与内生性影响之间的关系，表现为在公众形成初期由外生性影响短暂主导后，迅速进入到外生性影响与内生性影响同时发挥作用的综合性发展阶段，并最终将进入以内生性影响为主，以外生性影响为辅的发展阶段。

【参考文献】

[1] 陈刚 . 发展广告学的理论框架与影响因素研究 . 广告大观·理论版 [J]，2013（1）：4-10.

[2] 林毅夫 . 中国问题专题 [M]. 北京：北京大学出版社，2012.

[3] 詹姆斯·格雷克 . 信息简史 [M]. 高博，译 . 北京：人民邮电出版社，2015.

时代话语与历史叙事的互为
——“中国故事”背景下的中国现代广告业的价值逻辑

杨效宏[1]

| 摘　　要 | 中国现代广告业在其发展历程中形成了以“现实性切合”和“趋向性共为”的动态型价值逻辑，这一逻辑反映在四十年现代广告业的三次价值生成与升级变迁当中。因此，中国现代广告业与中国社会发展的历程形成了时代话语与历史叙事的有机互为过程，促使中国现代广告业逐步从“工具意识”“产业意识”向“社会意识”转型升级。在当前“中国故事”这一国家话语的宏大背景下，中国现代广告业也历史性地迎来了自身内在价值重构与行业生态转型的重大机遇。本文基于关联认知理论，探讨中国现代广告业在其社会意识形成过程中的价值逻辑。

| 关 键 词 | 时代话语；历史叙事；“中国故事”；中国广告业；价值逻辑

一、研究缘起

“讲好中国故事”是在改革开放四十年中国社会经济总体大发展的宏大背景下被提出的。对于“中国故事”的理解与认知，基于传统的惯性从微观层面认为“中国故事”是一种讲述中国文化与历史的艺术类型。学者李云雷认为，“中国故事在文学上，主要是指站在中国的立场上讲述的故事。它强调在故事中讲述中国人独特的生活经验和内心情感”[1]。王一川在研究中指出，“中国故事，恰是中华民族这个多族群共同体生活中的事件及其过程的记录形式，它可以表现为神话、传说、音乐、舞蹈、诗歌、小说、戏剧、电影、电视剧、绘画等多种不同的艺术类型。”[2] 这类认知的核心是把“中国故事”等同于有文化内涵的中国化的艺术形式，并过于强化“中国故事”是外在于其表达过程的“故事”形式。另一种观点从中国社会经济发展的总体状况出发，把现代中国放置于共建“人类命运共同体”的全球可持续发展的总体视野中来考察，认为中国现代化在技术、发展模式和社会治理，与古代中国文明的内涵一样，正在形成有益于国际世界共同发展的可资借鉴的人类发展经验。因此，“中国故事”是关于中国各个方面的真实事件的讲述，其表现形式多种多样，不仅仅局限于文学与艺术，而应当是有关于中国的整体性的一种外展性的传播与呈现。有观点认为，“中国故事就是关于中国、政治、经济、文化、社会、民族等一系列真实事件的讲述。”[3] 因此，“中国故事”首先是对现代中国的总体认知过程，其次是对现代与传统中国的整体的理解过程，再次是对整体的中国的自觉地讲述与呈现的过程。显然，“讲好中国故事，首先要讲好中国，是在国际社会构建客观、全面、生动的中国观过程”[4]

中国广告业主动通过对国家形象传播、中国品牌推介以及具体产品推广等广告传播方式，积极地介入中国

---

[1] 四川大学文学与新闻学院，四川成都，610064

社会经济的这一发展历程中，产生与时代发展合拍的话语传播。同时，中国广告业通过自身的传播行为与中国改革开放四十年社会发展相向而行，通过广告独特的功能与价值方式从“广告传达”的视角“记录并叙述”这一时代的变革与进步，形成中国广告业的“历史叙事”。

传统史学界的观点认为，历史事实确实存在于我们的记忆、叙事及各种书写之中，我们可以通过叙事来揭示这一历史事实。“叙事具有归纳与总结知识的作用，也有倾诉人类情感的作用。正是在此基础上，叙事具有实现个体对群体认同的意义。”[5] 显然，群体的历史认同是会通过某个具象的行为过程来实现的。因此，广告业之所以能够作为“历史叙事”的方式，在于“时间或空间往往同时是历史实在性、客观性或确定性的本体承载的转喻。……时间性便构成作为总体历史的另一个小名”。[6] 所以美国学者海登怀特强调作为历史叙事的结构意义，[illegible]述化是描述世界及其过程的一种方式，其过程[illegible]有故事的结构和意义，因而“历史编纂是话语，其主要目的是对事物进行真实叙述化的构建，而不是对事物静止状态的描述”[7] 这些观点让我们明确，在承认社会科学化的历史学的贡献之外我们一定不能忽视的是叙事本身所具有解释的功能。[8] 也因此，我们自然会肯定作为时代话语方式的广告业也有着其独特的历史叙事功能。

二、广告业的历史性选择与价值关联

探讨中国现代广告业的价值逻辑，就应当从广告业的历史变迁的轨迹中找寻其价值形成的过程。目前，对我国现代广告业的判断，大体上形成“时间分野”和“逻辑分层”两种认知。“时间分野”的观点通常认为广告业经历四个时间阶段：1979~1992 是广告产业的萌芽期；1993~2001 是广告产业的跃进期；2002~2008 是广告产业的调整期；2009 年至今是广告产业的融合期。“逻辑分层”的观点强调在时间节点中的逻辑因素，认为：第一阶段是对抗冲突期：1978-1980 年是新旧意识形态对抗冲突中的广告产业；第二阶段是逻辑萌生期：1980-1992 年国家逻辑和市场逻辑萌生中的广告产业；第三阶段是有序竞争期：1982-1987 年国家逻辑主观建构和市场逻辑自然演进中的广告产业以及 1987-1995 渐入有序竞争的广告产业。[9]……不论是侧重时间因素还是侧重逻辑因素，都认同中国现代广告业在其发展过程中是一种动态化的逻辑形成的过程，都认同中国现代广告业存在着一种“动态化的价值逻辑”。

第一次是在现代广告业恢复初期形成的。

1979 年现代广告重新出现，是伴随着中国社会“解放思想”的历史性变化而产生的。1978 年 12 月十一届三中全会确立中国开始实行“对内改革、对外开放”的政策。同时，为了促进改革开放，在沿海地区设立经济发展特区。邓小平同志说“特区是个窗口，是技术的窗口、管理的窗口、知识的窗口、也是对外政策的窗口。从特区可以引进技术、获得知识、学到管理……而且会扩大我国的对外影响”。① 正是在这样一个全面转型的社会发展环境下，伴随着国营企业实行自主经营权、自主调控市场，促进产品销售成为企业经营中首要的问题。

所以，利用广告和如何通过广告业促进商品销售就成为市场的客观要求。“我们有必要把广告当作促进内外贸易、改善经营管理的一门学问对待……广告要高效率地发挥其作用，广告牌当然是需要的，但更要借助于报刊和广播、电视。”[10] 因此，现代广告业的恢复既是企业市场化的客观要求，更是中国改革开放的这一“中国故事”宏大背景中的必然要求。对于重新进入现代市场经济的中国企业而言，面临着市场资源的调配、市场竞争的加快以及产品促销等市场功能性价值增加的现实问题。这些问题促使企业重新思考市场公关及促销活动作为一种经济行为的作用，如何在市场行为中更好地超越竞争对手来推销自己的产品。所以企业“在市场经济活动中，必须学会算计，但这种算计不是直接针对人的利益的计较，而是针对经济生活本身的价值效用的算计”。[11] 因此，现代广告的恢复，既帮助企业进行市场营销与商品推广，同时也推动社会良性需求的提高和文化消费的提升，推动经济、社会、文化发展的整体平衡。所以，中国现代广告业的恢复之初就建立并形成了既是推进市场繁荣的“工具意识”价值特性，也是推动社会良性需求互动的“工具意识”的特征。“商业广告是和商业经济分不开的。社会主义经济中既然存在着商品生产，存在着市场，就需要广告这一推销商品、开展竞争的手段。”[12] 同时，

"广告的本性决定了它需要艺术；广告艺术是满足人们审美地把握现实的需要的反映。"[13]

第二次是在广告产业化形成过程中得以确立的。

广告产业化是基于中国新型工业化道路并形成更有专业性和市场导向性的广告业态。新型工业化是在2002年11月中共十六大提出的。十六大报告指出，坚持以信息化带动工业化，以工业化促进信息化，走出一条科技含量高、经济效益好、资源消耗低、环境污染少、人力资源优势得到充分发挥的新型工业化路子[②]。新型工业化的核心在于信息化，而作为信息传播主要功能的广告业，自然处于信息化发展的前沿地带。"大国化背景下，科技、新能源行业的广告主为广告产业带来了新的发展空间，以央企为代表的中国品牌国际拓展；在国际化的复杂环境中考验着中国现代广告业的专业技术和传播理念；政府对国家形象广告赋予了广告更高的社会和国家使命，使广告在中国社会发展中的作用进一步升级。……《国家文化产业振兴规划》将广告被列为文化产业发展的重点领域，增强了社会对文化价值和意义的关注。"[14]很显然，中国现代广告业随着国家经济发展的转型，以及社会整体发展需求的客观需要，广告的功能由促进商品销售、推广市场需求的工具方法，向具有加快技术发展、推进社会进步以及提升国家形象等"产业意识"方向发展。"我国广告产业发展的起点也是最重要的里程碑是从'工具意识'到'产业意识'的转变，关于'工具意识'的讨论通常集中于广告的设计、制作、传播等方面，产业意识视角的广告有着更大的视野范畴、更积极的横向拓展倾向、更宽敞的多元联动空间，使广告产业能够适应政策、市场、技术等的冲击并利用这些冲击下可能的机遇升级蜕变。"[15]伴随着广告业向产业化转变，广告价值也得以再确认，广告业成为依托资本与技术进行社会经济创新发展的"最具激活因子"的产业要素。

中国现代广告业的这一"产业意识"转变，也在广告学术研究中得到确认。"在1983年至1999年间，居前30位的创意、设计、表现、制作、策划一类词语，同属于广告业务层面的'工具性'研究。2000年至2011年，虽广告工具性研究仍有延续，但'设计''制作'等词语已退出前30位，而增加了品牌、资源、价值、模式、整合等一类词语，明确显示出中国广告研究由偏重工具性研究而逐渐向工具研究与理论研究并重转化。"[16]无论是从广告业的行业发展还是理论研究，都从"说服工具"这一具体行为转向"资源整合"这一总体业态，从广告业的认识理念到行为方式上，广告业作为市场资源的一种方式被逐步确定并进行实践。因此，广告业作为一种产业形态被普遍认同，"广告产业本身不仅是现代服务业，与具体的企业、商品和服务活动密切相关；而且广告产业是创意经济中的重要产业，是知识经济时代标志性产业形态……"[17]中国现代广告业产业形态的形成并确立，是对广告业作为既作为文化产业属性的确认，也是对广告业作为经济行为中具有创造性的创意产业属性的确认。广告业的"工具价值"的属性向"创意产业"价值的属性转变。

第三次是在广告业与社会整体的关联性强化过程中正在形成的。

互联网技术特别是移动互联网技术的发展与应用，促使中国现代广告业从理念形态到形为方式的全面转变，广告业由原来"策划、设计、创意、表现、发布"的单一的线性结构向"原生、互动、搜索、辐射、即时、协同"共时性的多元化结构转变。这种转向不只是广告形式和方法上的变化，而且也对原有的广告理念与广告价值产生了冲击，使整个行业进入了"广告何以可为？"的探索性思考。

这一行业性前所未有的集体性反思，反映出当代中国现代广告业经历四十年的快速发展之后，重新面临着一次在历史机遇面前的价值选择。有学者认为："探索互联网技术对于产业发展的影响，应该从技术逻辑与产业逻辑的互动关系着手，即技术的变化及其趋势如何影响产业变革的逻辑，同时产业的探索又是如何回应和影响技术发展的逻辑的。"[18]但也必须看到，无论是广告形式上的革新还是方法上的变革，这种基于形而上的改变还没有对现有广告业的价值观念形成触动性的影响，我们现在已经认识到互联网技术对广告业是一次"技术决定性"变革之中，我们正在理解广告"产业的探索又是如何回应和影响技术发展的逻辑的"。因为这样一些认知与思考涉及广告业本身价值反向性建构的根本性问题，意味着要判断中国现代广告业有没有适应下述两个历史机遇的选择，有没有在这种历史机遇的选择中重新建构其合乎时代话语的价值系统。

首先，“讲好中国故事、传播好中国声音”是基于改革开放四十年中国经济发展基础上的中国国家综合实力的必然诉求，也是在国家社会发展与文化自觉过程中的必然要求。目前在经济贸易交流与社会文化交往方面，国家战略在向世界进行产品、技术和资本的合作与输出过程中，逐步地意识到也应该向世界传播具有中国特色的文化、价值观念与智慧成果。因为只有基于文化和价值观念基础上的产品、技术和资本，才是向当今可持续发展的国际社会提供人类未来发展所需要的具有创造性的思想和社会发展的动力。因此，“中国故事”的传播既要将中国的传统智慧介绍推广，更要把中国现代化过程中所形成的经验与能力推广给世界，要推介一种与“当代中国”相关联的社会发展经验。

其次，另一个历史性的机遇在于，当下的中国正在抓住智能发展这一时代机遇，积极推进依托智能技术支撑的全面智慧性社会的发展。从形式上，社会智能化是以国家整体竞争力的名义来建构全社会发展的逻辑框架，并以创建依托数字技术为动能的智能型创新平台[3]为引力的社会建构机制，引导社会向智能型创新的方向发展，并推动社会快速向全面智慧型社会转向。在具体的方式上表现为商业的利益驱动和数字技术的改造二个表象。表象一，商业利益对于数字技术运用的极度渴望，推进数字技术在商业应用层面渗透到社会生活，并推动以数字技术为特征的智能中介正在演变成为一种基础性的存在方式。表象二，智能科技以数字技术的制造已经形成了创造型的生活内容。这种生活内容创造以数字技术形式的“程序应用”与“机械装置”，正在形成“人——智能中介——社会（自然）”的一种新型生活空间。

再次，中国现代广告业具有与“中国故事”话语表达的内在关联意义。“中国故事”本身的内涵是丰富的，也是一个动态的有具体实践方式的“话语形态”，同时我们也明确“中国故事”是一个世界性的公共品，“中国故事”所包含的内容，既是中国的，也是世界的。“中国故事”的理念是在求同存异、聚同化异，共同构建合作共赢的新型国际关系中的中国理念，是更好地让世界了解中国的现代化之路与人类命运共同体建设之间的有机关系的发展理念。所以，“中国故事”是一种开放的、动态的、可表述的话语，而中国现代广告业是这个开放动态可表述话语的最有活力的传播方式。这就为中国现代广告业提供了内容生成与形式聚焦的可能性。

我们讲中国现代广告业有着“现实性切合逻辑”与“趋向性共为逻辑”的动态化的价值逻辑特征，这就决定了中国现代广告业在其自身的内在逻辑上与“中国故事”存在着本质上的关联。“中国故事”所包含的中国方式、中国创新以及中国文化，既有中国广告随着中国社会发展进步过程中为“中国故事”提供了“价值激活因素”，同时也通过“价值激活因素”提升了自身的功能，拓宽并升级了广告业作为现实经济发展的晴雨表、社会状态的透视器和文化形态的温度计的价值。在这个意义上，广告必然地要承担“中国故事”这一国家话语的传播职能，必然地要通过自己的这一社会意识所承载的社会职责而内化为一种文化力量。因此，中国现代广告业作为一种文化形式的存在，在智慧社会与创新文化生态中形成一种独特的文化智能。而“文化智能可以帮助人们调和不同的文化策略、并且促进与不同文化身份的人们进行融合，这种能力在紧张的国际竞争之中是十分重要的”。[19]

从现代广告前四十年的三次逻辑发展来看，是一种“动态化的价值逻辑”过程，表现两特征：

第一，是现实性切合的逻辑，即广告业本身与社会、经济以及文化的发展密切相关，广告成为现实经济发展的晴雨表、社会状态的透视器和文化形态的温度计。第二，是趋向性共为的逻辑，广告业自觉和不自觉地迎合社会整体的发展方向，甚至在一定程度上通过创新及创新的应用引导并推动社会创新的发展。所以“现代广告业与其说是唯物主义的前锋代表，倒不如说是一种努力使人类从物质世界中解脱出来的文化力量”。[20] 正是这种力量，推动现代广告业从“产业意识”向全面社会服务的“社会意识”转向，使广告业自身与所在社会整体关联程度越来越深，其融入社会整体发展的程度也越来越强。

三、“中国故事”的时代话语与中国现代广告业的关联

中国现代广告业与中国故事的关联性是建立在基于“关联理论”的认知上的。“关联性”是关联理论的核心概念，“‘关联性’及其关联因素是人类认知与相互交际沟通的核心因素，关联因素不只是语言的相关性影响并制约沟通双方，而且关联因素对于沟通双方理解与认知对方的传播符号以及传播效果有着直接作用”。[21]“中国故事”的传播，既是“中国的”内容的呈现与传递，又是融入了接受对象能够认知与理解的“世界的”形式的表达与展示。因此，“讲好中国故事”既要凸显中国文化与价值的内涵，也要与世界各地接受者文化与习俗能够产生相关联的因素，以便于接受者的认识与理解。要实现内容因素与形式表现的有机关联，广告无论是在内容表现的张力和形式传递的灵活性方面，都是能够形成很好地“关联效应”的传播方式。

中国现代广告业“现实性切合逻辑”与“趋向性共为逻辑”的“动态化的逻辑价值”，既是其形成“社会意识”的自然结果，也是强化其时代话语方式的必然过程。当前广告业所面对的社会发展的整体生态是中国推动全面智慧型社会转型时期，是国家促进全面创新文化形成的时期，是拓展国家软实力提升与推广的时期，也是中国参与全球治理并推进国际社会新规则创建的时期。中国现代广告业相关联的最直接的因素是：智能产业所推进的全面智慧型社会的发展和创新文化形成过程中社会创新价值的实现。因此，中国现代广告业基于智慧产业和创新文化，形成了以智慧产业为引导、以智能媒介为路径、以创新文化为源动力的四维广告空间，广告通过智能化媒介达到更有效率的传播路径的实现。

图 1 基于智能社会的广告空间维度

（一）智慧产业成为广告创新的引领因素。

基于智能产业推进的全面智慧型社会发展，将推进社会创造性因素提升和社会创新效应的集聚放大。创造性因素与创新效应是中国现代广告业快速发展的核心动力，正是在这两个因素的推动下，技术引领性应用已经成为广告业推动经济提高与社会发展的“引领因素”。

1. 智慧型创新动能将成为社会创造性引领因素

逐步形成过程中的“人工智能+”的社会发展态势，必然会促进以“数字网络路径”建设向“智能型内容创建”的过程，将推进智能数字资源向社会创新资源转变，并将推动以传统经济基础和社会结构所形成的价值转向。这种转向将体现在三个方向：“即以生产要素为核心的价值前端转变为以消费要素为前提的价值后端；以产出比为依据的价值溢出转向以利益链构成为重心的价值关系；以最终收益为导向的价值结果转变为以形成互利互惠为原则的价值创新过程的。”[22] 所以，价值不再单纯表现为生产性目的实现，而是以人的和谐共存过程中的协调创造为目标，实现的是社会智慧能动的互惠过程。

2. 智慧型产业的社会集聚效应开展放大

智慧型价值关系重建的过程必然要求创新型业态创造协同平台，形成协调处理的意识与能力，以达到价值关系所产生的智慧成果。在 IT 咨询公司 Gartner 7 月发布了 2017 年新兴技术成熟度曲线中可以发现这一端倪。他们认为智慧型的产业在三方面形成利益趋势：（1）无处不在的人工智能（AI）；（2）透明化身临其境的体验；（3）数字化平台[⑥]。因此，智慧型创造组织要达到互利价值目的，必然会通过创造协同平台的方式来形成“智能资源的规模效益”，重构生产、分配、交换、消费等经济活动各环节和社会现有结构，推动人类社会生活的智能化生存方式。

中国智能产业推进社会整体智慧形态形成的过程中，现代中国广告业不仅是受益者，更是智慧社会的参与者与推进者。在传播与营销方式上，中国现代广告业在技术应用的程序化方式和营销工具的小型化态势越来越明显，通过“数据+算法+图像+链接”的方式形成广告内容的深度互动，追求品牌的高效曝光、受众的精准识别以及市场的互动程序化等。像微博企业的“Social

First”理念进行基于社交关系和内容的营销模式，“今日头条”以智能构建全形态矩阵，实现全触点沟通等行业实践表明，越来越多的广告与营销企业通过 AI 智能技术的应用，让现有的互联网广告营销运营更高效，匹配更精准，触达更有效，初步实现跨场景数据的自动化关联。现在，全面的用户特征和丰富立体的用户画像描绘，推动了技术对广告业的智能升级与智慧重构。中国现代广告业受惠于社会智能化，也通过技术的快速应用和对数据智能应用领域的不断探索地推动着社会智能化应用的程度与过程。

（二）创新文化是广告业创新的原动力

中国现代广告业从“工具意识”到“产业意识”再进而进入“社会意识”的过程，反映出广告业的创新实践方向和创新实践能力。中国现代广告业将自身的创新精神与创新能力与现代中国的创新发展有机的融合，使广告成为经济与社会创新的“润滑剂”。

创新是一个探求性的过程，是对现有的思维方式与行为模式的一种突破性的创造过程，是基于已有的事物发展成果基础上以对未来行为的索求为目的，利用现有的知识结构与技术环境，谋求改进或创造事物（思维、方法、元素、路径）的新结构与新样态，并期望获得有益效果的创造性过程。创新文化在思想创造、社会创新与文化创新三个方面特征，既是广告业自身创新所依赖的基础，也是广告业融合社会创新的必然过程。

1. 思想创造

所谓思想创造，是在创新实践基础上的理论创建和认知创新成果的思想表达。十九大报告中提出要瞄准世界科技前沿，实现前瞻性基础研究、引领性原创成果重大突破。因此，创新文化的核心是思想创造，是社会发展过程中人类在精神内涵与表现方式上的适应性要求的必然过程，是一个社会群体在大文化条件中对现有的社会思维方式与行为模式的一次突破性的创造。所以，创新文化是在一个新的思想指导下所进行的新方法、新观点的提出与完善，是在智慧创造中形成新的社会价值的创造性行为。

2. 社会创新

2017 年 12 月的中央经济工作会议明确提出：加快形成推动高质量发展的指标体系、政策体系、标准体系、统计体系、绩效评价、政绩考核方式，创建和完善制度环境。随着社会发展所带来的社会结构因素的改变，现有的社会关系和指标结构已经不能适应新的社会因素的出现。所以面对今天创新时代问题，我们应该完善传统价值表达机制，实现传统话语转换，处理好内容与形式的关系。“使中华民族最基本的文化基因与当代文化相适应、与现代社会相协调”。[23]

3. 文化创新

创新文化是对现有文化结构、文化方式、文化内涵以及文化样态的创造性改变，是对现有文化传统和传承的一次未来性的探索与变革。相对于创新文化，文化创新是文化本身的一种自我创造与更新的过程，是一个文化与社会互动过程中，文化自身的继承与发展中不断新陈代谢的过程。文化创新一方面源自文化自身对新的文化内涵、内容和形式的革新与变化，以适应新文化状况；另一方面，社会实践为文化自身的革新提供了新的资源，文化为适应这些新的变化而进行自我的更新来适应社会发展的要求。同时，文化创新在于增强国家软实力，提升中国文化的国际竞争力。

思想创新与社会创新是社会目标实现过程中的不断产生创新性社会活动的新方法的过程。英国社会学家杰夫·摩根把社会创新理解为“为满足社会需要的目标所驱动并主要通过具有社会目的的组织来开发和扩散的创新性活动和服务”，欧盟委员会在其《社会创新指南》中确定社会创新“满足社会需要和创造新的社会关系或合作的新的理念（产品、服务或模式）的开发和实现”[24]。

中国广告业在社会创新方面体现出：1. 通过自身功能的提高提升广告的服务能力；2. 通过广告价值的扩张不断升级广告业的产业模式。比如当前智能技术型广告公司“通过自我研发智能广告技术，拥有自主知识产权，通过机器学习和深度学习，不断完善智能广告技术，赢得在智能广告技术领域的竞争优势”[25]。学者姚曦在总结广告业这种创新时认为有六个方面：广告产品形态创新、广告生产方式创新、广告产业核心要素的转移、广告产业价值链结构的重构以及广告人力资源结构转型。[26] 这种创新性活动与广告业创造性实践活动相切合，不仅推动广告功能的不断转换与价值能力的提升，同时也推动广告业反身来促进社会创新。因此，现代广告业的创新不仅表现在形式上的技术功能，更反映在其内在的“话语能力”的创新提升方面。

（三）中国广告是“中国故事”国家话语的关联性表达

“中国故事”在当下现实过程中，就是一种中国全面智慧型社会推进和创新文化发展的话语表达。我们希望通过我们的话语表达，让世界上更多的人了解我们，通过了解我们来理解我们在社会发展中创新因素和价值因素。在这个意义上，中国现代广告业通过创新因素与中国故事产生了相关性。中国现实发展所推动的社会结构因素的变化，促进并加强了中国现代广告业与中国社会发展的内在关联，因此也就推动了广告业与“中国故事”所承载的国家话语表达的关联。

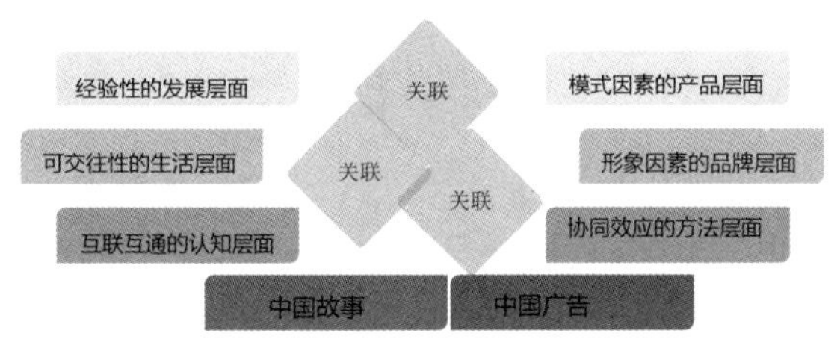

图 2 中国广告与中国故事关联因素

“关联因素”在“中国故事”中表现为三个层面：即作为经验性的发展层面、可交往性的生活层面以及能够实现互联互通的认知层面。首先是发展层面，它是我们经验的一部分，我们现在实践的过程，包括经济的、社会的、生活方式的内容，是中国通过现实发展中所提供给人类社会发展可资借鉴的经验。生活层面体现在，“中国故事”的这方面的经验是现实生活方式可感知可认知的，是可交往的过程中可理解的，是可以通过“互联互通”的过程来进行相互的交流与借鉴的。通过“中国故事”的传播让世界了解我们的经历、我们的智慧与价值中有助于国际社会可持续发展的观念与方法。

相对应于“中国故事”的这三个层面，中国现代广告业与之形成三个层面的关联因素，即有模式因素的“产品”层面、形象因素的品牌层面和协同效应的方法层面。所谓模式因素的“产品”层面，是中国经验中具有一些可资借鉴的“发展方法”，如相对应于中国四大发明的所谓“新四大发明”，这些基于“共享经济”模式的诸如“共享单车”“扫码支付”等，具有普世性的可借鉴的发展方式。而“形象因素的品牌”层面，是中国所提供的产品，都是可以体验的，比方说动车，动车的方式是对人类机车体验的一颠覆式的全新的概念，中国制造中具有高精尖技术的动车文化，建立了具有科技创新含量的中国制造业形象。正是基于这样一些可体现可感知的内容，使中国形象具有了具体可感的内涵充实的国家形象。更重要的在于，这些发展中最具有价值的是“协同创新、合作共赢”的发展理念，形成一种力量之间的与智慧之间互补的发展模式，而这种理念正是当今国际世界可持续发展并构建“人类命运共同体”所需要的，构成所谓的协同层面。因此，中国现代广告业在其功能结构与价值方式上，内在的与“中国故事”形成了强化的关联性价值。

四、“中国故事”背景下中国现代广告业的“社会意识”

“中国故事”和中国广告之间有很强的关联性，表明了中国广告是“中国故事”体系当中有机的组成部分。这个组成包括广告能够承载中国故事鲜活的内涵，是中国故事的有机载体，是讲好中国故事最生动的传播方式。同时，广告也是国家话语最有沟通力的形式，通过广告更生动、更形象的表达国家话语。正如我们前面所提到的，“中国故事”在当今中国有两个发展背景，即智能推进的全面智慧性社会和社会创新文化的形成。智慧产业形成了对广告创新的催化，促动并推进的各种智能化、数字化、社交化的媒体形式，创新着广告的功能和内涵。所以广告不再停留于简单的“工具意识”，也不再只是一种单纯化的“产业意识”。

对“广告是什么”的现代性追问，促进社会对广告功能与价值的再认知。广告更可能是智慧社会的具有“激活因素”的创新因子，广告也可能是创新文化中具有创新方式的变量因素，广告也还是在智慧形态下的社会思维方式的一种延伸性表达。基于这样的反思，理论界提出“广告公民”概念，既是对广告业处于这一宏大背景中的思考，也是对广告更广泛与深入地融入社会肌理并作用于社会职责的一种回应。广告公民是广告公司作为企业公民“将社会基本价值与日常商业实践、运作和政策相整合的行为方式”。[27]所以，在这样一个背景下对广告的再确认、再定义，实质上就是对广告价值因素的再确认。因而，“广告是由一个可确定的来源，通过生产和发布有沟通力的内容，与生活者进行交流互动，意图使生活者发生认知、情感和行为改变的传播活动”。[28]很显然，广告由“工具意识”和“产业意识”正逐步在进入到“社会意识”。“广告社会的提出反映了广告的创造力与影响力在推动社会物质与精神文明进步中的重要性，也彰显了社会文明的创造性在历史进步中的显赫地位”。[29]广告是智慧创新的社会形式，也是智能创新的文化样态，广告因此在社会整体创新中被再结构于“创新激活基因”的社会变量因素之中。

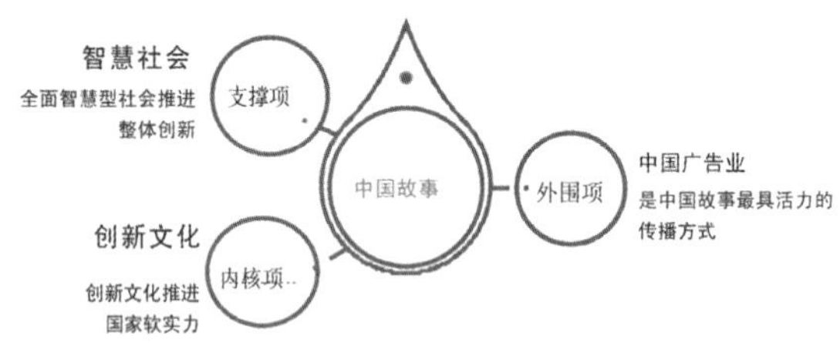

图 3 中国故事背景中的广告空间维度

中国现代广告业在“社会意识”下，与“中国故事”形成了一个有机的三维空间。在这个三维结构中，智慧社会与创新文化是支撑与内核项，“中国故事”起引导聚焦的作用，中国广告是这三个因素的外围项和传播表现形式。在这样一个框架体系中，中国现代广告业无论是在内在方式、表现形态和路径实现方面，都进入到新的历史时期。

（一）多元价值呈现的表现形态

中国现代广告业内在方式的提升，也强化了其在表现形态的丰富与多元。在品牌塑造、符号传达、价值传递、文化沟通层面，不仅有内涵上的增强，更是在相互关联中提升了各自的效应，也丰富了中国现代广告业的价值内含。

1. 中国品牌塑造

随着“中国故事”拓展方式的更加多元化，“中国制造”走入国际市场的机会更多，以中国品牌命名的产品会更多样化地进入了国际社会。国际社会将会更多地通过中国品牌的具体产品形式来了解中国、认知中国以及理解中国，对中国形象的建立将是更直接的、更可感的，也是更形象的。对于中国现代广告业而言，将有更好的市场机会、更大的国际空间以及更有利的竞争机遇走向国际市场，并承担起更大的责任，通过中国品牌的塑造来传播“中国故事”。

2. 中国符号传达

中国形象是丰富的、多元的，中国制造也是具体的、多样化的。中国的形象既是固有的也应当是现代化的，中国文化既是传统的也应该是未来的。对于中国自身而言，也存在向当代人讲清中国应有的文化价值和国际地位，也存在向国际社会表达清楚中国历史地位与当代国际社会能够理解的未来意义。所以，中国现代广告业应当通过具体的中国制造与中国品牌等确然性的符号，更直观地传播当代中国形象。

3. 中国价值传递

中国价值既是“火药、造纸术、指南针、活字印刷术”，也应当是“高铁、扫码支付、共享单车和网购”。中国价值在某种程度上，一直是一种具象的、可体验的现实可感的方式存在，但也在认知中存在着某种空洞化和抽象化的误解。因此，中国现代广告业在其“工具意识”基础上所形成的“社会意识”功能，通过中国符号传达和中国品牌形象传播这一过程，实现促进中国价值的“形神统一”。

4. 中国文化沟通

广告是最具文化形态的一种传播，是“努力使人类从物质世界中解脱出来的文化力量”。所以，在当代中国努力实现文化自觉与文化自信的进程中，中国现代广告业责无旁贷地要承担起激活文化力量、推进文化传播的责任，通过跨文化传播的路径推动中国文化更广泛层面的沟通。“广告的跨文化传播契合了全球化背景下消费者多层次的个性化需求，成为企业在全球范围内推销产品、传递品牌理念，争夺国际市场的一个重要手段……同时也将企业理念、输出国的观念形态与意识形态、输出国的文化传递给了输入国。”[30]

（二）理念确然的实现路径

基于这种内在方式和表现形态的当代中国现代广告业，通过“理念、指向、样态”三个方面，达到“社会意识”路径实现的目的。

1. 理念

当代中国现代广告业已经达到了从“工具意识”“产业意识”到“社会意识”的转型，因此，中国现代广告业要从工具型向创造型的路径转换。中国社会经济的发展不仅实现了前所未有的社会财富的增长，更重要的在于在现代化过程中社会创新能力增强。从“中国制造”到“中国创造”，反映的不只是产业方式的变革，更是社会行为方式的改变。正如约翰·奈斯比特等人观察到的：“新一代年轻的中国劳动者大都接受了良好的教育，精通各种技术、电子通信、航空航天技术、人工智能、建筑还有城市规划等。”[31] 这一社会形态的变化，必然地渗透并影响中国现代广告业的价值理念，引导现代广告业强化其作为社会创造的激活因子的作用。在现代广告在社会发展的引领和技术升级的改造下，广告既是推进产品市场转换率提高的催化器，广告也是社会创新的推进器，广告更是人的社会方式与文化存在的感应器。

2. 指向

当代中国现代广告业将更具有国际视野的中国意识的理念。中国现代广告业将会在更多的国际经贸交往中发挥自身的作用，也会在更广泛的世界市场交易中体现自己的价值，也将会在更多元化的全球文化交流与沟通中展示自身的魅力。中国现代广告业伴随中国改革开放的历史前程而发展，既共享改革开放推进行业发展的红利，也要承担改革开放所赋予的越来越重大的责任与义务。“中国要输出的，不光是资金和技术，还是输出理念。我们有绿色新理念，已经有一些可以贡献世界，要给世界分享了。”[32] 这些成果的分享，既是发展理念本身的价值传播，也要通过广告等传播方式来实现。中国现代广告业也会在这些机会中使用更加多元的文化因素、采取更加多样化的传播手段以及更有融合交叉特征的表现形式，但无论何种多元的、多样的内容与形式，中国现代广告业也将会是在基于更厚重和更鲜明的“中国理念”的国际化视野，是更具有中国意识的国际化的传播内容。

3. 样态

是中国现代广告业将完成从单一型产业形态向复合多元化产业形态的转向。中国现代广告业从“工具意识”“产业意识”转向“社会意识”的过程中，将完善其从“策划到策略”“创意到创造”“设计到创新”“发布到互动”功能的升级换代，扩展其“作为社会发展的重要镜像”[33] 的作用。因此，广告业将会在智慧社会以及创新文化的双重作用下，呈现其“传播方式的改变、生活方式的改变和生产方式的改变”[34] 所带来的复合多元化的“激活创新”式的创造型业态。基于对科技应用，特别是对智能数字技术的“通用式”的应用，中国广告业在数据、算法、传感应用和广告效果智能监测等形式方面，都进入实际的功能性操作与程序化处理。前摩根士丹利首席经济学院史蒂芬·罗奇在预判“服务业在中国下一发展战略中也是最为全球性的”时认为：“如今局部分块式的服务模式已经被两大发展所颠覆：信息技术和跨国服务提供商的出现。……随着大范围网络公司将局部输出改为世界输入，一个全球化的服务业随之出现。中国是这些全球化服务公司进行开发的目标之一。”[35] 新技术支撑型媒体企业如阿里巴巴、腾讯、百度、今日头条等在人工智能、大数据和云计算等技术在广告传播中的应用，推动大数据资源、用户资源、资金资源和媒体资源的协同效应的实现。在技术支持下的融合媒体时代，广告的协作创新不只是“在一种设备上汇集了多种媒体功能的过程。事实上，融合代表了一种文化变迁，因为它鼓励消费者获取新信息，并把分散的媒体内容联系起来”。[36] 广告通过其协同创新的激活因素，将带动关联产业进行市场创新，推进社会进行协同互助作业。

五、结语

中国现代广告业四十年的发展是有着内在逻辑联系的发展过程。这个历程既有其自身发展规律所演进，更有着与其有内在的联系的中国社会发展的过程相关。因此，正是这一“逻辑的、内在的联系的因素”[37] 促进了中国广告内在价值的生成，同时也合理地推进了中国广告业的价值逻辑的形成。这个价值逻辑从“工具意识”到“产业意识”再到“社会意识”，合目的性地与中国经济社会的发展形成“现实切合”与“趋势共为”的内在联系。因此，对于中国现代广告业的认知，既要从广告业本身来观察其功能与运行规律，也要从广告业自身向外审视，更宏观地视野来观察和理解中国广告业，要从与中国社会历史的、整体的发展历程中内在联系来认知中国广告业。

从历史叙事的视角整体地研究广告业的发展，虽然并不是一个崭新的方法，但似乎也并没有形成较完备和充分的理论结果。现有的从史学的角度探讨中国广告业，也是自然地把研究的重心倾向于广告业本身的历史轨迹，从广告自身的历史发展逻辑中判断广告价值。陈刚在其著作《当代中国广告史》中就明确：本书……关注广告产业自身的发展脉络，考察广告主、广告公司、广告媒介、监管机构和行业组织等各要素在产业发展的不同阶段起的作用，以及它们之间的相互关系。这种侧重于广告业自身发展的研究既有着学术研究的固有的规律因素，也是广告业发展本身对社会经济等影响力等因素所左右。美国学者杰克逊·李尔斯在研究美国广告文化时也体会到：“解析广告文化重要性的研究一般都深深扎根于传统的批评理论之中。”但他同时也注意到，广告业随着社会进程的发展，对广告的观察与思考正在产生着变化。“无论是从经验还是从概念出发，都对现存传统批评理论的狭隘性提出了质疑。”（杰克逊·李尔斯，丰裕的寓言：美国广告文化史，任海龙译，上海人民出版社 2005，03.）因此李尔斯明确表示当代广告业就是一种“努力使人类从物质世界中解脱出来的文化力量”。为了明确这一认识，他引述马克思“产品由于代表了当时特定社会环境的信仰与习俗”观点，来证明广告的研究是一种基于很广泛的社会关系的历史文化的研究，是对商品关系的、社会价值的以及人文精神的跨领域的理论视角。

【注 释】

① 你不知道的国情之互动问答：经济特区．中国网，china.com.cn[2018-06-26]http://guoqing.china.com.cn/zhuanti/2015-03/02/content_34926615.htm.

② 全面建设小康社会，开创中国特色社会主义事业新局面——在中国共产党第十六次全国代表大会上的报告．南方网 - 专题报道之十六大报告理论版，[2018-07-02],http://news.southcn.com/ztbd/llb/bg/200211160429.htm.

③ 2017 年 7 月，国务院发布了《新一代人工智能发展规划》，这是首部国家层面的人工智能发展规划。《科大讯飞入选首批四个国家新一代人工智能开放创新平台》，网易新闻，[2018-01-10],http://news.163.com/17/1117/10/D3EGPC5M00014AEE.html.

④ Gartner. 2017 年中国新兴技术成熟度曲线．中国网联网数据资讯中心，[2018-07-02]www.199it.com/archives/619959.html.

⑤ 中央经济工作会议在北京举行．人民日报，2017 年 12 月 21 日，第 1 版．

【参考文献】

[1] 李云雷．如何讲好新的中国故事？——当代中国文学的新主题与新趋势．文学评论，2014，5：90.

[2] 王一川．当今中国故事及其文化软实力．创作与评论，2015，12：24.

[3] 姚旭，展姿．讲好中国故事，塑造国家形象．新闻爱好者，2017，2：79.

[4] 王义桅．讲好中国故事是时代使命，人民网，[2018-11-22]. http://theory.people.com.cn/n1/2016/0928/c376186-28746111.html.

[5] 许兆昌．深刻认识历史叙事的价值．人民日报，2018 年，10 月 16 日，中国社会科学网，[2018-11-24].

[6] 胡大平．西方马克思主义历史叙事转向及其政治意蕴．学习与探索，2011,2:24.

[7] [美] 海登·怀特．后现代历史叙事学．陈永国，张万娟译．中国社会科学出版社，2003:30.

[8] 丁钢．历史叙述的辩证．史林，2007，02:169.

[9] 陈刚，孙美玲．结构、制度、要素——对中国广告产业的发展的解析．广告大观 - 理论版，2011，4:16.

[10] 丁允朋．为广告正名．陈刚．广告是条河——中国广告学术发展的源流．南京：河海大学出版社，2017: 02.

[11] 郑吴志，谭毅等．当代中国社会转型时期经济建设思想的价值冲突与重构．北京：人民出版社，2014:131.

[12] 唐忠朴．广告的生命在于真实．人民日报，1981 年 1 月 31 日，发表时署名“本报评论员”．

[13] 汝羊．广告艺术特性的辨析．暨南大学学报，1986，3:116.

[14] 丁俊杰，王昕．市场化背景下中国社会发展与广告产业定位思考．广告研究，2011，8:06.

[15] 杨效宏，龙珍平．中国广告产业的观念演变研究．广告研究，2017，6:07.

[16] 张金海，陈玥．未曾超越的超越：中国广告研究的整体回顾——基于期刊论文的实证分析．现代传播，2012，11:98.

[17] 张金海，林翔．中国广告产业发展现实情境的制度检视．广告大观（理论版），2011，8:48.

[18] 陈刚，王苗．数字服务化企业的特点与模式研究．新闻与传播评论，2018，1:91.

[19] 单波，周夏宇．新探索与内卷化：2015-2017 年西方跨文化传播研究述评．新闻与传播评论 2018，1:122.

[20] [美] 杰克逊·李尔斯．丰裕的寓言——美国广告文化史．任海龙译．上海：上海人民出版社，2005：03.

[21] 杨效宏，陈婧．基于关联理论的“中国故事”传播效果认知研究．中华文化与传播研究，九州出版社，2017:103.

[22] 杨效宏，徐晓芳．智能传播推进动态新闻内容的多元化创新．新闻界，2017，6:25.

[23] 习近平．习近平谈治国理政．北京：外文出版社，2014：161.

[24] Geoff Mulgan. Social innovation what it is,why it matter and how it can be accelerated. European Commission,Guide to social innovation// 纪光欣．国外社会创新理论研究述评．理论月刊，2017，5:133.

[25] 廖秉宜．2018 年中国智能广告产业创新研究报告．Argue marine（蓝色石头网），[2018-11-25] https://garygeng.com/news/2018-china-smart-advertising-industry-innovation-research-report/.

[26] 姚曦，李娜．智能时代的广告产业创新趋势．中国社会科学网，[2018-112-5] http://ex.cssn.cn/zx/bwyc/201711/t20171116_3744105.shtml.

[27] 杨海军．中外广告通史．北京：高等教育出版社，2012:245.

[28] 陈纲，潘洪亮．重新定义广告——数字传播时代的广告定义研究．新闻与写作，2016，6:28.

[29] 杨海军．中外广告通史．北京：高等教育出版社，2012:245.

[30] 姜智彬，黄羲煜．中国跨文化广告研究现状和发展趋势．广告大观（理论版）,2014，6:12.

[31] [奥] 约翰·奈斯比特，多丽丝·奈斯比特，[美] 龙志安．世界新趋势——“一带一路”重塑全球化新格局．北京：中华工商联合出版社，2017:12.

[32] 张海滨．“中国故事”应更多到西方去讲．李稻葵．中国方案 1.0. 北京：中国友谊出版公司，2017:27.

[33] 丁俊杰．中国广告观念三十年变化．陈刚．广告是条河——中国广告学术发展的源流．南京：河海大学出版社，2017：235.

[34] 陈刚，王苗．数字服务化企业的特点与模式研究．新闻与传播评论，2018，1:90.

[35] [美] 史蒂芬·罗奇．失衡：后经济危机时代的再平衡．易聪，郑理等译．北京：中信出版社，2014:250.

[36] [美] 亨利·詹金斯．融合文化：新媒体和旧媒体的冲突地带．杜永明译．北京：商务印书馆，2015:31.

[37] [德] 威威廉·廉文德尔班．哲学史教程．罗达仁译．北京：商务印书馆，1993:08.

关于名言“不做总统，就做广告人”的考据

王天夫[1] 潘洪亮[2]

| 摘 要 | 本文对广告界广为流传的“不做总统，就做广告人”的名言进行了考据工作，大量证据表明该名言实属讹传。这一工作的价值在于厘清了广告史的一个基本事实，破除了一个影响甚广的讹传名言。

| 关 键 词 | 广告人；广告史；考据

“不做总统，就做广告人”（以下简称“名言”）在国内广告界广为流传，似乎已经成为“常识”。该名言对大众认知广告人的社会地位有很大的影响。然而，经过笔者的考据，确认该名言是一种讹传。

根据广告圈内的流传和现有的资料，一般认为这句名言出自美国罗斯福总统之口，而且美国历史上的两位罗斯福总统都曾被提及。该名言所指的“广告人”也有两种说法，一种认为是现代广告之父阿尔伯特·D·拉斯克尔（1880—1952），另一种认为是普遍意义上的广告人。

在考据的过程中，笔者主要关注以下三个问题：

1. 美国总统在什么场合说过这句话？美国历史上有两位罗斯福总统，如果这句名言是真实的，那么是哪位罗斯福总统所说的？

2. 为什么会有人认为该名言中所指的“广告人”是阿尔伯特·D·拉斯克尔？

3. 如果考据证明该名言是讹传，那么这句讹传是如何流传开来的？

根据笔者掌握的电子化资料，该名言最早于 1995 年 6 月出现在中国大陆的媒体上[1]，于 1995 年 11 月出现在中国台湾的媒体上[2]。1996 年，李光斗著的《仅次于总统的职业》[3]更是直接在书名中套用了该名言。这说明该名言在中文世界流传了至少 20 余年。

笔者访问过多位国内资深广告界人士，他们均表示在 20 世纪 90 年代便已知晓该名言。但是，笔者也曾向精通中文的老电通广告人八木信人先生取证，其表示在日本并未听过该名言。

笔者在英文文献中也没有查到该名言的踪迹。可见，这句话极有可能只是中文世界的“特产”。

今天在互联网上以中文检索“不做总统，就做广告人”一语，大量搜索结果都指向《不做总统就做广告人：“现代广告之父”拉斯克尔和他创造的广告世纪》一书（中信出版社 2012 年出版）。该书的作者之一，阿瑟·舒尔茨系美国广告界闻人，长期服务于 FCB 广告公司（其前身即拉斯克尔的洛德暨托马斯广告公司），并担任首席执行官，该书对拉斯克尔的记录较为可靠。然而该原著英文版题名却是《The Man Who Sold America: The Amazing (but True!) Story of Albert D. Lasker and the Creation of the Advertising Century》（美国哈佛商业评论出版社 2010 年出版），与“不做总统，就做广告人”一语毫无关系。经过与中信出版社相关编辑人员的求证，笔者得知该书中文版的标题并没有忠实于英文版原著，而是出版社为了营销效果所拟定的，他们既

[1] 美国蒙特克莱尔州立大学商学院市场营销系；[2] 北京大学新媒体营销传播（CCM）研究中心

不掌握这一名言的确切来源，该名言也未在英文原著中出现。推测可知，出版社之所以拟定这一题目也是受到了该名言已有的“社会知名度”的影响，同时，这一题目又为该讹误的流传起到了推波助澜的作用。

该书封底的编辑推荐又进一步说明：“不做总统就做广告人。在这句堪称广告界最著名的话中，‘总统’指的是西奥多 · 罗斯福，‘广告人’说的就是美国广告史上的传奇人物——‘现代广告之父’阿尔伯特 · 拉斯克尔。”为什么可以如此肯定“总统”和“广告人”的具体所指？在笔者与出版该书的编辑沟通后，了解到这段推荐语是根据市面上的一些信息和该书里的历史记述穿凿附会而来的。事实上，拉斯克尔与两位罗斯福总统都有交集（西奥多 · 罗斯福，即“老罗斯福”，共和党，任期 1901-1909，1919 年去世；富兰克林 · 德拉诺 · 罗斯福，即“小罗斯福”，民主党，任期 1933-1945，1945 年去世）。1918 年，拉斯克尔应西奥多 · 罗斯福之邀主管共和党宣传工作达 4 年之久。他晚年又转而支持富兰克林 · 德拉诺 · 罗斯福和民主党。这些历史背景，加上该名言已流传多年，这样的讹误似乎也是可以理解的。

笔者查阅拉斯克尔的自传的中英文两个版本，也没有发现类似的言论。可见缺乏有力证据证明该名言与西奥多 · 罗斯福或者阿尔伯特 · 拉斯克尔有关系。而许多人认为名言中的“广告人”指的就是拉斯克尔，这一误会恰恰是从中信出版社出版的《不做总统就做广告人》一书而来的，具体可见下图 1。

图 1《不做总统就做广告人》（中信出版社）封底书影

该名言另一个广为人知的来源是富兰克林·德拉诺·罗斯福。根据现有资料分析，这一讹传源于大卫·奥格威的名作《一个广告人的自白》。该书中有这样的引述：“富兰克林·罗斯福总统就有另外的看法：‘如果我能重新生活，任我挑选职业，我想我会进广告界。若不是有广告来传播高水平的知识，过去半个世纪各阶层人民现代文明水平的普遍提高是不可能的。’”[4] 该段落也被许多广告著作所引述。

经过笔者的详细考证，富兰克林·德拉诺·罗斯福的确发表过相应的言论。1931 年 6 月 15 日，他以纽约州州长的身份在美国广告联合会（Advertising Federation of America，即 American Advertising Federation 的前身）的纽约大会上发表了演讲，并将演讲文字稿以《你无法使广告自动化》（You Cannot Robotize Advertising）为题，署名发表在了广告行业杂志《印刷机之墨》（Printers’ Ink）第 155 卷第 12 期上（1931 年 6 月 18 号出版）。其开篇的英文原文如下：

“If I were starting life over again, I am inclined to think that I would go into the advertising business in preference to almost any other. This is because advertising has come to cover the whole range of human needs and also because it combines real imagination with a deep study of human psychology.

Furthermore, because it brings to the greatest number of people actual knowledge concerning useful things, it is essentially a form of education; and the progress of civilization depends on education. Like all other educational programs, it can be abused or it can be made really useful to our existence. It has risen with evergrowing rapidity to the dignity of an art. It is constantly paving new paths.

It is a generally recognized fact that the general raising of the standards of modern civilization among all groups of people during the past half century would have been impossible without the spreading of the very knowledge of higher standards by means of advertising.”[5]

中文直译如下：

“如果我能重新开始生活，我倾向认为我将投身于广告业，而不是其他行业。这是因为广告已经覆盖了人类所有的需求，也是因为它结合了真实的想象和对人类心理的深入研究。

此外，因为它给许多人带来关于有用事物的实际知识，它实质上成了某一种形式的教育；而文明的进程有赖于教育。与其他的所有教育项目一样，它既可能被滥用，也可能为我们的存在做出贡献。它已经日益急速发展到了艺术的境界。它不断地铺设新的道路。

一个公认的事实是，如果没有以广告的形式来传播关于更高水平的知识，过去半个世纪各阶层人民现代文明水平的普遍提高是不可能的。”

美国国家档案和记录管理局管理的富兰克林·德拉诺·罗斯福总统图书馆暨博物馆保存了该演讲的文稿，该文本与《印刷机之墨》的出版文章略有出入。首先，演讲文稿的标题为《为政府做广告》（Advertising Government）。其次，演讲文稿的第二段结尾为：“It constantly hewing new paths. Without advertising most of our comforts and our luxuries, by luxuries I mean the things which make life pleasant without being necessary to our existence, would be beyond the reach of our citizens.”[6] 中文直译为：“它不断地开拓新的道路。如果没有广告，我们大多数的舒适和奢侈，我所指的奢侈是那些让我们的生活更快乐但又不是生活必需品的东西，将超出我们人民的可触及的范围。”这些差异可能是《印刷机之墨》的编辑工作所导致的。如左图 2 所示。

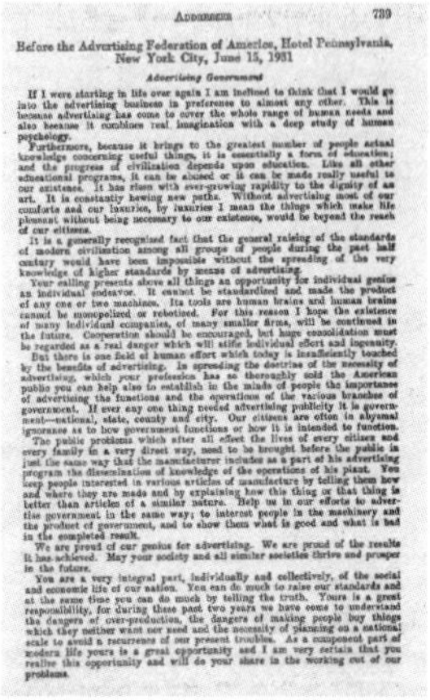

图 2

罗斯福总统图书馆保存的档案

综合以上三个版本，我们并没有发现“不做总统，就做广告人”一语的直接表述。而大卫·奥格威在引述时进行了大幅删减，有断章取义之嫌。另外值得注意的是，1931 年 6 月富兰克林·德拉诺·罗斯福尚在担任纽约州州长，他在 1932 年 1 月才宣布参选总统，并在 1932 年 11 月胜选，直到 1933 年 3 月才得以宣誓就任美国总统。[7] 所以说“不做‘总统’”，实在是一种事后的夸大。即使按照最宽松的标准，也只能说是“不做‘州长’”而已。至于其他的讹误版本，如“be the president or else a advertising guy”更是有明显的文法错误，不足以采信。

通过对文献的梳理与考证，笔者猜测该名言经历了以下的流传路径：1931 年，富兰克林·德拉诺·罗斯福发表了《为政府做广告》的演讲，“如果我能重新开始生活，我倾向认为我将投身于广告业，而不是其他行业”的言论进入了文献和公众视野。1963 年，大卫·奥格威出版《一个广告人的自白》，引述了该言论，并将兰克林·德拉诺·罗斯福注明为“总统”。1973 年，《一个广告人的自白》的中文版在中国台湾出版，该言论进入中文世界。该名言逐渐简化、演变、讹传为“不做总统，就做广告人”。2012 年中信出版社出版《不做总统就做广告人：“现代广告之父”拉斯克尔和他创造的广告世纪》，将富兰克林·德拉诺·罗斯福误植为西奥多 · 罗斯福，也将“广告人”穿凿附会为拉斯克尔。

虽然从目前掌握的资料看，《一个广告人的自白》的出版是一个关键点，它极有可能是该名言在中文世界流传的起点，但历史总是充满了偶然，本文的猜测也只是一种历史的可能。笔者也曾向与该书关系密切的人士求证，从最熟悉这本书的人那里入手探求这种可能性的大小。著名广告人、龙之媒广告书店创办人徐智明是简体中文版《一个广告人的自白》的策划人，对于该名言，他也只是表示“好像有人说过，原意不是这样”，并不能确认这本书与该名言的关系。至于该书的译者林桦更非广告圈中人。而该书的中国台湾版本（1973 年出版）的译者赖东明，则因身体原因已无法向其考证，是一个遗憾。这一求证虽然没有得到确定的结果，但笔者仍保留上述猜想的可能性。

对广告研究而言，考证该名言的学术价值更多在于厘清其与现代广告之父拉斯克尔的关系，如果某位总统确实针对拉斯克尔说过这番话，那么该名言的广告史价值确实是值得关注的。但如果这句话仅仅是某位总统在集会场合针对普遍意义上的广告人所发表，难免有“场面话”之嫌，并不值得特别地关注。何况现在流传的版本充满了讹误和夸大，如果当今广告人一再引用、拔高，就要贻笑大方了。

通过以上的考据工作，基本确认了该名言是一个“美丽的误会”。本文的任务在于对这一名言进行文献考据，并未对为何这一名言缺少无确切证据的情况下还能广为流传的原因进行探析。由于这一讹误形成、流传的年代久远，原因的探析不仅艰难复杂，甚至可能无法实现，因此，把这一问题留给读者猜想可能更有启示价值。即便如此，仍然希望这一点微小的工作对广告史研究提供一些事实依据。

（感谢美国国家档案和记录管理局富兰克林·德拉诺·罗斯福总统图书馆暨博物馆以及中信出版社的协助，也感谢徐智明、唐圣瀚、八木信人、陈刚、邓广梼等广告人提供的信息。）

【注 释】

① 金俊彦 . 不做总统，就做广告人 .《博览群书》，1995 年 6 月 .

② 陈淑华 . 如果你是总统的抬轿人 .《 广告杂志 》，1995 年 11 月 .

③ 李光斗 . 仅次于总统的职业 . 广州出版社，1996 年 .

④ 大卫 · 奥格威 著，林桦 译 . 一个广告人的自白 . 中信出版社，2010 年，186 页 .

⑤ Franklin D. Roosevelt.You Cannot Robotize Advertising. Printers' Ink, Vol. 155:2, May 14, 1931.

⑥ Franklin D. Roosevelt.Advertising Government, Franklin D. Roosevelt- "The Great Communicator", The Master Speech Files, 1898, 1910-1945, Series 1: Franklin D. Roosevelt's Political Ascension, File No. 432, 1931 June 15.

⑦ Jean Edward Smith.FDR, Random House, 2008.

【参考文献】

[1] [美] 大卫·奥格威著，赖东明译 . 一个广告人的自白 . 台北：晨钟书局，1973 年 .

[2] Ogilvy David, Patrick Horgan. Confessions of an advertising man. New York: Atheneum, 1963.

[3] [美] 杰弗里库鲁圣，阿瑟舒尔茨著，王晓鹂译 . 不做总统就做广告人——“现代广告之父”拉斯克尔和他创造的广告世纪 . 中信出版社，2012 年 .

[4] Jeffrey L. Cruikshank, Arthur W. Schultz . The Man Who Sold America: The Amazing (but True!) Story of Albert D. Lasker and the Creation of the Advertising Century, Harvard Business Review Press. First Edition, August 12, 2010.

[5] [美] 阿尔伯特·拉斯克尔著，焦向军，韩骏译 . 拉斯克尔的广告历程 . 北京：新华出版社，1998 年 .

[6] Albert Lasker. The Lasker Story: As He Told it. NTC Business Books, 1995.

媒体融合与广告公共服务型转向研究

陈刚 [1]

| 摘　要 | 媒体融合是互联网环境下的媒体发展理念，是特定阶段的特定表述。应从导向性、数字逻辑、动态性、优化性四个方面理解媒体融合的含义。互联网重构了人类社会的信息生产、分发和消费的方式，传统媒体的用户流失、广告价值下降已成定势。与此同时，中国媒体融合的主要驱动力量来源于政府，其目标是巩固宣传阵地、壮大主流舆论，这种导向性使得传统媒体无论融合成何种形态，政治效益仍应优先于经济效益。在这一认识的基础上，传统媒体应从战略上重新定位广告经营，弱化其商业性，向公共服务型广告转向。

| 关 键 词 | 媒体融合；传统媒体；广告经营

2013 年 11 月，党的十八届三中全会通过《中共中央关于全面深化改革若干重大问题的决定》，提出“整合新闻媒体资源，推动传统媒体和新兴媒体融合发展”。2014 年 8 月 18 日，由习近平主持的中央全面深化改革领导小组第四次会议审核通过了《关于推动传统媒体和新兴媒体融合发展的指导意见》，标志着媒体融合作为国家战略被明确提出。因此，2014 年，也被称为“中国媒体融合元年”。四年多来，中国的传统媒体在自上而下改革推力的促进下，实现了迅猛的融合发展，基本形成了多屏多网多介质的线上线下传播矩阵，传播渠道得到拓展，人群覆盖率显著提升。但是，覆盖率的提升并不代表黏性用户的增加，传统媒体的广告收入仍在断崖式下跌。下一步怎么办？成为需要研究的理论问题和现实问题。笔者认为，媒体融合是特定阶段的特定表述，不能脱离数字化背景和阶段性特征来探讨，更不能脱离中国媒体融合的导向特征与结构问题来研究。与此相呼应，媒体融合背景下的广告经营也要在充分考虑上述特征的基础上，进行思考和阐释。

如何理解媒体融合？

落实媒体融合的核心在于重点坚持导向性。媒体融合的概念与实践起源于美国，但时至今日，其融合实践也并谈不上成功。与美国市场驱动融合的情况不同，中国的媒体融合是政府驱动型的。因此，分析中国的媒体融合不能简单套用美国的框架和模式（陈刚，2016）。

早在 20 世纪 90 年代，关于“三网融合”的讨论已经萌芽。但因协调机制的缺乏及市场需求的不旺盛，早期有关融合的推进并没有取得实质性进展。在这一阶段，“融合”更多考虑的是资源整合和产业发展，目标还没有涉及宣传阵地的扩大。2007 年，中国网民数量达到 2.1 亿，互联网普及率同比增长 5.5%，比上一年度增长加快近 3 倍。在此背景下，传统媒体的舆论阵地不可避免的

[1] 北京大学新闻与传播学院

受到影响。2009 年，广电总局印发了《关于加快广播电视有线网络发展的若干意见》，指出“加快广播电视有线网络发展，对于巩固和拓展党的宣传文化阵地，具有十分重要的意义”，从一定程度上可以看出媒体融合目标的雏形。2013 年 11 月，党的十八届三中全会通过《中共中央关于全面深化改革若干重大问题的决定》，首次提出“整合新闻媒体资源，推动传统媒体和新兴媒体融合发展”。2014 年 8 月 18 日，由习近平主持的中央全面深化改革领导小组第四次会议审核通过了《关于推动传统媒体和新兴媒体融合发展的指导意见》，标志着媒体融合作为国家战略被明确提出。2016 年 2 月 19 日，习近平在党的新闻舆论工作座谈会上进一步指出“随着形势发展，党的新闻舆论工作必须创新理念、内容、体裁、形式、方法、手段、业态、体制、机制，增强针对性和实效性。要适应分众化、差异化传播趋势，加快构建舆论引导新格局。”

从上述指导思想的变化过程可以看出，中国媒体融合的目标是打造新型主流媒体，在互联网形成的数字生活空间中，继续强化意识形态的引领作用。这本质上是中国共产党新闻政策在新时期的延续和发展，是对互联网环境下宣传工作发展趋势所做出的政策回应（陈昌凤和杨依军，2015)。因此，导向性是中国媒体融合实践的显著特征，不能将媒体融合简单理解为媒体创新的目标，而应该将其视为实现目标的手段。从这个意义上来看，如果这个手段达成目标的效率不高，将不可避免地面临升级和替代。

理解媒体融合的关键在于客观认识数字逻辑。蒸汽机的发明，推动了人类社会进入工业社会。在工业社会，机器大生产带来的规模化供给与地理空间聚集引发的规模化需求之间，存在着大量的信息不对称，这种信息不对称给大众传播机构的产生和发展提供了海量的需求基础。随着互联网技术的发展，新型的数字生活空间出现，信息的生产、分发和消费方式都发生了巨变，人类的交往方式和生活方式也在被重构。具体到对传统媒体的影响而言，数字生活空间中超越地理界限的、超级规模化的、精准的人际传播，逐渐消解了大众传播机构的信息中介功能，传统媒体的影响力被削弱，其用户流失、广告收入降低已成定势（陈刚，2012，2016）。笔者把这种从互联网对社会传播总体变革的思考框架定义为数字逻辑。

从数字逻辑的角度，任何个体、机构都可以是信息媒介，都可以作为数字生活空间中信息交换的节点，传播渠道的壁垒消融，传统媒介的优势不再显现；与此同时，任何内容都是互联网海量内容的有机组成，高度细分化碎片化的市场，个体信息交换方式的变化，均在客观上使得传统媒体积聚影响力的优势丧失。因此，媒体融合实际上可以看作是传统媒体在数字化竞争中，抢夺信息交换节点的一种突围手段。而在高度动态化的竞争中，媒体融合不是静态的概念或者结果，而是随着数字化的进程和技术的发展，发展出不同的形态。

把握媒体融合的重点在于充分理解动态性。媒体融合的动态性决定了其阶段性，要从特定阶段的特定表述这一层面来理解媒体融合。传播发展的本质尺度是人的需求，当人的需求存在，而技术不可达成时，人只能选择旧的媒体形式，而当技术的发展匹配了人的需求，新的媒体形式被选择将成为必然（陈刚，2012）。因此，当人们更愿意选择新的媒体形式时，传统媒体的改革方向必然是向被选择的新形式靠拢，这个过程与人的需求和技术的进步紧密相关，同时也取决于传统媒体自身的改革基础，基本上经历了新旧媒体“你就是你，我就是我”以及“你中有我，我中有你”的阶段，而当“你就是我，我就是你”的状态真正到来时，新旧之间不再有明显的界限，媒体融合这一概念将成为历史概念。

人民日报的媒体融合实践被视为较为成功的案例。下表为过去二十年来，人民日报媒体融合的大事记。

从表 1 可以看出，人民日报二十年的媒体融合实践，充分体现了中国媒体融合的阶段性特征。第一，从机构改革上看，经历了“分而治之”到“统筹协调”“事业体制”到“企业经营”的转变；第二，从内容生产上看，经历了“各自为政”到“生产聚合”的过程，全媒体平台“中央厨房”成为行业标杆；第三，从合作共享上看，经历了“独家报道”到“全网合作”的进阶；第四，从融合理念上看，经历了“加法阶段”到“乘法阶段”的深入。一个明显的规律是，目前的媒体融合仍是沿着适应互联网逻辑的路径在发展，随着用户需求和互联网技术匹配的快速迭

表 1 人民日报媒体融合大事记

时间	事件
1997 年 1 月	人民日报网络版正式上线
2000 年 8 月	人民日报网络版更名为“人民网”
2005 年	人民网发展有限公司成立
2012 年 4 月	人民网在上海证券交易所上市，成为中国第一家在 A 股整体上市的新闻网站。
2012 年 7 月	人民日报在微博开通法人微博
2014 年 3 月	成立人民日报媒体技术股份有限公司，负责搭建全媒体平台“中央厨房”
2014 年 6 月	人民日报客户端正式上线
2015 年 12 月	客户端下载量突破 1 亿次
2016 年 10 月	人民日报融媒体工作室机制运行
2016 年 12 月	全媒体新闻大厅建成
2017 年 1 月	人民网数据中心楼正式启用
2017 年 3 月	微信粉丝突破 1 千万
截至 2017 年 8 月	人民日报及 29 家社属报纸共创办新媒体平台 294 个，覆盖总用户数 6.35 亿；人民网中文及 9 大外文频道日常传播覆盖超过 1.3 亿，用户遍布 210 多个国家和地区；客户端累计下载量 1.99 亿，微博总粉丝数 9400 万，微信粉丝数 1300 万，Facebook 账号粉丝数 3888 万

数据来源：根据万小广和程征（2016），吴冰等（2017）及公开资料整理

代，媒体融合的阶段更替也越来越频密。可以预见的是，随着数字社会形成的加速，也许现阶段的媒体融合还没真正完成，新的媒体变革需求和相应的技术就出现了。

2018 年 11 月，国家广播电视总局出台《关于促进智慧广电发展的指导意见》，提出要建立智能化服务体系，被解读为推进媒体融合的重要载体。但事实上，相关概念已经远远超出了现阶段媒体融合的内涵。这从一定程度提醒我们，必须更充分地理解媒体融合的阶段性，才能为符合数字逻辑发展的下一阶段做好准备。

深化媒体融合的枢纽在于优化媒体环境。在党的十九大报告中，习近平总书记指出，“坚持正确舆论导向，高度重视传播手段建设和创新，提高新闻舆论传播力、引导力、影响力、公信力。”媒体是新闻舆论的主要载体。这是媒体发展的根本方向，也是媒体融合的明确任务。新闻舆论的传播力、引导力、影响力、公信力这四个方面同样重要，但是，没有传播力、引导力、影响力、公信力是没有基础的。目前，传统媒体的传播力下降是严峻的现实。传播力下降同互联网的挑战直接相关，但是，传统媒体自身的生存、竞争环境结构的不合理也是重要的原因，必须进行优化。

目前传统媒体的结构是 1980 年以来逐渐建立起来的，突出的特征是广播电视四级办媒体。在媒体发展的早期，这种方式有助于大众传播的迅速普及和发展，有利于舆论宣传的落地，但也引发了后续的问题，主要表现在“行政化设置，市场化竞争”。媒体是事业单位，按照行政的需求建立；但是在 1990 年末期媒介产业化之后，又需要进行广告经营的市场竞争。行政设置具有区域性和层级性，而市场竞争需要根据媒体的价值、市场的覆盖和效果，比如，从广告经营的角度，四级办媒体具有重复性，同一个市场，四级媒体广告都可以到达，所带来的媒体竞争一定是不健康的，媒体整体的商业价值会下降；同时，市场竞争需要优胜劣汰，但是行政设置不可能有退出机制，竞争力不强的媒体继续存在，为了吸引广告投放，在广告经营中就有可能出现许多违法违规的现象。而在媒体内容上，为了争夺读者，会更多地利用社会新闻、娱乐内容等来吸引眼球。

所以，传统媒体发展遇到的问题，目前首先确实是外部的互联网挑战和冲击，但是，媒体环境自身内在的结构性一直存在。这两个因素相互交织，严重影响了媒体的传播力，当然也会影响媒体的引导力、影响力、公信力。

深化媒体融合，应该适应互联网技术的变革，但同时，应结合数字化的转型，把优化媒体的环境，改变既有的结构性问题作为重要工作。数字传播的特点首先是打破了传统媒体区域性的局限，没有地域性；同时，也打破了传统媒体类型之间的区别，没有所谓的广播电视报纸杂志的专业区别。在传统媒体环境内部，要实现提高新闻舆论传播力、引导力、影响力、公信力的目标。首先，对传播力差没有生存能力的媒体应该有行政退出机制，强化优胜劣汰，减少媒体数量；第二，对有一定传播价

值的各类媒体应该加强横向整合，2018 年 8 月，在全国宣传思想工作会议上，对县级融媒体中心建设作出了重大的部署。2018 年 11 月，中央第五次深改小组会议又提出，要深化机构、人事、财政、薪酬等方面改革，调整优化媒体布局，推进融合发展，不断提高县级媒体传播力、引导力、影响力。融媒体中心的战略是深化媒体融合、优化媒体环境的有效举措。第三，推动纵向融合。数字传播的特点是没有地域性，在互联网上所有的传播都是覆盖全国的。目前的多级行政媒体的设置，是传统大众传播时代的思路，如何适应数字化的变革，提升效率，减低成本，增强传播效果，进行纵向整合，是深化媒体融合的艰巨任务。

媒体融合背景下的传统媒体广告经营现状

广告收入下降趋势明显。2014 年以来，媒体融合迅猛发展。根据人民网发布的《2017 全国党报融合传播指数报告》，被考察的 367 家党报 97.27% 拥有网站，79.23% 入驻移动客户端，73.57% 开通微博账号，69.48% 运营微信账号，67.30% 拥有自有 APP。从数据上看，通过媒体融合的手段，用户的覆盖量得到了大幅提升。但是需要注意的是，这里的“提升”是将传统媒体自身的“现在”同“过去”比较得出的结论，如果从用户黏性、用户使用市场、用户互动指数、信息精准分发等方面与互联网中其他渠道和平台进行横向对比，可以说，传统媒体的新媒体形式，不具有任何优势。从广告收入上看，2015 年起，互联网广告收入占比不断提升，传统媒体广告收入跌幅创历史新高。

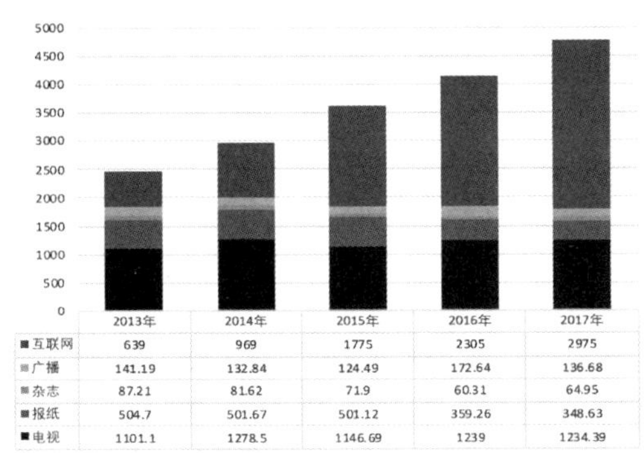

	2013年	2014年	2015年	2016年	2017年
互联网	639	969	1775	2305	2975
广播	141.19	132.84	124.49	172.64	136.68
杂志	87.21	81.62	71.9	60.31	64.95
报纸	504.7	501.67	501.12	359.26	348.63
电视	1101.1	1278.5	1146.69	1239	1234.39

图 1 历年各类媒体广告收入示意图（单位：亿元）

数据来源：根据国家市场监督管理总局（原国家工商行政管理总局）统计数据整理

从数据不难看出，2014 年开始迅速推进的媒体融合，并没有帮助传统媒体的广告收入止跌回升，相反，互联网广告的收入愈发一骑绝尘。总结原因，有以下几个方面：

第一，互联网时代，广告主需求发生变化。从“大曝光”诉求转向对销售转化的直接要求，广告预算的投入目标不再停留于消费者认知度的提升，而是进阶到切实推进受众消费行为的转变及重复购买。在这种变化下，传统媒体及其新媒体形式缺乏“带货能力”的劣势愈发明显。

第二，互联网时代，广告位价值的高低不再主要由广告媒体主所能聚集的人群数量决定，相反，广告媒体所聚集的是否是对的人，是否能让对的人停留较长时间，则更为重要。而以时政内容和严肃内容为核心，交互性、个性化、定制化、精准化较弱的传统媒体，在这方面不具有优势，其对互联网“原住民”用户的持续吸引力也相对较低，打造付费阅读产品的受众基础较差。

第三，目前，互联网广告逐渐形成了策略研究（PRP）、内容管理（CMP）、创意内容（PCP）、发布执行（DSP）以及数据分析（DMP）的智能营销闭环，技术驱动下的智能化，极大推进了广告生产、分发、消费的链条重构和效率提升。而与此相对应的，传统广告媒体的广告经营，却由于体制机制灵活性不够、技术人力要素流动滞后等原因，在经营理念和模式上相对落后。

人才流失现象严重。根据国家市场监督管理总局（原国家工商行政管理总局）统计数据，2013 年，广告业从业人员数量为 262.2 万人，这一数据在 2017 年增长至 438.2 万人，增长速度迅猛。但是具体到传统媒体领域，数据却不乐观。

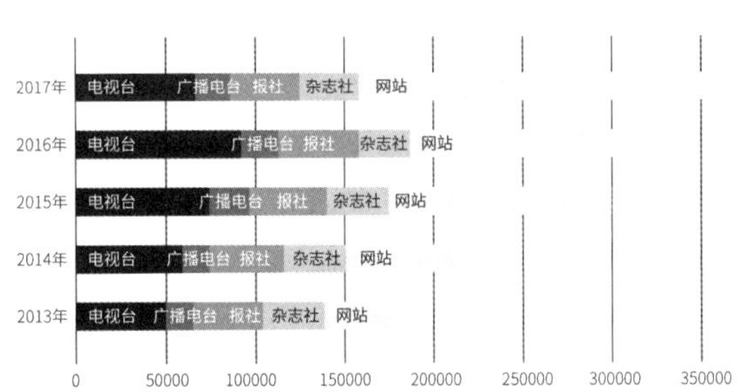

图 2 历年各类媒体从业人员数量示意图（单位：人）

数据来源：根据国家市场监督管理总局（原国家工商行政管理总局）统计数据整理

从人员增长率看，传统媒体远低于互联网。与此同时，2016-2017 年，在广告业总体从业人员大幅增长的情况下，四大传统媒体人员却在不断减少。作为知识密集型和人才密集型的广告业，在技术替代人力还未到来的阶段，人才流失意味着重重危机。

广告导向要求增强。2015 年 4 月，《中华人民共和国广告法》修订通过，完善了广告准则，规范了广告监管，增强了对媒体的监管，并明确规定“大众传播媒介有义务发布公益广告。广播电台、电视台、报刊出版单位应当按照规定的版面、时段、时长发布公益广告”。2016 年 3 月，《公益广告促进和管理暂行办法》正式实施，该办法除了对《广告法》提及的相关规定进行细化之外，更对网站、电信业务经营者、户外刊播介质等的公益广告刊播要求进行了具体规定。国家从立法层面，在广告经营中，为公益广告树立了的重要地位。2016 年 2 月，习近平在党的新闻舆论工作座谈会上首次提出“广告宣传也要讲导向”，这表明，广告经营，尤其是传统媒体视野下的广告经营，更需要转变经营思路，调整业务路径，才能符合新时代的宣传思想。

媒体融合背景下的广告发展策略

新型主流媒体应该从战略上重新定位广告经营。

首先，新型主流媒体的意识形态导向要求一定要明确，广告宣传也要讲导向。这个认识应逐渐转作为新时代广告经营的核心指导思想，及时在战略规划、经费预算、业务内容、人员分配、自查自律等方面作出相应的调整。

第二，新型主流媒体应该面对媒体的商业价值在下滑，经营压力巨大这一现实。目前的状态是大量优质客户在流失，即使在顶级电视媒体上出现的广告，许多也并不是很知名的企业，更不用说其他媒体。甚至一些传统媒体的广告，违规现象频发。同时，由于硬广告的效果极大的下降。为了吸引广告客户，很多媒体收取客户的广告费，进行内容营销。内容营销已经不是植入广告或冠名，而是为客户量身定做节目内容，所带来的后果就是媒体内容的过度商业化和过度娱乐化。过度娱乐化的根源实际上是为了提升媒体广告收入的内容过度商业化。不少媒体的广告收入中，内容营销部分的收入占比超过 60%，而且，这一趋势还在加剧。这严重恶化了媒体的广告环境，影响了媒体的形象。

第三，新型主流媒体应结合自身的优势和劣势，客观清醒地认识到，经过长期大规模资金投入、技术投资和用户培养，互联网企业广告经营的商业模式、技术水平已经具有明显的比较优势。而传统媒体因机构使命、组织特点、经费限制等各方面原因，实现追赶较为困难。因此，没有必要“以短击长”，大规模投入新领域建设，相反降低盈利水平。

第四，广告收入将不再是新型主流媒体主要的营收来源。一方面，2018 年 2 月 28 日，十九届三中全会通过了《中共中央关于深化党和国家机构改革的决定》，其中，对从事经营活动和社会公益服务的事业单位进一步提出了“去行政化，去营利性”的要求。具体到传统媒体，一个明显的趋势是相关财政补贴的机制不断丰富，财政扶持媒体的大方向及体系已经初步明确（陈国权，2018）。另一方面，部分媒体集团已经通过投资和多元业务经营，从信息内容提供者向综合经营体转型，其链接上下游产业的能力，对国民经济各领域的服务能力都有所提升，实现了盈利渠道的多样化，不再高度依赖于广告收入。

有鉴于此，新型主流媒体应该从战略上重新定位广告经营，弱化商业性，从观念、组织和运营上进行全方位的变革。

新型主流媒体的广告经营向公共服务型转向。所谓“弱化”广告经营的商业性，并不是指广告业务迅速而彻底的消亡，而是指广告经营结合中国媒体改革的实际，做出方向性调整，向公共服务型转变。目前，在国际上公共服务型广告运行较为成熟的是英国 BBC（国内播出）和日本的 NHK。事实上，在可以预见的一段时间内，新型主流媒体的转型趋势将是逐渐向非营利的大公共传播服务平台转变。因此，媒体广告经营的“公共服务化”转向是在这个趋势下的必然选择。

第一，从广告发布的渠道安排上看，建议试点在部分主流公共传播媒体和频道取消商业广告发布，仅保留并突出公益广告，形成“公共传播平台 + 公益广告”为主体的精品传播渠道，形成刊播正能量，壮大主流舆论阵地，提升公信力、影响力和传播力的"发动机"。例如，中央电视台新闻频道即可进行相应的试点。

第二，从广告经营的内容侧重上看，建议全面向公益广告、城市形象广告等公共服务类广告转移，并具体向政务、教育、旅游、环保等行业领域倾斜，广泛地服务公益服务事业，激发广告正面引导、积极影响的潜能。

第三，从广告经营的发展方向上看，建议更深入地服务于国家形象宣传，打造专业性、持续化的国家形象宣传品牌，为"讲好中国故事，传播好中国声音"提供手段、载体和平台。

第四，从广告经营的总体策略来看，建议调整核心业务结构。一是加大对公益广告的投入，拓展公益广告的发布时长，提升公益公共的策划水平、创意质量和制作水准；二是加大对研究的投入，一方面加强对数字技术的研究，建立跨平台、多介质的公益广告精准分发体系，通过个性化、定制化、及时性和互动性的方式，吸引受众的停留时间，确保公益传播适应数字逻辑，另一方面重视相关理论的探索，客观认识公益广告的传播规律、受众心理及效果评估办法等；三是重视对用户数据的维护，打通旗下不同传播介质的用户数据，形成一套画像准确的用户标签体系，实现数据协同开发及合理利用，开发具有吸引力的用户服务体系，从而为进一步吸引用户，扩大传播影响力打下基础；四是建立合理的教育培训体系和业内合作机制，确保公益广告制作的人才供给和产品供给。

总而言之，新型主流媒体的广告经营者应该逐渐强化自身的公益服务属性，从公益传播、正能量引导的角度，成为数字生活空间中符合社会主义核心价值观的生活方式的发起、组织和引导入口，成为社会正面风尚的风向标。这应是新型主流媒体在新时代的数字服务生态中正确的定位和策略选择。

公共服务型广告经营需要体系化的支持环境。弱化广告经营的商业性，应从国家战略高度对广告经营的公益方向进行总体规划。这里，既包含媒体自身的内部变革，也包括相应的政策支持。

第一，新型主流媒体必须建立科学、客观、稳定、有效的广告经营评价指标体系，这个体系不再"以收入论英雄"，而是围绕社会综合效益指标来展开绩效评估。指标体系的建立，有利于肯定公共服务型广告经营的价值，引导公共服务型广告的发展，同时也能激励相关从业人员的良性竞争和自我实现，这是公共服务型广告经营规范化、稳定化、规模化发展的重要环节。

第二，公共服务型广告经营需要合理的财税政策。弱化广告经营商业价值的支撑，是予以配套合理完善的财税制度，从而保障公共广告服务的可持续发展。一方面，应考虑广告服务的公共属性，进一步配套相应的财政安排，减轻公共服务型广告经营的创收压力。并可以尝试通过建立专项基金等方式，打造公共服务型广告经营的创新模式；另一方面，也应根据广告媒体所提供的公共服务量级，建立对应的财税减免政策，形成良性的激励机制。比如，建议尽快取消对媒体广告经营收取的3%文化事业建设费。

第三，公共服务型广告经营需要宽松的制度环境。弱化广告经营的商业价值应成为新型主流媒体的战略方向，与此同时，媒体经营模式应该更加灵活，这样才能够通过多种盈利渠道，支持公共型广告经营的发展。而灵活经营的前提之一，是提供有利于人才、资本以及技术有效流动的宽松制度环境，能够较好地支持收入分配环节的合理配置，从而向留住人才、创新机构、面向公益等方面赋能。

结语

媒体融合是传统媒体在互联网传播竞争中，抢夺信息交换节点的一种突围手段。互联网技术的发展和人们需求的变化，决定了媒体融合相应的阶段。因此，要客观地理解数字逻辑对媒体融合的影响，要充分地认识到媒体融合是特定环境下的特定表述，要清楚地理解媒体融合不是静态的结果，而是动态过程中的阶段性表现，要深入地掌握媒体融合只是实现目标的手段，而不是目标本身。具体到中国的媒体融合实践，要深刻认识到媒体融合的政府驱动性特征，其主要目标不仅是机构创新或者产业发展，而是巩固宣传阵地，壮大主流舆论，提升意识形态的引领作用。同时，媒体融合需要改变媒体环境既有的结构性问题，优化媒体环境，深化媒体融合。

上述认识是理解新型主流媒介发展、包括其广告经营发展的基础。

2014 年被称作中国媒体融合元年，但广告经营数据表明，媒体融合的推动并没有帮助传统媒体的广告收入止跌回升。这一方面与互联网时代广告产业本身的剧烈变革有关，另一方面也与传统媒体自身的机制体制有关。与此同时，传统媒体的广告经营还呈现出人才流失严重，导向要求提升等特征。

在此背景下，新型主流媒体应从战略上重新定位广告经营，应该在宣传导向的要求下、在财税补贴体系的支持下、在多元经营发展的实践中，弱化广告经营的商业价值，促进广告经营的公共服务化转型。一方面试点在部分媒体取消商业广告，仅保留公益广告和公共服务广告，打造“公益传播平台 + 公益广告”的公益型精品传播渠道，另一方面加大公益广告投入，加强理论及数字技术的研究投入，业务内容向公共服务类、公共文化传播类、国家形象宣传类倾斜，并转移部分工作重心至用户数据管理，建立公益服务信息的协同管理机制和精准分发体系。

主动弱化媒体广告经营的商业性，应是新型主流媒体主动规划的战略选择。为了能够达成长期策略，相应的政策配套必不可少，包括客观的评价指标体系、合理的财税政策、宽松的制度环境、完善的知识产权保护以及多维的综合支持手段等。

［谢佩宏（北京大学新闻与传播学院 2017 级博士生）对本文有重要贡献］

【参考文献】

[1] 陈刚 . 创意传播管理 : 数字时代的营销革命 . 北京：机械工业出版社 , 2012.

[2] 陈刚 . 数字逻辑与媒体融合 . 新闻大学，2016，第 2 期 .

[3] 万小广 , 程征 . 人民日报媒体融合发展战略与启示 . 中国记者 , 2016，第 10 期 .

[4] 吴冰 , 张炜，钱一彬 . 人民日报推进深度融合发展纪实：这样聚起 6.35 亿粉丝 . 人民网 , 2017.

[5] 陈昌凤 , 杨依军 . 意识形态安全与党管媒体原则——中国媒体融合政策之形成与体系建构 . 现代传播 (中国传媒大学学报)，2015，第 11 期 .

[6] 陈国权 . 媒体融合 4 周年：融合现状及现存问题解决 . 搜狐网 , 2018.

中国广告产业结构效应研究

姚曦[1]　李春玲[2]

摘　要　随着国家主要矛盾由“落后的社会生产”转变为“不平衡不充分的发展”，产业结构的调整已经成为中国经济发展的核心命题，广告产业作为现代服务业的重要组成部分，其结构调整与优化亦成为中国经济结构调整战略不可或缺的一部分。产业结构效应的提升是产业结构调整的最终归宿，产业结构研究的根本目的是追求结构效应的最大化。本研究以中国广告产业发展的现实状况为基础，在结构主义经济增长理论的指导下，着重关注中国广告产业各构成要素间的平衡度和协调度、对市场需求的匹配度和灵活度、新旧要素的替换率和相互开放融合的程度，尝试从关联效应、弹性效应、成长效应和开放效应四个维度构建中国广告产业结构研究的分析框架，并以此对 2014 年 -2018 年间的广告产业结构效应进行分析，为进一步探讨中国广告产业结构调整问题奠定基础。

关 键 词　结构效应；中国广告；广告产业

一、引言

结构变革或结构优化升级已成为现代市场经济发展的一个核心问题。十九大报告明确提出“我国经济已由高速增长阶段转向高质量发展阶段，正处在转变发展方式、优化经济结构、转换增长动力的攻关期……必须坚持质量第一、效益优先，以供给侧结构性改革为主线，推动经济发展质量变革、效率变革、动力变革”。我国在“十三五”发展规划中也已经把“优化要素配置，推动产业结构升级，扩大有效和中高端供给，增强供给结构适应性和灵活性，提高全要素生产率”作为工作的重点，表明从国家层面已将产业结构调整与优化问题视为重要的发展战略问题。

中国广告产业是现代服务业和文化产业的重要组成部分，在引领大众消费、拉动实体经济和传播信息文化方面发挥着积极的作用，其扮演角色的重要性决定了其结构调整亦成为中国宏观产业结构调整的一部分。2018 年，中国广告产业经营额达到 7991.49 亿元，同比增长 15.88%，占国民生产总值 (GDP) 的 0.88%。近 40 年的发展其无论是企业数量还是行业规模都有了质的飞跃，但是随着数字技术、人工智能的不断创新与应用，中国广告产业也面临着结构重组与多元整合。

从目前来看，我国广告产业已进入了平稳增长期，有学者认为这是广告产业回归理性、走向成熟的表征（张金海，2007），但这同时也预示着我国广告产业进入了战略提升期和产业转型期，要素激励的产业发展动力已明显不足，广告产业结构的调整与升级将会是广告产业突破发展瓶颈的不二选择。因此，研究产业结构对于产业发展的促进效应，揭示产业结构作用机理，对于当前阶段广告产业政策的科学合理的制定具有极大现实意义和价值。

基金项目 2016 年度教育部人文社会科学重点研究基地重大项目“传媒智能化背景下中国传媒和广告产业竞争力研究”（16JJD860002）

[1] 武汉大学 新闻与传播学院，武汉， 430072；[2] 湖北工业大学 艺术设计学院， 武汉， 430068

二、国内外广告产业结构研究文献综述

（一）国外相关研究

在西方经济学理论中，产业结构并非是产业经济学的主要研究对象。从整体来看，西方国家在对产业结构研究时呈现出一些共同的特点：一是多从宏观层面切入，即多是以“国家”为分析单位，着重点放在一个国家（地区）内的产业结构变动上，而对产业内、中微观层面的产业结构研究相对较少；二是西方国家对产业结构的讨论多是以欧美等发达国家的历史数据为分析基础，样本中欠缺广大发展中国家的统计资料，因此，在分析中国这样一个发展中国家的产业结构时，存在着经济发展水平和经济体制的差异问题。

虽然存在这样一些问题，但不可否认西方产业结构研究的分析框架和研究方法，对我国产业结构研究产生了深远的影响，我国学者对于产业结构的探讨是以西方学者研究为基础的，因此，有些理论和观点或许不是最合适的，但是是可以借鉴的。

从现有文献来看，西方国家对“广告产业”的研究更在意其非产业视角。在对以“advertising industry structure”为关键词进行国外文献的搜索中，发现关乎这一主题的文献寥寥无几。仅仅有两篇文献涉及这一主题：一篇是 Andrew 在人力资本的视角下，对全球广告产业规模和产业结构所做的一个研究，其对“广告产业”的界定仅仅限于广告代理公司，其对全球广告产业结构的演进主要是从市场结构、股份制结构、人力资本结构三个方面来探讨，重点是强调人力资本对于广告产业结构的演进有显著的影响（Andrew，2011）；另一篇是 Nobuko Kawashima 对日本广告产业结构的展望，将广告产业分为广告代理机构和广告公司两大类，认为随着产业国际化趋势的到来，在国内广告活动主要是和国内的广告代理机构合作，在国外则主要是依赖全球性的代理公司，这种分极化会越来越明显（Nobuko Kawashima，2009）。

（二）国内相关研究

国内学者在产业结构方面的研究成果颇丰，研究内容主要集中在四大主题：产业结构的调整与优化、产业结构理论研究、产业结构的关联研究和区域产业结构研究，但多限于宏观经济视角。关于广告产业结构的问题已引起广泛的关注，从现有文献资料来看，对“广告产业结构”展开研究的学者并不多。

倪宁、廖秉宜、尹铁钢、卢山冰和马二伟五位是目前为止非常明确的以“广告产业结构”作为主题做过探索性研究的学者。倪宁通过剖析新媒体背景下我国广告产业在媒体结构、广告公司、广告主结构三个维度发生的变化，提炼出技术、资本、政策和消费环境是影响广告产业结构变革的主导因素，并据此预测广告产业未来的发展趋势（倪宁，2014）；廖秉宜认为中国广告产业目前仍处于介于原子型和低集中度寡占型之间的广告市场结构，广告市场的结构失衡现象主要表现为专业广告公司与媒体、企业的失衡结构；本土广告公司与跨国广告公司的失衡结构；广告公司客户代理与媒介代理的失衡结构；广告公司营销传播代理业务的失衡结构；区域广告产业发展的失衡结构（廖秉宜，2011）；尹铁钢利用产业经济学中的 SCP（即结构 - 行为 - 绩效）框架对中国广告产业的现状进行了分析，指出结构失衡是中国广告产业的核心问题，这种失衡主要表现在：广告公司与广告媒体、广告主之间的力量对比失衡、本土广告公司与外资广告公司之间的实力对比失衡、广告公司收入结构失衡以及广告行业的制度供给与广告产业发展要求失衡等（尹铁钢，2013）；卢山冰围绕着产业结构对中国广告产业发展进行研究，对广告的行业结构、媒体结构和所有制结构进行实证分析，但是其在文中并没有明确提出“广告产业结构”这一概念（卢山冰，2005）；马二伟主要是就大数据时代中国广告产业结构的优化与升级展开研究（马二伟，2016）。

其他关于广告产业结构的研究只是零星地散见于相关研究主题的文章中。如丁俊杰在反思中国广告业发展的七大困惑中提到中国广告业存在的结构性缺陷主要表现在三个方面：广告业门槛较低、经营格局混乱、跨国公司的冲击（丁俊杰，2008）；张金海在关于广告产业的系列研究中多次提到中国广告产业两大核心问题是“低集中度和泛专业化”，中国广告市场是原子型的市场结构；刘传红提出的“区域寡头主导，大中小共生”的广告产业组织模式选择，实质上也是对我国广告产业

市场结构的一种预判（刘传红，2013）；韩淑芳直接针对中国广告产业发展的不均衡问题作了探讨，其指出，“专业化—核心竞争力—集群化—规模化的产业结构优化路径有助于改善当前小、杂、散的产业格局（韩淑芳，2016）”。但是在现有文献中还没有发现涉及广告产业结构效应的相关研究，更遑论对于广告产业结构效应分析框架的构建。

三、中国广告产业结构效应：概念、理论支撑及分析框架

（一）基本概念

1.“产业结构”和“广告产业结构”

“产业结构”（Industrial structure）这一术语源于西方经济学的研究，科林 · 克拉克、库兹涅茨等“产业结构”研究的先驱们只是选取了产业结构的局部如劳动力结构、就业结构等进行研究，钱纳里虽然提出了“标准产业结构”，但这个标准也只是针对宏观产业的产值结构，霍夫曼的“产业结构”指的是工业结构内消费资料与资本资料的占比，“产业组织理论”的创始人贝恩在其《产业结构的国际比较》一书中认为产业结构是指产业内的企业间的关系，而在沃尔特·亚当斯、詹姆斯·W· 布罗克主编的《美国产业结构》一书中产业结构既指产业内企业间的关系，也指产业之间的关系。在日本，以青木昌彦（2003）为代表的经济学者研究产业结构的模块化，他们的研究实质是基于产业组织研究的延展，“产业结构”既包括产业与产业之间的关系也包括产业内部各企业之间的关系。从现有文献来看，西方学者对于“industry structure”这一概念的运用并没有达成一致的意见。

国内学者对“产业结构”概念作了适合中国国情的解读。刘保振认为产业结构就是按产业部门分类形成的社会生产结构，也叫作社会生产的部门结构（刘保振，1986），这种理解和钱纳里的观点比较接近。苏东水认为产业结构是产业间的技术经济联系与联系方式，它与产业组织、产业布局是有区别的（苏东水，2006）。郭佩颖认为产业结构是指一个经济体内部因相互联系而融入产业系统网络的各个产业彼此之间的关系（郭佩颖，2013）。总的来说，不同阶段的学者围绕着产业结构概念所作的探讨主要表现出两层意思：一个方面是“产业结构”指产业的要素构成，另一个方面是“产业结构”强调的是这些构成要素之间的“联结方式”。

基于以上“产业结构”概念的经济学理解，本研究中“广告产业结构”的内涵主要从三个层面来把握：一是“广告产业结构”是指参与广告经营活动并从中营利的广告产业行为主体构成；二是指广告产业各构成要素之间关系的呈现形式即各要素的“联结方式”，这种“联结”既体现为量的关系，即各要素在规模上的比例关系，比如广告公司和广告经营媒体各自营业额所占的比重、公司数量或媒体数量、各自的从业人员数量、各自的市场集中度、产品结构等；也体现为质的关系，即产业内部各组成要素的发展水平，各组成要素间的技术经济联系等，比如广告公司和广告经营媒体在产业发展过程中相互关系的变化、其在促进产业发展中充当的角色担当等。无论是“量的关系”还是“质的关系”都不是一成不变的，它们会随着广告产业的发展不断演进变化；三是“广告产业结构”自身具有独立性，“广告产业结构”和广告产业发展中的资本、技术、政策等生产要素处于对等的地位，发挥着相同性质的作用，是广告产业发展的增长因素之一。

2. 广告产业结构效应

效应注重因果关系的强调，关注的是结果。“产业结构效应”这一术语是伴随着结构主义经济增长理论的发展而提出的。帕西内蒂（L.L.Pasinetti）是奠基者之一，他结合经济系统的研究，认为产业结构的变化只要能适应需求和有效利用技术，就会加速经济增长，因此他提出“结构变化引起经济增长”（L.L.Pasinetti，1981）。

广告产业结构效应从本质上来说，也是寻求一种因果关系，这种关系的“因”是广告产业结构的变动，“果”是指广告产业自身发展的影响和效果。广告产业结构效应具体是指由于广告产业结构的变化而对广告产业发展所产生的影响和效果。每一个阶段的广告产业结构必然表现出其独有的特征，而这种独有的结构特征状态背后所孕育的结构效应如何，则是衡量结构变动意义与价值

的旨归。

（二）理论支撑——结构主义经济增长理论

结构主义经济增长理论强调现代经济增长的本质是一个结构转换过程，认为经济增长是生产结构转变的一个方面，生产结构的变化要适应需求结构的变化，资本和劳动力从生产率较低的部门转向生产率较高的部门能加速经济的增长。同时，该理论强调经济增长的重要影响因子之一就是产业之间的组合方式。结构效率的明确体现就在于生产要素的优化配置。经济结构变迁历来是经济发展与经济增长的重要动因，而当经济发展处于转型升级阶段，经济结构变迁则成为主要的驱动因素（孙鸿炜，2010）。

结构主义经济增长理论强调产业结构具有供给结构的特性，产业结构的成长就是产业部门之间优势地位的更迭。产业结构作为一种供给结构，决定其要适应需求结构的变动，这个过程体现的就是产业结构的弹性效应。产业结构调整与优化的目的在于使其能及时接收需求结构变动的信号，对生产环节做出调整，对各部门的要素资源配置进行重组，从而实现产业生产的最优状态。而在产业发展过程中，各产业或者各部门之间的发展速度不可能一直保持均衡状态，那么增长率高的产业或部门无疑对于经济增长和产业发展的贡献会大一些，这些部门在整个总产值中所占的比重也会相对大，结构主义经济增长理论认为由这些增长率高的产业或部门带动的整个经济的增长和产业的发展体现出的就是产业结构的成长性。结构的成长过程表现为不断具有更高收入弹性、产出效率上升、超过平均水平增长率的产业部门取代原有部门的过程（任保平，钞小静等，2014）。

（三）分析框架

产业结构效应探讨的是结构的变化给经济增长带来的影响。西方经济学家从各自的角度对其做出过不同程度的阐释，阿尔伯特·赫希曼重点阐释了“关联效应”，并将这种关联具体分为前向关联与后向关联，相应地产生前向关联效应与后向关联效应（Albert Otto Hirschman，1970）。罗斯托从经济发展的六个阶段出发，主要强调了每个阶段的主导产业所产生的扩散效应，扩散效应是指某些产业部门在各个历史间歇的增长，其实质也是一种关联效应（W.W.Rostow，1960）。M·塞尔奎因强调资源得到有效利用是产业结构效应的体现，并因此提出产业结构效应即是资源总配置效应，产业结构效应的实质是资源流向更高的生产率部门。

国内对结构转变对经济增长的效应展开较系统研究的学者是周振华，他采用系统研究方法，从结构的关联效应、弹性效应、成长效应和开放效应四个层面探讨了现代经济增长中的结构效应问题（周振华，2014）。郭克莎、张秀云、胡晓鹏等学者也先后对经济增长与产业结构效应的关系进行过探讨。但是，无论是西方学者还是中国学者，围绕产业结构及其变动对经济增长效应展开的研究都是从宏观经济视角切入的，还未有人立足于某一个具体的产业对其效应进行分析和测度。

鉴于此，本研究以结构主义经济增长理论为指导，从中国广告产业发展的实际出发，在总结提炼国内外学者关于产业结构效应研究成果的基础上，尝试构建中国广告产业结构效应四维测度模型（图 1），四个维度分别是结构关联效应、结构弹性效应、结构成长效应和结构开放效应。

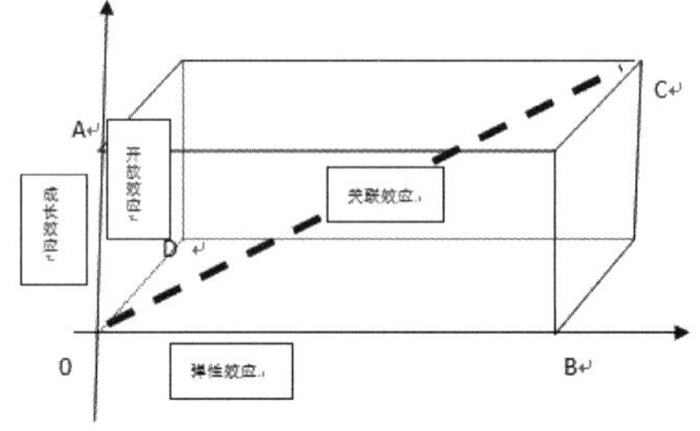

图 1 广告产业结构效应四维测度模型

在这个四维立体测度模型中，从坐标系 0 点出发，结构弹性效应（0B）、结构成长效应（0A）、结构开放效应（0D）和结构关联效应（0C）构成了这个模型的四维坐标系。不同阶段的广告产业结构的总效应可以用 0、A、B、C、D 之间所覆盖的总体积来表示，体积越大则表示这一个阶段的广告产业结构效应越大。

需要指出的是，由于产业结构是一个动态发展的过程，在不同的经济条件和产业发展阶段中，产业内部各构成要素及其关系是不同的，尽管在任何经济背景下，一定的产业结构必定对应着一定的结构效应，但是由于其内部要素及其关系的差异，使得产业结构对于产业发展的影响程度和作用方式也会存在较大的区别。同时，在经济系统和产业发展的不同阶段，产业结构效应的四个维度也并不是势均力敌的在发生作用，比如在产业发展的起步期，产业构成要素相对单一，内部关联也比较简单，整个产业与外部环境之间的交流比较少，产业结构整体上处于一种超稳定态，在这样一个背景下，产业结构效应更多的会体现在关联效应和弹性效应层面，而当一个产业已经发展到成长期甚至成熟期，成长效应和开放效应表现会更突出。在产业结构演进的过程中，产业结构四个维度的效应会呈现出一种渐进的动态均衡。

具体来看，这四个维度的结构效应内涵如下：

1. 关联效应

产业结构关联效应指的是产业之间或产业内部构成要素之间在产业生产过程中相互作用、相互影响，产生一种生产合力，这种合力要远远大于单个产业或产业构成要素独自的生产能力。结构效应分析的逻辑起点即是关联效应，其是产业结构的本质属性，其他三个维度的效应都分别以此为基础展开。本研究认为广告产业结构关联效应的分析应该从产业构成要素之间的平衡度与协调度两个层面来展开，广告产业结构的关联效应就在于产业构成要素之间地位的均衡和关系的协调，这决定着这些构成要素之间是否能形成合力协同发展，从而提高广告产业的结构质量和产业素质。

2. 弹性效应

产业结构弹性效应是指产业结构作为一种供给结构，在适应需求结构变动的情况下，对促进经济增长效率的作用和效果。弹性强调的是一种调适性、一种自适应的能力。广告产业本质上是一个依附度极高的行业，没有实体资产，没有技术专利，极易受到市场波动、政策改变等因素的影响。因此，对于广告产业发展而言，其对于市场需求反应的灵敏度便成为非常关键的一环。广告产业结构的弹性效应主要是考察产业结构对市场需求的匹配度和灵活度的问题。广告产业作为一个经济系统，必须具有自我调节与自我适应的能力，在外部需求结构变动时，能够调整内部产业构成要素之间的资源配置构成去适应这种变动。

3. 成长效应

产业结构成长效应是指产业结构的变动能够重新配置资源，使资源流向生产率更高的部门，引起有效产出极大增长的作用和效果，其实质即是“有效产出的极大增长”（周振华，2014）。对于广告产业来说，对其产业结构成长效应的衡量主要基于代表更先进的生产力、更高的收入水平的新产业构成要素在量与质上的增长与改变，即新旧替换率。广告产业是一个进入壁垒相对较低的行业，在其发展过程中，因为技术、政策、市场等诸因素的变化，不断诞生具有更高收入、更高生产率和市场占有率的部门或企业，而这一过程，也必然会伴随着产值增大、成本下降的经济效益，必然会伴随着整个广告产业的发展和增长，而传统广告产业经营单位或企业的产出增长率会不断下降，在整个产业总产值中所占的份额也会逐渐下降。如果在这些单位或企业减速增长时，没有出现另一些高速增长的结构要素，即没有实现结构成长，那么产业总产值就会出现增长减速的情况，反之，如果代表先进生产力的单位或企业得到大力发展，这些结构要素的加入不仅能抵消原有结构要素增长减速的影响，而且可以支撑起整个产业更高的增长率。广告产业结构成长的意义就在于不断地有更高增长率的单位或企业的加入，在原有单位或企业减速增长时，支撑起广告产业整体的增长速度。

4. 开放效应

产业结构开放效应是指外界的产业结构变动通过产业联系改变或影响本产业的产业结构，从而促进经济发展或产业增长的动态效果。对于广告产业而言，结构开放效应主要是指产业构成要素突破自身限制，与广告产业内其他要素以及产业外单位或企业互相补充、互相融合，从而促进广告产业发展的动态效果。广告产业必须在与外界的沟通与交流中才能得到有效的发展，实际上，无论哪一个产业，都是逐步从封闭系统走向开放系统的。我们甚至可以认为，一个产业的结构只有在其结构关联、结构弹性和结构转换达到一定程度后，才能实现有效开放的状态。结构开放效应的分析是前三种结构效应分析的更为具体的逻辑演化。

据此建立中国广告产业结构研究的分析框架（图 2）：

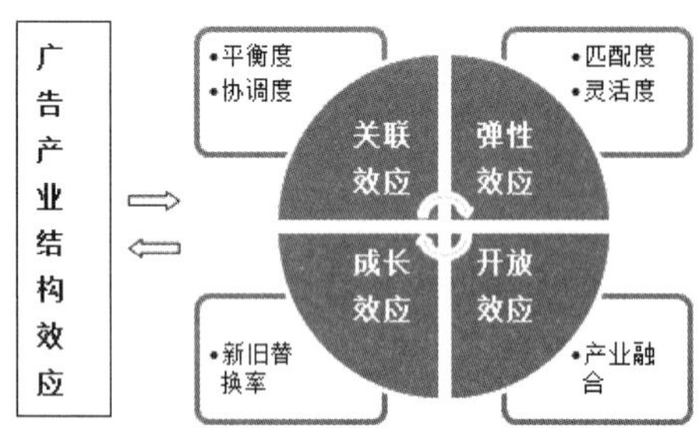

图 2 中国广告产业结构效应分析框架

四、初步的运用与分析

以上在现有文献分析和理论分析的基础上，构建了中国广告产业结构效应的分析框架，本部分拟运用此框架对中国 2014-2018 年间的广告产业结构效应进行分析。

2014 年，大数据时代开启，“大数据”实现了广告的精准传播和互动营销，以大数据、信息流、程序化等组成的技术军团，以区块链、Fintech、AI 等构成的新兴势力，为广告产业营造了新的机遇和发展方向，但同时也造成了整个产业生态的改变。

技术的飞速发展促使广告经营活动的纵向延展与企业的并购重组。率先掌握了新兴技术的公司与企业正在成为广告产业新的“生力军”，互联网公司、网络广告服务商、数据服务商、技术供应商、咨询统计机构、监测公司、品牌安全公司、过滤公司等都能凭借自身资源与优势涉足广告活动的不同交易环节，在不同层面上开始参与广告经营与服务，但正是基于技术这一关键要素产生的链接，使这些不同性质的单位或企业之间的关联度越来越强，而作为传统广告经营企业，则通过资本运营等行为弥补自己的短板，扩大自身业务体系和规模，适应新技术环境下的生存需求（见表 1）。

由表 1 可知，这一时代的中国广告企业间以及与外部相关企业间正因为“技术”这一纽带而紧密的关联在一起，呈现出互相协作、紧密配合的局面，充分凸显出

表 1 部分广告经营单位扩展概况

企业名称	企业结构	业务范围
蓝标集团	多盟、亿动、晶赞、I Click、密达美渡、思恩客、精准阳光、博思瀚扬、美广互动、电通蓝标、今久广告、博杰传媒、Financial PR、We Are Very Social 等	消费者洞察、内容创意、活动管理、自媒体智能投放、媒体购买、企业销售等
省广集团	晋拓文化、畅思广告、大数据联盟	数字营销、品牌管理、内容营销、公关营销等
利欧数字	聚胜万合、氩氪互动、琥珀传播、漫酷广告、万圣伟业、微创时代、碧橙网络、秀视智能、智趣广告、世纪鲲鹏	数字创意、数字媒体、数字流量、数字电视、社会化媒体、娱乐内容营销等
昌荣传播	昌荣广告、昌荣数字、昌荣精准、昌荣体育、昌荣娱乐	整合传播、电视传播、内容营销、品牌全案、数据营销、程序化营销、CMC 资源等
思美传媒	爱德康赛、智海扬涛、观达影视、掌维科技、科翼传播	消费者调研、品牌管理、全国媒体策划及代理、广告创意设计、娱乐行销、公关推广活动、户外媒体运营、互动营销等

结构要素之间相互作用、相互影响、相互促进的关联效应。参与广告产业经营活动的要素越来越丰富多元，我们已经无法用一个简单的框架来勾画这一时代的产业结构，广告产业呈现为一种多元动态的协同共生结构。

程序化交易成为这一时代主要的广告经营模式，程序化购买广告在大数据时代被广告主广泛认同，2016 年市场规模达到 308.5 亿元人民币，增长率为 68.1%。根据 eMarketer 预测，2019 年程序化购买支出将增长 33%，达到 2085.5 亿元人民币（308.6 亿美元）。程序化交易市场的供需状况可以作为这一时期广告产业结构弹性效应的重要表征。广告主在程序化购买广告市场的需求不断增长，程序化购买广告产业生态日益优化，产业链上的各类平台和企业数量日益增加，大量的程序化购买广告公司也相继诞生，如品友互动、悠易互通、传漾科技、爱点击等，这些公司是带着“大数据”全新 DNA 诞生的公司，他们的生产核心资源是“大数据”，他们能充分利用大数据，实施数据挖掘、定向搜素、受众定位、程序化投放。但是从供求端来看，数据提供商出现的数据流量作弊和精准定位欠缺问题，平台服务商由于交易不透明导致负面事件频发问题，技术运营商对

于广告主的考核需求无法及时更新完善问题，还有优质广告流量的稀缺、虚假流量的泛滥等等，都成为阻碍市场发展的主要矛盾，广告主的需求并不能得到充分满足，这一供需端失调现象正是广告产业结构弹性效应相对较弱的体现。

这一时代代表着新生力量的互联网广告企业和组织成为拉动全行业增长的主要力量，超越了传统广告经营单位的经营能力，已然承担起了全面拉升中国广告行业的重任（见表 2）。

表 2 2014—2018 年中国网络广告经营状况

年代	经营总额（亿元）	网络广告经营额（亿元）	占比（%）
2014 年	5605.6	1540	27.5
2015 年	5973.4	1589	26.6
2016 年	6489	2200	33.9
2017 年	6896.41	2975.15	43.1
2018 年	7991.48	3694	46.23

数据来源：《中国广告年鉴》、《现代广告》

传统广告经营总额呈下滑趋势。国家工商行政管理总局公布的数据显示，2017 年，电视台、广播电台、报社、期刊四大传统媒体中，前三类的广告营业额在 2017 年均出现了负增长，只有期刊的广告经营额小幅上升。而从整体来看，传统媒体广告营业额在 2017 年下滑将近 50 亿元。但从广告产业整体来看，其经营额仍然是呈上升势头的，2018 年接近突破 8000 亿大关，广告经营单位达到 137.6 万户，从业人员超过 588 万，近 4 年广告经营额的平均增速维持在 9% 左右，虽然增长幅度不大，但保持着良好的增长态势。

可见，这一时代代表着先进技术、生产率更高的网络广告市场的增长与发展弥补了传统广告市场衰退的不足，整个广告产业依然保持着增长的强劲态势，彰显着数字广告的魅力，产业结构的成长效应充分体现。

平台成为这一时代维系广告经营活动各方的利益纽带，通过平台的积聚、协同、交换和重组，使得资源共享，形成多赢的价值网络，并且基于互联网、平台的无限延展性，产业边界日益模糊，产业融合加剧，呈现无限开放的状态，而正是因为这种开放，给广告产业的发展带来了更大的空间与可能性，产业结构的开放效应显著。

五、结语

对于一个产业来说，产业结构的优化与升级是其发展的重要方面，而优化与升级的“起点”在哪里，具体参照一个什么样的标准，产业结构效应的衡量为其提供了重要的理论与实践的支撑。本研究以结构主义经济增长理论为指导，尝试从关联效应、弹性效应、成长效应和开放效应四个维度构建了中国广告产业结构的分析框架，并且运用这个框架对 2014-2018 年间的中国广告产业结构效应进行分析，结果证明，在这短短的 4 年间，中国广告产业结构在关联效应、成长效应和开放效应上是显著的，在弹性效应上因为供给端主客观因素的稚嫩，导致供需的衔接不尽如人意，总体来看，在这样一个技术飞速发展的时代，中国的广告产业结构是助力于整个产业的发展的，事实证明，中国广告产业的发展局面正在步入愈来愈明朗的态势。

不可否认的是，该框架在中国广告产业结构效应的分析中还不尽完善，比如其对产业发展数据的依赖，尤其是产业结构的弹性效应与成长效应的分析，只有在全盘掌握产业发展数据的基础上才能得出相对准确的判断，而在数字技术发展的这样一个阶段里，广告产业研究面临的最大困难就是产业统计的滞后性，对产业结构进行研究，如果离开了产业发展的基础数据，犹如无本之木，无源之水，本研究所构建的这样一个产业结构效应的分析框架，只能希冀在广告产业统计工作得到实质性突破并获得阶段性成果的未来，能够得到最充分的应用。

【参考文献】

[1] 张金海 . 中国广告产业发展与创新研究 [J]. 中国媒体发展研究报告（2007 年卷），第 482 页 .

[2] Von Nordenflycht , Andrew.Firm Size and Industry Structure Under Human Capital Intensity: Insights from the Evolution of the Global Advertising Industry[J].Organization Science,(2011):141-157.

[3] Kawashima,Nobuko. The Structure Of The Advertising Industry In Japan: The Future Of The Mega-agencies[J].Media International Australia, (2009):75-84.

[4] 倪宁，王芳菲 . 新媒体环境下中国广告产业结构的变革 [J]. 当代传播，2014(1): 88-90.

[5] 廖秉宜 , 付丹 . 中国广告市场的结构失衡问题及对策研究 [J]. 湖北大学学报（哲学社会科学版），2011(3): 84-88.

[6] 尹铁钢 . 失衡——中国广告产业的结构性问题分析 [J]. 广告大观（理论版），2013(12): 25-38.

[7] 卢山冰 . 中国广告产业发展研究——一个关于广告的经济分析框架 [D]. 西安 : 西北大学， 2005.

[8] 马二伟 . 大数据时代广告产业结构优化研究 [J]. 国际新闻界，2016(5): 156.

[9] 丁俊杰 , 王昕等 . 中国广告业的路径判断与选择 [J]. 现代传播，2008(4): 7-13.

[10] 刘传红 . 我国广告产业组织的模式选择 [J]. 西南民族大学学报（人文社会科学版），2011(4): 171-173.

[11] 韩淑芳 . 中国广告产业不均衡发展问题探析 [J]. 湖北大学学报 , 2016(2): 110.

[12] 刘保振 . 产业结构刍议 [J]. 河南农业大学学报 , 1986(2): 213-220.

[13] 苏东水 . 产业经济学 [M]. 北京 : 高等教育出版社 , 2006.

[14] 郭佩颖 . 产业结构变动与经济增长的收敛性 [D]. 吉林 : 吉林大学，2013.

[15] L.L.Pasinetti.1981.Structural Change and Economic Growth[M]. Oxford city：Cambridge University Press, (1981): 219.

[16] 孙鸿炜 . 结构主义理论架构对我国和平发展战略经济选择的启示 [J]. 理论导刊 , 2010(2): 93.

[17] 任保平，钞小静等 . 经济增长理论史 [M]. 科学出版社，2014.

[18] Hirschman A O. The Strategy of Economic Development[M]. Yale University Press.1958.

[19] 罗斯托 . 从起飞进入持续增长的经济学 [M]. 成都 : 四川人民出版社 , 1988 年 .

[20] 周振华 . 现代经济增长中的结构效应 [M]. 上海 : 格致出版社 , 上海三联书店 , 上海人民出版社 , 2014.

社会、制度与观念
——中国广告学 70 年发展的历史分析

孙美玲[1]

| 摘　　要 | 新中国成立 70 年来，中国广告学从无到有，从一个研究领域到一门独立学科，经历了从确立到整合再到创新发展的历史演进。在 70 年的历程中，作为应用型学科，广告学的学术研究与学科建设与社会发展、制度变迁和行业实践紧密相关。本文借鉴历史制度主义的分析框架，把整体学科视为制度，将广告学置于社会发展、制度变迁、行业实践和历史情景的多重视角下，以历史事实为基础，依据制度变迁的“关键节点”进行分期，框架性地呈现各个时期的发展变化，力求勾勒出我国广告学逐步建立和发展的完整图景及其背后不同影响因素间互动角力的过程。

| 关 键 词 | 中国广告学；行业实践；学术脉络；学科发展

新中国成立后，社会主义制度逐步建立完善，最初的 30 年实行的是计划经济体制，到 20 世纪 70 年代末开始进行改革调整，实行以激励企业活力为主的经济政策，20 世纪 90 初才真正建立起社会主义市场经济制度。在这 70 年的发展历程中，中国社会发生了深刻的变革，其中贯穿始终的是制度的变迁，以及相伴而生的各种新的结构因素。如何看待过去、与过去交织着的当下以及未来的发展，如何看待社会发展、制度变迁和学科建设成为值得梳理的问题。

任何一门学科都是一种社会规范。[1]从学科层面讲，广告学本身就是一种关注广告学科发展的规范，归属制度范畴。关于制度的研究吸引了众多学者的关注。[2]近年来，新制度主义影响较大，并形成了三个流派，即社会学制度主义、历史制度主义和理性选择的制度主义。其中，历史制度主义对制度的界定较为宽泛，既包括法律法规、条文通知等公共政策和规章制度等正式制度，也包括观念、习俗、惯例、社会规范等非正式制度[3]。它关注相当长一段时期的动态过程分析，通过对历史脉络的追溯和梳理，建立了以制度为核心，兼顾观念、历史、权力等解释变量，具有时间性的多维度中观分析框架。[4]

首先，历史制度主义关注国家与社会的关系、政治制度的重要作用和非正式制度与行为主体间的关系。[5]其次，以制度为中心，分析制度与观念之间的逻辑转换以及两者之间相互作用的关系。第三，历史制度主义认为制度变迁可以分为制度的存续和制度的断裂，并引入时间和环境的变量，提出“关键节点”以及由此引发的制度断裂。此外，它还强调了制度变迁中存在的“路径依赖”。[6]在历史制度主义的分析框架中，历史和制度是一个相互胶合的过程。历史的发展可以从制度的变迁上找到线索；制度变迁也同样离不开历史背景。[7]因此，

该文为“中国广告发展四十年学术论坛暨 2019 年全国广告学术研讨会”会议发表文章。本文缩减版在《新闻与传播研究》2019 年 11 期刊发。

[1] 中央财经大学文化与传媒学院

保罗 · 皮尔逊指出“历史制度主义是历史的，它们认为政治发展必须被理解为一种随时间而展开的进程；同时它又是制度的，他强调现实进程的当前含义存在制度之中，而不管这些制度是正式规则、政策结构还是非正式规范。”[8]

本文无意讨论具体的微观学科制度本身，而是把整体学科视为制度，借鉴历史制度主义的分析框架，将广告学的发展置于社会发展、制度变迁、行业实践和历史情景的多重视角下，以新中国成立以来 70 年的历史为依据，梳理我国广告学逐步建立和发展的过程。70 年是一个相对较长的历史阶段，有着清晰的时间序列和“关键节点”。通常，“关键节点”外在表现为重要历史事件的转折点、起点[9]，或者“分水岭事件”[10]，是历史过程分析和事件序列分析的切入点，为“无缝的历史提供了可以切割的基础”[11]。而这也意味着制度的改变，是制度变迁的逻辑起点。对于广告学而言，在 70 年的发展历程中，可以找寻到一些“关键节点”，将其与广告业的发展路径、内在逻辑结合在一起，通过分期的方式描摹时代发展的特性，框架性地呈现各个阶段的发展变化。

首先是 1949 年新中国成立，建立起不同于以往的社会主义制度，揭开了历史的新篇章，在此之后新政权开始接管、改造旧中国的广告业，探索社会主义广告的发展。其次是 1978 年开启了改革开放的进程。在“以经济建设为中心”的制度安排下，广告业随之复苏，很多学者视为当代广告业发展的开端。第三是 1992 年社会主义市场经济成为一种正式的制度安排。市场经济的合法化迎来了商品经济的发展和个人主义的萌芽，两者结合在一起，推动广告业进入高速发展的整合期，走向现代化、专业化和产业化的转型道路。第四是 2001 年中国加入 WTO 进入全球贸易系统。广告市场全面开放，外资广告公司和本土广告公司形成良性竞争的共生关系，成为新世纪的“主旋律”。[12]与此同时，互联网经历第一次泡沫发展之后开始进入到相对理性的快速发展期，构建了不同于以往的网络社会形态，预示着一种新的断裂到来。在技术的重塑之下，广告也面临学科发展的新审视。

从这些关键节点切入，一方面，相邻两个关键节点之间形成了制度的稳定期，在不同阶段遵循不同的制度逻辑。另一方面，广告学的发展也在相邻两个节点之间表现出阶段性的同质性，呈现出共同的叙述框架。具体而言，本文将广告学的发展划分为以下几个阶段，以揭示其发展轨迹和不同影响因素间互动角力的过程。

一、未曾空白的历史：宣传话语中的广告和前学科阶段（1949—1977 年）

新中国成立后，开始对旧制度下的广告业进行接收、改造。随着社会主义制度的逐步建立，探索社会主义制度框架之内广告的发展也随之展开。但是这段时期，政策、路线不断调整，特别是计划经济的确立，广告渐渐失去了发展的制度环境，加之出现了观念偏差，进而经历了曲折发展的历程。学者们对这一时期的广告着墨不多，对于这段时期的广告研究也同样采取了简约化的叙述方式，通常认为进入了停滞期，并无建树。然而，这并不意味着历史的空白，深入这段时期的社会情景和制度环境，仍然可以发掘基于现实的广告知识生产。

（一）从广告到宣传：研究话语的转向

建国后，广告业并没有立刻消失，只是发展较为缓慢。初期，由于报纸数量迅速增加，“供给制”加重了财政负担，媒体开始进行了一些“市场化”尝试。1949 年 12 月全国报纸经理会议召开，会上决定报纸实行企业化经营。在转发会议通知时进一步说明：“条件好的公营报纸争取自给、报纸定价不低于纸张成本、多登有益广告……”。[13]这在一定程度上促进了广告发展，广告一度成为 20 世纪 50 年代初报纸的重要收入来源。尽管如此，由于当时经济基础比较薄弱，一定程度上限制了商业广告的发展，政府机关的通告、公告，以及用广告方式传播的党的方针、政策、法令、规章，还有一些启事、消息等成为报纸广告的主流。[14]

1956 年，三大改造完成后，社会主义公有制基本建立。北京市美术公司、上海市广告装潢公司和上海市美术设计公司等一批国营广告公司得以组建，而私营广告公司则逐渐退出历史舞台。在此后的二十年里，国家主导下的计划分配、统购统销成为主要的社会生产和流通机制，排斥了市场调节，挤压了发展的空间，广告慢慢失去了得以存在的市场逻辑。“在 1953—1959 年间，中国的广告机能发生了深刻的转变。广告的商业情报传达机能依然保留着，但局限在产品信息、包装、告知的范围内。广告在诱导消费方面的机能，随着重工业优先的政策实施而不断萎缩。”[15]

与此同时，国家层面开始越来越注重广告服务于政治宣传和社会生产的功能，逐步将其纳入国家宣传的话语体系。1957 年，商业部发出通知，要求全国商业系统认真做好广告宣传工作，明确指出商业广告的任务之一是配合国家政策与政治运动进行政治宣传，并提出社会主义广告的性质和任务，即“真实、美观、经济、实用”和贯彻实行党和国家的政策要求，反对资本主义庸俗气氛。[16] 广告成为社会主义经济、政治和社会发展的宣传工具。20 世纪 60 年代初，随着国家政策失误，广告受到重创，“个人消费品广告急剧减少，后来仅剩下生产资料及书籍、电影、展览会等文化类广告。一些地区曾一度停止执行广告管理办法和制度。”[17]

这个阶段内外广告有别。20 世纪 50 年代，随着新中国对外贸易[18]的恢复发展，外贸广告在突破西方封锁中获得一定发展。当时对外贸易集中体现为与苏联和东欧社会主义国家进行大宗的以物易物，所以初期广告宣传的社会需求较少。1958 年，外贸部、商业部、文化部、国家工商行政管理总局联合发出了《关于承办外商广告问题的联合通知》，明确规定，“外商来华广告统一由上海市广告公司、天津市广告美术公司、广州市美术装潢公司负责承办”，“地方商业局和工商行政管理局领导广告公司的业务活动”，“广告公司的主要任务是经办艺术性和事务性的工作，不主动招揽外商来华广告业务，不签订长期的固定合同，佣金可由 20% 提高到 30%，由国内外广告公司平分，各报刊则不允许直接对外承揽外商来华广告”。[19]

20 世纪 60 年代初，随着国际形势的变化，我国对外贸易由最初的对苏贸易开始转向对针对西方资本主义国家和港澳地区的贸易，为了配合出口商品的对外宣传，1962 年成立了专营外贸广告的上海广告公司。[20] 随着对外贸易的推进，作为特殊的形式，外贸广告在服务对外经济交往中获得一定的发展空间。但当时这种外贸广告被视为进出口贸易的一部分，是对外宣传的有机组成，国家权力直接参与外贸广告的资源分配、调节和管理，而外贸广告根据国家对外贸易的需求履行对外宣传的职能。

“文革”时期，广告的命运急转直下，被视为资本主义的产物，甚至被一度视为破坏计划经济的毒瘤。这一时期，出现了一些极端的看法，如“广告费用的增长是帝国主义腐朽的表现”，“广告是资本主义剥削的巧妙的残酷的手段”等等。[21] 此时，橱窗广告被破坏、户外广告被拆除，“报纸广告只剩电影预告，许多设计人员下放劳动，不少技术档案资料被销毁或当作废纸出售。”[22]1970 年 1 月 19 日，刊登完最后三条工业广告之后，《人民日报》取消了广告版面。这些反映了当时社会观念中人们对广告的认知。在商业广告退场的同时，外贸广告也受到冲击。1967 年上海广告公司[23]停业。尽管如此，外贸广告并未完全中断。当时进出口公司的业务部门仍然利用“贸易合同项下的宣传费”，委托海外经销商在当地进行广告宣传。[24] 除此之外，政治广告、文化事业广告仍然存在，在政治标语和口号宣传中寻得一席之地。

这一时期，广告随国家政治经济制度的调整在起伏曲折中发展，广告研究也随之以游离的方式展开，可并未完全消沉。研究成果主要体现为一些感想、政论类的文章，严格来说这些文章还称不上真正的学术研究，基本停留在感性认知和经验总结的层面，如尹舟谈对报纸广告的认识。[25] 与此同时，这一时期多是从历史、文学、艺术等学科的视角进入涉及到广告的问题，如步及对解放前的“月份牌”年画史料的梳理；[26] 马克从实践的角度分析了电影宣传画的创作；[27] 方圆在谈商业美术时指出商业美术包括多种形式的广告以及广告在沟通生产和消费中发挥的桥梁作用。[28]

总体来看，这时的广告研究是零散的、不系统的，即使提及广告的概念、知识也只是一种泛化的认识，往往蜕化为其他学科体系中的点缀或者以案例的形式存在，并没有形成有清晰学科边界的研究领域，更谈不上从广告学科的主体视角出发。在接管旧广告进行改造的基础上，国家开始用社会主义的理论和话语，重新建构对广告的认知，突出广告的宣传职能，广告研究也随之出现了宣传话语的转向。当时这种研究有助于社会主义广告观念的形成，但并未形成广告学科意识，也谈不上学术规范。与之相伴的是研究主体的分散、缺乏学术群体认同。尽管如此，却也是一段不曾空白的历史，恰恰是这样的存在构成了这一时期广告研究的独特性，并进一步影响着之后广告观念的建构。

（二）宣传的需求与商业美术教育中的广告

早在 1920 年，上海圣约翰大学就成立了报学系，开设广告学课程，成为高等院校中最早在新闻传播学科中设置广告课程的学校。在北京平民大学新闻学系的课表中，《广告学》是新闻学专业 3 门理论课之一。[29]1921 年，复旦大学、沪江大学分别在商科中设置广告学课程。[30] 这一时期由于广告创意依赖美术设计，所以艺术设计学科中也开设过广告课程，如 1922 年，中华美术大学开办“广告画专门科”。[31]1927 年，周柏生在其创办的“柏生绘画学院”开设了 1 年制的月份牌特科等。[32]

新中国成立后，开始对高等院校进行接管和改革。1949 年 10 月，华北人民政府高等教育委员会在中央人民政府教育部成立前就明确宣布“废除反动课程添设马列主义的课程，逐步地改造其他课程，”[33] 之后开始以社会主义理论为指导配合国家建设的需要进行全国公、私立学校院系专业调整，取消民国时期的课程体系，学习苏联高等教育发展模式，建立起社会主义的高等教育体系。在这个过程中，高等教育成为马列主义的重要学习和传播阵地，并借此完成了思想改造和意识形态的认同。

这时高等教育的目标是为国家建设服务，重点发展工学和农学。相较之下，实施计划经济后，企业的商业属性丧失，商科步入低谷，除了保留会计学等个别商科专业，其余商科专业不复存在，这也直接导致民国时期设置在商科体系之下广告教育的衰退，广告相关课程没有得以延续。[34] 与此同时，新闻专业也面临调整，原来开设在新闻系中的广告学课程逐步失去生存空间，几乎被取消。原燕京大学新闻系主任蒋荫恩 1948 年曾赴美进修广告学，归国后返回燕大执教却并未教授广告课程，之后在院系调整中改做总务工作。在 1950 年出版的《燕京大学新闻系概况》中，“报纸的发行与广告”仍是该系的选修课程之一，[35] 但到 1952 年，燕京大学在院系调整中被撤销，新闻系并入北京大学。

这一时期，广告课程已经从民初商科或者新闻学的归属设置退居到商业美术、装潢设计等领域。如蔡振华、徐百益、丁浩等老一辈广告人先后转入美术学的教学与研究。同时，中央工艺美院、北京工艺美术学院设有商业美术专业，特别是中央工艺美院在课程设置中涉及商品宣传卡、橱窗广告、商品包装等与广告相关的具体门类。此外，四川美院、鲁迅美术学院等艺术类院校在美术设计类、包装设计类的课程中也涉及部分广告内容。1958 年吉林艺术学院开始招收广告学专业，但实际教学中依旧以美术设计为主。[36]1959 年在上海召开了“21 个开放城市广告会议”，会上指出：“商业广告是经常向人民群众如实地介绍商品，指导人民消费的基本方法之一，是社会主义文化领域中一种美术形式”，这次会议再次强化了广告的美术归属。因此，有学者认为这一时期的广告教育主要局限在美术领域中，以教授美术设计为主，并不涉及商品经济中的广告运作和经营，因此不是真正意义的现代广告学教育。[37] 实际上，无论是课程设置还是专业设置，这时的广告都不是从自身学科发展出发进行的规划，当广告的经济属性消失时，就只剩下从属于美术学科的作为艺术形态的外壳。

在这段历史中，受战时宣传机制的影响，对广告的认知呈现出较为明显的路径依赖。随着社会主义制度的建立，形成了资本主义与社会主义二元对立的广告话语框架。因此，广告有“社会主义”和“资本主义”之分，资本主义国家的广告服务于资产阶级，社会主义广告则服务于人民，两者有根本的区别。在这种制度框架下，随着对内对外广告宣传的需求，这一时期看重的是广告所承担的政治宣传任务，而非沟通生产和消费的功能。党和国家逐渐将广告视为意识形态宣传的工具，开始将其置于与资本主义相对立的社会主义意识形态话语体系之中。关于广告的叙事此时也出现了话语转向，即回避广告的商业功能转而强调广告的政治宣传功能，强调广告服务于国家政治经济发展的作用。通过消弭广告与宣传之间的界限来化解逻辑解释上的鸿沟，广告成为政治宣传的有效工具，宣传的属性得以确立并逐步强化。

尽管如此，随着政治运动的开展，关于广告的认知也随之发生变化，从最初强调社会主义广告与资本主义广告的本质差异性，转变为商业广告是资本主义商品经济的产物，是资本主义的附属，广告逐渐丧失其存在的合法性。文革时期，政治意识形态上升为社会运行的最高标准，商业广告的社会机制解体。皮特·伊文思（Peter Evans）指出在理解政策创新及政策连贯性时，必须要清楚“国家行动的知识基础和国家影响社会知识发展和应用的过程，这是非常重要的一个问题。”[38] 这一时期，国家行动以社会主义的意识形态为知识基础，用以“说明权威与义务的合法性”。[39] 显然，此时社会主义意识形态无法为与商品经济有着天然联系的商业广告提供合法存在制度基础，国家逻辑成为影响广告知识生产的主要力量。在历史制度主义的视角下，特殊的意识形态和文化传统影响了制度框架中的社会团体对自身经济利益和制度权力的定义，随着后者的变化，国家结构也会发生相应的变化。虽然政策是社会集团压力之下的产物，但是利益的表达和他们所能施加的压力也依赖于他们所处的组织结构。[40]

在这种情形下，虽然关于广告的实践和话语一直存在，但是随着院系调整，原有的广告教育和广告研究逐步边缘化，在新的高等教育体系之下并没有广告学的一席之地，也没有形成稳定的有认同感的广告研究群体。关于广告的话语被局限在宣传的叙述框架之下，存在于行政规章之中。但是这种话语和研究实践为后来的学科发展提供了观念认知的基础，虽然并不必然导致学科的建立，但却成为构成学科不可缺少的组成，可视为前学科时期。

二、去意识形态化：求同存异的研究探索与初步的科学构建（1978—1991）

十一届三中全会之后，中国确立了“以经济建设为中心”的方针，在改革的制度环境下，思想观念也在新旧冲突中发生认知的变迁。这一时期，广告业获得新生，1979 被称为改革开放后的广告恢复元年，然而恢复发展却并非坦途。科斯在论述中国市场化改革时指出这个过程遇到过两大阻碍：一个是意识形态上的，另一个则来自实践。直到 1984 年中央政府才接受“商品经济”这个称谓，很大程度上是缘于意识形态上对市场经济和私营经济的敌对态度。除此之外，改革带来的实践上的困难也让人望而却步。[41] 对此，汪晖指出“由于国家的改革实践与社会主义价值之间存在重大冲突，改革运动与国家意识形态机器的运转之间存在内在的矛盾——正是由于这一内在矛盾，国家的意识形态机器实际上已经或正在蜕化为一般国家机器，即依靠暴力或行政权力进行操控的体制。在这个意义上，当代中国的意识形态机器的运作方式并不是按照特定的价值或者意识形态运转的，而是按照‘去意识形态的’或‘去政治化的’逻辑运转的——尽管它经常诉诸意识形态的语言。”[42] 对于与改革同步的广告而言，同样如此。“去意识形态化”的逻辑与改革实践交织在一起，共同塑造了广告从传统到现代的转型，以求同存异的方式寻求社会主义制度体系内的合法发展空间。

（一）为广告正名：关于广告合法性的探讨

改革之初，社会结构急剧变化，利益格局取向多元，广告的恢复备受质疑和争论，一开始就陷入了合法性危机。如何正确地认识广告，如何将被视为“资本主义附属”的广告纳入社会主义意识形态和制度体系，成为其获得合法性的关键。[43]

1978 年 6 月，上海市美术公司成立了以王庆元为组长的五人调研小组，为推动恢复广告业务进行实地调研，得出结论称：“从商品的生产销售来讲，我们需要广告”，并向上海市商业局递交了《关于恢复商品宣传服务的报告》和《拟将部分政治宣传牌改为商品宣传牌的报告》两份报告，要求恢复商品的广告宣传和恢复路牌广告。[44] 在这份调查中，王庆元将广告与商品的生产销售联系起来，强调了广告的经济属性。

1978 年 12 月，胡耀邦开始担任中宣部部长，面对社会公众甚至两会委员对广告恢复的强烈质疑，指派中宣部新闻局进行调查，并明确表示要对正确的、正当的改革举措给予支持。这年年底，时任上海包装广告进出口公司广告科科长的丁允朋根据自己在从事外贸广告过程中的经验认识写了一篇《文汇内参》，提出有选择的恢复国内广告的建议和设想，在获中央批示后，于 1979

年 1 月 14 日以《为广告正名》为题发表在《文汇报》上。文中指出："对资本主义的生意经要一分为二。要善于吸取他有用的部分，广告就是其中之一。我们有必要把广告当作促进内外贸易、改善经营管理的一门学问对待。"并指出"我们对国外广告也要做引进工作，洋为中用，吸取一些国家广告之所长，来发展社会主义的广告"，"我们的报纸、刊物、广播、电视等，都应该多为我们的新产品、新技术、新工艺、新的服务部门作好广告"。[45]这篇文章巧妙地采取一分为二的辩证态度，尝试把广告看作经营管理的学问，将其与资本主义生意经剥离开来，广告不再是资本主义的产物而是工商企业参与市场竞争的重要工具，存在于任何商品经济的社会经济形态之中，解除了广告与资本主义"必然"联系的固有认知。

1979 年 11 月 8 日，中宣部正式发布《关于报刊、广播、电视台刊登和播放外国商品广告的通知》，指出"为了适应'四化'建设和对外贸易发展的需要，促进科学技术交流，增进中国人民对各国情况的了解和增加外汇收入，各报刊、广播、电视台在刊登和播放国内广告的同时，可开展外国商品广告业务。刊登和播放外国商品广告，应根据我国对外贸易政策及需要，着重于介绍有利于四化建设和可供借鉴参考的生产信息"。[46]这则《通知》被看作新中国成立以来第一个正式意义上指导广告工作的文件，明确了社会主义中国开展广告的方向，对广告正名具有重要意义。

针对广告恢复发展中引发的争议，1980 年 8 月 10 日，北京商学院张庶平在《人民日报》发表文章《要研究点广告学》。1981 年 1 月 31 日，唐忠朴在《人民日报》上发表评论员文章《广告的生命在于真实》，回应广告恢复中出现的问题，并于同年 9 月出版了他和贾斌共同主编的《实用广告学》，成为新中国第一本全面梳理广告发展的书。1982 年中国广告学会成立，并于同年 8 月在太原主办了"第一次全国广告学术讨论会"，针对社会主义国家是否需要广告，广告的定义、性质和任务，社会主义广告与资本主义广告的区别等一系列问题进行了讨论。

经讨论，学界业界对于如何理解社会主义国家的广告基本达成了共识——广告的性质取决于它所依附的并为之服务的社会经济形态。我国的广告为社会主义经济建设服务，其性质与资本主义广告有着本质区别。广告之所以能够在资本主义社会高度发达并在很大成熟上促进了资本主义社会的生产和流动，并非广告具备资本主义属性，而是因为资本主义社会成熟的商品经济为其提供了发展基础，这实际上是个"去意识形态"的过程。

这一时期，主张广告恢复的推进者们，通过去意识形态化的方式解构了广告与资本主义的关系，为社会主义广告的合法性提供了主流意识形态的支持和辩护。政府也在"摸着石头过河"的改革中，秉持"不争论"的行动逻辑，而研究者则不断建构着符合社会主义制度期待的"广告"，并通过这种建构消解改革前的偏见——"广告是资本主义产物"的认知，从而为广告的合法性提供理论上的依据。处于改革探索中的中国广告业在民间和官方、大众与精英之间的妥协、协商、对话中迸发出生机，尽管这种生机在日后的发展中也屡次遭遇各种危机。[47]

（二）全球语境与本土语境：广告知识的引介和广告研究的探索

与广告合法性争议相伴而生的是现代广告基本知识的严重匮乏和理论体系的缺失。现代广告学起源于 19 世纪末 20 世纪初的美国，发展比较成熟。在发展中国家现代化的进程中，引进和借鉴外来思想和理论是一种普遍现象。1981 年，《中国广告》创办，作为国内第一本广告专业刊物，成为早期介绍广告知识、探讨广告业务和开展广告研究的主要载体。除此之外，综合类新闻传播期刊也在这个过程中起到一定作用，但是总体而言，发表的关于广告的文章较少。

在广告恢复之初，《国际新闻界》发表了一些介绍国外广告的文章，有趣的是在介绍苏联广告时，特别添加编者按，称："近来，我国一些报纸刊登有关广告读者来信和评论文章。他们在肯定广告作用的同时，也指出人民'对广告作用的误解和登广告的草率已经引起了事实上的混乱'，呼吁'要研究点广告学'，并提出'借鉴外国'的问题。"[48]文中重点介绍了苏联对广告错误认知的纠正和恢复广告的具体措施。此时的苏联也处于广告恢复的探索期，这篇文章除了有助于破除对广告的误解之外并无更多先进经验可供学习。

当时对美国和日本广告的介绍较多，如吴书剑对美国广告发展史进行了介绍，[49]并摘译 1978 年 7 月 22 日美国《编辑与发行人》周刊刊登的关于美国报刊广告与电视广告发展历程的文章。[50]张景明、王泰玄摘译了美国学者丹尼尔·J·布尔斯丁的著作《美国的流行作品》中的《美国广告文体的形成与特点》一文。有意思的是译者特别在译文下面添加了注，即“资本主义社会做广告，不是为了发展生产，而是为了推销商品。所谓广告的‘更新作用’，有两个意思：一是消除旧产品，二是推销新产品，为的使人们产生一种‘厌旧喜新’的无限量地追求新奇商品的心理。”[51]刘明华在《日本广告杂谈》中，较为全面地介绍了日本报纸广告、电视广告、广播广告、杂志广告蓬勃发展的现状。[52]

此外，《新闻战线》也发表了一系列文章介绍美国和日本广告的情况，如姜桂英谈了美国电视广告的制约问题；[53]慧珍描绘了美国广告小景；[54]楼小燕介绍了美国电视广告片的生产流程。[55]此外，还有一篇申明河对当时菲律宾报刊电视广告发展现状的介绍。[56]这一时期，除了新闻传播类期刊，1987、1988 年的《商业研究》也刊登系列文章介绍了世界广告类型，具体包括交通广告、杂志广告、包装广告、空中广告、户外广告等。《现代日本经济》《国际问题资料》等期刊也发表了一些关于日本广告的文章。如郭碧翔论述了战后日本广告报纸、杂志、广播、电视、户外广告牌、直接信函等出现的一些新情况和新特点。[57]

这一时期在对国外广告知识引入和介绍的基础上，尝试进行了本土化广告研究，打开了广告研究的理论路径，开启了多元的议题探讨。这场现代广告知识的引入起于争议，也是在争议中推出了一批本土化的研究成果，主要集中在以下几个方面：

一是围绕广告实务进行的多议题研究。如赵育冀分析了现代广告战略规划的原则问题。[58]张天君对广告策略进行了界定。[59]高晓红探讨了 1979 年起步的电视广告的创作方法。[60]王继德介绍了几种简易可行的广告效果测定方法。[61]此外，还包括广告媒介选择，[62]广告文案创作、广告表现形式、广告内容特点等，[63]这些共同构成了这一时期主要的研究主题。

二是围绕广告与新闻关系的争论形成了广告学科体系的初步想象。这一时期，报纸、广播电台、电视台开始恢复商业广告的经营，按照“事业单位、企业化运营”的规则，广告成为弥补中央财政拨款不足的重要来源，于是一时间出现了“广告新闻化”现象，引发了关于广告与新闻关系的讨论。1985 年《新闻学刊》第一、第二期连续刊载文章就此问题进行探讨。经历这场讨论，对广告的本质和理论边界有了更清楚的认识，以此为基础聚焦了一批广告基础史论的研究。如赵育冀较为全面地论述了社会主义广告存在与发展的客观依据，地位与作用，性质与原则；[64]傅汉章分析了社会主义广告的体系。此外，还出现了一些关于广告史的研究，如仲富兰论述了中国古代广告的起源发展；[65]兰殿君追溯了我国商业广告的历史。[66]这些研究一方面奠定了广告史论的学科基础，另一方面也通过历史回溯的方式再次确认了广告的合法性。

三是广告分支学科研究的开展，主要体现在与心理学、语言学、新闻学的交叉，其中关于广告心理学的探讨较多。1983 年刘学宏探讨了广告与心理学之间的关系。[67]1985 年徐培汀对广告心理学具体的研究内容进行了较为详细的阐述。[68]乔桂云在对国内外广告心理学的研究新动向梳理的基础上提出广告心理学是商业心理学的分支，是研究广告媒介对消费者产生心理变化及其规律的一门科学。[69]此外，广告语言学、期刊广告学等概念也相继提出。[70]

最后是研究方法的突破。值得注意的是，这一时期出现了定量研究的论文。俞振伟采用内容分析的方法，选取《解放日报》《文汇报》《新民晚报》为研究对象，选取 1985 年初至 1988 年 10 月底的上述三家报纸共 4197 份建立抽样框架，进行量化分析。[71]这篇文章在一众介绍、感想描述类的文章中格外突出，从中可以看出研究者对研究方法的主动尝试。

除此之外，80 年代中后期，出现了一批以广告学命名的著作，虽然数量有限，却在当时产生了较大影响。比较有代表性的有傅汉章和邝铁军合著的《广告学》(1985 年），杨荣刚的《现代广告学》（1987 年），汪洋、苗杰主编的《现代商业广告学》，宋顺清、刘瑞武编著的《广告学原理与应用》（1990 年）等。[72] 这些书籍大多是概论性质，采取教材的编写体例，尝试把西方广告知识和中国广告实践结合起来，搭建起较为宽泛的学科框架，一定程度上缓解了当时广告基础知识的匮乏，具有特定的历史价值。1991 年底，中国友谊出版社出版了一套《现代广告学名著丛书》（见表 1），因其统一的灰色封面设计风格，被称之为“灰皮书”系列。该丛书较为系统地介绍了西方广告理论和实践，被奉为广告的经典读本和理论工具。此时，对广告的认知不再仅仅局限于简单的美术设计而是提升到科学的层面。

毫无疑问，这一时期广告知识的主要传播方向是从西方到中国，主流是借鉴学习西方的广告理论，进行本土广告研究的初步探索，但偶尔也闪烁着从中国流向西方的知识微光。1989 年，徐百益出版了英文著作 Marketing to China: One Billion Customers，与其英文文章 The Role of Advertising in China，How to Do Marketing in China，打开了西方了解中国广告的一扇窗。[73] 这种探索虽未形成蔚然之势，却也是值得中国广告人努力的尝试。

这一时期广告研究在全球语境和本土语境中开展，在改革的实践和社会主义制度调整中重新建构广告的意义。在这个过程中，西方广告基础知识的引入开启了本土现代广告研究的启蒙，介绍、学习和普及是这一时期广告学知识生产的主要路径。与此同时，早期广告业的开创者也在西方的知识框架内开启对广告实务的思考和梳理，对广告的认知脱离单纯美术设计的局限，开始有了广告科学和广告学科的意识，从而进一步推动了中国广告从传统向现代的转型。但这一时期的广告研究仍然主要集中在“术”的层面，而对“学”的探讨远远不足，并未完成从“术”到“学”的转换，也还没有形成稳定的学术范式。

（三）走向建制化：广告学科的制度建设和专业教育的起步

1982 年，厦门大学广告学专业开始筹办。契机是随着西方传播学的引入，当时香港已经开展起传播学的教育实践。早在 1967 年，余也鲁在香港浸会大学创设传理学系，1974 年出任香港中文大学崇基学院新闻与传播学讲座教授，兼任传播研究中心主任及传播学主任。随着传播学引入大陆，在余也鲁和上海《新民报》老报人徐铸成的促成下开始尝试新型新闻传播教育的探索。于是 1983 年 6 月，厦门大学新闻传播系正式成立，包括广告学、新闻学、广播电视学和编辑出版学 4 个专业，1984 年秋，开始招收广告学专业四年制本科。[74] 厦门大学成为改革开放后第一个设立广告学专业的高等院校。

作为先行者，缺乏专业的师资力量，没有成型的课程体系和教材是厦大广告学专业面临的最大困境，也是这一时期高校广告教育的共同难题。以厦门大学为例，当时教授广告学的老师全部来自新闻系、中文系，为了培育专业师资，提升教学水平，只好“请进来 + 走出去”双管齐下。一方面，余也鲁凭借其海外资源，邀请外籍教师来校讲课，同时，派出教师前往美、日以及香港等院校进行专业培训；另一方面，唐忠朴负责联系国内广告业界富有实践经验的专家以讲座形式进行实务教学，如陈梁、程春、罗真如、李谋等，都曾赴厦大讲课。同时，也积极推荐厦大师生参与广告实践，如安排首届本科生，由教师带队到北京广告公司实习等。[75]

同时，如何构建广告学的课程体系是走向专业教育必须要解决的问题。在余也鲁的牵头下，成立专家小组，起草教学计划，最终确定广告学教学大纲。具体课程包括：

表 1 中国友谊出版社《现代广告学名著丛书》一览

书名	著者	译者
《一个广告人的自白》	[美]大卫·奥格威	林桦
《广告心理》	[日]仁可贞文	李兆天
《广告运动策略新论》（上、下册）	[美]丹·E. 舒尔茨	刘毅志
《广告攻心战略——品牌定位》	[美]丹·海金斯	刘毅志
《广告媒体研究》	[美]吉·苏尔马尼克	刘毅志
《怎样创作广告》	[美]汤·狄龙	刘毅志
《成功广告 80 例》	颜伯勤	

广告学概论、中外广告史、广告设计基础、广告文稿写作、印艺传播、广告摄影、广播广告、电视广告、大众传播学、传播媒介概论、公共关系学、广告业务实习。[76]由此，搭建起广告学专业教育的课程体系，也为其他高校广告学专业建设提供了可以借鉴的范本。到20世纪80年代末，厦门大学广告学专业已经可以依靠自己的师资，完成一个教学周期；90年代初，厦大推出了中国第一套广告学教材——《21世纪广告丛书》，进一步推动广告专业教育的发展。[77]

之后，1988北京广播学院（现中国传媒大学）设立广告学专业，1989年开始招生，同年，深圳大学设立广告学专业，成为全国最早建立广告学专业的三所高校之一。1992年北京商学院（后组建为北京工商大学）设立广告学专业。同年，北京大学艺术学系开设广告学专业，于2002年并入新复院的北京大学新闻与传播学院，组建为广告系。1990年4月，中国广告协会学术委员会在厦大召开“全国首届高校广告教育研讨会”，与会人员包括部分学术委员以及国内十多所已开设广告课程的院校代表，[78]其中包括设立广告学专业和开设广告学课程两部分。这一时期，还有部分高校以培训班的形式开展广告教育，比如暨南大学1984年开办了“广告人员培训班”，1988年“该校新闻系与成教学院合作，开办三年制广告与公共关系大专班，并把广告学概论和电视广告专题等课程引入新闻专业本专科的教学中。”[79]

此外，各种短期学习班、函授学校也构成了这一时期广告教育的另一个面向。1986年，中国广告协会创办了中国广告函授学院，首批近5000名学员报名；1989年，又联合北京广播学院，开办“广告专业证书班”。[80]我国老一辈广告人徐百益提到，当时他每年要外出四、五次为各种学习班主讲广告学和市场营销学，听课对象较为广泛，包括企业管理人员、广告从业人员和工商行政管理部门主管广告的干部等。[81]

总体而言，这一时期广告学被划归到传播学的体系之下，从传播的角度切入，将人类广告活动作为思考的逻辑起点，从最初意识形态层面的争议到建构社会主义的广告观，在求同存异的基础上对中国和西方的广告理论和广告实践进行重新的审视，并在引进、借鉴西方广告理论的基础上建构社会主义广告的知识框架。随着高等院校广告专业教育的开展，学科名称得以正式确立，迈入走向建制化的开创期。在学科建设的初期，交织着东方和西方、学界和业界之间的互动，呈现出西学东渐的西方视角和业界实践先于专业教育的特点。同时，在本土的实践基础上积极探索如何立足学科发展，如何筹备教学资源、建设教学体系，进行人才培养。当时绝大多数高校并不具备进行广告学专业教育的软硬件条件，因此，并未迎来大规模的发展，整体处于拓荒期。截止1992年，全国只有6所高校设置了广告学专业。相较而言，社会办学则没有那么多条条框框的制约，于是，社会力量独立办学或者与高等院校合作办学成为专业教育不足的有益补充。尽管有诸多不足，这仍然标志着中国广告学发展到了一个新的阶段，广告教育进入正规高等教学的发展轨道，开始了学科的构建。

三、市场逻辑主导下现代广告学的整合发展（1992—2001）

1992年是一个新阶段的起点。这一年邓小平的“南方谈话”从根本上终止关于“市场经济姓资姓社”的争论，为最终中共在十四大上确立社会主义市场经济的改革路线扫除了障碍。市场经济正式确立后，当代中国改革也随之明确了未来前行的航标，改革的动力从观念突破转向制度的创新。1992年的物价改革与1994年的税制改革很大程度上解决了价格混乱的问题，促进了全国公共市场的形成。到90年代中期，价格双轨制逐渐退出历史舞台，市场终于实实在在成为经济中的重要惩戒机制。企业被迫改进自己的产品以吸引消费者，而不是努力培养和政府之间的关系。[82]

中国开始由农业社会向工商社会转变，在这个过程中，经济、政治、文化甚至政府行为，都深刻地受制于资本和市场的活动。[83]同时，民众的理性化程度和整个社会的理性化程度不断提高。[84]市场取代意识形态成为社会的基本驱动力量，原有的意识形态约束渐趋消融，市场主义的话语逐步形成。“社会经济背景和政治权力关系的变化导致制度目的的变化，新的社会行为体通过现有的制度追寻新的目标。”[85]因此，政府对广告从“试一试”的探索转变为鼓励和支持。1993 年 3 月，国务院转批国家计委《关于全国第三产业发展规划基本思想》，明确把广告业列入第三产业发展的重点之一。同年 7 月，国家工商局、国家计会印发《关于加快广告业发展的规划纲要》的通知，进一步肯定了广告在社会主义市场经济中的重要作用，这也是第一次从国家层面鼓励支持广告业的发展。在这种制度环境下，伴随产品市场化以及企业市场化的深入，广告业迎来蓬勃发展。

（一）外生观念的本土化：广告研究的自觉尝试

1992 年之后，广告市场逐步开放，广告公司如雨后春笋般涌现。私人广告公司迎来创办的高潮，外资广告公司进入大陆。1993 年广告公司的数量是 1992 年的近 3 倍。[86] 外资广告公司带来专业化和科学化的广告运营理念和实操工具，广告策划、CI、效果调查、品牌形象、市场营销等在具体的广告实践活动中得以运用，促使本土广告主和广告公司开始转变对广告的认知，经过“去魅”，广告从单纯的传播消息的文字或者简单设计的图文形式逐步转变为专业化分工、科学化操作，流程多元复杂的现代营销传播活动。“商业文化和商业言辞很好地融进了中国的流行文化和社会景观，以致中国严肃的学者不能再视广告为混乱的、不值得研究的物质文化了。”[87]

随着广告实践的开展，广告研究开始突破原来从设计包装、从文学修辞等边缘的、交叉的外围视角切入的研究路径，进入到广告基础理论的探讨。广告研究走过最初的知识引入转而进入有意识地自觉探索的阶段，而这也是外生观念本土化的过程。一方面，在引入西方广告理论的基础上结合本土实践开启了借用西方成熟的广告理论解读本土广告的对话，从而从介绍知识进入到阐释知识、应用知识的阶段。另一方面，外资广告公司进入后，原本在本国无往不利的广告原理、法则、方法和工具在中国这片广阔复杂且特殊的市场上也遭遇了“水土不服”后的本土化适应和调整。

关于这一时期的广告研究，很多学者进行了各种量化的分析。其中姚曦、李名亮以《全国报刊索引》(哲社版)为主要资料来源，统计分析了 G2（信息与知识传播）和 F7（贸易经济）两部分“广告”主题词下的论文，这一时期的具体数量分布如表 2 所示。

表 2 1992—2001 年广告学研究论文年发文量（单位：篇）[88]

年份	1992	1993	1994	1995	1996
论文数量	56	71	95	144	136
年份	1997	1998	1999	2000	2001
论文数量	179	272	261	238	110

1992-1993 年这段时间广告研究文章偏少，主要是老一辈广告人和一些新进入的研究者。20 世纪 90 年代中后期迎来了广告研究的快速发展期，研究论文的数量平稳上升。1994 年，《现代广告》创刊，1996 年《广告大观》创刊，与《中国广告》《国际广告》共同组成广告学领域的 4 本期刊，成为学界和业界交流和发表的重要平台。同时，伴随广告高等教育的高涨，广告乃至新闻传播大类的专业教师逐渐成长起来，成为知识生产的主力。随着 CI、品牌形象、整合营销传播等的引入，一方面，业界找到提升专业化水平的理论依据，而另一方面，研究者们开始探讨广告实践中西方广告理论本土化的问题。此外，围绕“广告代理制”的试行（1993 年）、《广告法》的正式实施（1995 年），关于广告的经营管理的探讨成为学者们关注的另一焦点，研究趋向多元化和纵深化。

1995 年徐智明在成功获得中国邮政广告公司的集资后创办了北京广告人书店，1997 年更名为龙之媒广告文化书店，成为全国首家广告专业书店。1996 年该书店根据市场需求和行业发展策划出版“龙之媒广告选书”，不仅引进许多西方广告的经典读本，如唐 · 舒尔茨的《整合行销传播》、大卫 · 艾克的《品牌领导》、克劳德 · 霍普金斯的《我的广告生涯 · 科学的广告》以及大卫 · 奥格威的全部著作。另外，还集结了当时富有实践经验又深具理论素养的研究者，推出“大专院校广告教材系列”，涉及广告媒体投放、广告心理、广告策划、广告创意、广告调查等内容。如黄升民的《广告调查——广告战略的实证基础》、陈俊良的《广告媒体研究——当代广告媒体的选择依据》、马谋超的《广告心理——广告人对消费行为的心理把握》。这套书的推出让广告教材从概论概述进入细分深耕，成为许多院校的专业教材，并以此为基础形成了较为完整的专业课程体系和学科知识框架。

同时，这一时期广告学术会议的召开也较为频繁，呈现出学术交流与广告实践紧密结合的特点。其中，中国广告协会每年举行一次全国广告学术研讨会，“广东、四川、上海、陕西、广西、甘肃、宁夏、浙江、福建、山东等省、自治区、直辖市也分别进行广告专题研讨活动。（中国广告协会）报纸、广播、电视、广告公司委员会，每年也都召开年会，就广告行业发展的突出问题进行学术交流和研讨”。[89]此外，中国广告协会学术委员会也定期组织学术研讨会。1995 年 5 月 25 日在上海召开了第三届学术委员会会员代表大会，赵晨伃当选学委会主任，提出每年出版一本论文集、每年围绕广告发展中的重大问题组织一次论证等计划。此后，先后确立了“广告业的经营与管理”“广告人才需求培养”“广告效果的研究与分析”“广告行业竞争力”“中国广告业生态环境”等议题，在学委会的学术研讨会上进行了讨论，汇编成论文集出版，成为这一时期广告研究成果的集中体现。这个时期广告学术委员的成员主要来自业界，多立足于业界实践，针对广告业发展现状以及出现的问题进行探讨，由此，形成了业界与学界的紧密相连的互动机制，且呈现出鲜明的业界先于学界的探索和尝试。

总的来说，这个阶段伴随广告业的快速发展，广告研究开始走向自觉，尝试在中国这片广阔的市场空间中找寻作为外生观念的各种西方广告理论的合适的生发机制，同时，形成了稳定的专业知识生产主体和学术研究的机制，产生了一批学术论文和专著。原国家工商行政管理总局广告司司长郑和平曾说：“我国广告理论研究已经不再是分散在企业经营管理、媒介传播，以及文学、艺术等多学科内部的边缘理论研究，而是从多学科出发，汇集成一股有中国特色的广告专业学术主流。”[90]在这个过程中，市场取代意识形态成为主要的驱动力量，在业界和学界的对话中形成了广告研究从现实问题出发寻找解决办法的应用性研究路径，开启了广告科学性和专业性的研究话题。但也正是基于此，这种应用性研究或多或少地缺乏深层次的理论反思和集体化的学界回响，作为年轻的学科，其研究自觉的程度与其他社会科学相比还有很大的差距。

（二）正式制度安排下：广告学科的蓬勃发展

广告业高歌猛进地发展催生了广告专业办学的热潮。1993 年，广告学作为正式专业出现在国家教委第二次修订后的专业目录中。在这个阶段广告教育走过最初的建制化，开始走向扩张和繁荣发展，暨南大学（1994 年）、武汉大学（1994 年）、吉林大学（1994 年）、中国人民大学（1995 年）、复旦大学（1995 年）、兰州大学（1996 年）、上海外国语学院（现上海外国语大学，1997 年）等相继成立广告学专业或广告系。

1993 年，北京广播学院开始招收广告学方向硕士研究生，[91]2001 年招收了国内广告学方向第一届博士研究生。1997 年，武汉大学以广告学为主体成功获批传播学硕士点，同年开始进行广告学方向硕士研究生的招生。2002 年，武汉大学再次以广告学为主体，成功获批传播学博士授权点，用了 8 年时间完成了广告学本科、硕士、博士不同层次的办学。[92]除新闻传播学院之外、工商管理类学院、艺术类学院等也开始设立广告学专业。

1997 年，国家教委（教育部）颁布了再次修订调整后的专业目录，广告学属于传播学下的三级学科，传播学属于新闻传播学下的二级学科，确立广告学为新闻传播类本科专业之一。新闻传播类本科教育层面设有新闻学、广播电视学、广告学、编辑出版学，在研究生教育层面设有新闻学、传播学，广告学是传播学下的一个研究方向。1998 年，中国人民大学、复旦大学、北京广播学院等高校获得传播学硕士学位授予权。截至 2002 年，全国已经有 26 所院校招収广告学方向的硕士研究生，6 所院校开始招收广告学方向博士研究生，[93]到 2003 年全国开设广告专业的院校已经有 210 多所。[94]

这一时期广告学迅速扩张，迎来繁荣发展。在办学上，实现了本科、硕士、博士不同层次的全面布局。在学科上，形成了新闻传播学、艺术学、经济学三类不同学科的归属，其中以新闻传播学为主，设在新闻传播类院系。在广告高等教育快速发展的同时也隐含着一些不可回避的问题，除较早开办的重点院校有较好的师资、教学经验和办学条件之外，大多数学校缺乏专业师资。这一时期，广告学教师大多来自中文、新闻、经管等专业，接受过广告学专业教育甚至获得博士学位的仍然非常少。同时，作为应用性较强的学科，任教老师却大多缺乏业界实践，只能依据教材上课，教学实践经验不足。广告高等教育的快速发展和师资力量不足的矛盾仍然十分突出。

四、技术与断裂：转型探索中的广告学（2002—2019）

2001 年，中国加入 WTO，广告市场全面开放，逐步进入全球化的生产和贸易体系。由此外资广告公司大举进入，对中国一线城市的重量级广告公司造成较大冲击，对此他们尝试通过整合进行应对，[95] 进而引发了外资广告公司本土化与中国广告公司规模化的深度探讨。2000 年前后中国在经历了第一次互联网“泡沫”后，互联网开始进入相对理性的快速发展阶段，伴随着信息技术革命的推进，由此塑造了“一个新的支配性的社会结构——即网络社会：一个新的经济，也就是信息化、全球化经济”，[96] 引发政治、经济、文化乃至社会生活等各方面的革命性变化。肯尼斯·博尔丁[97] 认为不同的技术及其所型塑的社会模型之间的边界是断裂的，即“断裂边界”，“在断裂边界上，一个系统突然变成另一个系统，换言之，在其动态发展过程中，他突然跨越了再也没有回头路的分界点”。[98]

断裂边界意味着新的社会结构和媒介生态系统。作为依附性极强的广告业，也同样发生着深刻的转变。全新的技术体系和关键生产要素对广告研究和产业实践的渗透无论在广度上还是在深度上都是空前的。在愈加开放且成熟的市场环境和数字媒介崛起的双重压力下，广告不得不进行适应性转型——从过去依赖的传统媒体转向以互联网为基础的传播平台。在这种背景下，传统广告的生存危机越来越凸显。

（一）广告理论的自觉建构与技术主导的广告知识生产

该阶段初期，广告业在快速发展中被遮蔽的问题日益凸显。西方广告理论、方法和工具在中国这片广阔复杂的市场上也遭遇了“水土不服”。中国广告不可能完全照搬西方来确定发展道路，而是需要在反思和批判中明确两者的差异，寻找适应本土发展的新路径。于是立足国情，探索广告产业的发展成为学界共识。围绕这个共识，产生以下几个研究议题：一是广告产业发展现状、存在问题及政策的分析。二是广告公司、广告媒介经营管理和发展趋势的阐述。三是新媒体环境中广告业发展模式和路径的探讨。四是广告产业结构和市场结构转型的研究。[99]

针对上述议题，陈培爱、张金海、陈刚、倪宁、黄升民、丁俊杰等学者以反思和批判的视角立足中国广告实践，产生了一批回应现实、引导发展的学术成果，逐渐汇聚成中国广告产业发展模式的研究，成为该阶段的主导性问题。较之以前，这些成果兼具现实意义和理论价值，明确了广告研究要从实际出发关切中国问题，并成为广告业“十二五”规划的重要思想来源，标志着中国广告学界逐渐摆脱追随行业发展的长期状态，确立引领行业发展的新角色。[100] 同时，中国广告多年实践经验的积累也让学者们对突破西方广告学术话语，形成中国广告理论达成共识。如 2010 年北京大学陈刚及其学术共同体提出“发展广告学”，即立足中国广告产业的特点和规律，提炼形成解释广告产业发展路径及其影响因素的理论框架。[101]

该阶段中后期，以互联网为基础形成的新兴技术成为广告发展最具革命性的影响因素，不断推动广告业态和知识生产的变革。伴随技术的迭代，从最初的互联网合约广告发展到相对精准的定向广告再到竞价广告进而产生程序化广告，与传统广告形成了断裂的边界。随着大数据和云计算的引入进一步催生新的广告生产要素和运作体系，重构着广告的生产内容、生产主体、生产资料、生产工具，并形成了新的生产关系，进而影响广告知识生产和学科发展。面对变革，基于大众传播时代形成的广告理论呈现出种种不适应，原来的话语体系与当下发展也形成了一种断裂边界。

早期研究试图回答网络广告的定义及其表现形式、规律特点等基础性问题，囿于当时互联网发展的阶段性和“新媒体”的认知定位，难免以传统广告为参照进行阐释。随着互联网发展及对其理解的深入，学者们开始从技术、产业与社会等多层面探讨互联网广告，产生了一些更具包容性的新生概念，如数字营销、创意传播管理、计算广告和一批以此为研究对象的学术成果。当前新兴技术已经快速演化成大数据、区块链、人工智能等，人类正在进入前所未有的数字社会。广告研究需要跳出传统范式，尝试凝练中国广告学的研究方法、理论体系和学术品格，走向理论创新发展的路径。

（二）广告学科的数字化调整与转型

在广告实践和研究剧烈变革的情况下，广告学科也不得不探索适宜的发展路径，进行数字化调整与转型成为高校的共识性话题。但面对全新的变化，这种探索目前更多地停留在话语层面，并未描绘出明确的学科发展图景。具体如何突破传统广告学科发展的思维，可以尝试从广告学科结构和广告教育两个层面思考。

首先广告学科发展要紧扣时代脉搏不断开拓创新。作为年轻学科，广告学具有明显的交叉性和跨学科性，数字社会需要创新的学科理念和理论，广告学科要加强自身的学术研究，同时也要引入有利于发展的研究方法和知识体系，进一步提升科学性和学理性。其次，要注重学科发展的融合性。现代教育的发展分化成各个独立的学科，然而数字社会的崛起却越来越表现出融合性。一是学科之间的融合。在广告学科建设中应该打破固有界限，科学而合理地对信息科学、计算机、经济学、心理学、统计学、艺术学、管理学等进行吸纳，比如计算广告学即是学科综合的产物。同时也要注意避免为了融合而融合，出现异化沦为其他学科的附庸，甚至成为边缘学科。二是学科内部专业的融合。广告学是新闻传播学下的三级学科，传统新闻传播学科中，广告、新闻、广播电视学与编辑出版学等边界清晰，相对独立。如今这些专业都转化成互联网的传播内容，原来的边界开始消融。而广告的价值在于为客户生产、传播有影响力的内容，从这个层面上讲各个专业都是广告内容的组成部分。在广告学科建设中应打通同其他专业的界限，基于广告专业的价值和需求，整合新闻传播学科内部其他专业。[102]

广告学科要实现数字化转型需要解决的另一个问题是广告教育，而这离不开以高校广告教师为主的教学科研队伍，他们不但决定知识生产的价值取向和目标追求也影响广告人才的培养。当前，广告行业资源和教育资源都集中在北京、上海、广州等一线城市，二三城市资源偏少。而广告教育要做的就是弥合这种差距，一方面，广告学专业教师需要更新传统的知识结构，将最新的数字营销实践与课程建设结合在一起，提炼升华为理论创新，在具体教学中给学生提供满足前沿发展的理论体系、实践案例；另一方面，他们需要从社会需求出发，将数字营销实战引入课堂，让学生在动手操作中寻求解决问题的办法，理解新知识，掌握实操技巧。总体来看，面对这场互联网技术带来的剧烈变革，广告学科的数字化转型是高校当前面临的共同课题。

五、结语

新中国成立 70 年来，中国广告学从无到有，从一个研究领域到一门独立学科，经历了从确立到整合再到创新发展的演进轨迹。在这 70 年的发展中，广告学作为应用型学科，其发展与社会变革和广告行业紧密相关，而广告行业的发展始终与制度变迁紧密相连。新中国成立之初，为适应社会主义制度开始对旧广告业进行接收和改造，逐步建立起国营广告公司，广告业获得一定发展。三大改造完成后，建立起社会主义公有制，计划经济成为社会生产和流通的机制，逐渐进入到制度的固化状态，商业广告逐步萎缩。“文革”十年，在资本主义和社会主义二元对立的话语中，广告被视为资本主义的附属和产物，与社会主义制度格格不入，其发展一直受到压制甚至一度中断。改革开放后广告得以恢复，但初期呈现出明显的路径依赖，以至于最先要解决的问题就是如何为广告正名，在这个过程中，缺少合理合法的阐释和适应社会主义广告发展的制度以及促进广告发展的制度环境一度成为中国广告业发展面临的最大困境。1992 年，邓小平“南方谈话”之后，市场经济成为正式的制度安排，1993 年 7 月国家纪委和国家工商管理总局共同制定下发《关于加快广告业发展的规划纲要》。近几年来，国家开始不断深化文化体制改革，并把发展文化产业提升到国家战略的层面，着手加大产业结构调整力度，其中包括大力发展广告业。与此同时，互联网的发展也成为推动广告学科发展的内在驱动力量。目前，中国发展已成为世界第二广告大国，而这一过程与社会改革、制度变迁和观念转变几乎同步进行。

纵观中国广告学 70 年的发展，可以发现三条脉络交织在一起共同型塑了今天的学科面貌。一是影响和决定广告学科演进方向的各种宏观制度、中观制度和微观制度。其中宏观制度集中体现为计划经济走向市场经济的制度变迁；中观层面主要涉及与广告相关的产业制度、传媒制度、企业制度的变迁，如第三产业的发展、传媒体制的改革以及国有企业改革、私人企业的合法化等，这些为广告发展提供了市场空间。微观层面主要是广告自身制度的变迁。另一条是广告实践的发展，经历了从单一的国营广告公司经营模式到合资广告公司、私人广告公司、外资广告公司多样化的竞争态势再到目前“去广告化”的互联网平台经营。而在这两条之外，关于广告观念认知的变迁——从意识形态化到去意识形态化一直贯穿始终。就中国广告学科的变迁历程来看，呈现出的是自上而下的政府主导和自下而上的行业自觉实践相结合的发展轨迹，总体表现出一种渐进式多重制度因素综合影响的演变路径，局部呈现出国家主导的强制性制度变迁的特征。

在多重制度逻辑的影响之下，广告学逐渐形成自身独特的学科范式。在观念层面，完成了社会主义广告学科的建构，形成了同行之间共同认可的研究领域和研究方法，取得了一系列研究成果；在社会建制层面，以正式学科制度的形式获得发展，形成了一批以高校教师为代表的职业化学者，有稳定的学术组织和常态化的学术会议以及学术期刊，完成了课程体系和学生培养方案的建设。当然，如果把广告学置于当代学科发展的话语之中可以发现，这只是一门学科。之所以称之为学科的必备要素，是学科的初步建制化，相较于其他人文社会学科，广告学依然有待巩固学科根基。

【参考文献】

[1] 王建华 . 学科、学科制度、学科建制与学科建设 . 江苏高教 , 2003 年 , 第 3 期，第 54-56 页 .

[2] 例如, Schotter (1981), Coase (1984,1988), Williamson (1985); Bromley (1989); North (1990); Ostrom (1990); Powell and Dimaggio (1991); Brinton and Nee (1998)；Menard and Shirly (2005)；Mahoney and Thelen (2010).

[3] Hall P A, Taylor R R. Political Science and the three new institutionalisms. Political Studies, 1996, XLIV: 936-957.

[4] 杨光斌 . 政治变迁中的国家与制度 . 北京：中央编译出版社，2011 年，第 81-82 页 .

[5] 杨光斌 . 政治变迁中的国家与制度 . 北京：中央编译出版社，2011 年，第 37 页 .

[6] 杨光斌 . 政治变迁中的国家与制度 . 北京：中央编译出版社，2011 年，第 51-55 页 .

[7] 杨光斌 . 政治变迁中的国家与制度 . 北京：中央编译出版社，2011 年，第 76-77 页 .

[8] Paul Pierson. The Path to European Integration: A Historical Institutionalist Analysis. Comparative Studies, Vol. 29, No.2，1996，p. 126. 转引自何俊志：《结构、历史与行为——历史制度主义对政治科学的重构》，上海：复旦大学出版社，2004 年 .

[9] Andrew Abbott. On the Concept of Turning Point, Comparative Social Research, 1997, 16, p..85-106.

[10] Ronald Aminzade. Historical Sociology and Time, Sociological Methods and Research, 1992, 20(4), p. 463.

[11] James Mahoney. Legacies of Liberalism: Path Dependence and Political Regimes in Central America, Baltimore: Johns Hopkins University Press, 2001, p.8.

[12] 吴晓波 . 典型问题 . 国际广告 , 2003 年 , 第 1 期，第 12 页 .

[13] 陈国权 . 谁为媒体提供经济支持？——1949 年以来中国媒体经济体制变迁与趋势 . 新闻与传播研究 , 2018 年 , 第 10 期，第 114 页 .

[14] 陈国权 . 谁为媒体提供经济支持？——1949 年以来中国媒体经济体制变迁与趋势 . 新闻与传播研究 , 2018 年 , 第 10 期，第 114 页 .

[15] 黄升民 . 广告的消失和复活—中国广告市场发展的重要转折 . 黄升民自选集 . 上海：复旦大学出版社，2004 年，第 83 页 .

[16] 陈培爱 . 中外广告史——站在当代视角的全面回顾 . 北京：中国市场出版社，2002 年，第 78 页 .

[17] 陈培爱 . 中外广告史——站在当代视角的全面回顾 . 北京：中国市场出版社，2002 年，第 78 页 .

[18] "外贸"这种新中国的特殊经济贸易体制：中国的外贸体制实际上是沿用的前苏联的外贸体制，就是国家统制对外贸易，只有国家授权的专业进出口公司才能经营，除此之外其他任何人或者组织都不能经营对外贸易。外经贸部那个时候政企不分，这样一个政府机构，它下面挂着一些"中"字头的公司，如中国什么进出口公司，像粮油、纺织品、轻工等等进出口总公司。鉴于中国这样的外贸体制，进出口广告也被视为进出口贸易。转引自祝帅：祝帅 . 新中国前 30 年广告研究的格局及其基本面向——1949-1979 年间中国的广告学术论著的历史与分析 . 广告大观（理论版），2009 年第 2 期 .

[19] 丁淦林，房厚枢 .20 世纪中国学术大典：新闻学传播学出版学 . 福州：福建教育出版社，2005 年，第 76 页 .

[20] 姜弘 . 广告人生 . 北京：中信出版社，2012 年，第 19 页 .

[21] 王五兰，田同生 . 对广告问题的探讨 . 经济问题，1981 年，第 4 期，第 8 页 .

[22] 祝建华，左贞 . 广告与上海新闻媒介 . 新闻大学，1986 年，第 13 期，第 34 页 .

[23] 上海广告公司歇业后归到了上海外贸包装公司 .

[24] 具体的做法是出口公司在海外经销商签订商品成交合同时，在价格上让出一定比例的折扣，并注明这笔折扣是用于经销商在当地市场做广告使用的；广告做过以后，海外经销商还需返回广告发票的复印件，作为广告确实做过的凭证。转引自姜弘：《广告人生》，中信出版社 2012 年版，第 33-34 页 .

[25] 尹舟 . 谈报纸上的广告 . 新闻战线，1958 年，第 2 期 .

[26] 步及 . 解放前的"月份牌"年画史料 . 美术研究，1959 年，第 2 期 .

[27] 马克 . 论电影宣传画的创作 . 美术，1957 年，第 1 期 .

[28] 方园 . 商业美术漫谈 . 装饰，1959 年，第 6 期 .

[29] 邱立楠，王妍 . 民国新闻教育的理念、实践设计与当代启示——基于民国大学新闻教育的考察 . 视听，2018 年，第 10 期，第 204 页 .

[30] 桂世河，汤梅 . 中国广告学专业教育起源于民国时期的商科教育 . 科技风，2018 年，第 5 期，第 216 页 .

[31] 中华美术大学添招特别生广告 . 申报（上海版），1922 年，9 月 9 日，第 4 版 .

[32] 柏生绘画学院暨附设月份牌特科招男女生 . 申报（上海版），1927 年，7 月 14 日，第 4 版 .

[33] 袁爽 . 新中国成立初期高等教育的变革与发展研究（1949-1957）. 贵州财经大学博士学位论文，第 17 页 .

[34] 桂世河，汤梅 . 中国广告学专业教育起源于民国时期的商科教育 . 科技风，2018 年，第 5 期，第 216 页 .

[35] 祝帅 . 新中国前 30 年广告研究的格局及其基本面向——1949-1979 年间中国的广告学术论著的历史与分析 . 广告大观（理论版），2009 年，第 2 期，第 88 页 .

[36] 桂世河，汤梅 . 中国广告学专业教育源于民国时期的商科教育 . 科技风，2018 年，第 5 期，第 215 页 .

[37] 潘向光 . 中国大陆院校广告教育的历史走向 . 现代传播，2000 年 . 第 1 期，第 109 页 .

[38] Peter A. Hall. Conclusion: The Politics of Keynesian Ideas, in Peter A. Hall, ed., The Political Power of Economic Ideas: Keynesianism across Nations, Princeton: Princeton University. Press, 1989, p.362.

[39] 杨光斌 . 政治变迁中的国家与制度 . 北京：中央编译出版社，2011 年，第 30 页 .

[40] 杨光斌 . 政治变迁中的国家与制度 . 北京：中央编译出版社，2011 年，第 49 页 .

[41] ［英］罗纳德·哈里·科斯，王宁 . 变革中国——市场经济的中国之路 . 徐尧，李哲民 译 . 中信出版社，2013 年，第 221 页 .

[42] 汪晖 . 去政治化的政治：短 20 世纪的终结与 90 年代 . 北京：生活·读书·新知三联书店，2008 年，第 56 页 .

[43] 孙美玲 . 解构与重构：20 世纪 80 年代中国广告业合法性的获得 . 浙江传媒学报，2018 年，第 2 期 .

[44] 寇非 . 广告 · 中国（1979—2003）. 北京：中国工商出版社，2003 年，第 11 页 .

[45] 丁允朋 . 为广告正名 . 文汇报，1979 年，1 月 14 日 .

[46] 陈刚 . 当代中国广告史（1979-1991）. 北京：北京大学出版社，2010 年，第 205 页 .

[47] 孙美玲 . 解构与重构：20 世纪 80 年代中国广告业合法性的获得 . 浙江传媒学报 , 2018 年 , 第 2 期 .

[48] 赵荣麟 . 苏联的广告 . 国际新闻界 , 1980 年 , 第 4 期，第 70-73 页 .

[49] 吴书剑 . 美国的广告 . 国际新闻界 ,1979 年 , 第 3 期，第 87-93 页 .

[50] [美] 迈克尔·墨菲 . 报刊广告与电视广告的起落 . 吴书剑译 . 国际新闻界 , 1979 年 , 第 2 期，第 82-83 页 .

[51] [美] 丹尼尔·J·布尔斯丁 . 美国广告问题的形成与特点 . 张景明 , 王泰玄译 . 国际新闻界 ,1982 年 , 第 1 期，第 55-58 页 .

[52] 刘明华 . 日本广告杂谈 . 国际新闻界 ,1983 年 , 第 3 期，第 58-59 页 .

[53] 姜桂英 . 美国电视广告受谁制约？ . 新闻战线 ,1987 年 , 第 5 期，第 47-48 页 .

[54] 慧珍 . 美国广告小景 . 新闻战线 ,1980 年 , 第 2 期，第 45-46 页 .

[55] 楼小燕 . 美国电视广告片的生产 . 新闻战线 , 1981 年 , 第 2 期，第 47 页 .

[56] 申明河 . 菲律宾提倡健康的报刊电视广告 . 新闻战线 ,1982 年 , 第 5 期，第 37 页 .

[57] 郭碧翔 . 战后日本广告媒体的新特点 . 现代日本经济 ,1985 年 , 第 5 期，第 13-15 页 .

[58] 赵育冀 . 现代广告战略问题的探讨 . 北京商学院学报 ,1985 年 , 第 4 期，第 41-44 页 .

[59] 张天君 . 广告策略初探 . 商业研究 ,1985 年 , 第 11 期，第 42-43 页 .

[60] 高晓红 . 电视广告创作方法探究 . 新闻战线 ,1989 年 , 第 11 期，第 33-35 页 .

[61] 张殿国 . 试论广告效果测定的几种方法 . 商业科技 ,1986 年 , 第 8 期，第 11-12 页 .

[62] 程国平 . 如何选择广告媒介 . 管理现代化 ,1988 年 , 第 3 期，第 23-24 页 .

[63] 乔全生 . 从语言角度谈包装广告的形式和内容 . 山西大学学报（哲学社会科学版）, 1989 年 , 第 2 期，第 80-82 页 .

[64] 赵育冀 . 社会主义广告基本理论问题探讨 . 北京社会科学 ,1987 年 , 第 1 期，第 107-113 页 .

[65] 仲富兰 . 中国古代广告探源 . 复旦学报（社会科学版）,1985 年 , 第 6 期，第 109-111 页 .

[66] 兰殿君 . 我国商业广告小史 . 文史杂志 ,1988 年 , 第 5 期 .

[67] 刘学宏 . 广告与心理学 . 经济与管理研究 ,1983 年 , 第 4 期，第 36 页 .

[68] 徐培汀 . 广告心理学初探 . 新闻大学 ,1985 年 , 第 10 期，第 115 页 .

[69] 乔桂云 . 国内外广告心理学研究新动向 . 应用心理学 ,1986 年 , 第 3 期，第 44-46 页 .

[70] 李志武 . 期刊广告学初探 . 编辑学报 ,1989 年 , 第 4 期，第 192-195 页 .

[71] 俞振伟 . 报纸广告：趋势、模式与特征——1985~1988 上海报纸广告内容分析 . 上海大学学报（社会科学版）,1989 年 , 第 6 期，第 103-106 页 .

[72] 王国全 . 广告的研究与广告学的定位 . 中国广告 ,19991 年 , 第 1 期，第 58 页 .

[73] 智颖 . 徐百益：中国广告业的先驱——徐百益之子徐本健回忆父亲 . 中国广告 ,2019 年 , 第 1 期 .

[74] 唐忠朴 . 我国高校第一个广告学专业创办过程的回忆 . 中国广告 ,2019 年 , 第 1 期，第 58 页 .

[75] 唐忠朴 . 我国高校第一个广告学专业创办过程的回忆 . 中国广告 ,2019 年 , 第 1 期，第 58 页 .

[76] 唐忠朴 . 我国高校第一个广告学专业创办过程的回忆 . 中国广告 ,2019 年 , 第 1 期，第 58 页 .

[77] 林莹 . 陈培爱：从广告学教育的荒原到森林 . 中国广告 , 2008 年 , 第 12 期，第 26 页 .

[78] 林莹 . 陈培爱：从广告学教育的荒原到森林 . 中国广告 , 2008 年 , 第 12 期，第 26 页 .

[79] 潘向光 , 丁凯 . 中国大陆院校广告教育的历史走向 . 现代传播（中国传媒大学学报）, 2000 年 , 第 1 期，第 109-115.

[80] 潘向光 , 丁凯 . 中国大陆院校广告教育的历史走向 . 现代传播（中国传媒大学学报）, 2000 年 , 第 1 期，第 109-115.

[81] 孜孜不倦学到老，兢兢业业育新人——访我国广告业前辈、广告学专家徐百益 . 教育与职业 ,1986 年 , 第 1 期，第 46 页 .

[82] [英] 罗纳德·哈里·科斯 , 王宁 . 变革中国——市场经济的中国之路 . 徐尧 , 李哲民译 . 北京：中信出版社，2013 年，第 225 页 .

[83] 汪晖 . 去政治化的政治——短 20 世纪的终结与 90 年代 . 北京：生活·读书·新知三联书店，2008 年，第 58 页 .

[84] 孙立平 . 重建社会：转型社会的秩序再造 . 北京：社会科学文献出版社，2009 年，第 11 页 .

[85] 杨光斌 . 政治变迁中的国家与制度 . 北京：中央编译出版社，2011 年，第 59 页 .

[86] 陈培爱 . 中国广告教育二十年的发展与基本经验初探 . 江西财经大学学报，2000 年，第 2 期 .

[87] ［美］王瑾 . 品牌新中国——广告、媒介与商业文化 . 何朝阳，韦琳译 . 北京：北京大学出版社，2012 年，第 7 页 .

[88] 姚曦，李名亮 . 中国大陆广告学论文研究现状定量分析 . 新闻与传播评论，2003 年，第 1 期，第 201 页 .

[89] 杨培青 . 专论：广告学术研究要立足现实，展望未来 . 1997 中国广告年鉴，北京：新华出版社，1997 年，第 34 页 .

[90] 郑和平 . 龙之媒广告选书·序 . 广告心理——广告人对消费行为的心理把握，北京：中国物价出版社，1997 年 .

[91] 黄升民，丁俊杰等 . 30 所高等院校广告教育现状分析及建议 . 广告新生代，北京：中国广播电视出版社，1997 年，第 24 页 .

[92] 武汉大学新闻与传播学院网站，http://journal.whu.edu.cn/intro/brief，2019 年 5 月 2 日 .

[93] 2003 中国广告年鉴，北京：新华出版社，2003 年版 .

[94] 陆斌 . 广告教育正是欣欣向荣时 . 现代广告，2005 年，第 1 期，第 43-45.

[95] ［美］王瑾 . 品牌新中国——广告、媒介与商业文化 . 何朝阳，韦琳译 . 北京：北京大学出版社，2012 年，第 38 页 .

[96] ［美］曼纽尔·卡斯特 . 千年终结 . 夏铸九译 . 北京：社会科学文献出版社，2006 年，第 321 页 .

[97] 肯尼斯·博尔丁（Kenneth Boulding, 1910-1991）. 美国经济学家，曾任美国经济学会会长，论著宏富，代表作有《和平经济学》《经济学的重建》《组织革命》《经济政策原理》《20 世纪的意义》《超越经济学》《形象》等 .

[98] Boulding Kenneth. The image: Knowledge in life and society. Ann Arbor: University of Michigan Press.

[99] 陈刚，孙美玲 . 结构、制度、要素——对中国广告产业的发展的解析 . 广告大观（理论版），2011 年，第 4 期，第 16 页 .

[100] 同上 .

[101] 陈刚 . 什么是发展广告学 . 广告大观（理论版），2012 年，第 6 期 .

[102] 陈刚 . 关于广告教育数字化转型的思考 . 新闻与写作，2017 年，第 10 期，第 33 页 .

当代营销传播行业的知识生产力及其运行机制

万木春[1]

| 摘 要 | 根据马克思唯物主义史观，以宏观经济学和政治经济学的视角结合“内生增长理论”、以微观经济学和产业经济学的视角结合知识管理理论，初步构建了知识经济环境下涵盖劳动者、劳动资料、劳动对象、管理、资本、社会分工、知识等生产要素在内的当代中国营销传播行业生产力体系，阐明了知识生产力作为核心生产力要素在其中起到的决定性作用。同时，还探讨了当代中国营销传播行业生产力体系的主要特点和运行条件、运行过程，并对目前该行业提升知识生产力所面临的困境进行了总结。

| 关 键 词 | 营销传播；知识生产力；生产力要素；生产力体系

生产力既是社会发展的最终决定力量，也是唯物史观赖以建立的基础，“探讨生产力概念的制定与探讨历史唯物主义的形成过程具有本质上的一致性”[1]。人类社会的历史，归根结底就是生产力的进化史：“生产力的发展是社会经济制度、政治制度与意识形态变革的决定性力量，生产力发展的要求是确定历史发展方向的基本标准。它不仅从根本上决定并制约着全部社会生活领域，而且从根本上决定并制约着人类总体历史的进程及其趋势”[2]。因此，在研究行业或产业之前，必须先从唯物主义出发，对生产力进行当时历史条件下的可能讨论，不宜截取单一或夹生概念，或是跳过此分析直接转入产业研究。当狭义的广告业在近二十年来已演变为更为复杂的、广义的营销传播行业后，由于生产力体系更加庞大、影响因素更加多样化，厘清营销传播行业的生产力问题就显得尤为重要。

首先要说明的是，马克思主义唯物史观中的生产力是一个最基本的一般概念和群集概念，通常情况下表述为某时间、某空间之内人类总体的全社会性生产力，不会单独表述为某产业或某组织、某人的生产能力。但在个别情况下，如出现某时间或某空间生产力发展水平呈非均衡状态时，或是考察相同行业内不同组织的生产效率时，生产力概念会由群集概念降级。营销传播行业当中的生产力概念便是一个降级概念。

一、马克思主义的生产力理论与广告业的生产力研究方法

在马克思和恩格斯的著作里，生产力的概念被收归于历史观和政治经济学的范畴，是“有目的的活动或劳动本身、劳动对象和劳动资料”，[3] 因此人们一般认为，生产力包括三种实体性要素，即劳动者、劳动资料（其中最重要的是劳动工具）和劳动对象。但实际上，这是马克思对物质生产力的一种简单概括。他还多次论述了分工协作、管理等因素在生产力当中体现出的作用，由于“许多人在同一生产过程中，或在不同的但互相联系的生产过程中，有计划

本文系国家社科基金项目“大数据营销传播的伦理治理体系研究”（项目编号：19BXW100）的研究成果。

[1] 暨南大学新闻与传播学院，广东广州，510632

地一起协同劳动”，[4]就可以“不仅是通过协作提高了个人生产力，而且是创造了一种生产力”。[5]另外他也指出，劳动生产力是由工人的平均熟练程度、科学发展水平等多种因素共同决定的。[6]这意味着生产力要素中有主导性和决定性要素，也有辅助性和非决定性要素。一旦要素的地位发生根本变化，生产力的结构也将发生巨大变化，进而从质和量两个方面影响生产力总体水平。

广告行业的生产力研究首先存在于马克思主义唯物史观当中。应该说，大多数国内学者的广告史研究都能够自觉运用历史唯物主义，即认为广告是商品流通的传播工具，是经济活动的一个组成部分，“生产力发展和社会分工不断深化是广告的社会特征不断显现的两个基本推动力”[7]——从这个意义上讲，生产力以及另一维的分工协作是广告（以及营销传播）的历史发展主线，生产力的明显质变是衡量历史分期的最有效标准。但如果不对生产力作概念上的认真理解和因时因地的区分，不对直接生产力和间接生产力加以区分，不对外来生产力和自身生产力加以区分，那么就可能出现对生产力的错误判断以及理论或实践的偏差。

在“历史的广告”中，除对生产力、社会化分工和社会形态、商业形态进行通盘考察外，我们还需加入生产关系进行考察。这里的生产关系是狭义的，即指人们在当时的“广告”的直接生产过程中结成的生产资料所有制关系、人与人的关系和产品分配关系。过往的分析以社会总体的生产方式替代了行业的生产方式，这在行业区隔较小、行业发展水平基本一致的情况下可以忽略。但在行业区隔增大、行业发展水平相差较大时（尤其是当广告业进化至营销传播行业之后），如果对生产关系不进行考察，则很难说明由于生产、分配、交换关系的变化如何影响了生产力发展和产业变迁。就此而言，孤立使用静态但占西方产业经济学主流地位的SCP分析范式或是动态的博弈论范式，都有可能在具体的产业研究时出现理论与实际的脱节。

二、当代中国营销传播行业的生产力要素及体系

改革开放后，不少国内学者基于辩证唯物主义认识论，重新界定了新时代背景下的生产力概念，巨乃岐（2006）将这些脱胎于以往马克思主义学者的概念界定归纳为七种观点。[8]在一些学者看来（焦坤[9]，2004；刘启春[10]，2012），这七种定义之中有的是“自然主义历史观”的依附论，有的是“人类中心主义自然观”的征服论，都在某种程度上割裂了“为我关系”与“为他关系”之间的辩证统一，体现出生产力的异化。所以，现在大多数学者主张采纳以可持续发展为价值取向的生产力“协同论”，坚持“为我关系”与“为他关系”之间的平衡，较广泛地采用“人们在生产过程中形成并表现出来的认识、改造和创造世界的能力”[11]的现代生产力定义。

但即便如此，这种现代的生产力定义也往往是基于第一、第二产业居主体地位的社会背景下的，首先强调对自然世界的“认识”和“改造”。这既无法反映出第三产业的生产力与工业时代相比较的差异性，也不能反映出服务业在提供无形产品时的特殊性，更不能说明营销传播行业在提供精神产品时其生产力要素的比例偏重。因此，将现代生产力的定义导向营销传播行业时，不仅需对其进行概念降级，还要与其主要生产精神产品的服务业特质相结合，与除依附论和征服论之外的定义相结合。[12]笔者尝试对现代营销传播行业的生产力给出如下简单定义：人们在营销传播行动过程中形成并显示出来用于改造社会的、直接和间接的有价值劳动能力。这种生产力具有历史继承性和当前局限性，包含了物质与精神，也必须能够以效率和货币价值进行衡量。同时，营销传播从本质上讲都是所处历史环境的产物，对其经济属性进行评价的最终标准也应符合历史唯物主义，即考察它的生产方式（尤其是精神生产力、与精神生产力相适应的规模化协同生产关系，以及因而产生的人与人之间的交往关系）。实际上，20世纪80年代国内就曾有学者尝试从此角度对广告业进行分析，但未能引起足够重视。[13]

1.营销传播行业生产力研究的宏观理论：内生增长理论

生产力的形成与经济增长是宏观经济学中的核心议题之一。无论何种学派，经济学者通常都根据生产要素的投入产出以搭建生产函数模型的方式进行研究。但是，

研究的背景和假设、动态与静态角度、方法的分散化与主流化、结论的丰富性和可比性等研究范式层面的分歧，使得三大增长理论学派在进行理论解释时存在明显差异和各自局限。例如，马克思在《资本论》中建立了社会资本再生产理论，并在假设资本技术构成不变、资本积累率不变、剩余价值率不变的情况下“独立地开辟了后来被称为经济增长理论的新领域”[14]。然而，第一次工业革命时期的技术不变假设虽然符合当时的社会现实和模型简化要求，却不尽符合一百余年后的实际，这也是国内学者（彭五堂，2005；肖耀球，2007；施生旭、郑逸芳、石礼忠，2014 等）基本认可的。[15]

在任何一种经济形态中，生产力都是各生产要素的合力。但在信息时代，知识的地位空前提高，成了处于支配地位的核心生产要素，这是所有行业的生产力与生产关系发生较大变化的根本原因。罗默、卢卡斯等人在对先导理论如社会再生产理论、熊彼特创新思想、阿罗“干中学”模型、索洛－米德模型等进行扬弃后，提出并大体完善了内生增长理论，使之成为了研究信息／知识社会经济增长的主体框架。1979 － 1986 年，罗默以《规模报酬递增与长期增长》《由专业化引起的规模收益递增为基础的增长》《内生技术变迁》三篇文章建构了内生增长理论，并因此荣获2018 年诺贝尔经济学奖。[16]“该理论认为经济增长受内生而非外生因素的驱动，对人力资本、创新和知识的投资是经济增长的核心动力。”[17]他沿袭了阿罗的思路，引入“规模报酬递增”概念对持续增长作出解释，并指出导致规模报酬递增的要素是“知识”，建立了以知识生产和知识溢出为基础的五要素内生增长模型：资本＋劳动（非技术劳动）＋人力资本（以受教育的年限衡量）＋新思想（用专利来衡量，强调创新）＋公共知识。从这种理论发展而来的知识创新理论和创意经济学，在宏观层面更适合于解释后工业时代的经济增长和以非物质生产为主体的行业的演进。

2. 以内生增长为主要特征的当代中国营销传播行业生产力

从近二十年的发展来看，当代中国营销传播行业的生产方式出现了显著变化，并尤其显示出与第一第二产业生产力相比的差异性、服务业生产力的特殊性，以及在生产精神产品时对知识要素的依赖程度。

第一，文、理、工科在营销传播行业中出现了前所未有的汇聚，从业者的综合素质有了很大提高。他们以支出脑力劳动为主要劳动方式，劳动资料主要是知识、思维方法、认知能力和数量庞大的智能设备，劳动对象主要是虚物形态的信息资源。

第二，在行业和跨行业竞争压力、外部监督、管理思想转变、产权制度、管理者素养、管理方式专业化、管理平台数字化等内外因素的共同作用下，当代营销传播企业的管理水平有了较大提升。

第三，希克斯曾指出，英国的工业革命不是技术创新的结果，而是金融革命的结果，因为工业革命中使用的技术在之前就已出现，只有在出现金融革命后，工业革命才真正发生。当产权、科学理性主义、资本市场以及交通和通信技术的改善等四大条件全备时，工商业的各项创新活动才能持续进行。[18]由于货币充裕、二级金融市场发展迅速、资本运作和风险投资日渐活跃等原因，当代中国的营销传播企业大多都将资本运作当成了企业日常运营的一部分，这与国内第一代、第二代广告公司有着较大区别。[19]

第四，在当代营销传播行业中，知识生产力的增速逐步加快，其他生产要素则增速放缓、边际效益递减。生产知识、加工知识和应用知识等能力的高下程度，不但决定了整个营销传播行业在经济体系当中所扮演的角色，也决定了营销传播单体企业在行业中的生态位。

第五，从劳动者、劳动资料、劳动对象、管理、资本、知识的同一维度进行观察，各类分工协作的广度、深度、细化程度均大幅扩展或增强。

当今的营销传播业呈现出与以往传统广告业大不相同的表征，这是由生产力（及其决定的生产关系）的变迁所最终决定的。从全球的业务数据结构来看，网络广告业已占据半壁江山且仍在扩大；从组织结构来看，大型传播集团加快了数字营销传播领域的行进步伐，不少咨询公司、会计公司也涉入其中；从市场边界看，其他传统行业利用数字营销爆发契机和资本杠杆，实现了“借船出海”；从业务流程看，由于成本节约和操作方式更新等原因，一些客户方压缩代理服务空间发起“去中介化”，代理公司则回应以“再中介化”；从技术手段看，以往简单的展示广告已通过寻址技术和实时竞价方式转往程序化广告；智能设备被广泛使用，富媒体技术与 AR ／ VR ／ MR 相结合，实现了跨屏传播，丰富了体验营销；SEO ／ SEM 结合 LBS 等手段，实现了 B2B2C、C2B2C、M2C 等等形式的价值转化；区块链技术的应用，使广告投放数据、用户点击行为等具备了可追溯、可查询、无法篡改等特征，成为效果监测利器。在即将到来的 5G 及基于其的 XR 时代，营销传播行业的生产力更会大幅增强，生产关系与价值链体系更为错综复杂运营模式更为丰富。当我们清楚地看到当代营销传播行业的具象时，能够发现其实际上为内生增长理论和知识创新理论提供了几乎全部的实践注脚。

因此，劳动者（含知识型与体力型）、劳动资料、劳动对象、管理、资本、知识（含科学技术和信息等）六大要素生产力以及分工协作，作为最基本的不可或缺环节直接参与了营销传播行业的生产过程。其中，知识是生产力的核心要素并提升其他生产力要素的效率，劳动资料是实体性因素，劳动对象有实体与非实体之分，资本、管理和知识属于非实体性因素。分工协作也是直接生产力，但与要素生产力处于不同维度（协作维度的生产力），与六种要素生产力发生互动演化，共同作为内生性变量，构成了当代中国营销传播行业的生产力体系。生产力要素在生产过程中的投入程度、比例分配和生产关系的差异，必然会导致其企业组织在营销传播能力上的差异，进而影响地区、国家的产业发展和经济总体水平。

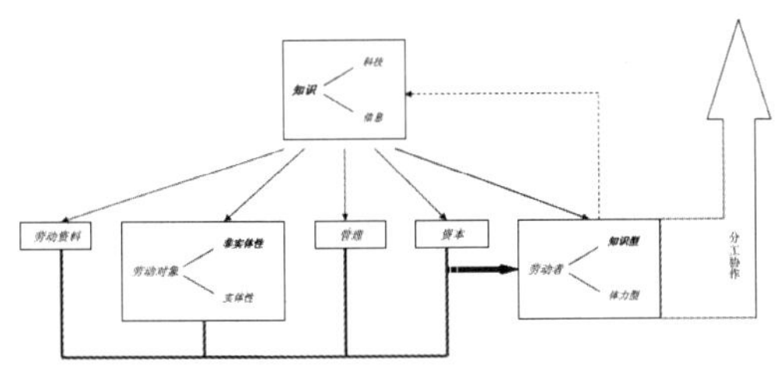

图 1 当代中国广告业的生产力体系 [20]

三、当代中国营销传播行业生产力体系的主要特点与运行条件

1. 当代营销传播行业的生产力以知识为基础

在知识经济背景下，知识成为当代营销传播行业生产力体系中的核心驱动要素和前导性因素。其他行业的新知识、新技术与营销传播行业的新知识、新技术迅速合流，极大提升了知识的生产传播效率，缩短了生产周期。其实，从广告业正式成为独立行业起，这种对知识生产力的不断强化就是从未间断的，知识生产力一直是直接生产力而非间接生产力。

由于营销传播行业承担着生产商和消费者之间的沟通任务，必须对实时的环境变化作出快速反应，而且在物质和资本比较充裕的现代社会已较难利用这两种要素建立起竞争优势，因此知识的人化和知识的物化便发挥出巨大作用，知识从一般生产力向现实生产力的转化能力往往决定了企业的发展态势。一方面，企业通过知识生产力的强化过程，提供了智力和知识支持，培养了员工发现、分析、解决问题的能力和改造商业社会的能力，研制出更新、更多的知识产品和物质产品，使自然科学和人文科学在用户与客户需求中凝结统一，由新技术产生的知识产权也成为市场上的交易物。另一方面，企业以富含知识创新理念的价值观、愿景、企业文化等，为员工提供逻辑思维方法和科学技术思维方式，实现了组织架构设计和人力资源管理上的新突破。不具有知识竞争力的营销传播组织因为缺乏知识经济时代的生存基础，即便能调用现有的物质资源和资本力量，也无法获取到持续的发展动力。

此外，在当代营销传播行业的生产力体系中，虽然也存在着生产力与生产关系的矛盾统一，但这种辩证关系与物质生产力体系中的辩证关系已有较大不同。“知识生产关系一经形成，便有着相对于物质生产关系的独立性。所谓知识生产关系的相对独立性，是说它是否适合知识生产力，并不直接取决于物质生产关系是否适合物质生产力。就是说，当物质生产关系适合物质生产力时，知识生产关系并不一定适合知识生产力；当物质生产关系不适合物质生产力时，知识生产关系也并不一定不适合知识生产力。同理，即使物质生产关系适合了物质生产力，或知识生产关系适合了知识生产力，也不意味着整个社会生产关系适合了整个生产力”。[21] 因此，单纯地强调营销传播行业的知识生产力提升（抑或个别放大其他生产要素的效力）是片面的。对生产力体系的考察，必须放置入社会大系统当中，既考虑量也重视质并兼顾影响——自身、其他行业及社会整体。

2. 当代营销传播行业的生产力尤为重视“人”的意义

“人”始终是营销传播行业生产力当中的决定环节，其余生产力要素必须经过劳动者的转换才能形成产出。在工业经济时代后期，劳动者的创造力、资本、媒体三足鼎立，构成了广告行业发展的主旋律，从宏观的层面看，劳动者创造力和媒体力量的发挥，最终要取决于企业能够调动多少资本。但在知识经济时代，知识生产力极大地克服了传统生产力中“物我两分”的矛盾，将“人”的主观能动性和潜力进一步释放出来，媒体的大众化自生产趋势和低成本运营、自由临时结合的分布式协作又使媒体和资本的作用有所降低。营销传播业比以往任何时候都更看重“人力资本”“智力资本”，知识自身便能够通过传播交流进行有效配置且边际效应递增。

在当前的业界实践中，“人—知识”的意义也被放大。例如，在客户选择代理公司时，如果不是媒介投放代理，代理公司的规模、资本量基本已不再考虑，而是考虑代理公司“人”的知识、经验、能力、解决方案；在代理公司选择客户时除佣金外，更多考虑能否“从客户那里学点东西”。更重要的变化是，消费者的数据被集合成大大小小的数据库，通过云存储、云计算、人工智能等形成专有性知识资产，不但成为从业者的认识对象，也成为机器的学习对象，企业之间的竞争由争夺具体的人变为争夺虚拟的数据。但是，这并不意味着营销传播从业者不再重视消费者。正相反，无论主动还是被动，合规的营销传播从业者都在用前所未有的高亢声调呼喊回归人的本性，在知识的主控权与使用权上寻找技术、法规、道德伦理之间的平衡点，用更为谨慎的目光审视营销对于人、社会、自然的意义。

对劳动者本身而言，“人”的意义也更为凸显。知识经济时代，拥有大批存量知识和流量知识的营销传播行业劳动者在数量上占据着绝对优势；在质量上，由于理工科尤其是计算机技术人才的涌入，不但使技术理性成为一种内在的意识形态，而且技术反过来促进了对社会的认知，从业者的素养和技能得到了双重提升。技能提升以及对新生代的了解，也使年龄较小的从业者逐渐摆脱了森严的层级控制，平权、分权、分散承包成为营销传播企业自身管理的普遍方式。知识的生产、传播、应用能力往往决定了个人收入高低，个人的知识也成为企业内部和市场上的主要交易对象。以知识生产力为代表的当代营销传播行业生产力比过去更强调探索性、独创性并凸显出知识的垄断性／反垄断性矛盾。

3. 当代营销传播生产力在市场化、全球化的环境中运行

随着全球信息网络的发展，营销传播行业的知识在世界各国飞速流动，一家营销传播公司再也不是和本地、本国的营销传播公司竞争，而是在知识生产力的层面上与全球友商角力。这是资本的逐利逻辑和现代生产力的智能化特征决定的——经济全球化既是知识生产力的助推器，也是无知者的粉碎机。不过，“科学的政治经济学和历史学意义上的事实表明，资本雇佣劳动的物质基础绝不会因目前的科学技术和知识经济的发展而瓦解的”[22]。这意味着，当代营销传播行业生产力体系中的任何一个生产力要素都不会被另一个生产力要素所吞噬，它们彼此依赖、相互渗透。

经济全球化是全球大多数国家采取市场经济机制的必然结果。营销传播行业的知识生产力发展以及一切的知识创新活动，也必然会在市场经济的前提下通过供求机制、竞争机制、价格机制而实现，其中非常重要且当务之急的是，要形成比较完备的、能够有效保护营销传播知识产权的法律机制。如果知识生产者的利益不被保护、贡献不被承认，将会严重地损伤知识生产者的生产积极性，创新停滞不前，整个产业仍然深陷在低生产力的漩涡中无法自拔。知识产权制度的建立不仅能避免重复生产、缩短研发周期，还能扩大各利益相关方的知识需求，提升营销传播业整体知识水平。比如，某种算法的专利所有人向外公开其发明的内容越及时，专利价值峰值就有可能实现得越容易，在此基础上的算法升级反过来又进一步保障、激励知识的生产。知识产权制度的

完善程度，直接影响和决定着当代营销传播行业生产力发展的深度和广度。

除市场经济环境、全球化竞争环境、知识产权制度环境外，当代营销传播行业生产力的实现也受到内、外部文化环境的影响。内部的文化环境主要指企业的价值观、理念、精神等管理环境，外部文化环境是指行业及社会的人文环境。它不但决定了传递什么样的知识、怎样传递，而且决定了知识成效。但是，在信息技术高度发达的今天，多元化的价值观也有可能让知识的使用发生畸变，使一种原本先进的生产力对整个社会的发展产生阻碍和破坏。

四、当代中国营销传播行业生产力体系的运行过程

1. 知识生产是当代营销传播行业生产力的运行起点

按照生产性质，当代中国营销传播行业的知识生产可分为：（1）原创性生产，即利用现有的知识基础，创造出新的知识产品，包括各式设计、技术平台开发、通用型报告、工作方法、工具、学术论文、专业著作等各种知识、观念、理论、发明的探索。（2）复制性知识生产，即把原有的知识产品进行简单的复制生产，如案例宣传、作品传播，以及为具备价值的文化艺术作品所做的商品化生产、推广等等。（3）定制性知识生产，即利用现有的知识，生产出符合要求的知识产品，如咨询和解决方案、专用数据库建设和数据挖掘、信息发布位和发布时间定制、自动化创意等等。原创性知识生产使营销传播行业的劳动产品具备了独特性，定制性知识生产使劳动产品具有了针对性，复制性知识生产使劳动产品得以规模化。当今市场环境下，三种知识生产在营销传播行业的工作任务中往往并行出现，而且一种生产会同时含有另一种生产的性质，它们在劳动产品最终的价值实现上同等重要。对于原创性知识生产的生产者而言，知识产品的质量、样式、效用一般来说是未知的，即“其生产函数所描述的投入—产出关系只能是一种随机概率关系”[23]。

但营销传播活动毕竟是商业行为，这就要求以最大可能来预知这些知识生产的结果。相对于我们所说的等待广告创意“灵光一现”而上下求索尚感遥遥无期，营销传播技术研发是比较容易预测的。现在营销传播行业每天产生的数据、试验方案、算法优化等等，要比以往的质化经验积累多无数倍、快无数倍，在这个基础上的“试错”，其失败代价也比以往低很多。然而，尽管失败代价在逐渐降低，但“知识产品具有很强的外部性，即知识产品的社会效益要大大高于知识产品给生产者个人带来的效益”[24]，因此除市场机制之外，还必须有法律和政策补充机制来保护知识生产者的生产积极性。

2. 知识传播在知识生产力转化过程中居于核心环节

市场竞争的加剧和将知识快速变现为实际收益的要求，是当代营销传播行业知识传播的根本动力。互联网和智能通信设备的广泛使用是当代营销传播行业知识传播的基础物质条件。根本需求与物质条件相互助推，使得知识由个体形态向社会形态转化的速度愈快、范围愈广、数量愈大、渠道愈多、精度愈好、价值愈高、成本愈低。知识传播联结了价值传递链上的各利益相关者，还通过知识的溢出，对其他行业和社会整体产生影响。这种影响力的大小基本取决于知识传播的深度和广度，而知识传播的深度和广度则取决于知识载体以及传播知识的媒介种类、多少和使用熟练程度。

知识传播在营销传播行业的知识生产力转化过程中居于核心环节，主要有以下作用：（1）在广泛传播且被有效应用后，知识价值能尽快实现并避免知识的重复生产。（2）智能设备和互联网的普及，给营销传播行业的知识传播带来了革命性的影响，极大地加速了知识的搜索、吸收、积累和转化。如云端调用、企业网站、企业或个人公众号及博客、工作在网络平台的分包、慕课、分答、会议直播等等。（3）知识传播使知识在行业内部实现了社会化共享，培养了各种专业化人才，塑造了有区隔的行业认知，形成了有利于行业进一步发展的共识与文化氛围。

3. 三类知识应用（消费）主体的同异点

营销传播行业的产出物大多为知识产品，其生产和传播的目的是为了消费（包括生产性消费和生活性消费）。客户方与营销传播从业者主要是生产性消费，普通消费者则进行生活性消费。在这里，生产性消费

是指观念形态的知识向物化（技术化）形态的知识转化，以及技术向现实生产力的转化。三类消费主体在实际消费时的条件和需求既有相同亦有不同。客户方、营销传播从业者、普通消费者的相同之处在于，都必须具备一定的获取、转化、运用知识的能力。这种能力是货币、时间、精力和智力等因素的总和，其中智力因素是决定知识消费能力大小的最主要因素。[25] 但是，普通消费者所做的对营销传播知识的消费多为生活性消费，将这种知识转化为生产力的可能性极为有限，极少能利用这些知识获得经济利益，而是满足其物质需求及／或心理需求。

客户方与营销传播从业者在把知识当作生产性消费时的目的大体相同，即希望将知识运用于生产活动，带来技术革新、高新技术应用化和管理科学化，创造出新的价值，获得行业均值之上的额外收益。不过，这种知识的生产性消费在进行后虽必然产生一定的结果，但这种结果与使用者的期望之间未必正相关，也有可能是不相关甚至负相关。

两者在知识消费时的不同之处在于：（1）知识消费的整体性和系统性不同。单一的、零碎的知识尽管也有使用价值，但很难被单独使用。客户方的知识消费整体性较强，其知识能运用在本企业或在本行业内部，专注深入，但不一定移植到其他行业。代理方的知识更为系统也更为泛化，但整体性较弱。因此在实际对接业务时首先需要客户方的引导，才能有效接入此企业（行业）的知识体系。（2）在知识的共享程度上不同。广告业自诞生起便与客户共享知识并共创知识。但代理方的知识体系使用是包含在服务协议当中的，而客户方的知识体系则是选择性开放。因此，即使双方的知识存量是对等的，共享程度的不同也能够造成知识的不对等。（3）知识消费是一个使用与满足的过程，“被满足的程度取决于投入成本的大小及知识与活动相结合的复杂程度”[26]，在知识与活动相结合的复杂程度不变的前提下，知识消费的被满足程度取决于投入成本大小。因此，对于同样的知识进行消费，客户方比代理方在投入上更多，获得的回报就更多。但在现实当中，客户方的资金投入方向受到多种因素制约，知识要素投入后的产出也受多种条件制约，所以会出现客户方在生产性知识消费上投入还不及代理方，或者代理方投入少而受益比客户方更大的情况。（4）知识创新的速度和作用不同。“知识的陈旧老化关键不在于知识存在时间的长短，而是取决于知识创新的能力和速度、知识的增值能力的大小以及知识被消费之后的满足程度，最终取决于知识创新的能力”。[27] 因此，实现知识的再造功能和经济社会功能的关键在于知识创新。这种速度将会受到企业规模、管理方式、盈利模式、智力资源、知识网络构成等等的限制。

五、结语

如无充分必要，知识转化主体一般不会主动转化知识内容。这种知识“黏滞”是普遍存在的，知识创新的瓶颈往往也在于此。而且，当我们谈到知识“黏滞”时，其实一般只考虑到组织的内部状态，但知识的转化是在个人—团队—组织—跨组织的复杂系统环境中进行的——向外延伸会与其他组织和行业形成“知识传播网络”，再向外延伸，则与“国家创新体系”相关联。

如果将知识转化仅限定于组织的知识管理领域，那么当个人的知识已被组织成员所共享，或者是已被嵌入组织的知识网络中时，可以大略地认为知识实现了转化。但实际上，知识转化在生产力定义中的范围要更为广泛，它既包括一种知识转向另一种知识，也包括隐性知识转向显性知识，还包括知识转向物化。当知识真正进入生产交换体系时，知识拥有量多者向寡者的流动是否发生，取决于知识供给者和知识需求者对知识交流的成本收益判断。知识的性质、知识供给主体的传递能力、知识需求主体的学习能力等因素都会对知识转化的成本产生影响。就组织而言，即使组织能够提供充分的激励制度和硬件条件，也还需要其他机制的共同作用才能持续地驱动个人知识向组织知识转化。[28]

知识生产力效用发挥所依赖的，不仅是个人到个人、个人到团队、团队到组织之间的知识交流，也不仅是外部政策在知识转化过程中所能提供的扶持。实际上，知识本身即具有先天性的、内在的传播和转化障碍。例如，我们可以在当代营销传播行业的知识生产力转化中发现如下疑难：（1）理工科知识和技术的广泛应用为营销传播业的发展注入新的活力，但知识的复杂程度加深、技术难度加大、信息含量和知识的转移数量增多。（2）知识拥有者对知识转化的意向较为强烈，但缺乏激励机制以促进产生实际行动。（3）由于发展过于迅速，很多知识源头的可靠性无法验证，尤其是在数字营销传播知识和技能的评判上。（4）作为知识供给主体，多数企业缺乏将知识有序化的能力。（5）一些企业、特别是转型企业，作为知识受体的个人在知识吸收意识、对知识的搜寻和学习能力、对知识的接受主动性等方面存在问题。（6）不同企业在知识传播渠道的技术、丰富程度、开放性和密度上有很大差异。（7）对知识创新的认知不足，未能上升至企业战略管理层面。（8）个人和组织的知识转化过程不完备，部分关键环节缺失，导致无法完成从转化到创新再到转化的闭环。如果不能利用行之有效的激励机制将这些障碍消除，并且将管理的注意力和资源投入到知识转化当中，知识的转化便会变成简单复制，哪怕知识交流的频率再高、政策扶持力度再大，也不会自动产生知识创新。

在当代营销传播行业的生产力体系当中，知识居于首要位置，以其先天具有的协同调配特质带动其他要素运转，使全要素生产率（TFP）稳定提升。知识转化是知识生产力的实现途径，在知识管理当中展开，并最终指向知识创新。但要想把知识真正变为现实的生产力，则必须首先认识到虽然在特定时期某种生产力会具有主导地位，但社会生产力始终是一种合力；其次则需提高劳动者素养，并且尽最大努力跨越上列障碍以提升全要素生产率。

【参考文献】

[1] 郭杰忠．生产力概念的制定及其对历史唯物主义的意义．江西社会科学，2005 年，第 9 期．

[2] [11] 黄亚玲．关于生产力研究的几个基本问题．求实，2006 年，第 8 期．

[3] [6] [德] 卡尔·马克思，弗里德里希·恩格斯．马克思恩格斯全集（第 23 卷）．中共中央编译局编译，人民出版社 1979 年版，第 202、53 页．

[4] [5] [德] 卡尔·马克思．资本论（第 1 卷）．中共中央编译局编译，人民出版社，1975 年版，第 363 页．

[7] 杨海军，杨栋杰．试论世界广告的历史演进与历史坐标．广告大观（理论版），2010 年，第 2 期．

[8] 巨乃岐．现代生产力结构探析．天中学刊，2006 年，第 1 期．

[9] 焦坤．传统生产力概念的解构与重构．思想理论教育导刊，2004 年，第 3 期．

[10] 刘启春．知识生产力的哲学思考．华中师范大学博士学位论文，2012 年．

[12] 巨乃岐（2006）认为，以往对“生产力”的概念界定大致有七种，即：1）“征服说”，认为生产力是人类征服自然、改造自然的能力；2）“控制说”，认为生产力是人们控制和改造自然的能力；3）“改造说”，认为生产力是人类改造自然的实际程度和能力；4）“适应说”，认为生产力是人们适应、改造和利用自然的物质力量；5）“物质能力与精神能力总和说”，认为生产力是指人控制和改造自然的物质的和精神的、潜在的和现实的各种能力的总和；6）“大生产力说”，认为生产力是包括物质生产力、精神生产力和人才生产力在内的大生产力，是此三种生产力的总和；7）“包含认识能力的改造说”，认为生产力概念应该把人的认识能力纳入其中．

[13] 赵育冀．浅谈广告学科体系及研究方法．北京商学院学报，1987 年，增刊．杨海军，杨栋杰．试论世界广告的历史演进与历史坐标．广告大观（理论版），2010 年，第 2 期．

[14] 吴易风．马克思的经济增长理论模型．经济研究，2007 年第 9 期．

[15] 彭五堂．马克思经济增长理论及其现实意义．经济问题，2005 年，第 11 期．肖耀球．中性技术进步条件下的马克思经济增长理论与模型研究．系统工程，2007 年，第 3 期．施生旭，郑逸芳，石礼忠．技术进步对经济增长的效应分析及实证研究．理论月刊，2014 年，第 3 期．

[16] Romer, P. M.,“Increasing Return and Long-Run Growth”, Journal of Political Economy, Vol. 94 Issue 5, 1986, pp.1002-1037.Romer, P. M.,

"Growth Based on Increasing Returns Due to Specialization", American Economic Review, Vol. 77 Issue 2, 1987, pp.56-62.Romer, P. M., "Endogenous Technological Change", Journal of Political Economy, Vol. 98 Issue 5, 1990, pp.71-102.

[17] 梁建章，黄文政，保罗·罗默获得诺贝尔经济学奖对中国的启示，2018 年，10 月 10 日 . http://finance.sina.com.cn/review/2018-10-10/doc-ifxeuwws2662292.shtml. (2018 年 10 月 28 日访问)

[18] [英] 约翰·希克斯 . 经济史理论 . 厉以平译 . 商务印书馆 1987 年版，第 63 － 84 页、第 146 － 165 页 .

[19] 笔者的划分是为了说明广告业恢复以来广告公司在生产力要素方面因时代变化而产生的变迁。从 1980 年到 1995 年是"点子"＋垄断资源，从 1995 年到 2005 年是群体技能＋媒介资源，2005 年之后是知识资源与商业性资源集合。从资本层面看，第一代、第二代广告公司存在时期不仅缺乏正文中提及的客观因素，而且公司的发展主要强调内生性，除了少数媒介公司需要大量资金进行周转之外，一般企业对资金的需求并不高。

[20] 图中较细的箭头线表示发生作用，较粗的连线和箭头线表示合力并经由，虚箭头线表示反馈，斜体字和正体字表示不在同一个维度，字体加黑表示较大比例 .

[21] 汪向阳 , 汪碧瀛 . 论当代知识生产力的新发展 . 西北大学学报（哲学社会科学版），2001 年 , 第 3 期 .

[22] 叶险明 . 生产关系与知识所有权 . 马克思主义研究，2006 年 , 第 1 期 .

[23] [24] 袁志刚 . 论知识的生产和消费 . 经济研究，1999 年 , 第 6 期 .

[25] [26][27] 唐玉生 . 论知识消费 . 江汉论坛，1999 年 , 第 8 期 .

[28] 戴俊 , 朱小梅 , 盛昭瀚 . 知识转化的机理研究 . 科研管理，2004 年 , 第 6 期 .

图像·意旨·场景：基于央视公益广告符号变迁的传播思考

吴来安[1]

| 摘　要 | 现有关于图像符号的研究，尽管能兼顾不同类别图像的特征，并从文本内部图文互动的视角展开分析，但仅限于平面静态的图像，且忽略了在媒体不断变革的背景下，媒介对于文本也同样具有重要影响，亦会在互动过程中影响符号意义的表达。因此，本文在罗兰·巴尔特和戈兰·索内松等学者图像符号理论的基础上，尝试通过“视听符码、预期效果、传播媒介、文本图构”四大要素所组成的图像符号系统，分析1987年至今央视的视频类公益广告符号表达及变迁，在考察图像符号系统内部各要素及相互间互动的基础上，总结央视公益广告以视听符号来表达公共利益的规律。研究认为：1、央视公益广告通过对人物和象征物的图像塑造，为我们绘制了一幅反映国计民生各个方面公益需求的“民生画像”；2、央视公益广告的符号呈现，在与传播媒介不断的互动中，经历了从“图像”传播到“意旨”传播的变迁。当人工智能，大数据等以技术为核心的智能媒体时代到来时，“场景”将会为“图像”和“意旨”提供新的技术赋能，成为未来公益广告脱离广告整体困境的“引力弹弓”。

| 关 键 词 | 央视公益广告；图像；图像符号

一、文献综述与问题提出

公益广告作为一种“非营利的”（刘林清、和群坡，2014:4）“为了社会公众利益而做”（丁俊杰，2013:37）的广告形式，由于带有“宣传社会良好风尚，倡导社会良好道德，促进社会主义精神文明建设”（刘凡，2006:49）等目的，决定其内容相当广泛。小到“个人价值、家庭和睦、行为规则”等涉及民众精神、文化、道德素质的内容；大到“国家理想、社会稳定、生态环境”等关于国家的物质环境、法规制度、精神追求等都有涉及。因此，在我国的社会主义精神文明建设中，价值和功能日益凸显，有着相当重要的作用。国家也因此出台了大量扶持政策[①]鼓励公益广告的快速发展。于是，公益广告在数量上大幅度增加，成了近年来公众及学者们关注和研究的焦点。但是，随处可见的公益广告，却因为一些概念化、模式化和简单化的创意，引发了不少争议[②]，整体质量并不乐观。

在全国众多媒体投放的公益广告当中，中央电视台（以下简称央视）播出的公益广告，一直以来都受到大家的关注，有不少公众耳熟能详，并产生过重大影响的广告作品。这其中虽有作为中央级媒体平台的影响因素，但公益广告作品自身的优异表现也不容忽视。不少作品，不但拥有优秀的受众口碑，还在国内和国际屡次斩获大

国家社科基金项目“文化强国背景下国家形象广告对中国传统文化的承载与传播研究”（17BXW091）

[1] 安徽师范大学 新闻与传播学院，安徽芜湖，241002

奖[3]，获得了广泛的认可。

央视公益广告究竟如何通过视听符号的传播来塑造价值观念，获得公众的广泛认同？在人工智能、大数据、云计算、区块链等日渐广泛运用的当下，央视公益广告未来创意制作的进路如何？对于这些问题的思考及探讨，既需要我们梳理央视公益广告发展变化的历程，以总结其符号传播的规律；又需要我们基于智媒体的背景，进一步思考央视公益广告未来的发展方向。

现有关于公益广告的研究文献中，西方学者多关注于公益广告的受众效果（Mary Falcone，etc.2013，Carson，Evelyn D.2010）、问题与策略（N. Will Shead，etc.2011，Joyce M. Wolburg.2001）、创意与制作（Diane M.Kimoto，etc.2009，Dewis，Rob.1992）；而国内学者则多侧重于公益广告的语言特征（李晨宇 2012、程爱晶 2000）、价值功能（陈正辉 2012，陈家华 & 程红 2003）、创意表达（冯依民 2015，胡晓云 2013）等。中西方文献在研究视角及研究方法等上，均有不同的侧重。整体而言，现有文献多聚焦于对公益广告个案及现状的静态分析，鲜少从动态和发展的视角而展开的历时性探讨。

以央视公益广告为研究对象，进行考察的文献，在公益广告的整体研究中占比较少。学者们对做了关于“创新路径（任学安 2017，冯依民 2013）、个案探讨（吴来安 2018、王晓红 & 赵希婧 2017）、文化思考（李稳 2016，汤劲 & 盛芳 2011）”等方面的研究，获得了一些有价值的成果。但和公益广告整体的研究状况相似，涉及历时性研究的文献很少，截至目前仅有 5 篇，主要集中于对“主题变迁（唐国徽 2014，汪峰 2010）”和“历史表现（石正茂 2013，杨正良 2012，吴琼 & 李凤城 2009）”的考察。这 5 篇文献对央视公益广告的主题、特征、价值等做了整理和归纳，但略感遗憾的是，描述与梳理的成分远大于理论探讨，且缺乏基于广告的具体表现，对央视公益广告传播的规律，及发展前景等作出深入反思和探讨的文献。

有鉴于此，本研究拟以央视公益广告为研究样本，观察和分析央视自第一次推出《广而告之》公益广告栏目[4]为开端，直至今日的公益广告具体表现，分析其中符号表达的传播法则，在总结和观察央视公益广告中符号变迁的同时，为其未来的进路做出大胆推测。希望能借此研究，既为学界研究央视公益广告提供学理层面的思考，又为其他媒体创意传播公益广告提供实践借鉴。

二、理论基础及研究方法

海德格尔早在 20 世纪 30 年代时就提出“世界图像的时代（海德格尔，1938）”这一命题，认为“世界被把握为图像了”（海德格尔著、孙周兴选编，1996:889）。如今新媒体时代，图像传播更是无处不在，视觉已然成为“当今文化的主因，是创造、表达和传递意义的重要手段”（王媛，2016:29），人们常常借助于“语言、图像以及音像综合符号”的视觉修辞（陈汝东，2005：53），获取最佳的视觉体验效果，获知信息并满足审美愉悦。可见，对于视觉符号文本的提炼、呈现与传播，在公益广告的传播当中相当重要。因此，本研究从图像符号学的视野切入，对央视公益广告进行研究。

（一）理论基础

有关符号的科学研究，可追溯至 19 世纪末 20 世纪初，瑞士语言学家菲尔迪南·德·索绪尔 (Ferdinand de Saussure) 和美国哲学家查尔斯·桑德斯·皮尔斯（Charles Sanders Peirce）几乎同时提出符号学，被称之为现代符号学的两位“奠基者”。索绪尔较多关注于语言符号的领域，重视符号的社会功能，他将符号视为一种“二元现象”，在《普通语言学教程》中指出，“语言符号连接的不是事物和名称，而是概念和音响形象。我们建议保留用符号这个词表示整体，用所指和能指分别代替概念和音响形象”（菲尔迪南·德·索绪尔著，岑麒祥 & 叶蜚声校注，1980:101-102），并认为“能指和所指的联系是任意的”（菲尔迪南·德·索绪尔著，岑麒祥 & 叶蜚声校注，1980:102）。而皮尔斯则从符号自身逻辑结构的角度，提出符号的三个普遍范畴，认为符号有三大类型“图像、标志和象征”，是符号功能三分法。

法国著名语言学家、符号学家、文艺批评家罗兰 · 巴尔特（Roland Barthes）延续了索绪尔语言学论述的脉络，开启了图像符号研究的先河。他在 1964 年 Communication 第 4 辑上刊发了《图像修辞学》

（Rhétorique de I’image）一文，从“语言信息、外延图像（又称原本信息）、内涵图像（又称文化信息或象征信息）”（罗兰 · 巴尔特著、方尔平译，王东亮校，2008:261-272）三个层面，对意大利面条品牌“庞札尼”（Panzani）的一则平面广告进行了细致而全面的分析。认为，语言信息即是文本（texte），通过“标题、图解文字、媒体文章、电影对白、连环漫画（fumetto）”等几乎存在于所有图像之中。而“外延图像”在某种意义上来说，是印制在“内涵图像”之上，即“原本信息”作为“象征信息”的载体而出现。同时，Barthes 非常注意图像符号的内容及能指物在社会中与意识形态的链接，认为广告中的图像所指并非无限延伸。而是在社会、历史、文化等综合影响的作用下，结合自身的文本要素，交互作用以产生紧密的胶合，准确地对受众传达意义，让受众不至于误解。Barthes 对于广告中图像符号与社会意识形态等链接的论述，说明其并非静止地基于“语言信息”去分析“原本信息”和“象征信息”，而是注意到了文本之间，甚至文本与其他要素间的互动关系，且认为这些因素对于限定文本意义，避免其产生多义性具有重要作用。

瑞典隆德大学认知符号学研究所主任、图像符号学家戈兰 · 索内松（Göran Sonesson，1993）认为巴特对“庞札尼”（Panzani）广告基于“结构、效果、渠道和配置的类别组合”的分析非常有意义。然而，从某种程度上来说，却有着概括的广泛性。无法确定这种分析方式是否通用于照片、广告或评论插图等不同类别的图像符号。为能观察不同的图像符号，并针对它们不同的特质展开研究，Sonesson 提出考察图像文本的四个要点：“结构规则（rules of construction）”“预期效果（effects which they are intended to produce）”“传播渠道（the channels through which pictures circulate）”“配置性质（the nature of the configuration）”（Göran Sonesson，1993：131-164），其中，“结构规则”是指诸如图像本身的“与传播内容紧密关联的表达特征”，而“配置性质”则是主导图像（符号）表达配置的本质，即该图像之所以能表达出意义的“构图法”。

Sonesson 关于图像文本的分析，考虑到了图像文本多样化所表现出的差异性。然而在分析当中，“可能特意保留了哲学形而上层次的论述，对‘结构规则’和‘配置性质’的论述有些模糊，且未能举例予以说明”（孙秀蕙 & 陈仪芬，2010:25-63）。为能更好地分析图像符号的文本特性，孙秀蕙 & 陈仪芬（2010）结合传播研究的通用概念，将 Sonesson 提出的四大要点归纳为“符码的形式（types of code）”“传播目的（goals）”“传播媒介（media）”“文本图构（texture）”（孙秀蕙 & 陈仪芬，2010:25-63）。以上海月份牌广告为例，可分别理解为：“以女性为视觉核心的写实彩色绘画，中文字与西文字并列”“广告、行销、宣传”“平面广告海报”“图像意义被文字框架住”。

上述学者们对于图像符号的考察，既能兼顾不同类别图像的特征（Sonesson，1993）进行分析，又能结合文本符号之间因互动（Barthes，1964）而产生的意义“构图方式”展开（孙秀蕙 & 陈仪芬 2010），因此，对于图像符号的考察具有非常重要的理论价值。但略感遗憾的是：1、现有文献仅考察了平面静态的图像，尚缺乏对动态视频图像的研究；2、过于注重对图像符号文本（图像及文字）间内部互动的考察，而忽略了在媒体不断变革的背景下，媒介（或渠道）对于文本也同样具有重要的影响，亦会在互动过程中影响符号意义的表达。即，现有研究尚缺乏对整个图像符号系统内部各要素之间互动的考察。

由于本研究所探讨的央视公益广告[5]都是视频公益广告，笔者综合上述研究中关于图像符号文本要点的研究设置，再结合视频图像具有动态、视听综合的特征，尝试将四大要点修改为“视听符码、预期效果、传播渠道、文本图构”（见表 1），即一个完整的关于视频广告分析的图像符号考察系统。具体为：

1. 视听符码。是指包含视觉和听觉符号在内的图像符号文本，不但包含以人物、象征物（含景物、动物、植物、器物）等为主导的图像，以标题、内容（解说词）、广告语为重点的文字，还包含由语言、音乐和音响三部分组成的听觉符码。

2. 预期效果。央视公益广告是以央视为平台以及制作方发布的公益广告，符合公益广告的所有特征和目的。都是以与社会公众利益密切相关的，涉及“道德规范、教育、环境、资源、健康、公共服务”（倪宁，2000:26）等，人们关心的社会问题作为主要内容，“宣传维护公共道德、时政理念、公共利益”（刘林清、和群坡，2014:4），达到“培养和促进良好社会风尚的目的”（张金海，2002:193），并“使社会主义核心价值观和各项方针政策的宣传大众化、通俗化、形象化，便于入耳入脑入心”（丁俊杰，2013:37）。因此，央视公益广告的预期效果表现为，进行广而告之的公益理念宣传，获得广泛认同，并实现说服的最终效果。

3. 传播渠道。有别于Sonesson所列举的“广告海报、明信片、壁画”等静态图像流通的方式，以及孙秀蕙&陈仪芬所研究的“月份牌广告画”等，平面广告类传播渠道。本研究因对象是视频广告，所以传播渠道将是可以播放动态视频图像的所有流通方式。因此，除了可以播放视频广告的，以电视为代表的传统传播平台，还包含以PC端、移动端等为载体的新媒体网络平台。同时，随着5G、大数据、云计算、人工智能等新技术的不断革新，“技术正成为广告营销行业变革的核心推动力量”（秦先普，2019），未来视频广告展示的渠道将会是更加多元，并兼具场景化的智能终端。

4. 文本图构。这一概念是由孙秀蕙&陈仪芬（2011）提出，意为“文本（text）与图像（Picture）兼具”。指在图文并置中产生意义的构图法则，即可以理解为修辞手法。因此，在她们关于上海月份牌广告的研究当中，“文本图构”是指“图像被文字框架住”。而央视公益广告，多通过实拍（如“下岗再就业”系列）、电脑特效（如《相信品牌的力量 - 水墨篇》），或者综合表现（如《福娃篇》）等方式，进行视觉图像符号的展示。由于这些图像符号具有动态连续的特征，可以借助蒙太奇剪辑的方式，或展示一段故事（《打包篇》），或实录二人对话（《支持就是力量》），或直接口述说教（《相信篇》），或比喻象征（《中国精神之梅兰竹菊篇》）…… 倘若没有文字或声音的配合，将无法限定图像所要表达的含义，更无从说明其公益理念，用以“匡正时弊，树立新风，影响社会舆论，疏导社会心理，规范人们的社会行为”（潘泽宏，2002:61）。因此，央视公益广告虽是视频广告，但所表现出的文本图构特征也是如此。广告以一定的人、物、景作为视觉图像，配以“文字和声音”后，演绎关于“政治政策、节日、社会文明、社会焦点”（张明新，2004:19）等涉及公共利益的各类主题，达到传播公益理念的目的。这些文字和声音具体可包含在标题、内容及广告语当中，可以限制（框架）住视频图像中所表达的含义，并在图文互动的过程中，传递出一定程度上的延伸意义和象征讯息，即Barthes所主张的“文字预设意义”和“情境脉络意义”。

表 1 央视公益广告的文本特性辨识与符号分析原则

文本特性 分析原则		央视公益广告
视听符码	图像	人物、象征物（含景物、动物、植物、器物）等
	文字	标题、内容（解说词）、广告语
	声音	语言、音乐、音响
预期效果		广而告之、公益传播、实现认同与说服
传播渠道		电视端、网络（移动 /PC/ 户外等）端、智能端
文本图构		图像（意义）被文字和声音框架（限制）住

（二）研究方法

本研究尝试以上述图像符号系统的四要素为原则，观察和分析央视公益广告自1987年至今符号的表达，考察四要素之间的变迁及互动，希望能为丰富图像符号领域内视频广告的分析做出尝试。具体步骤为：

1．资料搜集和样本选择

①公开发布及发行的纸质和网络资料：《中国公益广告年鉴（1986年-2010年）》《中国公益广告年鉴（2011年-2013年）》、全国电视广告金印奖、央视公益传播微信公众号、央视广告经营管理中心微信公众号、央视网 www.cctv.cn 等。

②多渠道搜集的视频资料：2016年5月，笔者作为《国际品牌观察》杂志记者采访央视公益广告创意总监冯依民老师时，由冯总监提供的《中国中央电视台广告经营管理中心优秀公益广告作品鉴赏（2012-2016）》等资料。

此外，笔者还联系了“中央电视台音像资料馆”（2002年竣工，2003年试运行），得知2002年以前，特别是20世纪80年代的央视公益广告音像资料，由于年份较早，当时整理入库的意识及技术不强，加之有不少被重复利用的现象，因此暂无法整理出早期的央视公益广告相关视频，后续如有增加，将会补充进样本当中。

2．样本整理及符号分析

基于现有样本，综合考量文化、社会等因素，以及现有文献资料，对央视公益广告进行样本分析，并进行分期。再从不同分期中选取案例，从“视听符码、预期效果、传播渠道、文本图构”四大要素的视角进行符号分析。考察不同时期这些要素在图像符号系统中的表现和互动，剖析央视公益广告利用视听符码来表达公益意图，并借助不同传播渠道进行说服的规律，总结符号变迁与传播的轨迹，尝试对未来央视公益广告传播的路径进行大胆推测。

三、央视公益广告符号变迁及特征分析

“公益广告在我国的发生和发展，不是由哪一个人的主观意愿所决定的，而是我国社会发展的必然结果，是时代呼唤的必然产物”（潘泽宏，1997：38-42），通过一系列精心设置并被结构化的视听语言和符号系统，反映出社会对于公共利益的普遍需求。不同时期公益广告符号的变迁，能折射出因社会结构、生产生活方式等的更迭和变化，而导致的人们思想价值观念变更的动向和规律。因此，对于央视公益广告视听符号的分析，能够解答其因何吸引公众关注并获得广泛认同的这一疑问，亦能由此而进一步推断出央视公益广告未来发展的方向。

1987 年，央视推出了中国第一个电视公益广告栏目——《广而告之》，标志着央视电视公益广告时代的开启和诞生。此后，从未间断过对公益广告的传播。1987 直至今天的三十多年里，央视播出的公益广告虽暂时无法用具体准确的数字来进行统计[⑥]，但大量优秀案例在不同历史时刻产生了深远的影响，成了人们宝贵的集体记忆。如，20 世纪 90 年代“下岗再就业”“知识改变命运”系列，2001 年的“思想道德”系列，2003 年的“非典”系列，2007-2008 年的“迎奥运 · 讲文明 · 树新风”系列，2013 年至今每年的“春晚公益广告”……

笔者查阅了大量文献资料，对历年来央视公益广告的主题作了详细梳理，依据《中国公益广告年鉴》中的相关资料，以及国家重大事件的发生等为重要依据，将央视公益广告三十余年的发展历程分为三大阶段：以 1987 年央视第一个电视公益广告栏目《广而告之》为起点；以 2008 奥运年，中华民族实现了伟大复兴征程上的又一历史跨越为第二阶段的转折点；再以 2017 中国特色社会主义进入新时代，我国发展进入新的历史方位为第三阶段的转折点（见表 2）。

表 2 央视公益广告历史梳理

序号	年份	广告主题	分期依据
1	1987-2007	交通安全、反腐倡廉、传统美德、文明礼仪、卫生健康、环境保护、“亚运会”系列、“希望工程”系列、“下岗再就业”系列、“知识改变命运”系列、中华好风尚、自强创辉煌、抗洪精神、“爱心传递”系列、爱国系列、“希望工程助学行动”、防治艾滋病、“弘扬民族精神，共同抗击非典”系列、“节约创造价值”系列、“红盾护农”	1987 年 10 月 26 日，中国第一个电视公益广告栏目《广而告之》诞生。
2	2008-2016	“迎奥运·讲文明·树新风”系列、“我们心连心、同呼吸、共命运，夺取抗震救灾的伟大胜利”“扬正气促和谐”全国廉政公益广告、“我们的节日·春节”“节日·节气”“迎国庆·讲文明·树新风”“弘扬全运体育精神”“相信品牌的力量”“世博精神”系列、“汇聚力量，传播文明”“讲文明树新风”“文明出行”“春晚公益广告”“纪念建党 95 周年”“纪念红军长征胜利 80 周年”	2008 年是非常特殊的一年。北京奥运会的成功举办、神舟七号飞船的成功飞行，向世界宣告，中华民族实现了伟大复兴征程上的又一历史跨越，是我们沿着中国特色社会主义道路奋勇前进的又一个新的起跑线。[⑦]
3	2017 以后	“一带一路，共创繁荣”“精准扶贫”“国家重大工程公益传播”“春晚公益广告”“时代楷模”“二十四节气”“绿色生态”、网络安全、抑郁症、器官捐献、扬正气·促和谐·中国梦、廉政建设	2017 年 10 月 18 日，习近平总书记在中国共产党第十九次全国代表大会上的报告中指出：“经过长期努力，中国特色社会主义进入了新时代，这是我国发展新的历史方位。”[⑧]

样本资料来源：《中国公益广告年鉴（1986 年 -2010 年）》《中国公益广告年鉴（2011 年 -2013 年）》《中国中央电视台广告经营管理中心优秀公益广告作品鉴赏（2012-2016）》、全国电视广告金印奖、央视公益传播微信公众号、央视广告经营管理中心微信公众号、央视网 www.cctv.cn

依据上述划分，再结合前文对央视公益广告符号特征所设定的图像符号系统的四要素“视听符码、预期效果、传播渠道和文本图构”，进行详细的符号特征分析：

（一）图像传播（1987-2007）

1987-2007 年的这一时期，央视公益广告多关注于“交通安全、反腐倡廉、传统美德、抗洪救灾、希望工程、下岗再就业、知识改变命运”等国计民生的现实话题，主要借助于对个人思想道德的塑造，以及国家重要社会事件的发生等，进行公益议题的设置和表达。

1．符号四要素分析

视听符码方面，该阶段的公益广告在视觉图像的选择上，以人物为主，有四种主体类型。①普通民众形象。如“思想道德主题”公益广告（2001）中的《关爱老人：常回家看看》《爱心传递》《公德比赛：公众篇》等，都是通过对普通民众在生活当中所表现出的典型的个体行为进行展示。以“爱心传递”系列的《洗脚篇》（见图 1）为例，广告讲述了一个孩子在看到妈妈给奶奶洗脚后，受到感染，于是也效仿母亲，端起水盆要给妈妈洗脚。稚嫩而又真诚的面容，吃力地端起水盆的身影，打动了无数电视观众。②民众代表形象。如“知识改变命运”系列（1999）中的《张海迪篇》，以身体高位截瘫的张海迪为主角，讲述她自己没有因生病而放弃梦想的事迹。不但在病床上学会了写字、看书，还出版了《轮椅上的梦》等长篇小说与散文集，成了济南市文联作家[9]。③特殊群体形象。如“知识改变命运”系列（1999）中的《姐妹篇》，讲述了两姐妹由于家庭经济条件所限，只能抓阄抽取唯一一个上学名额的故事。④公众人物形象。“下岗再就业”系列（1998）中的《从头再来》《脚步》，抗击“非典”系列（2003）中的《韩红篇》《章子怡篇》等。尤其是“下岗再就业”系列公益广告，通过歌手刘欢和那英的歌唱，鼓励下岗职工要重拾信心，再创辉煌。广告图像中，这两位歌手占据了画面的主导地位，他们和下岗工人站在一起，用歌曲唱出了他们的心声，激励了当时的大批下岗人群。这些人群的视觉画像和身份辨识，正是借由广告画面中的文字、声音（语言或歌曲）来让公众得以认知，在视听结合的基础上得以综合呈现的。

图 1《洗脚篇》公益广告（2001 年）

除了人物形象，还有少量象征物形象的表现。如“思想道德主题”公益广告（2001）中的《公德比赛：易拉罐篇》。广告通过地铁车厢里一个被众人无视，且被踢来踢去的易拉罐，来比喻部分民众在行为上的缺失，呼吁要以开展公德比赛来提升民众的行为规范。作为器物的易拉罐是该广告中视听符码的主角，以图像叙事的方式，配合标题、文字，以及背景声音，诠释了广告的公益内涵。

预期效果方面，文献资料显示，2001 年，央视的“爱心传递”主题系列公益广告，一经推出便获得巨大反响，“《洗脚篇》等受到中央领导同志和社会各界的充分肯定”[10]；2002 年，中央电视台与中国青少年发展基金会联合制作的“希望工程助学行动”公益广告，“感召了众多爱心人士踊跃捐款，大力推动了希望工程助学活动的开展，让更多的贫困孩子从中受益”[11]；2003 年非典期间，“非典”公益广告的高频率播出，“为人民提供了强大的精神支持，公益广告已经成为重大事件发生期间引导舆论、鼓舞斗志的有效方式，为人们带来了精神上的鼓舞与共鸣”[12]。除了这些社会效益，这一阶段央视的公益广告还获得大量奖项，如《广而告之》《希望工程》《下岗再就业》等，获得第四届至第九届全国电视广告“印象奖”、第一届至第七届全国公益广告活动金奖、全国思想道德公益广告奖[13]。

传播渠道方面，20 世纪 80 年代，“电视机、录音机、冰箱、洗衣机”被称为“四大件”。电视机作为家中的重要媒体之一，是当时人们能接触到央视公益广告的唯一渠道。虽然 1994 年中国实现与国际互联网的全功能连接，“被国际上正式承认为真正拥有全功能 Internet 的国家”[14]，标志着中国互联网时代的到来，但网络一开始“在信息源上，对传统媒体还存在较大的依赖与依附性”（陈建功、李晓东，2014：8），因此，在 1987-2007 年的这段时期里，央视公益广告的主要传播渠道是以电视平台为主。

文本图构方面，以“下岗再就业”（1998）系列公益广告中的《支持就是力量》（见图 2）为例。画面图像始终在一对夫妻的特写采访镜头间不断切换，仅有三个镜头有所变化，分别展示了啤酒瓶、夫妻二人一同洗衣、丈夫骑自行车带着妻子的画面。这则 60 秒的广告，通过妻子和丈夫分别的口述，描述了妻子在得知丈夫下岗后全力支持，二人共同努力重新就业的事情。广告仅在最后展示了“支持就是力量”的广告语。倘若没有视频画面中两人口述的语音，加上最后广告语明确的所指含义，我们可能会误以为这是一个新闻类的，对一对夫妻恩爱生活的采访视频，从而无法理解广告所要诠释的公益主旨：要以广告中的夫妻为榜样，发挥支持的力量，奋斗自强。该广告的图文在互动过程中，文字和声音限制（框架）住视频图像所表达的含义，传递出一定程度上的“文字预设意义”。但由于广告仅为叙事性的描述，文字和声音的配合即已清晰说明意图。因此，图文互动的过程中，未能进一步产生“情境脉络意义”，即象征讯息（symbolic message）。由于 1987-2007 年间的央视公益广告，多是因当时社会政治、经济等背景影响，而关注的现实性话题，在视听符码的表现上也多以叙事、描述为主，因此，这一文本图构的特征，在此阶段的其他广告当中多次出现，具有一定的代表性。

图 2《支持就是力量》公益广告（1998 年）

2．四要素间的互动

上述四要素分析认为，1987-2007 年间，央视公益广告的视听符码是以“普通民众、民众代表、特殊群体、公众人物”形象为主；达到了较好的预期效果；传播渠道以电视平台为主；文本图构的特征具体表现为，文字和声音限制（框架）住视频图像的含义，传递出一定程度上的“文字预设意义”。

可以看出，这一阶段，央视公益广告在以视听符号来塑造价值观念，传播公益意图的过程中，较多表现为对视听符码中“图像”符号的依赖，即“外延图像”（原本信息）在此阶段的公益塑造中占据了主导地位，这与当时以电视为主要传播渠道，有很大的关联。20 世纪 80 年代至 21 世纪初期，电视依旧是公众接受视频广告的主要来源，而就传统媒体而言，电视独特的优势在于其生动直观，并具有强烈视觉冲击的动态画面。主要传播渠道的这一显著优势和特征，为央视公益广告“视听符码”的展示提供了便利，也因此影响了文本图构的设置，广告通过以“图像”为主的叙事，再配合文字和声音所共同传递出的“文字预设意义”，就能很好地抓住当时公众的眼球，达到较好的公益传播的预期效果。

（二）意旨传播（2008-2016）

2008—2016 年间的央视公益广告，除了有大量受节事、社会问题等影响而创意制作的“迎奥运·讲文明·树新风”“抗震救灾”等系列广告作品外，还增加了诸如“我们的节日·春节”“节日·节气”等注重文化建设，深化改革的内容。

1．符号四要素分析

在视听符码方面，表现得更加丰富。虽然延续了前一阶段的“普通民众、民众代表、特殊群体、公众人物”这四类人物形象的塑造。但这一阶段，“公众人物”形象出现的频次及影响力较前一阶段大幅度增加。以“迎奥运·讲文明·树新风”系列（2008）最为突出，《相信篇》《冯巩篇》《以小见大篇》《京剧篇之舞台篇》等广告里，不但有公众非常熟悉的歌手韩红、宋祖英、刘欢等，还包含濮存昕、章子怡、冯巩等知名演员，以及孟广禄、迟小秋、余魁智等著名的京剧表演艺术家，他们通过口述、表演和宣誓，来为公众讲述如何规范个人行为，要用优雅的举止和文明的行为来迎接奥运，展示优秀的民众素质和国家形象。

同时，以“景物、动物、植物、器物”等为载体的象征物形象大幅度增加。如《筷子篇》（2014，见图 3）以中国数千年来流传至今的饮食工具“筷子”为载体，串联起广州西关、上海长宁、佳木斯东胜等 8 个不同场景里筷子的不同使用，分别寓意了“启迪、传承、明礼、关爱、思念、睦邻、守望、感恩”的中国传统文化精神。《门》（2016）通过五段不同场合的对话，为公众展示了“门”与亲情、友情、爱情等的连接，并分别指向“尊亲、睦邻、传承、连理、望乡”的象征寓意。类似的广告还有不少，皆是通过对具体器物的展示，表达出中华文化的精神。广告中，这些物品的“象征意义”远超于其“实用价值”。

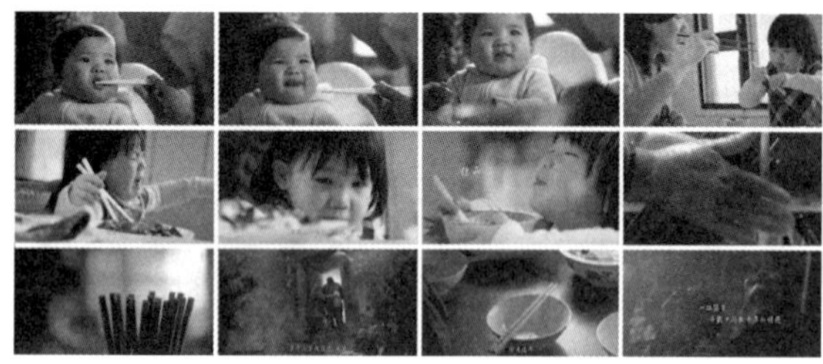

图 3《筷子篇》公益广告（2014 年）

预期效果方面，资料显示，“迎奥运·讲文明·树新风”系列公益广告“为北京奥运会的成功举办，营造了和谐、文明的社会氛围”[15]，这一系列中的《相信篇》《鸟巢篇》《鼓掌篇》等广告作品，获得第八届全国公益广告评选活动金奖、银奖、铜奖等众多奖项[16]；《打包篇》自 2013 年 2 月在央视等多个频道播出后，赢得了无数赞扬。网络转发、评论量超过百万[17]，并一举获得第 60 届戛纳创意节铜狮奖；2013 年《回家》以公益广告的形式登上春晚的舞台，仅春节 7 天“全国有 7 亿观众通过电视看到了《回家》系列公益广告，……互联网视频点击量超过 100 万次，通过腾讯微博阅读超过 200 万人次”（石正茂，2014:90）；2014 年春晚播出的《筷子篇》让主持人董卿现场哽咽道，“我被它深深的中国情结打动，我的眼睛湿润了……”（石正茂，2014:91）。

传播渠道方面，据中国互联网络信息中心（CNNIC）统计，2008 年我国网民数达到 2.98 亿人，互联网普及率为 22.6%；截至 2016 年 12 月，我国网民规模达 7.31 亿（相当于欧洲人口总量），普及率达到 53.2%，超过全球平均水平 3.1 个百分点[18]。互联网在这一时期发展迅速，拥有了主流媒体的地位。央视公益广告的传播渠道在 2008-2016 年的这段时间更加的多元化，由原先的电视媒体为主，转变为电视媒体和网络媒体渠道并驱，共同传播的表现。

文本图构方面，以人物形象为主的《打包篇》（2013，见图 4），描述了一个患有阿兹海默症的父亲，几乎遗忘了一切，却依旧记得儿子爱吃饺子的喜好，故事的画面与语音及最后的广告语间的互动，既表达了父亲生病都不忘关怀儿子这一骨肉亲情的所指，又暗含了要孝顺父亲，重视“家文化”这一象征讯息。“他忘记了很多事情，但他从未忘记爱你”让很多人瞬间泪目。以动物形象为主的《鸟巢篇》（2008），展示了各种鸟儿口衔树枝，从全球各地飞向北京搭建鸟巢的画面，随后，真实的鸟巢被置换成北京奥运会主体育场“鸟巢”，“同一个世界，同一个梦想”的文字，指出了“齐心协力，共迎奥运”的主旨。该广告中的动物图像，若没有文字的限制（框架），会让观众误认为是拍摄鸟儿迁徙的摄像纪录片，广告画面在文字配合的情境中产生了“共迎奥运”的延伸意义，同时，观众还需结合既有的文化认知，以及 2008 中国举办奥运会的社会背景，方才能理解到鸟儿寓意“和平、友好、文明”的象征讯息，并更好地理解“迎奥运、讲文明、树新风”的公益主旨。

图 4《打包篇》公益广告（2013 年）

2. 四要素间的互动

2008-2016 年间，互联网发展迅速，渐渐取代了电视等传统媒体，以新媒体的姿态成了主流媒体。互联网的发展让公众对于视频广告的接受有了更多的选择渠道，除了电视端，还有 PC 端、移动端、户外渠道等。同时，由于互联网的便利、高效和兼容等特性，人们开始前所未有地接触到海量、碎片化的信息，“外延图像”在此情境下，若缺失了内涵，将很难被筛选出来，进入公众的视线范围，或让公众留有深刻的印象。自然也就更无从谈起传播公益理念，达到说服的效果。

因此，在这一时期，受传播渠道的影响，央视公益广告非常重视符号内涵，即意旨的表达。具体表现为在“视听符码”的选取和形象塑造上，大大增加了“公众人物”以及“象征物”的形象。文本图构的特征，也由前一阶段的，以图文互动传递“文字预设意义”，而进一步扩展为，同时还产生弦外之音，传递出“情境脉络意义”（象征讯息）。具体在案例表达上，《打包篇》《筷子篇》《门》等公益广告，虽然分别呈现了“阿兹海默症老人”“筷子”“门”等形象，但广告中除了讲述老人健忘的故事、筷子的各项功能、门的不同样态等明示义外，还需要公众结合既有的，对文化和知识的认知，理解广告中所包含的，诸如孝道、亲情等“家文化”（吴来安，2018:138-148）的意旨，进而引发情感共鸣，达到公益传播的目的。此时符号“意旨”的价值超越了“图像”本身，更能吸引公众注意力。如此，才能在传播渠道日渐多元的情况下，抓住公众，取得说服的“预期效果”。

（三）场景传播（2017- 至今）

以 2017 年十九大报告所定义的新时代为标志，直至今日的央视公益广告，属于央视公益广告的最新阶段。这一阶段，为能强强联合“让世界认识一个立体多彩的中国，展示中国作为世界和平的建设者、全球发展的贡献者、国际秩序的维护者良好形象”[⑳]，中央电视台与中央人民广播电台、中国国际广播电台组建“中央广播电视总台”。央视公益广告在此背景下，出现了不少涉及“一带一路”“精准扶贫”“器官捐献”“国家重大工程公益传播”等彰显社会责任和担当的题材和图像符号。

1．符号四要素分析

视听符码方面，单一人物形象为主体的表达渐渐弱化，而以“景物、动物、植物、器物”为主体的象征物形象，以及“人物与象征物交替出现”的综合形象，则逐渐增多。如《一带一路，共创繁荣》（2017，见图 5）公益广告，打破常规拍摄的模式，运用分屏对仗构图的方式，表现不同地域不同肤色人民之间，可通过“共商、共建、共享”的“一带一路倡议”，来实现互通互联，创造世界新繁荣。再如，2018 春晚公益广告《家国兴旺》以 2018 年的生肖“狗”为核心元素，以“汪”（狗叫声）的谐音“忘”“望”“旺”等为关键词，借由狗在人们生活中所扮演的不同角色，表达出狗与人之间的温情互动，广告最后借由“人丁兴旺、家业兴旺、繁荣兴旺”的新年愿望，从“家旺、国旺、家国兴旺”三个维度，寓意了新时代人民对美好生活的信心和愿景。

图 5 《一带一路，共创繁荣》公益广告（2017 年）

预期效果方面，通过网络渠道公众的反馈，可获得部分信息。如网友在“央视公益传播”微信公众号里留言，“这几年的央视公益广告，简直了！折射出的是国家平台对优秀创意的认可，……厉害了，央视公益……”[㉑]；2018 年春晚刚过，大年初一“广告文案”微信公众号就立即推文“2018 春晚公益广告曝光，只有中国人能真正看懂”，网友看到后纷纷点赞留言“每年春节央视公益广告棒的真没话说”“过年被催婚，反而只能逃离家里，在高铁上看得热泪盈眶”“今天在单位总值班，未能回家过年，午休时间看完三支广告，33 岁的我为人父的我已是热泪盈眶”[㉒]…… 充分表达了普通受众对央视公益广告的肯定。

传播渠道方面，2018 年，我国在“基础资源、5G、量子信息、人工智能、云计算、大数据、区块链、虚拟现实、物联网标识、超级计算等领域发展势头向好。在人工智能领域，科技创新能力得到加强”[㉓]。百度董事长兼 CEO 李彦宏表示，“2018 年，中国互联网的发展已经从用户红利期逐步进入技术红利期。这意味着技术的价值和意义正被重新认识、重新评估”[㉔]，在新时代背景下，中国互联网行业整体向着规范化、价值化发展。同时，移动互联网推动消费模式共享化、设备智能化和场景多元化[24]。因此，2017 年及以后的央视公益广告传播渠道，将会更加多元，并已经朝向智能化的媒体传播渠道转变。

文本图构方面，广告更加注重通过图文互动的方式，在传递“文字预设意义”的基础上，进一步表达出“情境脉络意义”，即引导公众，结合广告发布时的场景，来感同身受地理解出广告中溢出言外的“象征讯息”。如《家香·家乡》（见图 6），在 2018 年的春晚舞台上播出，广告以在外游子感受到不同场景下“香”的有形画面，配合文字，逐一呈现出美食之香、纸墨之香、牵挂之香等抽象的“味觉、嗅觉、触觉”之“香”，“当味道勾起记忆，家，是我们一辈子的馋”，图文间的互动，加之春晚特殊的场景，赋予了不同“香”更深层次的内涵，也迅速引发了公众的情感共鸣，传递出他们对家的思念，并感受到“家”的味道。

图 6《家香·家乡》公益广告（2018 年）

2．四要素间的互动

2017 年至今，随着媒体技术的不断革新，我们已经进入一个“软件定义媒体，数据驱动新闻，算法重构渠道”[25]的智能化媒体时代。此前“图像”和“意旨”表达的传播手段，在智媒体时代似乎已显得力不从心。2018 年 11 月，世界上第一家广告公司智威汤逊并购给 Wunderman（伟门），引发了广告行业的震动与反思，出现了“智威汤逊的消亡与广告帝国的坍塌”[26]等言论，尽管也有一些观点认为“广告业好着呢”[27]，但整体而言，广告业“生存的危机已经迫在眉睫”（陈刚，2019：刊首语）。面对巨大的生存挑战，如何逃离困境，寻找新的符号表达？

央视公益广告通过场景传播的方式，给出了很好的答案。场景传播的典型案例，就是央视的“春晚公益广告”。众所周知，“春晚”是由中央广播电视总台，在中国人举国团圆的除夕夜，所举办的一场晚会，至今已陪伴全球华人度过了 30 多个春秋，并于 2014 年被定位为国家项目，成了不少国人除夕夜团聚的一种习惯和文化记忆。而春晚舞台本身也可作为传播渠道，传播公益广告。央视自 2013 年始，开启了春晚插播公益广告的先河，配合除夕团聚的氛围，创作了大量弱化单个个体形象，强化象征物，及人和象征物综合体现的视听符码。通过图文互动，在“文字预设意义”的基础上，进一步凸显“情境脉络意义”，表达出大量与“家”相关的文化意象，在“春节”这一特殊场景的影响下，每次公益广告的播出都能成功引发观众共鸣，达到较好的预期效果。

未来，大数据和人工智能，可以通过算法等技术应用的程序化工具，进行智能化分析，精准洞察受众需求，进行用户画像。在智能技术的支持下，可基于不同“场景”精准投放广告，实现从此前“个人的大脑决策”到“互联网群体决策”的转变。这为央视公益广告，在未来更多利用“场景”传播的方式来宣传公益广告，提供了更好的技术支持。而“场景”也将会为“图像”和“意旨”提供新的技术赋能，成为未来公益广告脱离广告整体困境的“引力弹弓”[28]。

四、结语

本研究对央视公益广告“视听符码、预期效果、传播渠道、文本图构”各要素的分析认为，央视公益广告通过对“普通民众、民众代表、特殊群体、公众人物”形象以及象征物形象的塑造，为我们绘制了一幅反映国家政治、经济、生活等国计民生各个方面公益需求的“民生画像”。对于图像符号系统间互动的考察发现，在央视公益广告的陪伴下，我们经历了从传统的以电视为传播渠道的“图像”传播时期；以网络新媒体为传播渠道的“意旨”传播时期，再到如今及未来，以智能媒体为主要传播渠道的“场景”传播时期。从“图像”到“意旨”再到“场景”的跨越，不但见证了改革开放以来我国公益广告的发展变化，也折射出国家主流意识形态的指导方向，亦为营销传播的发展带来了重要的启示。

【 注 释 】

① 2013 年 1 月，“中宣部、中央文明办、国家网信办、工信部、工商总局、新闻出版广电总局”等七部委联合发文，成立公益广告制作中心，动员并倡导社会力量，以及全国各类媒体积极制作和播出公益广告，并对公益广告传播的具体形式和内容做了详细的规定；中共中央办公厅印发《关于培育和践行社会主义核心价值观的意见》（2013）第十九条，明确指出，要“运用公益广告传播社会主流价值、引领文明风尚”；《中华人民共和国广告法》（2015 年 9 月正式施行）在第六章附则中明确规定：“国家鼓励、支持开展公益广告宣传活动，传播社会主义核心价值观，倡导文明风尚。大众传播媒介有义务发布公益广告。”2016 年 3 月 1 日，由“国家工商总局、国家网信办、工信部、住建部、交通运输部、国家新闻出版广电总局”等六部门联合发布了《公益广告促进和管理暂行办法》，明确指出：“国家鼓励、支持开展公益广告活动，鼓励、支持、引导单位和个人以提供资金、技术、劳动力、智力成果、媒介资源等方式参与公益广告宣传。各类广告发布媒介均有义务刊播公益广告。”

② 有网友认为《文明旅游之熊猫篇》公益广告“带有针对中国游客的歧视和偏见”（观察者网 . 央视公益广告借熊猫讽国人不文明出国游被撤，http://www.guancha.cn/Media/2014_10_19_277524.shtml）、认为《埋儿奉母》公益广告“是一种愚孝”。（新安晚报 . 安徽六安街头“埋儿奉母”公益广告被批愚孝，安装单位将替换，彭拜新闻网，http://www.thepaper.cn/newsDetail_forward_1273262）

③ 如《打包篇》获得第 60 届戛纳创意节铜狮奖、2013 第一届全国电视公益广告大赛银奖；《相信品牌的力量 · 水墨篇》曾获 2010 年纽约广告节金奖、第三届 Shooting Awards 全场金奖以及在业界有“电视宣传领域的奥斯卡”之称“BDA 亚洲奖”最佳宣传片、最佳视觉效果两项大奖 .

④ 目前公认的中国第一个电视公益广告是 1986 年贵州电视台的节水公益广告，资料显示，央视的电视公益广告则是从 1987 年的《广而告之》栏目开始 .

⑤ 本研究所探讨的央视公益广告，是指中央电视台参与创意制作，以及具有统一“央视广告经营管理中心”标识的视频公益广告 .

⑥ 暂未有学者或机构做过完整统计，笔者询问过“中央电视台音像资料馆”，因央视早期公益广告年代较久，也未做整理 .

⑦ 中国传媒大学 全国公益广告研究基地编著 . 中国公益广告年鉴（1986-2010）[Z]. 中国工商出版社，2011 年 12 月，77 页 .

⑧ 习近平 . 决胜全面建成小康社会夺取新时代中国特色社会主义伟大胜利 - 在中国共产党第十九次全国代表大会上的报告 [Z]. 人民出版社，2017 年 10 月，10 页 .

⑨ 央视国际 . 张海迪 . 央视网 [EB/OL]. http://www.cctv.com/advertisement/special/C12802/20040823/101874.shtml，20040823.

⑩ 中国传媒大学 全国公益广告研究基地编著 . 中国公益广告年鉴（1986-2010）[Z]. 中国工商出版社，2011 年 12 月，37 页 .

⑪ 中国传媒大学 全国公益广告研究基地编著 . 中国公益广告年鉴（1986-2010）[Z]. 中国工商出版社，2011 年 12 月，42 页 .

⑫ 中国传媒大学 全国公益广告研究基地编著 . 中国公益广告年鉴（1986-2010）[Z]. 中国工商出版社，2011 年 12 月，47 页 .

⑬ 中国传媒大学 全国公益广告研究基地编著 . 中国公益广告年鉴（1986-2010）[Z]. 中国工商出版社，2011 年 12 月，208-277 页 .

⑭ CNNIC.1994 年 -1996 年互联网大事记，中国互联网络信息中心 [EB/OL].http://www.cnnic.cn/hlwfzyj/hlwdsj/201206/t20120612_27415.htm，20090526.

⑮ 中国传媒大学 全国公益广告研究基地编著 . 中国公益广告年鉴（1986-2010）[Z]. 中国工商出版社，2011 年 12 月，77 页 .

⑯ 中国传媒大学 全国公益广告研究基地编著 . 中国公益广告年鉴（1986-2010）[Z]. 中国工商出版社，2011 年 12 月，278-318 页 .

⑰ 中国广告网 . 央视公益广告《打包篇》获戛纳创意节铜狮奖 [EB/OL].http://www.cnad.com/html/ Article/2013/0624/20130624090815517.shtml，2013-6-24.

⑱ CNNIC. 第 39 次《中国互联网络发展状况统计报告》. 中国互联网络信息中心 [EB/OL].http://www.cnnic.cn/hlwfzyj/hlwxzbg/hlwtjbg/201701/t20170122_66437.htm，20170122.

⑲ 中央厨房张天培 . 三台合一，发出更强“中国之声”. 人民网 [EB/OL].http://politics.people.com.cn/n1/2018/0322/c1001-29883390.html，20180322.

⑳ 央视公益传播 . 创意炸裂！央视这个公益广告让我看懂了“一带一路”！ [EB/OL]. 央视公益传播微信公众号，20170509.

㉑ 二毛 .“2018 春晚公益广告曝光，只有中国人能真正看懂”[EB/OL]. 广告文案微信公众号，20180216.

㉒ 第 43 次《中国互联网络发展状况统计报告》. 中共中央网络安全和信息化委员会办公室，中华人民共和国国家互联网信息办公室，中国互联网络

信息中心，2019 年 2 月 .

㉓ 相欣 . 李彦宏发内部邮件：百度 AI 商业化探索拨云见日，今日头条 [EB/OL].https://www.toutiao.com/i6660713247877890571/,20190222.

㉔ 第 39 次《中国互联网络发展状况统计报告》，中共中央网络安全和信息化委员会办公室，中华人民共和国国家互联网信息办公室，中国互联网络信息中心，2017 年 1 月 .

㉕ 沈浩 .《大数据时代的人工智能与消费者洞察》“第五届新媒体发展创新论坛暨第五届华南理工大学跨学科青年学术沙龙”，2018 年 12 月 1 日 .

㉖ 华尔街见闻（https://wallstreetcn.com/articles/3447635）、新浪财经（https://finance.sina.com.cn/chanjing/gs-news/2018-11-29/doc-ihmutuec4447130.shtml）、搜狐网（http://www.sohu.com/a/279060170_117373）等大量网络媒体以此为题，发布信息 .

㉗ 空手 . 广告业好着呢，劳您费心了 [EB/OL]. 虎嗅网，20190305.

㉘ 即“引力助推器”，2019 年春节档热播的电影《流浪地球》中将木星比喻成“弹弓”，为了逃离太阳系，利用木星的引力，将地球甩出，以提升地球的速度 .

【参考文献】

[1] 刘林清，和群坡 . 公益广告学概论 [M]. 北京：中国传媒大学出版社，2014.

[2] 丁俊杰 . 公益广告：“微时代”社会沟通的大手段 [J]. 求是，2013（11），第 37 页 .

[3] 刘凡 . 如何发挥广告在促进先进文化建设中的作用 [J]. 人民论坛，2006（6），第 49 页 .

[4] Mary Falcone, Caryn Lerman, Joseph N. Cappella, Paul Sanborn, Christopher Jepson, Andrew A. Strasser（2013）. No Untoward Effects of Smoking Cues in Anti-Smoking Public Service Announcements,Drug and Alcohol Dependence,133,279-282.

[5] Carson, Evelyn D（2010）.The importance of relational communication for effecting social change in HIV/AIDS prevention messages: A content analysis of HIV/AIDS public service announcements,Ohio University.School of Communication Studies.

[6] N. Will Shead ;Kelly Walsh;Amy Taylor;Jeffrey L. Derevensky ;Rina Gupta（2011） .Youth Gambling Prevention: Can Public Service Announcements Featuring Celebrity Spokespersons be Effective? International Journal of Mental Health and Addiction,9(2),165–179.

[7] Joyce M. Wolburg（2001）.The "Risky Business" of Binge Drinking among College Students: Using Risk Models for PSAs and Anti-Drinking Campaigns,Journal of Advertising, 30：4, 23-39.

[8] Diane M. Kimoto, Jenny Frasco, Lorne Mulder, Sylvia Tsitsi Juta（2009）. Operation PSA: The Action Learning of Curiosity and Creativity, Journal of Public Affairs Education,15（3）:361-382.

[9] Dewis, Rob（1992）.Student-Made PSAs (Public Service Announcements): Teaching the Motivated Sequence Design and Other Public Speaking Concepts with a Camcorder，Paper presented at the Annual Meeting of the Western States Communication Association, 63rd,Boise,ID,February 21-25.

[10] 李晨宇 . 中国电视公益广告的醒示话语特征分析 [J]. 广告大观（理论版），2012（4），第 71-77 页 .

[11] 程爱晶 . 企业在公益广告中扮演的角色 [J]. 现代传播，2000（5），第 123-125 页 .

[12] 陈正辉 . 公益广告的社会责任 [J]. 现代传播，2012（1），第 17-22 页 .

[13] 陈家华，程红 . 中国公益广告：宣传社会价值新工具 [J]. 新闻与传播研究，2003（4），第 16-25 页 .

[14] 冯依民 . 浓情笔墨间，欢乐中国年—春晚公益广告《中国字、中国年》创作手记 [J]. 中国广告，2015（4），第 40-42 页 .

[15] 胡晓云 . 创意为先 多效合一—澳大利亚公益广告《蠢蠢的死法》解读 [J]. 中国广播电视学刊，2013（8），第 18-20 页 .

[16] 任学安 . 新时代的正能量传播—央视公益广告创新探析 [J]. 中国广播电视学刊，2017（12），第 18-20 页 .

[17] 冯依民 . 中央电视台公益广告的行与思 [J]. 中国广告，2013（2），第 129-132 页 .

[18] 吴来安 . 融入“家”文化 : 央视公益广告的文化传播符号分析 [J]. 新闻大学，2018（2），第 138-148 页 .

[19] 王晓红 , 赵希婧 . 融合时代公益广告的传播效果与价值诉求——以 2016 年央视广告 < 孝道 > 和 < 我是谁 > 的数据分析为例 [J]. 电视研究，2017（2），第 77-79 页 .

[20] 李稳 . 央视公益广告片中传统文化元素的应用 [J]. 中国电视，2016（5），第 110-112 页 .

[21] 汤劲 , 盛芳 . 大众传媒中的文化认同及其建构—以中央电视台公益广告为例 [J]. 中国广播电视学刊，2011（6），第 55-56 页 .

[22] 唐国徽 . 央视公益广告主题变迁研究（1987-2013）[D].2014 云南师范大学硕士论文 .

[23] 王峰 . 央视公益广告人文主题的变迁 [D].2010 黑龙江大学硕士论文 .

[24] 石正茂 . 汇聚力量 关爱文明—中央电视台公益广告 20 年 [J]. 中国广播电视学刊，2013（8），第 13-15 页 .

[25] 杨正良 . 央视公益广告三十年回顾 [J]. 广告人，2012（2），第 123-124 页 .

[26] 吴琼 , 李凤城 . 公益广告社会效应研究 _ 以央视 20 年公益广告为例 [J]. 东南传播，2009（1），159-161 页 .

[27] 海德格尔著 , 孙周兴选编 . 海德格尔选集 [M]. 北京：生活·读书·新知三联书店，1996.

[28] 王媛 . 公益广告和国家形象 [J]. 美术观察，2016（6），第 29 页 .

[29] 陈汝东 . 论视觉修辞研究 [J]. 湖北师范学院学报（哲学社会科学版），2005（1），第 53 页 .

[30] [瑞士] 菲尔迪南·德·索绪尔著，沙·巴利 阿·薛施蔼 阿·里德林格 合作编印，岑麒祥 叶蜚声校注 . 普通语言学教程 [M]. 北京：商务印书馆，1980.

[31] [法] 罗兰 · 巴尔特 . 图像修辞学（方尔平译，王东亮校）[A]. 语言学研究（第 6 辑）[C]. 北京：高等教育出版社，2008.

[32] Sonesson,G（1993）：Pictorial semiotics:the state of the art at the beginning of the nineties.Zeitschrift für Semiotik.15（1-2）,131-164.

[33] 孙秀蕙 , 陈仪芬 . 被框架的女性意象：上海月份牌广告画的图像符号分析 [J]. 广告学研究，2010（34），第 25-63 页 .

[34] 倪宁 . 试论公益广告及其传播 [J]. 新闻界，2000（3），第 26 页 .

[35] 张金海 .20 世纪广告传播理论研究 [M]. 武汉：武汉大学出版社，2002.

[36] 秦先普 .2018，技术如何改变广告业？ [Z]. 中国广告杂志微信公众号，2019 年 3 月 2 日 .

[37] 潘泽宏 . 广告的革命 - 社会文化广告论 [M]. 长沙：湖南大学出版社，2002.

[38] 张明新 . 公益广告的奥秘 [M]. 广州：广东经济出版社，2004.

[39] 潘泽宏 . 电视公益广告的时代性与民族性 [J]. 湘潭大学学报（哲学社会科学版），1997（4），第 38-42 页 .

[40] 陈建功 , 李晓东 . 中国互联网发展的历史阶段划分 [J]. 互联网天地，2014（3），第 8 页 .

[41] 石正茂 . 家对中国人有多重要—央视公益广告中的家文化系列谈 [J]. 国际品牌观察，2014（5），第 86-91 页 .

[42] 陈刚 . 流浪广告 [J]. 广告研究，2019（2），刊首语 .

中国广告年鉴 2020
CHINA ADVERTISING YEARBOOK

广告教育

Advertising Education

2019 年广告教育发展综述

姚曦[1]　郭晓譞[2]

5G、物联网、区块链和人工智能等技术的结合，正将人类置于一个智能、可互动的数字技术革命中。2019年，数字中国总指数增幅继续保持在 73.2% 的高位，其中，数字产业指数同比增长 91.3%，产业数字化正在成为经济发展新引擎。当经济“遭遇”数字技术体，广告产业的主体、结构与边界发生了颠覆性变革，技术性要素对广告产业内部机制的重构意义超过以往的任何时代，产业运行轨道被重新域定，并在无形中升级了专业门槛和市场人才需求结构，基于此，重新审视并重构广告教育体系成为迫切的时代使命。与此同时，2019 年 4 月 29 日，教育部、科技部、财政部等部门在天津联合召开“六卓越一拔尖”计划 2.0 启动大会，标志着国家“四新”建设工程正式开启。由此，“新文科”从概念提出走向正式实施。其理念旨在通过文理渗透、技术嵌入的方式，培育服务社会经济发展的复合型创新人才，以匹配国家创新驱动战略，以期解决产业革命、技术浪潮中凸显的复杂问题。日前，在面对广告产业的快速变迁与可用性复合型创新人才的供需矛盾问题时，中国高校广告教育必须融通“新文科”建设理念的要求，找准广告专业学科定位，扩大创新实践服务面向的培养口径，为培育出与时俱进、紧贴市场、熟悉行业标准的创新创意人才开展系统性变革。

一、学科建设的持续变革

对于数字时代的广告教育来说，“既要基于‘价值’，更要着眼于‘未来’。”[2] 一方面，高等院校的广告专业必须打破传统文科思维定势的藩篱，重新思量新时代的学科价值定位及其知识谱系，全面推进“专业革命”；另一方面则需重构教育要素，创新教育教学培育路径，大力实施“课程革命”。然而，纵观高校广告学科建设的现实情况来看，中国广告教育的变革路径仍存在诸多难题：一是在培养方案上，如何适应数字时代广告市场人才需求的变化调整培养目标和培养体系，成为广告教育改革的重点。二是在课程体系上，是采取增量改革还是存量改革，是在现有课程体系的基础上增加数字营销传播类课程还是在原有课程基础上增加数字营销传播的教学内容，是各个高校广告专业面临的共同挑战。三是在教材建设上，随着数字广告的发展，现有教材面临老化问题，如何整合数字广告的相关知识内容，数字营销传播教材体系亦该如何建构，都是现实课题。

2019 年，武汉大学新闻与传播学院的姚曦教授发表《2019 年全国高等院校广告专业名录》，姚曦教授的研究团队参照“2019—2020 年教育部公示的普通高等院校名录”及各省、直辖市、自治区考试院颁布的“普通高考志愿院校名单及专业名录”，统计了截至 2019 年年底中国大陆地区高等院校的（包括高职大专及本科）广告相关专业名录（包括广告学、广告设计与制作、广告策划等独立存在的广告相关专业），统计结果显示，目前，全国共有广告学专业点 535 个，其中本科院校的广告学专业点 257 个，高职大专院校的广告学专业点 278 个（详情见表 1）。位居新闻传播类所有专业之最。总体而言，广告教育呈现出“量的扩张”和“质的滞后”矛盾，资

---

[1] 姚曦，武汉大学教授，博士生导师 [2] 郭晓譞，武汉大学 2019 级广告与媒介经济博士生。

源不足和知识滞后成为数字时代广告教育变革的核心问题，中国高等院校的广告专业在这一压力之中开始致力于重塑培养体系、优化培养路径，从而实现广告教育同行业发展与时俱进。

省、自治区、直辖市名称	本科院校数量	高职大专院校数量	总数
北京市	16	7	23
上海市	10	12	22
天津市	7	6	13
重庆市	10	6	16
黑龙江省	3	10	13
吉林省	11	4	15
辽宁省	7	7	14
新疆维吾尔自治区	2	1	3
内蒙古自治区	1	9	10
宁夏回族自治区	2	2	4
甘肃省	6	2	8
陕西省	9	2	11
四川省	6	11	17
山西省	2	4	6
河北省	8	21	29
河南省	7	22	29
江苏省	18	20	38
浙江省	24	6	30
安徽省	10	24	34
福建省	18	13	31
江西省	9	17	26
山东省	14	15	29
湖北省	27	6	33
湖南省	10	8	18
广东省	4	13	17
海南省	2	2	4
广西壮族自治区	5	14	19
贵州省	2	9	11
云南省	7	5	12
总计	257	278	535

（一）融通新文科理念，建构跨学科交叉融合的知识谱系

“新文科”建设倡导文理渗透，侧重于跨学科知识协同，以期培育专业素质精、综合能力强的创新性人才。2019 年中国高校广告学教育开始重视建构多学科协同的知识谱系，从培养学生的技术思维、数据思维入手，让其对技术有感觉、对数据有感情、将处理技术和数据问题成为习惯，展现广告专业学生相较于其他文科生的“独特”与“专长”。

华南理工大学新闻与传播学院发布 2019 级本科生培养计划，将广告学培养目标聚焦于培育“懂战略、懂沟通、懂管理、懂技术的高素质复合型人才”。其具体变革路径为：一是在公共基础课中设置了“微积分基础”“数据技术及应用”等课程，提高了数学及信息技术学科占传统文科基础课程的比重，为广告学科注入了数字化的科学因子；二是依托华南理工大学固有的技术专业背景，对跨学科交叉融合方面亦进行了积极探索。其中，华南理工大学于 2017 年首次开设了本科生计算广告学选修课程，2018 年开设了研究生计算广告学课程，2019 年更是计划开设计算广告全校人文选修课程，所培养学生的就业方向基本向 BAT、科大讯飞、今日头条等互联网科技公司看齐。计算广告学全面实现了广告专业与大数据、信息技术学科间的深度融合，成为通识化、复合型应用人才培养体系的经典范式，精准满足了计算广告时代对专业数字营销人才的急迫需求。

然而，纵观中国高校广告专业的培养体系现状，大多数高校在数字化教育变革的进程中即使增设数字营销类的前沿课程，也难以达成对其中基础性技术逻辑的科学性解读，对于高等数学、数理统计、数据分析等课程仍在大多数高校的文科建设中置于边缘位置，对数字化基础知识的漠视态度，会让本就缺少技术基因的学生与技术思维失之交臂。因此，各大高校在未来的数字化教育改革中，不能仅停留于开辟数字营销课程的形式化道路，应更加注重数学及信息技术科学的基础性知识教育，改变广告学科“泛”而不“专”的现实问题，实现真正意义上的跨学科交叉渗透。

（二）校企合作新模式，“实践课程”逐步实现“实战化”发展

广告作为一门应用性学科，教育难以脱离业界步伐。对广告教育而言，最重要的是培养具有批判式创新能力的应用型人才，因此，在中国广告业发生巨变的背景下，广告教育必须改变课程宅化、老化的弊病，通过“从理论到实践、从课堂到实战”的现实性指导，发展由“实践教学”向“实战化”过渡的广告教育的常态，大力倡导实战教育平台，冲破学校、学科、课堂、行业间的重重围城。

近年来，北京大学新闻与传播学院的《创意传播管理》课程经历五年的改革与完善，先后有腾讯、今日头条、微博、京东等支持实战教学，荣耀、蒙牛、优衣库、安佳、3M 等广告主参与课程，在改革探索中形成了系统的、基于互联网大数据平台的数字营销实战教学模式。“课

程始终坚持三个原则，即真实的广告客户，设定合理的投放预算，运用最前沿的营销技术工具。”五年来，学生在实战教学中取得的效果一般都超出业界的平均水平，这一模式广泛引发学术界和行业的广泛关注。2019 年春季学期，支持“创意传播管理教学”的是荣耀手机 V20 品牌，大三的本科同学分成八个组，首先利用筷子科技公司的程序化调查技术进行市场调研，随后通过程序化创意技术进行广告创意和制作，并在字节跳动的巨量引擎平台进行广告投放，最后引流到京东商城进行销售转化，并利用京东小黑珑监测工具引领监测。在 52 天的实战中，八个组的本科生以 23.2 万广告费，在字节跳动平台产生 7477 万的曝光，点击率为 4.13%，引流到京东商城售出 4485 个订单，下单金额达到 1300 多万，完成订单近 400 万人民币，平均 ROI 为 17。其中冠军 ROI 最高达到 24，这些效果已经远远超出数字营销行业的平均水平。北大实战课程设置根据创意传播管理的框架，不断引入新的技术工具，在提升学生数字营销实战能力的同时，推动了行业对大数据智能化营销新模式和新理念的认识，实现了多方共赢。

深圳大学广告系打造了以整合性大作业为载体的竞争性实战教学改革，通过整合《广告策划》《广告创意》和《广告写作》三门广告专业核心课程，引入企业实际营销命题进行全案实战作业训练，全面结合课程与行业将学生直接置于真实社会需求和专业竞争的实战环境之中。

2019 年，武汉大学新闻与传播学院开设《腾讯互娱--数字营销实战》课程，在充分发挥业界人士的主体性基础上，成功搭建起了以实战为特色的、连接基础理论与前沿业务的教学平台。课程内容围绕腾讯互娱市场体系的实际业务职能，引入数字营销基础理论与大量实操流程与方法。同学们以组为单位模拟真实提案环节，参与到数字营销的全流程之中，提升了学生对接实习工作前的思维能力、逻辑能力和审视市场的能力。

实战教育通过业界与学界的深度协同系统重构广告学专业课程体系、教学体系和实践体系，以跨界融合的学习和竞争性的实战达成能力整合、知识创新、业务创新和竞争力聚焦的目标。

（三）“产学研”实践平台深化，“数字广告”研究机构增多

中国高校广告学科建设不断深化“产学研”合作实践平台，联通社会、政府、企业，贴近行业、产业与市场增设“数字广告”研究机构，主动与政府搭建创意创业园区、孵化基地，与行业构建创新创意人才优化基地，努力提升新技术时代广告创新创意人才的培养质量。

2019 年，上海大学新闻传播学院与上海剧星传媒股份有限公司共建“上海大学 · 剧星传媒互联网广告研究院”和实践基地，构建产学研互动平台，双方在原有基础上重新布局、开展深度合作，本着优势互补、资源共享、合作共赢的原则，更好地为学生的实习实践和未来发展搭建平台，助力上海大学新闻传播学院成为广告学界、业界科学研究的重阵。

2019 年 4 月 24 日，中国传媒大学广告学院联合上海蜜度信息技术有限公司成立“品牌大数据实验室”，该实验室的成立意味着中国传媒大学广告学院在知识传授和品牌研究中，不仅拥有了蜜度信息旗下新浪舆情通全网海量大数据作为学习和研究对象，而且可以快速获取市场最前沿的品牌大数据案例作为学习和研究支持。同年，中国传媒大学广告学院与中国商务广告协会、虎啸数字商学院采取“大学 + 行业协会共建”模式建设数字商业传播专业，致力于共同推动数字商业传播领域卓越人才的培养。

华南理工大学新闻与传播学院与软件学院进行深度合作，在广东省科技厅申请设立了“广东省大数据与计算广告工程技术研究中心”，进行大数据与用户行为研究、程序化购买与计算广告、计算广告的实现路径、智能化与计算物联网广告等相关内容的研究。

（四）数字营销系列的教材编写与出版

教材建设是专业建设和人才培养的重要内容，是开展广告学教育的基础。随着数字广告的蓬勃发展，广告的内涵和外延也在发生变化，传统的营销理论已脱节于时代发展，适应于数字时代广告学专业教育的配套教材严重缺乏，基于此，中国高校开始致力于编写数字营销方向的专业教材，以期形成对数字时代广告学科新理论、新业态与新技术的系统、深入地归纳。

武汉大学广告学专业一直十分重视教材建设。近年来，专业教师在国内主编出版了 4 套涵盖数字时代广告理论、方法、技术、经营与管理各个层面的全新特色教材，如《普通高等教育广告学系列教材》（共 10 本）、《高等院校广告学专业数字营销传播规划教材》（共 6 本）、《数字营销丛书》（共 11 本）、《新媒体系列丛书》（共 10 本）等。广告学专业教师均参与了系列教材的撰写，一方面更新了专业教师的知识内容，另一方面也有利于广告专业人才培养。

二、学术研究的新热点与新趋势

2019 年，中国广告学术研究成果丰硕。通过检索中国知网数据库，以“广告”为篇名，全年共有 3135 篇中文文献。广告学术研究涉及领域广泛，本文主要从中国广告学术研究呈现的新热点与趋势来加以盘点和分析。

（一）广告史研究

2019 年成为中国广告史研究的一个重要转折点。一是，随着网络直播等新兴业态的崛起，广告内涵和外延的模糊致使研究者们开始从历史的动态视角重新定义广告，其中黄合水教授的《广告的演变及其本质——基于 1622 条教科书广告定义的语义网络分析》（《新闻与传播研究》2019 年第 12 期），通过查询 300 本中文教科书中的 1622 条广告定义素材，在词频和语义网络得出对广告的结论性定义，即“广告是观念或商业信息传播”。二是，2019 年正值新中国成立 70 周年、广告业恢复发展 40 年，中国广告发展史、中国广告教育史、中国广告学科史、中国广告学术史、中国品牌史研究等各专项研究也成为广告学术界的探讨热点。丁俊杰认为中国广告教育开启了将近 40 载的“功用性”建构，与多种产业角色互促互动形成新体系，未来要加强学理发展和知识本位的学术稳健发展。[2] 孙美玲从制度、实践、观念三条主线梳理了新中国成立 70 年来，从一个研究领域到一门独立学科，经历了创新发展的演进轨迹。在多重制度逻辑的影响下，广告学逐渐形成了自身独特的学科范式 [3]。姚曦将中国广告产业 40 年划分为四个发展阶段，分别为改革开放大背景下恢复重生与探索发展阶段（1979 年—1991 年）；社会主义市场经济体制下的快速发展阶段（1992 年 -2001 年）； 全球化的进程下的持续发展阶段（2002 年—2009 年）；数字时代背景下的广告产业数字化转型升级阶段（2010 年至今），在此基础上对四个时期呈现的不同阶段特征进行回顾与反思。[4] 张弛、黄升民回顾 70 年国企品牌几经波折的发展之路发现，国企品牌的发展与国家经济结构变迁、消费变动、社会和政治意识形态嬗变有着密切关系，国企品牌的演进之路集中体现了中国品牌成长过程中“市场 - 政府”双核驱动与博弈共谋的特点。面对竞争环境、媒体环境和消费环境等的剧烈变化，国企品牌又一次走到了十字路口并遭遇一个“双核问题”：如何处理好企业与市场关系的同时也要关照好与政府的关系，能否在无形的制约和有形的支撑之下继续既往的路径依循？这是国企品牌发展不得不回应的大问题。

（二）广告实务研究

伴随数字智能技术和 5G 的发展，广告实务研究整体呈现出数字化与智能化的偏向。通过检索中国知网数据库发现，2019 年，中国广告实务研究热点为智能广告研究、品牌传播研究、广告的新兴业态研究。

智能广告产业迅猛发展，人工智能技术应用正在重构广告与营销传播模式和运作机制，进而深刻改变广告和营销传播竞争格局，智能广告研究成为近年来学术研究的热点，主要从技术层面、传播层面、市场层面、产业层面和伦理层面展开。其中，秦雪冰以技术进步对人力资本影响的破坏观、差异观与创造观为理论观照，以深度访谈的定性研究方法，探寻人工智能应用下广告产业的人力资本变迁，从而发现人工智能对广告产业人力资本的影响表现为三种作用方式的混存，即一般型与技能型人力资本的贬值与需求量的大幅下降，创新型人力资本价值提升，异质性人力资本的吸收与岗位创新。[5] 郑新钢从大数据、智能技术、互联网的演进和广告形态的演化四个方面分析了智能广告的形成背景和逻辑起点，最终呈现出智能广告对行业的影响主要体现为：超越传统广告创意、重构广告运作流程、重塑广告产业生态系统、推动广告产业的平台化生存与融合化发展、不可避免的负面冲击等方面。[6] 此外，人工智能广告的发展也给广告监管和广告伦理带来诸多新挑战。在广告监管层面，现有的法律法规如何完善？在广告伦理层面，人工智能广告的伦理问题该如何有效规范？这一系列问题都成为学术界持续关注的热点话题。

品牌传播研究聚焦于城市品牌研究、数字品牌研究与国家品牌传播研究的实务研究热点。其中城市品牌研究偏于“术”的讨论，主要探讨城市品牌的传播内容、传播媒介和方式、传播效果评估。张顺军将凝聚性结构引入城市品牌传播研究，从时间维度、空间维度与情感维度三个方面分析城市品牌传播在建构机制、呈现机制及认知机制上存在的传统与现代、异质与同质、乡愁与失忆的矛盾和张力关系，从而彰显出城市品牌传播主体的复杂性和阐释主体的多元化。[7] 数字时代背景下，信息传播技术改变了以往品牌价值的意指内涵和创建路径，品牌利益相关者之间的价值共创成为塑造品牌价值的新主张，品牌价值共创成为数字品牌传播领域近年来新兴的研究热点。但由于相关研究的分散性和跨学科性，品牌价值共创的内涵边界一直未被厘清，使该领域的研究缺乏扎实的概念基础和清晰的研究图景。李华君通过文献梳理呈现出品牌价值共创的发展脉络，以此归纳出品牌价值共创三个模块共计六个核心构念，即互动与体验、赋权与融入、关系与平台。基于此，界定了数字时代品牌价值共创的基本概念，总结出品牌价值共创行为研究、平台研究和机制研究三个层次的研究视阈。[8] 在国家品牌研究中，宫月晴通过对“一带一路”沿线国消费者的深访，研究国家形象如何在消费者心中产生作用与影响，提出中国品牌建构国家形象作用机制。她认为中国品牌以“基建领域”“科技领域”“文化领域”为主要路径构建国家形象。消费者通过记忆联想模型将品牌信息与中国的国家形象相关联，“负责任大国”“数字中国”“文化新国”等形象成为最核心的主体形象。这些丰富多样的国家形象认知，通过消费者个体的差异和认知差异在产生不同的认知透视作用，最终成为一个相对完整、稳定的对中国国家形象的认知。[9]

近年来，短视频、网络直播、网红带货等新兴业态的涌现，成为中国经济新的发展动力。其发展势态一方面促逼学术界科学界定新兴业态的广告属性，以便此类广告实务的发展与管理；另一方面，新广告实务类型的出现有效地扩大了广告的市场空间，掀起了学术及业界研究的热潮。其中，郭婉君基于场域理论研究了乡村直播的价值与忧思，她认为乡村直播适应互联网和直播垂直细分发展趋势，以沉浸式体验、多感官互动等要素构建了高仿真的内容场景，彰显出多重社会价值，同时，直播场景运用带来的角色表演、感官狂欢、主体行为失范问题，也需要法律监管、平台履责和主播自律进行纠治。[10] 在短视频营销方面，王昕基于叙事理论视角，认为短视频广告使分离的叙事主体重新聚合，使完整的叙述结构走向分散，内容加工制作以元素拼贴为主，整体来说短视频广告的生产者、生产流程和机制都受到来自短视频平台机制的深刻影响。[11]

（三）广告文化与批判研究

2019 年以来，在消费主义盛行的社会背景下，广告文化与批判研究成果的数量与质量均有显著提升。一类是从价值层面对消费主义盛行背景下的广告进行审视，另一类是通过相关的文化批判理论对广告文本及传播路径进行解读。这一领域的代表性学者张殿元，通过解读广告文化的意义和价值，揭露其中存在的结构性压迫关系并寻求解救的知识践行。他认为广告文化批判的对象不是操作层面的广告活动，而是作为泛文本的广告文化；广告文化批判在权力和主体性的范畴内进行；广告文化批判的目的是在全面深入认识广告文化现实的基础上，重新审视广告与社会、广告与人之间的关系，努力营造一个良好的广告文化生态环境；广告文化批判的路径是通过广告人的文化自觉和广告批评家的独立意识重塑受众的主体性认知。[12]2019 年其发表的《罗兰·巴特的结构主义大众文化批判述评——兼论广告的符号学阐释》强调，结构主义符号学通过多学科知识的综合运用，以能指和所指之间的逻辑关联，对模仿生活的叙事话语进行编织，对于重整支离破碎的思想形态，分析广告实践的结构和功能，具有一定的现实意义。

三、社会组织的全面支持

广告行业协会、社会组织与学术团体对广告专业人才的培养承担着共同的责任，是衔接广告教育与业界、社会、行业管理部门的平台与桥梁。通过打通信息障碍，整合场域资源，以结果导向设计产教融合新路径，建构以产带学，以学助研的新型协同关系，积极支持并参与中国广告教育建设的各个阶段。

（一）中国广告行业相关协会的支持

近年来，中国广告行业相关社会组织为中国广告学科的数字化转型提供强有力的支持，通过打造平台、吸纳资源，为中国广告教育拓宽发展思路，增加发展路径。

关于中国广告协会的支持方面，一是开办广告节。2019 年，中国广告协会举办第八届中国广告节。本次广告节无论是从参展的数量、质量，还是内容和组织都是越办越好，已在广告界具备一定的权威性。共收到 2548 件作品，是上届的 1.5 倍，除已有的固定项目如优秀作品展、专题讲座外，还增设了广告技术设备展、新世纪媒体大汇展，中国驰名品牌展等项目，更加专业化、市场化使广告节成为广告界名副其实的全方位交流的盛会。二是提供专业培训服务。2019 年中广协继续与北京广播学院合作举办广告专业研究生进修班，共招学员 30 余人。此进修班自 1998 年创办以来，已有两届学员共 60 多人毕业。同时，还举办了一系列国内和国外短期培训。国内培训的项目有广州市广告博览会广告作品评述、四川省广告博览会电通赏讲座、深圳广告创意研讨班、北京客户服务与客户管理研讨班、北京客户（实务）培训班和首届保健卫生品整合营销高层研讨会。国外培训共组织了三批，总共 88 人参加了培训。此外，还与日本吉田秀雄事业财团合作，组织赴日客座研究生 4 人，旨在广开渠道为中国广告业培训高层次人才。三是开展学术研讨。2019 年 5 月举办全国民营广告公司高层研讨会，就现阶段民营广告公司的现状与中国进入 WTO 后面临的问题及可能的解决方案进行了探讨；6 月与中国非处方协会联合举办新世纪中国医药广告高级论坛；11 月学术委员会主办了以“提高广告经营单位市场竞争力”为主题学术研讨会，共收论文 40 余篇，对各广告经营单位存在的实际问题进行了理论上的深入研究。四是，提供行业资讯服务。中广协主办的《现代广告》，以市场为导向，找准定位，在内容的组织上做了调整，使杂志更加贴近读者，突出体现杂志的服务职能，同时中广协继续为会员定期提供《会员通讯》，收集整理《2019 年中国广告经营单位经营额排序》，编辑出版《2019 年中国主要媒介广告价目表》、《现代企业营销与广告经典实战案例》、《第七届中国广告节优秀作品集》和《2019 年广告学术论文集》等书，《2019 年戛纳影视广告作品》VCD，举办戛纳广告节作品巡展，为广告学界与业界提供切实可用的信息。

关于中国广告主协会的支持方面，其发布《2019 中国广告主蓝皮书》年度官方报告，由广告主研究院主持编写，许正林教授担任主编，邀请国内 25 位专家与作者共同完成。蓝皮书披露 2019 年持“增加”营销推广费用态度的广告主比例近 33%，创历年新低，较 2018 年降低 10 个百分点；持“减少”态度的广告主比例为 22%，创近四年新高，较 2018 年增加 8 个百分点；持“持平”态度的广告主比例为 45%。可以看出，2019 年广告主的广告投放更加谨慎。蓝皮书的发布为中国广告市场发展提供了强有力的数据支持，通过系统梳理广告主对广告投放的意愿与态势，阐述中国广告产业的发展趋势与未来突破口，为推动产业高质量发展发挥引领作用。

（二）中国广告专业学术团体的支持

中国具有代表性的广告专业学术团体为：中国高等教育学会广告教育专业委员会、中国广告协会学术委员会、中国广告教育研究会。这些专业学术团体以研究广告教育理论和实践问题为对象，以促进国内高校广告教育的发展为目的，始终坚持为政府决策提供建议，为学校工作提供借鉴，为专业教师提供指导，为大学生提供服务的宗旨，致力于推进中国高等广告教育事业的发展。2019 年，技术变革和行业重构是全新的课题，对于学科而言，广告专业如何解决时代发展问题，既没有理论也没有方法; 对于学者而言，囿于传统文科定势的思维方式，存在着对支撑“数字广告”元理论的周边学科研究深度不足、研究方法不规范等问题。因此，在广告实践缺乏深度理论关照的背景下，明确既面向时代趋势又坚守专业本质的学科价值，尝试建立中国广告理论话语体系，成为未来广告专业教育及学术研究的关键所在。

2019 年 7 月 11 日，“中国广告发展四十年学术论坛暨 2019 全国广告学术研讨会”在北京盛大举行。来自国内外知名高校、广告公司、营销机构、媒体平台等领域从事广告教学、广告研究、广告实务等工作的 200 多位专家学者和业界代表济济一堂，总结研究广告业四十年发展成果。2019 年第 18 届中国广告教育学术年会在兰州大学举办，本次大会由中国广告教育研究会主办、兰州大学新闻与传播学院承办，来自国内一流高校的 180 余名嘉宾参加了本次会议，本次会议分别以“广告教育”“广告理论”“新媒体与未来广告”“广告产业和文化与业务研究””智能 + 广告教学改革案例”为主题，来自高校和企业的 60 多位专家和业内精英，分享了各自的研究成果。

【参考文献】References

[1] 姚曦 , 李春玲 . 互联网、大数据、营销传播结构主义视角下我国高校广告教育体系的解构与重构 [J]. 新闻与传播评论 ,2015(00):163-178.

[2] 丁俊杰 , 宋红梅 .“功用性”建构中的生存与发展——中国广告教育实践四十年解析 [J]. 现代传播 (中国传媒大学学报), 2019, v.41;No.280(11):164-168.

[3] 孙美玲 . 社会 , 观念与实践 : 历史制度主义视野下新中国广告学研究 70 年 (1949-2019)[J]. 新闻与传播研究 , 2019(11).

[4] 姚曦 , 翁祺 . 中国广告产业四十年的回顾与思考 [J]. 新闻爱好者 ,2019(04):16-21.

[5] 秦雪冰 . 人工智能应用下广告产业的人力资本变迁研究 [J]. 新闻大学 ,2019(06):108-119+125.

[6] 郑新刚 . 超越与重塑 : 智能广告的运作机制及行业影响 [J]. 编辑之友 ,2019(05):74-80.

[7] 张顺军 , 廖声武 . 城市品牌传播的文化记忆理论阐释维度 [J]. 当代传播 ,2019(04):71-75+89.

[8] 李华君 , 张智鹏 . 数字时代品牌价值共创的意指内涵、研究视阈和未来展望 [J]. 新闻大学 ,2019(12):90-104+122-123.

[9] 宫月晴 . 中国品牌建构国家形象作用机制研究——基于“一带一路”沿线消费者深访的研究 [J]. 现代传播 (中国传媒大学学报),2019,41(10):131-137.

[10] 郭婉君 , 于春生 . 场景理论视域中乡村直播的价值与忧思 [J]. 电视研究 ,2019(12):38-40.

[11] 王昕 , 吕梦婷 . 基于叙事理论的短视频广告研究 : 类型与批判 [J]. 现代传播 (中国传媒大学学报),2019,41(12):101-105.

[12] 张殿元 . 解蔽和重构：广告文化的批判性阐释 [J]. 当代传播 ,2019(06):35-38.

2019 年全国高等院校广告专业名录

姚曦[1] 商超余[2] 郭崧维、赵冀帆等[3]

统计说明

1. 此次统计在《2018 年全国高等院校广告专业名录》的基础上做了增补。

（1）扩大了统计范围，增加了高职大专的专业名录。

（2）依据 2019-2020 年教育部公示的普通高等院校名录及各省、直辖市、自治区考试院颁布的普通高考志愿院校名单及专业名录变动情况做了增补。

2. 所统计的高等院校地理范围为中国大陆地区。

3. 本统计的高等院校广告专业为广告学、广告设计与制作、广告策划等独立存在的广告相关的专业。

4. 本统计的名录以院校所在地进行分类。

5. 本统计所有数据均采自名录院校官方网站。

6. 本统计院校排名不分先后，除直辖市外，其余基于地理区位习惯依次排序。

7. 2019 年广告专业高等院校共计 535 所，其中本科院校 257 所，高职大专院校 278 所。

8. 统计人介绍。

(1) 姚曦，武汉大学新闻与传播学院教授、博士生导师、武汉大学媒体发展研究中心研究员。

(2) 商超余，武汉大学新闻与传播学院 2019 级博士研究生。

(3) 郭崧维、赵冀帆、卢孟洁、谭志敏、贺林艳，武汉大学新闻与传播学院硕士研究生。

北京市（23 所）

本科院校（10 所）

学校名称：北京大学
院系全称：新闻与传播学院
专业全称：广告学
学　　制：本科 4 年
地　　址：北京市海淀区颐和园路 5 号
北京大学新闻与传播学院
网　　址：http://sjc.pku.edu.cn/
邮　　编：100871
电　　话：010-62754683

学校名称：清华大学
院系全称：美术学院视觉传达设计系
专业全称：广告设计
学　　制：本科 4 年
地　　址：北京市海淀区清华园 1 号
网　　址：http://www.ad.tsinghua.edu.cn/publish/ad/2853/index.html
邮　　编：100084
电　　话：010-62798135

学校名称：中国人民大学
院系全称：新闻学院
专业全称：广告学
学　　制：本科 4 年
地　　址：北京市海淀区中关村大街 59 号
　　　　　中国人民大学明德新闻楼
网　　址：http://jcr.ruc.edu.cn/indexcn.html
邮　　编：100872
电　　话：010-62514835

学校名称：中国传媒大学
院系全称：广告学院
专业全称：广告学
学　　制：本科 4 年
地　　址：北京市朝阳区定福庄东街 1 号
　　　　　中国传媒大学 45 号楼
网　　址：http://ggxy.cuc.edu.cn/main.htm
邮　　编：100024
电　　话：010-65783235

学校名称：北京工商大学
院系全称：艺术与传媒学院
专业全称：广告学
学　　制：本科 4 年
地　　址：北京市海淀区阜成路 33 号
网　　址：http://yc.btbu.edu.cn/
邮　　编：100048
电　　话：010-68984556

学校名称：北京工业大学
院系全称：艺术设计学院
专业全称：广告学
学　　制：本科 4 年
地　　址：北京市朝阳区平乐园 100 号
网　　址：http://bjiad.bjut.edu.cn
邮　　编：100124
电　　话：010-67395478

学校名称：首都经济贸易大学
院系全称：文化与传播学院
专业全称：广告学
学　　制：本科 4 年
地　　址：北京市丰台区花乡张家路口 121 号诚明楼 3 层
网　　址：https://whycbxy.cueb.edu.cn/index.htm
邮　　编：100070
电　　话：010-83951566

学校名称：中央财经大学
院系全称：文化与传媒学院
专业全称：广告学
学　　制：本科 4 年
地　　址：北京市海淀区学院南路 39 号
网　　址：http://cc.cufe.edu.cn/index.htm
邮　　编：100081
电　　话：010-62288028

学校名称：北京电影学院
院系全称：现代创意媒体学院
专业全称：广告学
学　　制：本科 4 年
地　　址：山东省青岛市经济技术开发区
　　　　　金沙滩路 689 号
网　　址：http://www.bfamcmc.edu.cn
　　　　　/index.htm
邮　　编：266520
电　　话：（0532）86703000

学校名称：北京印刷学院
院系全称：新闻出版学院
专业全称：广告学
学　　制：本科 4 年
地　　址：北京市大兴区兴华大街（二段）1 号
　　　　　北京印刷学院康庄校区
网　　址：http://xwcb.bigc.edu.cn/index.htm
邮　　编：102600

电　　话：010-60227871

学校名称：北京服装学院
院系全称：时尚传播学院
专业全称：广告学
学　　制：本科 4 年
地　　址：北京市朝阳区樱花东街甲 2 号
网　　址：http://sfc.bift.edu.cn
邮　　编：100029
电　　话：010-64288410

学校名称：中央民族大学
院系全称：新闻与传播学院
专业全称：广告学
学　　制：本科 4 年
地　　址：北京市海淀区中关村南大街 27 号
网　　址：http://www.muc.edu.cn/index.htm
邮　　编：100081
电　　话：010-68932442

学校名称：北京体育大学
院系全称：新闻与传播学院
专业全称：广告学
学　　制：本科 4 年
地　　址：北京市海淀区信息路 48 号
网　　址：http://www.cm.bsu.edu.cn/index.htm
邮　　编：100084
电　　话：010-62989047

学校名称：华北电力大学
院系全称：人文与社会科学学院
专业全称：广告学
学　　制：本科 4 年
地　　址：北京市昌平区回龙观北农路 2 号
网　　址：http://www.law.ncepu.edu.cn
邮　　编：102206
电　　话：010-61773360

学校名称：北方工业大学
院系全称：文法学院
专业全称：广告学
学　　制：本科 4 年
地　　址：北京市石景山区晋元庄路 5 号瀚学楼 7 层
网　　址：http://wf.ncut.edu.cn/index.htm
邮　　编：100144
电　　话：010-88803378

学校名称：北京联合大学
院系全称：应用文理学院
专业全称：广告学
学　　制：本科 4 年
地　　址：北京市海淀区北土城西路 197 号
网　　址：http://www.cas.buu.edu.cn/index.html
邮　　编：100191
电　　话：010-62004511

高职大专院校（7 所）

学校名称：北京经济技术职业学院
院系全称：文化传媒学院
专业全称：广告设计与制作
学　　制：2 年
地　　址：北京市京东燕郊经济开发区
网　　址：www.bibt.edu.cn
邮　　编：065201
电　　话：010-61598651

学校名称：北京京北职业技术学院
院系全称：艺术设计系
专业全称：广告艺术设计
学　　制：3 年
地　　址：北京市怀柔区小中富乐一区 188 号
网　　址：http://www.jbzy.com.cn
邮　　编：101400
电　　话：010-89681399

学校名称：北京科技职业学院
院系全称：艺术设计学院
专业全称：数字广告设计
学　　制：3 年
地　　址：北京市昌平区沙河沙阳路 18 号
网　　址：http://www.5aaa.com
邮　　编：102206
电　　话：010-69738080

学校名称：北京培黎职业学院
院系全称：艺术传媒系
专业全称：广告设计与制作
学　　制：3 年
地　　址：北京市海淀区双清路一号
网　　址：http://www.bjpldx.edu.cn
邮　　编：100085
电　　话：010-62956515

学校名称：北京电子科技职业学院
院系全称：艺术设计学院传媒艺术设计系
专业全称：广告设计与制作
学　　制：3 年
地　　址：北京经济技术开发区凉水河一街 9 号
网　　址：https://www.bpi.edu.cn/xy/art
邮　　编：100176
电　　话：010-87220669

学校名称：北京汇佳职业学院
院系全称：文化创意系
专业全称：平面媒体广告设计
学　　制：3 年
地　　址：北京市昌平区中关村科技园区昌平园创新路 20 号
网　　址：https://www.hju.net.cn/site/index.html
邮　　编：102200
电　　话：010-51631234

学校名称：北京艺术传媒职业学院
院系全称：艺术设计学院
专业全称：广告设计与制作
学　　制：3 年
地　　址：北京市海淀区中关村科技园区聂各庄东路 10 号
网　　址：http://www.bjamu.cn
邮　　编：100194
电　　话：010-58714111

学校名称：北京信息职业技术学院
院系全称：数字艺术设系
专业全称：广告设计与制作
学　　制：3 年
地　　址：北京市朝阳区芳园西路 5 号
网　　址：https://www.bitc.edu.cn/xyxw/jdxw/
邮　　编：100015
电　　话：010-64353978

上海市（22 所）

本科院校（10 所）

学校名称：复旦大学
院系全称：新闻学院
专业全称：广告学
学　　制：本科 4 年
地　　址：上海市杨浦区国定路 400 号
网　　址：http://www.xwxy.fudan.edu.cn/
邮　　编：200433
电　　话：021-65643752

学校名称：同济大学
院系全称：艺术与传媒学院
专业全称：广告学
学　　制：本科 4 年
地　　址：上海市杨浦区四平路 1239 号
网　　址：https://am.tongji.edu.cn

邮　　编：200092
电　　话：021-65984351

学校名称：上海师范大学
院系全称：影视传媒学院
专业全称：广告学
学　　制：本科 4 年
地　　址：上海市徐汇区桂林路 100 号
网　　址：http://yscm.shnu.edu.cn/main.htm
邮　　编：200234
电　　话：021-64322031

学校名称：华东师范大学
院系全称：传播学院
专业全称：广告学
学　　制：本科 4 年
地　　址：上海市闵行区东川路 500 号华东师范大学传播艺术楼
网　　址：http://www.comm.ecnu.edu.cn
邮　　编：200241
电　　话：021-54343075

学校名称：上海理工大学
院系全称：出版印刷与艺术设计学院
专业全称：广告学
学　　制：本科 4 年
地　　址：上海市杨浦区军工路 516 号
网　　址：http://ccad.usst.edu.cn
邮　　编：200093
电　　话：021-55270291

学校名称：上海外国语大学
院系全称：新闻传播学院
专业全称：广告学
学　　制：本科 4 年
地　　址：上海市文翔路 1550 号
网　　址：http://www.sjc.shisu.edu.cn/
邮　　编：201620
电　　话：021-35372350

学校名称：上海大学
院系全称：新闻传播学院
专业全称：广告学
学　　制：本科 4 年
地　　址：上海市宝山区上大路 99 号
网　　址：http://sjc.shu.edu.cn/index.htm
邮　　编：200444
电　　话：021-66270178

学校名称：上海商学院
院系全称：文法学院
专业全称：广告学
学　　制：本科 4 年
地　　址：上海市徐汇区中山西路 2271 号
网　　址：https://wfxy.sbs.edu.cn/index.htm
邮　　编：200235
电　　话：021-67105340

学校名称：上海工程技术大学
院系全称：艺术设计学院
专业全称：广告学
学　　制：本科 4 年
地　　址：上海市松江区龙腾路 333 号艺术楼
网　　址：https://yssj.sues.edu.cn
邮　　编：201620
电　　话：021-67791000

学校名称：上海外国语大学贤达经济人文学院
院系全称：文化产业与管理学院
专业全称：广告学
学　　制：本科 4 年
地　　址：上海市崇明区东滩大道 999 号
网　　址：http://xwcbx.xdsisu.edu.cn/343/list.htm
邮　　编：202162

电　　话：(021)51278024

高职大专院校（12 所）

学校名称：上海立达学院
院系全称：艺术学院
专业全称：广告与展示设计
学　　制：3 年
地　　址：上海市松江区车亭公路 1788 号
网　　址：http://ys.lidapoly.edu.cn//index.htm
邮　　编：201609
电　　话：021-57805678

学校名称：上海行健职业学院
院系全称：应用艺术系
专业全称：广告设计与制作
学　　制：3 年
地　　址：上海市静安区原平路 55 号
网　　址：http://art.shxj.edu.cn/
邮　　编：200072
电　　话：021-56075555

学校名称：上海出版印刷高等专科学校
院系全称：出版与传播系
专业全称：广告设计与制作
学　　制：3 年
地　　址：上海市杨浦区水丰路 100 号
网　　址：https://www.sppc.edu.cn/cbcb/main.psp
邮　　编：200093
电　　话：021-65673587

学校名称：上海电影艺术学院
院系全称：视觉艺术中心
专业全称：广告设计与制作
学　　制：3 年
地　　址：上海市浦东新区达尔文路 188 号
网　　址：http://www.shfilmart.com/
邮　　编：201203
电　　话：021-50273668

学校名称：上海工艺美术职业学院
院系全称：视觉艺术学院
专业全称：广告设计与制作
学　　制：3 年
地　　址：上海市嘉定区嘉行公路 851 号
网　　址：http://www.sada.edu.cn
邮　　编：201807
电　　话：021-69977888

学校名称：上海济光职业技术学院
院系全称：艺术设计系
专业全称：广告设计与制作
学　　制：3 年
地　　址：上海市杨浦区武东路 51 号
网　　址：https://art.shjgu.edu.cn/main.htm
邮　　编：200433
电　　话：021-65108907

学校名称：上海思博职业技术学院
院系全称：艺术设计学院
专业全称：广告设计与制作
学　　制：3 年
地　　址：上海市浦东新区惠南镇城南路 1408 号
网　　址：http://design.shsipo.com/
邮　　编：201399
电　　话：021-68029082

学校名称：上海中侨职业技术大学
院系全称：艺术学院
专业全称：广告设计与制作
学　　制：3 年
地　　址：上海市金山区漕廊公路 3888 号
网　　址：http://www.shzq.edu.cn/
邮　　编：201514

电　　话：021-31616009

学校名称：上海震旦职业学院
院系全称：传媒艺术学院
专业全称：广告设计与制作
学　　制：3 年
地　　址：上海市宝山区罗店镇市一路 88 号
网　　址：http://cmxy.aurora-college.cn/main.htm
邮　　编：201908
电　　话：021-66863366

学校名称：上海东海职业技术学院
院系全称：艺术学院
专业全称：多媒体广告设计
学　　制：3 年
地　　址：上海市虹梅南路 6001 号
网　　址：https://ys.esu.edu.cn/main.htm
邮　　编：200241
电　　话：021-64505555

学校名称：上海交通职业技术学院
院系全称：人文艺术系
专业全称：广告设计与制作
学　　制：3 年
地　　址：上海市宝山区呼兰路 883 号
网　　址：http://www.scp.edu.cn/
邮　　编：200431
电　　话：021-56993234

学校名称：上海民远职业技术学院
院系全称：艺术学院
专业全称：广告视觉传达
学　　制：3 年
地　　址：上海市浦东新区唐陆路 3892 号
网　　址：http://www.shmy.edu.cn/index.php
邮　　编：201210
电　　话：021-68796666

天津市（13 所）

本科院校（7 所）

学校名称：天津师范大学
院系全称：新闻传播学院
专业全称：广告学
学　　制：本科 4 年
地　　址：天津市西青区宾水西道 393 号
网　　址：http://xwcb.tjnu.edu.cn/index.htm
邮　　编：300387
电　　话：022-23766061

学校名称：天津工业大学
院系全称：人文学院
专业全称：广告学
学　　制：本科 4 年
地　　址：天津市西青区宾水西道 393 号
网　　址：http://rw.tjpu.edu.cn
邮　　编：300387
电　　话：022-83956111

学校名称：天津外国语大学
院系全称：国际传媒学院
专业全称：广告学
学　　制：本科 4 年
地　　址：天津市滨海新区大港学府路 60 号
网　　址：http://sc.tjfsu.edu.cn/index.htm
邮　　编：300270
电　　话：022-63257305

学校名称：南开大学滨海学院
院系全称：艺术系
专业全称：广告学
学　　制：本科 4 年
地　　址：天津市滨海新区大港学府路 634 号
网　　址：http://binhai.nankai.edu.cn/zs/info/1057/1224.htm

邮　　编：300270
电　　话：022-63304918

学校名称：天津财经大学
院系全称：商学院
专业全称：广告学
学　　制：本科 4 年
地　　址：天津市河西区珠江道 25 号
网　　址：https://m-sheep.eol.cn/ebook/2219#p=2
邮　　编：300222
电　　话：022-28171399

学校名称：天津财经大学珠江学院
院系全称：传播系
专业全称：广告学
学　　制：本科 4 年
地　　址：天津市宝坻区京津新城祥瑞大街
网　　址：http://zhujiang.tjufe.edu.cn/News/201806/2018062413411232.htm
邮　　编：301811
电　　话：022-22410851

学校名称：天津师范大学津沽学院
院系全称：新闻传播系
专业全称：广告学
学　　制：本科 4 年
地　　址：天津市西青区宾水西道 393 号
天津师范大学主校区
网　　址：http://jgxy.tjnu.edu.cn/xsc/sy.htm
邮　　编：300387
电　　话：022-23766088

高职大专院校（6 所）

学校名称：天津职业大学
院系全称：艺术工程学院
专业全称：广告设计与制作
学　　制：3 年
地　　址：天津市北辰区洛河道 2 号
网　　址：http://art.tjtc.edu.cn/info/1015/1830.htm
邮　　编：300410
电　　话：60585163

学校名称：天津滨海职业学院
院系全称：应用艺术系
专业全称：广告设计与制作
学　　制：3 年
地　　址：天津市滨海新区塘沽庐山道 1101 号
网　　址：http://www.tjbpi.com/Item/18046.aspx
邮　　编：300459
电　　话：022-25215008

学校名称：天津商务职业学院
院系全称：广告学院
专业全称：广告设计与制作
学　　制：3 年
地　　址：天津海河教育园区雅观路 23 号
网　　址：https://ggxy.tcc1955.edu.cn/zysz/ggsjyzz.htm
邮　　编：300350
电　　话：022-59650123

学校名称：天津国土资源和房屋职业学院
院系全称：建筑艺术学院
专业全称：广告设计与制作
学　　制：3 年
地　　址：天津市滨海新区大港学苑路 600 号
网　　址：http://zs.tjgfxy.com.cn/jzysx.html
邮　　编：300270
电　　话：022-63303801

学校名称：天津轻工职业技术学院
院系全称：新闻传播系
专业全称：广告设计与制作
学　　制：3 年

地　　址：天津海河教育园雅观路 1 号
网　　址：http://www.tjlivtc.edu.cn/other/ysgc/show.jsp?classid=201008241102218521&informationid=202006201919434227
邮　　编：300350
电　　话：022-27945596

学校名称：天津工艺美术职业学院
院系全称：商业美术系
专业全称：广告设计与制作
学　　制：3 年
地　　址：天津市河北区革新道 10 号
网　　址：http://www.gmtj.com/news/info2/type/23.html
邮　　编：300250
电　　话：26786329

重庆市（16 所）
本科院校（10 所）

学校名称：重庆工商大学
院系全称：文学与新闻学院
专业全称：广告学
学　　制：本科 4 年
地　　址：重庆市南岸区学府大道 19 号慧智楼 5-6 层
网　　址：http://ljc2014.ctbu.edu.cn
邮　　编：400067
电　　话：023-62769390

学校名称：四川外国语大学
院系全称：新闻传播学院
专业全称：广告学
学　　制：本科 4 年
地　　址：重庆市沙坪坝区壮志路 33 号四川外国语大学西校区新办公楼 C 区 6 楼
网　　址：http://media.sisu.edu.cn
邮　　编：400031
电　　话：023-65380202

学校名称：四川美术学院
院系全称：设计学院
专业全称：广告学
学　　制：本科 4 年
地　　址：重庆市沙坪坝区大学城四川美术学院设计楼 C 栋
网　　址：http://www.scfai.edu.cn
邮　　编：401331
电　　话：023-6592111

学校名称：重庆交通大学
院系全称：人文学院
专业全称：广告学
学　　制：本科 4 年
地　　址：重庆市南岸区学府大道 66 号
网　　址：http://rwxy.cqjtu.edu.cn/index.htm
邮　　编：400067
电　　话：023-62652660

学校名称：重庆理工大学
院系全称：管理学院
专业全称：广告学
学　　制：本科 4 年
地　　址：重庆市巴南区红光大道 69 号
网　　址：https://gl.cqut.edu.cn
邮　　编：400054
电　　话：023-62563166

学校名称：重庆三峡学院
院系全称：传媒学院
专业全称：广告学
学　　制：本科 4 年
地　　址：重庆市万州区沙龙路二段 780 号
网　　址：http://www.sanxiau.edu.cn/cmxy/index.htm
邮　　编：404100
电　　话：023-58552024

学校名称：重庆第二师范学院
院系全称：文学与传媒学院
专业全称：广告学
学　　制：本科 4 年
地　　址：重庆市南岸区南山街道崇教路 1 号
网　　址：http://www.cque.edu.cn/wxcm/index.htm
邮　　编：400065
电　　话：023-61638881

学校名称：重庆大学城市科技学院
院系全称：人文学院
专业全称：广告学
学　　制：本科 4 年
地　　址：重庆市永川区光彩大道 368 号 13 号楼
网　　址：http://www.cqucc.com.cn:8003/rwxy/default.html
邮　　编：402167
电　　话：023-49841615

学校名称：重庆工商大学派斯学院
院系全称：文学与传媒学院
专业全称：广告学
学　　制：本科 4 年
地　　址：重庆市合川区交通街 593 号
网　　址：http://wxx.paisi.edu.cn/index.asp
邮　　编：401520
电　　话：023-42891303

学校名称：四川外国语大学重庆南方翻译学院
院系全称：国际传媒学院
专业全称：广告学
学　　制：本科 4 年
地　　址：重庆市渝北区龙石路 18 号
网　　址：http://www.tcsisu.com
邮　　编：401120
电　　话：023-88790725

高职大专院校（6 所）

学校名称：重庆经贸职业学院
院系全称：商务学院
专业全称：广告策划与营销
学　　制：3 年
地　　址：重庆市黔江区武陵大道北段 1785 号
网　　址：http://sw.cqvcet.com/article_86886.html
邮　　编：409000
电　　话：023-79311888

学校名称：重庆信息技术职业学院
院系全称：电影艺术学院
专业全称：广告设计与制作
学　　制：3 年
地　　址：重庆市万州区平湖路 88 号
网　　址：http://www.cqeec.com
邮　　编：404000
电　　话：023-58418888

学校名称：重庆传媒职业学院
院系全称：数字媒体学院
专业全称：广告设计与制作
学　　制：3 年
地　　址：重庆市铜梁区学府大道 302 号
网　　址：http://www.cqcmxy.com
邮　　编：402560
电　　话：023-45615877

学校名称：重庆工业职业技术学院
院系全称：设计学院
专业全称：广告设计与制作
学　　制：3 年
地　　址：重庆市渝北区（空港）桃源大道 1000 号
网　　址：http://www.cqipc.edu.cn/index.htm
邮　　编：401120

电　　话：023-61879050

学校名称：重庆电子工程职业学院
院系全称：数字媒体学院
专业全称：广告设计与制作
学　　制：3 年
地　　址：重庆大学城重庆电子工程职业学院
网　　址：https://www.cqcet.edu.cn/index.htm
邮　　编：401331
电　　话：023-65928128

学校名称：重庆航天职业技术学院
院系全称：艺术设计系
专业全称：广告设计与制作
学　　制：3 年
地　　址：重庆市江北区红石路 255 号
网　　址：http://www.cqepc.cn
邮　　编：400021
电　　话：023-67613088

黑龙江省（13）

本科院校（3 所）

学校名称：黑龙江大学
院系全称：新闻传播学院
专业全称：广告学
学　　制：本科 4 年
地　　址：黑龙江省哈尔滨市南岗区学府路 74 号
网　　址：http://xwcb.hlju.edu.cn
邮　　编：150080
电　　话：0451-86608114

学校名称：东北林业大学
院系全称：文法学院
专业全称：广告学
学　　制：本科 4 年
地　　址：黑龙江省哈尔滨市香坊区和兴路 26 号
网　　址：http://wenfa.nefu.edu.cn/index.htm
邮　　编：150040
电　　话：0451-82190411

学校名称：黑龙江财经学院
院系全称：人文科学系
专业全称：广告学
学　　制：本科 4 年
地　　址：哈尔滨市利民开发区学院路 1230 号
网　　址：http://rwkxx.hfu.edu.cn/index.htm
邮　　编：150025
电　　话：0451-85911881

高职大专院校（10 所）

学校名称：牡丹江大学
院系全称：传媒与艺术学院
专业全称：广告设计与制作
学　　制：3 年
地　　址：黑龙江省牡丹江市爱民区
西地明街 530 号
网　　址：http://www.mdjdx.cn/
邮　　编：157011
电　　话：0453-6596445

学校名称：哈尔滨职业技术学院
院系全称：艺术与设计学院
专业全称：广告设计与制作专业
学　　制：3 年
地　　址：黑龙江省哈尔滨市香坊区
哈平路 217 号
网　　址：http://www.hzjxy.org.cn/
邮　　编：150081
电　　话：0451-86635992

学校名称：七台河职业学院
院系全称：计算机网络技术

专业全称：广告设计与制作
学　　制：3 年
地　　址：黑龙江省七台河市桃山区学府路 229 号
网　　址：http://www.qthzyxy.com/indexmian
邮　　编：154600
电　　话：0464-8687633

学校名称：哈尔滨传媒职业学院
院系全称：艺术设计类
专业全称：广告设计与制作
学　　制：3 年
地　　址：黑龙江省哈尔滨市京哈公路（102 国道）13.5 公里处
网　　址：http://www.hrbmcc.com/
邮　　编：150001
电　　话：86701301

学校名称：哈尔滨现代公共关系职业学院
院系全称：传媒系
专业全称：广告设计与制作
学　　制：3 年
地　　址：黑龙江省哈尔滨市南岗区京哈公路 13.5 公里处
网　　址：www.hljpr0451.com
邮　　编：150089
电　　话：0454-86701301

学校名称：黑龙江三江美术职业学院
院系全称：艺术设计类
专业全称：广告设计与制作
学　　制：3 年
地　　址：佳木斯郊区，黑龙江省大来村东北方向 150 米
网　　址：http://www.sjmsxy.net.cn/html/aboutus/index.html
邮　　编：150027
电　　话：13836644986

学校名称：黑龙江商业职业学院
院系全称：艺术设计类
专业全称：广告设计与制作
学　　制：3 年
地　　址：黑龙江省牡丹江市爱民区西圣林街 333 号
网　　址：http://www.hljszy.net/
邮　　编：157011
电　　话：0453-6575178

学校名称：大庆职业学院
院系全称：艺术设计类
专业全称：广告设计与制作
学　　制：3 年
地　　址：黑龙江省大庆市萨尔图区火炬北 2 路 1 号
网　　址：http://www.dqzyxy.net/
邮　　编：163255
电　　话：0459-5874099

学校名称：黑龙江信息技术职业学院
院系全称：计算机工程系
专业全称：广告设计与制作
学　　制：3 年
地　　址：黑龙江省哈尔滨市利民开发区学院路 88 号
网　　址：www.hljitpc.com
邮　　编：061040
电　　话：0451-86662171

学校名称：哈尔滨应用职业技术学院
院系全称：艺术设计类
专业全称：广告设计与制作
学　　制：3 年
地　　址：黑龙江省哈尔滨市道里区机场路 998 号
网　　址：www.hyyzy.com
邮　　编：150078
电　　话：0451-84114766

吉林省（15）

本科院校（11 所）

学校名称：吉林大学
院系全称：新闻与传播学院
专业全称：广告学
学　　制：本科 4 年
地　　址：吉林省长春市朝阳区前进大街 2699 号
网　　址：http://xinchuan.jlu.edu.cn
邮　　编：130012
电　　话：0431-85166420

学校名称：东北师范大学
院系全称：传媒科学学院
专业全称：广告学
学　　制：本科 4 年
地　　址：吉林省长春市南关区人民大街 5268 号
网　　址：http://chuanmei.nenu.edu.cn
邮　　编：130024
电　　话：0431-85098500

学校名称：长春理工大学
院系全称：文学院
专业全称：广告学
学　　制：本科 4 年
地　　址：吉林省长春市朝阳区卫星路 7089 号
网　　址：http://www.cust.edu.cn
邮　　编：130022
电　　话：0431-85583888

学校名称：长春工业大学
院系全称：公共管理学院（人文学院）
专业全称：广告学
学　　制：本科 4 年
地　　址：吉林省长春市朝阳区延安大街 2055 号
网　　址：http://www.rwxy.ccut.edu.cn/main.htm
邮　　编：130012
电　　话：0431-85914753

学校名称：吉林财经大学
院系全称：新闻与传播学院
专业全称：广告学
学　　制：本科 4 年
地　　址：吉林省长春市南关区净月大街 3699 号
网　　址：http://newxwxy.jlufe.edu.cn/
邮　　编：130117
电　　话：0431-84539100

学校名称：吉林农业大学
院系全称：人文学院
专业全称：广告学
学　　制：本科 4 年
地　　址：吉林省长春市新城大街 2888 号
网　　址：http://renwen.jlau.edu.cn/index.htm
邮　　编：130118
电　　话：0431-84533049

学校名称：吉林动画学院
院系全称：文化产业商学院
专业全称：广告学
学　　制：本科 4 年
地　　址：吉林省长春市高新开发区博识路 168 号
网　　址：http://wg.jlai.edu.cn/index.php
邮　　编：130032
电　　话：0431-87021917

学校名称：长春师范大学
院系全称：传媒学院
专业全称：广告学
学　　制：本科 4 年
地　　址：吉林省长春市长吉北路 677 号
网　　址：http://chuanmei.ccsfu.edu.cn/index.htm
邮　　编：130032
电　　话：0431-86168627/626

学校名称：长春光华学院
院系全称：文学与新闻传播学院
专业全称：广告学
学　　制：本科 4 年
地　　址：吉林省长春经济技术开发区武汉路 3555 号
网　　址：http://www.ghu.edu.cn/index.htm
邮　　编：130033
电　　话：0431-82608886 转 8093

学校名称：长春理工大学光电信息学院
院系全称：传媒艺术学院
专业全称：广告学
学　　制：本科 4 年
地　　址：吉林省长春市宽城区学理路 333 号
网　　址：http://www.csoei.com/html/cmfy/
邮　　编：130114
电　　话：0431-81863248

学校名称：长春科技学院
院系全称：视觉艺术学院
专业全称：广告学
学　　制：本科 4 年
地　　址：吉林省长春市双阳区东华大街 1699 号
网　　址：http://www.jlaudev.com.cn
邮　　编：130600
电　　话：0431-84266666

高职大专院校（4 所）

学校名称：松原职业技术学院
院系全称：艺术设计类
专业全称：广告设计与制作
学　　制：3 年
地　　址：吉林省松原市宁江区中山大街 820 号
网　　址：http://www.sypt.cn/
邮　　编：138001
电　　话：0438-3166027

学校名称：吉林科技职业技术学院
院系全称：艺术设计类
专业全称：广告设计与制作
学　　制：3 年
地　　址：吉林省长春市二道区长吉南线 7777 号
网　　址：http://www.jilinkj.com/
邮　　编：130123
电　　话：0431-84813089

学校名称：长春职业技术学院
院系全称：艺术设计类
专业全称：广告设计与制作
学　　制：3 年
地　　址：长春市卫星路 3278 号
网　　址：http://www.cvit.edu.cn/
邮　　编：130033
电　　话：0431-84602815

学校名称：白城职业技术学院
院系全称：艺术设计类
专业全称：广告设计与制作
学　　制：3 年
地　　址：吉林省白城市白平公路 50-34 号
网　　址：http://www.bcvit.cn/
邮　　编：137000
电　　话：0436-3361319

辽宁省（14）

本科院校（7 所）

学校名称：东北财经大学
院系全称：人文与传播学院
专业全称：广告学
学　　制：本科 4 年
地　　址：辽宁省大连市沙河口区尖山街 217 号
网　　址：http://cjc.dufe.edu.cn
邮　　编：116025

电　　话：0411-84710505

学校名称：辽宁大学
院系全称：新闻与传播学院
专业全称：广告学
学　　制：本科 4 年
地　　址：沈阳市沈北新区京沈街 58 号
网　　址：http://xwycb.lnu.edu.cn/index.htm
邮　　编：110036
电　　话：024-62602907

学校名称：沈阳工业大学
院系全称：文法学院
专业全称：广告学
学　　制：本科 4 年
地　　址：沈阳经济技术开发区沈辽西路 111 号
网　　址：https://wfxy.sut.edu.cn
邮　　编：110870
电　　话：024-25496582

学校名称：辽宁师范大学
院系全称：文学院
专业全称：广告学
学　　制：本科 4 年
地　　址：大连市甘井子区柳树南街 1 号
网　　址：https://wxy.lnnu.edu.cn
邮　　编：116029
电　　话：0411-85992305

学校名称：辽宁工业大学
院系全称：文化传媒学院
专业全称：广告学
学　　制：本科 4 年
地　　址：辽宁省锦州市古塔区士英街 169 号
网　　址：https://wcxy.lnut.edu.cn
邮　　编：121001
电　　话：0416-4198417

学校名称：沈阳航空航天大学
院系全称：设计艺术学院视觉传达系
专业全称：广告学
学　　制：本科 4 年
地　　址：沈阳道义经济开发区道义南大街 37 号
网　　址：https://design.sau.edu.cn
邮　　编：110135
电　　话：024-89724466

学校名称：辽宁科技学院
院系全称：人文艺术学院
专业全称：广告学
学　　制：本科 4 年
地　　址：辽宁省本溪高新技术产业开发区香槐路 176 号
网　　址：https://rwysxy.lnist.edu.cn/index.htm
邮　　编：117004
电　　话：024-43164073

高职大专院校（7 所）

学校名称：朝阳师范高等专科学院
院系全称：艺术设计类
专业全称：广告设计与制作
学　　制：3 年
地　　址：辽宁省朝阳双塔区龙山街四段 966 号
网　　址：http://www.cysz.com.cn/
邮　　编：122004
电　　话：0421-6681658

学校名称：辽宁现代服务职业技术学院
院系全称：艺术设计类
专业全称：广告设计与制作
学　　制：3 年
地　　址：辽宁省沈阳市沈北新区蒲河新城通顺街 81 号
网　　址：https://www.lnxdfwxy.com/
邮　　编：110104
电　　话：024-88085660

学校名称：辽宁经济职业技术学院
院系全称：艺术设计类
专业全称：广告设计与制作
学　　制：3 年
地　　址：辽宁省沈阳市沈北新区沈北路 88 号
网　　址：http://www.lnemci.com/
邮　　编：110122
电　　话：024-89872391

学校名称：阜新高等专科学校
院系全称：艺术设计类
专业全称：广告设计与制作
学　　制：3 年
地　　址：辽宁省阜新市海州区育红路 36 号
网　　址：http://www.fxgz.com.cn/
邮　　编：123000
电　　话：0418-2290800

学校名称：辽宁职业学院
院系全称：艺术设计类
专业全称：广告设计与制作
学　　制：3 年
地　　址：辽宁省铁岭市银州区东街一委
网　　址：http://www.lnvc.cn/
邮　　编：112099
电　　话：024-72860666

学校名称：辽宁广告职业学院
院系全称：艺术设计类
专业全称：广告设计与制作
学　　制：3 年
地　　址：辽宁省沈阳市于洪区沈北新区大学城
网　　址：http://www.ggxy.com/
邮　　编：110148
电　　话：024-89346236

学校名称：大连艺术职业学院
院系全称：艺术设计类
专业全称：广告设计与制作
学　　制：3 年
地　　址：辽宁省大连市经济技术开发区辽宁街 39 号
网　　址：http://www.dac.edu.cn/
邮　　编：116600
电　　话：0411-39256188

新疆维吾尔自治区（3 所）

本科院校（2 所）

学校名称：新疆大学
院系全称：新闻与传播学院传媒经营管理系
专业全称：广告学
学　　制：本科 4 年
地　　址：新疆乌鲁木齐市胜利路 666 号
网　　址：http://jcs.xju.edu.cn/index.htm
邮　　编：830046
电　　话：0991-8582815

学校名称：新疆艺术学院
院系全称：传媒系
专业全称：广告学
学　　制：本科 4 年
地　　址：新疆乌鲁木齐市团结路 734 号
网　　址：http://cmx.xjart.edu.cn/
邮　　编：830049
电　　话：0991-2568202

高职大专院校（1 所）

学校名称：新疆职业大学
院系全称：艺术设计系
专业全称：广告设计与制作
学　　制：3 年
地　　址：乌鲁木齐市北京北路 1075 号
邮　　编：830013

网　　址：https://zwz.xjvu.edu.cn:81/zsb/default.ht ml
电　　话：0991-3785328

内蒙古自治区（10 所）

本科院校（1）

学校名称：内蒙古科技大学
院系全称：艺术与设计学院
专业全称：广告学
学　　制：本科 4 年
地　　址：内蒙古包头市阿尔丁大街 7 号艺术明德楼
网　　址：http://art-des.imust.edu.cn/
邮　　编：014010
电　　话：0472-5953905

高职大专院校（9 所）

学校名称：内蒙古建筑职业技术学院
院系全称：艺术设计系
专业全称：广告设计与制作
学　　制：3 年
地　　址：内蒙古自治区呼和浩特市新华西街内蒙古建筑职业技术学院招生就业处
网　　址：https://zsw.imaa.edu.cn/
邮　　编：010030
电　　话：0471-3996910

学校名称：内蒙古商贸职业学院
院系全称：艺术设计系
专业全称：广告设计与制作
学　　制：3 年
地　　址：内蒙古自治区呼和浩特市赛罕区大学城
网　　址：http://www.nmgsmxyzs.com/
邮　　编：010020
电　　话：0471-5279864

学校名称：包头职业技术学院
院系全称：艺术设计系
专业全称：广告设计与制作
学　　制：3 年
地　　址：内蒙古包头市青山区呼得木林大街 12 号
网　　址：http://btzyjsxyzs.university-hr.com/help_index_zs.php?type=2
邮　　编：014030
电　　话：0472-3320109

学校名称：包头轻工职业技术学院
院系全称：艺术设计学院
专业全称：广告设计与制作
学　　制：3 年
地　　址：内蒙古包头市青山区建华路 19 号
网　　址：http://btqyzs.good-edu.cn/
邮　　编：014030
电　　话：0472-3163234

学校名称：锡林郭勒职业学院
院系全称：艺术设计系
专业全称：广告设计与制作（电影美术方向）
学　　制：3 年
地　　址：内蒙古锡林浩特市明安图街 11 号
网　　址：http://www.xlglvc.cn/zhaosheng
邮　　编：026002
电　　话：0479-8269414

学校名称：兴安职业技术学院
院系全称：艺术设计系
专业全称：广告设计与制作（视觉艺术设计）
学　　制：3 年
地　　址：内蒙古乌兰浩特市乌察路 160 号
网　　址：http://www.nmxzy.cn
邮　　编：137400
电　　话：0482-8529133

学校名称：内蒙古经贸外语职业学院
院系全称：艺术设计系
专业全称：广告设计与制作
学　　制：3 年
地　　址：内蒙古自治区呼和浩特市新城区呼哈路
网　　址：http://www.nmgjwy.com/
邮　　编：010051
电　　话：0471-6572537

学校名称：科尔沁艺术职业学院
院系全称：艺术设计系
专业全称：广告设计与制作
学　　制：3 年
地　　址：内蒙古通辽经济技术开发区辽河大街东段
网　　址：http://zsjy.keqysxy.com.cn/
邮　　编：028000
电　　话：0475-8621023

学校名称：满洲里俄语职业学院
院系全称：艺术设计系
专业全称：广告设计与制作
学　　制：3 年
地　　址：内蒙古满洲里市华埠大街 1 号万达广场对面
网　　址：http://zsxx.mzlxy.cn/
邮　　编：021400
电　　话：0470-6242098

宁夏回族自治区（4 所）

本科院校（2 所）

学校名称：宁夏大学
院系全称：新闻传播学院
专业全称：广告学
学　　制：本科 4 年
地　　址：宁夏银川市西夏区贺兰山西路 489 号
宁夏大学贺兰山校区文荟楼 7 楼
网　　址：https://xwcbxy.nxu.edu.cn/index.htm
邮　　编：750021
电　　话：0951-5093191

学校名称：北方民族大学
院系全称：文学与新闻传播学院
专业全称：广告学
学　　制：本科 4 年
地　　址：宁夏银川市西夏区文昌北街 204 号
网　　址：https://wsxy.nmu.edu.cn/index.htm
邮　　编：750021
电　　话：0951-2066992

高职大专院校（2 所）

学校名称：宁夏职业技术学院
院系全称：艺术设计学院
专业全称：广告设计与制作
学　　制：3 年
地　　址：宁夏银川市西夏区文萃北街
网　　址：http://yssjxy.nxtc.edu.cn/index.htm
邮　　编：750021
电　　话：0951-2135360

学校名称：宁夏财经职业技术学院
院系全称：信息与智能工程系
专业全称：广告设计与制作
学　　制：3 年
地　　址：宁夏银川市西夏区学院西路 31 号
网　　址：http://www.nxcy.edu.cn/
邮　　编：750021
电　　话：0951-2081007

甘肃省（8）

本科院校（6 所）

学校名称：兰州大学
院系全称：新闻与传播学院

专业全称：广告学
学　　制：本科 4 年
地　　址：甘肃省兰州市天水南路 222 号
　　　　　兰州大学本部思雨楼
网　　址：http://xw.lzu.edu.cn/
邮　　编：730000
电　　话：0931-8913736

学校名称：兰州交通大学
院系全称：艺术设计学院
专业全称：广告学
学　　制：专升本 3 年
地　　址：甘肃省兰州市安宁区
　　　　　安宁西路 88 号
网　　址：http://ysxy.lzjtu.edu.cn/index.htm
邮　　编：730070
电　　话：0931-4956503

学校名称：兰州交通大学博文学院
院系全称：艺术设计系
专业全称：广告学
学　　制：本科 4 年
地　　址：甘肃省兰州市和平开发区
网　　址：http://www.bowenedu.cn/www/YxYiShu.asp
邮　　编：730101
电　　话：0931-5272605

学校名称：兰州财经大学
院系全称：商务传媒学院
专业全称：广告学
学　　制：本科 4 年
地　　址：甘肃省兰州市榆中县薇乐大道 4 号
　　　　　商务传媒学院
网　　址：http://bmi.lzufe.edu.cn/index.htm
邮　　编：730101
电　　话：0931-5252090

学校名称：兰州财经大学长青学院
院系全称：艺术系
专业全称：广告学
学　　制：本科 4 年
地　　址：兰州市城关区店子街 45 号
网　　址：http://changqing.lzufe.edu.cn/ysx/591/list.htm
邮　　编：730020
电　　话：0931-8702835

学校名称：西北民族大学
院系全称：新闻传播学院
专业全称：广告学
学　　制：本科 4 年
地　　址：甘肃省兰州市榆中县西北民族大学（榆中校区）
网　　址：http://bmi.lzufe.edu.cn/index.htm
邮　　编：730124
电　　话：0931-4512213

高职大专院校（2 所）

学校名称：甘肃工业职业技术学院
院系全称：艺术学院
专业全称：广告设计与制作
学　　制：大专 3 年
地　　址：甘肃省天水市麦积区廿里铺 18 号
网　　址：http://www.gipc.edu.cn/
邮　　编：741025
电　　话：0938-2793278

学校名称：甘肃广播电视中等专业学校
院系全称：美术设计与制作
专业全称：广告设计与制作
学　　制：3 年
地　　址：兰州市城关区盐场路 1240 号
网　　址：http://www.gsgxedu.cn/
邮　　编：730046

电　　话：0938-8340086

陕西省（11 所）
本科院校（9 所）

学校名称：西北大学
院系全称：新闻传播学院
专业全称：广告学
学　　制：本科 4 年
地　　址：陕西省西安市长安区学府大道 1 号
网　　址：http://xinwen.nwu.edu.cn/
邮　　编：710127
电　　话：029-88302525

学校名称：长安大学
院系全称：人文学院
专业全称：广告学
学　　制：本科 4 年
地　　址：陕西省西安市雁塔区长安路
网　　址：http://rwxy.chd.edu.cn/main.htm
邮　　编：710065
电　　话：029-62630090

学校名称：宝鸡文理学院
院系全称：文学与新闻传播学院
专业全称：广告学
学　　制：本科 4 年
地　　址：陕西省宝鸡市高新大道 1 号
网　　址：http://wcy.bjwlxy.cn/index.htm
邮　　编：721013
电　　话：0917-3566091

学校名称：西安工程大学
院系全称：服装与艺术设计学院
专业全称：广告学
学　　制：本科 4 年
地　　址：陕西省西安市金花南路 19 号
网　　址：https://fuzhuangxy.xpu.edu.cn/
邮　　编：710048
电　　话：029-82330087

学校名称：咸阳师范学院
院系全称：文学与传播学院
专业全称：广告学
学　　制：本科 4 年
地　　址：陕西省咸阳市文林路一号
网　　址：http://wcy.xync.edu.cn/
邮　　编：712000
电　　话：029-33720620

学校名称：西安外国语大学
院系全称：新闻与传播学院
专业全称：广告学
学　　制：本科 4 年
地　　址：陕西省西安市长安区文苑南路 1 号
网　　址：http://xwxy.xisu.edu.cn/index.htm
邮　　编：710128
电　　话：029-85319624

学校名称：西安财经大学
院系全称：文学院新闻传播学系
专业全称：广告学
学　　制：本科 4 年
地　　址：陕西省西安市长安区常宁大街 360 号
网　　址：http://wenxue.xaufe.edu.cn/index.htm
邮　　编：710100
电　　话：029-82348361

学校名称：西安财经大学行知学院
院系全称：人文艺术分院
专业全称：广告学
学　　制：本科 4 年
地　　址：陕西省西安市灞桥区狄寨路 57 号
网　　址：http://rwysfy.xcxz.com.cn/

邮　　编：710038
电　　话：029-62976698

学校名称：西安思源学院
院系全称：文学院
专业全称：广告学
学　　制：本科 4 年
地　　址：陕西省西安市东郊水安路 28 号
网　　址：http://home.xasyu.cn/web/gjxy/?
邮　　编：710038
电　　话：029-82601888

高职大专院校（2 所）

学校名称：陕西青年职业学院
院系全称：文化传媒系
专业全称：广告设计与制作
学　　制：3 年
地　　址：陕西省西安市含光北路 155 号
网　　址：http://wcx.sxqzy.com/index.htm
邮　　编：710068
电　　话：029-88408342

学校名称：陕西工商职业学院
院系全称：文化传播与艺术设计学院
专业全称：广告设计与制作
学　　制：3 年
地　　址：陕西省西安市长安区郭杜北街 19 号
网　　址：http://ysx.snbcedu.cn/
邮　　编：7100119
电　　话：029-81896159

四川省（17 所）
本科院校（6 所）

学校名称：四川大学
院系全称：新闻传播学院
专业全称：广告学
学　　制：本科 4 年
地　　址：四川省成都市双流区川大路二段文科楼 1 区 / 四川省成都市武侯区望江路 29 号文科楼 3 楼
网　　址：http://lj.scu.edu.cn/index.htm
邮　　编：610064
电　　话：028-85993668；028-85412710

学校名称：四川农业大学
院系全称：艺术与传媒学院
专业全称：广告学
学　　制：本科 4 年
地　　址：四川省雅安市雨城区新康路 46 号
网　　址：https://yscm.sicau.edu.cn/index.htm
邮　　编：625014
电　　话：0835-2882232

学校名称：成都理工大学
院系全称：传播科学与艺术学院广告系
专业全称：广告学
学　　制：本科 4 年
地　　址：四川省成都市成华区二仙桥东三路 1 号
网　　址：http://www.ccsa.cdut.edu.cn/index.htm
邮　　编：610059
电　　话：028-84079589

学校名称：四川师范大学
院系全称：文学院
专业全称：广告学
学　　制：本科 4 年
地　　址：四川省成都市锦江区静安路 5 号
网　　址：http://liter.sicnu.edu.cn/p/0/
邮　　编：610068
电　　话：028-84760563

学校名称：西南交通大学
院系全称：人文学院

专业全称：广告学
学　　制：本科 4 年
地　　址：四川省成都市高新区西部园区西南交通大学犀浦校区
网　　址：https://rwxy.swjtu.edu.cn/index.htm
邮　　编：611756
电　　话：028-66366508

学校名称：四川师范大学成都学院
院系全称：人文学院
专业全称：广告学
学　　制：本科 4 年
地　　址：四川省成都市郫都区团结镇学院街 65 号
网　　址：http://edu.newssc.org/system/20130426/001026012_6.html
邮　　编：611745
电　　话：028-87953080

高职大专院校（11 所）

学校名称：南充职业技术学院
院系全称：艺术系
专业全称：广告设计与制作
学　　制：3 年
地　　址：南充市高坪区小龙宏发路
网　　址：http://www.nczy.com
邮　　编：637131
电　　话：0817-3545312

学校名称：绵阳职业技术学院
院系全称：艺术系
专业全称：广告设计与制作
学　　制：3 年
地　　址：绵阳市游仙区仙人路一段 32 号
网　　址：https://www.mypt.edu.cn
邮　　编：621000
电　　话：0816-2201950

学校名称：成都艺术职业学院
院系全称：设计与传媒学院
专业全称：广告设计与制作、广告策划与营销
学　　制：3 年
地　　址：成都市新津县花源镇白云大道 115 号
网　　址：http://www.cdartpro.cn/index.html
邮　　编：611433
电　　话：028-82482209

学校名称：四川长江职业学院
院系全称：建筑与设计学院
专业全称：广告设计与制作
学　　制：3 年
地　　址：四川省成都市成洛路 828 号
网　　址：http://www.sccvc.com
邮　　编：610106
电　　话：028-84686008

学校名称：四川华新现代职业学院
院系全称：艺术学院
专业全称：广告设计与制作
学　　制：3 年
地　　址：四川省成都市龙泉驿区成洛大道 3833 号
网　　址：http://www.schxmvc.com.cn
邮　　编：610107
电　　话：028-84811058

学校名称：广安职业技术学院
院系全称：艺术学院
专业全称：广告设计与制作
学　　制：3 年
地　　址：广安市广安区滨江东路 98 号
网　　址：http://www.gavtc.cn/index.htm
邮　　编：638000
电　　话：0826-2256123

学校名称：四川艺术职业学院

院系全称：艺术设计系
专业全称：广告与会展设计
学　　制：3 年
地　　址：四川省成都市温江区和盛镇星艺大道 366 号
网　　址：http://www.scapi.cn/index.aspx
邮　　编：611131
电　　话：028-61718111

学校名称：四川文化传媒职业学院
院系全称：艺术设计系
专业全称：广告设计与制作
学　　制：3 年
地　　址：成都崇州市学苑东路 22 号
网　　址：http://www.svccc.net
邮　　编：611230
电　　话：028-82312000

学校名称：四川现代职业学院
院系全称：商务系
专业全称：广告策划与营销
学　　制：3 年
地　　址：四川省成都市双流区西南航空港华创路 1 号
网　　址：http://www.scmvc.cn/SiteHtml/
邮　　编：610207
电　　话：028-85877666

学校名称：眉山职业技术学院
院系全称：文化艺术系
专业全称：广告设计与制作
学　　制：3 年
地　　址：眉山市眉州大道岷东段 5 号
网　　址：http://www.msvtc.net/Index.html
邮　　编：620010
电　　话：028-38201430

学校名称：乐山职业技术学院
院系全称：艺术设计系
专业全称：广告设计与制作
学　　制：3 年
地　　址：四川省乐山市市中区青江路中段 1336 号
网　　址：http://www.lszyxy.edu.cn
邮　　编：614099
电　　话：0833-2273213

山西省（6 所）

本科院校（2 所）

学校名称：山西大学
院系全称：新闻学院广告系
专业全称：广告学
学　　制：本科 4 年
地　　址：山西省太原市坞城路 92 号
网　　址：http://xwxy.sxu.edu.cn/index.htm
邮　　编：030006
电　　话：0351-7011855

学校名称：山西财经大学
院系全称：新闻与艺术学院
专业全称：广告学
学　　制：本科 4 年
地　　址：山西省太原市晋阳街 108 号
网　　址：http://whcb.sxufe.edu.cn/xysy.htm
邮　　编：030031
电　　话：0351-7666701

高职大专院校（4 所）

学校名称：山西工程技术学院
院系全称：工业设计与包装工程系
专业全称：广告设计与制作
学　　制：3 年
地　　址：山西省阳泉市开发区学院路一号
网　　址：http://whcb.sxufe.edu.cn/xysy.htm

邮　　编：030099
电　　话：0353-2111851

学校名称：山西信息职业技术学院
院系全称：艺术设计与传媒系
专业全称：广告设计与制作
学　　制：3 年
地　　址：山西省临汾市尧都区屯里镇贾村东西街
网　　址：http://www.vcit.cn/
邮　　编：041000
电　　话：0357-3300099

学校名称：山西国际商务职业学院
院系全称：信息系
专业全称：广告设计与制作
学　　制：3 年
地　　址：山西省太原市龙堡街 14 号
网　　址：http://www.sxibs.com/
邮　　编：030031
电　　话：0351-5691299

学校名称：太原旅游职业学院
院系全称：信息管理系
专业全称：广告设计与制作
学　　制：3 年
地　　址：山西省太原市小店区大昌南路 19 号
网　　址：https://www.tylyzyxy.com/
邮　　编：030032
电　　话：0351-7583527

河北省（29 所）

本科院校（8 所）

学校名称：河北师范大学
院系全称：新闻传播学院
专业全称：广告学
学　　制：本科 4 年
地　　址：河北省石家庄市南二环东路 20 号
网　　址：http://xwcbxy.hebtu.edu.cn/
邮　　编：050024
电　　话：0311-86263227

学校名称：河北经贸大学
院系全称：文化与传播学院
专业全称：广告学
学　　制：本科 4 年
地　　址：河北省石家庄市学府路 47 号
网　　址：http://whcb.heuet.edu.cn/zxgk/xbsz.htm
邮　　编：050061
电　　话：0311-87656783

学校名称：河北地质大学
院系全称：艺术设计学院
专业全称：广告学
学　　制：本科 4 年
地　　址：河北省石家庄市槐安东路 136 号
网　　址：http://yssj.hgu.edu.cn/
邮　　编：050030
电　　话：0311-87207782

学校名称：河北大学
院系全称：新闻传播学院
专业全称：广告学
学　　制：本科 4 年
地　　址：河北省保定市七一东路 2666 号
网　　址：http://jc.hbu.edu.cn/
邮　　编：071002
电　　话：0312-4120195

学校名称：石家庄学院
院系全称：文学与传媒学院
专业全称：广告学
学　　制：本科 4 年
地　　址：河北省石家庄市高新技术开发区

珠峰大街 288 号
网　　址：http://210.31.249.9/wenchuan/
邮　　编：050035
电　　话：0311-66617200

学校名称：防灾科技学院
院系全称：文化与传媒学院
专业全称：广告学
学　　制：本科 4 年
地　　址：河北省三河市燕郊高新区学院街 465 号
网　　址：https://wcxy.cidp.edu.cn/index.htm
邮　　编：065201
电　　话：010-61596244

学校名称：河北师范大学汇华学院
院系全称：传媒学部
专业全称：广告学
学　　制：本科 4 年
地　　址：河北省石家庄市桥西区红旗大街 469 号
网　　址：http://huihua.hebtu.edu.cn/chmxb/index.php
邮　　编：050091
电　　话：0311-80784823

学校名称：河北地质大学华信学院
院系全称：文法系
专业全称：广告学
学　　制：本科 4 年
地　　址：河北省石家庄市新乐市空港工业园区无繁路 69 号
网　　址：http://www.sjzuehx.cn/
邮　　编：050700
电　　话：0311-80659066

高职大专院校（21 所）

学校名称：石家庄理工职业学院
院系全称：人居环境学院
专业全称：广告设计与制作
学　　制：3 年
地　　址：河北省石家庄市石柏南大街
网　　址：https://www.sjzlg.com/
邮　　编：050299
电　　话：0311-83930666

学校名称：河北艺术职业学院
院系全称：传媒系
专业全称：影视广告
学　　制：3 年
地　　址：河北省石家庄市长安区青园街 149 号
网　　址：http://www.hebart.com/cmx/index.htm
邮　　编：050011
电　　话：0311-86663909

学校名称：衡水职业技术学院
院系全称：艺术系
专业全称：广告设计与制作
学　　制：3 年
地　　址：河北省衡水市桃城区红旗大街 2373 号
网　　址：http://www.hsvtc.cn/ys/
邮　　编：053000
电　　话：0318-2107316

学校名称：邢台职业技术学院
院系全称：艺术与传媒系
专业全称：广告策划与营销
学　　制：3 年
地　　址：河北省邢台市桥西区钢铁北路 552 号
网　　址：http://www.xpc.edu.cn/ysx/
邮　　编：054000
电　　话：0319-2273154

学校名称：廊坊职业技术学院
院系全称：文化传媒与服务系

专业全称：广告设计与制作
学　　制：3 年
地　　址：河北省廊坊市开发区东方大学城二期白居易道
网　　址：http://www.lfzhjxy.cn/index.htm
邮　　编：065001
电　　话：0316-6028816

学校名称：冀中职业学院
院系全称：信息传媒系
专业全称：广告设计与制作
学　　制：3 年
地　　址：河北省定州市北门街北口
网　　址：http://www.jzhxy.com/it/index.html
邮　　编：073000
电　　话：0312-2581575

学校名称：河北工业职业技术学院
院系全称：经济贸易系
专业全称：广告设计与制作
学　　制：3 年
地　　址：河北省石家庄市红旗大街 626 号
网　　址：http://jmx.hbcit.edu.cn/index.asp
邮　　编：050000
电　　话：0311-85236551

学校名称：石家庄工商职业学院
院系全称：建筑与艺术学院
专业全称：广告设计与制作
学　　制：3 年
地　　址：河北省石家庄市桥西区滨河街 3 号
网　　址：http://jzys.sjzgsxy.com/index.htm
邮　　编：050091
电　　话：0311-83805504

学校名称：河北软件职业技术学院
院系全称：数字传媒系

专业全称：广告设计与制作
学　　制：3 年
地　　址：河北省保定市北市区东风东路 999 号
网　　址：https://www.hbsi.edu.cn/szcmx/index.htm
邮　　编：071066
电　　话：0312-5971353

学校名称：石家庄财经职业学院
院系全称：信息学院
专业全称：广告设计与制作
学　　制：3 年
地　　址：河北省石家庄市学府路 236 号
网　　址：http://www.hebcj.cn/
邮　　编：050061
电　　话：0311-85201001

学校名称：河北能源职业技术学院
院系全称：信息工程系
专业全称：广告设计与制作
学　　制：3 年
地　　址：河北省唐山市路北区北新西道 88 号
网　　址：http://xxx.hbnyxy.cn/
邮　　编：063000
电　　话：0315-3049364

学校名称：石家庄职业技术学院
院系全称：艺术设计学院
专业全称：广告设计与制作
学　　制：3 年
地　　址：河北省石家庄市中山西路长兴街 12 号
网　　址：https://yishu.sjzpt.edu.cn/index.htm
邮　　编：050081
电　　话：031185333868

学校名称：河北工程技术学院
院系全称：艺术与传媒学院

专业全称：广告设计与制作
学　　制：3 年
地　　址：河北省石家庄市桥西区宫北路 11 号
网　　址：http://old.hbgcjsxy.com/renwe.php
邮　　编：050091
电　　话：0311-83831598

学校名称：保定职业技术学院
院系全称：传媒系
专业全称：广告设计与制作
学　　制：3 年
地　　址：河北省保定市朝阳南大街 613 号
网　　址：http://www.bvtc.com.cn/
邮　　编：071051
电　　话：0312-5909330

学校名称：石家庄科技信息职业学院
院系全称：艺术设计学院
专业全称：广告设计与制作
学　　制：3 年
地　　址：河北省石家庄市红旗大街南端
网　　址：http://www.hebkx.cn/yssj/main/index.php
邮　　编：052371
电　　话：0311-83819756

学校名称：石家庄信息工程职业学院
院系全称：传媒艺术系
专业全称：广告设计与制作
学　　制：3 年
地　　址：河北省石家庄市裕华区信工路 18 号
网　　址：http://www.sjziei.com/
邮　　编：050035
电　　话：0311-85327210

学校名称：石家庄工程职业学院
院系全称：艺术设计系

专业全称：广告设计与制作
学　　制：3 年
地　　址：河北省石家庄市新华区学府路 169 号
网　　址：http://www.sjzevc.com/
邮　　编：050061
电　　话：0311-86867700

学校名称：唐山科技职业技术学院
院系全称：信息多媒体系
专业全称：广告设计与制作
学　　制：3 年
地　　址：河北省唐山市路南区警钢路 68 号
网　　址：http://www.tskjzy.cn/xxdmt/
邮　　编：063001
电　　话：0315-2962669

学校名称：邯郸职业技术学院
院系全称：文法系
专业全称：广告设计与制作
学　　制：3 年
地　　址：河北省邯郸市渚河路 141 号
网　　址：http://www.hd-u.com/wfx/index.htm
邮　　编：056001
电　　话：0310-3162951

学校名称：石家庄经济职业学院
院系全称：艺术系
专业全称：广告设计与制作
学　　制：3 年
地　　址：河北省石家庄市北郊 107 国道与正定常山西路交叉口 47 号
网　　址：http://www.sjzjjxy.com/sy
邮　　编：050899
电　　话：0311-88247986

学校名称：河北工艺美术职业学院
院系全称：视觉艺术系

专业全称：广告设计与制作
学　　制：3 年
地　　址：河北省保定市瑞祥大街 102 号
网　　址：http://www.hbgymszyxy-edu.cn/
邮　　编：071051
电　　话：0312-3105811

河南省（29 所）

本科院校（7 所）

学校名称：河南财经政法大学
院系全称：文化传播学院
专业全称：广告学
学　　制：本科 4 年
地　　址：河南省郑州市金水东路 180 号
网　　址：http://wb.huel.edu.cn/index.htm
邮　　编：450046
电　　话：0371-86179830

学校名称：郑州大学
院系全称：新闻与传播学院
专业全称：广告学
学　　制：本科 4 年
地　　址：河南省郑州市科学大道 100 号
网　　址：http://www5.zzu.edu.cn/xinwen/index.htm
邮　　编：450001
电　　话：0371-67780090

学校名称：河南工业大学
院系全称：新闻与传播学院
专业全称：广告学
学　　制：本科 4 年
地　　址：河南省郑州市高新技术开发区莲花街 100 号
网　　址：https://xwxy.haut.edu.cn/index.htm
邮　　编：450001
电　　话：0371-67756380

学校名称：河南大学
院系全称：新闻与传播学院
专业全称：广告学
学　　制：本科 4 年
地　　址：河南省开封市明伦街 85 号河南大学明伦校区
网　　址：http://hdxc.henu.edu.cn/index.htm
邮　　编：475001
电　　话：0371-22195916

学校名称：河南理工大学
院系全称：文法学院
专业全称：广告学
学　　制：本科 4 年
地　　址：河南省焦作市解放中路 142 号河南理工大学文法学院楼 111
网　　址：http://wenfa.hpu.edu.cn/lawweb/index.aspx
邮　　编：454000
电　　话：0371-3986651

学校名称：河南大学民生学院
院系全称：艺术与传媒学院
专业全称：广告学
学　　制：本科 4 年
地　　址：河南省开封市明伦大街 / 金明大道
网　　址：http://yxcm.humc.edu.cn/
邮　　编：475001
电　　话：0371-23887388

学校名称：信阳农林学院
院系全称：规划与设计学院
专业全称：视觉传达设计
学　　制：本科 4 年
地　　址：河南省信阳市平桥区北环路 1 号
网　　址：http://www.xyafu.edu.cn/zsxxw/
邮　　编：464000
电　　话：0376-6687698

高职大专院校（22 所）

学校名称：河南职业技术学院
院系全称：环境艺术工程系
专业全称：广告设计与制作
学　　制：3 年
地　　址：河南省郑州市郑东新区龙子湖高校园区平安大道 210 号
网　　址：http://hy.hnzj.edu.cn/index.htm
邮　　编：450046
电　　话：0371-69306058

学校名称：洛阳理工学院
院系全称：艺术设计类
专业全称：广告与设计制作
学　　制：3 年
地　　址：洛阳市洛龙区王城大道 90 号
网　　址：http://zs.lit.edu.cn/
邮　　编：471000
电　　话：0379-65928777

学校名称：河南工学院
院系全称：艺术设计类
专业全称：广告与设计制作
学　　制：3 年
地　　址：河南省新乡市平原路 699 号
网　　址：http://zs.hait.edu.cn
邮　　编：453000
电　　话：0373-3691234

学校名称：郑州工业应用技术学院
院系全称：艺术设计类
专业全称：广告与设计制作
学　　制：3 年
地　　址：郑州市新郑高新技术开发中华北路郑州工业应用技术学院新校区
网　　址：http://zsb.zzgyxy.com/
邮　　编：450001
电　　话：0371-85011888

学校名称：河南职业技术学院
院系全称：艺术设计系
专业全称：广告设计与制作
学　　制：3 年
地　　址：河南省郑州市郑东新区龙子湖高校园区平安大道 210 号
网　　址：http://zsjy.hnzj.edu.cn/
邮　　编：450018
电　　话：0371-65687733

学校名称：郑州电子信息职业技术学院
院系全称：艺术与设计系
专业全称：广告设计与制作
学　　制：3 年
地　　址：郑州市中牟大学路 1 号 (校本部）
网　　址：http://www.zyfb.com
邮　　编：451450
电　　话：0371-62179660

学校名称：河南工业职业技术学院
院系全称：艺术设计系
专业全称：广告设计与制作
学　　制：3 年
地　　址：河南省南阳市孔明北路 666 号
网　　址：http://www.hnpi.cn/zsxx/
邮　　编：473000
电　　话：0377-63270276

学校名称：郑州职业技术学院
院系全称：艺术设计系
专业全称：广告设计与制作
学　　制：3 年
地　　址：河南省郑州市郑上路 081 号
网　　址：http://www.zzyedu.cn/zsxxw/main.htm

邮　　编：450007
电　　话：0371-64961768

学校名称：河南经贸职业学院
院系全称：艺术设计系
专业全称：广告设计与制作
学　　制：3 年
地　　址：郑州市郑东新区龙子湖高校园区
网　　址：http://zs.hnjmxy.cn/
邮　　编：450018
电　　话：0371-86629993

学校名称：河南工业贸易职业学院
院系全称：艺术设计系
专业全称：广告设计与制作
学　　制：3 年
地　　址：河南省郑州市新郑龙湖大学城祥云路 1 号
网　　址：http://www.hngm.edu.cn/s.php/zsgzc
邮　　编：450018
电　　话：0371-60987001

学校名称：河南艺术职业学院
院系全称：艺术设计系
专业全称：广告设计与制作
学　　制：3 年
地　　址：郑州市郑东新区郑开大道 132 号
网　　址：http://www.hnyszyxy.net/zsjy/zsxx.htm
邮　　编：450018
电　　话：0371-60867529

学校名称：郑州信息工程职业学院
院系全称：艺术设计系
专业全称：广告设计与制作
学　　制：3 年
地　　址：郑州中原西路桃贾路 331 号
网　　址：http://www.zxxyedu.com/zsjy/zhaosheng/
邮　　编：450007
电　　话：0371-64962200

学校名称：永城职业学院
院系全称：艺术设计系
专业全称：广告设计与制作
学　　制：3 年
地　　址：河南省永城市东城区学府路 002 号
网　　址：http://www.ycvc.edu.cn/xbweb/zb/index.asp
邮　　编：476600
电　　话：0370-5172822

学校名称：许昌电气职业学院
院系全称：艺术设计系
专业全称：广告设计与制作
学　　制：3 年
地　　址：许昌市魏文路北段与永昌大道交汇处向东 100 米路北
网　　址：http://zhaosheng.xcevc.cn
邮　　编：461002
电　　话：0374-3189559

学校名称：河南测绘职业学院
院系全称：艺术设计系
专业全称：广告设计与制作
学　　制：3 年
地　　址：河南省郑州市郑东新区白沙园区工贸路
网　　址：http://zhaosheng.hnchxy.cn/
邮　　编：450018
电　　话：0371-56662015

江苏省（38 所）
本科院校（18 所）

学校名称：南京大学
院系全称：新闻与传播学院
专业全称：广告学

学　　制：本科 4 年
地　　址：江苏省南京市栖霞区仙林大道 163 号
网　　址：https://jc.nju.edu.cn/main.htm
邮　　编：210023
电　　话：025-89681287

学校名称：南京林业大学
院系全称：人文社会科学学院
专业全称：广告系
学　　制：本科 4 年
地　　址：南京市龙蟠路 159 号
网　　址：http://renwen.njfu.edu.cn/
邮　　编：210037
电　　话：025-68224949

学校名称：南京邮电大学
院系全称：传媒与艺术学院
专业全称：广告系
学　　制：本科 4 年
地　　址：南京市栖霞区文苑路 9 号 南京邮电大学文科楼
网　　址：https://cm.njupt.edu.cn/_s36/main.psp
邮　　编：210023
电　　话：025-85866750

学校名称：南京财经大学
院系全称：营销与物流管理学院
专业全称：广告学
学　　制：本科 4 年
地　　址：南京市仙林大学城文苑路 3 号
网　　址：http://yxwl.nufe.edu.cn/
邮　　编：210023
电　　话：025-86718481

学校名称：南京师范大学
院系全称：新闻与传播学院
专业全称：广告系
学　　制：本科 4 年
地　　址：南京市宁海路 122 号新传大楼（26 号楼）
网　　址：http://xinchuan.njnu.edu.cn/index.htm
邮　　编：210097
电　　话：025-83598525

学校名称：江南大学
院系全称：设计学院
专业全称：广告学
学　　制：本科 4 年
地　　址：江苏省无锡市蠡湖大道 1800 号
网　　址：http://sodcn.jiangnan.edu.cn/
邮　　编：214122
电　　话：0510-85919712

学校名称：苏州大学
院系全称：凤凰传媒学院
专业全称：广告系
学　　制：本科 4 年
地　　址：苏州市工业园区独墅湖高教区文景路一号
网　　址：http://sc.suda.edu.cn/main.htm
邮　　编：215006
电　　话：0512-65881608

学校名称：淮阴师范学院
院系全称：传媒实验教学中心
专业全称：广告学
学　　制：本科 4 年
地　　址：淮阴区长江西路 111 号
网　　址：http://cmlab.hytc.edu.cn/index.htm
邮　　编：223300
电　　话：0517-83525345

学校名称：江苏师范大学
院系全称：传媒与影视学院
专业全称：广告学
学　　制：本科 4 年
地　　址：江苏省徐州市云龙区和平路 57 号

网　　址：http://media.jsnu.edu.cn/
邮　　编：221009
电　　话：0516-83867506

学校名称：南京艺术学院
院系全称：传媒学院
专业全称：广告学
学　　制：本科 4 年
地　　址：南京虎踞北路 15 号
网　　址：http://media.nua.edu.cn/
邮　　编：210013
电　　话：025-83498169

学校名称：中国传媒大学南广学院
院系全称：新闻传播学院
专业全称：广告学
学　　制：本科 4 年
地　　址：江苏省南京市江宁区弘景大道 3666 号
　　　　　南京虎踞北路 15 号
网　　址：http://www.cucn.edu.cn/faculties/12.html
邮　　编：211172
电　　话：025-86179886

学校名称：徐州工程学院
院系全称：人文学院
专业全称：广告学
学　　制：本科 4 年
地　　址：江苏省徐州市云龙区丽水路 2 号
网　　址：http://rwxy.xzit.edu.cn/zyjj/list.htm
邮　　编：221018
电　　话：0516-83105215

学校名称：南京大学金陵学院
院系全称：传媒学院
专业全称：广告学
学　　制：本科 4 年
地　　址：南京市浦口区学府路 8 号
网　　址：https://www.jlxy.nju.edu.cn/info/1015/4406.htm
邮　　编：210089
电　　话：025-58646684

学校名称：南京师范大学中北学院
院系全称：人文系
专业全称：广告学
学　　制：本科 4 年
地　　址：南京市栖霞区仙林大学城学林路 2 号
网　　址：http://rwx.nnudy.edu.cn/c712/20190531/i15867.html
邮　　编：210023
电　　话：025-87720966

学校名称：南京邮电大学通达学院
院系全称：商学院
专业全称：广告学
学　　制：本科 4 年
地　　址：扬州市邗江区润扬南路 33 号
网　　址：http://www.nytdc.edu.cn/index.php?m=content&c=index&a=lists&catid=246
邮　　编：225127
电　　话：0514-89716166

学校名称：江苏师范大学科文学院
院系全称：传媒与艺术系
专业全称：广告学
学　　制：本科 4 年
地　　址：江苏省徐州市铜山新区上海路 101 号
网　　址：http://www.cucn.edu.cn/faculties/12.html
邮　　编：221132
电　　话：0516-80270222

学校名称：宿迁学院
院系全称：艺术与传媒学院
专业全称：广告学

学　　制：本科 4 年
地　　址：江苏省宿迁市黄河南路 399 号
网　　址：http://art.sqc.edu.cn/article-detail-973692.html
邮　　编：223800
电　　话：0527-96889666

学校名称：江苏海洋大学
院系全称：文法学院
专业全称：广告学
学　　制：本科 4 年
地　　址：江苏省连云港市海州区苍梧路 59 号
网　　址：https://jwc.jou.edu.cn/info/1132/3335.htm
邮　　编：222005
电　　话：0518-80307598

高职大专院校（20 所）

学校名称：南京铁道职业技术学院
院系全称：软件与艺术设计学院
专业全称：广告设计与制作
学　　制：3 年
地　　址：江宁大学城龙眠大道 180 号
网　　址：http://ntyzs.njrts.edu.cn/info/1007/1345.htm
邮　　编：210031
电　　话：025-68204996

学校名称：无锡职业技术学校
院系全称：艺术与设计学院
专业全称：广告设计与制作
学　　制：3 年
地　　址：江苏省无锡市高浪西路 1600 号
网　　址：https://art.wxit.edu.cn/752/list.htm
邮　　编：214121
电　　话：0510-81838822

学校名称：江苏建筑职业技术学院
院系全称：艺术设计学院
专业全称：广告设计与制作
学　　制：3 年
地　　址：江苏省徐州市泉山区学苑路 26 号
网　　址：http://yssj.jsviat.edu.cn/820/list.htm
邮　　编：22116
电　　话：0516—83996059

学校名称：连云港师范高等专科学校
院系全称：美术学院
专业全称：广告设计与制作
学　　制：3 年
地　　址：连云港市海州区
网　　址：http://art.lygsf.cn/629/list.htm
邮　　编：222021
电　　话：15261310663

学校名称：无锡城市职业技术学院
院系全称：传媒与艺术设计学院
专业全称：广告设计与制作
学　　制：专科 5 年
地　　址：江苏省无锡市惠山区钱藕路 12 号
网　　址：http://cmyyssj.wxcu.edu.cn/default.php?mod=article&do=detail&tid=999400
邮　　编：214000
电　　话：0510-85522602

学校名称：常州工业职业技术学院
院系全称：艺术创意学院
专业全称：广告设计与制作
学　　制：3 年
地　　址：常州市武进区鸣新中路 28 号
网　　址：http://yishu.ciit.edu.cn/1040/list.htm
邮　　编：213164
电　　话：0519-86455005

学校名称：扬州环境资源职业技术学院

院系全称：人文科学系
专业全称：广告设计与制作
学　　制：3 年
地　　址：江苏省扬州市润扬南路 33 号
网　　址：http://www.zg114zs.com/xuexiao_wenzhang.asp?auid=1026&aid=1331
邮　　编：225127
电　　话：0514-87436188

学校名称：江苏电子信息职业学院
院系全称：建筑装饰与艺术设计学院
专业全称：广告设计与制作
学　　制：3 年
地　　址：淮安市高教园区枚乘东路 3 号
网　　址：http://www.jsei.edu.cn/jzzsyssjxy/zyjs1.htm
邮　　编：223003
电　　话：0517-83808526

学校名称：苏州工艺美术职业学院
院系全称：视觉传达学院
专业全称：广告设计与制作
学　　制：3 年
地　　址：苏州市吴中大道苏州国际教育院南区致能大道 189 号
网　　址：https://shj.sgmart.edu.cn/zyjs/ggsjyzz.htm
邮　　编：215104
电　　话：0512-66875617

学校名称：江苏城市职业学院
院系全称：设计学院
专业全称：广告设计与制作
学　　制：3 年
地　　址：南京市江东北路 399 号
网　　址：http://www.jsou.cn/cmysjxy/ggsjyzz/list.htm
邮　　编：210036
电　　话：025-86265300

学校名称：南通职业大学
院系全称：艺术设计学院
专业全称：广告设计与制作
学　　制：3 年
地　　址：中国江苏省南通市青年东路 89 号
网　　址：https://ysxy.ntvu.edu.cn/16636/
邮　　编：226007
电　　话：0513-81050812

学校名称：无锡工业职业技术学院
院系全称：传媒与艺术设计学院
专业全称：广告设计与制作
学　　制：3 年
地　　址：江苏省宜兴市荆邑南路 99 号
网　　址：http://sy.wxgyxy.edu.cn/html/zyjs/1.html
邮　　编：214206
电　　话：0510-81710105

学校名称：苏州百年职业学院
院系全称：艺术设计学院
专业全称：广告设计与制作
学　　制：3 年
地　　址：苏州工业园区仁爱路 1 号
网　　址：http://www.scc.edu.cn/baokao/shownews.php?id=243
邮　　编：215000
电　　话：0512-62955666

学校名称：泰州职业技术学院
院系全称：艺术学院
专业全称：广告设计与制作
学　　制：3 年
地　　址：江苏省泰州市医药高新区天星路 8 号
网　　址：http://ysxy.tzpc.edu.cn/999/list.htm

邮　　编：225300
电　　话：0523-86663590

学校名称：江南影视艺术职业学院
院系全称：艺术设计学院
专业全称：广告设计与制作
学　　制：3 年
地　　址：江苏省无锡市藕塘职教园区钱胡路 812 号
网　　址：http://www.jnys.cn/yssjyx/info/1076/1470.htm
邮　　编：214153
电　　话：0510-83275908

学校名称：正德职业技术学院
院系全称：艺术设计与建筑工程系
专业全称：广告设计与制作
学　　制：专科 5 年
地　　址：南京市江宁经济开发区将军大道 18 号
网　　址：http://www.zdxy.cn/YJX/contents/265/71.html
邮　　编：211106
电　　话：025-52111888

学校名称：昆山登云科技职业学院
院系全称：建筑与设计学院
专业全称：广告设计与制作
学　　制：3 年
地　　址：江苏省昆山市马鞍山西路 1058 号
网　　址：https://jzyys.dyc.edu.cn/major/detail/10838
邮　　编：215300
电　　话：0512-57800788

学校名称：盐城工业职业技术学院
院系全称：艺术设计学院
专业全称：广告设计与制作
学　　制：3 年
地　　址：盐城市盐都区解放南路 285 号
网　　址：https://gkcx.eol.cn/school/2218/professional
邮　　编：224008
电　　话：0515-88583915

学校名称：硅湖职业技术学院
院系全称：文化创意学院
专业全称：广告设计与制作
学　　制：3 年
地　　址：江苏省昆山市花桥国际商务城绿地大道 168 号
网　　址：http://www.usl.edu.cn/whcycyx/jdxx/show-3122.html
邮　　编：215332
电　　话：0512-57788009

学校名称：苏州健雄职业技术学院
院系全称：艺术学院
专业全称：广告设计与制作
学　　制：3 年
地　　址：江苏省苏州太仓科教新城健雄路 1 号
网　　址：http://www.csit.edu.cn/ysxy/ggsjyzzzy/list.htm
邮　　编：215411
电　　话：051253940876

浙江省（30 所）

本科院校（24 所）

学校名称：浙江大学
院系全称：传媒与国际文化学院
专业全称：广告学
学　　制：本科 4 年
地　　址：浙江省杭州市天目山路 148 号
网　　址：http://www.cmic.zju.edu.cn/main.htm

邮　　编：310028
电　　话：0571－87951596

学校名称：浙江工业大学
院系全称：文学院
专业全称：广告学系
学　　制：本科 4 年
地　　址：浙江省杭州市西湖区留和路 288 号
网　　址：http://www.rwxy.zjut.edu.cn/index.html
邮　　编：310023
电　　话：0571-85290295

学校名称：浙江理工大学
院系全称：史量才新闻与传播学院
专业全称：广告学
学　　制：本科 4 年
地　　址：杭州下沙高教园区 2 号街 928 号
网　　址：http://wenchuan.zstu.edu.cn/index.htm
邮　　编：310008
电　　话：0571-86843572

学校名称：浙江农林大学
院系全称：文法学院
专业全称：广告学
学　　制：本科 4 年
地　　址：浙江省杭州市临安区衣锦街 252 号
网　　址：http://wf.zafu.edu.cn/index.htm
邮　　编：311300
电　　话：0571-63740568

学校名称：浙江师范大学
院系全称：文化创意与传播学院
专业全称：广告学
学　　制：本科 4 年
地　　址：浙江省金华市迎宾大道 688 号
网　　址：http://ccxy.zjnu.edu.cn/main.htm
邮　　编：321004
电　　话：0579-82291988

学校名称：湖州师范学院
院系全称：文学院
专业全称：广告学
学　　制：本科 4 年
地　　址：浙江省湖州市学士路 1 号
网　　址：http://rwxy.zjhu.edu.cn/
邮　　编：313000
电　　话：0572-2321957

学校名称：浙江传媒学院
院系全称：文化创意与管理学院
专业全称：广告学
学　　制：本科 4 年
地　　址：杭州市下沙高教园区学源街 998 号
网　　址：http://zsw.cuz.edu.cn/yxdh/whcyyglxy.htm
邮　　编：310018
电　　话：0571-86832600

学校名称：温州大学
院系全称：人文学院
专业全称：广告系
学　　制：本科 4 年
地　　址：温州市茶山高教园区北校区 1 号楼人文学院
网　　址：http://hum.wzu.edu.cn/index.htm
邮　　编：325035
电　　话：0577-86680856

学校名称：浙江工商大学杭州商学院
院系全称：人文学院
专业全称：广告学
学　　制：本科 4 年
地　　址：浙江省杭州市桐庐县环城南路 66 号
网　　址：http://rwxy.zjhzcc.edu.cn/index.php?pmid=1
邮　　编：310035

电　　话：0571-69936043

学校名称：宁波大学
院系全称：人文与传播学院
专业全称：广告学
学　　制：本科 4 年
地　　址：浙江省宁波市江北区风华路 818 号
网　　址：http://rwcm.nbu.edu.cn/index.htm
邮　　编：315211
电　　话：0574-87600750

学校名称：浙江工商大学
院系全称：人文与传播学院
专业全称：广告学
学　　制：本科 4 年
地　　址：浙江省杭州市下沙高教园区学正街 18 号
网　　址：http://rwxy.zjgsu.edu.cn/
邮　　编：310018
电　　话：0571-28008182

学校名称：宁波工程学院
院系全称：人文与艺术学院
专业全称：广告学系
学　　制：本科 4 年
地　　址：浙江省宁波市江北区风华路 201 号
　　　　　姚锦华教学楼
网　　址：https://rwys.nbut.edu.cn/index.htm
邮　　编：315211
电　　话：0574-87616085

学校名称：中国计量大学
院系全称：艺术与传播学院
专业全称：广告学
学　　制：本科 4 年
地　　址：浙江省杭州市下沙高教园区学源街 258 号
网　　址：https://ysycb.cjlu.edu.cn/info/1110/2406.htm
邮　　编：310018
电　　话：0571-87676204

学校名称：浙江财经大学
院系全称：人文与传播学院
专业全称：广告学
学　　制：本科 4 年
地　　址：浙江省杭州市下沙高教园区学源街 18 号
网　　址：https://rwxy.zufe.edu.cn/xygk/jgsz.htm
邮　　编：310018
电　　话：0571-87557465

学校名称：浙大城市学院
院系全称：传媒与人文学院
专业全称：广告学
学　　制：本科 4 年
地　　址：浙江省杭州市拱墅区湖州街 51 号
　　　　　浙江大学城市学院北校区文科楼 2 号楼
网　　址：http://zs.zucc.edu.cn/majors/show-385.html
邮　　编：310015
电　　话：0571-88011432

学校名称：浙江万里学院
院系全称：文学与传播学院
专业全称：广告学
学　　制：本科 4 年
地　　址：宁波市鄞州区钱湖南路 8 号
网　　址：http://wcxy.zwu.edu.cn/74/dd/c1014a29917/page.htm
邮　　编：315100
电　　话：0574-88222066

学校名称：中国计量大学现代科技学院
院系全称：人文与法学系
专业全称：广告学
学　　制：本科 4 年
地　　址：浙江省杭州市下沙高教园区学源街

网　　址：https://xdkj.cjlu.edu.cn/info/1027/4695.htm
邮　　编：310018
电　　话：0571-86836066

学校名称：浙江工商大学杭州商学院
院系全称：人文与艺术设计学院人文传播系
专业全称：广告学
学　　制：本科 4 年
地　　址：浙江省杭州市西湖区教工路 149 号
网　　址：http://www.zjhzcc.edu.cn/Class.asp?nid=9#
邮　　编：310012
电　　话：0571-69936688

学校名称：宁波财经学院
院系全称：象山影视学院
专业全称：广告学
学　　制：本科 4 年
地　　址：浙江省宁波市海曙区学院路 899 号
网　　址：http://xsys.nbufe.edu.cn/major/33.html
邮　　编：315175
电　　话：0574-88054516

学校名称：浙江财经大学东方学院
院系全称：文化传播与设计学院
专业全称：广告学
学　　制：本科 4 年
地　　址：浙江省海宁市连杭经济开发区高新区仰山路 2 号
网　　址：https://zs.zufedfc.edu.cn/info/1054/1165.htm
邮　　编：314408
电　　话：0573-87571500

学校名称：温州大学瓯江学院
院系全称：文传学院
专业全称：广告学
学　　制：本科 4 年
地　　址：温州市茶山高教园区温州大学北校区
网　　址：https://www.ojc.zj.cn/Col/Col1205/Index.aspx
邮　　编：325035
电　　话：0577-86680517

学校名称：温州商学院
院系全称：传媒与设计艺术学院
专业全称：广告学
学　　制：本科 4 年
地　　址：温州市茶山高教园区
网　　址：http://zsw.wzbc.edu.cn/Art/Art_417/Art_417_94416.aspx
邮　　编：325035：
电　　话：0577-86698888

学校名称：湖州师范学院求真学院
院系全称：人文学院
专业全称：广告学
学　　制：本科 4 年
地　　址：湖州市吴兴区学士路 1 号
网　　址：http://zswqz.zjhu.edu.cn/show.aspx?id=182&cid=58
邮　　编：311800
电　　话：0572-2322547

学校名称：浙江农林大学暨阳学院
院系全称：人文学院
专业全称：广告学
学　　制：本科 4 年
地　　址：浙江诸暨市浦阳路 77 号
网　　址：http://rwxy.zjyc.edu.cn/info/1039/5193.htm
邮　　编：311800
电　　话：0575-87760666

高职大专院校（6 所）

学校名称：浙江工商职业技术学院
院系全称：建筑工程学院
专业全称：广告设计与制作
学　　制：3 年
地　　址：宁波市机场路 1988 号
网　　址：https://art.zjbti.net.cn/ggsjyzz/list.htm
邮　　编：315012
电　　话：0574-87422081

学校名称：杭州科技职业技术学院
院系全称：艺术设计学院
专业全称：广告设计与制作
学　　制：3 年
地　　址：中国浙江杭州富阳高科路 198 号
网　　址：http://www.hzpt.edu.cn/Newsdetail.php?id=7566
邮　　编：311402
电　　话：0571-28287180

学校名称：浙江艺术职业学院
院系全称：美术系
专业全称：广告设计与制作
学　　制：3 年
地　　址：杭州市滨江区滨文路
网　　址：https://www2.zj-art.com/zhaosheng/a/201647/283.shtml
邮　　编：310053
电　　话：0571-87150181

学校名称：浙江工贸职业技术学院
院系全称：设计与数字艺术学院
专业全称：广告设计与制作
学　　制：3 年
地　　址：温州市府东路 717 号
网　　址：http://www.zjitc.net/info/1021/40275.htm
邮　　编：325003
电　　话：0577-88313872

学校名称：嘉兴职业技术学院
院系全称：时尚设计学院
专业全称：广告设计与制作
学　　制：3 年
地　　址：浙江省嘉兴市桐乡大道 547 号
网　　址：http://www.jxvtc.edu.cn:81/fzys/news/158736775877631573.html
邮　　编：314036
电　　话：0573-89978118

学校名称：浙江育英职业技术学院
院系全称：创意设计分院
专业全称：广告设计与制作
学　　制：3 年
地　　址：杭州经济技术开发区（下沙高教园区）4 号大街 16 号
网　　址：http://www.zjyyc.com/ybzy/guanggaoshejiyuzhizuo/
邮　　编：310018
电　　话：0571-86913866

安徽省（34 所）
本科院校（10 所）

学校名称：安徽大学
院系全称：新闻与传播学院
专业全称：广告学
学　　制：本科 4 年
地　　址：安徽省合肥市经济技术开发区九龙路 111 号安徽大学新校区人文楼 A 座
网　　址：http://sjc.ahu.edu.cn/
邮　　编：230601
电　　话：0551-63861229

学校名称：合肥工业大学
院系全称：人文经济学院新闻与艺术传播系
专业全称：广告学
学　　制：本科 4 年
地　　址：合肥市包河区屯溪路 193 号
网　　址：http://jjxy.hfut.edu.cn/web/
邮　　编：230009
电　　话：0551-63831807

学校名称：淮南师范学院
院系全称：文学与传播学院
专业全称：广告学
学　　制：本科 4 年
地　　址：安徽省淮南市洞山西路
网　　址：http://whcy.hnnu.edu.cn/
邮　　编：232038
电　　话：0554-6863710

学校名称：安徽师范大学
院系全称：新闻与传播学院
专业全称：广告学
学　　制：本科 4 年
地　　址：安徽省芜湖市九华南路 189 号安徽师范大学（花津校区）
网　　址：http://chm.ahnu.edu.cn/
邮　　编：241002
电　　话：5910900

学校名称：安徽工程科技学院
院系全称：艺术设计系
专业全称：广告学
学　　制：本科 4 年
地　　址：安徽省芜湖市赭山东路
网　　址：http://www.ahwaiyu.com/Item/Show.asp?m=1&d=2809
邮　　编：241000
电　　话：0553-2871043

学校名称：巢湖学院
院系全称：文学传媒与教育科学学院
专业全称：广告学
学　　制：本科 4 年
地　　址：安徽巢湖经济开发区
网　　址：https://www.chu.edu.cn/wcx/main.htm
邮　　编：2380000
电　　话：0565-2361098

学校名称：安徽工程大学
院系全称：艺术学院
专业全称：广告系
学　　制：本科 4 年
地　　址：安徽省芜湖市北京中路
网　　址：http://www.ahpu.edu.cn/
邮　　编：241000
电　　话：0553-2871221

学校名称：皖西学院
院系全称：文化与传媒学院
专业全称：广告学
学　　制：本科 4 年
地　　址：安徽六安市云露桥西皖西学院
网　　址：https://ccc.wxc.edu.cn/main.htm
邮　　编：237012
电　　话：05643307133

学校名称：滁州学院
院系全称：美术与设计学院
专业全称：广告学
学　　制：本科 4 年
地　　址：滁州市琅琊西路 2 号
网　　址：http://msx.chzu.edu.cn/
邮　　编：239000
电　　话：0550-3511019

学校名称：铜陵学院

院系全称：文学与艺术传媒学院
专业全称：广告学
学　　制：本科 4 年
地　　址：安徽省铜陵市北京中路 297 号，
　　　　　安徽省铜陵市翠湖四路东段
网　　址：https://wyc.tlu.edu.cn/
邮　　编：244000
电　　话：0562-5881960

高职大专院校（24 所）

学校名称：芜湖职业技术学院
院系全称：艺术设计系
专业全称：广告设计与制作
学　　制：3 年
地　　址：芜湖市城南高校园区文津西路 201 号
网　　址：http://zs.whit.edu.cn/
邮　　编：241000
电　　话：0553-5775161

学校名称：安徽财贸职业学院
院系全称：艺术设计系
专业全称：广告设计与制作
学　　制：3 年
地　　址：安徽省合肥市翡翠路 900 号
网　　址：https://zsjy.afc.edu.cn/zsxx/
邮　　编：230071
电　　话：0551-63865888

学校名称：安徽工业经济职业技术学院
院系全称：艺术设计系
专业全称：广告设计与制作
学　　制：3 年
地　　址：安徽省合肥市梁园路 1 号
网　　址：http://www.ahiec.net/2013zhaosheng/
　　　　　index.htm
邮　　编：230051

电　　话：0551-63639537

学校名称：合肥职业技术学院
院系全称：艺术设计系
专业全称：广告设计与制作
学　　制：3 年
地　　址：合肥市新站区关井路与烈山路交汇处
网　　址：http://zs.htc.edu.cn/
邮　　编：230012
电　　话：0551-82364313

学校名称：安徽城市管理职业学院
院系全称：艺术设计系
专业全称：广告设计与制作
学　　制：3 年
地　　址：合肥市新站区高教园区淮海大道 300 号
网　　址：https://zjb.cua.edu.cn/
邮　　编：231635
电　　话：0551-62516137

学校名称：马鞍山职业技术学院
院系全称：艺术设计系
专业全称：广告设计与制作
学　　制：3 年
地　　址：安徽省马鞍山市霍里山中路 328 号
网　　址：http://zsb.mastc.edu.cn/
邮　　编：243031
电　　话：0555-2753032

学校名称：安徽工商职业学院
院系全称：艺术设计系
专业全称：广告设计与制作
学　　制：3 年
地　　址：安徽省合肥市双凤经济开发区金宁路北 16 号
网　　址：https://www.ahbvc.cn/zsb/
邮　　编：231131
电　　话：0551-65684886

学校名称：安徽汽车职业技术学院
院系全称：艺术设计系
专业全称：广告设计与制作
学　　制：3 年
地　　址：安徽省合肥市经济技术开发区紫云路 99 号
网　　址：http://www.jacedu.cn/
邮　　编：230601
电　　话：0551-62298688

学校名称：亳州职业技术学院
院系全称：艺术设计系
专业全称：广告设计与制作
学　　制：3 年
地　　址：安徽省亳州市药都路 1625 号
网　　址：http://www.bzy.edu.cn/zhaosheng
邮　　编：236800
电　　话：0558-5587000

学校名称：铜陵职业技术学院
院系全称：艺术设计系
专业全称：广告设计与制作
学　　制：3 年
地　　址：安徽省铜陵市翠湖四路 2689 号
网　　址：http://www.tlpt.net.cn/zsjy/zszt/index.html
邮　　编：244061
电　　话：0562-5813171

学校名称：安徽广播影视职业技术学院
院系全称：艺术设计系
专业全称：广告设计与制作
学　　制：3 年
地　　址：安徽省合肥市新站区高教城文忠路与学府路交口
网　　址：http://www.amtc.cn/list.aspx?cid=757
邮　　编：230011
电　　话：0551-64200251

学校名称：民办合肥财经职业学院
院系全称：艺术设计系
专业全称：广告设计与制作
学　　制：3 年
地　　址：安徽省合肥市大学城方兴大道 998 号
网　　址：http://www.hffe.cn/index.php?m=content&c=index&a=lists&catid=40
邮　　编：230091
电　　话：0551-63690830

学校名称：安徽工贸职业技术学院
院系全称：艺术设计系
专业全称：广告设计与制作
学　　制：3 年
地　　址：安徽省合肥市大学城方兴大道 998 号
网　　址：http://www.ahgmedu.cn/zs/
邮　　编：230601
电　　话：0554-6808022

学校名称：安徽中澳科技职业学院
院系全称：艺术设计系
专业全称：广告设计与制作
学　　制：3 年
地　　址：安徽省合肥市濉溪路 312 号
网　　址：http://www.acac.cn/html/zs/
邮　　编：230031
电　　话：0551-65148006

学校名称：安徽工业职业技术学院
院系全称：艺术设计系
专业全称：广告设计与制作
学　　制：3 年
地　　址：安徽省铜陵市长江西路 274 号
网　　址：http://www.ahip.cn:84/zsw/default.html
邮　　编：244002
电　　话：0562-2872767

学校名称：池州职业技术学院
院系全称：艺术设计系
专业全称：广告设计与制作
学　　制：3 年
地　　址：安徽省池州市建设西路 389 号
网　　址：http://yx.zhxy.czvtc.edu.cn/#/index
邮　　编：247000
电　　话：0566-2091931

学校名称：民办合肥经济技术职业学院
院系全称：艺术设计系
专业全称：广告设计与制作（平面设计方向）
学　　制：3 年
地　　址：合肥市环湖东路中段 360 号
网　　址：http://www.hfet.com/SortHtml/2/List_189.html
邮　　编：230031
电　　话：0551-65630870

学校名称：六安职业技术学院
院系全称：艺术设计系
专业全称：广告设计与制作
学　　制：3 年
地　　址：安徽省六安市经济开发区
网　　址：https://zsw.lvtc.edu.cn/
邮　　编：237000
电　　话：0564-3713016

学校名称：合肥信息技术职业学院
院系全称：艺术设计系
专业全称：广告设计与制作
学　　制：3 年
地　　址：合肥市大学城九龙路 115 号
网　　址：http://www.hfitu.cn/zs/
邮　　编：230601
电　　话：0551-63690888

学校名称：安徽新闻出版职业技术学院
院系全称：艺术设计系
专业全称：广告设计与制作
学　　制：3 年
地　　址：合肥经济技术开发区繁华大道 220 号
网　　址：http://zs.ahcbxy.edu.cn/
邮　　编：230601
电　　话：0551-63817970

学校名称：蚌埠经济技术职业学院
院系全称：艺术设计系
专业全称：广告设计与制作
学　　制：3 年
地　　址：安徽省蚌埠市蚌固路中段
网　　址：http://www.bjy.ah.cn/info.php?class_id=107
邮　　编：233717
电　　话：0552-2125678

学校名称：民办万博科技职业学院
院系全称：艺术设计系
专业全称：广告设计与制作
学　　制：3 年
地　　址：合肥市高新技术产业开发区创业西路 1 号
网　　址：http://zs.wbc.edu.cn/
邮　　编：230001
电　　话：0551-65316726

学校名称：安徽绿海商务职业学院
院系全称：艺术设计系
专业全称：广告设计与制作
学　　制：3 年
地　　址：安徽省合肥市经济技术开发区合安路 68 号
网　　址：http://zs.lhub.cn
邮　　编：230601
电　　话：0551-63350116

学校名称：安徽现代信息工程职业学院
院系全称：艺术设计系
专业全称：广告设计与制作
学　　制：3 年
地　　址：安徽省淮南市寿县通淝路
网　　址：http://www.ahmodern.cn
邮　　编：223200
电　　话：0554-4108666

福建省（31 所）

本科院校（18 所）

学校名称：厦门大学
院系全称：新闻与传播学院
专业全称：广告学
学　　制：本科 4 年
地　　址：福建省厦门市思明南路 422 号新闻楼
网　　址：https://comm.xmu.edu.cn/main.htm
邮　　编：361005
电　　话：0592-2180475

学校名称：福建工程学院
院系全称：人文学院
专业全称：广告学
学　　制：本科 4 年
地　　址：福建省福州市大学新区学府南路 33 号
网　　址：https://sh.fjut.edu.cn/
邮　　编：350118
电　　话：0591-28081500

学校名称：仰恩大学
院系全称：人文学院
专业全称：广告学
学　　制：本科 4 年
地　　址：福建省泉州市洛江区马甲镇
网　　址：http://web.yeu.edu.cn/renwen/
邮　　编：362015
电　　话：0595-22082001

学校名称：华侨大学
院系全称：新闻与传播学院
专业全称：广告学
学　　制：本科 4 年
地　　址：福建省厦门市集美区集美大道 668 号华侨大学陈明金大楼
网　　址：https://sjc.hqu.edu.cn/index.htm
邮　　编：361021
电　　话：0592-6167698

学校名称：泉州师范学院
院系全称：文学与传播学院
专业全称：广告学
学　　制：本科 4 年
地　　址：泉州市东海大街泉州师范学院俊秀文学院东楼
网　　址：http://www.qztc.edu.cn/wcxy/main.psp
邮　　编：362000
电　　话：0595-22918005

学校名称：闽江学院
院系全称：新闻传播学院
专业全称：广告学
学　　制：本科 4 年
地　　址：福建省福州市闽侯县上街镇溪源宫路 200 号
网　　址：http://sjc.mju.edu.cn/main.htm
邮　　编：350108
电　　话：0591-83761856

学校名称：福建师范大学
院系全称：传播学院
专业全称：广告学
学　　制：本科 4 年
地　　址：福建省福州市大学城科技路 1 号

福建师范大学旗山校区
网　址：http://cbxy.fjnu.edu.cn/
邮　编：350117
电　话：0591—22867412

学校名称：闽南师范大学
院系全称：新闻传播学院
专业全称：广告学
学　制：本科 4 年
地　址：福建省漳州市县前直街 36 号
网　址：http://sjc.mnnu.edu.cn/index.htm
邮　编：363000
电　话：0596-2591390

学校名称：厦门大学嘉庚学院
院系全称：人文与传播学院
专业全称：广告学
学　制：本科 4 年
地　址：福建漳州招商局经济技术开发区
厦门大学漳州校区
网　址：https://www.xujc.com/index.php?c=Class&a=view&id=9
邮　编：363105
电　话：0596-6288506

学校名称：莆田学院
院系全称：文化与传播学院
专业全称：广告学
学　制：本科 4 年
地　址：福建省莆田市学园中街 1133 号
网　址：https://www.ptu.edu.cn/zhaosheng/info/1005/1006.htm
邮　编：351100
电　话：0594—2637164

学校名称：厦门工学院
院系全称：文化与传播学院
专业全称：广告学
学　制：本科 4 年
地　址：福建省厦门市集美区孙坂南路 1251 号
网　址：http://www.xit.edu.cn/zsw/Article/ShowArticle.asp?ArticleID=2218
邮　编：361021
电　话：0592-6667566

学校名称：福建师范大学协和学院
院系全称：文化产业系
专业全称：广告学
学　制：本科 4 年
地　址：福州市闽侯上街大学城学府南路
网　址：http://cuc.fjnu.edu.cn/wcx/contents/5204/82836.html
邮　编：350117
电　话：0591-22868770

学校名称：阳光学院
院系全称：设计学院
专业全称：广告学
学　制：本科 4 年
地　址：福州经济技术开发区（马尾）卧龙山
登龙路 99 号
网　址：http://sjxy.ygu.edu.cn/szdw/ggxzy.htm
邮　编：350015
电　话：0591-83969606

学校名称：福建农林大学金山学院
院系全称：文学艺术系
专业全称：广告学
学　制：本科 4 年
地　址：福州市仓山区上下店路 15 号
网　址：https://jsxy.fafu.edu.cn/jswxx/bc/3c/c9759a244796/page.htm
邮　编：350002
电　话：0591-83725639

学校名称：福州工商学院
院系全称：艺术设计学院
专业全称：广告学
学　　制：本科 4 年
地　　址：福建省福州永泰葛岭学院路 1 号
网　　址：http://zhaosheng.fjdfxy.com/index.php?m=content&c=index&a=lists&catid=49
邮　　编：350715
电　　话：0591—83909908

学校名称：闽南科技学院
院系全称：艺术设计学院
专业全称：广告学
学　　制：本科 4 年
地　　址：福建省泉州市南安康美开发区康元路 8 号
网　　址：http://rwys.mku.edu.cn/info/1029/1520.htm
邮　　编：362332
电　　话：0595-68970365

学校名称：福州理工学院
院系全称：应用科学与工程学院
专业全称：广告学
学　　制：本科 4 年
地　　址：福州市连江西江滨大道 8 号
网　　址：http://www.fit.edu.cn/MajorHtml/5762945737.html
邮　　编：350506
电　　话：0591-62990012

学校名称：福建技术师范学院
院系全称：文化传媒与法律学院
专业全称：广告学
学　　制：本科 4 年
地　　址：福建省福清市龙江街道校园新村 1 号
网　　址：http://wfxy.fjnufq.edu.cn/info/1126/3389.htm
邮　　编：350300
电　　话：0591-85260259

高职大专院校（13 所）

学校名称：黎明职业大学
院系全称：文化传播学院
专业全称：广告设计与制作
学　　制：3 年
地　　址：福建泉州市通港西街 298 号
网　　址：http://whcbxy.lmu.edu.cn/2017_06/21_18/content-20455.shtml
邮　　编：362000
电　　话：0595-22900077

学校名称：福州理工学院
院系全称：应用科学与工程学院
专业全称：广告设计与制作
学　　制：3 年
地　　址：福建省福州市连江西江滨大道 8 号
网　　址：http://sase.fit.edu.cn/html/9318574851.html
邮　　编：350506
电　　话：0591-62990202

学校名称：厦门南洋职业学院
院系全称：艺术设计学院
专业全称：广告设计与制作
学　　制：3 年
地　　址：厦门市翔安文教区南洋学院艺术设计学院
网　　址：http://art.ny2000.cn/cn/menu_76/209.htm
邮　　编：361101
电　　话：0592-5061178

学校名称：福州黎明职业技术学院
院系全称：艺术设计学院
专业全称：广告设计与制作

学　　制：3 年
地　　址：福建省福州闽侯县南屿镇地球村
网　　址：http://www.fzlmxy.cn/Art/Index/about.html?pid=262&id=274&fid=287
邮　　编：350109
电　　话：0591-22818220

学校名称：厦门软件职业技术学院
院系全称：艺术设计系
专业全称：广告设计与制作
学　　制：3 年
地　　址：厦门市集美文教区孙坂南路 1199 号
网　　址：http://szcm.xmist.edu.cn/zyjs/17442.htm
邮　　编：361024
电　　话：0592-5531111

学校名称：厦门兴才职业技术学院
院系全称：艺术与建筑学院
专业全称：广告设计与制作
学　　制：3 年
地　　址：福建省厦门市集美区兴溪路879-889 号
网　　址：http://yjxy.xmxc.com/2018_11/01_00/content-12468.html
邮　　编：361024
电　　话：0592-6263777

学校名称：漳州职业技术学院
院系全称：文化创意学院
专业全称：广告设计与制作
学　　制：3 年
地　　址：福建省漳州市大学路 2 号
网　　址：http://www.fjzzit.edu.cn/skx/zsjy/zsgz/201707/t20170703_36188.htm
邮　　编：363000
电　　话：0596-2660573

学校名称：福州职业技术学院
院系全称：文化创意学院
专业全称：广告设计与制作
学　　制：3 年
地　　址：福建省福州大学城（联榕路 8 号）
网　　址：http://www.fvti.cn/zszl/2017/0622/c2935a112233/page.htm
邮　　编：350108
电　　话：0591-83760466

学校名称：泉州轻工职业技术学院
院系全称：艾派文创学院
专业全称：广告设计与制作
学　　制：3 年
地　　址：福建省晋江市高教东路
网　　址：http://apwcxy.qzqgxy.com/info/1093/1678.htm
邮　　编：362200
电　　话：0595-36207778

学校名称：漳州理工职业学院
院系全称：传媒学院
专业全称：广告设计与制作
学　　制：3 年
地　　址：福建省漳州市蓝田开发区鹤鸣路 1 号
网　　址：http://www.zzlg.org/page-detail.asp?newid=2546
邮　　编：363000
电　　话：0596-7081766

学校名称：泉州华光职业学院
院系全称：艺术与科技学院
专业全称：广告设计与制作
学　　制：3 年
地　　址：福建泉州台商投资区洛阳大道 491 号
网　　址：http://sjxy.hgu.cn/news/565.html
邮　　编：362121
电　　话：0595-87354602

学校名称：湄洲湾职业技术学院
院系全称：工艺美术学院
专业全称：广告设计与制作
学　　制：3 年
地　　址：莆田市涵江区梧塘镇荔涵东大道 1001 号
网　　址：http://zs.mzwu.edu.cn/InfoView-134-36385.html
邮　　编：351119
电　　话：0594-8166999

学校名称：泉州纺织服装职业学院
院系全称：艺术设计系
专业全称：广告设计与制作
学　　制：3 年
地　　址：福建省泉州市石狮市学府路 1358 号
网　　址：http://www.qzfzfz.com/newsinfo/141930.html
邮　　编：362799
电　　话：0595-36107666

江西省（26 所）
本科院校（9 所）

学校名称：南昌大学
院系全称：新闻与传播学院
专业全称：广告学系
学　　制：本科 4 年
地　　址：江西省南昌市红谷滩新区学府大道 999 号南昌大学前湖校区文法楼
网　　址：http://xwycb.ncu.edu.cn/
邮　　编：330031
电　　话：0791-83969359

学校名称：东华理工大学
院系全称：文法学院
专业全称：广告学
学　　制：本科 4 年
地　　址：江西省南昌市昌北经开区广兰大道 418 号
网　　址：https://sll.ecut.edu.cn/
邮　　编：330013
电　　话：0791-83897401

学校名称：江西师范大学
院系全称：新闻与传播学院
专业全称：广告学
学　　制：本科 4 年
地　　址：江西省南昌市紫阳大道 99 号［瑶湖校区］
网　　址：https://cbxy.jxnu.edu.cn/
邮　　编：330022
电　　话：0791-88506130

学校名称：宜春学院
院系全称：文学与新闻传播学院
专业全称：广告学
学　　制：本科 4 年
地　　址：江西省宜春市学府路 576 号
网　　址：http://rw.jxycu.edu.cn/main.htm
邮　　编：336000
电　　话：0795-3202033

学校名称：江西科技师范大学
院系全称：文学院
专业全称：广告学
学　　制：本科 4 年
地　　址：江西南昌学府大道
网　　址：http://wenxy.jxstnu.edu.cn/
邮　　编：330038
电　　话：0791-83831484

学校名称：赣南师范大学
院系全称：新闻与传播学院
专业全称：广告学
学　　制：本科 4 年
地　　址：江西省赣州市蓉江新区

网　　址：http://cbxy.gnnu.cn/main.htm
邮　　编：341000
电　　话：0797-8393876

学校名称：江西财经大学
院系全称：人文学院
专业全称：广告学
学　　制：本科 4 年
地　　址：江西省南昌市昌北国家经济技术开发区玉屏大道
网　　址：http://rwxynew.jxufe.cn/news）list）index1.html
邮　　编：330013
电　　话：0791-83816603

学校名称：九江学院
院系全称：文学与传媒学院
专业全称：广告学
学　　制：本科 4 年
地　　址：江西省九江市前进东路 551 号
网　　址：https://wcxy.jju.edu.cn/index.htm
邮　　编：332005
电　　话：0792-8310030

高职大专院校（17）

学校名称：南昌理工学院
院系全称：传媒学院
专业全称：广告学
学　　制：本科 4 年
地　　址：江西省南昌市昌北经济开发区英雄大道 901 号
网　　址：http://cmxy.nut.edu.cn/
邮　　编：330044
电　　话：0791-82063091

学校名称：南昌工程学院
院系全称：艺术设计系
专业全称：广告设计与制作
学　　制：3 年
地　　址：江西省南昌市高新技术开发区天祥大道 289 号
邮　　编：330029
网　　址：http://envo.nit.edu.cn/
电　　话：0791-88126666

学校名称：南昌理工学院
院系全称：艺术设计系
专业全称：广告设计与制作
学　　制：3 年
地　　址：江西省南昌市国家经济技术开发区901 号
邮　　编：330029
网　　址：http://zsb.nut.edu.cn
电　　话：0791-83891958

学校名称：江西现代职业技术学院
院系全称：艺术设计系
专业全称：广告设计与制作（影视媒体方向）
学　　制：3 年
地　　址：江西省南昌市紫阳大道 338 号
邮　　编：330096
网　　址：http://zsw.jxxdxy.com/
电　　话：0791-88123456

学校名称：江西外语外贸职业学院
院系全称：艺术设计系
专业全称：广告设计与制作
学　　制：3 年
地　　址：江西省南昌市天祥大道 291 号
邮　　编：330095
网　　址：http://zjc.jxcfs.com/
电　　话：0791-88352677

学校名称：江西旅游商贸职业学院
院系全称：艺术设计系
专业全称：广告设计与制作
学　　制：3 年
地　　址：江西省南昌经济技术开发区丁香路 1 号
邮　　编：330100
网　　址：http://zsb.jxlsxy.com/
电　　话：0791-83771588

学校名称：江西环境工程职业学院
院系全称：艺术设计系
专业全称：广告设计与制作
学　　制：3 年
地　　址：江西省赣州市经济技术开发区
邮　　编：341000
网　　址：http://www.jxhjxy.com/zs/
电　　话：0797-8259288

学校名称：江西科技职业学院
院系全称：艺术设计系
专业全称：广告设计与制作
学　　制：3 年
地　　址：江西省南昌市银三角昌南高校园（316 国道金山 1 号）
邮　　编：330000
网　　址：http://zsb.jxkeda.com/
电　　话：0791-85160008

学校名称：江西工程职业学院
院系全称：艺术设计系
专业全称：广告设计与制作
学　　制：3 年
地　　址：江西省南昌西湖区安石路 69 号
邮　　编：330025
网　　址：http://zsc.jxue.edu.cn/
电　　话：0791-86587211

学校名称：江西工业贸易职业技术学院
院系全称：艺术设计系
专业全称：广告设计与制作（互联网 + 方向）
学　　制：3 年
地　　址：江西省南昌市红角洲高校园区嘉言路 699 号
邮　　编：330038
网　　址：http://zsc.jxgmxy.com
电　　话：0791-83777800

学校名称：抚州职业技术学院
院系全称：艺术设计系
专业全称：广告设计与制作
学　　制：3 年
地　　址：江西省抚州市迎宾大道 976 号
邮　　编：344000
网　　址：http://www.fzjsxy.cn/index.php/cms/item）list）category）49.shtml
电　　话：0794-7058123

学校名称：江西生物科技职业学院
院系全称：艺术设计系
专业全称：广告设计与制作
学　　制：3 年
地　　址：江西南昌市莲塘北大道 1636 号
邮　　编：330200
网　　址：http://zsw.jxswkj.com/zyjs.htm
电　　话：0791-85739800

学校名称：江西陶瓷工艺美术职业技术学院
院系全称：艺术设计系
专业全称：广告设计与制作（电商美工）
学　　制：3 年
地　　址：江西省景德镇市新厂西路 486 号
邮　　编：333001
网　　址：http://www.jxgymy.com
电　　话：0798-8441370

学校名称：江西传媒职业学院
院系全称：艺术设计系
专业全称：广告设计与制作
学　　制：3 年
地　　址：江西省南昌市蒋巷西大道 266 号
邮　　编：330224
网　　址：http://zsc.jxmvc.cn/
电　　话：0791-88264288

学校名称：江西枫林涉外经贸职业学院
院系全称：艺术设计系
专业全称：广告设计与制作
学　　制：3 年
地　　址：江西九江云山经济技术开发区
邮　　编：332000
网　　址：http://www.jxfte.com/
电　　话：0792-3058252

学校名称：江西洪州职业学院
院系全称：艺术设计系
专业全称：广告设计与制作
学　　制：3 年
地　　址：江西省丰城市龙津湖总部经济基地大学城
邮　　编：331100
网　　址：http://www.jxhzxy.com/ShowArticle.asp?id=888
电　　话：0791-6520123

学校名称：南昌影视传播职业学院
院系全称：艺术设计系
专业全称：广告设计与制作
学　　制：3 年
地　　址：江西省南昌市蒋巷大道 266 号
邮　　编：330224
网　　址：http://www.ncyscb.com
电　　话：0791-85866168

山东省（29 所）

本科院校（14 所）

学校名称：山东大学
院系全称：新闻传播学院
专业全称：广告学
学　　制：本科 4 年
地　　址：山东省济南市历城区山大南路 27 号
网　　址：http://www.jc.sdu.edu.cn/index.htm
邮　　编：250100
电　　话：0531-88364391

学校名称：山东科技大学
院系全称：文法学院 / 知识产权学院
专业全称：广告学
学　　制：本科 4 年
地　　址：山东省青岛市黄岛区前湾港路 579 号
网　　址：http://wenfa.sdust.edu.cn/index.htm
邮　　编：266590
电　　话：0532-8605731

学校名称：济南大学
院系全称：文学院
专业全称：广告学
学　　制：本科 4 年
地　　址：济南市南辛庄西路 336 号
网　　址：http://wen.ujn.edu.cn/index.htm
邮　　编：250022
电　　话：0531-82765825

学校名称：青岛科技大学
院系全称：传媒学院
专业全称：广告与影视系
学　　制：本科 4 年
地　　址：山东省青岛市松岭路 99 号青岛科技大学南区 4 号教学楼
网　　址：https://cb.qust.edu.cn/index.htm

邮　　编：266061
电　　话：0532-88958981

学校名称：青岛理工大学
院系全称：人文与外国语学院
专业全称：广告学
学　　制：本科 4 年
地　　址：青岛经济技术开发区长江中路 2 号
网　　址：http://fld.qut.edu.cn/index.htm
邮　　编：266520
电　　话：0532-86879924

学校名称：山东建筑大学
院系全称：艺术学院
专业全称：广告学
学　　制：本科 4 年
地　　址：山东省济南市临港开发区凤鸣路 1000 号
网　　址：https://www.sdjzu.edu.cn/ysxy/index.htm
邮　　编：250101
电　　话：0531-86361827

学校名称：山东理工大学
院系全称：文学与新闻传播学院
专业全称：广告学
学　　制：本科 4 年
地　　址：山东省淄博市张店区新村西路 266 号
网　　址：https://wxy.sdut.edu.cn/main.htm
邮　　编：255049
电　　话：0533-2782070

学校名称：青岛农业大学
院系全称：动漫与传媒学院
专业全称：广告学
学　　制：本科 4 年
地　　址：山东省青岛市城阳区长城路 700 号
网　　址：http://cmxy.qau.edu.cn/

邮　　编：266109
电　　话：0532-86080747

学校名称：鲁东大学
院系全称：文学院
专业全称：广告学
学　　制：本科 4 年
地　　址：山东省烟台市芝罘区红旗中路 186 号
网　　址：http://www.chinese.ldu.edu.cn/index.htm
邮　　编：264025
电　　话：0535-6672782

学校名称：临沂大学
院系全称：传媒学院
专业全称：广告学
学　　制：本科 4 年
地　　址：山东省临沂市兰山区双岭路中段
网　　址：http://cmxy.lyu.edu.cn/
邮　　编：276000
电　　话：0539-7258580

学校名称：菏泽学院
院系全称：人文与新闻传播学院
专业全称：广告学
学　　制：本科 4 年
地　　址：山东省菏泽市大学路 2269 号
网　　址：http://wxcb.hezeu.edu.cn/index.jsp
邮　　编：274015
电　　话：0530-5525775

学校名称：青岛大学
院系全称：新闻与传播学院
专业全称：广告学
学　　制：本科 4 年
地　　址：青岛市宁夏路 308 号
网　　址：https://sjc.qdu.edu.cn/index.htm
邮　　编：266071

电　　话：0532-85955077

学校名称：青岛滨海学院
院系全称：艺术传媒学院
专业全称：广告学
学　　制：本科 4 年
地　　址：青岛西海岸新区嘉陵江西路 425 号
网　　址：http://yscmxy.qdbhu.edu.cn/index.htm
邮　　编：266555
电　　话：0532-86729032

学校名称：济南大学泉城学院
院系全称：新闻与传播学院
专业全称：广告学
学　　制：四年
地　　址：山东省蓬莱市海滨西路 34 号
网　　址：http://zs.ujnpl.com/
邮　　编：265699
电　　话：0535-5770026

高职院校（15 所）

学校名称：威海职业学院
院系全称：艺术设计系
专业全称：广告设计与制作
学　　制：3 年
地　　址：山东省威海市科技新城
网　　址：http://zhaosheng.weihaicollege.com/
邮　　编：264210
电　　话：0631-5700555

学校名称：烟台南山学院
院系全称：艺术设计系
专业全称：广告设计与制作
学　　制：3 年
地　　址：山东省烟台龙口市东海旅游度假区大学路 12 号
网　　址：http://zs.nanshan.edu.cn
邮　　编：265706
电　　话：0535-8609070

学校名称：山东协和学院
院系全称：艺术设计系
专业全称：广告设计与制作
学　　制：3 年
地　　址：山东省济南市历城区济青路 6277 号
网　　址：http://www.sdxiehe.com/zs/
邮　　编：250109
电　　话：0531-88795666

学校名称：潍坊科技学院
院系全称：艺术设计系
专业全称：广告设计与制作
学　　制：3 年
地　　址：山东省寿光市金光街 1299 号
网　　址：http://zs.wfust.edu.cn/
邮　　编：262700
电　　话：0536-5109220

学校名称：烟台职业学院
院系全称：艺术设计系
专业全称：广告设计与制作
学　　制：3 年
地　　址：烟台市莱山区滨海中路 2018 号
网　　址：http://zs.ytvc.edu.cn/
邮　　编：264032
电　　话：0535-6927062

学校名称：潍坊职业学院
院系全称：艺术设计系
专业全称：广告设计与制作
学　　制：3 年
地　　址：山东省潍坊市滨海经济技术开发区科教创新园区海安路 06588 号
网　　址：http://zs.sdwfvc.com/

邮　　编：262737
电　　话：0536-8527126

学校名称：山东水利职业学院
院系全称：艺术设计系
专业全称：广告设计与制作
学　　制：3 年
地　　址：山东省日照市学苑路 677 号
网　　址：https://www.sdwcvc.cn/zs/
邮　　编：276826
电　　话：0633-7983988

学校名称：山东传媒职业学院
院系全称：艺术设计系
专业全称：广告设计与制作
学　　制：3 年
地　　址：山东济南市经十东路 8678 号
网　　址：http://zs.sdcmc.net/
邮　　编：250102
电　　话：0531-61326666

学校名称：山东劳动职业技术学院
院系全称：艺术设计系
专业全称：广告设计与制作
学　　制：3 年
地　　址：济南市经十路 23266 号
网　　址：http://www.sljzsc.cn/
邮　　编：250102
电　　话：0531-87196666

学校名称：山东经贸职业学院
院系全称：艺术设计系
专业全称：广告设计与制作
学　　制：3 年
地　　址：潍坊市潍城区青年路 2798 号
网　　址：http://zsw.sdecu.com/web/index.htm
邮　　编：261001
电　　话：0536-2600007

学校名称：济宁职业技术学院
院系全称：艺术设计系
专业全称：广告设计与制作
学　　制：3 年
地　　址：山东省济宁市任城区金宇路 77 号
网　　址：http://wang85428.qiyegongqiu.net/
邮　　编：272073
电　　话：0537-2225775

学校名称：临沂职业学院
院系全称：艺术设计系
专业全称：广告设计与制作
学　　制：3 年
地　　址：山东省临沂市罗庄区湖东路 63 号
网　　址：http://zsjy.lyvc.edu.cn/
邮　　编：276017
电　　话：0539-2872066

学校名称：青岛恒星科技学院
院系全称：艺术设计系
专业全称：广告设计与制作
学　　制：3 年
地　　址：山东省青岛市九水东路 588 号
网　　址：http://zs.hx.cn/
邮　　编：266102
电　　话：0532-86667365

学校名称：莱芜职业技术学院
院系全称：艺术设计系
专业全称：广告设计与制作
学　　制：3 年
地　　址：山东省莱芜高新区山财大街 1 号
网　　址：http://zsjy.lwvc.edu.cn/
邮　　编：271100
电　　话：0634-6268314

学校名称：山东工程职业技术大学
院系全称：艺术设计系
专业全称：广告设计与制作
学　　制：3 年
地　　址：济南市经十东路 6196 号
网　　址：http://www.sdkevin.edu.cn
邮　　编：250102
电　　话：0634-6268314

湖北省（33 所）
本科院校（27 所）

学校名称：武汉大学
院系全称：新闻与传播学院广告学系
专业全称：广告学
学　　制：本科 4 年
地　　址：湖北省武汉市武昌区珞珈山樱花大道
网　　址：http://journal.whu.edu.cn
邮　　编：430072
电　　话：027-68754233

学校名称：华中科技大学
院系全称：新闻与信息传播学院广告学系
专业全称：广告学
学　　制：本科 4 年
地　　址：湖北省武汉市洪山区珞瑜路 1037 号东六楼
网　　址：http://sjic.hust.edu.cn/index.htm
邮　　编：430074
电　　话：027-87543520

学校名称：武汉理工大学
院系全称：法学与人文社会学院新闻传播系
专业全称：广告学
学　　制：本科 4 年
地　　址：湖北省武汉市洪山区珞狮路 165 号武汉理工大学马房山校区东院四教学楼
网　　址：http://wenfa.whut.edu.cn/index
邮　　编：430070
电　　话：027-87651131

学校名称：华中农业大学
院系全称：文法学院广告与传播学系
专业全称：广告学
学　　制：本科 4 年
地　　址：湖北省武汉市洪山区狮子山特一号
网　　址：http://wf.hzau.edu.cn/index.htm
邮　　编：430070
电　　话：027-87282069

学校名称：湖北大学
院系全称：新闻传播学院广告系
专业全称：广告学
学　　制：本科 4 年
地　　址：湖北省武汉市友谊大道 368 号
网　　址：http://xcy.hubu.edu.cn/index.htm
邮　　编：430062
电　　话：027-88665968

学校名称：中南民族大学
院系全称：文学与新闻传播学院
专业全称：广告学
学　　制：本科 4 年
地　　址：湖北省武汉市洪山区民族大道 182 号 -1 号楼
网　　址：http://www.scuec.edu.cn/s/40/t/1839/main.jspy
邮　　编：430074
电　　话：027-67842864

学校名称：江汉大学
院系全称：人文学院新闻传播学系
专业全称：广告学
学　　制：本科 4 年
地　　址：: 武汉经济技术开发区

网　　址：https://rwxy.jhun.edu.cn
邮　　编：430056
电　　话：027-84226819

学校名称：武汉纺织大学
院系全称：传媒学院广告系
专业全称：广告学
学　　制：本科 4 年
地　　址：湖北省武汉市洪山区鲁巷纺织路一号
网　　址：http://cm.wtu.edu.cn
邮　　编：430073
电　　话：027-59363742

学校名称：武汉轻工大学
院系全称：艺术与传媒学院
专业全称：广告学
学　　制：本科 4 年
地　　址：湖北省武汉市东西湖区金银湖马池路特 1 号
网　　址：https://yscm.whpu.edu.cn/index.htm
邮　　编：430023
电　　话：027-85505186

学校名称：武汉工程大学
院系全称：艺术设计学院
专业全称：广告学
学　　制：本科 4 年
地　　址：湖北省武汉市东湖新技术开发区光谷一路 206 号
网　　址：http://ads.wit.edu.cn/index.htm
邮　　编：430205
电　　话：027-87992150

学校名称：武汉工业大学
院系全称：艺术设计学院
专业全称：广告设计
学　　制：本科 4 年
地　　址：湖北省武汉市洪山区南李路 28 号

网　　址：https://ads.hbut.edu.cn
邮　　编：430068
电　　话：027-59750522

学校名称：湖北师范大学
院系全称：文学院
专业全称：广告学
学　　制：本科 4 年
地　　址：湖北省黄石市磁湖路 11 号
网　　址：http://www.chl.hbnu.edu.cn/main.htm
邮　　编：435002
电　　话：0714-6527126

学校名称：武汉体育学院
院系全称：新闻传播学院
专业全称：视觉传达（原广告学）
学　　制：本科 4 年
地　　址：湖北省武汉市武昌珞瑜路 461 号
网　　址：http://xwxy.whsu.edu.cn/index.htm
邮　　编：430079
电　　话：027-87190178

学校名称：湖北工程学院
院系全称：文学与新闻传播学院
专业全称：广告学
学　　制：本科 4 年
地　　址：湖北省孝感市交通大道 272 号
网　　址：http://arts.hbeu.cn/index.htm
邮　　编：432000
电　　话：0712-2345307

学校名称：湖北经济学院
院系全称：新闻传播学院新媒体系
专业全称：网络与新媒体（广告传播方向）
学　　制：本科 4 年
地　　址：武汉市江夏区藏龙岛开发区杨桥湖大道 8 号
网　　址：http://xwcb.hbue.edu.cn

邮　　编：430205
电　　话：027-81977102

学校名称：长江大学
院系全称：文学院
专业全称：汉语言文学（文案策划）
学　　制：本科 4 年
地　　址：湖北省荆州市南环路 1 号
网　　址：http://zhongwen.yangtzeu.edu.cn/index.htm
邮　　编：434020
电　　话：0716-8062641

学校名称：湖北第二师范学院
院系全称：文学院
专业全称：广告学
学　　制：本科 4 年
地　　址：武汉东湖新技术开发区高新二路 129 号
网　　址：http://wxy.hue.edu.cn/main.htm
邮　　编：430205
电　　话：027-87943657

学校名称：武汉东湖学院
院系全称：文法学院
专业全称：广告学
学　　制：本科 4 年
地　　址：湖北省武汉市江夏区文化大道 301 号
网　　址：http://www.wdu.edu.cn/gljg/fxy/
邮　　编：430212
电　　话：027-81931208

学校名称：武汉工商学院
院系全称：文法学院
专业全称：广告学
学　　制：本科 4 年
地　　址：湖北省武汉市洪山区黄家湖西路 3 号
网　　址：http://www.wtbu.edu.cn/wenfa/
邮　　编：430065
电　　话：027-88147024

学校名称：武昌工学院
院系全称：艺术设计学院
专业全称：广告学
学　　制：本科 4 年
地　　址：武汉市洪山区白沙洲大道 110 号
网　　址：http://ysx.wuit.cn/index.htm
邮　　编：430065
电　　话：027-88145961

学校名称：华中师范大学武汉传媒学院
院系全称：新闻传播学院
专业全称：广告学
学　　制：本科 4 年
地　　址：湖北省武汉市江夏区凤凰大道 2 号
网　　址：http://www.whmc.edu.cn/xwcb/index.aspx
邮　　编：430205
电　　话：027-81978797

学校名称：武汉设计工程学院
院系全称：艺术设计学院
专业全称：广告学
学　　制：本科 4 年
地　　址：武汉市江夏区藏龙岛开发区杨桥湖大道 1 号
网　　址：http://www.wids.edu.cn
邮　　编：430205
电　　话：027-81730682

学校名称：湖北工程学院新技术学院
院系全称：语言文学系
专业全称：广告学
学　　制：本科 4 年
地　　址：湖北省孝感市学院路 158 号
网　　址：http://yywx.hbeutc.cn/index.htm
邮　　编：432000
电　　话：0712-2331981

学校名称：湖北大学知行学院
院系全称：人文学院
专业全称：广告学
学　　制：本科 4 年
地　　址：湖北省武汉市江岸区谌家矶街兴盛大道特 1 号
网　　址：http://rwx.hudazx.cn/index.htm
邮　　编：430011
电　　话：027-59008057

学校名称：江汉大学文理学院
院系全称：人文艺术学院
专业全称：广告学
学　　制：本科 4 年
地　　址：湖北省武汉市黄陂区武湖街胜海大道特一号
网　　址：http://rwysb.jdwlxy.cn/index.html
邮　　编：430000
电　　话：027-65357088

学校名称：武汉华夏理工学院
院系全称：艺术设计与传媒学院
专业全称：广告学
学　　制：本科 4 年
地　　址：湖北省武汉东湖新技术开发区关山大道 589 号
网　　址：http://www.hxut.edu.cn//plus/list.php?tid=170
邮　　编：430223
电　　话：027-81695691

学校名称：华中科技大学文华学院
院系全称：人文社会科学部
专业全称：广告学
学　　制：本科 4 年
地　　址：武汉市东湖高新技术开发区文华园路 8 号
网　　址：http://renwen.hustwenhua.net/index.htm
邮　　编：430074
电　　话：027-87386803

高职大专院校（6 所）

学校名称：长江职业学院
院系全称：艺术设计学院
专业全称：广告设计与制作
学　　制：3 年
地　　址：武昌雄楚大街 918 号
网　　址：http://art.cjxy.edu.cn/info/1005/1008.htm
邮　　编：430074
电　　话：027-87174584

学校名称：湖北科技职业学院
院系全称：传媒艺术学院
专业全称：广告设计与制作
学　　制：3 年
地　　址：湖北省武汉市东湖新技术开发区软件园路 2 号
网　　址：http://cmxy.hubstc.com.cn/zyjj/ggsjyzz.htm
邮　　编：430074
电　　话：027-87588822

学校名称：湖北职业技术学院
院系全称：教育与艺术学院
专业全称：广告设计与制作
学　　制：3 年
地　　址：湖北省孝感市玉泉路 17 号
网　　址：https://www.hbvtc.edu.cn/index.htm
邮　　编：432000
电　　话：0712-2868621

学校名称：湖北水利水电职业技术学院
院系全称：商贸管理系
专业全称：广告设计与制作
学　　制：3 年
地　　址：湖北省武汉市武昌珞狮路 306 号
网　　址：http://www.hbsy.cn
邮　　编：430202

电　　话：027-87378091

学校名称：湖北开放职业学院
院系全称：人文艺术学院
专业全称：广告设计与制作
学　　制：3 年
地　　址：湖北省武汉市洪山区民族大道 56 号
网　　址：http://www.hbou.cn/web-hbousite/index
邮　　编：430074
电　　话：027-87576922

学校名称：武汉职业学院
院系全称：艺术传媒学院
专业全称：广告设计与制作
学　　制：3 年
地　　址：武汉市江夏经济开发区藏龙岛办事处中洲大道 98 号
网　　址：http://www.wczy.cn
邮　　编：430202
电　　话：027-81335088

湖南省（18）
本科院校（10 所）

学校名称：湘潭大学
院系全称：文学与新闻学院
专业全称：广告学
学　　制：本科 4 年
地　　址：湖南湘潭市
网　　址：http://wxy.xtu.edu.cn/index.php
邮　　编：411105
电　　话：0731-858292169

学校名称：湖南大学
院系全称：新闻传播与影视艺术学院
专业全称：广告学
学　　制：本科 4 年
地　　址：湖南长沙岳麓区麓山路 311 号
网　　址：http://xinwen.hnu.edu.cn/index.htm
邮　　编：410082
电　　话：0731-88821699

学校名称：吉首大学
院系全称：文学与新闻传播学院
专业全称：广告学
学　　制：本科 4 年
地　　址：湖南省吉首市人民南路
网　　址：https://wenxueyuan.jsu.edu.cn/index.htm
邮　　编：416000
电　　话：0743-2180989

学校名称：湖南工商大学
院系全称：文学与新闻传播学院
专业全称：广告学
学　　制：本科 4 年
地　　址：长沙市岳麓大道 569 号
网　　址：http://wx.hutb.edu.cn/column/zw_shouye/index.shtml
邮　　编：410205
电　　话：0731-88688155

学校名称：湖南师范大学
院系全称：新闻与传播学院
专业全称：广告学
学　　制：本科 4 年
地　　址：湖南长沙市麓山南路二里半
网　　址：https://xwxy.hunnu.edu.cn/index.htm
邮　　编：410081
电　　话：0731-88872389

学校名称：湖南理工学院
院系全称：新闻与传播学院

专业全称：广告学
学　　制：本科 4 年
地　　址：湖南省岳阳市湘北大道
网　　址：http://xw.hnist.cn/index.htm
邮　　编：414006
电　　话：0730-8640001

学校名称：湖南科技大学
院系全称：人文学院
专业全称：广告学
学　　制：本科 4 年
地　　址：湖南省湘潭市雨湖区湖南科技大学立言楼
网　　址：http://rwxy.hnust.edu.cn/index.htm
邮　　编：411201
电　　话：0731-58291413

学校名称：湖南工业大学
院系全称：文学与新闻传播学院
专业全称：广告学
学　　制：本科 4 年
地　　址：湖南省株洲市天元区泰山西路
网　　址：http://wxy.hut.edu.cn/index.htm
邮　　编：412007
电　　话：0731-22183633

学校名称：衡阳师范学院
院系全称：新闻与传播学院
专业全称：广告学
学　　制：本科 4 年
地　　址：衡阳市珠晖区衡花路 16 号
网　　址：http://xwxy.hynu.cn/index.htm
邮　　编：421002
电　　话：0734-8486679

学校名称：湖南科技学院
院系全称：传媒学院
专业全称：广告学
学　　制：本科 4 年
地　　址：湖南省永州市零陵区杨梓塘路 130 号
网　　址：http://cmxy.huse.cn/
邮　　编：425199
电　　话：0746-6382919

高职大专院校（8 所）

学校名称：湖南大众传媒职业技术学院
院系全称：视觉艺术学院
专业全称：广告设计与制作
学　　制：3 年
地　　址：长沙市星沙经济开发区特立路 5 号
网　　址：http://sjys.hnmmc.cn/
邮　　编：410100
电　　话：（0731）84028501

学校名称：长沙职业技术学院
院系全称：建筑与艺术设计学院
专业全称：广告设计与制作
学　　制：3 年
地　　址：长沙市高新开发区谷苑路 522 号
网　　址：http://jyx.cszyedu.cn/
邮　　编：410217
电　　话：0731-88105420

学校名称：邵阳职业技术学院
院系全称：技术与创意系
专业全称：广告设计与制作
学　　制：3 年
地　　址：湖南邵阳学院路
网　　址：https://www.syzyedu.com/bm/default.aspx?depid=37
邮　　编：422004
电　　话：0739-5302313

学校名称：湖南科技职业学院

院系全称：艺术设计学院
专业全称：广告设计与制作
学　　制：3 年
地　　址：湖南省长沙市雨花区
　　　　　井湾路 784 号
网　　址：http://art.hnkjxy.net.cn/index.php
邮　　编：410004
电　　话：0731-82861777

学校名称：湘西民族职业技术学院
院系全称：民族艺术系
专业全称：广告设计与制作
学　　制：3 年
地　　址：湖南省湘西经济开发区武陵山大道 1 号
网　　址：http://mzysx.xxmzy.org.cn/Default.aspx
邮　　编：416208
电　　话：0743-8535328

学校名称：长沙商贸旅游职业技术学院
院系全称：文化创意学院
专业全称：广告设计
学　　制：3 年
地　　址：长沙市雨花区圭白路 16 号
网　　址：http://wcxy.hncpu.com/zyjs.htm
邮　　编：410116
电　　话：（0731）89768616

学校名称：湖南工艺美术职业学院
院系全称：视觉传播设计学院
专业全称：广告设计与制作
学　　制：3 年
地　　址：湖南省益阳市赫山区栖霞路 135 号
网　　址：http://www.hnmeida.com.cn/sjcd/index.htm
邮　　编：413000
电　　话：0737-4200777

学校名称：湖南科技工业职业技术学院
院系全称：工业设计与艺术学院
专业全称：广告设计与制作
学　　制：3 年
地　　址：湖南省长沙市岳麓区含浦科教园
网　　址：http://www.hunangy.com/yishu/index.htm
邮　　编：410208
电　　话：0731-82946153

广东省（17 所）

本科院校（4 所）

学校名称：暨南大学
院系全称：新闻与传播学院
专业全称：广告学
学　　制：本科 4 年
地　　址：广州市黄埔大道西 601 号
网　　址：https://xwxy.jnu.edu.cn/main.psp
邮　　编：510632
电　　话：020-85220207

学校名称：汕头大学
院系全称：长江新闻与传播学院
专业全称：广告学
学　　制：本科 4 年
地　　址：广东省汕头市大学路 243 号
网　　址：http://media.stu.edu.cn/
邮　　编：515063
电　　话：0754-86502089

学校名称：深圳大学
院系全称：传播学院
专业全称：广告学
学　　制：本科 4 年
地　　址：深圳市南山区南海大道 3688 号
　　　　　深圳大学南校区 L7 栋

网　　址：http://cmc.szu.edu.cn/Home/Default/CbDefault.html
邮　　编：518060
电　　话：0755-26535207

学校名称：华南理工大学
院系全称：新闻与传播学院
专业全称：品牌传播系
学　　制：本科 4 年
地　　址：广州市番禺区广州大学城
网　　址：http://www2.scut.edu.cn/communication/main.htm
邮　　编：510006
电　　话：020-87110737

高职大专院校（13 所）

学校名称：广东职业技术学院
院系全称：艺术设计系
专业全称：广告设计与制作
学　　制：3 年
地　　址：广东省佛山市禅城区澜石二路二十号
网　　址：www.gdpt.edu.cn
邮　　编：528000
电　　话：0757-83314962

学校名称：广东机电职业技术学院
院系全称：艺术设计系
专业全称：广告设计与制作
学　　制：3 年
地　　址：广州市白云区同和街道蟾蜍石东路 2 号
网　　址：https://zs.gdmec.cn/
邮　　编：510515
电　　话：020-61362250

学校名称：广东农工商职业技术学院
院系全称：艺术设计系
专业全称：广告设计与制作
学　　制：3 年
地　　址：广州市天河区粤垦路 198 号
网　　址：http://www.gdaib.edu.cn
邮　　编：510665
电　　话：020-85230071

学校名称：广州科技职业技术大学
院系全称：艺术设计系
专业全称：广告设计与制作
学　　制：3 年
地　　址：广州市白云区广从九路 1038 号，
网　　址：http://www.gzkjxy.net/
邮　　编：510405
电　　话：020-87410218

学校名称：广州城建职业学院
院系全称：艺术设计系
专业全称：广告设计与制作
学　　制：3 年
地　　址：广东省广州市从化区环市东路 166 号
网　　址：http://www.gzccc.edu.cn/
邮　　编：510925
电　　话：020-87975777

学校名称：广州南洋理工职业学院
院系全称：艺术设计系
专业全称：广告设计与制作
学　　制：3 年
地　　址：广州市从化区环市东路 1123 号
网　　址：http://www.nyjy.cn
邮　　编：510925
电　　话：020-87992828

学校名称：广州工程技术职业学院
院系全称：艺术设计系

专业全称：广告设计与制作（数字媒体与动画设计）
学　　制：3 年
地　　址：广州市环市东路 465 号
邮　　编：510075
网　　址：http://www.gzvtc.edu.cn/
电　　话：020-87693663

学校名称：广州城市职业学院
院系全称：艺术设计系
专业全称：广告设计与制作
学　　制：3 年
地　　址：广州市广园中路 248 号
网　　址：http://zs.gcp.edu.cnhttps://www.gcp.edu.cn/
邮　　编：510405
电　　话：020-86375471

学校名称：广州华夏职业学院
院系全称：艺术设计系
专业全称：广告设计与制作
学　　制：3 年
地　　址：广东省广州市从化城鳌大道东 772 号
网　　址：http://zsw.gzhxtc.cn
邮　　编：510075
电　　话：020-87865222

学校名称：惠州经济职业技术学院
院系全称：艺术设计系
专业全称：广告设计与制作
学　　制：3 年
地　　址：广东省惠州市惠城区马安镇新乐路
网　　址：http://www.hzcollege.com/
邮　　编：516057
电　　话：0752-3619806

学校名称：东莞职业技术学院
院系全称：艺术设计系
专业全称：广告设计与制作
学　　制：3 年
地　　址：广东省东莞市松山湖高新技术产业开发区大学路 3 号
网　　址：www.dgpt.edu.cn/
邮　　编：523808
电　　话：0769-23306889

学校名称：广州松田职业学院
院系全称：艺术设计系
专业全称：广告设计与制作
学　　制：3 年
地　　址：广州市增城区朱村大道东 432 号
网　　址：www.sontanedu.cn/
邮　　编：511300
电　　话：020-82850580

学校名称：广东生态工程职业学院
院系全称：艺术设计系
专业全称：广告设计与制作
学　　制：3 年
地　　址：广州市天河区广汕一路 297 号
网　　址：http://www.gdsty.cn
邮　　编：510520
电　　话：020-87032191

海南省（4 所）

本科类院校（2 所）

学校名称：海南大学
院系全称：人文传播学院
专业全称：广告学
学　　制：本科 4 年
地　　址：海南省海口市人民大道 58 号海南大学人文传播学院
网　　址：https://www.hainanu.edu.cn/renwen/
邮　　编：570228
电　　话：0898-66289175

学校名称：三亚学院
院系全称：人文与传播学院
专业全称：广告学
学　　制：本科 4 年
地　　址：海南省三亚市吉阳区学院路 191 号
网　　址：http://renwen.sanyau.edu.cn/
邮　　编：572022
电　　话：0898-88386743

高职大专院校（2 所）

学校名称：海南软件职业技术学院
院系全称：数码设计系
专业全称：广告设计与制作
学　　制：3 年
地　　址：海南省琼海市富海路 128 号
网　　址：http://zs.hncst.edu.cn/index.php?s=news&c=show&id=441
邮　　编：571400
电　　话：0898-31690060

学校名称：海南工商职业学院
院系全称：艺术设计学院
专业全称：广告设计与制作
学　　制：3 年
地　　址：海口市国兴大道文坛路 2 号海南工商职业学院
网　　址：http://www.hntbc.edu.cn/s.php/yx18/item-list-category-6035.html
邮　　编：570203
电　　话：0898-65252171

广西壮族自治区（19）

本科院校（5 所）

学校名称：广西大学
院系全称：新闻与传播学院
专业全称：广告学
学　　制：本科 4 年
地　　址：广西南宁市大学东路 100 号
网　　址：http://xwcb.gxu.edu.cn/index.htm
邮　　编：530004
电　　话：0771-3232999

学校名称：桂林理工大学
院系全称：公共管理与传媒学院
专业全称：广告学
学　　制：本科 4 年
地　　址：中国广西桂林雁山区雁山街 319 号
网　　址：http://rwxy.glut.edu.cn/index.htm
邮　　编：541006
电　　话：0773-3696580

学校名称：广西艺术学院
院系全称：影视与传媒学院
专业全称：广告学
学　　制：本科 4 年
地　　址：广西南宁市教育路 7 号
网　　址：https://cftc.gxau.edu.cn/
邮　　编：530022
电　　话：0771-5326921

学校名称：南宁师范大学
院系全称：新闻与传播学院
专业全称：广告学
学　　制：本科 4 年
地　　址：广西南宁市明秀东路 175 号
网　　址：http://xwcbxy.nnnu.edu.cn/Index.html
邮　　编：530001
电　　话：0771-3931110

学校名称：广西财经学院
院系全称：新闻与文化传播学院
专业全称：广告学

学　　制：本科 4 年
地　　址：广西南宁市大学西路 189 号
网　　址：http://www.gxufe.edu.cn/www/subWebSites/xwcb/home.xhtml
邮　　编：530003
电　　话：0771-3859737

高职大专院校（14 所）

学校名称：广西职业技术学院
院系全称：艺术设计类
专业全称：广告设计与制作
学　　制：3 年
地　　址：广西南宁市市江南区明阳大道 19 号
网　　址：http://www.gxzjy.com/
邮　　编：530226
电　　话：0771-4212633

学校名称：柳州职业技术学院
院系全称：艺术设计类
专业全称：广告设计与制作
学　　制：3 年
地　　址：广西柳州市鱼峰区社湾路 28 号
网　　址：http://www.lzzy.net/
邮　　编：545006
电　　话：0772-3156666

学校名称：南宁职业技术学院
院系全称：艺术设计类
专业全称：广告设计与制作
学　　制：3 年
地　　址：广西南宁市大学西路 169 号
网　　址：http://www.ncvt.net/
邮　　编：530008
电　　话：0771-2029337

学校名称：广西工程生态职业技术学院
院系全称：艺术设计类
专业全称：广告设计与制作
学　　制：3 年
地　　址：广西柳州市柳北区君武路 168 号
网　　址：http://www.gxstzy.cn/
邮　　编：545004
电　　话：0772-2725117

学校名称：北海职业学院
院系全称：艺术设计类
专业全称：广告设计与制作
学　　制：3 年
地　　址：广西北海市西藏南路
网　　址：http://www.bhzyxy.net/
邮　　编：536009
电　　话：0779-3920137

学校名称：广西现代职业技术学院
院系全称：艺术设计类
专业全称：广告设计与制作
学　　制：3 年
地　　址：广西河池市金城西路 02 号
网　　址：http://www.gxxd.net.cn/
邮　　编：547000
电　　话：0778-2102260

学校名称：广西工程职业学院
院系全称：艺术设计类
专业全称：广告设计与制作
学　　制：3 年 .
地　　址：广西平果县大学城大学路 1 号
网　　址：http://www.gxgcedu.com/
邮　　编：531499
电　　话：0776-2635666

学校名称：桂林山水职业学院
院系全称：艺术设计类

专业全称：广告设计与制作
学　　制：3 年
地　　址：广西桂林市临桂区人民路 318 号
网　　址：http://www.glsszyxy.com/
邮　　编：541199
电　　话：0773-3661066

学校名称：广西理工职业技术学院
院系全称：艺术设计类
专业全称：广告设计与制作
学　　制：3 年
地　　址：广西崇左市壶兴路 339-1 号
网　　址：http://www.gxlgxy.com/#/
邮　　编：532200
电　　话：0771-7962088

学校名称：广西演艺职业学院
院系全称：艺术设计类
专业全称：广告设计与制作
学　　制：3 年
地　　址：广西南宁市江南区明阳工业区明阳四路 10 号
网　　址：http://www.gxart.cn/
邮　　编：530226
电　　话：0771-4892829

学校名称：柳州城市职业学院
院系全称：艺术设计类
专业全称：广告设计与制作
学　　制：3 年
地　　址：广西柳州市鱼峰区官塘大道文苑路 1 号
网　　址：http://www.lcvc.cn/
邮　　编：545002
电　　话：0772-2752729

学校名称：广西城市职业学院
院系全称：艺术设计类
专业全称：广告设计与制作
学　　制：3 年
地　　址：广西南宁市空港经济区同正大道 339 号
网　　址：www.gxcvuedu.com
邮　　编：532100
电　　话：0771-7515030

学校名称：广西工商职业技术学院
院系全称：艺术设计类
专业全称：广告设计与制作
学　　制：3 年
地　　址：广西南宁市鹏飞路 15 号
网　　址：http://www.gxgsxy.com/
邮　　编：530008
电　　话：0771-3151595

学校名称：广西培贤国际职业学院
院系全称：市场营销类
专业全称：广告策划与营销
学　　制：3 年
地　　址：广西百色市平果县大学城大学东路 12 号
网　　址：http://www.peixianedu.cn/pcindex.html
邮　　编：531499
电　　话：0776-2630501

贵州省（11 所）
本科院校（2 所）

学校名称：贵州民族大学
院系全称：传媒学院
专业全称：广告学
学　　制：本科 4 年
地　　址：贵州省贵阳市花溪区
网　　址：http://cmxy.gzmu.edu.cn/index.htm
邮　　编：550025
电　　话：0851-83613465

学校名称：贵州财经大学

院系全称：文法学院
专业全称：广告学
学　　制：本科 4 年
地　　址：贵州省贵阳市花溪区花溪大学城
　　　　　贵州财经大学文德楼
网　　址：http://portal.gufe.edu.cn/web/wfxy/
邮　　编：550025
电　　话：0851-88510549

高职大专院校（9 所）

学校名称：贵州电子信息职业技术学院
院系全称：艺术设计系
专业全称：广告设计与制作
学　　制：3 年
地　　址：贵州省凯里市华联路 1 号
网　　址：http://zsjyb.gzeic.edu.cn/list.jsp?itemId=253&cItemId=927&page=1
邮　　编：556000
电　　话：0855-8230888

学校名称：贵州工业职业技术学院
院系全称：艺术设计系
专业全称：广告设计与制作
学　　制：3 年
地　　址：贵阳市清镇职教城将军石路 3 号
网　　址：http://www.gzky.edu.cn/zsxxw/
邮　　编：551400
电　　话：0851-84706856

学校名称：贵州轻工职业技术学院
院系全称：艺术设计系
专业全称：广告设计与制作
学　　制：3 年
地　　址：贵州省花溪大学城
网　　址：http://www.gzqy.cn/zsw/
邮　　编：550025
电　　话：0851-88506060

学校名称：贵州航天职业技术学院
院系全称：艺术设计系
专业全称：广告设计与制作
学　　制：3 年
地　　址：遵义市新蒲平安东路 1398 号
网　　址：http://www.gzhtzy.com
邮　　编：563000
电　　话：0851-28612782

学校名称：贵州城市职业学院
院系全称：艺术设计系
专业全称：广告设计与制作
学　　制：3 年
地　　址：贵州省贵阳市贵安新区大学城花燕路 1 号
网　　址：http://www.gzcsxy.cn
邮　　编：550025
电　　话：0851-88308090

学校名称：贵州工商职业学院
院系全称：艺术设计系
专业全称：广告设计与制作
学　　制：3 年
地　　址：贵州（清镇）职教城（清镇市双桥路 105 号）
网　　址：http://www.gzgszy.com/zsw/
邮　　编：551400
电　　话：0851-88518111

学校名称：黔南民族职业技术学院
院系全称：艺术设计系
专业全称：广告设计与制作
学　　制：3 年
地　　址：贵州省都匀市绿茵湖产业园区
网　　址：http://www.qnzy.net/zsjy/
邮　　编：558022
电　　话：（0854）8610606

学校名称：贵州工贸职业学院
院系全称：艺术设计系
专业全称：广告设计与制作
学　　制：3 年
地　　址：贵州省威宁县滨海大道 777 号
网　　址：http://www.gzgmzyxy.com
邮　　编：553199
电　　话：0857-6339313

学校名称：毕节幼儿师范高等专科学校
院系全称：艺术设计系
专业全称：广告设计与制作
学　　制：3 年
地　　址：贵州省毕节市金海湖新区职教城
网　　址：http://www.gzbjyz.com/
邮　　编：551602
电　　话：0857-8317445

云南省（12）

本科院校（7 所）

学校名称：昆明理工大学
院系全称：艺术与传媒学院
专业全称：广告学
学　　制：本科 4 年
地　　址：云南省昆明市呈贡区景明南路 727 路
网　　址：http://art.kmust.edu.cn/
邮　　编：650031
电　　话：0871-65916795

学校名称：大理大学
院系全称：文学院
专业全称：广告学
学　　制：本科 4 年
地　　址：云南省大理市古城弘圣路 2 号
网　　址：http://www.dali.edu.cn/wxy/index.htm
邮　　编：671003
电　　话：0872-2219949

学校名称：曲靖师范学院
院系全称：人文学院
专业全称：广告学
学　　制：本科 4 年
地　　址：云南省曲靖市经济技术开发区三江大道
网　　址：http://rwxy.qjnu.edu.cn/
邮　　编：655011
电　　话：0874-8998691

学校名称：红河学院
院系全称：人文学院
专业全称：广告学
学　　制：本科 4 年
地　　址：云南省红河州蒙自市
网　　址：http://humanity.uoh.edu.cn/index.htm
邮　　编：661100
电　　话：0873-3698769

学校名称：云南财经大学
院系全称：传媒学院
专业全称：广告系
学　　制：本科 4 年
地　　址：昆明市龙泉路 237 号
网　　址：http://www.ynufe.edu.cn/pub/cmxy/index.htm
邮　　编：650221
电　　话：0871-65125601

学校名称：云南师范大学
院系全称：传媒学院
专业全称：广告学
学　　制：本科 4 年
地　　址：云南昆明呈贡区雨花片区 1 号
网　　址：https://soc.ynnu.edu.cn/index.htm
邮　　编：650500

电　　话：0871-65912696

学校名称：云南民族大学
院系全称：文学与传媒学院
专业全称：广告学
学制：本科 4 年
地址：云南省昆明市呈贡区月华街 2929 号
网址：http://flc.ynni.edu.cn/
邮编：650504
电话：0871-65172133

高职大专院校（5 所）

学校名称：昆明工业职业技术学院
院系全称：艺术设计类
专业全称：广告设计与制作
学　　制：3 年
地　　址：云南省昆明安宁市晓塘路
网　　址：http://www.kmvtc.net
邮　　编：650302
电　　话：0871-68604025

学校名称：云南能源职业技术学院
院系全称：艺术设计类
专业全称：广告设计与制作
学　　制：3 年
地　　址：云南省曲靖市职教中心文苑北路 8 号
网　　址：http://www.ynny.cn
邮　　编：655001
电　　话：0874-3181801

学校名称：云南文化艺术职业学院
院系全称：艺术设计类
专业全称：广告设计与制作
学　　制：3 年
地　　址：云南省昆明市西山区
碧鸡镇苏家村 17 号
网　　址：http://www.ynarts.cn
邮　　编：650111
电　　话：86-0871-68427871

学校名称：云南旅游职业学院
院系全称：艺术设计类
专业全称：广告设计与制作
学　　制：3 年
地　　址：云南省昆明市龙泉路 268 号
网　　址：http://www.ynctv.cn
邮　　编：650221
电　　话：0871-65187763

学校名称：昆明艺术职业学院
院系全称：艺术设计类
专业全称：广告设计与制作
学　　制：3 年
地　　址：云南省昆明市官南大道夏之春园区
网　　址：https://www.kmac.org.cn/
邮　　编：650228
电　　话：0871-67985568

中国广告年鉴 2020
CHINA ADVERTISING YEARBOOK

广告监测与研究机构

Advertising Monitoring and Research Companies

全国主要广告监测与研究机构名录

国信出版物发行数据调查中心

成立时间：2005 年

地　　址：北京市海淀区太平路 5 号复兴路 22 号
　　　　　金盾出版社大厦 5 层

邮　　编：100036

电　　话：（010）68010749

传　　真：（010）68010749

研究与服务范围：

国信出版物发行数据调查中心是国内唯一从事出版物发行量调查统计和认证的机构，主要职能是向出版社、报刊社、互联网等出版单位，广告客户、广告商及有关调查研究机构提供图书。

秒针系统

成立时间：2009 年

地　　址：北京市朝阳区阜通东大街 1 号院
　　　　　望京 SOHO T3 B 座 10 层

邮　　编：100036

电　　话：861064303666

网　　址：https://www.miaozhen.com/

研究与服务范围：

基于大数据及人工智能技术，通过真实、客观的全域数字测量，打通感知和认知智能，为企业构建以消费者为中心、覆盖数据分析、洞察及应用的商业智能决策闭环，帮助企业实时、全面、准确地评估营销效果、预测市场走势、优化商业决策，实现商业价值，广受行业及客户认可。

尼尔森（中国）

成立时间：2002 年

地　　址：北京市王府井大街 138 号
　　　　　新东安市场写字楼第 1 座 11 层

邮　　编：100006

电　　话：010-5812 9000

网　　址：https://www.nielsen.com/

研究与服务范围：

AC 尼尔森是全球领先的市场研究、资讯和分析服务的提供者，服务对象包括消费产品和服务行业，以及政府和社会机构。在全球 100 多个国家里有超过 9,000 的客户依靠 AC 尼尔森认真负责的专业人士来测量竞争激烈的市场的动态，来理解消费者的态度和行为，以及形成能促进销售和增加利润的高级分析性洞识。

尼尔森网联媒介数据服务有限公司

建立时间：2010 年 07 月 26 日

地　　址：杭州市西湖区天目山路
　　　　　398 号 12 号楼 2 楼 201 室

电　　话：400-817-8988

研究与服务范围：

(Nielsen-CCData) 是尼尔森旗下的专业数据服务公司，专注数字化环境下的媒介研究和受众研究。尼尔森网联采用全球领先的研究技术和方法，以海量样本收视率与全媒体广告倍息数据为核心，为网络运营商、电视台、广告主和广告运营机构提供专业、全面，准确、深入的媒介和广告数据监测及研究服务。服务内容包括全息电视研究、全媒体广告洞察与媒介咨询三大体系，范围涵盖数字电收视行为测量、广告投放监测与监播、广告效果评估与诊断，媒介投放策略规划等多个市场领域。

热云数据

成立时间：2013 年

地　　址：北京市石景山区实兴大街30 号院 5 号楼 4 层 58 号

邮　　编：100041

电　　话：010-83412810

电子邮箱：maru@reyun.com

网　　址：https://www.reyun.com/

研究与服务范围：

热云数据在大数据采集、海量数据处理、数据挖掘、用户行为分析建模及数据应用等方面拥有多年的积累和丰富的经验。旗下产品覆盖移动广告效果监测、广告防作弊、广告素材智能分析、广告智能投放、A/B 测试等领域，构建起贯穿移动广告投放全生命周期的营销体系。为行业客户提供流畅、安全、高效、便捷的移动营销数据分析及决策服务。

eboR 媒介监测中心

成立时间：2015 年

地　　址：成都市新希望路 7 号丰德万瑞中心 A 座 9 楼

邮　　编：610042

电　　话：400-606-1611

电子邮箱：zhangfangqiu@51ebo.com

网　　址：http://ebor.51ebo.com/

研究与服务范围：

监测范围覆盖主流报纸广告、主要商圈、地铁、公交系统和交通枢纽的户外广告，为企业市场部门和广告公司提供全面的广告监测数据和市场分析报告，致力于帮助企业媒体投放决策。

艾曼高

成立时间：1999 年

地　　址：广州市东风西路 191 号国际银行中心 1605 室

邮　　编：510000

电　　话：86-20-81350796

传　　真：86-20-81350993

网　　址：http://cm.hc23.com/company/115199.html

研究与服务范围：

广州艾曼高广告监测公司于 1999 年在香港成立，是全亚洲首家在线传递广告创意及广告支出数据的公司。为广告公司、广告商及媒体提供媒体监测服务，搜罗一切有关广告创意及开支的资讯多年来一直专注于广告创意监测 (CM) 和编辑内容监测 (AVE) 服务，目前是在线广告监测领域的翘楚，是大陆和香港所有主要 4A 广告商、媒体及其代理商的选择。

央视市场研究股份有限公司（CTR）

成立时间：1995 年

地　　址：北京市西城区德外大街 5 号

邮　　编：100088

电　　话：861082015388

网　　址：http://www.ctrchina.cn/

研究与服务范围：

CTR 的研究领域包括媒介经营与管理、品牌与传播策略、消费者洞察等诸多专业领域，尤其在 360°营销传播监测、消费者购买与使用行为测量、媒介与消费行为、媒体价值评估等专业研究领域拥有权威的第三方地位和货币型产品。这些优势进一步延续到媒体融合、智能电视、短视频研究、跨平台传播等营销领域。

梅花信息

成立时间：2002 年

地　　址：上海市长宁区天山路 641 号 2 号楼 602A 室

邮　　编：200035

电　　话：021-51602866

邮　　箱：summer.cao@meihua.info

网　　址：www.meihua.info

研究与服务范围：

为广告主市场部门和广告公司等专业服务商提供全

媒体的竞争品牌广告监测数据，广告监测频道覆盖了中国市场主流的报刊、电视、户外、网络和促销类媒体，以及重点城市的促销现场监测。广告监测是营销者评估竞争对手，了解各产品分类主要广告主要分布，以及创意参考的重要工具。

全国互联网广告监测中心

建立时间：2016 年 9 月 1 日

地　　址：杭州运河国家广告产业园

电　　话：0512-65209638

研究与服务范围：

全国互联网广告监测中心在中国国内外无类似监测机构经验可循的情况下，坚持 " 互联网 + 广告监管 "，利用互联网技术反制互联网违法广告，打造了一个具备监测、预警、研判等功能的全国性互联网广告监测平台。平台充分利用云计算、智能语义分析、分布式爬虫等信息化技术，确定了一条先主后次、先源头后支流的监测路径，将网络交易平台、大型门户网站、广告联盟、搜索网站等重点实行 24 小时监测，并通过对其链接内容的监测辐射全网。

中国广视 - 索福瑞媒介研究（CSM）

建立时间：1997 年 12 月 4 日

邮　　编：100022

电　　话：8610- 8508 6666

传　　真：8610- 8508 6888

邮　　箱：csminfo@csm.com.cn

网　　址：http://www.csm.com.cn

研究与服务范围：

中国广视 - 索福瑞媒介研究（CSM）致力于专业的电视收视和广播收听的市场研究，为中国内地和中国香港地区传媒行业提供可靠的、不间断的收视率调查服务，并提供独立的收视率及收听率调查数据。CSM 结合市场需求和行业新技术，同步开展媒体融合传播效果研究，体育与媒介研究，收视数据与消费数据融合研究等多元化业务，继续丰富产品体系，提升服务质量。

艾媒咨询

建立时间：2007 年

地　　址：广州大学城青蓝街 26 号

　　　　　国家数字家庭产业基地研发楼 7 楼

电　　话：020-8922 4700

网　　址：https://www.iimedia.cn/

研究与服务范围：

艾媒咨询 (iiMedia Research) 作为全球领先的移动互联网第三方数据挖掘与整合营销机构，始步于 2007 年。是中国第一家专注于移动互联网、智能手机、平板电脑和电子商务等产业研究的权威机构 ;2012 年，艾媒咨询正式成为国家统计局主管的中国市场信息调查业协会 (CAMIR) 唯一专注于移动互联网行业市场信息调研的成员单位。

艾瑞咨询

建立时间：2002 年

地　　址：北京市朝阳区光华路 soho2 期 B 座 3 层

电　　话：400-026-2099

网　　址：https://www.iresearch.cn/

研究与服务范围：

艾瑞咨询是中国新经济与产业数字化洞察研究咨询服务领域的领导品牌，为客户提供专业的行业分析、数据洞察、市场研究、战略咨询及数字化解决方案，助力客户提升认知水平、盈利能力和综合竞争力。

易观咨询

建立时间：2002 年

地　　址：北京市朝阳区酒仙桥路 10 号

　　　　　恒通国际商务园 -B12C 座三层

电　　话：4006-010-231

网　　址：http://www.199it.com/

研究与服务范围：

北京易观智库网络科技有限公司始终追求客户成功的经营宗旨。 自成立以来，北京易观智库网络科技有限公司打造了以海量数字用户资产及算法模型为核心的大数据产品、平台及解决方案 可以帮助企业高效管理数字用户资产和对产品进行精细化运营，通过数据驱动营销闭环， 从而实现收入增长、成本降低和效率提升，并显著规避经营风险，实现精益成长。

Campaign 广告监播服务

成立时间：2002 年

地　　址：上海市长宁区天山路 641 号 2 号楼 602A 室

电　　话：021-51602866

传　　真：021-51602866

网　　址：https://www.campaignchina.com

研究与服务范围：

梅花信息成立于 2002 年，多年来聚焦于为企业市场营销（广告，公关和市场研究）部门提供各类信息情报服务。公司的主要产品包括跨媒体的广告监测数据库，新闻监测平台，市场统计数据库等。在标准化的数据产品基础上，我们还为客户提供定制的媒体监测类服务，包括针对市场推广部门的竞争品牌广告监测服务，针对公关部门的公关传播监测，以及针对战略研究部门的战略信息监测服务。

国家广告研究院

成立时间：2011 年 12 月 21 日

地　　址：北京市朝阳区定福庄东街 1 号

　　　　　中国传媒大学 45 号楼

电　　话：无信息

传　　真：无信息

邮　　编： 100024

研究与服务范围：

作为全国性广告性研究基地，研究院主要任务是配合国家政策开展广告业规划发展、监督管理及产业政策和发展趋势的研究，同时每年还要举办国际化化的广告论坛和学术会议，邀请全世界顶尖学者及权威人士开展讲座，为我国广告业研究培养高级人才。

十目广告监管系统

成立时间：

地　　址：成都市航空路 6 好丰德国际广场 D3 座 1102

电　　话：400-606-1611

传　　真：400-606-1611

研究与服务范围：

十目户外广告监管系统目前监测范围覆盖城市主干道、商业区、公交、火车站、机场、楼宇、影院、高速等户外媒体比较集中的区域，主要监测对象有户外大牌、立柱广告牌、LED 广告、广告灯箱、车身广告、框架媒体、电影映前广告等媒体类型，监测内容包含广告内容、发布时间、发布范围、发布媒介、广告样件、广告审查许可等内容。

广告查查

网　　址：https://www.adbug.cn/

研究与服务范围：

广告查查 (Adbug) 是第一家免费的数字广告搜索引擎，让广告营销圈人士检索到日益变化的营销信息，了解营销策略趋势，行业风向，全景洞悉广告生态圈生态发展，并侧面记录广告商业文明。

Adbug 是第一家免费的数字广告搜索引擎，让广告营销圈人士检索到日益变化的营销信息，了解营销策略趋势，行业风向，全景洞悉广告生态圈生态发展，并侧面记录广告商业文明。Adbug 也会不断推出创新的广告应用场景来给营销人士丰富的体验。

时了解竞争品牌的广告动态，从而完善自身的广告策略。素材丰富的广告库更随时可以提供各类产品的广告创意。

梅花信息

成立时间：2002 年

地　　址：上海市徐汇区钦州北路

　　　　　1199 弄智汇园 87 号 2 楼

邮　　编：200233

电　　话：021-6228 3501

邮　　箱：cs@meihua.info

网　　址：http://www.meihuainfo.com

研究与服务范围：

梅花信息成立于 2002 年，多年来聚焦于为企业市场营销（广告，公关和市场研究）部门提供各类信息情报服务。公司的主要产品包括跨媒体的广告监测数据库，新闻监测平台，市场统计数据库等。在标准化的数据产品基础上，我们还为客户提供定制的媒体监测类服务，包括针对市场推广部门的竞争品牌广告监测服务，针对公关部门的公关传播监测，以及针对战略研究部门的战略信息监测服务。

北京鹰视角数据科技有限公司

成立时间：2016 年

地　　址：北京市朝阳区十里堡甲 3 号都会国际 A 座 7 层

邮　　编：100020

电　　话：010-64772377

邮　　箱：service@yingshijiao.cn

网　　址：https://www.yingshijiao.cn

研究与服务范围：

"北京鹰视角数据科技有限公司" 是业界领先的专业广告数据监播商和广告智能大数据的权威咨询机构。在广告监播数据应用与数据研究开发、市场调研方面独具先天优势，拥有强大的产品设计和研发能力，为客户提供从需求设计、广告监测开发、监播计划和监播运营管理以及调研的全生命周期的综合解决方案。 公司拥有自动化高效智能 APP，可实现即时拍照、即时上传，实时 GPS 定位、时间定位，后台自动生成监测报告及报表；同年开发了智能调研系统，自动设置 GPS 商圈设定，样本唯一识别功能，确保调研过程的数据真实有效。

北京中天盈信咨询服务有限公司（CODC）

成立时间：1998 年

地　　址：北京市朝阳区八里庄
陈家林甲 2 号 尚 8 里文创园 A 座 203 室

邮　　编：100025

电　　话：010-59200326

邮　　箱：codc@codc.com.cn

网　　址：http://www.codc.com.cn

研究与服务范围：

北京中天盈信咨询服务有限公司是中国大陆唯一专门从事户外广告市场研究及相关多元化服务的权威咨询机构。中天秉承公正、准确、客观、及时的工作理念，通过自行设计研发的户外媒体资讯管理系统和自助式数据查询平台，以独特的身份和视角为国内外客户提供全面、真实的户外广告媒体监测报告、数据资料及研究评估。

（资料收集整理：陆斌 浙江财经大学人文与传播学院副教授 ）

2020 中国数字营销趋势报告

《中国数字营销趋势报告》，由秒针系统和 GDMS 共同发起，吸引了包括品牌广告主、代理公司、媒体、营销技术公司等在内的数字营销产业链多方参与，旨在帮助品牌准确评估营销走势，争取在来年取得更高的投资回报。作为中国数字营销界的“风向标”，该系列报告至今已连续发布四年，因为极具参考价值，已成为广告主、媒体、代理商等必须关注的“营销手册”。

趋势要点前瞻

1. 数字营销

预算增速放缓：2020 年数字营销预算平均增长 14%，较过去三年，增速有所放缓。

社交营销最受关注：社交营销和自有流量池是 2020 年最值得关注的数字营销形式，视频广告、社交电商关注度稳居第二梯队。

移动端预算持续增加：数字营销预算向移动端迁移的趋势仍在继续，移动端增长的重点为社交平台、短视频平台。

营销人工智能更受关注：营销人工智能是最受广告主关注的数字营销技术，数据中台、营销自动化、数据收集技术紧随其后。

2. 社会化营销

对社会化营销而言，KOL 推广依然是投入重点，短视频 / 直播热度上升，官方微信账号运营和社会化电商热度较 2019 年有所下降。

3. 内容营销

自制视频 / 微电影、网综、电综是广告主投放重点，自制视频 / 微电影、体育赛事热度上升明显。

4. 异常流量

对广告主而言，广告可见性是影响流量质量的最重要因素，其次是机器人刷量和品牌安全，减少异常流量的措施主要是使用广告监测及异常流量过滤服务。

2020 年广告主数字营销预算平均增长 14%，增长幅度较过去三年有所下降，数字营销预算增速首次出现放缓趋势

表 1 广告主 | 数字营销预算平均增长

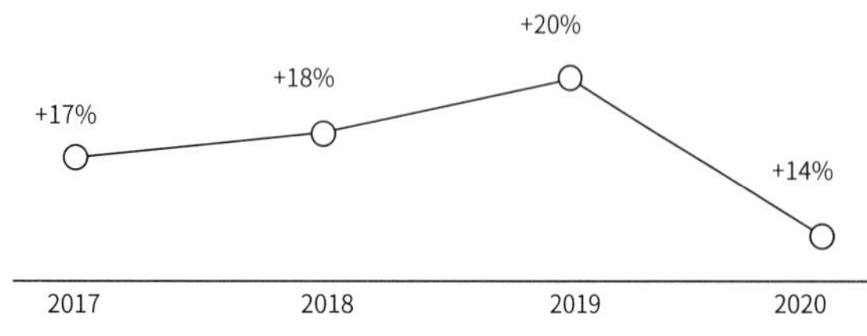

调研时间：2019.10.16-2019.11.08

数据来源：《2020 中国数字营销趋势》线上调研，广告主样本量 n=221

Q：请问贵公司 2020 年数字营销预算与 2019 年相比，预计会如何变化？（单选）

数字营销预算增长少于 10% 广告主占比近六成，较去年增加 1/4，近 30% 的广告主数字营销预算与去年持平

表 2 广告主 | 数字营销预算变化

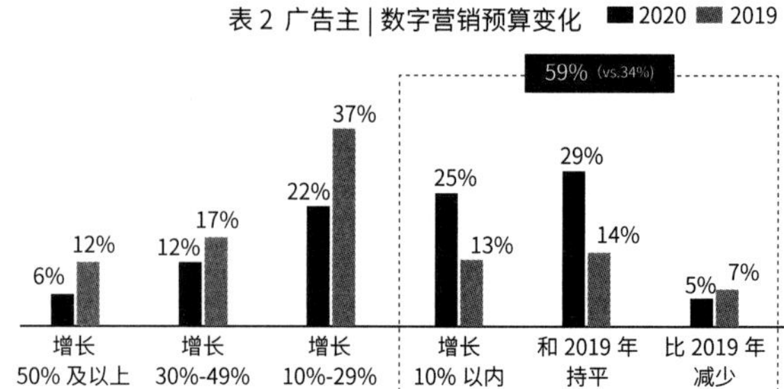

调研时间：2019.10.16-2019.11.08

数据来源：《2020 中国数字营销趋势》线上调研，广告主样本量 n=221

Q：请问贵公司 2020 年数字营销预算与 2019 年相比，预计会如何变化？（单选）

广告主数字营销关注点转移，社会化营销和自有流量池是 2020 年最值得关注的数字营销形式，视频广告、社交电商关注度居第二梯队

表 3 广告主 | 数字营销形式趋势

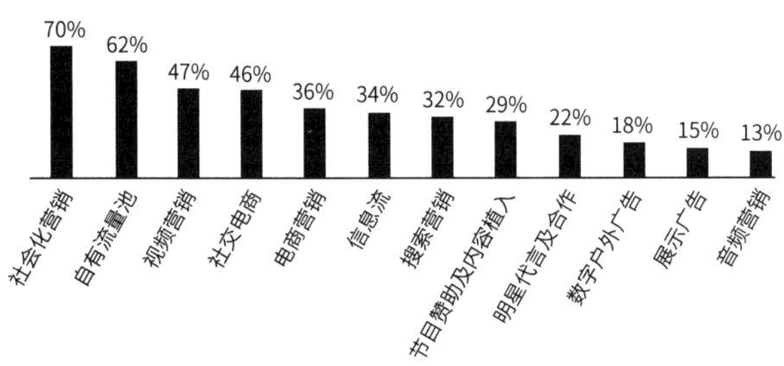

调研时间：2019.10.16-2019.11.08

数据来源：《2020 中国数字营销趋势》线上调研，广告主样本量 n=221

Q：在即将到来的 2020 年，您认为年度最值得关注的数字营销形式是？（请注意：本次调研所指的数字营销包括各种形式的数字硬广、社会化营销以及内容营销）（多选）

PC 端，社交媒体超越搜索引擎，成为广告主最重视的投放渠道，选择视频网站的广告主比例较 2019 年有所增加

表 5 广告主 |PC 端投放重点

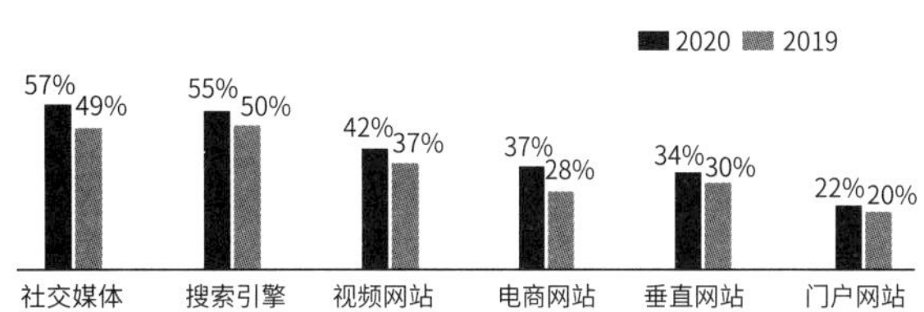

调研时间：2019.10.16-2019.11.08

数据来源：《2020 中国数字营销趋势》线上调研，广告主样本量 n=221

Q：2020 年，贵公司 PC 端广告投放预计会以哪类媒体为主？（多选）

PC 端，增加数字营销预算的广告主比例仅为 9%；移动端，75% 的广告主将增加数字营销预算；New TV 端，选择增加或预算持平的广告主比例与选择减少和不投入的比例持平

表 4 广告主 | 分终端营销预算投入趋势

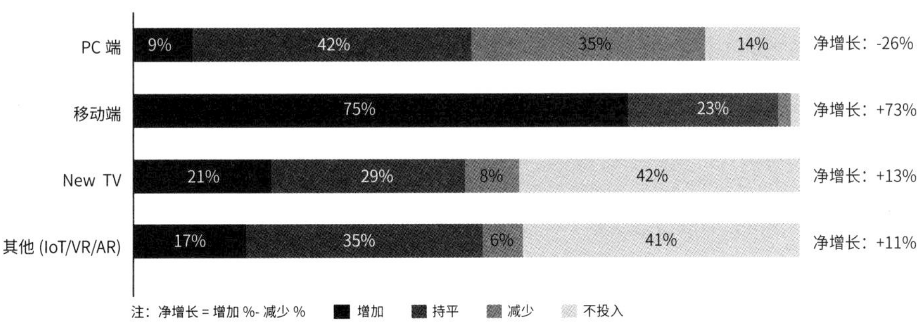

调研时间：2019.10.16-2019.11.08

数据来源：《2020 中国数字营销趋势》线上调研，广告主样本量 n=221　Q：和 2019 年相比，贵公司预计以下领域在 2020 年的营销投入会？（多选）

移动端，广告主的投放重点依旧是社交平台和视频平台，视频平台中，短视频更受重视，68% 的广告主视其为投放重点

表 6 广告主 | 移动端投放重点

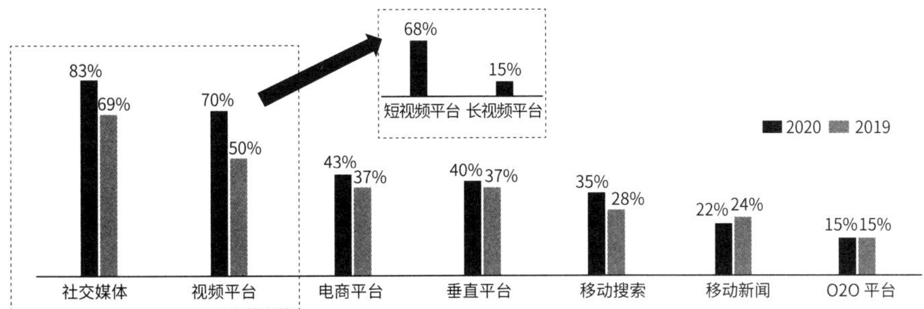

调研时间：2019.10.16-2019.11.08

数据来源：《2020 中国数字营销趋势》线上调研，广告主样本量 n=221　Q：2020 年，贵公司移动端广告投放预计会以哪类媒体为主？（多选）

广告主社会化营销预算投入平均增长 15%，相比过去两年，社会化营销预算增速同样出现放缓趋势

表 7 广告主 | 社会化营销预算平均增长

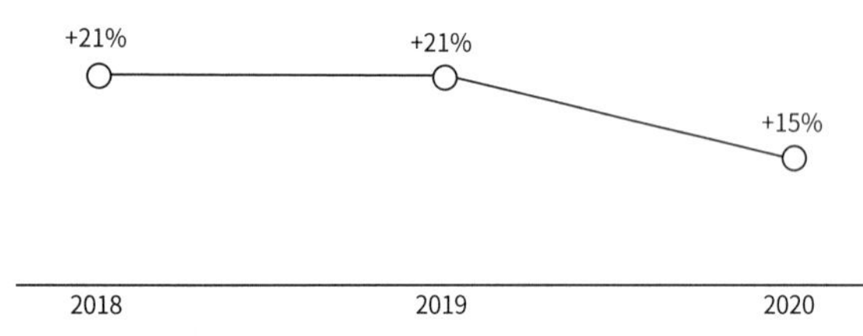

调研时间：2019.10.16-2019.11.08
数据来源：《2020 中国数字营销趋势》线上调研，广告主样本量 n=221
Q：和 2019 年相比，您预计贵公司在 2020 年社会化营销的预算投入会？（单选）

相比去年，社会化营销预算增长在 30%-49% 的广告主比例大幅下滑，近 1/4 的广告主社会化营销预算与 2019 年持平

表 9 广告主 | 社会化营销预算平均增长

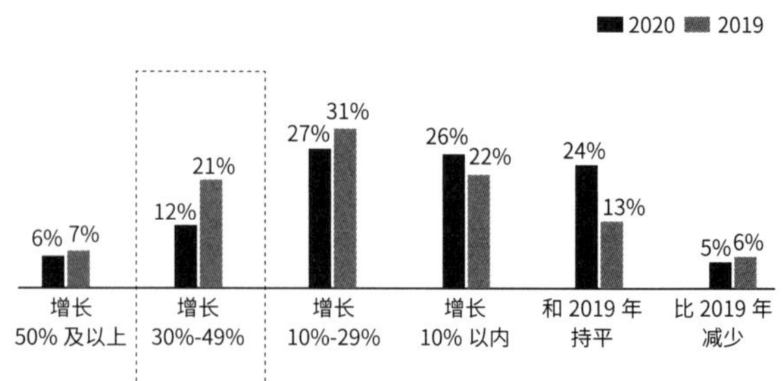

调研时间：2019.10.16-2019.11.08
数据来源：《2020 中国数字营销趋势》线上调研，广告主样本量 n=221
Q：和 2019 年相比，您预计贵公司在 2020 年社会化营销的预算投入会？（单选）

71% 的广告主将增加社会化营销预算，社会化营销预算增长幅度超越数字营销，广告主预算投入与其关注趋势一致

表 8 广告主 | 社会化营销预算 vs. 数字营销预算变化

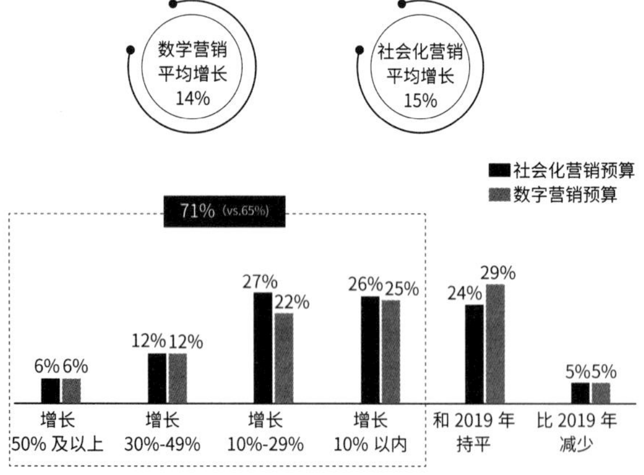

调研时间：2019.10.16-2019.11.08
数据来源：《2020 中国数字营销趋势》线上调研，广告主样本量 n=221
Q：请问贵公司 2020 年数字营销预算与 2019 年相比，预计会如何变化？（单选）
Q：和 2019 年相比，您预计贵公司 2020 年社会化营销预算投入会？（单选）

对广告主来说，KOL 推广依然是投入重点，短视频 / 直播热度上升，超半数广告主视社群运营 / 私域流量为重点，官方微信账号运营较去年有所下降

表 10 广告主 | 社会化营销重点

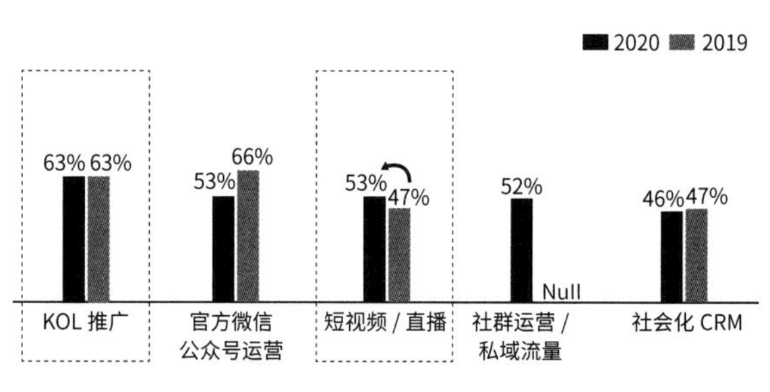

调研时间：2019.10.16-2019.11.08
数据来源：《2020 中国数字营销趋势》线上调研，广告主样本量 n=221
Q：2020 年，贵公司的社会化营销的重点会放在？（多选）
数据说明：2019 年社群运营 / 私域流量无调研数据，故显示为 Null

内容营销方面，53% 的广告主视自制视频 / 微电影为投放重点，体育赛事热度较去年上升明显

表 11 广告主 | 内容营销投放重点

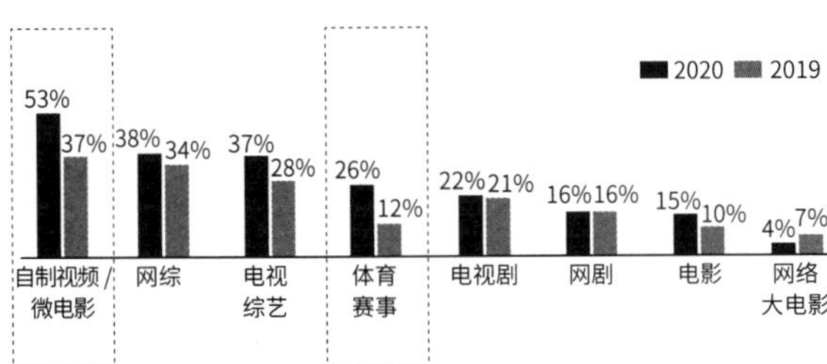

调研时间：2019.10.16-2019.11.08
数据来源：《2020 中国数字营销趋势》线上调研，广告主样本量 n=221
Q：2020 年，贵公司在内容营销方面预计会有哪些投入？（多选）

和广告主相比，数字营销从业者不那么看重自制视频 / 微电影，更看重网综、游戏 / 电竞、网剧、网络大电影等渠道的投放

表 12　内容营销投放重点

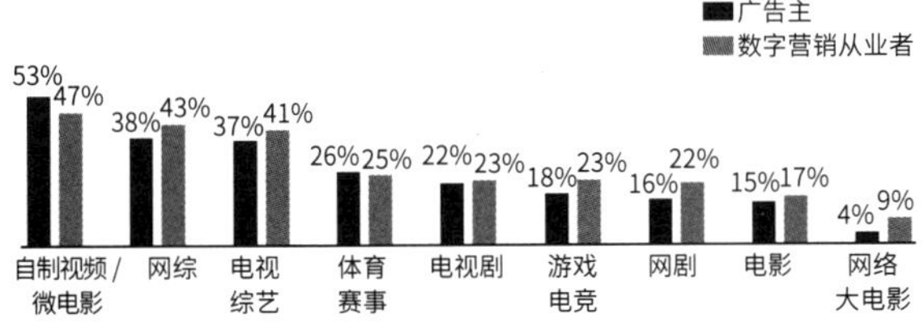

调研时间：2019.10.16-2019.11.08
数据来源：《2020 中国数字营销趋势》线上调研，广告主样本量 n=221，数字营销从业者样本量 n=434
Q：2020 年，贵公司在内容营销方面预计会有哪些投入？（多选）

广告主认为广告可见性是影响流量质量最重要的因素，主要使用广告监测及异常流量过滤服务以减少异常流量

表 13 广告主 | 流量质量影响重要性

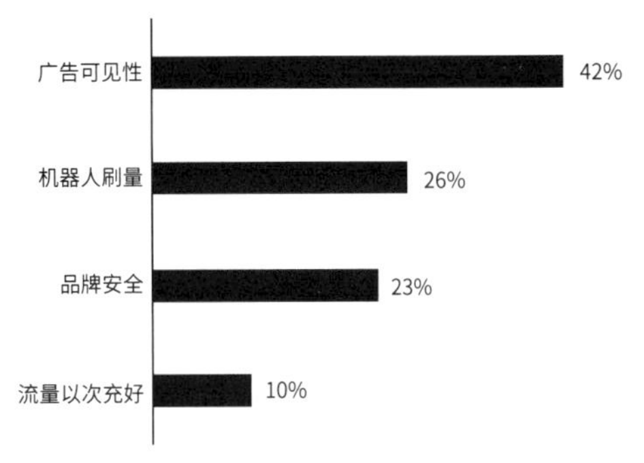

表 14 广告主 | 异常流量针对措施

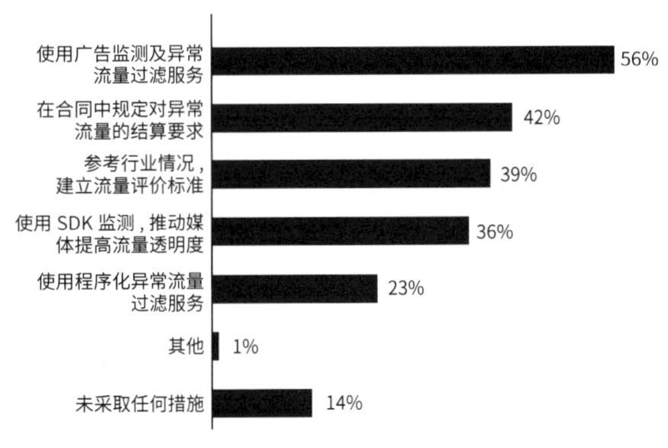

调研时间：2019.10.16-2019.11.08
数据来源：《2020 中国数字营销趋势》线上调研，广告主样本量 n=221
Q：您认为以下问题对流量质量的影响重要性如何？请按照重要性排序，1-4 重要性逐步降低，依次点击选项进行排序（多选）
Q：贵公司采用过哪些手段来减少异常流量造成的损失呢？（多选）

营销人工智能是广告主最关注的数字营销技术，数据中台、营销自动化、数据收集技术紧随其后

表 15 广告主 | 最受欢迎的营销技术

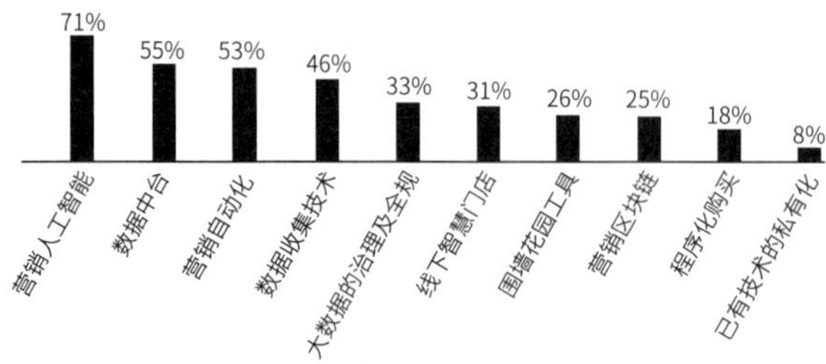

调研时间：2019.10.16-2019.11.08
数据来源：《2020 中国数字营销趋势》线上调研，广告主样本量 n=221
Q：在 2020 年，您认为哪些数字营销技术会受到关注和欢迎？（多选）

附录：调研方法说明

- 调研时间：2019.10.16-2019.11.08
- 调研方法：线上问卷调查
- 调研对象：数字营销从业者
- 总样本量：434，其中广告主数量 221

本次调研覆盖的“调研对象行业分布”

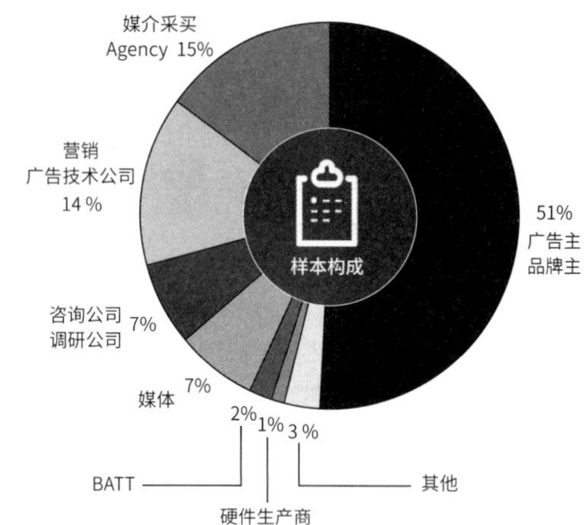

调研时间：2019.10.16-2019.11.08
数据来源：《2020 中国数字营销趋势》线上调研，广告主样本量 n=221
Q：在 2020 年，您认为哪些数字营销技术会受到关注和欢迎？（多选）

（资料来源：秒针系统）

2019 OTT 广告发展分析报告

一、OTT 广告发展环境

（一）大屏终端智能化成为必然趋势

自 2013 年起，智能电视出货量占比在彩电终端市场中逐年攀升，稳步增长，预计在 2019 年末达 95%。

根据公开数据显示，2017 年中国智能电视保有量已达到 1.52 亿台，2018 年保有量达到 1.88 亿台，预计 2019 年突破 2 亿台。2019 年有半数的家庭拥有智能电视，且未来有购买打算的人群占比近三成。

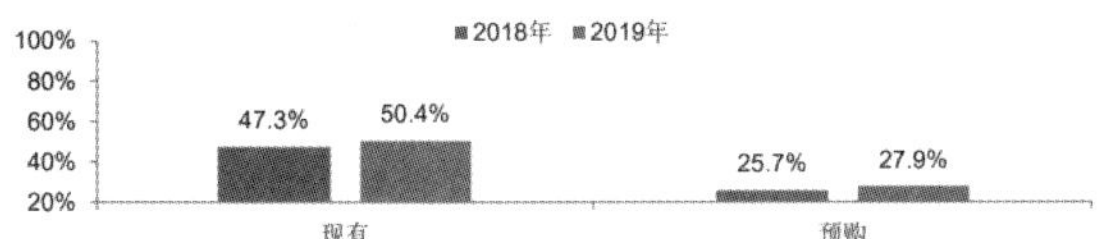

图 11-1 2018—2019 年家庭拥有智能电视以及预购的比例变化

数据来源：CTR CNRS 60 城市，15~69 岁城市居民

OTT、IPTV 挤占有线市场份额。工信部的数据显示，2019 年前三季度 IPTV 总用户数达 2.92 亿户；奥维互娱推算 2019 年上半年 OTT 的家庭总户数为 1.93 亿户。《中华人民共和国 2019 年国民经济和社会发展统计公报》显示，有线电视实际用户 2.12 亿户，其中有线数字电视实际用户 1.98 亿户。

（二）OTT 广告营销生态加速重构

用户规模的增长，带动了 OTT 广告营销市场的快速发展。随着产业链各方操作实践经验的累积，OTT 广告营销生态在发展中重构。

1.OTT 运营商的资源变现能力更强

与 IPTV、有线电视相比，OTT 的运营模式更有商业变现的优势。

OTT 的牌照方关系更简单。目前有 7 家牌照方，包括百事通、华数、南方传媒、芒果 TV 等。而 IPTV 的 13 张牌照分布在全国性、省市地方性等多级运营商，同时还有播控平台牌照、传输牌照、行业牌照等类别。有线电视的运营权则是各省市有线广播电视网络运营商，多重级别。IPTV 与有线电视的运营割裂，资源整合有难度。

因此，OTT 的资源运营更容易整合，实现商业化变现。

2. 终端厂商凭借数据应用加快布局

终端大屏是直接获取数据的硬件设备，终端厂商是整个营销链条的数据收集、应用提供者。为了能够获取并形成更优质的数据产品，厂商在终端硬件开发方面下足功夫，专注系统平台的构建，以用户数据体系做好用户运营。

一直以来，终端厂商的广告营销集中在开关机广告、屏保广告等系统层广告形式。现在，厂商也在拓展内容流广告、大屏社交、活动营销等创新互动玩法。

3. 内容应用方争夺用户流量

内容应用方主导着内容层广告的流量变现，也就是要占据用户流量，提高用户黏性，来进行营销资源的开发。据公开资料显示，头部影视综艺内容来自 OTT 端流量平均占比可以高达 40%~50%。

为此，内容应用方大力拓展并深耕内容体系，提升大屏用户的体验，促进流量拉新与留存，提升流量黏性，挖掘更多的营销场景。他们以灵活、多元的方式，整合全链路资源，进行一站式或者深度定制化的解决方案。

4. OTT 广告服务商改进

OTT 营销服务商，与系统层、内容层的流量、营销资源充分合作，满足广告主的营销需求。包括流量数据精细化管理，参与开发、升级营销资源，提供效果追踪、有效流量监控的产品服务等。

（三）OTT 广告规范化管理

OTT 广告作为一种比较新的广告形式，在快速发展的同时，难免忽略了用户体验。开机广告的强制性等引起了消费者以及相关部门的注意。2020 年 3 月接连出台两份文件。

江苏省消保委和中国电子商会共同制定《智能电视开机广告技术规范（征求意见稿）》发布。明确所有开机广告时长不得超过 30 秒，且必须可以“一键关闭”。关闭广告提示窗必须明确清晰，宜置于屏幕的右上顶角，关闭广告提示窗窗体尺寸，纵向占据屏幕尺寸比例不低于 3%，横向占据屏幕尺寸比例不低于 4%。

中国电子视像行业协会发布的《智能电视开机广告服务规范》，将于 2020 年 9 月 13 日起正式实施。确定了厂商在进行线上及线下销售时，必须告知消费者该智能电视存在开机广告服务的内容，禁止任何形式的隐瞒或故意回避问题。智能电视产品应在说明书、包装及操作系统中明确告知用户产品中含有开机广告服务的提示信息。当智能电视未联网时，不应再提供开机广告，开机广告的总时长不应超过 30 秒，广告播放过程中有关闭能力时应显示关闭提示信息。

目前的这些规范文件都还是散发状态，缺乏官方的统一规范，但是给OTT广告市场的发展提出了新的要求，也会推动 OTT 广告的良性发展。

二、OTT 广告投放情况

（一）OTT 广告规模集中式增长

奥维互娱的数据显示，2019 年，OTT 广告市场规模为 99 亿元。

在系统层广告方面，以 2019 上半年的情况看，国内五大（创维、海信、长虹、康佳、TCL）的系统层广告投放规模 4.8 亿。互联网三大品牌（小米、乐视、风行）系统层广告规模达到 4.2 亿，三者占据了市场 36% 的份额。

相比系统层广告而言，内容层广告投放更集中。爱优腾三家占据了内容层广告的 87%。

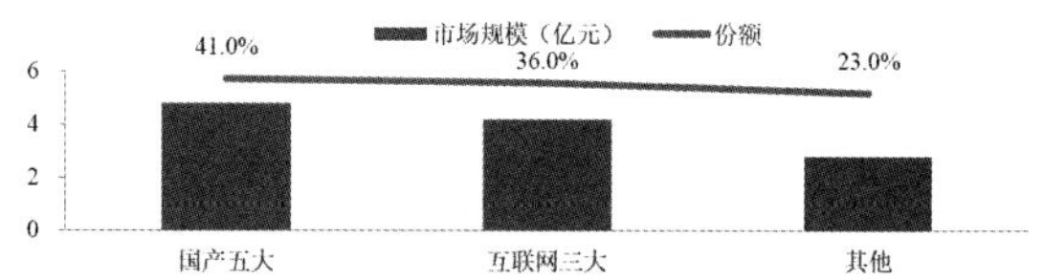

图 11-2 2019 上半年 OTT 系统层广告投放规模份额

数据来源：奥维互娱

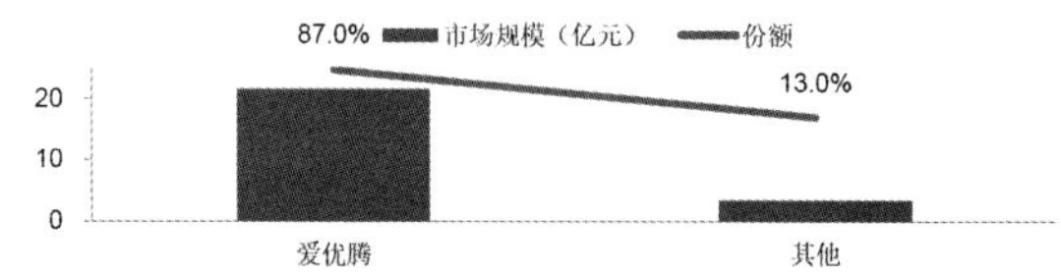

图 11-3 2019 上半年 OTT 内容层广告投放规模份额

数据来源：奥维互娱

（二）OTT 主要广告形式增长

OTT 的三个主要广告形式，开机广告、贴片广告、应用开屏广告，在 2019 年都有不同程度的增长。

2019 年上半年，开机广告、贴片广告的库存规模分别增长了 57%、26%，应用开屏广告的库存规模也已经破亿。

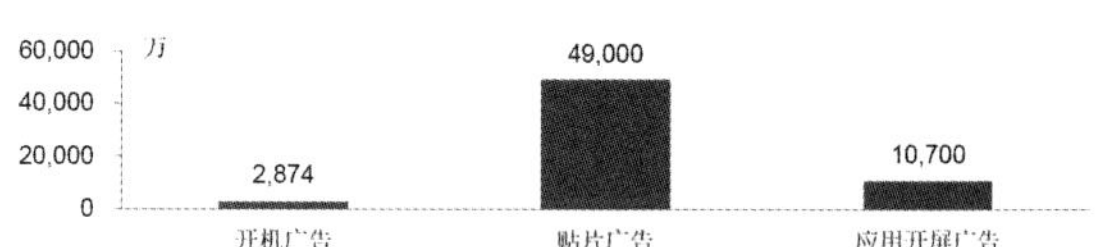

图 11-4 2019 上半年 OTT 广告库存总量 CPM

数据来源：奥维互娱

三、OTT 的消费者接触情况

（一）智能电视大屏拉动年轻用户回归

近年迎来快速发展期的电视大屏，吸纳了数字媒体和传统媒体的双重优势，提供了更多的互动收视场景，在注意力碎片化、分散在多个屏幕的当代，将观众的注意力重新“拉”回电视大屏。

其中，现有或预购智能电视的受众中，44 岁以下受众占比超过 65%，智能电视因其功能更完整、体验更丰富、质量更稳定，极大满足了年轻用户对更极致的收视体验的追求以及对主动收视场景的诉求，从而带领了更多年轻用户群体重新回归家庭客厅场景。

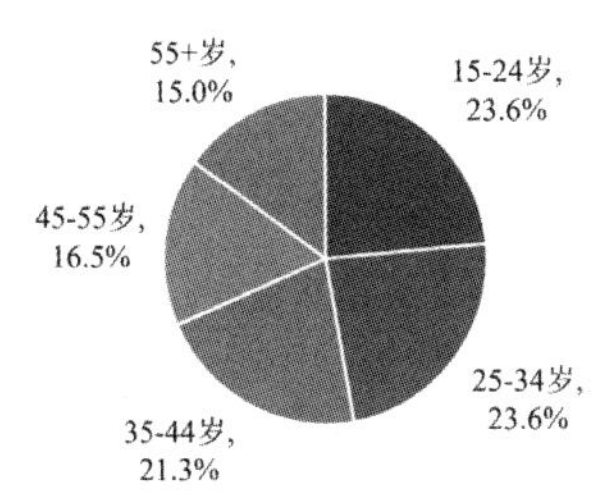

图 11-5 2019 年家庭拥有或预购智能电视的受众结构

数据来源：CTR CNRS 60 城市，15~69 岁城市居民

（二）OTT 加强了互联网与大屏的共生增长

随着人们观看网络视频习惯的加深，网络视频收看终端设备更加多样化，除了手机小屏，OTT 也成为网络视频的重要接收渠道。

数据显示，2019 年通过手机端观看网络视频的用户占比为 27.9%，较 2018 年提升 2.0 个百分点，通过 OTT 端观看网络视频的用户占比为 11.8%，赶超 PC 端。

未来，OTT 增长潜力巨大，也将促使互联网与大屏更加深度的融合。

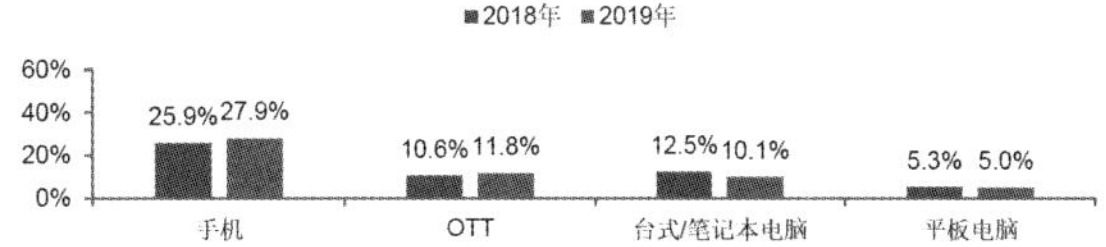

图 11-6 2018—2019 年网络视频媒体
在居民总体中不同设备终端的比例变化

数据来源：CTR CNRS 60 城市，15~69 岁城市居民

（资料来源：中国广告协会）

中国广告年鉴 2020
CHINA ADVERTISING YEARBOOK

广告出版物与广告专业网站

Publications and professional websites of China Advertising

2019 年广告类新书书目

《广告策划一本通》（第 2 版）

作者：滕红琴

出版社：广东旅游出版社

出版时间：2019 年 7 月

国际标准书号：9787557017637

《新闻传播与广告创意》

作者：耿思嘉，高徽，程沛

出版社：吉林人民出版社

出版时间：2019 年 7 月

国际标准书号：9787206162015

《儿童广告伦理》

作者：郑蓓

出版社：社会科学文献出版社

出版时间：2019 年 3 月

国际标准书号 ISBN：9787520142236

《广告实务》

作者：《广告实务》编写组 组编

出版社：中国人民大学出版社

出版时间：2019 年 1 月

国际标准书号 ISBN：9787300261676

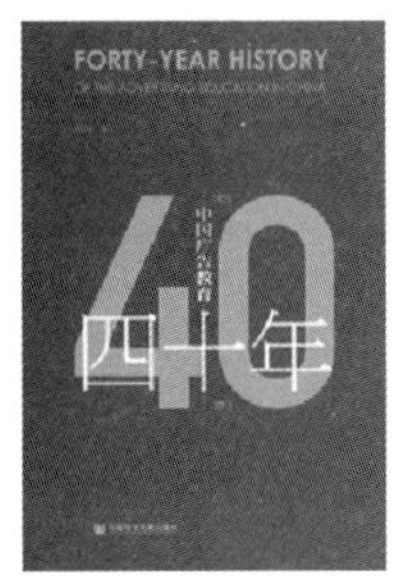

《中国广告教育四十年》

作者：宋红梅

出版社：社会科学文献出版社

出版时间：2019 年 9 月

国际标准书号：978-7-5201-5426-0

《广告策划与管理（第四版）》

作者：严学军，汪涛，杨礼茂

出版社：高等教育出版社

出版时间：2019 年 1 月

国际标准书号：7-04-047437-4

《广告理论与实训》

作者：印富贵，顾黎萍，唐纯，刘成娟

出版社：电子工业出版社

出版时间：2019 年 2 月

国际标准书号：978-7-121-35659-9

《现代广告学》

作者：韩光军

出版社：首都经济贸易大学出版社

出版时间：2019 年 9 月

国际标准书号：978-7-5638-2988-0

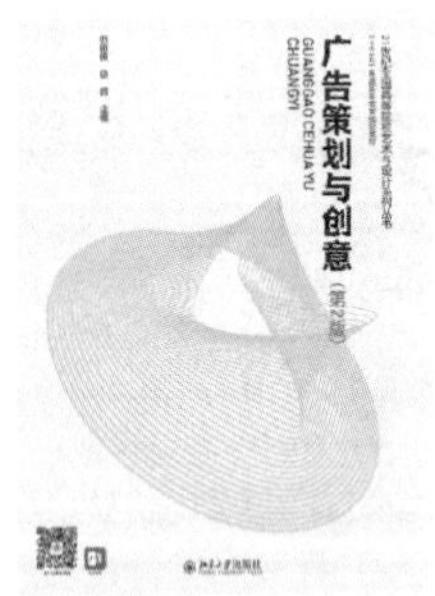

《广告策划与创意》

作者：刘刚田，田园

出版社：北京大学出版社

出版时间：2019 年 3 月

国际标准书号：978-7-301-30349-8

《广告基础与实务》

作者：刘会福

出版社：中国人民大学出版社

出版时间：2019 年 7 月

国际标准书号：978-7-300-27206-1

《广告学 理论、方法与实务 微课版》

作者：李东进，秦勇

出版社：人民邮电出版社

出版时间：2019 年 1 月

国际标准书号：978-7-115-49461-0

《广告与促销 整合营销传播视角（第 11 版）》

作者：（美）乔治·贝尔奇，（美）迈克尔·贝尔奇

出版社：中国人民大学出版社

出版时间：2019 年 4 月

国际标准书号：978-7-300-26921-4

《奥格威谈广告 数字时代的广告奥秘》

作者：（英）杨名皓 大卫·奥格威

出版社：中信出版社

出版时间：2019 年 8 月

国际标准书号：978-7-5086-9501-3

《广告定制化传播研究 观念、应用与实践》

作者：董俊祺

出版社：中国传媒大学出版社

出版时间：2019 年 7 月

国际标准书号：978-7-5657-2507-4

《科学的广告》

作者：（美）克劳德·霍普金斯

出版社：上海文化出版社

出版时间：2019 年 8 月

国际标准书号：978-7-5535-1550-2

《在线广告》

作者：张亚东

出版社：清华大学出版社

出版时间：2019 年

国际标准书号：978-7-302-52652-0

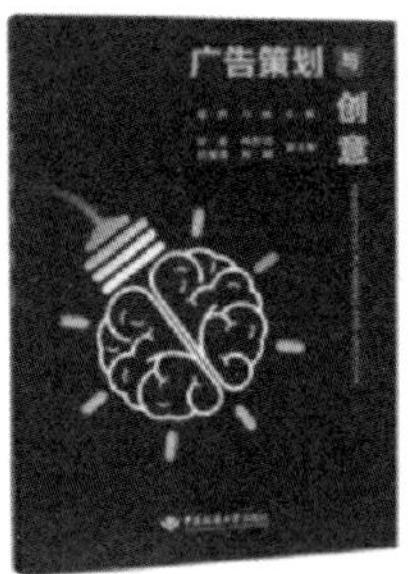

《广告策划与创意》

作者：潘君，冯娟，徐曼，梅蔚琪

出版社：中国地质大学出版社

出版时间 :2019 年 04 月

国际标准书号 ISBN：9787562543503

《计算广告 互联网商业变现的市场与技术》（第 2 版）

作者：刘鹏，王超

出版社：人民邮电出版社

出版时间 :2019 年 09 月

国际标准书号 ISBN：9787115497482

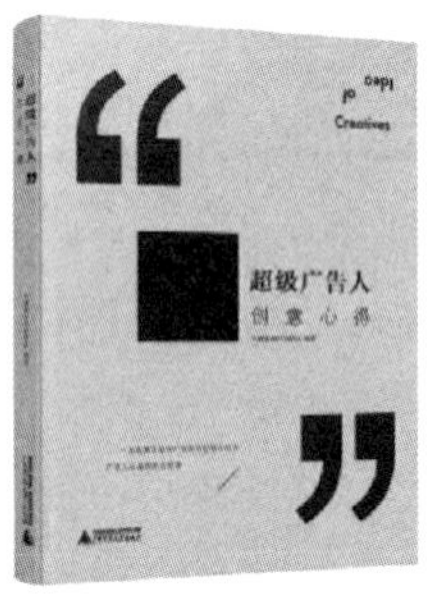

《超级广告人创意心得》

编者：大创意

出版社：广西师范大学出版社

出版时间 :2019 年 05 月

国际标准书号 ISBN：9787549521418

《广告美学》

作者：张利平

出版社：汕头大学出版社

出版时间 :2019 年 03 月

国际标准书号 ISBN：9787565829185

《广告数据定量分析》

作者：齐云涧

出版社：机械工业出版社

出版时间：2019 年 7 月

国际标准书号：ISBN/ISSN：978-7-111-63112-5

《广告人说茶中江湖：品牌、营销、传播、市场面面观》

作者：（美）肯·奥莱塔 (Ken Auletta)

出版社：中信出版集团股份有限公司

出版时间：2019 年 04 月

国际标准书号：ISBN/ISSN：9787508699219

《广告争夺战：互联网数据霸主与广告巨头的博弈》

作者：（美）肯·奥莱塔 (Ken Auletta)

出版社：中信出版集团股份有限公司

出版时间：2019 年 04 月

国际标准书号：ISBN/ISSN：9787508699219

《广告文案写作进阶指南》

作者 : 周雨

出版社 : 厦门大学出版社

出版时间 :2019 年 09 月

国际标准书号 ISBN：9787561575383

《广告学原理与实务》

作者 : 田雪莲，宋小燕，桑莉

出版社 : 清华大学出版社

出版时间 :2019 年 12 月

国际标准书号 ISBN：9787302530817

《克莱普纳广告学 (第 18 版)》

作者:【美】W. 罗纳德 · 莱恩 卡伦 · 怀特希尔 ·

出版社：中国人民大学出版社有限公司

出版时间：2019-03-01

国际标准书号：9787300255989

《评作品学广告 : 练就把脉广告的硬功夫》

作者：李明合

出版社：电子工业出版社

出版时间：2019-05-01

国际标准书号：9787121365652

《广告道德与法规》

作者：温智

出版社：清华大学出版社

出版时间：2019-03-01

国际标准书号：9787302205517

《广告策划（第 2 版）》

作者：潘君，冯娟，徐曼，梅蔚琪

出版社：中国地质大学出版社

出版时间 :2019 年 04 月

国际标准书号 ISBN：9787562543503

《广告文案写作教程（第 4 版）》

作者：郭有献

出版时间：2019-07-15

出版社：电子工业出版社

ISBN 编号：978-7-300-27053-1

《广告理论与实训》（第 4 版）

作者：印富贵

出版时间 :2019 年 02 月

ISBN 编号：9787121356599

出版社：电子工业出版社

《中国互联网广告发展报告 2019》

主编：陈永

出版时间：2019 年 12 月

出版社：中国市场出版社

ISBN 编号：9787509219027

《传媒与广告的文化意象》

作者：刘宏

出版时间：2019-10-31

出版社：华夏出版社

ISBN 编号：9787508098517

《一切都与广告有关》

作者：乔什·韦尔特曼

出版社：中信出版公司

出版时间：2019 年 12 月

国际标准书号 ISBN：9787508674070

《公益广告概论》

作者：杨琳

出版社：西安交通大学出版社

出版时间：2019 年 11 月

国际标准书号 ISBN：9787569311495

《上海近代广告史研究》

作者：杨海军

出版社：世界图书出版公司

出版时间：2019 年 10 月

国际标准书号 ISBN：9787519266905

《广告原理与实务》（第六版）

作者：赵兴元、仲晓密

出版社：东北财经大学出版社有限责任公司

出版时间：2019 年 10 月

国际标准书号 ISBN：9787565434938

《广告投放》

作者：莫梅锋

出版社：华中科技大学出版社

出版时间：2019 年 9 月

国际标准书号 ISBN：9787568026284

《广告学》

作者：郝树人

出版社：东北财经大学出版社

出版时间：2019 年 8 月

国际标准书号 ISBN：9787565434952

《网络广告》

作者：李永明

出版社：苏州大学出版社

出版时间：2019 年 7 月

国际标准书号 ISBN：9787567228573

《新媒体环境下的广告策划与创意》

作者：余兰亭

出版社：武汉大学出版社

出版时间：2019 年 6 月

国际标准书号 ISBN：9787307208568

《广告文案 (第 2 版)》

作者：崔晓文

出版社：清华大学出版社

出版时间：2019-05-01

国际标准书号：9787302525882

《现代广告通论》（第 4 版）

作者：丁俊杰，康瑾

出版社：中国传媒大学出版社

出版时间：2019 年 1 月

国际标准书号 ISBN978-7-5657-2441-1

《创意的形状：十二位资深创意人关于广告与设计的对谈》

作者：祝世伟

出版时间：2019 年 1 月

出版社：上海人民美术出版社

国际标准书号：978-7-5586-1094-3

《信息流广告实战》

编著：罗丹、马明泽

出版社：中国工信出版社

出版时间：2019 年 10 月

国际标准书号 ISBN：9787121370892

《IAI 广告作品与数字营销年鉴·2019》

作者：丁俊杰 / 张树庭 / 赵娟

出版社：中国民族摄影艺术出版社

出版年 :2019-6-1

ISBN:9787512212046

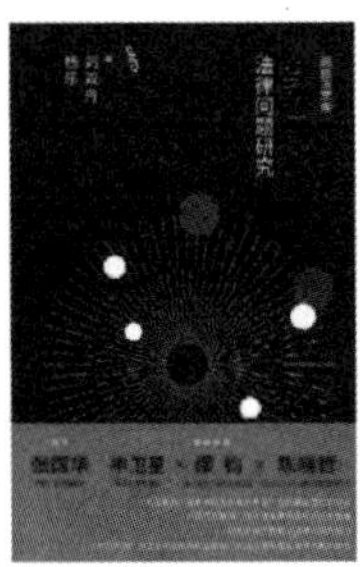

《互联网广告法律问题研究》

作者 / 译者：刘双舟

出版社：中国政法大学出版社

出版年 :2019-2-1

ISBN:9787562087618

《计算广告》

作者 : 段淳林 张庆园

出版社：人民出版社

出版年 :2019-12-1

ISBN:9787010213903

《数字营销概论》

作者：周茂君

出版社：科学出版社

出版时间：2019 年 11 月

国际标准书号：ISBN 978-7-03-059791-5

《数字内容营销》

作者：廖秉宜

出版社：科学出版社

出版时间：2019 年 11 月

国际标准书号：ISBN 978-7-03-059895-3

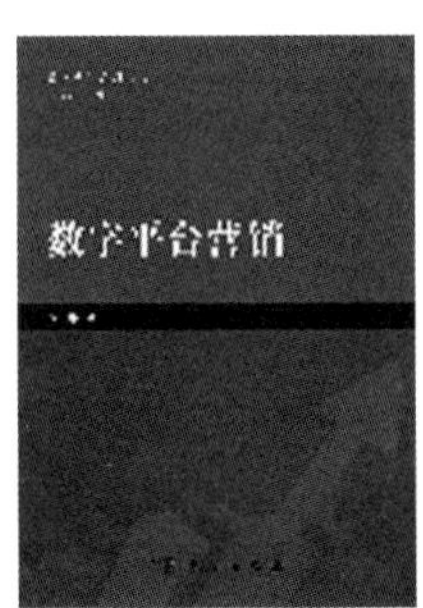

《数字平台营销》

作者：马二伟

出版社：科学出版社

出版时间：2019 年 11 月

国际标准书号：ISBN 978-7-03-059794-6

《世界广告史》

作者 : 刘悦坦

出版社 : 华中科技大学出版社

出版时间 :2019 年 03 月

国际标准书号：9787560989105

《原生广告》

作者：戴尔·洛弗尔

出版社：中信出版社

出版时间：2019 年 05 月

国际标准书号：9787521717310

《广告原理与实务》（第四版）

作者：王宏伟

出版社：高等教育出版社

出版时间：2019 年 01 月

国际标准书号：9787040508130

（资料收集整理：陆斌）

《广告学理论与当代实务》

作者：徐世江

出版社：北京大学出版社

出版时间：2019 年 04 月

国际标准书号：9787301255308

2019 年全国主要广告类刊物

全国主要广告类刊物见表。

刊名 刊期	刊号	简介
《现代广告》半月刊 全年 22 期	国内：CN11-3168/F 国际：IN1007-2888	《现代广告》杂志创刊于 1994 年，始终坚持高品质、专业性和行业指导性、贴近读者、服务市场的办刊方针，以刊载最新的广告创意作品、实效的营销个案、权威的调查数据、准确的动态信息、强力震撼的重磅专题及广告监管案例解读分析而享誉企业、媒体和广告业界。在同类期刊中发行量名列前茅。是教育部高等学校新闻学科教学指导委员会评定的新闻传播学核心期刊。被中国知网、万方数据知识服务平台、维普网等数据库收录。
《中国广告》 双月刊 全年 6 期	国内：31-1174/F 国际：ISSN1005-9156	《中国广告》杂志创办于 1981 年，由中国出版传媒股份有限公司主管，东方出版中心有限公司、上海百联集团资产经营管理有限公司、上海市广告协会主办，该刊是教育部高等学校新闻学科教学指导委员会评定的新闻传播专业核心期刊、中国学术期刊网全文收录期刊，被人大复印报刊资料、中国知网、万方数据知识服务平台、维普网等数据库收录。
《市场观察》 月刊 全年 12 期	国内：CN 11-5648/F 国际：ISSN 1674-1315	《市场观察》杂志，由国务院国有资产监督管理委员会主管，中国企业家协会主办，该刊以清新平实的风格及时报道最新营销传播思想、事件和实践，旨在为营销传播人士提供一流的新闻资讯、实战经验与前沿新知。
《广告研究》 双月刊 全年 6 期	国内：CN22-1730 国际：ISSN1672-9005	《广告研究》（《广告大观（理论版）》）创刊于 2005 年，由《广告大观》杂志社与北京大学新闻与传播学院广告学系联办。该刊坚持以学术价值为唯一依归，遵守国际学术期刊惯例，实行双向匿名审稿制度，努力打造具有广泛影响力的学术研究平台，是华文广告圈第一本广告学术研究期刊。
《国际品牌观察》 月刊 全年 12 期	国内：CN11-5938/F 国际：ISSN 1674-9863	创刊于 1985 年，由中国商务广告协会主办，原名《国际广告》，在广告行业、企业、媒体中具有相当的权威性和影响力。2008 年，2009 年，杂志曾连续获得《哥伦比亚商业评论》评定的中国同类期刊“标杆品牌”殊荣。

（资料收集整理：陆斌）

广告专业网站

国内外广告专业网站见表。

类别	序号	名称	主办机构	网址	特点
创意设计类	1	花瓣网	杭州纬音智网络有限公司	https://huaban.com/	花瓣网是一家基于兴趣的社交分享网站，网站为用户提供了一个简单地采集工具，帮助用户将自己喜欢图片重新组织和收藏。设计师寻找灵感的必备站点。
	2	UI 中国	工信部中国用户体验联盟理事单位、DPU 设计平台联盟发起者、理事单位。	https://www.ui.cn/	UI 中国是专业的用户体验设计行业媒体、知识分享互动社区、创意整合营销平台，包含学习、展示、外包、竞赛、招聘等，是用户体验设计师的职业成长平台。同时也是用户体验设计人才库，拥有会员均为一线交互设计师、视觉设计师、用户研究员。
	3	设计之家		http://www.sj33.cn/article/ggsjll/	设计之家成立于 2006 年，是自发组织的公益的视觉设计、联盟的网络媒体。 内容涵盖平面设计、工业设计、网页设计、CG、设计教程、环艺设计、艺术、素材等。
	4	IconFont	阿里妈妈 MUX	https://www.iconfont.cn/	国内最著名的图标搜索及管理平台。阿里妈妈 MUX 倾力打造的矢量图标管理、交流平台。设计师将图标上传到 Iconfont 平台，用户可以自定义下载多种格式的 icon，平台也可将图标转换为字体，便于前端工程师自由调整与调用。
	5	HowDesign		https://www.howdesign.com	HowDesign 是一个在国外设计师圈中知名度极高的平面设计资讯网站，该网站每个月都会公布一份设计师们最值得一看的网站榜单，网站介绍关于设计界的各种新动态，分享各种灵感来源，并且与商业紧密联系。
	6	Dribbble		https://dribbble.com/	Dribbble 是全球 UI 设计师作品秀社区。
	7	视觉同盟		www.visionunion.com	视觉同盟网是为全中国及全球各行业的设计师和设计院校在校学生提供全方位服务的专业内容提供商，全面覆盖设计行业，内容信息全面高效及时。
	8	Logopond		https://logopond.com/	Logopond 是一家国外 LOGO 展示社区。
	9	Ello		https://ello.co/	Ello 致力于创作卓越的全球艺术家社区。由艺术家建造，供艺术家使用。
	10	站酷网		https://www.zcool.com.cn/	站酷网是一家国内综合设计展示平台，2006 年 8 月创立于北京。
	11	红动中国		https://www.redocn.com/	红动中国设计网是中国知名的专业设计素材服务平台，有设计素材下载，定制等服务，为设计师、设计公司、印刷公司带来极大便利。红动论坛，中国知名设计作品交流平台。专注设计领域十三年，红动网聚集了 500 万设计师、摄影师、插画师、艺术家、创意人，设计行业具有较高的影响力。
	12	设计师之家	广东粤图之星科技有限公司	http://www.51sjsj.com/	『设计师之家资源库』致力于打造全球领先的设计师在线学习平台、资源中心、创客中心。涉及工业设计、环境艺术、平面设计、UI 设计、影视后期、影视动画、游戏制作、数字绘画、摄影摄像 9 大模块。

类别	序号	名称	主办机构	网址	特点
素材类	13	图虫网	上海图虫网络科技有限公司	https://tuchong.com/	已经有超过五百万的摄影爱好者入驻了图虫，基于共同兴趣，鼓励原创和分享精神，展示美好的摄影和技能。
	14	千图网	上海千图网络科技有限公司	https://www.58pic.com/	千图网搭建了一个以创意作品库为核心，围绕着设计人群及泛办公人群提供优质创意服务的基础平台。
	15	Captain Icon		https://mariodelvalle.github.io/CaptainIcon-Web/	Captain Icon 是一个免费图标集网站，包含 350 多种有趣的矢量图标，类别丰富，提供多种格式，可用于 web、移动和桌面项目中。
	16	全景	北京全景视觉网络科技股份有限公司	https://www.quanjing.com/	作为中国领先的视觉内容提供商，全景整合 1.5 亿张正版图片以及千万高清视频资源，深挖音频素材，打造全球领先的数字版权商店，实现搜索、购买、支付线上一站式服务，提供全媒体创意解决方案，开启“读图时代，美好人生”。
	17	视觉中国	汉华易美视觉科技有限公司	https://www.vcg.com/	视觉中国是全球性优质正版图片、视频等视觉内容平台型互联网上市公司 (www.vcg.com), 与 Getty Images 深度合作，并拥有 1300 万用户的全球摄影创作社交平台。
	18	包图网	上海包图网络科技有限公司	https://ibaotu.com/	包图网于 2016 年 7 月上线运营，总部位于上海市。其主要服务是提供图片、视频、音频、psd 源文件等形式的素材。包图网内容版块已有广告设计、摄影图、字体、UI 设计等九大类别。
	19	锐景创意	苏州原本图像科技有限公司	http://www.originoo.com	锐景创意图库是一个集聚世界各地艺术家摄影、插画、视频、音乐作品的正版媒体素材库。我们致力于让每一位消费者能够便捷的购买到满意的媒体素材，并为艺术家提供可信赖的展示销售平台与合理的收入。
竞赛类	20	全国大学生广告艺术大赛官网	全国大学生广告艺术大赛	http://www.sun-ada.net/zt_xqs26.html	全国大学生广告艺术大赛官网整合社会资源、服务教学改革，以企业真实营销项目作为命题，与教学相结合，真题真做，了解受众，调研分析，提出策略，现场提案，教学与市场相关联。
	21	创意星球网	天津创意星球网络科技股份有限公司	http://www.5iidea.com/	创意星球网是专注创意产业的青年众包网络平台，是广告人文化集团在 2016 年推出的互联网产品，也是中国大学生广告艺术节学院奖的官方网站。目前，已成功登陆新三板（838647）。
工具类	22	Adobe color	无	https://color.adobe.com/zh/create	Adobecolor 是一家专业的配色网站。
	23	MAKA	深圳格莱珉文化传播有限公司	http://maka.im/	MAKA 平台可以提供免费 H5 制作页面。
营销创意类	24	数英网（营销创意类）		https://www.digitaling.com/	数英网是汇集众多营销、新媒体、文案、广告人的垂直营销互动媒体平台，涵盖时下最新鲜、最热门的文章以及项目，包括广告、文案、创意相关的各种案例。 其中“项目”板块，收录大量最新广告营销案例。“数英全球奖库”，汇集了海内外广告营销、创意设计领域的知名奖项。进入每个奖项的主页，可以看到该奖历年的获奖案例和相关资讯。
	25	4A 广告提案论坛		http://www.4adown.com.cn/forum.php/	广告人下载第一站。
	26	PITCHINA		https://www.pitchina.com.cn/Pitchina	PITCHINA 是一个分享全球优秀创意营销广告及行业动态的平台，主要包括深度最新最热热门营销案例、广告的解读、专业观点以及国内外顶尖营销人、广告人、市场人的深度专访等。

类别	序号	名称	主办机构	网址	特点
营销创意类	27	TOPYS	深圳市看见文化传播有限公司	http://www.topys.cn/	TOPYS 是全球顶尖创意分享平台，积累创意的素材，分享更具创意、格调和文艺。 TOPYS 的主题站是一大亮点，创意越过界，好广告，大设计，轻艺术，方法论，泛阅读，建筑派，品牌声浪，这些主题站各具特色。
	28	好奇心日报	北京酷睿奥思科技发展有限公司	http://www.qdaily.com/	好奇心日报网主旨以商业视角观察生活并启发你的好奇心，囊括商业报道、科技新闻、生活方式等各个领域，为用户提供很有创意性的信息资讯。
	29	网络广告人社区		http://iwebad.com/	分享国内外创意广告和网络营销及市场营销案例。
	30	welovead.com		http://www.welovead.com/cn/	Welovead 是一家服务于中国及全球品牌传播、广告创意行业的领先的在线媒体及产业互动资讯服务平台，分享创意广告和国际广告节的获奖作品集。
	31	Panda		https://usepanda.com/app/#/	Panda 是一家设计作品和咨询文摘订阅平台。
广告文案类	32	我是文案		copywrite-tw.com	这是一家办公地点在台湾嘉义县的文案素材网站，提供中文文案写作服务。
	33	文案狗		www.wenangou.com	文案狗网收集各种中文创意文案，广告语，让您取名，找 slogan 不再难。
	34	Dizoom		http://www.dizoom.com/	“Dizoom”是一个帮你搜集整理全网中文创意优秀案例，广告词，给您供给广告文案 logan 的案例灵感参考的网站，这里聚集了灵感文案、广告文案、广告语等资源。
	35	文案迷		www.wenanmi.com	文案迷网是一家专注于文字表达的广告文案、广告语、广告词以及新媒体文案策划网站。为你整理经典案例，包括公益广告文案、电视广告语以及纪录片宣传语。
广告视频类	36	新片场		https://www.xinpianchang.com/square	新片场汇聚全球原创优质视频及创作人，提供 4K、无广告、无水印视频观看，专业的视频艺术学习教程，正版视觉素材交易等，与百万创作人一起成长。
	37	优视云集	广州优视云集科技有限公司	https://www.tvcbook.com/	作为国内最专业的视频广告搜索及社交平台，优势云集网除了拥有 50w +创意广告片的库存量，还有快速浏览的序列帧及创意提报工具等，能够帮助用户大大提高创作的效率。
	38	广正网		http://www.adzop.com/	提供国内外最全的广告视频。
	39	红视子·TVCX	上海红视子文化传媒有限公司	http://www.tvcx.com/desktop/home/intro	支持关键字搜索；同时，发布全球最新广告中文版，日更新超过 30 条；中国境内最新广告片，日更新超过 50 条。并通过网站、微信 、微博每天推送，支持所有作品一键转发、分享。用户可以通过作品，结识并与背后的创作人达成合作，是广告从业人士、品牌方人士、视频专业人士、相关供应商接触影视产业资源的主要入口 。提供透明化、客观公正的场景、演员、拍摄合作与委托服务，致力于让影视广告创作简单高效、透明。
	40	广告最好看		https://zhk8.com/	全球品牌 TVC 创意广告视频案例收藏秘典 . 独家中文字幕与文案解读，高效分类搜索整理工具 . 创意总监，文案，策划，广告片导演参考必备 .
	41	场库		https://www.vmovier.com/	场库是一家高品质短片分享平台，汇集优秀视频短片及微电影创作人，实时不断分享全球优秀视频短片，微电影等，提供电影幕后制作揭秘，全国各地举办线下视频短片和微电影展映交流活动

类别	序号	名称	主办机构	网址	特点
广告视频类	42	开眼		https://www.kai-yanapp.com/	开眼是一个全球精品短视频平台，汇集了动画、广告、影视、运动、创意、游戏、旅行等领域的优质短视频以及这些领域的创意人群。
资讯类	43	waaaat？		http://waaaat.com/	《Waaaat?》是一个分享世界各国广告与创意资讯平台，由全球广告与创意人社群创办，主要汇集了来自世界各地的与品牌、广告、公关、互动、社交、灵感有关的各种信息。
	44	梅花网		https://www.meihua.info/	梅花网作为面向营销者的信息中心，除提供市场营销资讯、资源、案例外，还聚焦于为企业的市场营销（广告、公关和市场研究）部门提供各类信息情报服务。
	45	麦迪逊邦		http://www.madison-boom.com	麦迪逊帮创立于2006年，起源于一个博客网站，算是广告界的老前辈，专注于广告圈的人事动态、媒介代理。拥有多个广告大咖专栏，尤其是【观察眼】，邀请来自广告代理公司、媒体方以及品牌方专家作为观察员，来评析当月其他代理商负责的创意案例以及热门营销事件或趋势。
	46	钛媒体	钛媒体集团	https://www.tmtpost.com/	钛媒体集团是全球领先、中国具有较大影响力的科技生态服务商、具有代表性的新媒体标杆之一。
	47	清博大数据	中国商务广告协会自媒体委员会联席理事长单位	http://www.gsdata.cn/	清博大数据是融媒体大数据、舆论大数据与产业大数据技术服务企业，是新媒体影响力标准的研究制定者。
	48	大数据导航		http://hao.199it.com/	大数据导航为大众提供各种行业等数据信息。
	49	360 趋势	奇虎 360 旗下搜索服务	https://trends.so.com/	大数据分享平台。
	50	IXDC		https://ixdc.org/	IXDC 是一家引领中国交互设计行业发展的网站。
广告垂直信息类	51	中国广告协会官网	中国广告协会官网	http://www.china-caa.org/	中国广告协会官网是由广告主、广告经营者、广告发布者、广告代言人（经纪公司）、广告（市场）调查机构、广告设备器材供应机构等经营单位，以及地方性广告行业组织、广告教学及研究机构等自愿结成的行业性、全国性、非营利性社会组织。网站宗旨：服务行业自律；服务行业维权；服务行业发展。
	52	中国广告门户网		http://www.yxad.com/	中国广告门户网旨在构建中国最专业的户外媒体及媒体刊例门户网站。并为中国广告人提供一个自己的俱乐部和资讯平台。
	53	中华广告网（综合类）	华广传媒有限公司	http://www.a.com.cn/index.html	中华广告网（a.com.cn）创建于 1997 年，是广告行业第一家互联网平台，在业内以 A 网著称。20 年的历史沉淀及资源积累，中华广告网已成为中国广告传媒行业主流权重平台及著名品牌，是行业资源众包、众筹、众创的天然平台。
	54	Ads of the world	——	http://adsoftheworld.com	知名社群网站、专门网罗来自世界各地的广告作品，也有很多创意人在这里分享、讨论他们所创作的广告。
	55	Socialbeta	上海舍而文化文化传媒有限公司	https://socialbeta.com/	Socialbeta 是一家社交媒体和数字营销内容与招聘平台，分享营销动态、创意案例，营销趋势和实践经验，为来自品牌主、营销代理商和媒体平台从业者提供交流和学习。
	56	中国广告网	广东广盟网络发展有限公司	http://www.cnad.com/	中国广告网为国内享有知名度且规模比较大的广告媒体行业专业网站之一。
	57	广告门	北京第三视观科技有限公司和北京集媒互动科技股份有限公司	https://www.adquan.com/	广告门根植于营销传播产业，服务于品牌、广告公司、媒体三方及其从业人员，建立起优质的资源整合平台。这里汇聚了中国最核心、最活跃的营销传播产业人才，是一个富有创造力、凝聚力的营销传播资源智库。广告门是一个老牌的广告门户网站，主要就是专注于广告创意领域，提供了互联网、数码、汽车、金融、快消、时尚、家居、文化艺术等多个行业的广告案例，也经常会整理一些创意、作品集供欣赏。

类别	序号	名称	主办机构	网址	特点
广告垂直信息类	58	现代广告	现代广告杂志社	http://www.maad.com.cn/	作为现代广告杂志社官网，自 2008 年开始，享有 Crain 旗下的《广告时代》杂志、《创意》杂志、Madison & Vine、广告时代网站以及广告时代时事通讯的全部中文版权。
	59	中国广告 AD 网	《中国广告》由中国出版传媒股份有限公司主管，中国出版传媒股份有限公司、上海百联集团资产经营管理有限公司、上海市广告协会联合主办	http://ad-cn.net/	中国广告 AD 网是中国品牌营销与融合传播平台。
	60	Adweek（资讯类）	Adweek 全球广告周刊是由尼尔森公司出版的著名广告周刊	https://www.adweek.com/	Adweek 全球广告周刊是由尼尔森公司出版的著名广告周刊，是广告行业重要的资讯源泉，每期包含美国和全球广告业的最新动态、重要广告案例的专门研究、重要事件和话题的专题报道、最新广告影片点评等内容。
	61	媒体资源网	北京宏业凯广告有限公司	http://www.allchina.cn/	中国媒体交易平台是一家帮助国内跨地区发展的企业开辟市场、进行市场营销策划、公关执行、媒体采购及广告投放的专业广告服务机构。
	62	RTB China		https://www.rtbchina.com/	中国程序化广告技术资讯网。
	63	MediaPost	—	https://www.mediapost.com/	MediaPost 自 1996 年以来，一直是网上最大和最有影响力的媒体、营销和广告网站，其使命是为媒体、营销和广告专业人员提供完整的资源。
	64	Topmarketing	北京大道方远信息技术有限公司	http://www.itopmarketing.com/	Topmarketing 网以“创异营销思路、创新行业价值”为使命，探索泛娱乐时代与数字化浪潮下的营销新变革和新机遇，致力于为营销决策人员提供新锐信息参考，打造互动交流平台。
	65	brandchannel	—	https://www.brandchannel.com/	brandchannel 是一个获得威比奖的关于所有品牌的网站。于 2000 年 2 月推出，汇聚了来自记者的原创新闻、评论和分析，以及外部投稿、与主要从业者的问答等。从全球角度看待品牌，鼓励世界各地的从业者就品牌和品牌进行公开交流。
	66	虎嗅网	北京虎嗅信息科技股份有限公司	https://www.huxiu.com/	虎嗅网创造让用户更有效率地获取商业资讯并进行交流的方式。网站内容是由编辑和用户共同筛选，然后再精要加工，走个性化与社会化结合的路线。
	67	网络广告人社区	厦门创美立成文化传播有限公司	http://iwebad.com/	网络广告人社区 (iWebad) 创建于 2007 年 12 月，是一家致力于分享国外创意营销案例的垂直类传媒网站；创立的前几年，主要是分享国外创意 Banner，这也是网站的特色之一，目前国内没有一家专门分享 Banner 广告的网站。随着国内外互联网环境的改变，各种营销方式层出不穷，网站也由此 5 展出整合营销、品牌营销、移动营销、病毒营销、社会化营销、活动网站、邮件广告等几大广告类型。
	68	古田路 9 号		https://www.gtn9.com/index.aspx	这是一家国内专业品牌创意平台，以品牌为核心，集创意作品分享、活动招聘发布、广告推广、正版字体素材下载等多元化的交流分享平台。
	69	Adforum	美国 ADForum 广告资源论坛	https://cn.adforum.com/	ADForum 是美国一个广告信息交流论坛，提供世界广告业内最新资讯，解析优秀广告作品，欣赏优秀广告案例。
	70	品牌星球	—	https://www.brandstar.com.cn/	品牌星球是关注美好品牌的数字媒体，内容涵盖品牌的前沿资讯、深度报道、营销案例、创意设计及趋势洞 察等，并通过网站、社交媒体、Podcast、MOOK 等媒介形式与用户互动交流，一同见证美好品牌的发展。品牌星球致力于以国际的视野挖掘驱动美好生活的品牌，更好地将品牌与消费者连接在一起，成为中国品牌创新的重要推动者之一。

（资料收集整理：陆斌 ）

中国广告年鉴 2020
CHINA ADVERTISING YEARBOOK

广告行业展会、论坛

Exhibitions and Forums of China Advertising Industry

2019 年全国主要广告行业展会 / 论坛

2 月 16 日 . 雄安

2019 春季京津冀广告四新及 LED 博览会

河北雄安畅发展览服务有限公司
河北手握手展览服务有限公司

2 月 20 日 . 广州

2019 第二十一届迪培思广州国际广告展

广州保轩展览有限公司
广州迪培思展览有限公司

2 月 21 日 . 深圳

2019 第十七届深圳国际广告标识展

广州闻信展览服务有限公司

2 月 23 日 . 郑州

2019 春季（郑州）第 34 届中原广告展

郑州天天会展服务有限公司

2 月 23 日 . 唐山

2019 春季京津冀广告四新及 LED 博览会

2019 春季京津冀广告四新及 LED 博览会

2 月 28 日 . 石家庄

2019 第 19 届河北广告四新及 LED 标识博览会 -2019 河北图文印刷及办公耗材展览会

2019 春季京津冀广告四新及 LED 博览会

3 月 3 日 . 哈尔滨

2019 第六届哈尔滨广告四新展

哈尔滨神州行会议展览有限公司

3 月 3 日 . 广州

2019 广州国际广告标识及 LED 展览会

广州乐佳展览策划有限公司

3 月 3 日 . 昆山

2019 第二届花桥国际泛印及广告标识展

广州乐佳展览策划有限公司

3 月 4 日 -6 日 . 广州

2019 第二十六届华南国际印刷工业展览会

主办单位：中国对外贸易中心、
雅式展览服务有限公司
承办单位：中国对外贸易广州展览总公司、
北京雅展展览服务有限公司

3 月 5 日 - 8 日 . 上海

2019 上海国际广告节

上海市广告协会
上海现代国际展览有限公司

3 月 5 日 . 上海

2019 第二十七届上海国际广告技术设备展览会

广州乐佳展览策划有限公司

3 月 10 日 . 廊坊

2019 京津冀（廊坊）春季广告“五新”展览会

广州乐佳展览策划有限公司

3 月 12 日 . 宿迁

2019 苏北国际（春季）广告耗材设备 LED 暨大型户外广告博览会

广州乐佳展览策划有限公司

3 月 13 日 . 长沙

2019 迪培思（长沙）国际广告标识及 led 技术展

广州乐佳展览策划有限公司

3 月 15 日 . 兰州

2019 第 48 届中国 . 兰州（春季）国际广告 / LED 照明 / 印刷包装及办公设备展览会

广州乐佳展览策划有限公司

3 月 15 日 . 天津

2019 第十二届天津春季广告展

广州乐佳展览策划有限公司

3 月 15 日 . 沈阳

2019 第二十六届辽宁广告展

河北鼎亚展览服务有限公司

3 月 15 日 . 成都

2019 第十七届成都国际广告节

四川德纳展览有限公司

3 月 15 日 . 长沙

2019 第二十届湖南浩天广告四新及网络传媒展览会

广州乐佳展览策划有限公司

3 月 16 日 . 沈阳

2019 迪培思沈阳国际广告标识及 LED 展

广州迪培思展览有限公司

3 月 16 日 . 昆明

2019 昆明国际广告标识及 LED 技术展

广州市轩华展览有限公司

3 月 16 日 . 太原

2019 春季天天第 22 届山西广告展

太原市天天展览服务有限公司

3 月 21 日 . 武汉

2019 第 23 届中国（武汉）广告技术与设备展览会

太原市天天展览服务有限公司

3 月 22 日 . 南宁

2019 第二十届广西广告展览会

主办单位：广西标识行业协会、
广西机械工程学会
协办单位：柳州市标识行业协会、
广西好识汇网络科技有限公司

3 月 22 日 . 重庆

2019 第十八届中国西部国际广告节

指导单位：中国广告协会
支持单位：重庆市商务委员会、中国国际贸易促进委员会重庆市委员会、重庆市中小商贸流通企业服务中心
主办单位：重庆市广告协会
执行承办：重庆西部展览策划有限公司

3 月 23 日 . 济南

2019 第 30 届山东国际广告展（济南春季）

中国国际贸易促进委员会济南市分会

3 月 23 日 . 西安

2019 西安【春季】第 48 届广告标识 / 办公印刷 /LED 光电照明产业博览会

甘肃三力会展服务有限公司

3 月 29 日 . 贵阳

2019 华展第七届贵州雕刻设备暨标识标牌灯箱展

四川华展文化传播有限公司

3 月 29 日 . 福州

2019 福州国际广告标识及 LED 技术展

广州迪培思展览有限公司
广州市轩华展览有限公司

3 月 29 日 . 福州

2019 福州国际广告标识及 LED 技术展

广州迪培思展览有限公司
广州市轩华展览有限公司

3 月 30 日 . 南京

2019 第 25 届南京广告产业展览会

中国国际贸易促进委员会南京市分会

3 月 30 日 . 南京

2019 中国南京（第二届）标识产业博览会

南京亚东展览服务有限公司

4 月 6 日 . 北京

2019 第十届北京华展广告展 2019 第十届北京 LED 照明展览会

广州迪培思展览有限公司

4 月 12 日 . 银川

2019 宁夏（银川）国际广告节

甘肃三力会展服务有限公司

4 月 12 日 . 呼和浩特

2019 内蒙古第二十八届国际广告四新与传媒博览会暨 LED 城市景观照明技术博览会

内蒙古广告领跑杂志

4 月 19 日 . 杭州

2019 第 26 届浙江广告技术设备及标识标牌展览会

浙江省文化创意产业协会广告业专业委员会

4 月 20 日 . 乌鲁木齐

2019 第九届新疆国际广告四新展览会

新疆维吾尔自治区广告协会

4 月 29 日—30 日 . 济南

2019（第十五届）中国广告论坛

主办单位：中国广告协会
支持单位：济南市人民政府

5 月 10 日 . 西宁

2019 西宁国际广告节

组织及支持机构：青海省工商行政管理局 / 青海省商业联合会、青海省印刷技术协会、青海省广告协会、三力企业集团、甘肃奥美工贸有限公司、陕西省印刷协会等

5 月 10 日 . 苏州

2019 中国（苏州）国际广告技术设备展览会

苏州巨合元展览服务有限公司
苏州广告展组委会

8 月 3 日 . 石家庄

2019 第 20 届河北广告四新及 LED 标识博览会 -2019 河北图文印刷及办公耗材展览会

广州乐佳展览策划有限公司

8 月 8 日 . 郑州

2019 秋季（郑州）第 35 中原广告展

郑州天天会展服务有限公司

8 月 24 日—26 日 . 西安

2019 西安广告印刷 LED 展览会

主办单位：陕西省广告协会
承办单位：广州华亚展览服务有限公司

8 月 24 日 . 太原

2019 秋季天天第 23 届山西广告展

太原市天天展览服务有限公司

8 月 28 日 . 北京

2019 第十七届中国（北京）国际广告展览会

中国商务广告协会
上海现代国际展览有限公司
北京世博联展览有限公司

8 月 28 日 . 北京

2019 北京国际数字标牌及触摸查询展览会

北京世博联展览服务有限公司

9 月 6 日 . 成都

2019 中国国际标识及视觉传播展览会

四川德纳展览有限公司

9 月 18 日 . 上海

2019 第十二届上海国际数字标牌展

广州闻信展览服务有限公司

9 月 18 日 . 上海

2019 第十八届上海国际广告标识展

广州闻信展览服务有限公司

9 月 21 日 . 西安

2019 西安【秋季】第 53 届广告标识 / 办公印刷 /LED 光电照明产业博览会

陕西省广告协会

9 月 28 日 . 哈尔滨

2019 第七届哈尔滨广告印刷展

哈尔滨神州行会展公司

10 月 12 日 . 包头

2019 第二十九届内蒙古国际广告，LED 以及数码办公印刷设备博览会

内蒙古《广告领跑》杂志
内蒙古中朗文化传播有限公司

10 月 19 日 . 济南

2019 第 31 届山东国际广告展

中国国际贸易促进委员会济南市分会
上海汇展商贸有限公司

10 月 26 日—28 日 . 南昌

第二十六届中国国际广告节

中国广告协会
南昌市人民政府

（资料收集整理：陆斌）

中国广告年鉴 2020
CHINA ADVERTISING YEARBOOK

广告奖项及广告优秀作品

Advertising Awards and Outstanding Works

第二十六届中国国际广告节长城奖获奖名单

金奖

作品名称	参赛单位
滴露 细菌雕刻衣服 户外地铁创意	上海天与空广告股份有限公司
青岛啤酒 夜猫子啤酒 创意整合	上海天与空广告股份有限公司
讯飞 AI 营销云助力耐克马拉松飞跑征程	科大讯飞股份有限公司
油门踏板系列	广东省广告集团股份有限公司
支付宝“中国锦鲤”社会化营销	微博
未完成	上海胜加广告有限公司
发现内在的声音 Find Your Inner Voice 系列稿	台湾电通
一只过得比你好的猪	无二数字营销
宝洁 - 来我家拜年吧 H5	有氧 YOYA DIGITAL
说不出来的故事	北京创翼释物广告有限公司
小米 ×7 喜，年轻化品牌营销	小米营销
一个人的球队	Loong & 腾讯广告
宝洁 2019 年货节整合营销传播	有氧 YOYA DIGITAL
OPPO on Vimeo	中资品牌海外

银奖

作品名称	参赛单位
找对人 做对事	因赛集团
富滇银行形象设计	昆明金楚之计文化传播有限公司
自拍自愈力	因赛集团
扩大你的客厅	青岛有为时代文化传播有限公司
不合理的手续费 系列病毒视频	上海胜加广告有限公司
不凡管家学院	上海胜加广告有限公司
宝洁 2019 年货节整合营销传播	有氧 YOYA DIGITAL
可口可乐 2019 年夏日反转瓶整合营销	上海享网广告有限公司

（续）

银奖

作品名称	参赛单位
蒙牛真果粒，奶你靠实粒 ——蒙牛真果粒 x《青春有你》IP 整合营销	北京爱奇艺科技有限公司
莫比斯环	深圳市自由空间标识有限公司
一勺酱，怎么成为潮流的方式?	广东省广告集团股份有限公司
海天蒜蓉辣椒酱系列《打得火热，辣才过瘾之柔道篇》《打得火热，辣才过瘾之拳击篇》	广东省广告集团股份有限公司
韩建云岭山房民宿标识设计	北京橙乐视觉广告有限公司
灵感是狡猾的	RedBank
奥利奥 x 朕的心意·故宫食品: 启「饼」皇上，奥利奥进宫了	蓝色光标数字营销机构
惠氏启韵奶粉“最酷奶粉花”事件营销	上海天与空广告股份有限公司
昆明经开第三小学校园导视设计方案	吴江一箭展览展示有限公司
美标卫浴 - 增压淋浴花洒篇	安徽省维纳斯广告有限公司
敦煌丝巾	广州关尔文化传播有限公司
天翼看家《五官系列》	广州禾易广告有限公司
脉动《吐槽咸鱼 SHOW》创新营销案	科大讯飞股份有限公司
东航《为爱飞翔》胡歌篇	上海不只广告有限公司
# 来点孩子气 # 跨界整合营销案例	有门互动
luckin coffee《乾隆二十六年，我在故宫射小鹿》	氢互动
女儿红的寂寞 - 百合网	陕西营火虫品牌营销策划有限公司
JOY 与锦鲤	京东
宜婚娶，忌鲨戮	广州市原象信息科技有限公司
梦妆挤挤唇膏 -AI 挤上唇	百度、华扬联众数字技术股份有限公司上海分公司
开封万怡酒店导视系统规划设计	西东设计（深圳）有限公司
良品铺子 — 一天就消失的大地沙画艺术	上海天与空广告股份有限公司
《一个恐龙蛋引发的文明新生》	有氧 YOYA DIGITAL
暖男全攻略	深圳市深度文化传媒有限公司
“聚享美好时光” 2019 双旦整合营销	有氧 YOYA DIGITAL
心间上的山湖澄澈见底	大方众智创意广告（珠海）有限公司
有一种童年叫悟空 ——“未来影像·艺术共创”《悟空》整合传播	氩氪集团
加州旅游局 2019 年春季整合营销战役	WE Marketing Group
华为畅享 9S 一城两视·传统味道新 IN 像	凤凰网
OPPO - Venus on Vimeo	中资品牌海外

（续）

铜奖

作品名称	参赛单位
给时间一点时间	广州看见广告
百度 AI 办事处，办理人生大小事	百度
山海无界 万物心生	大方众智创意广告（珠海）有限公司
腾讯北京总部大楼环境导视	艾贝斯贝（北京）展示设计有限公司
蜻蜓 FM《耳洞剧场》	千禧传媒
《门里门外》	思美传媒股份有限 公司
阿里拍卖《大饼篇 X 表白篇》	千禧传媒
浸入书中世界	北京杰尔思行广告有限公司
喜力世界传送门	阳狮广告有限公司上海分公司
《晒大海》	深圳市路易斯广告有限公司
百事可乐携手腾讯开启“潮音年”，以音乐的名义燃烧青春	腾讯广告
百度地球日 与濒危萌兽「击掌为盟」	百度
跟着大师去旅行	深圳市你我文化传播有限公司
壹件公寓	深圳市你我文化传播有限公司
绝对轻浮	深圳市你我文化传播有限公司
叮当快药	深圳市你我文化传播有限公司
分享的艺术	深圳市你我文化传播有限公司
勇闯天涯 superX&《明日之子 2》IP 营销	华扬联众数字技术股份有限公司
《色香味俱全，超乎你享》系列作品之《男人篇》《女人篇》《孩子篇》	广州晟火品牌营销策划有限公司
创意 - 整合 聚划算城市欢聚日 - 汕头站 整合营销案例	上海天与空广告股份有限公司
《鲜滑，美不胜收》系列作品 之《鸡篇》《鱼篇》《牛篇》	广州晟火品牌营销策划有限公司
家	天津嘉鹤广告有限公司
放手去做	麦肯·光明广告有限公司上海分公司
我们的秘密基地	麦肯·光明广告有限公司上海分公司
宝洁洗护系列 - 夏日从头降火创意视频	蓝色光标数字营销机构
小心侧后方！	RedBank
长隆野生动物世界，你身边的朋友正在消失	华扬联众数字技术股份有限公司
2019 黑珍珠餐厅指南发布传播活动	麦肯·光明广告有限公司上海分公司
《知乎 x 北欧四国旅游局：去北欧，寻找一个唤醒你的答案》	知乎
《知乎》— 有问题篇	陕西斑马品牌营销策划有限公司
每个人都是一本奇书	麦肯·光明广告有限公司上海分公司

（续）

铜奖

作品名称	参赛单位
大自然的味道	麦肯·光明广告有限公司上海分公司
知乎 x SK-II，# 改写命运 # 系列之《为什么她们不回家过年》	知乎
大唐漠北的最后一次转账	上海胜加广告有限公司
《两个人的首映礼》	北京嘀嘀无限科技发展有限公司
大疆无人机《云梯篇》	北京导火线创意机构
蜂巢购物中心导视系统	挚擎（中国）商业标识
东风日产蓝鸟“年青就要新潮贷”系列海报	电通东派广告有限公司广州分公司
2019 年度京东物流 618 父亲节密语车厢线下事件营销项目	北京京邦达贸易有限公司
你有一个“熊抱”待领取	百度
保利·花城纪：花城没有异乡人	广州金燕达观文化传播有限公司
旧报纸做的广告牌	上海天与空广告股份有限公司
柯米克 上市平面	CCG 集团
碧桂园温暖片	大方众智创意广告（珠海）有限公司
如何通过 IP 新文创实现营销价值——《王者荣耀》IP 新文创项目	腾讯科技（深圳）有限公司
德芙 × 小米，七夕示 AI（爱）攻略	小米营销
乐事“真脆薯条”创意包柱	南京地铁德高广告有限公司
《中秋三日，当刮目相看》2018 蓝月亮京东中秋系列营销	广东省广告集团股份有限公司
奥利奥—故宫—东方史诗篇	上海赤马广告传媒股份有限公司
《霓虹灯篇》	北京导火线创意机构
打击假睡	杭州蛋壳文化创意有限公司
海天酱油《酿晒工艺篇》	浙江博采传媒有限公司
记忆美食店	北京臣基广告有限公司
“钱”规则 -MONEY ● Unspoken Rule	广州大可营销策划有限公司
榄菊《晚安 baby》微电影	广东省广告集团股份有限公司
肯德基《机器人争霸》：K 科技出圈	北京爱奇艺科技有限公司
黑人牙膏大胆玩“说唱” 反差人设助品牌逆生长	北京爱奇艺科技有限公司
无糖可口可乐 × 复仇者联盟 4 营销战役	上海享网广告有限公司
女人的心里画	北京新意互动数字技术有限公司
油烟捕食者	上海胜加广告有限公司
帕兰王国酒店	杭州盛世传奇标识系统有限公司

（续）

铜奖

作品名称	参赛单位
时光密码	熙雍（北京）文化传媒有限公司
在加州激发你的想象力	灵智精实广告有限公司上海分公司（Havas Shanghai）
时间会看见 Time Will Tell	台湾电通
# 去探岳·致无疆 # 探岳 × 大疆品牌联合	北京新意互动数字技术有限公司
长隆欢乐万圣节“关你鬼事”整合传播项目案例	注意力数字营销机构
优益 C《时间地点大冒险》	华扬联众数字技术股份有限公司
讯飞 AI 营销云携手唯品会 10 秒语速大 PK	科大讯飞股份有限公司
中国移动创意视频《高仿日式攻略：赏樱の道》	广东省广告集团股份有限公司
比说还快	因赛集团
鸡啄出来的广告牌	上海天与空广告股份有限公司
颠覆你的时间	山东微觉营销策划有限公司
云闪付小影院	上海胜加广告有限公司
上海 UFC 综合格斗训练中心	上海美陈展示设计有限公司
HAIER - BILLBOARD TV (1080p)	中资品牌海外
Hisense World Cup 2018 TVC on Vimeo	中资品牌海外
Oppo - Ingenious Factory on Vimeo	中资品牌海外
WeChat Freestyle on Vimeo	中资品牌海外
Haier MASTER Online_90s@14-02-2019 on Vimeo	中资品牌海外
CCTV-4《燕小厨品牌故事》	中视智扬国际传媒有限公司

2019 现代广告奖

全场大奖

奖项名称	作品名称	参赛单位
媒介营销奖	探见千里江山	华扬联众数字技术股份有限公司
互动创意奖	复活——心肺复苏术黑入游戏的死亡时刻	北京鹏泰互动广告有限公司
数字公益奖	一个人的球队	loong
技术创新奖	讯飞 AI 营销云助力耐克马拉松飞跑征程	科大讯飞股份有限公司

媒介营销奖 · 金奖

奖项名称	作品名称	参赛单位
大数据精准营销 - 媒介公司	北京现代福利月精准营销	搜狗
电视广告 - 创意代理	每个三亿分之一小花木兰篇	北京杰尔思行广告有限公司
电子商务 - 服务	京东 618 x 知乎「认真生活节」	北京知乎网技术有限公司
公关 - 媒介公司	大美雪线邮路	凤凰网
公关 - 营销公司	华夏银行“IN 城”联名卡	华夏银行“IN 城”联名卡
广播与音频广告 - 媒介公司	雪花啤酒马尔斯绿新品上市 —— 色彩营销新风范	安徽省群力文化传媒有限公司
互动广告 - 创意代理	探见千里江山	华扬联众数字技术股份有限公司
户外广告 - 创意代理	CARE LABEL	北京电通广告有限公司
户外广告 - 媒介公司	卡萨帝人生书店	北京一点网聚信息技术有限公司
户外广告 - 营销公司	无场景，不营销， 马蜂窝携手梯影传媒开启电梯奇幻之旅	北京北广梯影广告传媒有限公司
跨媒介整合 - 其他跨媒介整合 - 媒介公司	玩转“潮”乐， 青岛纯生音乐营销 IP 化进阶	北京爱奇艺科技有限公司
跨媒介整合 - 数字媒介整合 - 创意代理	开启高能模式	上海腾迈广告有限公司
内容营销 - 广告植入（营销）- 媒介公司	大美雪线邮路	凤凰网
内容营销 - 其他 - 媒介公司	自然堂「跨界职人众“晒”挑战」	北京知乎网技术有限公司
内容营销 - 事件营销 - 媒介公司	欢乐谷 X 第五人格 【破壁“游”乐场惊悚开张】	北京网易传媒有限公司
内容营销 - 事件营销 - 创意代理	“我就是我，一样一样的烟火” 联通 5G 直播秀	华扬联众数字技术股份有限公司
平面广告 - 创意代理	T-ROC 到故事中去	华扬联众数字技术股份有限公司
社会化营销 - 媒介公司	支付宝“中国锦鲤”社会化营销	微梦创科网络科技（中国）有限公司
社会化营销 - 营销公司	奥利奥 x 朕的心意·故宫食品: 启「饼」皇上，奥利奥进宫了	蓝色光标数字营销机构

（续）

奖项名称	作品名称	参赛单位
视频广告 - 病毒视频 - 创意代理	滴露衣物除菌液京东营销病毒视频项目	北京鹏泰互动广告有限公司
视频广告 - 其他 - 创意代理	开启高能模式	上海腾迈广告有限公司
视频广告 - 网络节目 - 营销公司	奥迪 Q7&《送一百位女孩回家 2》内容营销合作	搜狐视频
视频广告 - 微电影 - 媒介公司	多一克温暖·信歌	北京网易传媒有限公司
视频广告 - 自媒体原创 - 媒介公司	麦当劳巧用返乡人群"金桶开金运"	金拱门（中国）有限公司
移动广告 - APP - 媒介公司	京东 618 x 知乎「认真生活节」	北京知乎网技术有限公司
移动广告 - 其他 - 创意代理	复活——心肺复苏术黑入游戏的死亡时刻	北京鹏泰互动广告有限公司
移动广告 - 微型网站及 H5 - 创意代理	灯山行动	华扬联众数字技术股份有限公司
移动广告 - 整合营销 - 营销公司	奥利奥 x 朕的心意·故宫食品: 启「饼」皇上，奥利奥进宫了	蓝色光标数字营销机构

互动创意奖 · 金奖

奖项名称	作品名称	参赛单位
PC 端广告 - 在线广告 - 媒介公司	可口可乐 X 复联 4——复仇者的彩蛋	搜狗
广告技术创新 - 媒介公司	INSPIRE 的趣味社交之旅	搜狗
户外广告互动创新 - 媒介公司	AR 虚拟偶像《曲师师》	北京网易传媒有限公司
其他数字媒介 - 创意代理	灯山行动	华扬联众数字技术股份有限公司
视频广告 - 病毒视频 - 媒介公司	中文走遍世界	搜狗
视频广告 - 其他 - 创意代理	一个人的球队	Loong
视频广告 - 网络节目 - 媒介公司	《时间告诉我·大师印象》	搜狐视频
视频广告 - 微电影 - 创意代理	首汽约车三周年项目	三人行传媒集团股份有限公司
视频广告 - 自媒体原创 - 创意代理	雨虹防水节气字典——二十四节气创意项目	北京鹏泰互动广告有限公司
移动广告 - APP - 创意代理	复活——心肺复苏术黑入游戏的死亡时刻	北京鹏泰互动广告有限公司
移动广告 - 其他 - 媒介公司	世界杯的蒙牛时刻	搜狗
移动广告 - 微型网站及 H5 - 媒介公司	龙猫 30 周年 — 龙猫扭蛋机	北京网易传媒有限公司
移动广告 - 微型网站及 H5 - 创意代理	灯山行动	华扬联众数字技术股份有限公司
移动广告 - 整合营销 - 媒介公司	职场不健康青年	脉脉
移动广告 - 整合营销 - 创意代理	8K·见动物真相 | 三星家电 QLED 8K 电视动物真相馆创意项目	北京鹏泰互动广告有限公司
整合营销 - 创作代理	一个人的球队	Loong
整合营销 - 媒介公司	可口可乐 X 复联 4——复仇者的彩蛋	搜狗
整合营销 - 营销公司	开心能量一桶半，知识能量一倍半	网易有道信息技术（北京）有限公司

技术创新奖 · 金奖

奖项名称	作品名称	参赛单位
AI 营销 - 营销公司	讯飞 AI 营销云助力耐克马拉松飞跑征程	科大讯飞股份有限公司
产品（工具）- 创意代理	腾讯科学小会	北京数聚智连科技股份有限公司
广告 - 媒介公司	谷歌「AI 触手可及」	北京知乎网技术有限公司

（续）

模式 - 媒介公司	拒做“隐形爸爸”——跨界学堂	北京一点网聚信息技术有限公司
平台 - 创意代理	复活——心肺复苏术黑入游戏的死亡时刻	北京鹏泰互动广告有限公司

数字公益奖 · 金奖

奖项名称	作品名称	参赛单位
公益广告 - 创意代理	一个人的球队	Loong
公益广告 - 媒介公司	复活——心肺复苏术黑入游戏的死亡时刻	北京鹏泰互动广告有限公司
公益广告 - 制作公司	复活——心肺复苏术黑入游戏的死亡时刻	北京鹏泰互动广告有限公司

媒介营销奖 · 银奖

奖项名称	作品名称	参赛单位
大数据精准营销 - 媒介公司	卡萨帝人生书店	北京一点网聚信息技术有限公司
大数据精准营销 - 媒介公司	大数据助力爱心抵达乡村	北京一点网聚信息技术有限公司
电视广告 - 媒介公司	东风 Honda&《一路书香》第二季整合营销	凤凰网
电视广告 - 制作公司	智能卫浴新美学 ——鹰卫浴·2019 KBC 新品概念宣传片	广州程视数字科技有限公司
电子商务 - 服务	世界杯的蒙牛时刻	搜狗
电子商务 - 服务	西铁城开黑局	北京数聚智连科技股份有限公司
公关 - 媒介公司	东风日产【寻找未知的自己】第 4 季	凤凰网
公关 - 媒介公司	热血加班团	脉脉
公关 - 创意代理	RICE OF THE HEROES	北京电通广告有限公司
公关 - 营销公司	文化茅台·多彩贵州“一带一路”行 ——走进坦桑尼亚大型品牌推介暨拜访使领馆	蓝色光标数字营销机构
广播与音频广告 - 媒介公司	冠生园 - 动感 101 爱甜美	上海人民广播电台
广播与音频广告 - 媒介公司	科技强国 科普惠民	广州博纵广告有限公司
互动广告 - 媒介公司	千里加吉，带你回家	搜狗
互动广告 - 媒介公司	我的萌猪放肆玩	北京搜狐新媒体信息技术有限公司
户外广告 - 创意代理	微贷网，别让你的钱冻起来	雅仕维传媒集团
户外广告 - 创意代理	「NIKE 跳高女神」 香港湾仔巨型幕墙广告	雅仕维传媒集团
户外广告 - 媒介公司	青啤“一杯元气，新年满意”	北京网易传媒有限公司
户外广告 - 媒介公司	创新“高铁名片” 打造古井贡酒品牌制高点	华铁传媒集团有限公司
户外广告 - 制作公司	RoboSense“眼”技派 ——速腾聚创·2019 CES 新品宣传片	广州程视数字科技有限公司
户外广告 - 制作公司	“积木‘逃跑’计划” ——拼酷·2019 纽伦堡国际玩具展展会视频	广州程视数字科技有限公司
跨媒介整合 - 其他跨媒介整合 - 媒介公司	马爹利「饭局尬聊终结计划」	北京知乎网技术有限公司
跨媒介整合 - 其他跨媒介整合 - 媒介公司	知乎 x vivo「非凡博物馆」	北京知乎网技术有限公司
跨媒介整合 - 数字媒介整合 - 媒介公司	可口可乐 X 复联 4——复仇者的彩蛋	搜狗
跨媒介整合 - 数字媒介整合 - 媒介公司	华为畅享 9S 一城两视·传统味道新 IN 像	凤凰网

（续）

奖项名称	作品名称	参赛单位
内容营销 - 广告植入（营销）- 媒介公司	饿了么 ×《这就是灌篮》： 深入场景强关联 成功共建消费者心智	优酷
内容营销 - 广告植入（营销）- 媒介公司	哈弗 F7x- 搜狐 & 三夫国际铁人三项赛合作	北京搜狐新媒体信息技术有限公司
内容营销 - 其他 - 媒介公司	可口可乐 X 复联 4——复仇者的彩蛋	搜狗
内容营销 - 其他 - 营销公司	智在每一步——沃尔沃 S90 寻书探鲜之旅	搜狐视频
内容营销 - 事件营销 - 媒介公司	知乎 x vivo「非凡博物馆」	北京知乎网技术有限公司
内容营销 - 事件营销 - 媒介公司	中文走遍世界	搜狗
内容营销 - 事件营销 - 营销公司	蒙牛—谁是总冠军抖音内容营销	内蒙古蒙牛乳业（集团）股份有限公司
内容营销 - 事件营销 - 创意代理	8K·见动物真相 | 三星家电 QLED 8K 电视动物真相馆创意项目	北京鹏泰互动广告有限公司
平面广告 - 创意代理	RICE OF THE HEROES	北京电通广告有限公司
平面广告 - 创意代理	蓝月亮至尊洗衣液 一功夫系列《太极拳篇》《降龙掌篇》	广东省广告集团股份有限公司
社会化营销 - 媒介公司	谷歌「AI 触手可及」	北京知乎网技术有限公司
社会化营销 - 媒介公司	“雀跃吧！在缤纷春日”， 迪士尼 × 美图线上 AR 打卡	美图公司
社会化营销 - 营销公司	Levi's® [品牌重塑 三连决胜]	上海氩氪广告有限公司
社会化营销 - 创意代理	一米换一米 让能量更有价值	北京杰尔思行广告有限公司
视频广告 - 病毒视频 - 媒介公司	统一老坛 # 知否知否应是春运当头 # 社会化营销	微梦创科网络科技（中国）有限公司
视频广告 - 病毒视频 - 创意代理	《上波波 料更多》	杭州有氧文化创意有限公司
视频广告 - 其他 - 营销公司	中国农业银行 & 《时间告诉我·大师印象》品牌合作	搜狐视频
视频广告 - 其他 - 营销公司	浪琴康卡斯 V.H.P.2019《搜城记》搜狐合作建议	北京搜狐新媒体信息技术有限公司
视频广告 - 网络节目 - 媒介公司	吉利博瑞 GE—新领潮时代	凤凰网
视频广告 - 网络节目 - 媒介公司	梦回大厂，聚美女孩的心愿食光	北京爱奇艺科技有限公司
视频广告 - 微电影 - 创意代理	《影像情书 -From Paris》	北京电通广告有限公司
视频广告 - 微电影 - 创意代理	「幸运」罚单	北京电通广告有限公司
视频广告 - 自媒体原创 - 媒介公司	抖音 xfresh 挑战赛“王源给我涂面膜”	路威酩轩香水化妆品 （上海）有限公司 馥蕾诗品牌
视频广告 - 自媒体原创 - 媒介公司	沃尔沃 XC90《阅揽港珠澳大桥》	凤凰网
移动广告 - APP - 媒介公司	iQOO「新品上市，知乎硬核推广」	北京知乎网技术有限公司
移动广告 - APP - 营销公司	讯飞 AI 营销云携手唯品会 10 秒语速大 PK	科大讯飞股份有限公司
移动广告 - 其他 - 媒介公司	新一代小新 Air 的热血新生	搜狗
移动广告 - 其他 - 媒介公司	INSPIRE 的趣味社交之旅	搜狗
移动广告 - 微型网站及 H5 - 创意代理	探见千里江山	华扬联众数字技术股份有限公司
移动广告 - 微型网站及 H5 - 媒介公司	伊利金典娟姗《天赐娟姗 英伦典藏》	北京网易传媒有限公司
移动广告 - 整合营销 - 媒介公司	热血加班团	脉脉
移动广告 - 整合营销 - 媒介公司	职场不健康青年	脉脉

（续）

互动创意奖·银奖

奖项名称	作品名称	参赛单位
PC 端广告 - 在线广告 - 媒介公司	长安福特锐界《在危险的边缘试探》	凤凰网
PC 端广告 - 在线广告 - 媒介公司	中国宝贝计划	凤凰网
广告技术创新 - 媒介公司	京东《圣诞特调咖啡馆》	北京网易传媒有限公司
广告技术创新 - 制作公司	OPPO 5G	深圳市宝视达广告控股有限公司
户外广告互动创新 - 媒介公司	一坛好酒双曲线一号星际火箭发射项目	凤凰网
户外广告互动创新 - 制作公司	“天工造物”——万家乐·2019AWE 新品发布会视频	广州程视数字科技有限公司
其他数字媒介 - 创意代理	999 小儿感冒药 2018 感恩节大片《有些事只有孩子能》	上海有门市场营销策划有限公司
其他数字媒介 - 媒介公司	INSPIRE 的趣味社交之旅	搜狗
视频广告 - 病毒视频 - 创意代理	滴露衣物除菌液京东营销病毒视频项目	北京鹏泰互动广告有限公司
视频广告 - 病毒视频 - 创意代理	回应千玺日常宠爱《餐厅篇》《生活篇》《运动篇》	华扬联众数字技术股份有限公司
视频广告 - 其他 - 媒介公司	大美雪线邮路	凤凰网
视频广告 - 其他 - 营销公司	奥利奥 x 朕的心意·故宫食品：启「饼」皇上，奥利奥进宫了	蓝色光标数字营销机构
视频广告 - 网络节目 - 媒介公司	《送一百位女孩回家》第二季	搜狐视频
视频广告 - 网络节目 - 媒介公司	可口可乐 X 复联 4——复仇者的彩蛋	搜狗
视频广告 - 微电影 - 创意代理	「幸运」罚单	北京电通广告有限公司
视频广告 - 微电影 - 媒介公司	梦之蓝·敬我最尊敬的人	凤凰网
视频广告 - 自媒体原创 - 媒介公司	沃尔沃 XC90《阅揽港珠澳大桥》	凤凰网
视频广告 - 自媒体原创 - 媒介公司	长安福特锐界《在危险的边缘试探》	凤凰网
移动广告 - APP - 媒介公司	WEY x 知乎 「WEY 知诊所」	北京知乎网技术有限公司
移动广告 - APP - 媒介公司	华为畅享 9S 一城两视·传统味道新 IN 像	凤凰网
移动广告 - 其他 - 媒介公司	“逸”起幸福，再创王者传奇	搜狗
移动广告 - 其他 - 媒介公司	和格力一起造太阳	搜狗
移动广告 - 微型网站及 H5 - 媒介公司	阿修罗——欲望与现实的距离有多远？	北京网易传媒有限公司
移动广告 - 微型网站及 H5 - 媒介公司	太平人寿 - 穿穿穿穿穿越九十年历史长卷	北京网易传媒有限公司
移动广告 - 微型网站及 H5 - 创意代理	腾讯 WE 大会——亚努斯之门 H5	北京映纷创意文化传播有限公司
移动广告 - 微型网站及 H5 - 创意代理	特仑苏 - 遇见大咖红包群	华扬联众数字技术股份有限公司
移动广告 - 整合营销 - 媒介公司	可口可乐 X 复联 4——复仇者的彩蛋	搜狗
移动广告 - 整合营销 - 媒介公司	挑战 24 小时让爱回家	北京一点网聚信息技术有限公司

（续）

奖项名称	作品名称	参赛单位
移动广告 - 整合营销 - 创意代理	三星 Galaxy A9s | A6s 手机《变美吧！女神》创意	北京鹏泰互动广告有限公司
移动广告 - 整合营销 - 制作公司	RoboSense“眼”技派——速腾聚创·2019 CES 新品宣传片	广州程视数字科技有限公司
整合营销 - 创作代理	《影像情书 -From Paris》	北京电通广告有限公司
整合营销 - 创作代理	灯山行动	华扬联众数字技术股份有限公司
整合营销 - 媒介公司	一坛好酒双曲线一号星际火箭发射项目	凤凰网
整合营销 - 媒介公司	2019 狐友国民校草的大赛	
整合营销 - 营销公司	勇闯天涯宠粉嘉年华 Xparty	华扬联众数字技术股份有限公司
整合营销 - 营销公司	vivo’s 说唱图腾 内容营销的奢侈品思维	北京爱奇艺科技有限公司

技术创新奖·银奖

奖项名称	作品名称	参赛单位
AI 营销 - 创意代理	奥利奥 AR# 赏金挑战赛 #	上海氩氪广告有限公司
AI 营销 - 营销公司	2018 懂你的 AI	蓝色光标数字营销机构
产品（工具）- 媒介公司	技术缔造一平米生活的温度	北京一点网聚信息技术有限公司
产品（工具）- 媒介公司	拒做隐形儿女，让爱挑战不可能	北京一点网聚信息技术有限公司
广告 - 创意代理	雪佛兰 探见千里江山	华扬联众数字技术股份有限公司
广告 - 媒介公司	和格力一起造太阳	搜狗
模式 - 媒介公司	名爵 HS- 点燃荷尔蒙专属计划	北京一点网聚信息技术有限公司
模式 - 媒介公司	优必选「以 AI 相伴 - 万人接力为留守儿童读书」	北京知乎网技术有限公司
平台 - 媒介公司	名爵 HS- 点燃荷尔蒙专属计划	北京一点网聚信息技术有限公司
平台 - 媒介公司	信息焦虑诊疗计划	北京一点网聚信息技术有限公司

数字公益奖·银奖

奖项名称	作品名称	参赛单位
公益广告 - 创意代理	灯山行动	华扬联众数字技术股份有限公司
公益广告 - 创意代理	长隆野生动物世界，你身边的朋友正在消失	华扬联众数字技术股份有限公司
公益广告-媒介公司	优必选「以 AI 相伴 - 万人接力为留守儿童读书」	北京知乎网技术有限公司
公益广告-媒介公司	GXG 男装 - 人类，打扰一下	北京网易传媒有限公司
公益广告 - 营销公司	Olay 白天鹅	北京数聚智连科技股份有限公司
公益广告 - 制作公司	NIAN	广东新年文化传媒集团有限公司

中国广告年鉴 2020
CHINA ADVERTISING YEARBOOK

公益广告

Public Welfare Advertising

2019 年全国公益广告事业发展综述

星亮[1]　阎虹宇[2]　孔庆硕[3]

2019 年，全国广告行业、各级有关部门、媒介组织和相关企业深入学习宣传贯彻习近平新时代中国特色社会主义思想，聚焦“举旗帜、聚民心、育新人、兴文化、展形象”的使命任务，在公益广告工作中积极尽责，全国公益广告事业总体保持积极发展的态势。公益广告工作始终秉持坚持正确导向的原则，逐渐成为各级部门宣传工作中的重要组成部分，由行业组织、公益团体和企业主导的公益广告活动呈现百花齐放的局面，公益广告与科技结合得更加紧密，公益广告相关理论研究愈加深入并实现了新的突破，公益广告事业正在逐渐迈向高质量发展的新台阶。

一、公益广告的政治传播使命愈加鲜明

2019 年，中央及地方各有关行业与相关部门进一步贯彻落实习近平总书记关于广告宣传工作的相关要求，加强党对公益广告工作的领导，坚持在公益广告工作的各个方面、各个环节把握正确舆论导向，公益广告所承载的政治传播使命愈加鲜明。

2019 年 10 月 25 日，由中国广告协会主办的两大公益广告标杆赛事——公益广告黄河奖和 315 公益奖同台公布获奖结果，《时代楷模张富清》《时代楷模六老汉》《年轻党员的网红梦 》等一批主旋律主题的作品获得金奖，凸显了中国广告协会强化公益影响力，弘扬社会主旋律的使命担当，为传播社会正能量、推动全国公益广告事业的发展作出了积极贡献。中国广告协会张国华会长在致辞时表示：公益广告的价值就在于其拥有把人类内心的善良和光明激发出来的能力，希望未来能有更多优秀的公益作品，也希望更多的企业加入，共同传递爱心，壮大公益事业的蓬勃发展。

2019 年 11 月 11 日，由国家广播电视总局和北京市人民政府共同指导、北京市委宣传部和北京市广播电视局主办的首届北京国际公益广告大会在国家会议中心盛大开幕。国家广播电视总局副局长、党组成员高建民在 2019 年首届北京国际公益广告大会的开幕式致辞中表示：“公益广告是国家公益事业和社会文明建设的重要组成部分。北京国际公益广告大会为公益广告提供了一个成果展示与交流合作的平台。中国公益事业始终不忘初心坚持为民服务，牢记使命不忘历史责任，坚守广播电视媒体的政治责任、社会责任、文化责任，着力唱响主旋律、弘扬真善美、传播正能量，为全面建成小康社会、实现中华民族伟大复兴中国梦提供强大精神力量。”[1]

2019 年 5 月 9 日至 10 日，全国广播电视公益广告创作培训班在湖南省长沙市成功举办。在开班式上，国家广播电视总局传媒机构管理司副司长刘朝荣提出，要进一步深刻领会习近平总书记关于广告宣传也要讲导向的指示，坚持把公益广告宣传作为重要宣传任务。[2]

在各相关主体的共同推动下，2019 年，全国公

[1] 星亮，博士、教授、博士研究生导师，暨南大学公益传播研究中心主任，中国广告协会学术委员会常委，广东省广告协会公益广告专委会主席。[2] 阎虹宇，暨南大学新闻与传播学院广告学系 2020 级硕士研究生。[3] 孔庆硕，暨南大学新闻与传播学院广告学系 2020 级硕士研究生。

益广告工作扎实推进，公益广告事业呈现出勃勃生机。根据国家广电总局发布的《2019 年全国广播电视行业统计公报》，全国广播公益广告节目制作时间 10.73 万小时，同比增长 3.67%，占广播广告节目制作时间的 14.92%；播出时间 38.52 万小时，同比增长 17.51%，占广播广告节目播出时间的 28.64%；电视公益广告节目制作时间 6.35 万小时，同比增长 0.32%，占电视广告节目制作时间的 14.52%；播出时间 69.03 万小时，同比增长 29.44%，占电视广告节目播出时间的 32.57%。[3] 全国广播电视系统内的公益广告制作和播出数量均呈现出积极发展的态势。各级广播电视播出机构围绕“庆祝新中国成立 70 周年”等重大主题主线宣传活动，坚持正确的政治方向、舆论导向、价值取向，制作并播出了一系列制作精良且极富创意的公益广告，弘扬了社会主义核心价值观，充分体现了公益广告作为我国社会文明建设重要组成部分的地位。

二、全国各级各类公益广告活动百花齐放

2019 年，全国广告行业组织、各级相关部门、公益组织、各大高校通力合作，针对不同群体，积极组织开展多种类型、不同主题的公益广告相关活动，在此过程中，一系列颇具影响力的公益广告活动如雨后春笋般纷纷涌现，公益广告事业正逐渐沿着高质量发展的轨道稳步前进。

（一）中国广告协会积极开展公益广告活动

中国广告协会作为广告业界自愿结成的行业性、全国性、非营利性社会组织，对内积极凝聚行业内部力量，对外积极与世界有关机构、国内相关政府部门、公益组织以及其他行业中的各类企业进行合作，汇集多方力量，共同推进中国公益广告事业向国际化、专业化和多元化方向发展。

2019 年 10 月 25 日，中国公益广告黄河奖于江西南昌揭晓。本届黄河奖共收到了来自海内外的 5192 件作品，共评选出金奖作品 7 件、银奖作品 12 件、铜奖作品 17 件，以及优秀奖 208 件。在颁奖仪式上，中国广告协会会长张国华宣布“中国广告协会公益广告委员会”正式成立。他表示，委员会不是形同虚设，而是致力于干公益实事。委员会今后将设立公益广告专项基金以鼓励更多的爱心人士投身于公益事业的发展。

2019 年，在中国广告协会的统筹领导下，全国各地广告协会积极组织开展了一批极具影响力的公益广告活动。2019 年 8 月 26 日下午，由吉林省委宣传部、吉林省市场监督管理厅、吉林省广告协会等联合发起的“让公益点亮吉林”吉林省“公益广告号”地铁专列，在长春地铁 2 号线文化广场站举行发车仪式。专列全长近 120 米，共六节车厢，分为“新时代 新作为 新篇章”吉林省公益广告大赛主题车厢和公益广告作品主题车厢，以新颖的创意和生动的画面，充分展现了公益精神和吉林人向上向善向好的精神风貌，发挥了公益广告对培育社会主义核心价值观、弘扬社会新风尚的积极作用。陕西省广告协会于 2019 年 6 月 20 日发布《广告助力精准扶贫倡议书》，呼吁省内广大广告企业、广告经营单位充分利用自身资源优势，积极为贫困地区宣传主导产业品牌，提升品牌知名度，扩大产品收益，为全省脱贫攻坚工作贡献力量。地方广告协会通过举办主题宣传活动、公益广告比赛、发出倡议等方式，激发地区内广告企业、广告人参与公益活动的热情，为该地区公益广告事业注入新鲜血液和新的活力。

（二）各级政府有关部门着力组织公益广告活动

2019 年，从中央到地方，在各级政府有关部门的积极推动下，各级各类公益广告活动此起彼伏、持续不断。

2019 年 4 月 22 日，国家广播电视总局下发了《关于认真做好庆祝新中国成立 70 周年广播电视公益广告创作播出工作的通知》，各省级广电行政部门和中央广播电视总台、电影频道、中国教育电视台等单位认真开展广播电视公益广告的制作和推荐工作，经总局评审选出 97 部庆祝新中国成立 70 周年优秀广播电视公益广告作品，并推荐全国各级电台电视台和网络视听平台集中展播，为庆祝新中国成立 70 周年营造了浓厚的舆论氛围。2019 年 11 月 22 日，国家广播电视总局和国家税务总局联合举办了第四届全国税收公益广告作品征集暨展播活动，用具有较强思想性、艺术性，能够切实起到弘扬

主旋律、引导社会舆论、凝聚社会共识作用的优秀公益广告作品讲好税收故事、展现税务新形象，切实增强税收宣传的影响力和感染力。2019 年 12 月 12 日，由国家广播电视总局、全国老龄工作委员会办公室联合开展的第三届全国敬老养老助老公益广告作品征集活动的评选结果出炉，共评出一、二、三类及优秀类作品共 45 件，并将活动评选出的优秀作品将纳入“全国优秀广播电视公益广告作品库”，以供全国各级广播电视播出机构从作品库中下载相关作品进行展播，进一步扩大优秀公益广告作品的影响力，弘扬敬老养老助老的中华民族传统美德，传播孝老文化。

2019 年，地方各级政府有关部门积极履行公益传播责任，紧扣党和国家中心工作，积极创办各类公益广告大赛。这不仅进一步扩大了公益广告的社会影响力、弘扬社会主旋律，也为政府部门简政放权，转变政府职能提供了良好的社会舆论环境。由山东省药品监督管理局和山东广播电视台联合举办的“2019 年山东药品安全公益广告大赛” 围绕“安全用药 良法善治”等主题展开，旨在发挥公益广告弘扬主流价值、关注安全用药、传播科普知识的积极作用，营造人人关注、人人关心药品安全的良好社会氛围。2019 年 12 月 1 日，广西壮族自治区广播电视局和广西壮族自治区市场监督管理局联合主办的“2019 年广西广播电视公益广告大赛”开幕，通过开展广播电视公益广告大赛，推选出了一批导向正确、创意新颖，既传承中华民族优秀传统文化，又体现时代精神和广西壮族自治区改革开放成就及各族人民良好精神风貌的优秀广播电视公益广告作品。为庆祝新中国成立七十周年，展现粤港澳三地青年的青春风采，2019 年 9 月，广东省广播电视局、共青团广东省委员会、中共广东省网络安全和信息化委员会、广东省卫生健康委员会联合主办了“2019 粤港澳青年原创优秀 4K 短视频及公益广告征评活动”，面向广大青年群体征集展现粤港澳青年在大湾区建设中的青春风采，讲述青年爱国情怀和中国梦，展现岭南文化、广东特色主题的公益广告，鼓励青年群体用镜头抒发爱国情怀，记录岭南文化，讲好湾区故事，尽情挥洒网络新生代的创意与活力。

三、社会性公益广告活动持续升温

2019 年，我国各类企业除积极参与政府有关部门主办的各类公益广告活动外，还依托企业自身资源开展公益活动。与此同时，各大互联网企业积极转变战略思维，将公益与营销理念相结合，推动社会化公益广告事业向纵深发展。

（一）企业助力公益广告与数字技术深度融合

腾讯举办的“2019‘我是创益人’”公益广告大赛，在腾讯广告平台、技术、数据的赋能之下，全面开放微信广告、信息流与 QQ 广告、腾讯优量广告、新闻视频广告 4 大平台下 26 类广告产品，在公益营销实践中为创意擦出了技术的火花。阿里巴巴公司于 2019 年 6 月 5 日世界环境日前夕，与联合国环境署共同发起互联网环保活动，公众在淘宝、天猫、支付宝、饿了么、菜鸟裹裹、盒马等阿里巴巴旗下 20 个 APP 搜索“绿色”，就可以参与到种公益林、回收纸箱等 80 多种绿色环保行动中，成为“阿里巴巴绿色星球”环保达人。2019 年 6 月 5 日当天，在杭州举行的世界环境日全球主场活动中，支付宝蚂蚁森林、菜鸟绿色行动“回箱计划”，分别获评联合国环境署年度环保实践案例及生态环境部“美丽中国，我是行动者”典型案例。阿里巴巴发布的 2019 财年社会责任报告显示，阿里巴巴在绿色供应链、绿色物流、绿色计算、绿色回收等方面率先形成了可持续的绿色发展模式，并持续带动生态伙伴及公众参与到绿色行动中，形成了一个“阿里巴巴绿色星球”[4]。各大互联网公司借助数字技术的东风，背靠支持平台，联合合作伙伴，直击社会痛点，积极开展相关公益项目和公益广告比赛，将公益理念与技术相融合，并结合创意吸引公众关注，凝聚社会力量，助力公益广告事业的创新发展。

（二）社会多方参与掀起公益广告新高潮

2019 年，有越来越多的普通创作者参与到各级各类公益广告大赛当中，公益广告作品的创作呈现出蓬勃发展的态势。由山东省药品监督管理局联合山东省广播电视台举办的 2019 年山东省药品安全公益广告大赛共收到近 400 幅平面类作品、120 多个视频类作品[5]；由广东省广播电视局、中共广东省委网络安全和信息化委员会办公室、共青团广东省委员会、广东省卫生健康委员会主办的2019粤港澳青年原创优秀4K短视频及公益广告征评活动，共征集到404部作品，其中公益广告作品175部、短视频作品229部[6]；由人民日报社和教育部主办的2019全国平面公益广告大赛暨全国大学生公益广告征集活动，在全国高校积极参与、有关媒体大力宣传下，共收到全国870所高校提交的19157件作品[7]；北京国际公益广告大会创意征集大赛以“牵手公益 共筑美好家园”为主题，主要针对全国高校和社会专业机构进行电视、广播两类公益广告创意文案征集，共收到参赛作品2338份，其中广播文案1007份，电视文案1331份[8]；第十四届设计之都（中国深圳）公益广告大赛中共征集到平面作品8872套，共18068张，影视、广播、新媒体作品2047件[9]；济南市公益广告大赛四年累计参赛选手多达7000余人，参赛单位200多个，参赛作品达7000多件[10]；行业组织最高奖项2019年中国公益广告黄河奖共收到了来自海内外作品5192件；第二届315消费者权益保护公益广告大赛共收到来自海内外的作品1830件[11]。

四、深耕公益广告创作，聚焦社会主流价值

2019年，全国各有关创作主体在公益广告领域深耕细作、孜孜进取，创作出了一批导向正确、主题鲜明、品质上乘的公益广告作品，取得了良好的传播效果。

（一）“新中国70周年”成为年度主题

2019年是新中国成立70周年，为迎接新中国70华诞，一系列优秀的公益广告源源不断地创作而出。在2019年国家广播电视总局广播电视公益广告扶持项目中，由中央广播电视总台报送的《庆祝新中国成立70周年 十四亿分之一》和《庆祝新中国成立70周年你的期待》、浙江电视台教科影视频道报送的《赤子心桑梓情庆祝新中国成立70周年》、绵阳市广播电视台报送的《为新中国成立70周年喝彩 向每一位英雄致敬》等项目均与新中国70年主题相关。

在2019中国公益广告黄河奖获奖作品中，也有许多作品都与新中国成立70周年主题相关（见表2）。如中央广播电视总台的《庆祝新中国成立70周年——时代语录篇》，通过汇总70年来凝聚的话语，展现了新中国的非凡岁月70年；上海人民广播电台《我和我的祖国 食篇》，从饮食角度展现了一位老人与祖国共同成长的故事；湖南广播电视台广播传媒中心的《70年能改变什么》，展现了新中国70年沧海桑田的变化。这些作品涵盖音频、影视、平面，以不同的表现形式庆祝中华人民共和国成立70周年。

（二）关注社会问题，创作主题鲜明

除“新中国成立70周年”等重大主题外，2019年的公益广告作品继续聚焦于各种社会问题，引发人们的关注与反思。在黄河奖获奖作品中，由湖南广播电视台创作的《〈快乐有爱〉新时代女性篇》关注了新时代下女性的基本现状，提醒人们关心女性的身心健康；作品《向copy说不》对原创作品的侵权问题亮明了态度，对盗版行为进行了批判；作品《关爱女性“外卖”篇》揭露了社会上存在的女性被家暴问题；作品《语言比武器更具伤害力》则对语言暴力问题进行了规劝；作品《成语新解（塑料篇）》用成语对备受关注的垃圾分类问题进行了全新的阐释；作品《别让包裹“埋葬”了未来》表明了对包裹过度包装带来的环境危害问题的态度；作品《朋友圈孝子〈父亲节〉、〈母亲节〉》则把目光投向了子女沉迷与社交媒体而忽略关心老人等社会问题。这些作品选题虽不尽相同，但均观照了普遍存在的不同社会问题，作品创作以小见大，植根于深厚的社会基础，主题具有鲜明的导向，从不同角度、不同层面体现了对社会主义核心价值观的倡导，契合主流价值导向。

（三）传递中国声音，赢得国际认可

2019年，由Loong创意机构联合腾讯广告创作的《一个人的球队》（见图1），引发了现象级的传播，讲述了一个足够真诚、直击人心故事。为了改变中国大众对器官捐献的认知，改善器官捐献领域的窘迫现状，作品主创龙杰琦挖掘出一个真实故事：一名热爱篮球的16岁少年叶沙（化名）在2017年意外去世。他捐献出肺、肝、肾、眼角膜等身体器官，让七个人重获新生。在中国人体器官捐献中心的支持与授权下，Loong创意机构和腾讯广告将其中五位受益人组成了“一个人的球队——叶沙队”，继续“叶沙”未完成的篮球梦[12]。

图 1《一个人的球队》——叶沙队合影

一个篮球梦的微小故事，最终引发了 7 万网友的签名支持，在感染主流媒体主动报道后，收获了超 2.2 亿曝光和全网热议。《一个人的球队》用真诚打动了人心，形成了巨大的传播力，让器官捐献领域的公益话题得到前所未有的关注，也因此凭借其对于改善社会捐赠现状、突破文化禁忌的贡献。此作品不仅获得了 2019 年黄河奖金奖，同时也斩获亚洲创意节公关类全场大奖、2019 大中华地区艾菲奖公益 - 非营利机构金奖，而且还擒获戛纳国际创意节公关银狮奖，赢得了国际评委的认可，向世界展示了中国的创意故事。

五、学术成果持续产出，理论体系愈加完善

2019 年，全国广告学界对公益广告的理论研究愈加深入。一方面，国家加大对公益广告科研的扶持，研究科研项目立项数量再创新高；另一方面，各大高校师生及时总结公益广告发展规律，整理公益广告实践成果，产出一批高质量的学术成果，进一步完善了我国公益广告领域研究的理论体系。

（一）科研项目立项再创新高

2019 年 6 月 26 日，全国哲学社会科学工作办公室对外公布了《2019 年国家社科基金年度项目和青年项目立项名单》，其中，青岛大学新闻与传播学院孙顺华教授负责的《公益组织的新乡村文化传播研究》（批准号：19BXW070）与四川大学文学与新闻学院教授王炎龙负责的《公益传播力构建的理论、路径与测评研究》（批准号 19BXW090）被评为年度项目。

2019 年 9 月 10 日，国家广播电视总局办公厅发布《2019 年度国家广播电视总局部级社科研究项目立项名单》，北京市新闻出版局喻萍负责的《广播电视公益广告创新发展策略研究——以北京为例》（项目编号：GD1949），中国传媒大学冯丙奇教授负责的《公益广告中新时代社会主义核心价值观的情感传播策略研究》（项目编号：GD1951），贵州星空影业有限公司高级记者吴斌负责的《广播电视公益广告创作发展研究》（项目编号：GD1953），通过国家广播电视总局部级社科研究项目评审并进行正式立项。

各级别公益广告科研项目立项数量的增长，从一定程度上反映了全国公益广告的科研水平有了一定的提高，所研究的问题逐渐深入公益广告实践的核心问题，这些项目的开展，必将对我国公益广告运行机制的创新以及我国公益工作的实践产生指导意义和推动作用。

（二）学术成果数量持续攀升

1. 学术著作出版实现新突破

2019 年，国内共有 3 本公益广告主题的学术著作出版：由杨欣著作的《新媒体环境下公益广告艺术表现研究》主要探讨了在新媒体环境下公益广告的新发展概况，总结其当下的传播特点与形式。由中山大学传播与设计学院副教授周如南编著的《公益传播》，探讨了公益传播的发展演进、公益传播与公民媒体、公益组织的品牌运营、公益传播项目研究等内容。由西安交通大学新闻与新媒体学院杨琳教授等编著的《公益广告概论》一书尝试建立起我国公益广告学研究的理论体系，该书首先对公益广告基础理论进行探讨；其次对公益广告运行体制、传媒和企业经营实践的表述；此外，还分析了公益广告的创作和表现的规律；最后，对中外的公益广告进行了对比研究。这些学术著作的出版，既适用于高等院校广告学专业教学，也为广告公司和媒体单位开展相关业务提供了理论指导。

2. 期刊论文发表数量大幅度增加

以“公益广告”为关键词，检索获得 2019 年收录于中国知网（CNKI）的公益广告研究论文数据。结果显示，2019 年共有 557 篇相关中文文献收录于中国知网，相比于去年的 411 篇，增加了 146 篇，期刊论文发表数量大幅度增加。

3. 公益广告科研成果呈现新态势

对 2019 年发表的期刊论文进行整理并运用 Cite Space 软件进行可视化分析后，可明显发现，2019 年，我国公益广告理论研究虽然仍以新闻传播学与广告学为主，但其中也包括了社会学、教育学、营销学等领域的研究内容。这充分显示公益广告自身具有丰富、多元的属性，也说明我国公益广告理论研究具有多维度、多视域、跨学科的特色（见图 2）。与此同时，通过该图也可以进一步观察到，以关键词“公益广告”为核心节点，形成了以“社会主义核心价值观”“唱响主旋律”“中国梦”“新时代”为主的节点群，反映出公益广告的价值诉求是与社会主旋律保持一致的。而以“新媒体”“传播策略”“互联网”为主形成的节点群，显示出了学者对与新媒体环境下的公益广告进行了深入研究，体现学者对于公益广告背后的驱动技术的关注。图中关键词“垃圾分类”“精准扶贫”“新中国 70 年”亦形成了热点群，这些节点与时政紧密相关，反映出了公益广告对于时代主题的紧密把握。

图 2 2019 年公益广告关键词共现分析图

回顾 2019 年，在国家有关部门、各级党政机关、公益组织、高等院校、企事业单位的共同推动下，全国公益广告事业取得长足的进步，公益广告活动精彩纷呈，公益广告精品层出不穷，公益广告科学研究成果显著，全年公益广告工作取得了圆满成功。

【注 释】

① 高建民出席 2019 首届北京国际公益广告大会并致辞 [EB/OL]. http://www.nrta.gov.cn/art/2019/11/14/art_2146_48733.html:2019.11.14

② 我院圆满承办 2019 年全国广播电视公益广告创作培训班 [EB/OL]. http://www.rti.org.cn/yxdt/hypx/2019/06/06/0936273225.html:2019.06.06

③ 2019 年全国广播电视行业统计公报 [J]. 广播电视网络 ,2020,27(07):11-13.

④ 阿里巴巴发布 2019 财年社会责任报告 .[EB/OL]. http://finance.sina.com.cn/stock/relnews/us/2019-06-05/doc-ihvhiqay3764372.shtml

⑤ 齐鲁网 .2019 年山东药品安全公益广告大赛作品展示 .[EB/OL].http://www.iqilu.com/html/zt/shandong/2019ypaqgygg/

⑥ 广东省广播电视台 .2019 粤港澳青年原创优秀 4K 短视频及公益广告征评活动终评优秀作品名单出炉！ [EB/OL].http://www.gdetv.net/article/detail/id/1979.html

⑦ 新浪网 .2019 全国平面公益广告大赛暨全国大学生公益广告征集活动遴选结果公示 .[EB/OL].http://k.sina.com.cn/article_1708159150_65d070ae01900mitk.html?from=edu

⑧ 搜狐网 . 大会进行时 | 首届北京国际公益广告大会创意征集大赛成功举办 .[EB/OL].https://www.sohu.com/a/347571145_120314598

⑨ 中国新闻网 . 第十四届设计之都（中国深圳）公益广告大赛颁奖仪式举行 .[EB/OL].https://www.chinanews.com/cul/2019/12-26/9044514.shtml

⑩ 闪电新闻 . 公益广告讲述济南故事，济南“先行杯”第四届公益广告大赛颁奖 .[EB/OL].https://baijiahao.baidu.com/s?id=1653987277797252364&wfr=spider&for=pc

⑪ 凤凰网 .2019 中国公益广告黄河奖、315 公益奖颁奖 .[EB/OL].http://biz.ifeng.com/c/7r4jkH2WNhw

⑫ 腾讯广告 . 从“一个人的球队”看冷门话题三步变为传播爆款 .[EB/OL].https://mp.weixin.qq.com/s/bQ_7sNzOYjm8B_grSelynw

第二十六届中国公益广告黄河奖获奖名单

金奖

作品名称	参赛单位
时代楷模张富清	中央广播电视总台央视广告经营管理中心
时代楷模六老汉	中央广播电视总台央视广告经营管理中心
《快乐有爱》新时代女性篇 改	湖南广播电视台卫视频道
年轻党员的网红梦 改	湖南广播电视台
一个人的球队	Loong & 腾讯广告
《石化了的期盼》系列之《男孩篇》《女孩篇》	广州晟火品牌营销策划有限公司
运动步数第一名	湖南广播电视台

银奖

作品名称	参赛单位
丞相，别慌	江西省消防救援总队
腾讯 99 公益日宣传视频	25hours*
《等待》	成都小虎添翼文化传媒有限公司
汉腾孝道行天下 带着爸妈看风景	北京中外名人文化科技有限公司
净化网络空间．保护未成年人	湖南广播电视台
扫码有危险，购物需谨慎——猛兽系列	凯纳营销咨询集团
理智消费—欲望都市的“欠夫”	长沙鱼跃沟通广告有限公司
真爱儿童，减轻负担	哈尔滨师范大学传媒学院数字媒体艺术系
短信遗言篇	西安九里观广告文化传播有限公司
《青春的半径》	湖南广播电视台卫视频道
《奋斗》	碧桂园控股有限公司
《代替》系列	济南市农业信息中心

银奖

作品名称	参赛单位
理性消费－自压身亡	广州交易会广告有限公司
《纪念品有可能是罪证》	野生救援（美国）北京代表处
归宿	深圳市新天际广告有限公司

铜奖

作品名称	参赛单位
做奉公守法好公民	山东教育电视台
母亲节·妈呀篇	陕西广播电视台秦腔广播
看见中线	南水北调中线建管局宣传中心
看不见的危险	湖南金钟传媒有限公司
庆祝新中国成立 70 周年——时代语录篇	中央广播电视总台
《快乐有爱》父女关系篇 改	湖南广播电视台卫视频道
家 爱的传承	曲阜师范大学
致平凡《船》	奥美集团（广州）
警惕儿童异物窒息	湖南广播电视台
时光逆行	中视电传传媒股份有限公司
顶梁柱健康扶贫公益保险项目宣传片	中国扶贫基金会
拒绝盗版	张斌品牌传播工作室
公益之酒驾的危害	南京市博明广告传播有限公司
一块做好事	腾讯公益基金会

中国广告年鉴2020
CHINA ADVERTISING YEARBOOK

广告经营单位选介

Advertising Business Unit Introduction

广告经营单位选介

河北

河北春秋文化传播有限公司
0311-85819390
河北省石家庄市富强大街与槐中路交叉口

河北华糖云商营销传播股份有限公司
0311-89105660
河北省石家庄长安区广安大街 36 号银泰国际大厦 15 层

河北益和文化传播有限公司
0311-86045640
河北省石家庄广安大街时代方舟 1706

河北汇景广告传媒有限公司
0311-68011389
河北省石家庄市中山中路 97 号

铂扬广告公司
0311-85115555
河北省石家庄市广安大街安桥商务

石家庄市天长文化传媒有限公司
0311-83079494
河北省石家庄市中山东路与翟营大街交叉口

石家庄市盛世恒易广告有限公司
0311-80820296
河北省石家庄市建设北大街 101 号

河北众易网络科技有限公司
0311-80669050
河北省石家庄高新区长江大道

河北领帝文化传媒股份有限公司
0311-86051313
河北省石家庄市建设大街与裕华路交叉口

石家庄正邦华谊广告有限公司
0311-87222398
河北省石家庄槐安西路卓达中苑 88 号

石家庄亚软动力科技有限公司
0311-69009633
河北省石家庄市建设北大街 5 号

河北广电网络集团传媒科技有限公司
0311-89887172
河北省石家庄建华南大街 100 号

石家庄星河广告有限公司
18032860220
河北省石家庄桥西区维明南大街 266 号恒大华府 3 号商业办公楼

石家庄君悦广告股份有限公司
0311-80980626
河北省石家庄市长安区中山东路 466 号新世纪钻石广场 B 座 24 层

河北鹏祥展示广告有限公司
0311-85829878
河北省石家庄裕华区槐安东路 138 号东明工业园 13 栋

河北智捷网络科技有限公司
18931705421
河北省石家庄塔谈国际 3 号写字楼

河北盘古网络技术有限公司
0311-66695689
河北省石家庄勒泰中心写字楼 B 座 37 层

河北久瑞文化传播有限公司
0311-86966675
河北省石家庄长安区剑桥春雨

河北众美传媒股份有限公司
0311-89185697
河北省石家庄市建设北大街 5 号富邦大厦 10 层

张家口市恒远博文广告传媒有限公司
0313-2163999
河北省张家口桥西区西坝岗路 54 号 14 号楼 03 号写字楼二层

张家口市新主流广告传媒有限公司
0313-5263399
河北省张家口市桥东区工业街

张家口市天元广告有限公司
0313-2163566
河北省张家口市桥西区张家口桥西区西坝岗路

张家口市巴士公交广告有限公司
0312-5887097
河北省张家口市桥东区纬一路龙山水郡小区底商二层

中广艺达（唐山）广告有限公司
0315-2188211
河北省唐山市路南区万达写字楼 D 座 1221 室

廊坊市速腾文化传媒有限公司
0316-2190280
河北省廊坊市广阳区广阳道 260 号

河北消费广场广告有限公司
0317-2158853
河北省廊坊市新华路 6 号

廊坊市智达广告有限公司
0316-5176132
河北省廊坊市广阳区第六大街

山西

山西睿信智达传媒科技股份有限公司
0351-3194555
山西省太原市杏花岭区

山西丰瑞达文化集团有限公司
0351-7282855
山西省太原小店区南中环街

太原汪氏广告有限公司
0351-7339158
山西省太原晋源区长兴南街 8 号

山西丹特森广告有限公司
0351-4281548
太山西省太原市双塔东街山西日报

山西旭辉宏胜文化传媒有限公司
0351-3339009
山西省太原市杏花岭区新建路

山西领先云天文化传媒有限责任公司
0351-8225516
山西省太原市小店区华宇百花谷

山西华通广告传媒有限公司
0351-7425661
山西省太原市高新区长治路

山西百尚文化传播有限公司
0351-7346618
山西省太原市迎泽区双塔东街

太原市华妙广告有限公司

0351-5602588
山西省太原市府西街 169 号

山西邮政广告公司
0351-4110794
山西省太原市迎泽大街 1 号

太原新通广告有限公司
0351-6177608
山西省太原市迎泽区新建南路

山西意美文化传媒有限公司
0351-7868199
山西省太原市小店区

晋中公交文化传媒有限公司
0354-3068946
山西省晋中市榆次区中都北路

晋中申达广告有限公司
0354-2026811
山西省晋中榆次区大同街 5 号

山西视纪云文化传媒有限责任公司
0351-8225555
山西省娄烦县

晋中天宇文化传媒有限公司
0354-2086777
山西省晋中榆次区锦纶南路 B1-1

山西灵通资讯广告有限公司
0359-8598290
山西省运城市盐湖区人民北路

忻州市金利文化传媒股份有限公司
0350-3023535
山西省忻州市开莱社区

山西晋美印象文化传媒有限公司
0357-5390000
临汾尧都区间汾路西大街

山西妇女报社
0351-3335677
山西省太原市府西街 109 号

山西经济日报社
0351-4660828
山西省太原市桃园北路水西关街

阳泉市金诚广告有限公司
0353-2936001
山西省阳泉市城区桃北东路

大同市蓝博沐文化传媒有限责任公司
0352-2997777
山西省大同城区迎宾街 1 号

山西英皓广告有限公司
0352-7609285
山西省大同市城区

东阳广告文化传媒有限公司
0352-5108834
山西省大同市同泉路云星宾馆

长治报业传媒有限公司
0355-2024949
山西省长治市长兴中路 116 号

和顺正和文化传媒有限公司
0354-8144000
山西省晋中和顺县城中和街 88 号

内蒙古自治区

内蒙古锐意广告有限公司
0471-4974455
内蒙古自治区呼和浩特市新城区北垣东街 272 号

内蒙古伙伴传媒有限责任公司
0471-3482310

内蒙古自治区呼和浩特市新城区科尔沁北路
内蒙古大学生科技园 2 号楼

内蒙古添意文化传媒（集团）有限公司
18847100099
内蒙古自治区呼和浩特市新城区新华东街太伟方恒广场 C 座

内蒙古异想天开文化产业发展有限公司
0472-5100989
内蒙古自治区包头市少先路 2 号工商联大厦 25 层 B6

内蒙古采纳营销策划广告有限公司
0471-3913311
内蒙古自治区呼和浩特市新城区新华东街 85 号太伟方恒广场 C 座 0634 号

包头市平安广告有限公司
18647236666
内蒙古自治区包头市青山区少先路 2 号商会大厦 1503 室

鄂尔多斯报业传媒广告有限公司
0477-8592089
内蒙古自治区鄂尔多斯市康巴什区鄂尔多斯新闻大厦 A 区

内蒙古博洋广告有限责任公司
0471-3390399
内蒙古自治区呼和浩特市新城区新城南街鼓楼新世纪商厦北六楼

内蒙古万维广告有限公司
13948953021
内蒙古自治区霍林郭勒市天润百合园 2- 商 14 号

内蒙古东视文化产业有限公司
15047318999
内蒙古自治区鄂尔多斯市东胜区创世纪大厦 A 座 11 层

大魏盛唐文化传媒有限公司
0471-4938865
内蒙古自治区呼和浩特市新城区世贸晶钻 C 座 310 号

呼和浩特市盛世方舟广告有限责任公司
0471-6556547
内蒙古自治区呼和浩特市新城区海东路东方银座 1 号楼 11 层中户

北京首都机场广告有限责任公司内蒙古分公司
0471-4694150
内蒙古自治区呼和浩特市赛罕区长安金座 C 座 704 室

内蒙古风尚文化传媒有限公司
0471-3257081
内蒙古自治区包头稀土高新区创业中心万达 A 座 222 室

内蒙古滋润广告传媒有限责任公司
15661309999
内蒙古自治区包头市钢铁大街帝豪天下 12 层 1212 室

包头市兄弟联众文化传播有限公司
0472-2525868
内蒙古自治区包头市昆区钢城饭店 6301

呼和浩特市辰旭文化传媒有限责任公司
18904718589
内蒙古自治区呼和浩特市工业大学北文苑大厦 A 座 2408 号

呼和浩特市新时尚文化传媒有限公司
0471-6578457
内蒙古自治区呼和浩特市新城区海东路丽苑小区 15 号楼副楼 3 层

通辽市北方画苑广告有限责任公司
0475-8239326
内蒙古自治区通辽市建国路中段 0321 栋

呼和浩特市莲讯文化传媒有限责任公司
15047825111
内蒙古自治区呼和浩特市金桥开发区金桥电子商务产业园 8025 号

内蒙古路广文化传媒有限公司
18647389950
内蒙古自治区呼和浩特市哲里木路文苑大厦 A 座 2406 号

乌海市新泰广告公司
18804735588

内蒙古自治区乌海市海勃湾区新华东街创客空间

赤峰春晖文化传媒有限责任公司
13704769998
内蒙古自治区赤峰市文化广场东侧春晖大厦

通辽市给力文化传媒有限公司
15149920987
内蒙古自治区通辽市科尔沁区红星路北段西侧 04-08 号

辽宁

辽宁北方传媒广告有限公司
024-23181111
辽宁省沈阳市沈河区青年大街 167 号

沈阳飞乐广告传媒有限公司
13664147777
辽宁省沈阳市皇姑区崇山中路 47-1 号

大连昱锦传媒有限公司
0411-82354358
辽宁省大连市中山区长江路 38 号 2 号楼 1 单元 12 层 2-5 号

中瑞时代文化产业（大连）有限公司
0411-81301267
辽宁省大连市甘井子区金龙寺路 300-7 号

辽宁广播电视广告有限公司
024-2318799
辽宁省沈阳市和平区文化路 79 号

沈阳天一智合传媒广告有限公司
024-23251919
辽宁省沈阳市和平区三好街 100 号华强广场 A 座 17 楼

沈阳铁道文化传媒集团有限公司
024-62037188
辽宁省沈阳市和平区新兴街 19 号

辽宁易为营销传播控股集团有限公司
024-88787888
辽宁省沈阳市沈河区青年大街 1 号，市府恒隆广场 20 层 2002 号

辽宁榜样传媒广告有限公司
024-22895011
辽宁省沈阳市和平区北三经街 22 号

辽宁君弘兆业文化传媒有限公司
024-66692029
辽宁省沈阳市和平区北约客置地广场 2505

大连煜鼎文化产业发展有限公司
0411-81822446
辽宁省大连市中山区七七街南山 1910 小区

阜新天马广告传媒有限公司
0418-3888399
辽宁省阜新市海州区兴隆财富大厦a座17楼(兴隆商场B座1号门)

沈阳北方联创传媒有限公司
024-83838885
辽宁省沈阳市沈河区友好街 10-3 号新地中心 3 号楼 2503

沈阳唐道广告传媒有限公司
13998391799
辽宁省沈阳市大东区滂江街 22 号长峰中心 35 层

辽宁省高速公路实业发展有限责任公司文化传媒分公司
024-67918834
辽宁省沈阳市浑南区飞云路 7-1 号

辽宁天之传媒有限公司
024-31226352
辽宁省沈阳市和平区天津南街 46 号城开中心 T3 座 17 楼

辽宁舞帝网络科技集团有限公司
024-86725555
辽宁省沈阳市沈抚新区双树子 7014 号 5 门

沈阳杰湃文化传媒有限公司
13080777768
辽宁省沈阳市和平区长白岛万科商务中心 7 楼

沈阳中冉尚信文化传媒有限公司
024-88271222
辽宁省沈阳市和平区北市一街 11-4 号一门

辽宁省沈阳新辽广传媒广告有限公司
024-22874455
辽宁省沈阳市沈河区十一纬路 169 号富

沈阳鑫宝发展览展示有限公司
13322452299
辽宁省沈阳市浑南新区三义街 8 号利波莎依得 103 栋 3 单元 1024

沈阳有为者营销策划有限公司
13002443993
辽宁省沈阳市和平区民主路 181 号 A 座 911 室

丹东艺华广告有限公司
0415-2895777
辽宁省丹东市振兴区九纬路双星大厦 b 座 1406 室

沈阳金麦广告有限公司
13889883006
辽宁省沈阳市和平区北四马路 6 巷 4-1 号

辽宁旭子创意广告有限公司
0419-93780000
辽宁省辽阳市白塔区新华路 407 号

吉林

吉林广播电视台
0431-85816911
吉林省长春市卫星路 2066 号

中国吉林网
0431-82530008
吉林省长春市经开区营口路 956 号

吉林东亚经贸新闻报社
0431-85899788
吉林省长春市南关区南环城路 1088 号绿地中央广场

吉广控股有限公司
0431-8802000
吉林省长春净月高新区生态东街 3330 号

吉林省林田远达形象集团有限公司
0431-88788444
吉林省长春市高新产业开发区飞跃东 555 号

吉林省中麒影视制作有限公司
0431-81178871
吉林省长春市生态大街与天富路交汇伟峰东樾 H3 栋

吉林省国迅广告有限公司
0431-88678808
吉林省长春市解放大路 810 号

吉林省动影传奇影视制作有限公司
15948330577
吉林省长春市大经路活力城国际中心 15 楼 1503

吉林省深海广告有限公司
0431-81974700
吉林省长春市南关区亚泰大街
南三环交汇新星宇观塘 B 区

吉林省正进供求世界广告集团有限公司
0433-2813050
吉林省延吉市河南街 24 号

长春海和信息技术有限公司
0431-85610189
吉林省长春市高新开发区硅谷大街 288 号吉林动漫游戏原创产业园八楼

长春盛世金桥广告有限公司
0431-89319977
吉林省长春市朝阳区绿地蓝海 A 座

吉林省逸品传媒集团有限公司
0431-84662245
吉林省长春市东南湖大路与东环城路交汇

吉林省长衡文化传播有限公司
13804376999
吉林省长春市南关区繁荣路与东岭南街交汇税苑花园

吉林分众广告有限公司
0431-81178395
吉林省长春市西安大路 2058 号绿地蓝海 A 座 1427

吉林省大禹广告有限责任公司
0431-85691973
吉林省长春市东南湖大路天骄大厦 B 座 4 单元 4231 室

吉林省天成龙行广告有限公司
0431-86158677
吉林省长春市青年路 83 号

吉林大爱文化传媒有限公司
13258885666
吉林省长春市西安大路 3099 号猪八戒园区 2F

长春市青年力量创意文化传媒股份有限公司
13086887706
吉林省长春市净月高新区生态东街 3330 号
吉林省国家广告产业园 4 号楼

江苏

扬子晚报
400-090-8850
江苏省南京市建邺区江东中路 369 号新华传媒广场 1 号楼
扬子晚报

南京银都奥美广告有限公司
025-68586767
江苏省南京市鼓楼区中山北路 8 号云峰大厦 19 楼南京银都

南京永达户外传媒有限公司
025-86922800
江苏省南京市建邺区嘉陵江东街 18 号（国家广告产业园）
5 栋 13 楼

江苏号百信息服务有限公司
025-86788211
江苏省南京市秦淮区中山南路 501 号通服大厦 18 楼江苏号百

南京华泽云媒广告有限公司
025-83287770
江苏省南京市鼓楼区北京东路 22 号和平大厦 9 层南京华泽

南京乔恩广告传播有限公司
025-86887630
江苏省南京市秦淮区中山南路 49 号商茂世纪广场 12 楼 C2-C5 座

江苏路铁文化传媒有限公司
025-87759816
江苏省南京市建邺区富春江东街 69 号方中大厦 6 楼
江苏路铁文化

江苏银苹果文化传媒有限公司
025-58055088
江苏省南京市建邺区庐山路 248 号南京金融城 4 号 14 层
江苏银苹果

南京国广联传媒股份有限公司
025-52346068
江苏省南京市建邺区嘉陵江东街 18 号国家广告产业园 5 栋 4 层

苏州市明日企业形象策划传播有限公司
0512-65118581
江苏省苏州市姑苏区工业园区旺墩路 318 号苏州明日传播

南京德高公交广告有限公司
025-84711070
江苏省南京市秦淮区汉中路 89 号金鹰国际商城 22 层南京德高

大唐灵狮南京文化传播有限公司
025-86896060
江苏省南京市鼓楼区北京东路 22 号和平大厦 9 层大唐灵狮

南京雷迪欧广告有限公司
025-86644699
江苏省南京市秦淮区白下路 273 号海院伯利兹南门左手小二楼
南京雷迪欧

江苏汇特传媒股份有限公司
025-84200808
江苏省南京市建邺区创智路 1 号北纬国际 A 幢 14 层江苏汇特

江苏金鼎文化传播有限公司
13905153222
江苏省南京市鼓楼区山西路 67 号世界贸易大厦 A1 楼 1101 室

江苏天人合一传媒有限公司
0519-88129900
江苏省常州市新北区太湖中路 27 号 602 室江苏天人合一

淮安市长江广告有限公司
0517-83924158
江苏省淮安市清江浦区淮海北路 10 号茂业大厦 21 楼
长江广告有限公司

江苏金海洋互动城市文化发展股份有限公司
0514-87893344
江苏省扬州市邗江区邗江中路 619 号兰苑商务楼 301 室
江苏金海洋

镇江三山文化传媒有限公司
0511-88880013
江苏省镇江市丁卯新区兴泽路 12 号
文旅国际文化创意产业园 6 号楼 618 镇江三山

江苏三喜传媒有限公司
0510-83398888
江苏省无锡市梁溪区江海西路 990 号智慧大厦 11 楼
1105 江苏三喜传媒

新华网股份有限公司江苏分公司
18936005899
江苏省南京市嘉陵江东街 18 号 5 栋 14 楼

常州江东现代传媒有限公司
0519-82108038
江苏省常州市金坛区晨风路 61 号金坛电视台

江苏弘润广告传媒有限公司
025-86567486
江苏省南京市秦淮区太平南路 389 号凤凰
和睿大厦 1409 室

南京东郊传媒有限公司
13584051979
江苏省南京市栖霞区紫东国际创意园东区 A4 栋 2 楼
南京东郊传媒

南京零距离国际广告有限公司
13905172497
江苏省南京市秦淮区江宁路 5 号南京无为文化创意产业园
D 幢 4 楼南京零距离

南京博尚广告传播有限公司
025-52337511
江苏省南京市建邺区燕山路 150-5 号博尚广告

江苏天合营销策划有限公司
0510-85059918
江苏省无锡市湖滨区建筑西路 777 号 C5 幢江苏天合营销

江苏蔷盛文化传媒有限公司
0516-66690977
江苏省徐州市民主南路 175 号梅园公寓 8#502 江苏蔷盛文化

江苏意百佳影视文化传媒有限公司
0517-83904888
江苏省淮安市清江浦区淮海东路一号丰惠广场 25 楼江苏意百佳

苏州工业园区苏城广告有限公司
0512-65217613
江苏省苏州市姑苏区金门路 1172 号苏城广告

安徽

金鹏传媒科技股份有限公司
0551-65799978
安徽省合肥市高新区望江西路 766 号安徽广电集团大厦 9 楼

安徽高速传媒有限公司
0551-62848868

安徽省合肥市滨湖区徽州大道 6669 号
高速时代广场 C8 栋 5 楼

安徽黑白广告有限责任公司
13605516666
安徽省合肥市政务区合肥市总商会大厦 2601 室

安徽省清泉广告有限责任公司
0551-63510789
安徽省合肥市蔚蓝商务港 B 座 1720

安徽广播电视台广告中心
0551-65993888
安徽省合肥市政务区笔架山路
安徽广播电视台西区 5 楼广告中心

安徽日报社广告中心
0551-65179296
安徽省肥市潜山路 1469 号报业大厦安徽日报社广告中心

合肥新方舟广告有限责任公司
0551-68881962
安徽省合肥市肥西县上派镇南方路与灯塔路交叉口新方舟股份

安徽省博达传媒有限公司
4008703222
安徽省合肥市高新区创新大道 2800 号
创新产业园二期 F3 栋 5 层

合肥汉邦广告传播有限公司
0551-64681288
安徽省合肥市庐阳区桐城路 127 号合作经济广场
3 号楼 22 层

安徽金运来文化传媒有限公司
13605681306
安徽省合肥市蜀山区环球金融广场 B 座 1602

安徽星视窗广告传媒有限公司
0554-7781688
安徽省淮南市田家庵区龙湖中路世纪天成办公 3 楼

芜湖市广电新视界广告传媒有限公司
13905536680
安徽省芜湖市镜湖区文化路 41-3 号

滁州市飞天广告文化传媒有限公司
0550-3708188
安徽省滁州市南谯区花园东路 766 号公交公司四楼

合肥市金财智文化传播有限公司
0551-64222525
安徽省合肥市瑶海区凤阳路澳澜宝坻 A 座 5 楼

安徽省高路广告传媒有限公司
13866769000
安徽省合肥市滨湖新区金融港 A3 栋 1001 室

安徽东宜广告有限公司
13955601010
安徽省合肥市包河区绿地中心 c 座 13 层

安徽光华广告装饰有限公司
18005649999
安徽省六安市裕安区信德时代广场 6 号楼 110 铺

安徽蓝韵文化传播有限公司
13956077991
安徽省合肥市包河区马鞍山路创智广场 6A813 室

安徽远传广告传媒有限公司
18912966646
安徽省南京市建邺区西城路 300 号君泰国际 B 幢 401

安徽传美媒介传播有限公司
13515649288
安徽省合肥市潜山路与习友路交叉口华润大厦 B 座 21 层

合肥广播电视台
13805516122
安徽省合肥市政务区天鹅湖路 558 号合肥广电中心 B 座 808 室

宣城市和谐广告传媒有限公司

17605633313
安徽省宣城市苑溪南路 2 号（宣城日报 4 楼）

芜湖市古意文化科技有限公司
13955307712
安徽省芜湖市鸠江区北京中路芜湖广告产业园综合楼 504

合肥金誉堂文化传媒有限责任公司
18956000809
安徽省合肥市包河区大连路 24 号

安徽圣恒广告装饰有限责任公司（六安）
13705648888
六安市裕安区东大街鼓楼新天地综合楼 3 楼

福建

福建领域进化品牌管理有限公司
13959177258
福建省福州市鼓楼区软件大道 89 号福州软件园 F 区
6 号楼 18 层 1803 室

福建新传文化传播有限公司
0591-87301669
福建省福州市鼓楼区福马路 45 号

福州东方智慧网络科技有限公司
400-0591-899
福建省福州市仓山区建新镇盘屿路 5 号正祥 AI 小镇 11 层

福州策元第文化传媒有限公司
15659996727
福建省福州市晋安区鼓山镇福兴大道 32 号 1# 楼 4 层 8407

福建新联合广告有限公司
0595-22482118/22483118
门街 610 号源和创意产业园 M7 二楼

厦门媒管家文化科技有限公司
18859933999
厦门市思明区宜兰路 5 号 1703 单元、
福建省泉州晋江市洪山工业设计园 3 号楼 201 室

福州天之谷网络科技有限公司
0591-87668534
福建省福州市鼓楼区福州软件园 G 区 1 号楼 4 层

福建省创意广告传播有限公司
18605930593
福州市乌山西路 68 号阳光乌山荣域 A2#101 室
（福安市东兴中段一号楼三层）

中国电信股份有限公司福建号百信息服务分公司
0591-83306199
福建省福州市鼓楼区西洪路 522 号省电信 IT 大楼

福建致力传媒有限公司
18960829089
福建省福州市鼓楼区华润万象城 1 期 S2#

福建多加共赢户外广告有限公司
0591-87360888
福建省福州市台江区望龙二路一号 IFC 国际金融中心 2504 单元

福州精诚传媒有限公司
0591-83375264
福州市台江区西环南路 109 号联美都市公寓 3-303

福建新东湖文化传媒有限公司
0591-83816335
福建省福州市台江区 817 中路 760 号群升国际二期 E 地块
2 # 楼 6 层 6001 # 店铺

福建省广设计顾问有限公司
0591-88855999
福建省福州市鼓楼区工业路 523 号福大怡山文化创意园 8#102
座 1 层

厦门市恒马广告有限公司
18965146619
福建省厦门市集美区锦亭北路 293 号之六

福州世纪宏业广告有限公司
0591-87807695

福建省福州市鼓楼区华林路 155 号新华兴大厦 22 层 2212

福建向尚文化传播有限公司
18150809996
福州市鼓楼区空军房管局 2 号楼 901

福建泰瑞文化传播有限公司
0591-83776876
福建省福州鼓楼区五四路国贸广场 15d

新文化（晋江）广告传媒有限公司
0595-82869999
福建省晋江市青阳街道 国贸中心大厦 602#

中联（福建）传媒有限公司
13706069715
福建省莆田市荔城区拱辰街道东园东路 2169 号新日财富广场 2 号楼 1205 室

莆田市兴众传媒有限责任公司
0594-2228228
福建省莆田市城厢区三迪国际公馆 1207

漳州鹭光广告传媒有限公司
0596 － 8505999
福建省漳州市云霄元光路 25-1 号

福建丰华传媒广告有限公司
0596-2952858
福建省漳州市芗城区南昌中路 31 号丽园广场 3 幢 2602 号

福建省圣地文化传媒有限公司
13328630939
福建省龙岩市上杭县杭川公园东三路 31 号

福建省南平市广联广告有限公司
18960601122
福建省南平市建阳区童游街道赤岸统建房 D 区 25 号楼 103、104 号店面

福建振兴广告有限公司
15259958888
福建省南平市延平区解放路 7 号 306 室

福建天汇传媒有限公司
0593-2988555
福建省宁德市东侨开发区万安西路 2 号宁德公交大楼 6 楼

江西

江西报业传媒地铁文化广告有限公司
0791-86849177
江西省南昌市红谷滩丰和中大道 912 号地铁大厦 3302 室

南昌轨道交通资产经营有限公司
18979178011
江西省南昌市红谷滩新区丰和中大道 912 号
地铁大厦 15 楼

江西华赣文化旅游传媒集团有限公司
0791-88611933
江西省南昌市青云谱区施尧路 1111 号
天使水榭公馆 A 座 21-22 楼

南昌铁路文化广告传媒有限公司
0791-87034029
江西省南昌市青山南路 142 号

江西省红月亮广告有限公司
0791-88272225
江西省南昌市青山南路 142 号

江西时刻互动科技股份有限公司
0791-88350002
江西省红谷滩新区凤凰印象新天地商业楼 3 号楼网易文创基地二楼 208-213 室

江西广播电视台广播电视广告中心
13907910615
江西省南昌市洪都中大道 207 号

江西天义广告艺术有限公司
0794-8206080

江西省抚州市临川区上沿河路 92 号天义大楼 3F

江西永祥广告装饰有限公司
13907952915
江西省宜春市明月北路 538 号

南昌荣誉广告传媒有限公司
4008010779
江西省宜春市明月北路 538 号

江西意创实业有限公司
18720239999
江西省九江市浔阳区庐山路 161 号

南昌勇星喷绘有限公司
13767189666
江西省南昌市西湖区沿江南大道 1299 号
力高滨江国际 B 座 36 楼

江西日报
0791-86849840
江西省南昌市红谷中大道 1326 号 1306 室

江西晟思侨科技股份有限公司
0791-86808920
南昌市红谷中大道 1368 号鼎峰中央 B 座 1001

江西注意力传媒有限公司
0791-88861959
江西省南昌市红谷滩新区世贸路 942 号远帆大厦 A 座 8 层

江西唯尚策划广告传媒有限公司
0791-88533919
江西省南昌市红滩新区时间广场 B 座 1219 室

江西江豫文化发展有限公司
13177883107
江西省南昌市东湖区豫章路 1 号、阳明路 190 号

南昌顺星广告标识有限公司
13970888074
江西省南昌市西湖区金环路 300 号新力中心 1001 室

江西前岸广告装饰工程有限公司
18107971621
江西省南昌市南昌高新技术产业开发区紫阳大道 3088 号
【泰豪科技广场】-B 栋 1801 室

九江通远传媒有限公司
0792-8131609
江西省九江市长虹西大道 101 号中航中心 10 楼

新余市鼎丰广告有限公司
0790-6456078
江西省新余市堎上路市司法局公证大楼二楼

鹰潭市飞林广告有限公司
0701-6222778
江西省鹰潭市月湖区交通路 B 座 503 号

江西凤惟媒文化传媒有限公司
0793-8250923
江西省上饶市信州区茶圣路众创空间二楼

上饶市创世纪实业有限公司
0793-2688885
江西省上饶市广丰区小康西路 30 号

江西时速文化传媒有限公司
18720059989
江西省南昌市西湖区幅生南路天虹广场
写字楼 22 楼 2224 室

江西新力尚合企业管理咨询有限公司
13607913500
江西省南昌市西湖区金环路 300 号新力中心 18 楼

宜春嘉实广告有限公司
18797856333
江西省宜春市袁州区金悦湾 17 栋 01 号商墅

景德镇市友情广告创意有限公司
18279888888
江西省景德镇市珠山区朝阳路四季春晖 43 栋 -14 号复式店

南昌远景资讯有限公司
0791-83827271
江西省南昌市红谷滩新区华尔街广场 1003 室

山东

山东百盛文化传媒集团有限公司
0539-3100006
山东省临沂市兰山区通达路与涑河北街交汇处
左岸观澜 3 号楼 602

菏泽思领文化传媒有限公司
15554088989
山东省菏泽市开发区丹阳路东段阳光新都小区
17 号楼 0111 室

济南广播电视传媒有限公司
0531-85652458
山东省济南市历下区经十一路 32 号

聊城市金鼎广告有限公司
0635-8265999
山东省聊城市东昌府区建工大厦 16 楼 1603

青岛深度传媒有限公司
400-8532-001
山东省青岛市北区延吉路 128 号卓越大厦 23 层

山东大众日报融媒传播有限公司
0531-85196619
山东省济南市泺源大街 2 号大众传媒大厦

山东航空新之航传媒有限公司
0531-85698706
山东省济南市历下区二环东路 5746 号山航大厦 27 层

山东开创集团股份有限公司
0531-68973960
山东省济南市槐荫区腊山河西路与日照路交叉口报业大厦 B 座
22 层

山东昆嵛电视广告有限公司
0631-5218886
山东省威海市环翠区建设街 58 号

山东鲁政传媒有限公司
18906358858
山东省聊城市兴华西路水城华府 1 号大厦

山东路通文化传播有限公司
0539-8211366
山东省临沂市兰山区通达路 36 号城建时代广场 1646 室

山东麻雀文化传媒有限公司
0531-55775800
山东省济南市高新区汉峪金谷 A3-2 号楼 1106 室

山东尚播文化传媒有限公司
0632-5215019
山东省枣庄市市中区鲁南水城 5 号楼

山东万腾文化传媒有限公司
0531-86099558
山东省济南市高新区汉峪金谷 A3-1-803

山东易搜信息科技集团有限公司
18766168788
中国（山东）自由贸易试验区济南片区经十路 7000 号
汉峪金谷 A8-1 楼 19 层

山东中铁文旅发展集团有限公司
0831-82429013
山东省济南市天桥区经一路 87 号

上海众邦文化传媒有限公司
0531-85852779
山东省济南市
历下区青年东路 18 号广电产业大厦

世纪人传媒集团有限公司
0531-55690707
山东省济南市历下区龙奥北路
海信龙奥九号一号楼 16 层

潍坊市公共交通集团有限公司广告分公司
0536-8256549
山东省潍坊市奎文区东风东街 8253-2 号

新之航传媒科技集团有限公司
0531-85876707
山东省济南经十路 13777 号中润世纪广场 18 栋 18-19 层

长城梅地亚文化产业集团有限公司
0531-86938899
山东省济南市历下区青年东路 16 号

河南

河南广播电视台
13938277777
河南省郑州市郑花路 18 号

河南日报报业集团
13837160669
河南省郑州市金水区农业路 28 号

河南大象融媒体集团有限公司
13598830221
河南省郑州市正光路与众旺路交叉口天明国际广场 C 座 7 层

河南今日头条信息技术有限公司
18538086527
河南省郑州市郑东新区商鼎路 77 号文化产业大厦 1 号楼 11 层
01 室、02 室、03 室及 04 室

河南大河全媒体广告集团有限公司
18637129899
河南省郑州市农业路 28 号

河南大河全媒体数字传播有限公司
18237190039
河南自贸试验区郑州片区（郑东）榆林北路 36 号
绿地中心南塔 43 层 4315 室

河南地平线传媒股份有限公司
0371-65862018
河南省郑州市郑东新区博学路 277 号正商·学府广场
A 座 22 层 2207 室

河南艳阳天传媒广告有限公司
13073737777
河南省郑州市金水区政六街 3 号 1 号楼 5 楼

河南广新广告有限公司
18336361022
河南省郑州市管城区东大街 205 号长江广场 A 座 407、408

河南华禾传媒集团有限公司
18860356789
河南自贸试验区郑州片区（郑东）商务内环路 9 号楼 21 层
2103 号

河南新东方文化发展有限公司
13592677777
河南省郑州市郑东新区博学路东湖心一路
北 1 座 23 层 2306 号

河南领先凯旋广告有限公司
18695886886
河南省郑州高新技术产业开发区广告产业园 4 号楼 8 层 107 号

湖北

湖北联投传媒广告有限公司
027-81736838
武汉市江夏区文化大道联投大厦五层

武汉道森媒体股份有限公司
4000270050
武汉市洪山区徐东大街 128 号联发国际大厦 36 楼

武汉牌洲湾广告科技有限公司
027-87107008
武汉市洪山区白沙洲中小企业城 38 栋

湖北空港首广联合传媒有限公司
027-85818625
湖北机场集团大厦 C309

湖北东方卓越文化传媒有限公司
027-88562141
武汉市武昌区和平大道三层楼富贵里 93 号

武汉杨园教育科技创业园有限公司
19972154484
武汉市武昌区和平大道 1004 号 6 栋

襄阳市公共交通集团公交广告有限公司
18671011588
湖北省襄阳市樊城区星火路 1 号

湖北广播电视台
15927027691
武汉市解放大道 1237 号

二更文化传媒（武汉）有限公司
13817894588
武汉市武昌区中山路 338 号华宇旭辉大厦 8F802-804

湖北亮点城市电视传媒有限公司
13907210019
湖北省荆州市沙市区江津西路 266 号广电大厦

武汉当加源盛广告有限公司
027-83628618
武汉市江汉区发展大道金墩街 1 号东方商都 10 楼

湖北日报传媒集团
13807199926
武汉市武昌区东湖路 181 号

宜昌三峡日报传媒集团有限责任公司
13908600483
湖北省宜昌市东山大道 119 号

襄阳日报传媒集团
13797600123
湖北省襄阳市襄城区新街

黄石春秋文化传媒有限公司
13971772932
湖北省黄石市黄石港区迎宾大道一品园西侧三楼商铺

湖北长江启林文化传播有限公司
18186123833
武汉市洪山区雄楚大街 268 号出版文化城出版大厦

襄阳孔明广告有限公司
18807272888
襄阳市襄州区汉津大道 6 号 (紫荆花园 A2-4-607)

十堰市绿洲投资管理有限公司
18507288008
湖北省十堰市东岳路 16 号 1 栋 29-1

鄂州立永广告有限公司
13607230770
湖北省鄂州市南浦路 143 号（气象局旁综合楼）

湖北非常道励创文化传播有限公司
18502719999
武昌区三角路水岸国际 1 号楼 8 楼

武汉十点半文化传播有限公司
027-83777769
武汉市江岸区青岛路 10 号多牛世界四层

湖北交投文化传媒有限公司
15392919839
武汉市汉阳区四新大道湖北国展中心东塔 27 楼

武汉美华星文化传媒有限公司
13907219298
武汉市武昌区东湖路湖北日报传媒大厦 2 楼

武汉浅奇造文化传播有限公司
13986206291
武汉市江汉区新华街 296 号汉江国际 1 幢 1 单元 5 层 1 号

湖北魅力广告有限公司
18827431932

武汉市汉阳区龟山北路 1 号 22-1-020#

武汉市天一视觉文化传媒有限公司
15927216232
武汉市汉阳区龟北路 1 号 6-5 号

武汉鑫德固广告有限公司
13886056057
武汉市硚口区武北新村 8-13 号 1 层 31 号

湖南

湖南众益传媒股份有限公司
0731-84510008
湖南省长沙市五一大道 456 号亚大时代 22 楼

湖南怀化市正兴广告艺术有限公司
0745-2230898
湖南省怀化市迎丰西路 207 号（琼天广场十楼）

长沙达美文化传播有限公司
0731-84168690
湖南省长沙市雨花区人民路 400 号城投大厦 12 楼

湖南乐购文化传媒有限公司
0731-89900606
湖南省长沙市芙蓉区浏阳河大道红橡国际广场 11 楼

湖南竞网智赢网络技术有限公司
0731-82735228
湖南省长沙市高新开发区文轩路 27 号麓谷钰园 C3 幢 1 层 106 号

湖南东文新锐传媒有限公司
0731-84725222
湖南省长沙市芙蓉区火星街道开发区（凌霄路）天泰花园（公寓）17 栋 206 房

湖南尚鼎国际传媒有限公司
0730-8657168
湖南省岳阳市岳阳楼区南湖游路南浦云大厦 1201 室

湖南伟达文化传播有限公司
0731-84119077
湖南省长沙市经济技术开发区寿昌路 6 号

湖南新景想广告有限公司
4000731680
湖南省长沙市天心区友谊路中欣国际 12 楼

湖南顺风传媒有限公司
0731-85462211
湖南省长沙市天心区刘家冲北路 129 号喜民大厦 401

湖南幸运星上扬广告有限公司
0731-84152550
湖南省长沙市芙蓉区韶山北路维一国际 6 层

长沙淩云广告有限公司
0731-84190588
湖南省长沙市雨花区左家塘街道人民中路 332 号
鑫泰科技大厦六层

湖南天闻地铁传媒有限公司
0731-86853555
湖南省长沙市雨花区杜花路轨道交通集团 11 楼

湖南金力钢广告传播有限公司
13307428389
湖南省常德市武陵区芷兰街道办事处沙河社区八组新河路 198 号祥泰锦和 5 号楼 904 号

湖南省青蓝文化传媒集团有限公司
158 7459 9999
湖南省怀化市河西经开区广告创意园 A1 栋

湖南海天广告传媒有限公司
13307468699
湖南省永州市冷水滩区
远志外滩 7 号楼 26 层

湖南金钟传媒有限公司
400-0734-918
湖南省衡阳市船山大道 41 号金钟 . 精英城 8 楼

湖南创研科技股份有限公司
18569069097
湖南省长沙高新区文轩路 27 号麓谷钰园 F4 栋 301 号

岳阳创一文化传媒有限公司
13973010074
湖南省岳阳市站前路 213 号商业城八区 312 号 201 室

湖南亚文传媒股份有限公司
0731-85540405
湖南省长沙市天心区雀园路 568 号长沙（国家）广告产业园 A5 栋 1 楼 101/102 号

湖南湘江致远广告传媒有限公司
0731-81868825
湖南省长沙市岳麓区梅溪湖环湖路湘江集团大厦 27 楼

湖南三化文化传播有限公司
0730-8275565
湖南省岳阳市岳阳楼区金鹗中路 286 号粮贸大厦二楼东 边

湖南拓合传媒有限公司
0731-8509999
湖南省长沙市岳麓区潇湘南路柏宁地王广场南栋 14 层

北京首都机场广告有限公司湖南分公司
0731-85232921
湖南省长沙市雨花区侯家塘街道韶山北路 387 号汇财中心

湖南悦赢文化传播有限公司
0731-85232921
湖南省长沙市雨花区侯家塘街道韶山北路 387 号汇财中心

湖南金铠文化传播股份有限公司
0731-84310851 转 0
湖南省长沙市天心区南湖路蓝湾国际广场
A 座 1502-1508 房

株洲市公交广告文化传媒有限责任公司
0733-22035888
天元区泰山西路高科汽配园 D 区 6 栋

湖南天娱广告有限公司
0731-84801289
湖南省长沙市开福区湖南广播电台金鹰大厦主三楼

湖南新财智文化传媒股份有限公司
0731-85819488
湖南省长沙市天心区芙蓉南路 368 号 BOBO 天下城第一栋 20009 房

长沙广电数字移动传媒有限公司、长沙市地铁电视传媒有限公司
0731-82777478
湖南省长沙市雨花区湘府东路 989 号广电产业园 18 楼

湖南日报全媒体发展有限公司
0731-84326322
湖南省长沙市芙蓉中路一段 442 号新湖南大厦产业楼 46 楼

湖南红网传媒有限公司
0731-87961297
湖南省长沙市韶山南路 258 号

广东

分众传媒有限公司
020-66220999
广东省广州市天河区天河北路中天购物城 4 楼 402 单元 12 号

广东昌辉传媒投资有限公司
0662-3355333
广东省阳江市登峰东路 4 号

广东广旭整合营销传播有限公司
020-88889818
广东省广州市东风东路 761 号丽丰中心 21 楼

广东红太阳传媒股份有限公司
0750-3130128
广东省江门市蓬江区江门万达广场 16 幢 6 楼

广东嘉年广告有限公司
020-84893231
广东省广州番禺区市桥街光明北路 242 号雍雅园华联大厦 9 层

广东南方广播影视传媒集团有限公司
020-26185238
广东省广州市环市东路 686 号

广东平成广告有限公司
020-87351480
广东省广州市越秀区二沙岛烟雨路 28 号 2F

广东省广告集团股份有限公司
020-87301773
广东省广州市海珠区新港东路 996 号保利世贸中心 G 座

广东省南方广告有限公司
020-87393738
广东省广州市广州大道中 289 号

广东希尔文化传媒投资股份有限公司
0756-3229500
广东省珠海市前山明珠南路 2021 号金嘉大厦 2 栋 2 楼希尔传媒

广东新年文化传媒集团有限公司
020-28823697
广东省广州市天河区珠江西路 17 号广晟国际大厦 26 楼

广东因赛品牌营销集团股份有限公司
020-62606088
广东省广州市番禺区番禺大道北 555 号番禺节能科技园 26 号楼

广东英信文化传播有限公司
0754-88979985
广东省汕头市金平区跃进路 23 号
利鸿基中心大厦 3 幢 2401 室

广州白云国际广告有限公司
020-86133996
广东省花都区广州白云国际机场股份公司东南工作区
中区礼堂七楼

广州日报报业经营有限公司
020-81163280
广东省广州市海珠区阅江西路 386 号广报中心

广州市美尚广告有限公司
020-87303642
广东省广州市天河区天河路 490 号壬丰大厦 2606 室

广州市悦和美广告有限公司
020-34813488
广东省广州番禺区市桥光明北路 242 号 8 层

广州市珍宝广告有限公司
020-38103810
广东省广州市天河区天河路 385 号太古汇一座 2406 室

广州四方传媒股份有限公司
020-87362052
广东省广州市番禺区大石街石北路 644 号巨大创意产业园 19 栋 104 单元

清远尚美创意策划传播有限公司
0763-3366999
广东省清远市小市丽清花园丽兴苑 A、B 座 2 楼

深圳报业集团
0755-83518812
广东省深圳市福田区深南大道 6008 特区报业大厦 37 楼经营管理部

深圳市京城传媒有限公司
0755-82506999
广东省深圳市福田区福华一路大中华国际交易广场东区 36 楼

羊城晚报社
020-87133356
广东省广州市天河区黄埔大道中 309-315 号 3-10A

珠海华发文化传播有限公司
0756-3220639
广东省珠海市香洲区吉大路 101 号建行大厦 2-3 层

珠海市北合广告有限公司
0756-3376061
广东省珠海市吉大水湾路 333 号轩坤花苑 14 栋

广东广旭整合营销传播有限公司
020-38327654
广州市越秀区东风东路 761 号丽丰中心 21 楼

广州悠派振运整合营销策划有限公司
13822222365
广州市海珠区聚德北路 29 号 UP 智谷 B1 栋五楼

广东省广告集团股份有限公司
020-87772492
广州市海珠区新港东路 996 号保利世贸中心 G 座

广州地铁德高广告有限公司
020-37183088
广州市天河林和中路 8 号海航大厦 2705 室

广东九易广告有限公司
13922220009
广州天河区珠江新城华穗路 406 号保利克洛维二期 23F19-22 室

广州中侨宏智广告传媒有限公司
020-85598888
广州市海珠区新港东路 148 号邦华环球贸易中心 1712 室

广州市美联广告有限公司
020-34813702
广州市番禺区市桥街光明北路 242 号 8 层

南方电网数字传媒科技有限公司
020-38130932
越秀区东风东路 846 号天联大厦

广东喜喜传媒有限公司
020-38131396
广州市番禺区番禺大道北 62 号中辉大厦 B 栋 6 楼

广东因赛品牌营销集团股份有限公司
020-62606088
广州市番禺区番禺大道北 555 号天安科技园 26 号楼

广州市尚易广告有限公司
13802937315
广州市沿江中路 313 号康富来国际大厦 18 楼

上海奥美广告有限公司广州分公司
020-81136208
广州市海珠区滨江东路 191-195 号金海湾 3F

希视多媒体广告有限公司
020-38773357
广州市天河区天河北路 233 号中信广场 6303

广州地铁传媒有限公司
020-31059813
广州市海珠区新港东路 1238 号万胜广场 A 塔 16 楼

广东太平网联广告有限公司
020-89773352-169
广州市海珠区琶洲大道 83 号宝地广场三层

北京电通广告有限公司广州分公司
020-83977888
广州市天河区珠江新城珠江东路 28 号越秀金融大厦 42 层

广州市汉狮咨询有限公司
020-83504966-1031
广州市越秀区团结路 26 号

广州金燕达观文化传播有限公司
020-87377957
广州市天河区黄埔大道中 666 号保利金融大都汇之中融广场 1512

有米科技股份有限公司
022-23537515
广州大学城青蓝街 26 号有米科技大厦 14-17 层

广州昭阳和牧场广告有限公司
020-37616399
广州市越秀区先烈中路 80 号汇华商贸大厦 2612 房

广州市正点未来营销策划股份有限公司

020-83868738
广州市荔湾区芳村大道东 200 号 1850 创意园 40-43 幢

广州市珍宝广告有限公司
020-38103810
广州市天河区天河路 385 号太古汇一座 2406

广东圣火传媒科技股份有限公司
020-66655308
广东省广州市天河区黄埔大道西 100 号富力盈泰广场 B 座 902-905

广州市广达源通广告有限公司
020-81833007
广州市荔湾区中山八路 64 号东侧六楼

华扬联众数字技术股份有限公司广州分公司
18680292979
广州市天河区珠江新城金穗路 62 号侨鑫国际金融中心 25 层

盛世长城国际广告有限公司广州分公司
020-38791228
广州市天河区珠江新城金穗路 1 号邦华环球广场 6 楼

广州尚思传媒科技股份有限公司
13922295307
广州市越秀区天河路 45 号粤能大厦 301

广州市众传媒体广告有限公司
020-81782941
广州市白云区增槎路 367 号 2 楼

中国南航集团文化传媒股份有限公司
020-86124781
广东省广州市白云区机场路南云东街 40 号

广东有点牛文化传媒有限公司
020-37266860
广州市天河区元岗横路 16 号天汇创意园 D 栋 207 号

广西

广西广播电视台

广西美丽天下广告有限责任公司（代执行单位）
1397177007
广西壮族自治区南宁市民族大道 73 号广西广播电视台 1 楼 103 室

广西新广播传媒有限公司
0771-5802686
广西壮族自治区南宁市民族大道 73 号

广西乐达传媒有限公司
13737034423
广西壮族自治区南宁云景高坡岭路口南宁轨道大厦 B 座 6 层

广西顶源传媒有限责任公司
1877650241
广西壮族自治区南宁市青秀区中柬路 9 号利海亚洲国际 9 栋二单元 802

广西锐力鑫达传媒有限公司
1857718778
广西壮族自治区南宁市青秀区长虹路 66 号南宁火车东站北商业区三楼

广西日报传媒集团全媒体传播有限公司
0771-5690198
南宁市青秀区民主路 21 路广西日报社新闻大楼附楼二楼

广西回南天传媒科技有限公司
18277114068
广西壮族自治区南宁市青秀区佛子岭路 18 号德利·东盟国际文化广场 B2 栋 501 号

广西驿道广告有限公司
18977184836
广西壮族自治区南宁市青秀区中柬路 9 号利海亚洲国际一号楼 1 单元 903A 号

海南

海南飞尚三乐传总经理媒有限公司
0898-68534332
海南省海口市国贸大道 45 号银通国际中心 18 楼

海南日报
0898-66810698
海南省海口市金盘路 28 号

海南广播电视总台
13876300505
海南省海口市南沙路 61 号

中视集团
0898-68555131
海南省海口市滨海大道鸿联商务广场

海口广播电视台
66801222
海南省海口市中沙路 15 号

海南信立传媒股份有限公司
0898-66590590
海南省海口市龙昆南路 50 号首领公馆 20 层 2006 室

海南二十一城文化传媒有限公司
0898-66766278
海南省海口市龙华路 43 号椰岛广场 B2 栋 30 层

海南画王文化传播集团有限公司
0989-66553030
海南省海口市龙昆南路 39-2 号乔海阳光大厦 3 楼

海南中信投传媒产业集团有限公司
0898-68538733
海南省海口市滨海大道 75 号
宝华海景公寓 2A501—502

海南壹玖文化传播有限公司
0989-36688315
海南省海口市国贸大道港澳发展大厦 19B1

四川

四川封面传媒有限责任公司
028-86969334
四川省成都市锦江区红星路 2 段 70 号传媒大厦

四川广播电视台广告管理中心
13689042721
成都市世纪城路 66 号四川广播电视台

成都深报地铁传媒有限公司
15680806839
成都市高新区吉泰五路 88 号香年广场 T3 栋

成都经典视线广告传媒有限公司
028-86066888
成都市青羊区鼓楼南街 117 号 1 栋 22 楼 2206 号

巴蜀新形象广告传媒股份有限公司
028-86782266
四川省成都市鼓楼南街 117 号世界贸易中心 A 座 20 层

四川北辰广告有限公司
15828887900
遂宁市船山区经济技术开发区滨江北路 509 号
凯丽雅舍 2 栋 3 层 391

四川虎马文化传媒有限公司
15681916113
四川省成都市高新区益州大道中段 722 号复城国际 T2

成都铁路文化传媒有限责任公司
15008441102
成都市金牛区马家花园路 2 号

贵州

贵州薇蓝图文化传媒有限公司
0851-33230733
贵州省安顺市西秀区天瀑阳光商业街第 2 栋 7 号房

黔东南州风讯传媒广告有限责任公司
0855-8224498
贵州省凯里市北京西路清江公寓一单元 202 室

贵州华夏兄弟广告有限公司
18984883418
贵州省贵阳市南明区花溪大道北段 76 号广电天马大厦 16 楼

贵州一界创意传媒有限公司
0851-85827765
贵州省贵阳市观山湖区诚信南路群升千禧广场 07B 栋东 6-6 号

贵州网（贵州鼎道传媒有限公司）
13158080888
贵州省贵阳市云岩区甲秀北路 8 号恒大帝景 22 栋 22 层 2208 室

贵州一品传媒有限公司
0851-8690 7139/7239/7339
贵阳市延安中路 81 号鑫海大厦 25 层

云南

澄江方寸间旅游开发有限公司
18669043855
云南省玉溪市澄江县小湾民宿聚群

聿安品牌策划（云南）有限公司
13888601930
云南省昆明市五华区金鼎北路 14 号拾翠民艺公园 20 栋 4-5-6 号

昆明白宇现代广告有限公司、昆明黑宇媒体传互动广告有限责任公司
13808704712
云南省昆明市东风东路 36 号建工大厦 18 楼

昆明风云广告有限公司
0871-65333723
云南省昆明市西山区人民西路保利中心 29 楼

昆明金碧办公设备有限公司
0871-63611021
云南省昆明市五华区学府路 690 号金鼎科技园 A 座 4 楼

昆明同景文化传播有限公司
0871-68329996
云南省昆明市五华区昆建路 5 号 108 智库空间文创园 A-601

玉溪市一诺广告有限公司
0877 － 2617199
云南省玉溪市红塔区北苑小区 E-9B036 号

云南春晚传媒有限公司
0871-64160499
云南省昆明市新闻路 337 号

云南分众传媒有限公司
0871-63116615
昆明市东风西路 13 号顺城西塔 26 楼 2601-2606

云南广播电视台、云南广电传媒集团有限公司
0871-65369017
云南省昆明市呈贡区春融东路 3663 号

云南空港雅仕维信息传媒有限公司
0871-67085111
云南省昆明长水国际机场南工作区地勤楼 5F

云南视广科技有限公司
0871-68331703
云南省昆明市五华区金鼎科技园 18 号平台 A 座 6 楼

云南万慧达知识产权服务有限责任公司
0871-63108531
云南省昆明市呈贡区上海东盟商务大厦 2 号楼 23 层 2308 室

云南云岭高速传媒有限公司
0871-67170466
云南省昆明市西山区前福路 229 号凌云大厦

陕西

陕西日报文化传播有限公司
029-82267797
陕西省西安市碑林区环城南路东段一号

陕西《三秦都市报》社
029-82255222
陕西省西安市环城南路东段 1 号

《华商报》社
029-62502686

陕西省西安市雁塔区曲江新区雁翔路 3001 号《华商报》社

陕西新浪互联信息服务有限公司
029-81778488
陕西省西安市西三环科技西路绿地鸿海大厦 B 座 25 楼

西安教育电视台
029-87518000
陕西省西安市经开区凤城七路与文景路西安市教科研大厦

陕西西影电影频道经营有限公司
029-89129657
陕西省西安市雁塔区西影路 508 号西影大厦 20 层

陕西典汇传播股份有限公司
029-89669966
西安市曲江新区翠华路 1819 号人力资源产业园 14 楼

西安高新技术产业开发区艾特广告有限责任公司
029-86696550
陕西省西安市高新区唐延路 1 号旺座国际城 B 座 18 层

陕西省交通广告传媒有限公司
029-88662762
陕西省西安市碑林区含光北路 110 号陕西公路局写字楼 B 区 1006、1007、1008 写字间

西安市振兴公交广告有限责任公司
029-88452205
陕西省西安市高新六路 52 号立人科技园 B 座

西部机场集团广告传媒（西安）有限公司
029-88790542
陕西省咸阳市咸阳机场空港东二路南段

陕西金色西部广告传媒股份有限公司
029-88570405
陕西省西安市曲江新区省人才市场 1501 室

三人行传媒集团股份有限公司
029-85510881
陕西省西安市高新区科技二路 72 号西安软件园唐乐阁 E401

陕西西部广告传媒有限公司
029-89861077
陕西省西安市曲江新区翠华路 1819 号人力资源产业园（瓦胡同 3 号楼）

陕西百川广告文化传播有限公司
029-85269661
陕西省西安市碑林区南稍门中贸广场 15 号楼 1 单元 8 层

西安倚天广告传媒有限公司
029-88860517
陕西省西安市高新区锦业一路宝德云谷国际 A 座 10 楼

西安绿一传媒有限公司
029-81616161
陕西省西安市丈八一路 1 号汇鑫 IBC-A 座 2 层

赛尔高端品牌有限责任公司
18616883153
陕西省西安市高新区唐延路 35 号旺座现代城 F 座 502

西安传奇广告文化传播有限公司
029-88255667
陕西省西安市丈八一路 1 号汇鑫 IBC-B 座四层

西安麦道品牌传播有限公司
029-87201299
陕西省西安市西华门凯爱大厦 B 座 808

西安海西广告有限公司
029-88378875
陕西省西安市科技三路 融城云谷 C 座 905

西安时代尚优文化传媒集团有限公司
029-85537430
陕西省西安曲江新区雁展路 1111 号莱安中心 T5 楼 1203 室

陕西西咸广告传媒有限责任公司
029-33186209

陕西省西咸新区世纪大道扶苏路 3 号西咸集团大楼 703 室

陕西壹禾文化传播有限公司
029-85251239
陕西省西安市高新区沣惠南路 18 号唐沣国际广场 D 座 901 室

陕西广和品牌设计有限公司
029-84351309
陕西省西安市科技路 8 号凯里大厦东座 2605

陕西鑫汇通广告有限责任公司
029-4001005209
陕西省西安市莲湖区北大街 29 号中天国际大厦 3-A

青海

青海昆仑广视传媒集团有限公司
0971-6329862
青海省西宁市城西区冷湖路 27 号

青海雅雄广告传媒有限公司
0971-7658035
青海省西宁海湖新区万达广场甲 A4 号

青海大海文化传媒有限公司
18801100888
青海省西宁市城西区文苑大街 13 号

西宁汇视广告有限公司
18909787031
西宁市城西区胜利路宏业大厦

青海海畅广告传媒有限责任公司
18501291999
青海省西宁市城西区万达中心 4 号 13 楼

青海伟一文化产业发展有限公司
0971-7317777
青海省西宁市西大街 1 号西门商厦 9 楼

青海承欣广告设计有限公司
13195773230
青海省西宁市城西区西川南路 76 号

青海政昊广告有限公司
13639767351
青海省西宁市城东区花园北街 20 号

青海旗王广告有限公司
18997071137
青海省西宁市城北区门源路 11 号

青海玉龙广告材料
13139086899
青海省西宁市城东区杨家巷 3 号黄河苑小区

青海朵儿光电科技有限公司
18397086882
青海省西宁市城东区建国路 5 号

青海展翔商贸有限公司
13997125407
青海省西宁市城东区七一路 17—

青海常青藤广告传媒有限公司
18935512608
青海省城西区黄河路 102 号

青海友邻广告有限公司
18797155955
青海省西宁市城北区万佳家博园 2 期

青海吾同广告传媒有限公司
18697190162
青海省西宁市城西区西川南路 76 号

西宁盛弛广告有限公司
15719753333
青海省西宁市城西区西关大街 56 号

青海抬头乐文化传播有限公司
15500741999
青海省西宁市胜利路 25 号 1 号楼

新疆

新疆天广广告公司
13309913791
新疆乌鲁木齐市天山区团结路 830 号

新疆普拉纳广告有限公司
13809910978
新疆乌鲁木齐市天山区人民路 38 号新宏信大厦 2204 号

新疆共享向上广告有限公司
13999856596
新疆乌鲁木齐市天山区新疆北路 8 号

新疆春晓广告有限公司
13899966496
新疆乌鲁木齐新华南路 3 号世纪百盛大酒店 A 座 14 楼

新疆窗景文化有限公司
18999218390
新疆乌鲁木齐市水磨沟区会展大道 1119 号
晚报报业大厦 A 座 1501 室

新疆卓越广告有限公司
1399908618
新疆乌鲁木齐市水磨沟区安居南路 802 号鸿瑞豪庭 4 栋 1109 室

新疆报烨传媒有限公司
0991-5593708
新疆乌鲁木齐市沙依巴克区扬子江路 1 号

新疆三原色文化产业发展有限公司
13899879922
新疆乌鲁木齐经济技术开发区 (头屯河区）玄武湖路 1097 号爱地商务快线中心 1301

新疆美网文化传媒有限公司
18199158468
新疆乌鲁木齐市水磨沟区会展大道 1119 号晚报报业大厦 A 座 1504 室

新疆盈文盛雅文化产业有限公司
13579882555
新疆乌鲁木齐市水磨沟区南湖东路 222 号南湖小高层
商住楼 1 栋 1 层商铺 1

新疆众惠睿智文化传媒有限公司
15899128447
新疆乌鲁木齐市沙依巴克区克拉玛依西街 416 号
金阳大厦 10 层 D

新疆方大国际广告传播中心
13609923466
新疆乌鲁木齐市天山区团结路 830 号

新疆盛世空间文化传媒股份有限公司
13629905956
新疆乌鲁木齐市经济技术开发区（头屯河区）喀什西路 499 号
龙海置业综合楼 666 室

新疆共赢未来文化传媒有限公司
180 9923 3968
新疆乌鲁木齐市新市区阳光恒昌商务公园 7-12-101

新疆石榴精神文化传媒有限公司
18290630022
新疆乌鲁木齐市天山区幸福路 491 号幸福堡 6 层

新疆民航广告有限公司
13609900620
新疆乌鲁木齐市新市区迎宾路 33 号，

新疆普美尔广告有限公司
13999959606
新疆乌鲁木齐高新技术产业开发区（新市区）北区 57 号一楼

新疆中合德成文化传媒有限公司
18997989443
新疆乌鲁木齐（高新区）新市区京疆路 72 号呈信·朗悦盛境三期 7 号底商住宅楼 1 单元 1602 室

新疆阿克苏市正欣传媒有限公司
13201326666

新疆阿克苏地区阿克苏市建设路 1 号美家物流园
M 栋 2001 号商铺

新疆克拉玛依市向天广告有限公司
13031396570
新疆克拉玛依市昆仑路昆仑花园一楼 49-1-26 号

新疆金凯文化传媒有限公司
13699952172
新疆乌鲁木齐市天山区延安路 556 号
边疆世贸 1 栋 c 区 12 室 1209 室

新疆巴州凸凹广告有限责任公司
13399768000
新疆巴州库尔勒市新城辖区迎宾路 2 号
南航华府 1 栋 1 层 01-2

阿克苏一家广告传媒有限公司
18799933554
新疆阿克苏地区阿克苏市南大街新伟大厦 67 号

阿克苏薪火相传文化传媒有限公司
13999071877
新疆阿克苏市水韵明珠文沁阁 14 号别墅

阿克苏新丝路广电传媒有限责任公司
15899336988
新疆阿克苏市教育路 11 号

阿克苏视界广告传媒发展有限公司
18799929969
新疆阿克苏地区阿克苏市乌喀东路 3 号市文广局办公楼

阿克苏市风向标广告传媒有限责任公司
18196380908
新疆阿克苏地区阿克苏市民主路 1 号电力小区北院门面房 1-09-10

阿克苏彩虹文化传媒有限责任公司
18096973202
新疆阿克苏市美家物流园 M 幢 2003 号

大连

大连国域无疆传媒集团股份有限公司
0411-82728168
辽宁省大连市中山区人民路 68 号，宏誉大厦 8 楼

大连交通广告有限公司
0411-84337290
大连市甘井子区祥龙南街 13-1-1 鑫汇茗苑小区内

大连昱锦传媒有限公司
0411-82737280
大连市中山区长江路 38 号金地中心 B 座 12 层

大连长江世纪传媒有限公司
0411-0411-82789839
大连市中山区解放路智仁街同福巷 12 号

大连艾森品牌传播有限公司
13332228649
大连市西岗区新开路 87 号金福星大厦 27 层 5 号

大连分众传播有限公司
0411-88008103 转 1837
大连市中山区中山路 136 号希望大厦 1702 室

大连天鹰文化传媒有限公司
0411-86488999
辽宁省大连市沙河口区长江路 842-2 号 1-2 层公建

大连东方视野文化传播有限公司
0411-82520112
辽宁省大连市中山区友好路 158 号友好大厦 1701-1705

大连一拍即合广告有限公司
0411-13704110656
辽宁省大连高新技术产业园区高能街 26 号 404 号

鑫天天传媒（大连）有限公司
0411-65830002
辽宁省大连市沙河口区长生街 8 号 1 单元 1 层 3 号

大连新动广告有限公司
0411-18698605007
大连市中山区杏林街

大连周艺广告有限公司
0411-86628745
辽宁省 - 大连市旅顺口区九三路 54 号

大连新瑞广告有限公司
0411-82798710
大连市中山区五五路金佰国际酒店 11 层

桥美文化传媒（大连）有限公司
18941123006
大连市沙河口区永明巷 2 号一单元 702 室

大连爱迪广告有限公司
0411-81718483
辽宁省大连市西岗区亿达新世界 A 区 2 号楼
1 单元 10 层 1 号

大连迈达威传媒有限公司
0411-39676888
西岗区新开路 99 号珠江国际 2007 室

大连亿品天成广告有限公司
0411-13941176977
大连沙河口区金玉星海 2 单元 2801

大连延旭传媒有限公司
0411-62187988
沙河口区星台街 5 号 2-401

力拓巴士广告有限公司
0411-84368000
西岗区新开路 99 号珠江国际 2007 室

大连九蝶文化发展有限公司
18640800307
辽宁省大连市沙河口区西南路冰山慧谷产业园区 C3 栋

宁波

慈溪市嘉诚广告有限公司
13805811882
慈溪市浒山街道孙塘南路 77 号

宁波市顺通广告装潢公司
13805861478
东钱湖鄞县大道东钱湖段 217 号

宁海县中天广告策划有限公司
13777285557
宁海县跃龙街道兴宁南路 31 号

浙江联合动力传媒广告有限公司
13586561050
鄞州区彩虹南路 11 号嘉汇国贸 A 座 12 楼

宁波镇海传媒集团有限公司
13567900308
镇海招宝山街道南大街 36 号

宁波市奉化方圆广告装饰有限公司
15558258888
奉化区锦屏街道城基路 47 号

宁波启阳广告有限公司
18888663622
奉化区岳林街道中山东路 518 号金城大厦 B 座 7 楼

宁波奉化弘奥文化传媒有限公司
13566332277
奉化区岳林街道大成东路 39 号

宁波红五星传媒股份有限公司
15958202627
高新区广贤路 1035 号 9 楼

宁波远见传媒股份有限公司
13685851033
鄞州区天童南路 707 号 6 楼

宁波涌星文化传媒有限公司
13685856885
鄞州区首南街道前河南路恒达高大厦 1016 号 602 室

宁波宝仑文化传媒有限公司
13065816966
鄞州区日丽中路 757 号奥克斯大厦 601

宁波坤晨广告有限公司
13505749998
鄞州区潘火街道启明路 818 号 14 幢 110 号

浙江未有文化传媒有限公司
13989336516
鄞州区天童南路 707 号广告产业园内明创大楼三楼 315

浙江平行线文化有限公司
13705745132
鄞州区南部商务区海运大厦 10 楼

宁波米瑞科技有限公司
18258700005
鄞州区南部商务区豪如大厦 1203

宁波中桓文化创意发展有限公司
13738432039
鄞州区首南街道天健巷 118 号金盛中心 14 楼

宁波爱珂文化传媒有限公司
18805747020
海曙区解放南路 188 号三楼

宁波海曙青木广告传媒有限公司
87361418
海曙区布政巷 16 号科创大厦 11F1111 室

厦门

厦门报业传媒集团有限公司
0592-5581169
厦门市思明区吕岭路 122 号
报业大厦 1501 室

厦门广播电视广告有限公司
0592-5301592 0592- 5301038
福建省厦门市思明区湖滨北路 121 号广电中心

海峡导报社
968801
厦门市湖滨北路育秀中心 D 栋 4 楼

厦门东帝士广告股份有限公司
0592-5882088
厦门市湖滨南路 81 号第二十层

厦门万舜文化传播有限公司
0592-5659177
厦门市集美区杏林湾路 368 号嘉庚艺术中心 3 楼

福建兆翔广告有限公司
0592-5772508
厦门市湖里区翔云一路 95 号运通中心 601

厦门市唐码博美广告有限公司
0592-5206868
厦门市思明区湖滨北路 59 号中信惠扬商务楼 22 层

厦门联掌文化传媒有限责任公司
0592-2950080
厦门市软件园二期望海路 59 号 802 室

厦门市整点广告有限公司
18695621314
厦门市思明区龙山中路 70 号文全园 3 号 2 楼

厦门风盛传媒有限公司
0592-2087199
厦门市思明区前埔工业园 61 号万物社 C302-C307

厦门全聚彩文化传播有限公司
13124455444
厦门市湖里区枋湖西一里 34 号六楼

厦门市艺述集团有限公司

0592-5536296
厦门市湖里区园山南路 367 号 301 单元

厦门纳海传媒有限公司
18965844913
厦门市湖里区湖里大道 14 号海峡设计文创园 3 号 301

漳州好点子广告传媒有限公司
13806008275
漳州市芗城区打铜街 40 号

漳州市经发广告传媒有限公司
0596-6862995
漳州台商投资区美润佳园 8 栋店面 1 楼 1-4 号

厦门都市魅力广告有限公司
13859957971
中国（福建）自由贸易试验区厦门片区象屿路 97 号厦门国际航运中心 D 栋 03 单元 A 之三

福建省广告公司厦门分公司
0592-2282229
厦门市思明区鹭江道 96 号之一 2204 室

厦门美城广告有限公司
0592-2119333
厦门市思明区仙岳路 569 号 1102

厦门奥柏林广告有限公司
0592-6786555
厦门市湖里区南山路 466 号广兴大厦 508 室

厦门凝博思文化传媒有限公司
0592-5612295
厦门市湖里区枋湖路 9-19 号军梦双拥双创科技园 A 栋 515 室

厦门壹文贰艺传媒有限公司
0592-2191131
厦门市思明区龙虎山路 458 号 304

厦门市天下集美文广传媒有限公司
0592-6103569
厦门市集美区银亭路 2 号

厦门世联广告有限公司
0592-5022538
厦门市思明区厦禾路 863 号 912 室

厦门市掌舵文化传播有限公司
0592-6158448
厦门市集美区下头路 20-101 号

厦门市青友文化传播有限公司
0592-5151159
福建省厦门市思明区湖滨北路 16 号 0115 室二楼

厦门枫叶红广告有限公司
138036012513
厦门市厦禾路 1222 号国骏大厦 12B

厦门鑫格广告有限公司
0592-5591031
厦门市湖里区洪塘社 129 号 -130 号

厦门市天艺传媒股份有限公司
0592-5801818
厦门市思明区松岳路 6 号悦享中心 A 塔第 12 层 02 单元

广告刊户名录

List of Advertisers

广告刊户名录